D1722126

МИХАИЛ АЛЕКСАНДРОВИЧ
ШОЛОХОВ

МИХАИЛ АЛЕКСАНДРОВИЧ
ШОЛОХОВ

Судьба человека
Поднятая целина

ИЗДАТЕЛЬСТВО
Астрель
МОСКВА

УДК 821.161.1-31
ББК 84(2Рос=Рус)6-44
   Ш78

Тексты произведений печатаются по изданию:
Шолохов М. А. Собрание сочинений. В 8 т.
М.: Худож. лит., 1985. Тома 5 — 7.

В оформлении обложки (серия Русская классика) использован
фрагмент картины художника Аба-Новак Вилмос
«Мост в крепости Тёрёккоппань», 1927 г.

В оформлении обложки (серия Великая судьба России)
использован фрагмент картины художника
С.А. Коровина «На миру», 1893 г.

Шолохов, М. А.

Ш78   Судьба человека. Поднятая целина/ М. А. Шолохов. — М.: АСТ: Астрель, 2010. — 812, [4] с.

ISBN 978-5-17-064525-1 (ООО «Издательство АСТ») (Рус. кл.)
ISBN 978-5-271-26486-3 (ООО «Издательство Астрель») (Рус. кл.)
ISBN 978-5-17-063453-8 (ООО «Издательство АСТ») (Вел. судьба России)
ISBN 978-5-271-26485-6 (ООО «Издательство Астрель») (Вел. судьба России)

М.А. Шолохов исследовал роковые исторические времена: Первая
мировая война, Гражданская война, коллективизация, Великая Оте-
чественная война. Остросюжетны судьбы героев Шолохова. Андрея
Соколова (рассказ «Судьба человека») война почти в пепел сожгла, но
все-таки выстоял человек, «сдюжил». Драматические коллизии вели-
кого перелома вековых устоев пережили Макар Нагульнов, Семен
Давыдов, дед Щукарь и другие герои романа «Поднятая целина».

УДК 821.161.1-31
ББК 84(2Рос=Рус)6-44

Подписано в печать с готовых диапозитивов заказчика 15.12.2009.
Формат 84×108¹/32. Усл. печ. л. 42,84. Бумага газетная. Печать офсетная.
(Рус. кл.) Тираж 3000 экз. Заказ 523.
(Вел. судьба России) Тираж 3000 экз. Заказ 522.

ISBN 978-5-17-064525-1 (ООО «Издательство АСТ») (Рус. кл.)
ISBN 978-5-271-26486-3 (ООО «Издательство Астрель») (Рус. кл.)
ISBN 978-5-17-063453-8 (ООО «Издательство АСТ») (Вел. судьба России)
ISBN 978-5-271-26485-6 (ООО «Издательство Астрель») (Вел. судьба России)
ISBN 978-985-16-8074-6 (ООО «Харвест») (Рус. кл.)
ISBN 978-985-16-8075-3 (ООО «Харвест») (Вел. судьба России)

© ООО «Издательство Астрель»
© Шолохов М.А., наследники

РАССКАЗ

СУДЬБА ЧЕЛОВЕКА

*Евгении Григорьевне Левицкой,
члену КПСС с 1903 года*

Первая послевоенная весна была на Верхнем Дону на редкость дружная и напористая. В конце марта из Приазовья подули теплые ветры, и уже через двое суток начисто оголились пески левобережья Дона, в степи вспухли набитые снегом лога и балки, взломав лед, бешено взыграли степные речки, и дороги стали почти совсем непроездны.

В эту недобрую пору бездорожья мне пришлось ехать в станицу Букановскую. И расстояние небольшое — всего лишь около шестидесяти километров, — но одолеть их оказалось не так-то просто. Мы с товарищем выехали до восхода солнца. Пара сытых лошадей, в струну натягивая постромки, еле тащила тяжелую бричку. Колеса по самую ступицу проваливались в отсыревший, перемешанный со снегом и льдом песок, и через час на лошадиных боках и стегнах, под тонкими ремнями шлеек, уже показались белые пышные хлопья мыла, а в утреннем свежем воздухе остро и пьяняще запахло лошадиным потом и согретым деготьком щедро смазанной конской сбруи.

Там, где было особенно трудно лошадям, мы слезали с брички, шли пешком. Под сапогами хлюпал размокший снег, идти было тяжело, но по обочинам дороги все еще держался хрустально поблескивавший на солнце ледок, и там пробираться было еще труднее. Только часов через шесть покрыли расстояние в тридцать километров, подъехали к переправе через речку Еланку.

Небольшая, местами пересыхающая летом речушка против хутора Моховского в заболоченной, поросшей ольхами пойме разлилась на целый километр. Переправляться надо было на утлой плоскодонке, поднимавшей не больше трех человек. Мы отпустили лошадей. На той стороне в колхозном сарае нас ожидал старенький, видавший виды «виллис», оставленный там еще зимою. Вдвоем с шофером мы не без опасения сели в ветхую лодчонку. Товарищ с вещами остался на берегу. Едва отчалили, как из прогнившего днища в разных местах фонтанчиками забила вода. Подручными средствами конопатили ненадежную посудину и вычерпывали из нее воду, пока не доехали. Через час мы были на той стороне Еланки. Шофер пригнал из хутора машину, подошел к лодке и сказал, берясь за весло:

— Если это проклятое корыто не развалится на воде, — часа через два приедем, раньше не ждите.

Хутор раскинулся далеко в стороне, и возле причала стояла такая тишина, какая бывает в безлюдных местах только глухою осенью и в самом начале весны. От воды тянуло сыростью, терпкой горечью гниющей ольхи, а с дальних прихоперских степей, тонувших в сиреневой дымке тумана, легкий ветерок нес извечно юный, еле уловимый аромат недавно освободившейся из-под снега земли.

Неподалеку, на прибрежном песке, лежал поваленный плетень. Я присел на него, хотел закурить, но, сунув руку в правый карман ватной стеганки, к великому огорчению, обнаружил, что пачка «Беломора» совершенно размокла. Во время переправы волна хлестнула через борт низко сидевшей лодки, по пояс окатила меня мутной водой. Тогда мне некогда было думать о папиросах, надо было, бросив весло, побыстрее вычерпывать воду, чтобы лодка не затонула, а теперь, горько досадуя на свою оплошность, я бережно извлек из кармана раскисшую пачку, присел на корточки и стал по одной раскладывать на плетне влажные, побуревшие папиросы.

Был полдень. Солнце светило горячо, как в мае. Я надеялся, что папиросы скоро высохнут. Солнце светило так горячо, что я уже пожалел о том, что надел в дорогу солдатские ватные штаны и стеганку. Это был первый после зимы по-настоящему теплый день. Хорошо было сидеть на плетне вот так, одному, целиком покорясь тишине и одиночеству, и, сняв с головы старую солдатскую ушанку, сушить на ветерке мокрые после тяжелой гребли волосы, бездумно следить за проплывающими в блеклой синеве белыми грудастыми облаками.

Вскоре я увидел, как из-за крайних дворов хутора вышел на дорогу мужчина. Он вел за руку маленького мальчика, судя по росту — лет пяти-шести, не больше. Они устало брели по направлению к переправе, но, поравнявшись с машиной, повернули ко мне. Высокий, сутуловатый мужчина, подойдя вплотную, сказал приглушенным баском:

— Здорово, браток!

— Здравствуй. — Я пожал протянутую мне большую, черствую руку.

Мужчина наклонился к мальчику, сказал:

— Поздоровайся с дядей, сынок. Он, видать, такой же шофер, как и твой папанька. Только мы с тобой на грузовой ездили, а он вот эту маленькую машину гоняет.

Глядя мне прямо в глаза светлыми, как небушко, глазами, чуть-чуть улыбаясь, мальчик смело протянул мне розовую холодную ручонку. Я легонько потряс ее, спросил:

— Что же это у тебя, старик, рука такая холодная? На дворе теплынь, а ты замерзаешь?

С трогательной детской доверчивостью малыш прижался к моим коленям, удивленно приподнял белесые бровки.

— Какой же я старик, дядя? Я вовсе мальчик, и я вовсе не замерзаю, а руки холодные — снежки катал потому что.

Сняв со спины тощий вещевой мешок, устало присаживаясь рядом со мною, отец сказал:

— Беда мне с этим пассажиром. Через него и я подбился. Широко шагнешь — он уже на рысь переходит, вот и изволь к такому пехотинцу приноравливаться. Там, где мне надо раз шагнуть, — я три раза шагаю, так и идем с ним враздробь, как конь с черепахой. А тут ведь за ним глаз да глаз нужен. Чуть отвернешься, а он уже по лужине бредет или леденику отломит и сосет вместо конфеты. Нет, не мужчинское это дело с такими пассажирами путешествовать, да еще походным порядком. — Он помолчал немного, потом спросил: — А ты что же, браток, свое начальство ждешь?

Мне было неудобно разуверять его в том, что я не шофер, и я ответил:

— Приходится ждать.

— С той стороны подъедут?

— Да.

— Не знаешь, скоро ли подойдет лодка?

— Часа через два.

— Порядком. Ну что ж, пока отдохнем, спешить мне некуда. А я иду мимо, гляжу: свой брат-шофер загорает. Дай, думаю, зайду, перекурим вместе. Одному-то и курить, и помирать тошно. А ты богато живешь, папироски куришь. Подмочил их, стало быть? Ну, брат, табак моченый, что конь леченый, никуда не годится. Давай-ка лучше моего крепачка закурим.

Он достал из кармана защитных летних штанов свернутый в трубку малиновый шелковый потертый кисет, развернул его, и я успел прочитать вышитую на уголке

надпись: «Дорогому бойцу от ученицы 6-го класса Лебе-
дянской средней школы».

Мы закурили крепчайшего самосада и долго молчали.
Я хотел было спросить, куда он идет с ребенком, какая
нужда его гонит в такую распутицу, но он опередил меня
вопросом:

— Ты что же, всю войну за баранкой?

— Почти всю.

— На фронте?

— Да.

— Ну, и мне там пришлось, браток, хлебнуть горюш-
ка по ноздри и выше.

Он положил на колени большие темные руки, сгор-
бился. Я сбоку взглянул на него, и мне стало что-то не по
себе... Видали вы когда-нибудь глаза, словно присыпанные пеплом, наполненные такой неизбывной смертной
тоской, что в них трудно смотреть? Вот такие глаза были
у моего случайного собеседника.

Выломав из плетня сухую искривленную хворостинку, он с минуту молча водил ею по песку, вычерчивая какие-то замысловатые фигуры, а потом заговорил:

— Иной раз не спишь ночью, глядишь в темноту пустыми глазами и думаешь: «За что же ты, жизнь, меня так
покалечила? За что так исказнила?» Нету мне ответа ни
в темноте, ни при ясном солнышке... Нету и не дождусь! — И вдруг спохватился: ласково подталкивая сынишку, сказал: — Пойди, милок, поиграйся возле воды,
у большой воды для ребятишек всегда какая-нибудь до-
быча найдется. Только, гляди, ноги не промочи!

Еще когда мы в молчании курили, я, украдкой рассматривая отца и сынишку, с удивлением отметил про
себя одно странное, на мой взгляд, обстоятельство.
Мальчик был одет просто, но добротно: и в том, как сидела на нем подбитая легкой, поношенной цигейкой
длиннополая курточка, и в том, что крохотные сапож-
ки были сшиты с расчетом надевать их на шерстяной
носок, и очень искусный шов на разорванном когда-то
рукаве курточки — все выдавало женскую заботу, уме-

лые материнские руки. А отец выглядел иначе: прожженный в нескольких местах ватник был небрежно и грубо заштопан, латка на выношенных защитных штанах не пришита как следует, а скорее наживлена широкими, мужскими стежками; на нем были почти новые солдатские ботинки, но плотные шерстяные носки изъедены молью, их не коснулась женская рука... Еще тогда я подумал: «Или вдовец, или живет не в ладах с женой».

Но вот он, проводив глазами сынишку, глухо покашлял, снова заговорил, и я весь превратился в слух.

— Поначалу жизнь моя была обыкновенная. Сам я уроженец Воронежской губернии, с тысяча девятьсотого года рождения. В гражданскую войну был в Красной армии, в дивизии Киквидзе. В голодный двадцать второй год подался на Кубань ишачить на кулаков, потому и уцелел. А отец с матерью и сестренкой дома померли от голода. Остался один. Родни — хоть шаром покати, — нигде, никого, ни одной души. Ну, через год вернулся с Кубани, хатенку продал, поехал в Воронеж. Поначалу работал в плотницкой артели, потом пошел на завод, выучился на слесаря. Вскорости женился. Жена воспитывалась в детском доме. Сиротка. Хорошая попалась мне девка! Смирная, веселая, угодливая и умница, не мне чета. Она с детства узнала, почем фунт лиха стоит, может, это и сказалось на ее характере. Со стороны глядеть — не так уж она была из себя видная, но ведь я-то не со стороны на нее глядел, а в упор. И не было для меня красивее и желанней ее, не было на свете и не будет!

Придешь с работы усталый, а иной раз и злой, как черт. Нет, на грубое слово она тебе не нагрубит в ответ. Ласковая, тихая, не знает, где тебя усадить, бьется, чтобы и при малом достатке сладкий кусок тебе сготовить. Смотришь на нее и отходишь сердцем, а спустя немного обнимешь ее, скажешь: «Прости, милая Иринка, нахамил я тебе. Понимаешь, с работой у меня нынче не заладилось». И опять у нас мир, и у меня покой на душе. А ты знаешь, браток, что это означает для работы? Утром я встаю как встрепанный, иду на завод, и любая работа у меня в руках кипит и спорится! Вот что это означает — иметь умную жену-подругу.

Приходилось кое-когда после получки и выпивать с товарищами. Кое-когда бывало и так, что идешь домой и такие кренделя ногами выписываешь, что со стороны небось глядеть страшно. Тесна тебе улица, да и шабаш, не говоря уже про переулки. Парень я был тогда здоровый и сильный, как дьявол, выпить мог много, а до дому всегда добирался на своих ногах. Но случалось иной раз и так, что последний перегон шел на первой скорости, то есть на четвереньках, однако же добирался. И опять же ни тебе упрека, ни крика, ни скандала. Только посмеивается моя Иринка, да и то осторожно, чтобы я спьяну не обиделся. Разует меня и шепчет: «Ложись к стенке, Андрюша, а то сонный упадешь с кровати». Ну, я, как куль с овсом, упаду, и все поплывет перед глазами. Только слышу сквозь сон, что она по голове меня тихонько гладит рукою и шепчет что-то ласковое, жалеет, значит...

Утром она меня часа за два до работы на ноги подымет, чтобы я размялся. Знает, что на похмелье я ничего есть не буду, ну, достанет огурец соленый или еще что-нибудь по легости, нальет граненый стаканчик водки. «Похмелись, Андрюша, только больше не надо, мой милый». Да разве же можно не оправдать такого доверия? Выпью, поблагодарю ее без слов, одними глазами, поцелую и пошел на работу, как миленький. А скажи она мне, хмельному, слово поперек, крикни или обругайся, и я бы, как бог свят, и на второй день напился. Так бывает в иных семьях, где жена дура; насмотрелся я на таких шалав, знаю.

Вскорости дети у нас пошли. Сначала сынишка родился, через года́ еще две девочки... Тут я от товарищей откололся. Всю получку домой несу, семья стала числом порядочная, не до выпивки. В выходной кружку пива выпью и на этом ставлю точку.

В двадцать девятом году завлекли меня машины. Изучил автодело, сел за баранку на грузовой. Потом втянулся и уже не захотел возвращаться на завод. За рулем показалось мне веселее. Так и прожил десять лет и не заметил, как они прошли. Прошли как будто во сне. Да что десять лет! Спроси у любого пожилого человека — приметил он, как жизнь прожил? Ни черта он не приметил! Прошлое — вот как та дальняя степь в дымке. Утром я шел по ней, все было ясно кругом, а отшагал двадцать километров, и вот уже затянула степь дымка, и отсюда уже не отличишь лес от бурьяна, пашню от травокоса...

Работал я эти десять лет и день и ночь. Зарабатывал хорошо, и жили мы не хуже людей. И дети радовали: все трое учились на «отлично», а старшенький, Анатолий, оказался таким способным к математике, что про него даже в центральной газете писали. Откуда у него проявился такой огромадный талант к этой науке, я и сам, браток, не знаю. Только очень мне это было лестно, и гордился я им, страсть как гордился!

За десять лет скопили мы немного деньжонок и перед войной поставили себе домишко об двух комнатах, с кладовкой и коридорчиком. Ирина купила двух коз. Чего еще больше надо? Дети кашу едят с молоком, крыша над головою есть, одеты, обуты, стало быть, все в порядке. Только построился я неловко. Отвели мне участок в шесть соток неподалеку от авиазавода. Будь моя хибарка в другом месте, может, и жизнь сложилась бы иначе...

А тут вот она, война. На второй день повестка из военкомата, а на третий — пожалуйста в эшелон. Провожали меня все четверо моих: Ирина, Анатолий и дочери — Настенька и Олюшка. Все ребята держались молодцом. Ну, у дочерей — не без того, посверкивали слезинки. Анатолий только плечами передергивал, как от холода, ему к тому времени уже семнадцатый год шел, а Ирина моя... Такой я ее за все семнадцать лет нашей совместной жизни ни разу не видал. Ночью у меня на плече и на груди рубаха от ее слез не просыхала, и утром такая же история... Пришли на вокзал, а я на нее от жалости глядеть не могу: губы от слез распухли, волосы из-под платка выбились, и глаза мутные, несмысленные, как у тронутого умом человека. Командиры объявляют посадку, а она упала мне на грудь, руки на моей шее сцепила и вся дрожит, будто подрубленное дерево... И детишки ее уговаривают, и я — ничего не помогает! Другие женщины с мужьями, с сыновьями разговаривают, а моя прижалась ко мне, как лист к ветке, и только вся дрожит, а слова вымолвить не может. Я и говорю ей: «Возьми же себя в руки, милая моя Иринка! Скажи мне хоть слово на прощанье». Она и говорит, и за каждым словом всхлипывает: «Родненький мой... Андрюша... не увидимся мы с тобой... больше... на этом... свете»...

Тут у самого от жалости к ней сердце на части разрывается, а тут она с такими словами. Должна бы понимать, что мне тоже нелегко с ними расставаться, не к теще на блины собрался. Зло меня тут взяло! Силой я разнял ее руки и легонько толкнул в плечи. Толкнул вроде легонько, а сила-то у меня была дурачья; она попятилась, шага три ступнула назад и опять ко мне идет мелкими шажками, руки протягивает, а я кричу ей: «Да разве же так прощаются? Что ты меня раньше времени заживо хоронишь?!» Ну, опять обнял ее, вижу, что она не в себе...

Он на полуслове резко оборвал рассказ, и в наступившей тишине я услышал, как у него что-то клокочет и булькает в горле. Чужое волнение передалось и мне. Искоса взглянул я на рассказчика, но ни единой слезинки не увидел в его словно бы мертвых, потухших глазах. Он сидел, понуро склонив голову, только большие, безвольно опущенные руки мелко дрожали, дрожал подбородок, дрожали твердые губы...

— Не надо, друг, не вспоминай! — тихо проговорил я, но он, наверное, не слышал моих слов и, каким-то огромным усилием воли поборов волнение, вдруг сказал охрипшим, странно изменившимся голосом:

— До самой смерти, до последнего моего часа, помирать буду, а не прощу себе, что тогда ее оттолкнул!..

Он снова и надолго замолчал. Пытался свернуть папиросу, но газетная бумага рвалась, табак сыпался на колени. Наконец он все же кое-как сделал крученку, несколько раз жадно затянулся и, покашливая, продолжал:

— Оторвался я от Ирины, взял ее лицо в ладони, целую, а у нее губы как лед. С детишками попрощался, бегу к вагону, уже на ходу вскочил на подножку. Поезд взял с места тихо-тихо; проезжать мне — мимо своих. Гляжу, детишки мои осиротелые в кучку сбились, руками мне машут, хотят улыбаться, а оно не выходит. А Ирина прижала руки к груди; губы белые как мел, что-то она ими шепчет, смотрит на меня, не сморгнет, а сама вся вперед клонится, будто хочет шагнуть против сильного ветра... Такой она и в памяти мне на всю жизнь осталась: руки, прижатые к груди, белые губы и широко раскрытые глаза, полные слез... По большей части такой я ее и во сне всегда вижу... Зачем я ее тогда оттолкнул? Сердце до сих пор, как вспомню, будто тупым ножом режут...

Формировали нас под Белой Церковью, на Украине. Дали мне ЗИС-5. На нем и поехал на фронт. Ну, про войну тебе нечего рассказывать, сам видал и знаешь, как оно было поначалу. От своих письма получал часто, а сам крылатки посылал редко. Бывало, напишешь, что, мол, все в порядке, помаленьку воюем, и хотя сейчас отступаем, но скоро соберемся с силами и тогда дадим фрицам прикурить. А что еще можно было писать? Тошное время было, не до писаний было. Да и признаться, и сам я не охотник был на жалобных струнах играть и терпеть не мог этаких слюнявых, какие каждый день, к делу и не к делу, женам и милахам писали, сопли по бумаге размазывали. Трудно, дескать, ему, тяжело, того и гляди убьют. И вот он, сука в штанах, жалуется, сочувствия ищет, слюнявится, а того не хочет понять, что этим разнесчастным бабенкам и детишкам не слаже нашего в тылу приходилось. Вся держава на них оперлась! Какие же это плечи нашим женщинам и детишкам надо было иметь, чтобы под такой тяжестью не согнуться? А вот не согнулись, выстояли! А такой хлюст, мокрая душонка, напишет жалостное письмо — и трудящую женщину, как рюхой под ноги. Она после этого письма, горемыка, и руки опустит, и работа ей не в работу. Нет! На то ты и мужчина, на то ты и солдат, чтобы все вытерпеть, все снести, если к этому нужда позвала. А если в тебе бабьей закваски больше, чем мужской, то надевай юбку со сборками, чтобы свой тощий зад прикрыть попышнее, чтобы хоть сзади на бабу был похож, и ступай свеклу полоть или коров доить, а на фронте ты такой не нужен, там и без тебя вони много!

Только не пришлось мне и года повоевать... Два раза за это время был ранен, но оба раза по легости: один раз — в мякоть руки, другой — в ногу; первый раз — пулей с самолета, другой — осколком снаряда. Дырявил немец мою машину и сверху, и с боков, но мне, браток, везло на первых порах. Везло-везло, да и довезло до самой ручки... Попал я в плен под Лозовеньками в мае сорок второго года при таком неловком случае: немец тогда здорово наступал, и оказалась одна наша стодвадцатидвух-миллиметровая гаубичная батарея почти без снарядов; нагрузили мою машину снарядами по самую завязку, и сам я на погрузке работал так, что гимнастерка к лопаткам прикипала. Надо было сильно спешить потому, что бой приближался к нам: слева чьи-то танки гремят, справа стрельба идет, впереди стрельба, и уже начало попахивать жареным...

Командир нашей автороты спрашивает: «Проскочишь, Соколов?» А тут и спрашивать нечего было. Там товарищи мои, может, погибают, а я тут чухаться буду? «Какой разговор! — отвечаю ему. — Я должен проскочить, и баста!» — «Ну, — говорит, — дуй! Жми на всю железку!»

Я и подул. В жизни так не ездил, как на этот раз! Знал, что не картошку везу, что с этим грузом осторожность в езде нужна, но какая же тут может быть осторожность, когда там ребята с пустыми руками воюют, когда дорога вся насквозь артогнем простреливается. Пробежал километров шесть, скоро мне уже на проселок сворачивать, чтобы пробраться к балке, где батарея стояла, а тут гляжу — мать честная — пехотка наша и справа и слева от грейдера по чистому полю сыплет, и уже мины рвутся по их порядкам. Что мне делать? Не поворачивать же назад? Давлю вовсю! И до батареи остался какой-нибудь километр, уже свернул я на проселок, а добраться до своих мне, браток, не пришлось... Видно, из дальнобойного тяжелый положил он мне возле машины. Не слыхал я ни разрыва, ничего, только в голове будто что-то лопнуло, и больше ничего не помню. Как остался я живой тогда — не понимаю, и сколько времени пролежал метрах в восьми от кювета — не соображу. Очнулся, а встать на ноги не могу: голова у меня дергается, всего трясет, будто в лихорадке, в глазах темень, в левом плече что-то скрипит и похрустывает, и боль во всем теле такая, как, скажи, меня двое суток подряд били чем попадя. Долго я по земле на животе елозил, но кое-как встал. Однако опять же ничего не пойму, где я и что со мной стряслось. Память-то мне начисто отшибло. А обратно лечь боюсь. Боюсь, что лягу и больше не встану, помру. Стою и качаюсь из стороны в сторону, как тополь в бурю.

Когда пришел в себя, опомнился и огляделся как следует, — сердце будто кто-то плоскогубцами сжал: кругом снаряды валяются, какие я вез, неподалеку моя машина, вся в клочья побитая, лежит вверх колесами, а бой-то, бой-то уже сзади меня идет... Это как?

Нечего греха таить, вот тут-то у меня ноги сами собою подкосились, и я упал как срезанный, потому что понял, что я — уже в окружении, а скорее сказать — в плену у фашистов. Вот как оно на войне бывает...

Ох, браток, нелегкое это дело понять, что ты не по своей воле в плену. Кто этого на своей шкуре не испытал, тому не сразу в душу въедешь, чтобы до него по-человечески дошло, чтó означает эта штука.

Ну, вот, стало быть, лежу я и слышу: танки гремят. Четыре немецких средних танка на полном газу прошли мимо меня туда, откуда я со снарядами выехал... Каково это было переживать? Потом тягачи с пушками потянулись, полевая кухня проехала, потом пехота пошла, не густо, так, не больше одной битой роты. Погляжу, погляжу на них краем глаза и опять прижмусь щекой к земле, глаза закрою: тошно мне на них глядеть, и на сердце тошно...

Думал, все прошли, приподнял голову, а их шесть автоматчиков — вот они, шагают метрах в ста от меня. Гляжу, сворачивают с дороги и прямо ко мне. Идут молчком. «Вот, — думаю, — и смерть моя на подходе». Я сел, неохота лежа помирать, потом встал. Один из них, не доходя шагов нескольких, плечом дернул, автомат снял. И вот как потешно человек устроен: никакой паники, ни сердечной робости в эту минуту у меня не было. Только гляжу на него и думаю: «Сейчас даст он по мне короткую очередь, а куда будет бить? В голову или поперек груди?» Как будто мне это не один черт, какое место он в моем теле прострочит.

Молодой парень, собою ладный такой, чернявый, а губы тонкие, в нитку, и глаза с прищуром. «Этот убьет и не задумается», — соображаю про себя. Так оно и есть: вскинул автомат — я ему прямо в глаза гляжу, молчу, а другой, ефрейтор, что ли, постарше его возрастом, можно сказать пожилой, что-то крикнул, отодвинул его в сторону, подошел ко мне, лопочет по-своему и правую руку мою в локте сгибает, мускул, значит, щупает. Попробовал и говорит: «О-о-о!» — и показывает на дорогу, на заход солнца. Топай, мол, рабочая скотинка, трудиться на наш райх. Хозяином оказался, сукин сын!

Но чернявый присмотрелся на мои сапоги, а они у меня с виду были добрые, показывает рукой: «Сымай». Сел я на землю, снял сапоги, подаю ему. Он их из рук у меня прямо-таки выхватил. Размотал я портянки, протягиваю ему, а сам гляжу на него снизу вверх. Но он заорал, заругался по-своему и опять за автомат хватается. Остальные ржут. С тем по-мирному и отошли. Только этот чернявый, пока дошел до дороги, раза три оглянулся на меня, глазами сверкает, как волчонок, злится, а чего? Будто я с него сапоги снял, а не он с меня.

Что ж, браток, деваться мне было некуда. Вышел я на дорогу, выругался страшным кучерявым воронежским матом и зашагал на запад, в плен!.. А ходок тогда из меня был никудышный, в час по километру, не больше. Ты хочешь вперед шагнуть, а тебя из стороны в сторону качает, возит по дороге, как пьяного. Прошел немного, и догоняет меня колонна наших пленных, из той же дивизии, в какой я был. Гонят их человек десять немецких автоматчиков. Тот, какой впереди колонны шел, поравнялся со мною и, не говоря худого слова, наотмашь хлыстнул меня ручкой автомата по голове. Упади я, — и он пришил бы меня к земле очередью, но наши подхватили меня на лету, затолкали в средину и с полчаса вели под руки. А когда я очухался, один из них шепчет: «Боже тебя упаси падать! Иди из последних сил, а не то убьют». И я из последних сил, но пошел.

Как только солнце село, немцы усилили конвой, на грузовой подкинули еще человек двадцать автоматчиков, погнали нас ускоренным маршем. Сильно раненные наши не могли поспевать за остальными, и их пристреливали прямо на дороге. Двое попытались бежать, а того не учли, что в лунную ночь тебя в чистом поле черт-те насколько видно, ну, конечно, и этих постреляли. В полночь пришли мы в какое-то полусожженное село. Ночевать загнали нас в церковь с разбитым куполом. На каменном полу — ни клочка соломы, а все мы без шинелей, в одних гимнастерках и штанах, так что постелить и разу нечего. Кое на ком даже и гимнастеррок не было, одни бязевые исподние рубашки. В большинстве это были младшие командиры. Гимнастерки они посымали, чтобы их от рядовых нельзя было отличить. И еще артиллерийская прислуга была без гимнастерок. Как работали возле орудий растелешенные, так и в плен попали.

Ночью полил такой сильный дождь, что все мы промокли насквозь. Тут купол снесло тяжелым снарядом или бомбой с самолета, а тут крыша вся начисто побитая осколками, сухого места даже в алтаре не найдешь. Так всю ночь и прослонялись мы в этой церкви, как овцы в темном котухе. Среди ночи слышу, кто-то трогает меня за руку, спрашивает: «Товарищ, ты не ранен?» Отвечаю ему: «А тебе что надо, браток?» Он и говорит: «Я — военврач, может быть, могу тебе чем-нибудь помочь?» Я пожаловался ему, что у меня левое плечо скрипит и пухнет и ужасно как болит. Он твердо так говорит: «Сымай гимнастерку и нижнюю рубашку». Я снял все это с себя, он и начал руку в плече прощупывать своими тонкими пальцами, да так, что я света не взвидел. Скриплю зубами и говорю ему: «Ты, видно, ветеринар, а не людской доктор. Что же ты по больному месту давишь так, бессердечный ты человек?» А он все щупает и злобно так отвечает: «Твое дело помалкивать! Тоже мне, разговорчики затеял. Держись, сейчас еще больнее будет». Да с тем как дернет мою руку, аж красные искры у меня из глаз посыпались.

Опомнился я и спрашиваю: «Ты что же делаешь, фашист несчастный? У меня рука вдребезги разбитая, а ты ее так рванул». Слышу, он засмеялся потихоньку и говорит: «Думал, что ты меня ударишь с правой, но ты, оказывается, смирный парень. А рука у тебя не разбита, а выбита была, вот я ее на место и поставил. Ну, как теперь, полегче тебе?» И в самом деле, чувствую по себе, что боль куда-то уходит. Поблагодарил я его душевно, и он дальше пошел в темноте, потихоньку спрашивает: «Раненые есть?» Вот что значит настоящий доктор! Он и в плену и в потемках свое великое дело делал.

Беспокойная это была ночь. До ветру не пускали, об этом старший конвоя предупредил, еще когда попарно загоняли нас в церковь. И, как на грех, приспичило одному богомольному из наших выйти по нужде. Крепился-

крепился он, а потом заплакал. «Не могу, — говорит, — осквернять святой храм! Я же верующий, я христианин! Что мне делать, братцы?» А наши, знаешь, какой народ? Одни смеются, другие ругаются, третьи всякие шуточные советы ему дают. Развеселил он всех нас, а кончилась эта канитель очень даже плохо: начал он стучать в дверь и просить, чтобы его выпустили. Ну, и допросился: дал фашист через дверь, во всю ее ширину, длинную очередь, и богомольца этого убил, и еще трех человек, а одного тяжело ранил, к утру он скончался.

Убитых сложили мы в одно место, присели все, притихли и призадумались: начало-то не очень веселое... А немного погодя заговорили вполголоса, зашептались: кто откуда, какой области, как в плен попал; в темноте товарищи из одного взвода или знакомцы из одной роты порастерялись, начали один одного потихоньку окликать. И слышу я рядом с собой такой тихий разговор. Один говорит: «Если завтра, перед тем как гнать нас дальше, нас выстроят и будут выкликать комиссаров, коммунистов и евреев, то ты, взводный, не прячься! Из этого дела у тебя ничего не выйдет. Ты думаешь, если гимнастерку снял, так за рядового сойдешь? Не выйдет! Я за тебя отвечать не намерен. Я первый укажу на тебя! Я же знаю, что ты коммунист и меня агитировал вступать в партию, вот и отвечай за свои дела». Это говорит ближний ко мне, какой рядом со мной сидит, слева, а с другой стороны от него чей-то молодой голос отвечает: «Я всегда подозревал, что ты, Крыжнев, нехороший человек. Особенно, когда ты отказался вступать в партию, ссылаясь на свою неграмотность. Но никогда я не думал, что ты сможешь стать предателем. Ведь ты же окончил семилетку?» Тот лениво так отвечает своему взводному: «Ну, окончил, и что из этого?» Долго они молчали, потом, по голосу, взводный тихо так говорит: «Не выдавай меня, товарищ Крыжнев». А тот засмеялся тихонько. «Товарищи, — говорит, — остались за линией фронта, а я тебе не товарищ, и ты меня не проси, все равно укажу на тебя. Своя рубашка к телу ближе».

Замолчали они, а меня озноб колотит от такой подлючности. «Нет, — думаю, — не дам я тебе, сучьему сыну, выдать своего командира! Ты у меня из этой церкви не выйдешь, а вытянут тебя, как падлу, за ноги!» Чуть-чуть рассвело — вижу: рядом со мной лежит на спине мордатый парень, руки за голову закинул, а около него сидит в одной исподней рубашке, колени обнял, худенький такой, курносенький парнишка, и очень собою бледный. «Ну, — думаю, — не справится этот парнишка с таким толстым мерином. Придется мне его кончать».

Тронул я его рукою, спрашиваю шепотом: «Ты — взводный?» Он ничего не ответил, только головою кивнул. «Этот хочет тебя выдать?» — показываю я на лежачего парня. Он обратно головою кивнул. «Ну, — говорю, — держи ему ноги, чтобы не брыкался! Да поживей!» — а сам упал на этого парня, и замерли мои пальцы у него на глотке. Он и крикнуть не успел. Подержал его под собой минут несколько, приподнялся. Готов предатель, и язык на боку!

До того мне стало нехорошо после этого, и страшно захотелось руки помыть, будто я не человека, а какого-то гада ползучего душил... Первый раз в жизни убил, и то своего... Да какой же он свой? Он же хуже чужого, предатель. Встал и говорю взводному: «Пойдем отсюда, товарищ, церковь велика».

Как и говорил этот Крыжнев, утром всех нас выстроили возле церкви, оцепили автоматчиками, и трое эсэсовских офицеров начали отбирать вредных им людей. Спросили, кто коммунисты, командиры, комиссары, но таковых не оказалось. Не оказалось и сволочи, какая могла бы выдать, потому что и коммунистов среди нас было чуть не половина, и командиры были, и, само собою, и комиссары были. Только четырех и взяли из двухсот с лишним человек. Одного еврея и трех русских рядовых. Русские попали в беду потому, что все трое были чернявые и с кучерявинкой в волосах. Вот подходят к такому, спрашивают: «Юде?» Он говорит, что русский, но его и слушать не хотят. «Выходи» — и все.

Расстреляли этих бедолаг, а нас погнали дальше. Взводный, с каким мы предателя придушили, до самой Познани возле меня держался и в первый день нет-нет да и пожмет мне на ходу руку. В Познани нас разлучили по одной такой причине.

Видишь, какое дело, браток, еще с первого дня задумал я уходить к своим. Но уходить хотел наверняка. До самой Познани, где разместили нас в настоящем лагере, ни разу не предоставился мне подходящий случай. А в Познанском лагере вроде такой случай нашелся: в конце мая послали нас в лесок возле лагеря рыть могилы для наших же умерших военнопленных, много тогда нашего брата мерло от дизентерии; рою я познанскую глину, а сам посматриваю кругом и вот приметил, что двое наших охранников сели закусывать, а третий придремал на солнышке. Бросил я лопату и тихо пошел за куст... А потом — бегом, держу прямо на восход солнца...

Видать, не скоро они спохватились, мои охранники. А вот откуда у меня, у такого тощалого, силы взялись, чтобы пройти за сутки почти сорок километров, — сам не знаю. Только ничего у меня не вышло из моего мечтания: на четвертые сутки, когда я был уже далеко от проклятого лагеря, поймали меня. Собаки сыскные шли по моему следу, они меня и нашли в некошеном овсе. На заре побоялся я идти чистым полем, а до леса было не меньше трех километров, я и залег в овсе на дневку. Намял в ладонях зерен, пожевал немного и в карманы насыпал про запас и вот слышу собачий брех, и мотоцикл трещит... Оборвалось у меня сердце, потому что собаки все ближе голоса подают. Лег я плашмя и закрылся руками, чтобы они мне хоть лицо не обгрызли. Ну, добежали и в одну минуту спустили с меня все мое рванье. Остался в чем мать родила. Катали они меня по овсу, как хотели, и под конец один кобель стал мне на грудь передними лапами и целится в глотку, но пока еще не трогает.

На двух мотоциклах подъехали немцы. Сначала сами били в полную волю, а потом натравили на меня собак, и с меня только кожа с мясом полетели клочьями. Голого, всего в крови и привезли в лагерь. Месяц отсидел в карцере за побег, но все-таки живой... живой я остался!..

Тяжело мне, браток, вспоминать, а еще тяжелее рассказывать о том, что довелось пережить в плену. Как вспомнишь нелюдские муки, какие пришлось вынести там, в Германии, как вспомнишь всех друзей-товарищей, какие погибли, замученные там, в лагерях, — сердце уже не в груди, а в глотке бьется, и трудно становится дышать...

Куда меня только не гоняли за два года плена! Половину Германии объехал за это время: и в Саксонии был, на силикатном заводе работал, и в Рурской области на шахте уголек откатывал, и в Баварии на земляных работах горб наживал, и в Тюрингии побыл, и черт-те где только не пришлось по немецкой земле походить. Природа везде там, браток, разная, но стреляли и били нашего брата везде одинаково. А били богом проклятые гады и паразиты так, как у нас сроду животину не бьют. И кулаками били, и ногами топтали, и резиновыми палками били, и всяческим железом, какое под руку попадется, не говоря уже про винтовочные приклады и прочее дерево.

Били за то, что ты — русский, за то, что на белый свет еще смотришь, за то, что на них, сволочей, работаешь. Били и за то, что не так взглянешь, не так ступнешь, не так повернешься. Били запросто, для того чтобы когда-нибудь да убить до смерти, чтобы захлебнулся своей последней кровью и подох от побоев. Печей-то, наверное, на всех нас не хватало в Германии.

И кормили везде, как есть, одинаково: полтораста грамм эрзац-хлеба пополам с опилками и жидкая баланда из брюквы. Кипяток — где давали, а где нет. Да что там говорить, суди сам: до войны весил я восемьдесят шесть килограмм, а к осени тянул уже не больше пятидесяти. Одна кожа осталась на костях, да и кости-то свои носить было не под силу. А работу давай, и слова не скажи, да такую работу, что ломовой лошади и то не в пору.

В начале сентября из лагеря под городом Кюстрином перебросили нас, сто сорок два человека советских военнопленных, в лагерь Б-14, неподалеку от Дрездена. К тому времени в этом лагере было около двух тысяч наших. Все работали на каменном карьере, вручную долбили, резали, крошили немецкий камень. Норма — четыре кубометра в день на душу, заметь, на такую душу, какая и без этого чуть-чуть, на одной ниточке в теле держалась. Тут и началось: через два месяца от ста сорока двух человек нашего эшелона осталось нас пятьдесят семь. Это как, браток? Лихо? Тут своих не успеваешь хоронить, а тут слух по лагерю идет, будто немцы уже Сталинград взяли и прут дальше, на Сибирь. Одно горе к другому, да так гнут, что глаз от земли не подымаешь, вроде и ты туда, в чужую, немецкую землю, просишься. А лагерная охрана каждый день пьет, песни горланят, радуются, ликуют.

И вот как-то вечером вернулись мы в барак с работы. Целый день дождь шел, лохмотья на нас хоть выжми; все мы на холодном ветру продрогли как собаки, зуб на зуб не попадает. А обсушиться негде, согреться — то же самое, и к тому же голодные не то что до смерти, а даже еще хуже. Но вечером нам еды не полагалось.

Снял я с себя мокрое рванье, кинул на нары и говорю: «Им по четыре кубометра выработки надо, а на могилу каждому из нас и одного кубометра через глаза хватит». Только и сказал, но ведь нашелся же из своих какой-то подлец, донес коменданту лагеря про эти мои горькие слова.

Комендантом лагеря, или, по-ихнему, лагерфюрером, был у нас немец Мюллер. Невысокого роста, плотный, белобрысый и сам весь какой-то белый: и волосы на голове белые, и брови, и ресницы, даже глаза у него были белесые, навыкате. По-русски говорил, как мы с тобой, да еще на «о» налегал, будто коренной волжанин. А матершинничать был мастер ужасный. И где он, проклятый, только и учился этому ремеслу? Бывало, выстроит нас перед блоком — барак они так называли, — идет перед строем со своей сворой эсэсовцев, правую руку держит на отлете. Она у него в кожаной перчатке, а в перчатке свинцовая прокладка, чтобы пальцев не повредить. Идет и бьет каждого второго в нос, кровь пускает. Это он называл «профилактикой от гриппа». И так каждый день. Всего четыре блока в лагере было, и вот он нынче первому блоку «профилактику» устраивает, завтра второму и так далее. Аккуратный был гад, без выходных работал. Только одного он, дурак, не мог сообразить: перед тем как идти ему руки прикладывать, он, чтобы распалить себя, минут десять перед строем ругается. Он матершинничает почем зря, а нам от этого легче становится: вроде слова-то наши, природные, вроде ветерком с родной стороны подувает... Знал бы он, что его ругань нам одно удовольствие доставляет, — уж он по-русски не ругался бы, а только на своем языке. Лишь один мой приятель-москвич злился на него страшно. «Когда он ругается, — говорит, — я глаза закрою и вроде в Москве, на Зацепе, в пивной сижу, и до того мне пива захочется, что даже голова закружится».

Так вот этот самый комендант на другой день после того, как я про кубометры сказал, вызывает меня. Вечером приходят в барак переводчик и с ним два охранника. «Кто Соколов Андрей?» Я отозвался. «Марш за нами, тебя сам герр лагерфюрер требует». Понятно, зачем требует. На распыл. Попрощался я с товарищами, все они знали, что на смерть иду, вздохнул и пошел. Иду по лагерному двору, на звезды поглядываю, прощаюсь и с ними, думаю: «Вот и отмучился ты, Андрей Соколов, а по-лагерному — номер триста тридцать первый». Что-то жалко стало Иринку и детишек, а потом жаль эта утихла и стал я собираться с духом, чтобы глянуть в дырку пистолета бесстрашно, как и подобает солдату, чтобы враги не увидали в последнюю мою минуту, что мне с жизнью расставаться все-таки трудно...

В комендантской — цветы на окнах, чистенько, как у нас в хорошем клубе. За столом — все лагерное начальство. Пять человек сидят, шнапс глушат и салом закусывают. На столе у них початая здоровенная бутыль со шнапсом, хлеб, сало, моченые яблоки, открытые банки с разными консервами. Мигом оглядел я всю эту жратву, и — не поверишь — так меня замутило, что за малым не вырвало. Я же голодный, как волк, отвык от человеческой пищи, а тут столько добра перед тобою... Кое-как задавил тошноту, но глаза оторвал от стола через великую силу.

Прямо передо мною сидит полупьяный Мюллер, пистолетом играется, перекидывает его из руки в руку, а сам смотрит на меня и не моргнет, как змея. Ну, я руки по швам, стоптанными каблуками щелкнул, громко так докладываю: «Военнопленный Андрей Соколов по вашему приказанию, герр комендант, явился». Он и спрашивает меня: «Так что же, русс Иван, четыре кубометра выработки — это много?» — «Так точно, — говорю, — герр комендант, много». — «А одного тебе на могилу хватит?» — «Так точно, герр комендант, вполне хватит и даже останется».

Он встал и говорит: «Я окажу тебе великую честь, сейчас лично расстреляю тебя за эти слова. Здесь неудобно, пойдем во двор, там ты и распишешься». — «Воля ваша», — говорю ему. Он постоял, подумал, а потом кинул пистолет на стол и наливает полный стакан шнапса, кусочек хлеба взял, положил на него ломтик сала и все это подает мне и говорит: «Перед смертью выпей, русс Иван, за победу немецкого оружия».

Я было из его рук и стакан взял, и закуску, но как только услыхал эти слова, — меня будто огнем обожгло! Думаю про себя: «Чтобы я, русский солдат, да стал пить за победу немецкого оружия?! А кое-чего ты не хочешь, герр комендант? Один черт мне умирать, так провались ты пропадом со своей водкой!»

Поставил я стакан на стол, закуску положил и говорю: «Благодарствую за угощение, но я непьющий». Он улыбается: «Не хочешь пить за нашу победу? В таком случае выпей за свою погибель». А что мне было терять? «За свою погибель и избавление от мук я выпью», — говорю ему. С тем взял стакан и в два глотка вылил его в себя, а закуску не тронул, вежливенько вытер губы ладонью и говорю: «Благодарствую за угощение. Я готов, герр комендант, пойдемте, распишите меня».

Но он смотрит внимательно так и говорит: «Ты хоть закуси перед смертью». Я ему на это отвечаю: «Я после первого стакана не закусываю». Наливает он второй, подает мне. Выпил я и второй и опять же закуску не трогаю, на отвагу бью, думаю: «Хоть напьюсь перед тем, как во двор идти, с жизнью расставаться». Высоко поднял комендант свои белые брови, спрашивает: «Что же не закусываешь, русс Иван? Не стесняйся!» А я ему свое: «Извините, герр комендант, я и после второго стакана не привык закусывать». Надул он щеки, фыркнул, а потом как захохочет и сквозь смех что-то быстро говорит по-немецки: видно, переводит мои слова друзьям. Те тоже рассмеялись, стульями задвигали, поворачиваются ко мне мордами и уже, замечаю, как-то иначе на меня поглядывают, вроде помягче.

Наливает мне комендант третий стакан, а у самого руки трясутся от смеха. Этот стакан я выпил врастяжку, откусил маленький кусочек хлеба, остаток положил на стол. Захотелось мне им, проклятым, показать, что хотя я и с голоду пропадаю, но давиться ихней подачкой не собираюсь, что у меня есть свое, русское достоинство и гордость и что в скотину они меня не превратили, как ни старались.

После этого комендант стал серьезный с виду, поправил у себя на груди два железных креста, вышел из-за стола безоружный и говорит: «Вот что, Соколов, ты — настоящий русский солдат. Ты храбрый солдат. Я — тоже солдат и уважаю достойных противников. Стрелять я тебя не буду. К тому же сегодня наши доблестные войска вышли к Волге и целиком овладели Сталинградом. Это для нас большая радость, а потому я великодушно дарю тебе жизнь. Ступай в свой блок, а это тебе за смелость», — и подает мне со стола небольшую буханку хлеба и кусок сала.

Прижал я хлеб к себе изо всей силы, сало в левой руке держу и до того растерялся от такого неожиданного поворота, что и спасибо не сказал, сделал налево кругом, иду к выходу, а сам думаю: «Засветит он мне сейчас промеж лопаток, и не донесу ребятам этих харчей». Нет, обошлось. И на этот раз смерть мимо меня прошла, только холодком от нее потянуло...

Вышел я из комендантской на твердых ногах, а во дворе меня развезло. Ввалился в барак и упал на цементованный пол без памяти. Разбудили меня наши еще в потемках: «Рассказывай!» Ну, я припомнил, что было в комендантской, рассказал им. «Как будем харчи делить?» — спрашивает мой сосед по нарам, а у самого голос дрожит. «Всем поровну», — говорю ему. Дождались рассвета. Хлеб и сало резали суровой ниткой. Досталось каждому хлеба по кусочку со спичечную коробку, каждую крошку брали на учет, ну, а сала, сам понимаешь, — только губы помазать. Однако поделил без обиды.

Вскорости перебросили нас, человек триста самых крепких, на осушку болот, потом — в Рурскую область на шахты. Там и пробыл я до сорок четвертого года. К этому времени наши уже своротили Германии скулу набок и фашисты перестали пленными брезговать. Как-то выстроили нас, всю дневную смену, и какой-то приезжий обер-лейтенант говорит через переводчика: «Кто служил в армии или до войны работал шофером — шаг вперед». Шагнуло нас семь человек бывшей шоферни. Дали нам поношенную спецовку, направили под конвоем в город Потсдам. Приехали туда, и растрясли нас всех врозь. Меня определили работать в «Тодте» — была у немцев такая шарашкина контора по строительству дорог и оборонительных сооружений.

Возил я на «оппель-адмирале» немца-инженера в чине майора армии. Ох, и толстый же был фашист! Маленький, пузатый, что в ширину, что в длину одинаковый и в заду плечистый, как справная баба. Спереди у него над воротником мундира три подбородка висят и позади на шее три толстючих складки. На нем, я так определял, не менее трех пудов чистого жиру было. Ходит, пыхтит, как паровоз, а жрать сядет — только держись! Целый день, бывало, жует да коньяк из фляжки потягивает. Кое-когда и мне от него перепадало: в дороге остановится, колбасы нарежет, сыру, закусывает и выпивает; когда в добром духе — и мне кусок кинет, как собаке. В руки никогда не давал, нет, считал это для себя за низкое. Но как бы то ни было, а с лагерем же не сравнить, и понемногу стал я запохаживаться на человека, помалу, но стал поправляться.

Недели две возил я своего майора из Потсдама в Берлин и обратно, а потом послали его в прифронтовую полосу на строительство оборонительных рубежей против наших. И тут я спать окончательно разучился: ночи напролет думал, как бы мне к своим, на родину сбежать.

Приехали мы в город Полоцк. На заре услыхал я в первый раз за два года, как громыхает наша артиллерия, и знаешь, браток, как сердце забилось? Холостой еще ходил к Ирине на свиданья, и то оно так не стучало! Бои шли восточнее Полоцка уже километрах в восемнадцати. Немцы в городе злые стали, нервные, а толстяк мой все чаще стал напиваться. Днем за городом с ним ездим, и он распоряжается, как укрепления строить, а ночью в одиночку пьет. Опух весь, под глазами мешки повисли...

«Ну, — думаю, — ждать больше нечего, пришел мой час! И надо не одному мне бежать, а прихватить с собою и моего толстяка, он нашим сгодится!»

Нашел в развалинах двухкилограммовую гирьку, обмотал ее обтирочным тряпьем, на случай, если придется ударить, чтобы крови не было, кусок телефонного провода поднял на дороге, все, что мне надо, усердно приготовил, схоронил под переднее сиденье. За два дня перед тем как распрощался с немцами, вечером еду с заправки, вижу, идет пьяный, как грязь, немецкий унтер, за стенку руками держится. Остановил я машину, завел его в развалины и вытряхнул из мундира, пилотку с головы снял. Все это имущество тоже под сиденье сунул и был таков.

Утром двадцать девятого июня приказывает мой майор везти его за город, в направлении Тросницы. Там он руководил постройкой укреплений. Выехали. Майор на заднем сиденье спокойно дремлет, а у меня сердце из груди чуть не выскакивает. Ехал я быстро, но за городом сбавил газ, потом остановил машину, вылез, огляделся: далеко сзади две грузовых тянутся. Достал я гирьку, открыл дверцу пошире. Толстяк откинулся на спинку сиденья, похрапывает, будто у жены под боком. Ну, я его тюкнул гирькой в левый висок. Он и голову уронил. Для верности я его еще раз стукнул, но убивать до смерти не захотел. Мне его живого надо было доставить, он нашим должен был много кое-чего порассказать. Вынул я у него из кобуры «парабеллум», сунул себе в карман, монтировку вбил за спинку заднего сиденья, телефонный провод накинул на шею майору и завязал глухим узлом на монтировке. Это чтобы он не свалился на бок, не упал при быстрой езде. Скоренько напялил на себя мундир и пилотку, ну, и погнал машину прямиком туда, где земля гудит, где бой идет.

Немецкий передний край проскакивал меж двух дзотов. Из блиндажа автоматчики выскочили, и я нарочно сбавил ход, чтобы они видели, что майор едет. Но они крик подняли, руками махают, мол, туда ехать нельзя, а я будто не понимаю, подкинул газку и пошел на все восемьдесят. Пока они опомнились и начали бить из пулеметов по машине, а я уже на ничьей земле между воронками петляю не хуже зайца.

Тут немцы сзади бьют, а тут свои очертели, из автоматов мне навстречу строчат. В четырех местах ветровое стекло пробили, радиатор пропороли пулями... Но вот уже лесок над озером, наши бегут к машине, а я вскочил в этот лесок, дверцу открыл, упал на землю и целую ее, и дышать мне нечем...

Молодой парнишка, на гимнастерке у него защитные погоны, каких я еще в глаза не видал, первым подбегает ко мне, зубы скалит: «Ага, чертов фриц, заблудился?» Рванул я с себя немецкий мундир, пилотку под ноги кинул и говорю ему: «Милый ты мой губошлеп! Сынок дорогой! Какой же я тебе фриц, когда я природный воронежец? В плену я был, понятно? А сейчас отвяжите этого борова, какой в машине сидит, возьмите его портфель и ведите меня к вашему командиру». Сдал я им пистолет и пошел из рук в руки, а к вечеру очутился уже у полковника — командира дивизии. К этому времени меня и накормили, и в баню сводили, и допросили, и обмундирование выдали, так что явился я в блиндаж к полковнику, как и полагается, душой и телом чистый, и в полной форме. Полковник встал из-за стола, пошел мне навстречу. При всех офицерах обнял и говорит: «Спасибо тебе, солдат, за дорогой гостинец, какой привез от немцев. Твой майор с его портфелем нам дороже двадцати «языков». Буду ходатайствовать перед командованием о представлении тебя к правительственной награде». А я от этих слов его, от ласки, сильно волнуюсь, губы дрожат, не повинуются, только и мог из себя выдавить: «Прошу, товарищ полковник, зачислить меня в стрелковую часть». Но полковник засмеялся, похлопал меня по плечу: «Какой из тебя вояка, если ты на ногах еле держишься? Сегодня же отправлю тебя в госпиталь. Подлечат тебя там, подкормят, после этого домой к семье на месяц в отпуск съездишь, а когда вернешься к нам, посмотрим, куда тебя определить».

И полковник, и все офицеры, какие у него в блиндаже были, душевно попрощались со мной за руку, и я вышел окончательно разволнованный, потому что за два года отвык от человеческого обращения. И заметь, браток, что еще долго я, как только с начальством приходилось говорить, по привычке невольно голову в плечи втягивал, вроде боялся, что ли, как бы меня не ударили. Вот как образовали нас в фашистских лагерях...

Из госпиталя сразу же написал Ирине письмо. Описал все коротко, как был в плену, как бежал вместе с немецким майором. И, скажи на милость, откуда эта детская похвальба у меня взялась? Не утерпел-таки, сообщил, что полковник обещал меня к награде представить...

Две недели спал и ел. Кормили меня помалу, но часто, иначе, если бы давали еды вволю, я бы мог загнуться, так доктор сказал. Набрался силенок вполне. А через две недели куска в рот взять не мог. Ответа из дома нет, и я, признаться, затосковал. Еда и на ум не идет, сон от меня бежит, всякие дурные мыслишки в голову лезут... На третьей неделе получаю письмо из Воронежа. Но пишет не Ирина, а сосед мой, столяр Иван Тимофеевич. Не дай бог никому таких писем получать!.. Сообщает он, что еще в июне сорок второго года немцы бомбили авиазавод и одна тяжелая бомба попала прямо в мою хатенку. Ирина и дочери как раз были дома... Ну, пишет, что не нашли от них и следа, а на месте хатенки — глубокая яма... Не дочитал я в этот раз письмо до конца. В глазах потемнело, сердце сжалось в комок и никак не разжимается. Прилег я на койку, немного отлежался, дочитал. Пишет сосед, что Анатолий во время бомбежки был в городе. Вечером вернулся в поселок, посмотрел на яму и в ночь опять ушел в город. Перед уходом сказал соседу, что будет проситься добровольцем на фронт. Вот и все.

Когда сердце разжалось и в ушах зашумела кровь, я вспомнил, как тяжело расставалась со мною моя Ирина на вокзале. Значит, еще тогда подсказало ей бабье сердце, что больше не увидимся мы с ней на этом свете. А я ее тогда оттолкнул... Была семья, свой дом, все это лепилось годами, и все рухнуло в единый миг, остался я один. Думаю: «Да уж не приснилась ли мне моя нескладная жизнь?» А ведь в плену я почти каждую ночь, про себя, конечно, и с Ириной, и с детишками разговаривал, подбадривал их, дескать, я вернусь, мои родные, не горюйте обо мне, я крепкий, я выживу, и опять мы будем все вместе... Значит, я два года с мертвыми разговаривал?!

Рассказчик на минуту умолк, а потом сказал уже иным, прерывистым и тихим голосом:

— Давай, браток, перекурим, а то меня что-то удушье давит.

Мы закурили. В залитом полой водою лесу звонко выстукивал дятел. Все так же лениво шевелил сухие сережки на ольхе теплый ветер; все так же, словно под тугими белыми парусами, проплывали в вышней синеве облака, но уже иным показался мне в эти минуты скорбного молчания безбрежный мир, готовящийся к великим свершениям весны, к вечному утверждению живого в жизни.

Молчать было тяжело, и я спросил:

— Что же дальше?

— Дальше-то? — нехотя отозвался рассказчик. — Дальше получил я от полковника месячный отпуск, через неделю был уже в Воронеже. Пешком дотопал до места, где когда-то семейно жил. Глубокая воронка, налитая ржавой водой, кругом бурьян по пояс... Глушь, тишина кладбищенская. Ох, и тяжело же было мне, браток! Постоял, поскорбел душою и опять пошел на вокзал. И часу оставаться там не мог, в этот же день уехал обратно в дивизию.

Но месяца через три и мне блеснула радость, как солнышко из-за тучи: нашелся Анатолий. Прислал письмо мне на фронт, видать, с другого фронта. Адрес мой узнал от соседа, Ивана Тимофеевича. Оказывается, попал он поначалу в артиллерийское училище; там-то и пригодились его таланты к математике. Через год с отличием закончил училище, пошел на фронт и вот уже пишет, что получил звание капитана, командует батареей «сорокапяток», имеет шесть орденов и медали. Словом, обштопал родителя со всех концов. И опять я возгордился им ужасно! Как ни крути, а мой родной сын — капитан и командир батареи, это не шутка! Да еще при таких орденах. Это ничего, что отец его на «студебеккере» снаряды возит и прочее военное имущество. Отцово дело отжитое, а у него, у капитана, все впереди.

И начались у меня по ночам стариковские мечтания: как война кончится, как я сына женю и сам при молодых жить буду, плотничать и внучат нянчить. Словом, всякая такая стариковская штука. Но и тут у меня получилась полная осечка. Зимою наступали мы без передышки, и особо часто писать друг другу нам было некогда, а к концу войны, уже возле Берлина, утром послал Анатолию письмишко, а на другой день получил ответ. И тут я понял, что подошли мы с сыном к германской столице разными путями, но находимся один от одного поблизости. Жду не дождусь, прямо-таки не чаю, когда мы с ним свидимся. Ну и свиделись... Аккурат девятого мая, утром, в День Победы, убил моего Анатолия немецкий снайпер...

Во второй половине дня вызывает меня командир роты. Гляжу, сидит у него незнакомый мне артиллерийский подполковник. Я вошел в комнату, и он встал, как перед старшим по званию. Командир моей роты говорит: «К тебе, Соколов», — а сам к окну отвернулся. Пронизало меня, будто электрическим током, потому что почуял я недоброе. Подполковник подошел ко мне и тихо говорит: «Мужайся, отец! Твой сын, капитан Соколов, убит сегодня на батарее. Пойдем со мной!»

Качнулся я, но на ногах устоял. Теперь и то как сквозь сон вспоминаю, как ехал вместе с подполковником на большой машине, как пробирались по заваленным обломками улицам, туманно помню солдатский строй и обитый красным бархатом гроб. А Анатолия вижу вот как тебя, браток. Подошел я к гробу. Мой сын лежит в нем и не мой. Мой — это всегда улыбчивый, узкоплечий мальчишка, с острым кадыком на худой шее, а тут лежит молодой, плечистый, красивый мужчина, глаза полуприкрыты, будто смотрит он куда-то мимо меня, в неизвестную мне далекую даль. Только в уголках губ так навеки и осталась смешинка прежнего сынишки, Тольки, какого я когда-то знал... Поцеловал я его и отошел в сторонку. Подполковник речь сказал. Товарищи-друзья моего Анатолия слезы вытирают, а мои невыплаканные слезы, видно, на сердце засохли. Может, поэтому оно так и болит?..

Похоронил я в чужой, немецкой земле последнюю свою радость и надежду, ударила батарея моего сына, провожая своего командира в далекий путь, и словно что-то во мне оборвалось... Приехал я в свою часть сам не свой. Но тут вскорости меня демобилизовали. Куда идти? Неужто в Воронеж? Ни за что! Вспомнил, что в Урюпинске живет мой дружок, демобилизованный еще зимою по ранению, — он когда-то приглашал меня к себе, — вспомнил и поехал в Урюпинск.

Приятель мой и жена его были бездетные, жили в собственном домике на краю города. Он хотя и имел инвалидность, но работал шофером в автороте, устроился и я туда же. Поселился у приятеля, приютили они меня. Разные грузы перебрасывали мы в районы, осенью переключились на вывозку хлеба. В это время я и познакомился с моим новым сынком, вот с этим, какой в песке играется.

Из рейса, бывало, вернешься в город — понятно, первым делом в чайную: перехватить чего-нибудь, ну, конечно, и сто грамм выпить с устатка. К этому вредному делу, надо сказать, я уже пристрастился как следует... И вот один раз вижу возле чайной этого парнишку, на другой день — опять вижу. Этакий маленький оборвыш: личико все в арбузном соку, покрытом пылью, грязный, как прах, нечесаный, а глазенки — как звездочки ночью после дождя! И до того он мне полюбился, что я уже, чудное дело, начал скучать по нем, спешу из рейса поскорее его увидать. Около чайной он и кормился — кто что даст.

На четвертый день прямо из совхоза, груженный хлебом, подворачиваю к чайной. Парнишка мой там сидит на крыльце, ножонками болтает и, по всему видать, голодный. Высунулся я в окошко, кричу ему: «Эй, Ванюшка! Садись скорее на машину, прокачу на элеватор, а оттуда вернемся сюда, пообедаем». Он от моего окрика вздрогнул, соскочил с крыльца, на подножку вскарабкался и тихо так говорит: «А вы откуда знаете, дядя, что меня Ваней зовут?» И глазенки широко раскрыл, ждет, что я ему отвечу. Ну, я ему говорю, что я, мол, человек бывалый и все знаю.

Зашел он с правой стороны, я дверцу открыл, посадил его рядом с собой, поехали. Шустрый такой парнишка, а вдруг чего-то притих, задумался и нет-нет да и взглянет на меня из-под длинных своих загнутых кверху ресниц, вздохнет. Такая мелкая птаха, а уже научился вздыхать. Его ли это дело? Спрашиваю: «Где же твой отец, Ваня?»

Шепчет: «Погиб на фронте». — «А мама?» — «Маму бомбой убило в поезде, когда мы ехали». — «А откуда вы ехали?» — «Не знаю, не помню...» — «И никого у тебя тут родных нету?» — «Никого». — «Где же ты ночуешь?» — «А где придется».

Закипела тут во мне горючая слеза, и сразу я решил: «Не бывать тому, чтобы нам порознь пропадать! Возьму его к себе в дети». И сразу у меня на душе стало легко и как-то светло. Наклонился я к нему, тихонько спрашиваю: «Ванюшка, а ты знаешь, кто я такой?» Он и спросил, как выдохнул: «Кто?» Я ему и говорю так же тихо: «Я — твой отец».

Боже мой, что тут произошло! Кинулся он ко мне на шею, целует в щеки, в губы, в лоб, а сам, как свиристель, так звонко и тоненько кричит, что даже в кабинке глушно: «Папка родненький! Я знал! Я знал, что ты меня найдешь! Все равно найдешь! Я так долго ждал, когда ты меня найдешь!» Прижался ко мне и весь дрожит, будто травинка под ветром. А у меня в глазах туман, и тоже всего дрожь бьет, и руки трясутся... Как я тогда руля не упустил, диву можно даться! Но в кювет все же нечаянно съехал, заглушил мотор. Пока туман в глазах не прошел, — побоялся ехать, как бы на кого не наскочить. Постоял так минут пять, а сынок мой все жмется ко мне изо всех силенок, молчит, вздрагивает. Обнял я его правой рукою, потихоньку прижал к себе, а левой развернул машину, поехал обратно, на свою квартиру. Какой уж там мне элеватор, тогда мне не до элеватора было.

Бросил машину возле ворот, нового своего сынишку взял на руки, несу в дом. А он как обвил мою шею ручонками, так и не оторвался до самого места. Прижался своей щекой к моей небритой щеке, как прилип. Так я его и внес. Хозяин и хозяйка в аккурат дома были. Вошел я, моргаю им обоими глазами, бодро так говорю: «Вот и нашел я своего Ванюшку! Принимайте нас, добрые люди!» Они, оба мои бездетные, сразу сообразили, в чем дело, засуетились, забегали. А я никак сына от себя не оторву. Но кое-как уговорил. Помыл ему руки с мылом, посадил за стол. Хозяйка щей ему в тарелку налила, да как глянула, с какой он жадностью ест, так и залилась слезами. Стоит у печки, плачет себе в передник. Ванюшка мой увидал, что она плачет, подбежал к ней, дергает ее за подол и говорит: «Тетя, зачем же вы плачете? Папа нашел меня возле чайной, тут всем радоваться надо, а вы плачете». А той — подай бог, она еще пуще разливается, прямо-таки размокла вся!

После обеда повел я его в парикмахерскую, постриг, а дома сам искупал в корыте, завернул в чистую простыню. Обнял он меня и так на руках моих и уснул. Осторожно положил его на кровать, поехал на элеватор, сгрузил хлеб, машину отогнал на стоянку — и бегом по магазинам. Купил ему штанишки суконные, рубашонку, сандали и картуз из мочалки. Конечно, все это оказалось и не по росту, и качеством никуда не годное. За штанишки меня хозяйка даже разругала. «Ты, — говорит, — с ума спятил, в такую жару одевать дитя в суконные штаны!» И моментально — швейную машинку на стол, порылась в сундуке, а через час моему Ванюшке уже сатиновые трусики были готовы и беленькая рубашонка с короткими рукавами. Спать я лег вместе с ним и в первый раз за долгое время уснул спокойно. Однако ночью раза четыре вставал. Проснусь, а он у меня под мышкой приютится, как воробей под застрехой, тихонько посапывает, и до того мне становится радостно на душе, что и словами не скажешь! Норовишь не ворохнуться, чтобы не разбудить его, но все-таки не утерпишь, потихоньку встанешь, зажжешь спичку и любуешься на него...

Перед рассветом проснулся, не пойму, с чего мне так душно стало? А это сынок мой вылез из простыни и поперек меня улегся, раскинулся и ножонкой горло мне придавил. И беспокойно с ним спать, а вот привык, скучно мне без него. Ночью то погладишь его сонного, то волосенки на вихрах понюхаешь, и сердце отходит, становится мягче, а то ведь оно у меня закаменело от горя...

Первое время он со мной на машине в рейсы ездил, потом понял я, что так не годится. Одному мне что надо?

Краюху хлеба и луковицу с солью, вот и сыт солдат на целый день. А с ним — дело другое: то молока ему надо добывать, то яичко сварить, опять же без горячего ему никак нельзя. Но дело-то не ждет. Собрался с духом, оставил его на попечение хозяйки, так он до вечера слезы точил, а вечером удрал на элеватор встречать меня. До поздней ночи ожидал там. Трудно мне с ним было на первых порах. Один раз легли спать еще засветло, днем наморился я очень, и он — то всегда щебечет, как воробушек, а то что-то примолчался. Спрашиваю: «Ты о чем думаешь, сынок?» А он меня спрашивает, сам в потолок смотрит: «Папка, ты куда свое кожаное пальто дел?» В жизни у меня никогда не было кожаного пальто! Пришлось изворачиваться: «В Воронеже осталось», — говорю ему. «А почему ты меня так долго искал?» Отвечаю ему: «Я тебя, сынок, и в Германии искал, и в Польше, и всю Белоруссию прошел и проехал, а ты в Урюпинске оказался». — «А Урюпинск — это ближе Германии? А до Польши далеко от нашего дома?» Так и болтаем с ним перед сном.

А ты думаешь, браток, про кожаное пальто он зря спросил? Нет, все это неспроста. Значит, когда-то отец его настоящий носил такое пальто, вот ему и запомнилось. Ведь детская память, как летняя зарница: вспыхнет, накоротке осветит все и потухнет. Так и у него память, вроде зарницы, проблесками работает.

Может, и жили бы мы с ним еще с годик в Урюпинске, но в ноябре случился со мной грех: ехал по грязи, в одном хуторе машину мою занесло, а тут корова подвернулась, я и сбил ее с ног. Ну, известное дело, бабы крик подняли, народ сбежался, и автоинспектор тут как тут. Отобрал у меня шоферскую книжку, как я ни просил его смилостивиться. Корова поднялась, хвост задрала и пошла скакать по переулкам, а я книжки лишился. Зиму проработал плотником, а потом списался с одним приятелем, тоже сослуживцем, — он в вашей области, в Кашарском районе, работает шофером, — и тот пригласил меня к себе. Пишет, что, мол, поработаешь полгода по плотницкой части, а там в нашей области выдадут тебе новую книжку. Вот мы с сынком и командируемся в Кашары походным порядком.

Да оно, как тебе сказать, и не случись у меня этой аварии с коровой, я все равно подался бы из Урюпинска. Тоска мне не дает на одном месте долго засиживаться. Вот уже когда Ванюшка мой подрастет и придется определять его в школу, тогда, может, и я угомонюсь, осяду на одном месте. А сейчас пока шагаем с ним по русской земле.

— Тяжело ему идти, — сказал я.

— Так он вовсе мало на своих ногах идет, все больше на мне едет. Посажу его на плечи и несу, а захочет промяться, — слезает с меня и бегает сбоку дороги, взбрыкивает, как козленок. Все это, браток, ничего бы, как-нибудь мы с ним прожили бы, да вот сердце у меня раскачалось, поршня надо менять... Иной раз так схватит и прижмет, что белый свет в глазах меркнет. Боюсь, что когда-нибудь во сне помру и напугаю своего сынишку. А тут еще одна беда: почти каждую ночь своих покойников дорогих во сне вижу. И все больше так, что я — за колючей проволокой, а они на воле, по другую сторону... Разговариваю обо всем и с Ириной, и с детишками, но только хочу проволоку руками раздвинуть, — они уходят от меня, будто тают на глазах... И вот удивительное дело: днем я всегда крепко себя держу, из меня ни «оха», ни вздоха не выжмешь, а ночью проснусь, и вся подушка мокрая от слез...

В лесу послышался голос моего товарища, плеск весла по воде.

Чужой, но ставший мне близким человек поднялся, протянул большую, твердую, как дерево, руку:

— Прощай, браток, счастливо тебе!

— И тебе счастливо добраться до Кашар.

— Благодарствую. Эй, сынок, пойдем к лодке.

Мальчик подбежал к отцу, пристроился справа и, держась за полу отцовского ватника, засеменил рядом с широко шагавшим мужчиной.

Два осиротевших человека, две песчинки, заброшенные в чужие края военным ураганом невиданной силы... Что-то ждет их впереди? И хотелось бы думать, что этот русский человек, человек несгибаемой воли, выдюжит, и около отцовского плеча вырастет тот, который, повзрослев, сможет все вытерпеть, все преодолеть на своем пути, если к этому позовет его Родина.

С тяжелой грустью смотрел я им вслед... Может быть, все и обошлось бы благополучно при нашем расставании, но Ванюшка, отойдя несколько шагов и заплетая куцыми ножками, повернулся на ходу ко мне лицом, помахал розовой ручонкой. И вдруг словно мягкая, но когтистая лапа сжала мне сердце, и я поспешно отвернулся. Нет, не только во сне плачут пожилые, поседевшие за годы войны мужчины. Плачут они и наяву. Тут главное — уметь вовремя отвернуться. Тут самое главное — не ранить сердце ребенка, чтобы он не увидел, как бежит по твоей щеке жгучая и скупая мужская слеза...

РОМАН

ПОДНЯТАЯ
ЦЕЛИНА

КНИГА ПЕРВАЯ

Глава I

В конце января, овеянные первой оттепелью, хорошо пахнут вишневые сады. В полдень где-нибудь в затишке (если пригревает солнце) грустный, чуть внятный запах вишневой коры поднимается с пресной сыростью талого снега, с могучим и древним духом проглянувшей из-под снега, из-под мертвой листвы земли.

Тонкий многоцветный аромат устойчиво держится над садами до голубых потемок, до поры, пока не просунется сквозь голызины ветвей крытый прозеленью рог месяца, пока не кинут на снег жирующие зайцы опушенных крапин следов...

А потом ветер принесет в сады со степного гребня тончайшее дыхание опаленной морозами полыни, заглохнут дневные запахи и звуки, и по чернобылю, по бурьянам, по выцветшей на стернях брице, по волнистым буграм зяби неслышно, серой волчицей придет с

41

востока ночь, — как следы, оставляя за собой по степи выволочки сумеречных теней.

***

По крайнему в степи проулку январским вечером 1930 года въехал в хутор Гремячий Лог верховой. Возле речки он остановил усталого, курчаво заиневшего в пахах коня, спешился. Над чернью садов, тянувшихся по обеим сторонам узкого проулка, над островами тополевых левад высоко стоял ущербленный месяц. В проулке было темно и тихо. Где-то за речкой голосисто подвывала собака, желтел огонек. Всадник жадно хватнул ноздрями морозный воздух, не спеша снял перчатку, закурил, потом подтянул подпругу, сунул пальцы под потник и, ощутив горячую, запотевшую конскую спину, ловко вскинул в седло свое большое тело. Мелкую, не замерзающую и зимой речушку стал переезжать вброд. Конь, глухо звякая подковами по устилавшим дно голышам, на ходу потянулся было пить, но всадник заторопил его, и конь, екая селезенкой, выскочил на пологий берег.

Заслышав встречь себе говор и скрип полозьев, всадник снова остановил коня. Тот на звук сторожко двинул ушами, повернулся. Серебряный нагрудник и окованная серебром высокая лука казачьего седла, попав под лучи месяца, вдруг вспыхнули в темени проулка белым, разящим блеском. Верховой кинул на луку поводья, торопливо надел висевший до этого на плечах казачий башлык верблюжьей шерсти, закутал лицо и поскакал машистой рысью. Миновав подводу, он по-прежнему поехал шагом, но башлыка не снял.

Уж въехав в хутор, спросил у встречной женщины:

— А ну, скажи, тетка, где тут у вас Яков Островнов живет?

— Яков Лукич-то?

— Ну да.

— А вот за тополем его курень, крытый черепицей, видите?

— Вижу. Спасибо.

Возле крытого черепицей просторного куреня спешился, ввел в калитку коня и, тихо стукнув в окно рукоятью плети, позвал:

— Хозяин! Яков Лукич, выйди-ка на-час[1].

Без шапки, пиджак — внапашку, хозяин вышел на крыльцо; всматриваясь в приезжего, сошел с порожков.

— Кого нелегкая принесла? — улыбаясь в седеющие усы, спросил он.

— Не угадаешь, Лукич? Ночевать пускай. Куда бы коня поставить в теплое?

— Нет, дорогой товарищ, не призначу. Вы не из рика будете? Не из земотдела? Что-то угадываю... Голос ваш, сдается мне, будто знакомый...

Приезжий, морща бритые губы улыбкой, раздвинул башлык.

— Поло́вцева помнишь?

И Яков Лукич вдруг испуганно озирнулся по сторонам, побледнел, зашептал:

— Ваше благородие! Откель вас?.. Господин есаул!.. Лошадку мы зараз определим... Мы в конюшню... Сколько лет-то минуло...

— Ну-ну, ты потише! Времени много прошло... Попонка есть у тебя? В доме у тебя чужих никого нет?

Приезжий передал повод хозяину. Конь, лениво повинуясь движению чужой руки, высоко задирая голову на вытянутой шее и устало волоча задние ноги, пошел к конюшне. Он звонко стукнул копытом по деревянному настилу, всхрапнул, почуяв обжитый запах чужой лошади. Рука чужого человека легла на его храп, пальцы умело и бережно освободили натертые десны от пресного железа удил, и конь благодарно припал к сену.

— Подпруги я ему отпустил, нехай постоит оседланный, а трошки охолонет — тогда расседлаю, — говорил хозяин, заботливо накидывая на коня нахолодавшую попонку. А сам, ощупав седловку, уже успел определить по

---

[1] *На-час* — на минутку.

тому, как была затянута чересподушечная подпруга, как до отказу свободно распущена соединяющая стременные ремни скошевка, что гость приехал издалека и за этот день сделал немалый пробег.

— Зерно-то водится у тебя, Яков Лукич?

— Чуток есть. Напоим, дадим зернеца. Ну, пойдемте в куреня, как вас теперича величать и не знаю... По-старому — отвык и вроде неудобно... — неловко улыбался в темноте хозяин, хотя и знал, что улыбка его не видна.

— Зови по имени-отчеству. Не забыл? — отвечал гость, первый выходя из конюшни.

— Как можно! Всю германскую вместе сломали, и в эту пришлось... Я об вас часто вспоминал, Александр Анисимович. С энтих пор, как в Новороссийском расстрялись с вами, и слуху об вас не имели. Я так думал, что вы в Турцию с казаками уплыли.

Вошли в жарко натопленную кухню. Приезжий снял башлык и белого курпяя[1] папаху, обнажив могучий угловатый череп, прикрытый редким белесым волосом. Из-под крутого, волчьего склада, лысеющего лба он бегло оглядел комнату и, улыбчиво сощурив светло-голубые глазки, тяжко блестевшие из глубоких провалов глазниц, поклонился сидевшим на лавке бабам — хозяйке и снохе.

— Здорово живете, бабочки!

— Слава богу, — сдержанно ответила ему хозяйка, выжидательно, вопрошающе глянув на мужа: «Что это, дескать, за человека ты привел и какое с ним нужно обхождение?»

— Соберите повечерять, — коротко приказал хозяин, пригласив гостя в горницу к столу.

Гость, хлебая щи со свининой, в присутствии женщин вел разговор о погоде, о сослуживцах. Его огромная, будто из камня тесанная, нижняя челюсть трудно двигалась; жевал он медленно, устало, как приморенный бык на лежке. После ужина встал, помолился на образа в запы-

---

[1]*Курпяй* (курпей) — мерлушка.

ленных бумажных цветах и, стряхнув со старенькой, тесной в плечах толстовки хлебные крошки, проговорил:

— Спасибо за хлеб-соль, Яков Лукич! Теперь давай потолкуем.

Сноха и хозяйка торопливо приняли со стола; повинуясь движению бровей хозяина, ушли в кухню.

Глава II

Секретарь райкома партии, подслеповатый и вялый в движениях, присел к столу, искоса посмотрев на Давыдова, и, жмурясь, собирая под глазами мешковатые складки, стал читать его документы.

За окном, в телефонных проводах, свистал ветер, на спине лошади, привязанной недоуздком к палисаднику, по самой кобаржине кособоко прогуливалась — и что-то клевала — сорока. Ветер заламывал ей хвост, поднимал на крыло, но она снова садилась на спину старчески изможденной, ко всему безучастной клячи, победно вела по сторонам хищным глазком. Над станцией низко летели рваные хлопья облаков. Изредка в просвет косо ниспадали солнечные лучи, вспыхивал — по-летнему синий — клочок неба, и тогда видневшийся из окна изгиб Дона, лес за ним и дальний перевал с крохотным ветряком на горизонте обретали волнующую мягкость рисунка.

— Так ты задержался в Ростове по болезни? Ну, что ж... Остальные восемь двадцатипятитысячников приехали три дня назад. Митинг был. Представители колхозов их встречали. — Секретарь думающе пожевал губами. — Сейчас у нас особенно сложная обстановка. Процент коллективизации по району — четырнадцать и восемь десятых. Все больше ТОЗ[1]. За кулацко-зажиточной частью еще остались хвосты по хлебозаготовкам. Нужны люди. Оч-чень! Колхозы посылали заявки на сорок трех рабочих, а прислали вас только девять.

---

[1] *ТОЗ* — товарищество по совместной обработке земли.

И из-под припухлых век как-то по-новому, пытливо и долго, посмотрел в зрачки Давыдову, словно оценивая, на что способен человек.

— Так ты, дорогой товарищ, стало быть, слесарь? Очень хорошо! А на Путиловском давно работаешь? Кури.

— С демобилизации. Девять лет. — Давыдов протянул руку за папироской, и секретарь, уловив взглядом на кисти Давыдова тусклую синеву татуировки, улыбнулся краешками отвислых губ.

— Краса и гордость? Во флоте был?

— Да.

— То-то вижу якорек у тебя...

— Молодой был, знаешь... с зеленью и глупцой, вот и вытравил... — Давыдов досадливо потянул книзу рукав, думая: «Эка, глазастый ты на что не надо. А вот хлебозаготовки-то едва не просмотрел!»

Секретарь помолчал и как-то сразу согнал со своего болезненно одутловатого лица ничего не значащую улыбку гостеприимства.

— Ты, товарищ, поедешь сегодня же в качестве уполномоченного райкома проводить сплошную коллективизацию. Последнюю директиву крайкома читал? Знаком? Так вот, поедешь ты в Гремяченский сельсовет. Отдыхать уж после будешь, сейчас некогда. Упор — на стопроцентную коллективизацию. Там есть карликовая артель, но мы должны создать колхозы-гиганты. Как только организуем агитколонну, пришлем ее и к вам. А пока езжай и на базе осторожного ущемления кулачества создавай колхоз. Все бедняцко-середняцкие хозяйства у тебя должны быть в колхозе. Потом уже создадите и обобществленный семфонд на всю площадь колхозного посева в тысяча девятьсот тридцатом году. Действуй там осторожно. Середняка ни-ни! В Гремячем — партячейка из трех коммунистов. Секретарь ячейки и председатель сельсовета — хорошие ребята, красные партизаны в прошлом, — и, опять пожевав губами, добавил: — со всеми вытекающими отсюда последствиями. Понятно? Политически малограмотны, могут иметь промахи. В случае если возникнут затруднения, езжай в район. Эх, телефонной связи еще нет, вот что плохо! Да, еще: секретарь ячейки там краснознаменец, резковат, весь из углов, и... все острые.

Секретарь побарабанил по замку портфеля пальцами и, видя, что Давыдов встает, с живостью сказал:

— Обожди, еще вот что: ежедневно коннонарочным шли сводки, подтяни там ребят. Сейчас зайди к нашему заворгу и езжай. Я скажу, чтобы тебя отправили на риковских лошадях. Так вот, гони вверх до ста процентов коллективизации. По проценту и будем расценивать твою работу. Создадим гигант-колхоз из восемнадцати сельсоветов. Каково? Сельскохозяйственный Краснопутиловский, — и улыбнулся самому понравившемуся сравнению.

— Ты что-то мне говорил насчет осторожности с кулаком. Это как надо понимать? — спросил Давыдов.

— А вот как, — секретарь покровительственно улыбнулся, — есть кулак, выполнивший задание по хлебозаготовкам, а есть — упорно не выполняющий. Со вторым кулаком дело ясное: сто седьмую статью ему, и — крышка. А вот с первым сложнее. Как бы ты, примерно, с ним поступил?

Давыдов подумал...

— Я бы ему — новое задание.

— Это здорово! Нет, товарищ, так не годится. Этак можно подорвать всякое доверие к нашим мероприятиям. А что скажет тогда середняк? Он скажет: «Вот она какая. Советская власть! Туда-сюда мужиком крутит». Ленин нас учил серьезно учитывать настроения крестьянства, а ты говоришь «вторичное задание». Это, брат, мальчишество.

— Мальчишество? — Давыдов побагровел. — Сталин, как видно... ошибся, по-твоему, а?

— При чем тут Сталин?

— Речь его читал на конференции марксистов, этих, как их... Ну, вот земельным вопросом они... да как их, черт? Ну, земельников, что ли!

— Аграрников?

— Вот-вот!

— Так что же?

— Спроси-ка «Правду» с этой речью.

Управдел принес «Правду». Давыдов жадно шарил глазами.

Секретарь, выжидательно улыбаясь, смотрел ему в лицо.

— Вот? Это как?.. «...Раскулачивания нельзя было допускать, пока мы стояли на точке зрения ограничения...» Ну, и дальше... да вот: «А теперь? Теперь — другое дело. Теперь мы имеем возможность повести решительное наступление на кулачество, сломить его сопротивление, ликвидировать его как класс...» Как класс, понял? Почему же нельзя дать вторично задание по хлебу? Почему нельзя совсем его — к ногтю?

Секретарь смахнул с лица улыбку, посерьезнел.

— Там дальше сказано, что раскулачивает бедняцко-середняцкая масса, идущая в колхоз. Не так ли? Читай.

— Эка ты!

— Да ты не экай! — озлобился секретарь, и даже голос у него дрогнул. — А ты что предлагаешь? Административную меру, для каждого кулака без разбора. Это — в районе, где только четырнадцать процентов коллективизации, где середняк пока только собирается идти в колхоз. На этом деле можно в момент свернуть голову. Вот такие приезжают, без знаний местных условий... — Секретарь сдержался и уже тише продолжал: — Дров с такими воззрениями ты можешь наломать сколько хочешь.

— Это как тебе сказать...

— Да уж будь спокоен!.. Если бы необходима и своевременна была такая мера, крайком прямо приказал бы нам: «Уничтожить кулака!..» И по-жа-луй-ста! В два счета. Милиция, весь аппарат к вашим услугам... А пока мы только частично, через нарсуд, по сто седьмой статье караем экономически кулака — укрывателя хлеба.

— Так что же, по-твоему, батрачество, беднота и середняк против раскулачивания? За кулака? Вести-то их на кулака надо?

Секретарь резко щелкнул замком портфеля, сухо сказал:

— Тебе угодно по-своему истолковывать всякое слово вождя, но за район отвечает бюро райкома, я персонально. Потрудись там, куда мы тебя посылаем, проводить нашу линию, а не изобретенную тобой. А мне, извини, дискутировать с тобой некогда. У меня помимо этого дела. — И встал.

Кровь снова густо прихлынула к щекам Давыдова, но он взял себя в руки и сказал:

— Я буду проводить линию партии, а тебе, товарищ, рубану напрямик, по-рабочему: твоя линия ошибочная, политически неправильная, факт!

— Я отвечаю за свою... А это «по-рабочему» — старо, как...

Зазвенел телефон. Секретарь схватил трубку. В комнату начал сходиться народ, и Давыдов пошел к заворгу.

«Хромает он на правую ножку... Факт! — думал он, выходя из райкома. — Почитаю опять всю речь аграрникам. Неужели я ошибаюсь? Нет, братишка, извини! Через твою терпимость веры ты и распустил кулака. Еще говорили в окружкоме: «дельный парень», а за кулаками — хлебные хвосты. Одно дело ущемлять, а другое — с корнем его как вредителя. Почему не ведешь массу?» — мысленно продолжая спор, обращался он к секретарю. Как всегда, наиболее убедительные доводы приходили после. Там, в райкоме, он вгорячах, волнуясь, хватал первое попавшееся под руку возражение. Надо бы похладнокровней. Он шел, шлепая по замерзшим лужам, спотыкаясь о смерзки бычьего помета на базарной площади.

— Жалко, что кончили скоро, а то бы я тебя прижал, — вслух проговорил Давыдов и досадливо смолк, видя, как повстречавшаяся женщина проходит мимо него с улыбкой.

***

Забежав в «Дом казака и крестьянина», Давыдов взял свой чемоданчик и, вспомнив, что основной багаж его, кроме двух смен белья, носков и костюма, это — отвертки, плоскогубцы, рашпиль, крейцмессель, кронциркуль, шведский ключ и прочий немудрый инструмент, принадлежащий ему и захваченный из Ленинграда, улыбнулся. «Черта с два его использую! Думал, может, тракторишко подлечить, а тут и тракторов-то нет. Так, должно быть, и буду мотаться по району уполномоченным. Подарю какому-нибудь колхознику-кузнецу, прах его дери», — решил он, бросая чемодан в сани.

Сытые, овсяные лошади рика легко понесли тавричанские сани со спинкой, крикливо окрашенной пестрыми цветами. Давыдов озяб, едва лишь выбрались за станицу. Он тщетно кутал лицо в потертый барашковый воротник пальто, нахлобучил кепку: ветер и сырая изморозь проникали за воротник, в рукава, знобили холодом. Особенно мерзли ноги в скороходовских стареньких ботинках.

До Гремячего Лога от станицы двадцать восемь километров безлюдным гребнем. Бурый от подтаявшего помета шлях лежит на вершине гребня. Кругом — не обнять глазом — снежная целина. Жалко горбятся засыпанные макушки чернобыла и татарника. Лишь со склонов балок суглинистыми глазищами глядит на мир земля; снег не задержался там, сдуваемый ветром, зато теклины балок и логов доверху завалены плотно осевшими сугробами.

Давыдов долго бежал, держась за грядушку саней, пытаясь согреть ноги, потом вскочил в сани и, притаившись, задремал. Повизгивали подреза полозьев, с сухим хрустом вонзались в снег шипы лошадиных подков, позванивал валек у правой дышловой. Иногда Давыдов из-под запушенных инеем век видел, как фиолетовыми зарницами вспыхивали на солнце крылья стремительно поднимавшихся с дороги грачей, и снова сладкая дрема смежала ему глаза.

Он проснулся от холода, взявшего в тиски сердце, и, открыв глаза, сквозь блещущие радужным разноцветьем слезинки увидел холодное солнце, величественный простор безмолвной степи, свинцово-серое небо у кромки горизонта и на белой шапке кургана невдалеке — рдяножелтую, с огнистым отливом, лису. Лиса мышковала. Она становилась вдыбки, извиваясь, прыгала вверх и, припадая на передние лапы, рыла ими, окутываясь сияющей серебряной пылью, а хвост ее, мягко и плавно скользнув, ложился на снег красным языком пламени.

В Гремячий Лог приехали перед вечером. На просторном дворе сельсовета пустовали пароконные сани. Возле крыльца, покуривая, толпилось человек семь казаков. Лошади с шершавой, смерзшейся от пота шерстью остановились около крыльца.

— Здравствуйте, граждане! Где тут конюшня?

— Доброго здоровья, — за всех ответил пожилой казак, донеся руку до края заячьей папахи. — Конюшня, товарищ, вон она, которая под камышом.

— Держи туда, — приказал Давыдов кучеру и соскочил с саней, приземистый, плотный. Растирая щеки перчаткой, он пошел за санями.

Казаки тоже направились к конюшне, недоумевая, почему приезжий, по виду служащий, говорящий на жесткое российское «г», идет за санями, а не в сельсовет.

Из конюшенных дверей теплыми клубами валил навозный пар. Риковский кучер остановил лошадей. Давыдов уверенно стал освобождать валек от постромочной петли. Толпившиеся возле казаки переглянулись. Старый, в белой бабьей шубе дед, соскребая с усов сосульки, лукаво прижмурился.

— Гляди, брыкнет, товарищ!

Давыдов, освободивший из-под репицы конского хвоста шлею, повернулся к деду, улыбаясь почернелыми губами, выказывая при улыбке нехватку одного переднего зуба.

— Я, папаша, пулеметчиком был, не на таких лошадках мотался!

— А зуба-то нет, случаем не кобыла выбила? — спросил один черный, как грач, по самые ноздри заросший курчавой бородой.

Казаки беззлобно засмеялись, но Давыдов, проворно снимая хомут, отшутился:

— Нет, зуба лишился давно, по пьяному делу. Да оно и лучше: бабы не будут бояться, что укушу. Верно, дед?

Шутку приняли, и дед с притворным сокрушением покачал головой.

— Я, парень, откусался. Мой зуб-то уж какой год книзу глядит...

Чернобородый казак ржал косячным жеребцом, разевая белозубую пасть, и все хватался за туго перетянувший чекмень красный кушак, словно опасаясь, что от смеха рассыплется.

Давыдов угостил казаков папиросами, закурил, пошел в сельсовет.

— Там, там председатель, иди. И секретарь нашей партии там, — говорил дед, неотступно следуя за Давыдовым.

Казаки, в две затяжки поглощая папиросы, шли рядом. Им шибко понравилось, что приезжий не так, как обычно кто-либо из районного начальства: не соскочил с саней и — мимо людей, прижав портфель, в сельсовет, а сам начал распрягать коней, помогая кучеру и обнаруживая давнишнее уменье и сноровку в обращении с конем. Но одновременно это и удивляло.

— Как же ты, товарищ, не гребуешь с коньми вожжаться? Разве ж это, скажем, служащего дело? А кучер на что? — не вытерпел чернобородый.

— Это нам дюже чудно, — откровенно признался дед.

Ответить Давыдов не успел.

— Да он коваль! — разочарованно воскликнул молодой желтоусый казачишка, указывая на руки Давыдова, покрытые на ладонях засвинцованной от общения с металлом кожей, с ногтями в застарелых рубцах.

— Слесарь, — поправил Давыдов. — Ну, вы чего идете в Совет?

— Из интересу, — за всех отвечал дед, останавливаясь на нижней ступеньке крыльца. — Любопытствуем, из чего ты к нам приехал? Ежели обратно по хлебозаготовкам...

— Насчет колхоза.

Дед протяжно и огорченно свистнул, первый повернул от крыльца.

***

Из низкой комнаты остро пахнуло кислым теплом оттаявших овчинных полушубков и дровяной золой. Возле стола, подкручивая фитиль лампы, лицом к Давыдову стоял высокий, прямоплечий человек. На защитной рубахе его червонел орден Красного Знамени. Давыдов догадался, что это и есть секретарь гремяченской партячейки.

— Я — уполномоченный райкома. Ты — секретарь ячейки, товарищ?

— Да, я секретарь ячейки Нагульнов. Садитесь, товарищ, председатель Совета сейчас придет. — Нагульнов постучал кулаком в стену, подошел к Давыдову.

Был он широк в груди и по-кавалерийски клещеног. Над желтоватыми глазами его с непомерно большими, как смолой налитыми, зрачками срослись разлатые черные брови. Он был бы красив той неброской, но запоминающейся мужественной красотой, если бы не слишком хищный вырез ноздрей небольшого ястребиного носа, не мутная наволочь в глазах.

Из соседней комнаты вышел плотный казачок в козьей серой папахе, сбитой на затылок, в куртке из шинельного сукна и казачьих с лампасами шароварах, заправленных в белые шерстяные чулки.

— Это вот и есть председатель Совета Андрей Размётнов.

Председатель, улыбаясь, пригладил ладонью белесые и курчавые усы, с достоинством протянул руку Давыдову.

— А вы кто такой будете? Уполномоченный райкома? Ага. Ваши документы... Ты видал, Макар? Вы, должно быть, по колхозному делу? — Он рассматривал Давыдова с наивной беззастенчивостью, часто мигая ясными, как летнее небушко, глазами. На смуглом, давно не бритом лице его с косо опоясавшим лоб голубым шрамом явно сквозило нетерпеливое ожидание.

Давыдов присел к столу, рассказал о задачах, поставленных партией по проведению двухмесячного похода за сплошную коллективизацию, предложил завтра же провести собрание бедноты и актива.

Нагульнов, освещая положение, заговорил о гремяченском ТОЗ.

Размётнов и его слушал так же внимательно, изредка вставляя фразу, не отнимая ладони от щеки, заплывшей коричневым румянцем.

— Тут у нас есть называемое товарищество по совместной обработке земли. Так я скажу вам, товарищ рабочий, что это есть одно измывание над коллективизацией и голый убыток Советской власти, — говорил Нагульнов, заметно волнуясь. — В нем состоит восемнадцать дворов — одна горькая беднота. И что же выходит из этого? Обязательно надсмешка. Сложились они, и на восемнадцать дворов у них — четыре лошади и одна пара быков, а едоков сто семь. Как им надо оправдываться перед жизнью? Им, конечно, дают долгосрочные кредиты на покупку машин и тягла. Они кредиты берут, но отдать их не смогут и за долгий срок. Зараз объясню почему: будь у них трактор — другой разговор, но трактор им не дали, а на быках не скоро разбогатеешь. Еще скажу, что они порченую ведут политику, и я их давно бы разогнал за то, что они подлегли под Советскую власть, как куршивый теленок, сосать — сосут, а росту ихнего нету. И есть такие промеж них мнения: «Э, да нам все равно дадут! А брать с нас за долги нечего». Отсюда и у них развал в дисциплине, и ТОЗ этот завтра будет упокойником. Это — дюже верная мысля: всех собрать в колхоз. Это будет прелесть, а не жизнь! Но казаки — народ закоснелый, я вам скажу, и его придется ломать...

— Из вас кто-нибудь состоит в этом товариществе? — оглядывая собеседников, спросил Давыдов.

— Нет, — отвечал Нагульнов. — Я в двадцатом году вошел в коммуну. Она впоследствии времени распалась от шкурничества. Я отказался от собственности. Я заряженный злобой против нее, а поэтому отдал быков и инвентарь соседней коммуне номер шесть (она и до сих пор существует), а сам с женой ничего не имею. Разметнову нельзя было подать такой пример: он сам вдовый, у него одна толечко старуха мать. Вступить ему — это нареканий, как орепьев, не оберешься. Скажут: «Навязал старуху на нас, как на цыгана матерю, а сам в поле не работает». Тут — тонкое дело. А третий член нашей ячейки — он зараз в отъезде — безрукий. Молотилкой ему руку оторвало. Ну, он и совестится идтить в артель, едоков там, дескать, без меня много.

— Да, с ТОЗом нашим беда, — подтвердил Разметнов. — Председатель его, Аркашка-то Лосев, плохой хозяин. Ведь нашли же кого выбирать! Признаться, мы с этим делом маху дали. Не надо бы его допущать на должность.

— А что? — спросил Давыдов, просматривая поимущественный список кулацких хозяйств.

— А то, — улыбаясь, говорил Разметнов, — больно́й он человек. Ему бы по линии жизни купцом быть. Этим он и хворает: все бы он менял да перепродовывал. Разорил ТОЗ вчистую! Бугая племенного купил — вздумал променять на мотоциклу. Окрутил своих членов, с нами не посоветовался, глядим — везет со станции эту мотоциклу. Ахнули мы, за головы взялись! Ну, привез, а руководствовать ею никто не может. Да и на что она им? И смех и грех. В станицу ее возил. Там знающие люди поглядели и говорят: «Дешевле ее выкрасить да выбросить». Не оказалось в ней таких частей, что только на заводе могут их сделать. Им бы в председатели Якова Лукича Островнова. Вон — голова! Пшеницу новую из Краснодара выписывал мелонопусой породы — в любой суховей выстаивает, снег постоянно задерживает на пашнях, урожай у него всегда лучше. Скотину развел породную. Хоть он трошки и кряхтит, как мы его налогом придавим, а хозяин хороший, похвальный лист имеет.

— Он, как дикий гусак середь свойских, все как-то на отшибе держится, на отдальке. — Нагульнов с сомнением покачал головой.

— Ну, нет! Он — свой человек, — убежденно заявил Размётнов.

Глава III

В ночь, когда к Якову Лукичу Островному приехал его бывший сотенный командир, есаул Половцев, был у них долгий разговор. Считался Яков Лукич в хуторе человеком большого ума, лисьей повадки и осторожности, а вот не удержался в стороне от яростно всполыхавшей по хуторам борьбы, коловертью втянуло его в события. С того дня и пошла жизнь Якова Лукича под опасный раскат...

Тогда, после ужина, Яков Лукич достал кисет, присел на сундук, поджав ногу в толстом шерстяном чулке: заговорил — вылил то, что годами горько накипало на сердце:

— О чем толковать-то, Александр Анисимович? Жизня никак не радует, не веселит. Вот энто трошки зачали казачки собираться с хозяйством, богатеть. Налоги в двадцать шестом али в двадцать седьмом году были, ну, сказать, относительные. А теперь опять пошло навыворот. У вас в станице как, про коллективизацию что слыхать ай нет?

— Слыхать, — коротко отвечал гость, слюнявя бумажку и внимательно исподлобья посматривая на хозяина.

— Стало быть, от этой песни везде слезьми плачут? Вот зараз про себя вам скажу: вернулся я в двадцатом году из отступа. У Черного моря осталось две пары коней и все добро. Вернулся к голому курению. С энтих пор работал день и ночь. Продразверсткой в первый раз обидели товарищи: забрали все зерно под гребло. А потом этим обидам и счет я потерял. Хоть счет-то им и можно произвесть: обидят и квиток выпишут, чтоб не забыл. — Яков Лукич встал, полез рукой за зеркало и вытянул, улыбаясь в подстриженные усы, связку бумаг. — Вот они тут, квитки об том, что сдавал в двадцать первом году: а сдавал и хлеб, и мясу, и маслу, и кожи, и шерсть, и птицу, и целыми быками водил в заготконтору. А вот это окладные листы по единому сельскому налогу, по самооблогу и опять же квитки за страховку... И за дым из трубы платил, и за то, что скотина живая на базу стоит... Скоро этих бумажек мешок насбираю. Словом, Александр Анисимович, жил я — сам возля земли кормился и других возля себя кормил. Хоть и не раз шкуру с меня сымали, а я опять же ею обрастал. Нажил спервоначалу пару бычат, они подросли. Одного сдал в ко́зну на мясо. За швейную машину женину купил другого. Спустя время, к двадцать пятому году, подошла еще пара от своих коров. Стало у меня две пары быков и две коровы. Голосу меня не лишали, в будущие времена зачислили меня крепким середняком.

— А лошади-то у тебя есть? — поинтересовался гость.

— Погодите трошки, скажу и об лошадях. Купил я у соседки стригунка от чистых кровей донской кобылки (осталася одна на весь хутор), выросла кобыленка — ну, чистое дитё! Мала ростом, нестроевичка, полвершка[1] нету, а уж резва — неподобно! В округе получил я за нее на выставке сельской жизни награду и грамоту, как на племенную. Стал я к агрономам прислухаться, начал за землей ходить, как за хворой бабой. Кукуруза у меня первая в хуторе, урожай лучше всех. Я и зерно протравливал, и снегозадержание делал. Сеял яровые только по зяби без весновспашки, пары у меня завсегда первые. Словом,

---

[1] В дореволюционное время строевую лошадь, на которой казак должен был отбывать военную службу, принимали при условии, если она ростом была не меньше 2 аршин и 1/2 вершка.

стал культурный хозяин и об этом имею похвальный лист от окружного ЗУ, от земельного, словом, управления. Вот поглядите.

Гость мельком взглянул по направлению пальца Якова Лукича на лист с сургучной печатью, вправленный в деревянную рамку, висевшую возле образов рядом с портретом Ворошилова.

— Да, прислали грамоту, и агроном даже пучок моей пшеницы-гарновки возил в Ростов на показ властям, — с гордостью продолжал Яков Лукич. — Первые года сеял я пять десятин, потом, как оперился, начал дюжей хрип выгинать: по три, по пять и по семь кругов[1] сеял, во как! Работал я и сын с женой. Два раза толечко поднанимал работника в горячую пору. Советская власть энти года диктовала как? — сей как ни мога больше! Я и сеял, аж ник кутница вылазила, истинный Христос! А зараз, Александр Анисимович, добродетель мой, верьте слову — боюсь! Боюсь, за эти семь кругов посеву протянут меня в игольную ушку, обкулачут. Наш председатель Совета, красный партизан товарищ Размётнов, а попросту сказать Андрюшка, ввел меня в этот грех, крести его мать! «Сей, — говорит, бывало, — Яков Лукич, максиму, чего осилишь, подсобляй Советской власти, ей хлеб зараз дюже нужен». Сомневался я, а теперь запохаживается, что мне эта максима ноги на затылке петлей завяжет, побей бог!

— В колхоз у вас записываются? — спросил гость. Он стоял возле лежанки, заложив руки за спину, широкоплечий, большеголовый и плотный, как чувал с зерном.

— В колхоз-то? Дюже пока не докучали, а вот завтра собрание бедноты будет. Ходили, перед тем как смеркаться, оповещали. Свои-то галду набили с самого Рождества: «Вступай да вступай». Но люди отказались наотруб, никто не вписался. Кто же сам себе лиходей? Должно, и завтра будут сватать. Говорят, нынче на́-вечер

---

[1] *Круг* — четыре гектара.

приехал какой-то рабочий из района и будет всех сгонять в колхоз. Конец приходит нашей жизни. Наживал, пригоршни мозолей да горб нажил, а теперь добро отдай все в обчий котел, и скотину, и хлеб, и птицу, и дом, стало быть? Выходит вроде: жену отдай дяде, а сам иди к... не иначе. Сами посудите, Александр Анисимович, я в колхоз приведу пару быков (пару-то успел продать Союзмясе), кобылу с жеребенком, весь инвентарь, хлеб, а другой — вшей полон гашник. Сложимся мы с ним и будем барыши делить поровну. Да разве же мне-то не обидно?.. Он, может, всю жизнь на пече лежал да об сладком куске думал, а я... да что там гутарить! Во! — И Яков Лукич полоснул себя по горлу ребром шершавой ладони. — Ну, об этом кончим. Как вы проживаете? Служите зараз в какой учреждении или рукомеслом занимаетесь?

Гость подошел к Якову Лукичу, присел на табурет, снова стал вертеть цигарку. Он сосредоточенно смотрел в кисет, а Яков Лукич — на тесный воротник его старенькой толстовки, врезавшийся в бурую, туго налитую шею, на которой пониже кадыка по обеим сторонам напряженно набухали вены.

— Ты служил в моей сотне, Лукич... Помнишь, как-то в Екатеринодаре, кажется при отступлении, был у меня разговор с казаками насчет Советской власти? Я еще тогда предупреждал казаков, помнишь? «Горько ошибетесь, ребята! Прижмут вас коммунисты, в бараний рог скрутят. Всхомянетесь вы, да поздно будет». — Помолчал, в голубоватых глазах сузились крохотные, с булавочную головку, зрачки, и тонко улыбнулся. — Не на мое вышло? Я из Новороссийска не уехал со своими. Не удалось. Нас тогда предали, бросили добровольцы и союзники. Я вступил в Красную Армию, командовал эскадроном, по дороге на польский фронт... Такая у них комиссия была, фильтрационная, по проверке бывших офицеров... Меня эта комиссия от должности отрешила, арестовала и направила в ревтрибунал. Ну, шлепнули бы товарищи, слов нет, либо в концентрационный лагерь. Догадываешься за что? Какой-то сукин сын, казу-ня[1], мой станичник, донес, что я участвовал в казни Подтелкова.

По дороге в трибунал я бежал... Долго скрывался, жил под чужой фамилией, а в двадцать третьем году вернулся в свою станицу. Документ о том, что я когда-то был комэском, я сумел сохранить, попались хорошие ребята, — словом, я остался жив. Первое время меня таскали в округ, в политбюро[2] Дончека. Как-то отвертелся, стал учительствовать. Учительствовал до последнего времени. Ну, а сейчас... Сейчас другое дело. Еду вот в Усть-Хоперскую по делам, заехал к тебе как к старому полчанину.

— Учителем были? Та-ак... Вы — человек начитанный, книжную науку превзошли. Что же оно будет дальше? Куда мы пританцуем с колхозами?

— К коммунизму, братец. К самому настоящему. Читал я и Карла Маркса, и знаменитый Манифест коммунистической партии. Знаешь, какой конец колхозному делу? Сначала колхоз, потом коммуна — полнейшее уничтожение собственности. Не только быков, но и детей у тебя отберут на государственное воспитание. Все будет общее: дети, жены, чашки, ложки. Ты хотел бы лапши с гусиным потрохом покушать, а тебя квасом будут кормить. Крепостным возле земли будешь.

— А ежели я этак не желаю?

— У тебя и спрашивать не будут.

— Это как же так?

— Да все так же.

— Ловко!

— Ну, еще бы! Теперь я у тебя спрошу: дальше можно так жить?

— Некуда дальше.

— А раз некуда, надо действовать, надо бороться.

---

[1]*Казуня* — презрительно-ироническое: казак, казачишка.

[2]*Политбюро* — здесь: название окружных или уездных органов ЧК в 1920—1921 годах.

— Что вы, Александр Анисимович! Пробовали мы, боролись... Никак невозможно. И помыслить не могу!

— А ты попробуй. — Гость придвинулся к собеседнику вплотную, оглянулся на плотно притворенную дверь в кухню и, вдруг побледнев, заговорил полушепотом: — Я тебе прямо скажу: надеюсь на тебя. В нашей станице казаки собираются восставать. И ты не думай, что это так просто, набалмошь. Мы связаны с Москвой, с генералами, которые сейчас служат в Красной Армии, с инженерами, которые работают на фабриках и заводах, и даже дальше: с заграницей. Да, да! Если мы дружно сорганизуемся и выступим именно сейчас, то к весне при помощи иностранных держав Дон уже будет чистым. Зябь ты будешь засевать своим зерном и для себя одного... Постой, ты потом скажешь. В нашем районе много сочувствующих нам. Их надо объединить и собрать. По этому же делу я еду в Усть-Хоперскую. Ты присоединяешься к нам? В нашей организации есть уже более трехсот служивых казаков. В Дубровском, в Войсковом, в Тубянском, в Малом Ольховатском и в других хуторах есть наши боевые группы. Надо такую же группу сколотить и у вас в Гремячем... Ну, говори.

— Люди роптают против колхозов и против сдачи хлеба...

— Погоди! Не о людях, а о тебе речь. Я тебя спрашиваю. Ну?

— Такие дела разве зараз решают?.. Тут голову под топор кладешь.

— Подумай... По приказу одновременно выступаем со всех хуторов. Заберем вашу районную станицу, милицию и коммунистов по одному переберем на квартирах, а дальше пойдет полыхать и без ветра.

— А с чем?

— Найдется! И у тебя небось осталось?

— Кто его знает... Кажись, где-то валялась, какой-то ошкамёлок... австрийского никак образца...

— Нам только начать, и через неделю иностранные пароходы привезут и орудия и винтовки. Аэропланы и те будут. Ну?..

— Дайте подумать, господин есаул! Не невольте сразу...

Гость со все еще не сошедшей с лица бледностью прислонился к лежанке, сказал глуховато:

— Мы не в колхоз зовем и никого не неволим. Твоя добрая воля, но за язык... гляди, Лукич! Шесть тебе, а уж седьмую... — и легонько покрутил пальцем застрекотавший в кармане нагановский барабан.

— За язык могете не сомневаться. Но ваше дело рисковое. И не потаю: страшно на такое дело идтить. Но и жизни ход отрезанный. — Помолчал. — Не будь гонения на богатых, я бы, может, теперь, по моему старанию, первым человеком в хуторе был. При вольной жизни я бы зараз, может, свой автомобиль держал! — с горечью заговорил после минутного молчания хозяин. — Опять же одному идтить на такие... Вязы[1] враз скрутят.

— Зачем же одному? — с досадой перебил его гость.

— Ну, да это я так, к слову, а вот — как другие? Мир то есть как? Народ-то пойдет?

— Народ — как табун овец. Его вести надо. Так ты решил?

— Я сказал, Александр Анисимыч...

— Мне твердо надо знать: решил ли?

— Некуда деваться, потому и решаю. Вы все-таки дайте кинуть умом. Завтра утром скажу остатнее слово.

— Ты, кроме этого, должен уговорить надежных казаков. Ищи таких, какие имели бы зуб на Советскую власть, — уже приказывал Половцев.

— При этой жизни его всякий имеет.

— А сын твой как?

— Куда же палец от руки? Куда я, туда и он.

— Ничего он парень, твердый?

— Хороший казак, — с тихой гордостью отозвался хозяин.

Гостю постелили серую тавреную полсть и шубу в горнице, возле лежанки. Он снял сапоги, но раздеваться не

---

[1] *Вязы* — шея.

стал и уснул сразу, едва лишь коснулся щекой прохладной, пахнущей пером подушки.

...Перед светом Яков Лукич разбудил спавшую в боковой комнатушке свою восьмидесятилетнюю старуху мать. Коротко рассказал ей о целях приезда бывшего сотенного командира. Старуха слушала, свесив с лежанки черножилые, простудой изуродованные в суставах ноги, ладонью оттопыривала желтую ушную раковину.

— Благословите, мамаша? — Яков Лукич стал на колени.

— Ступай, ступай на них, супостатов, чадунюшка! Господь благословит! Церква закрывают... Попам житья нету... Ступай!..

Наутро Яков Лукич разбудил гостя:

— Решился! Приказывайте.

— Почитай и подпиши. — Половцев достал из грудного кармана бумагу.

«С нами бог! Я, казак Всевеликого войска Донского, вступаю в «Союз освобождения родного Дона», обязуюсь до последней капли крови всеми силами и средствами сражаться по приказу моих начальников с коммунистами-большевиками, заклятыми врагами христианской веры и угнетателями российского народа. Обязуюсь беспрекословно слушаться своих начальников и командиров. Обязуюсь все свое достояние принести на алтарь православного отечества. В чем и подписуюсь».

Глава IV

Тридцать два человека — гремяченский актив и беднота — дышали одним дыхом. Давыдов не был мастером говорить речи, но слушали его вначале так, как не слушают и самого искусного сказочника.

— Я, товарищи, сам — рабочий Краснопутиловского завода. Меня послала к вам наша коммунистическая партия и рабочий класс, чтобы помочь вам организовать колхоз и уничтожить кулака как общего нашего кровососа.

Я буду говорить коротко. Вы должны все соединиться в колхоз, обобществить землю, весь свой инструмент и скот. А зачем в колхоз? Затем, что жить так дальше ну невозможно же! С хлебом трудности оттого, что кулак его гноит в земле, у него с боем хлеб приходится брать! А вы и рады бы сдать, да у самих маловато. Середняцко-бедняцким хлебом Советский Союз не прокормишь. Надо больше сеять. А как ты с сохой или однолемешным плугом больше посеешь? Только трактор и может выручить. Факт! Я не знаю, сколько у вас на Дону вспахивают одним плугом за осень под зябь...

— С ночи до ночи держись за чапиги — и десятин двенадцать до зимы подымешь.

— Хо! Двенадцать? А ежели крепкая земля?

— Чего вы там толкуете? — пронзительный бабий голос. — В плуг надо три, а то и четыре пары добрых быков, а откель они у нас? Есть, да и то не у каждого, какая-то пара зас..., а то все больше на быках, у каких сиськи. Это у богатых, им и ветер в спину...

— Не об этом речь! Взяла бы подол в зубы да помолчала, — чей-то хриповатый басок.

— Ты с понятием! Жену учи, а меня нечего.

— А трактором?..

Давыдов выждал тишины, ответил:

— А трактором, хотя бы нашим путиловцем, при хороших, знающих трактористах можно за сутки в две смены вспахать тоже двенадцать десятин.

Собрание ахнуло. Кто-то потерянно проронил:

— Эх... мать!

— Вот это — да! На таком жеребце бы попахаться... — завистливый с высвистом вздох.

Давыдов вытер ладонью пересохшие от волнения губы, продолжал:

— Вот мы на заводе делаем трактора для вас. Бедняку и середняку-одиночке купить трактор слабо: кишка тонка! Значит, чтобы купить, нужно коллективно соединиться батракам, беднякам и середнякам. Трактор такая машина, вам известная, что гонять его на малом куске земли — дело убыточное, ему большой гон надо. Небольшие артели — тоже пользы от них, как от козла молока.

— Ажник того меньше! — веско бухнул чей-то бас из задних рядов.

— Значит, как быть? — продолжал Давыдов, не обращая внимания на реплику. — Партия предусматривает сплошную коллективизацию, чтобы трактором зацепить и вывести вас из нужды. Товарищ Ленин перед смертью что говорил? Только в колхозе трудящемуся крестьянину спасение от бедности. Иначе ему — труба. Кулак-вампир его засосет в доску... И вы должны пойти по указанному пути совершенно твердо. В союзе с рабочими колхозники будут намахивать всех кулаков и врагов. Я правильно говорю. А затем перехожу к вашему товариществу. Калибра оно мелкого, слабосильное, и дела его через это очень даже плачевные. А тем самым и льется вода на мельницу... Словом, никакая не вода, а один убыток от него! Но мы должны это товарищество переключить в колхоз и оставить костью, а вокруг этой кости нарастет середняцкое...

— Погоди, перебью трошки! — Поднялся конопатый и неправый глазами Демка Ушаков, бывший одно время членом товарищества.

— Проси слово, тогда и гутарь, — строго внушал ему Нагульнов, сидевший за столом рядом с Давыдовым и Андреем Размётновым.

— Я и без просьбов скажу, — отмахнулся Демка и скосил глаза так, что казалось, будто он одновременно смотрит и на президиум, и на собравшихся. — А через что, извиняюся, превзошли в убыток и Советской власти в тягость. Через что, спрашиваю вас, жили вроде нахлебников у кредитного товарищества? Через любушку-председателя ТОЗа! Через Аркашку Менка!

— Брешешь, как элемент! — петушиный тенорок из задних рядов. И Аркашка, работая локтями, погребся к столу президиума.

— Я докажу! — У побледневшего Демки глаза съехались к переносью. Не обращая внимания на то, что

Размётнов стучит мослаковатым кулаком, он повернулся к Аркашке. — Не открутишься! Не через то превзошли мы в бедность своим колхозом, что мало нас, а через твою мену. А за «элемента» я тебя припрягу по всей строгости. Бугая на моциклетку, не спрошаючись, сменял? Сменял! Яйцеватых курей кто выдумал менять на...

— Опять же брешешь! — на ходу оборонялся Аркашка.

— Трех валухов и нетелю за тачанку не ты уговорил сбыть? Купец, в с... носом! То-то! — торжествовал Демка.

— Остепенитесь! Что вы, как кочета, сходитесь! — уговаривал Нагульнов, а мускул щеки уже заходил у него ходуном под покрасневшей кожей.

— Дайте мне слово по порядку, — просил пробившийся к столу Аркашка.

Он уже было забрал в горсть русую бородку, собираясь говорить, но Давыдов отстранил его:

— Кончу я, а сейчас, пожалуйста, не мешай... Так вот, я говорю, товарищи: только через колхоз можно...

— Да ты нас не агитируй! Мы с потрохами в колхоз пойдем, — перебил его красный партизан Павел Любишкин, сидевший ближе всех к двери.

— Согласны с колхозом!

— Артелем и батьку хорошо бить.

— Только хозяйствовать умно надо.

Крики заглушил тот же Любишкин: он встал со стула, снял черную угрюмейшую папаху и — высокий, кряж в плечах — заслонил дверь.

— Чего ты, чудак, нас за Советскую власть агитируешь? Мы ее в войну сами на ноги тут становили, сами и подпирали плечом, чтоб не хитнулась. Мы знаем, что такое колхоз, и пойдем в него. Дайте машины! — он протянул порепавшуюся ладонь.

— Трактор — штука, слов нет, но мало вы, рабочие, их наделали, вот за это мы вас поругиваем! Не за что нам ухватиться, вот в чем беда. А на быках — одной рукой погонять, другой слезы утирать — можно и без колхоза.

Я сам до колхозного переворота думал Калинину письмо написать, чтобы помогли хлеборобам начинать какую-то новую жизнь. А то первые годы, как при старом режиме, — плати налоги, живи как знаешь. А РКП для чего? Ну, завоевали, а потом что? Опять за старое, ходи за плугом, у кого есть что в плуг запрягать. А у кого нечего? С длинной рукой под церкву? Либо с деревянной иглой под мост портняжить, воротники советским купцам да кооперативщикам пристрачивать? Землю дозволили богатым в аренду сымать, работников им дозволили нанимать. Это так революция диктовала в восемнадцатом году? Глаза вы ей закрыли! И когда говоришь: «За что ж боролись?», — то служащие, какие пороху не нюхали, над этим словом насмехаются, а за ними строит хаханьки всякая белая сволочь! Нет, ты нам зубы не лечи! Много мы красных слов слыхали. Ты нам машину давай в долг или под хлеб, да не букарь там али запашник, а добрую машину! Трактор, про какой рассказывал, давай! Это я за что получил? — Он прямо через колени сидевших на лавках зашагал к столу, на ходу расстегивая рваную мотню шаровар. А подойдя, заголил подол рубахи, прижал его подбородком к груди. На смуглом животе и бедре покорно обнажились стянувшие кожу страшные рубцы. — За что получил ошкамелки кадетского гостинца?

— Черт бессовестный! Ты бы уж вовсе штаны-то спустил! — возмущенно и тонко крикнула сидевшая рядом с Демкой Ушаковым вдовая Анисья.

— А ты бы хотела? — Демка презрительно скосил на нее глаза. — Молчи, тетка Анисья! Мне тут стыду нету свои ранения рабочему человеку показать. Пущай глядит! Затем, что ежели дальше так жить, мне, один черт, нечем будет всю эту музыку прикрывать! Они уж и зараз такие штаны, что одно звание. Мимо девок днем уж не ходи, напужаешь до смерти.

Позади заигогокали, загомонили, но Любишкин повел кругом суровым глазом, и опять стало слышно, как с тихим треском горит в лампе фитиль.

— Видно, воевал я с кадетами за то, чтобы опять богатые лучше меня жили? Чтобы они ели сладкий кусок, а я
хлеб с луком? Так, товарищ рабочий? Ты, Макар, мне не
мигай! Я раз в году говорю, мне можно.

— Продолжай. — Давыдов кивнул головой.

— Продолжаю. Я сеял нонешний год три десятины
пшеницы. У меня трое детишков, сестра калека и хворая
жена. Сдал я свой план хлеба, Размётнов?

— Сдал. Да ты не шуми.

— Нет, буду шуметь! А кулак Фрол Рваный, за... его
душу!..

— Но-но! — Нагульнов застучал кулаком.

— Фрол Рваный свой план сдал? Нету?

— Так его суд оштраховал, и хлеб взяли, — вставил
Размётнов, блестя отчаянными глазами и с видимым наслаждением слушая Любишкина.

«Тебя бы сюда, тихохода!» — вспомнил Давыдов секретаря райкома.

— Он опять на энтот год будет Фролом Игнатичем! А
весной опять придет меня наймать! — и кинул под ноги
Давыдову черную папаху. — Чего ты мне говоришь о колхозе?! Жилы кулаку перережьте, тогда пойдем! Отдайте
нам его машины, его быков, силу его отдайте, тогда будет
наше равенство! А то все разговоры да разговоры «кулака
унистожить», а он растет из года в год, как лопух, и солнце нам застит.

— Отдай нам Фролово имущество, а Аркашка Менок
на него ероплан выменяет, — ввернул Демка.

— Ох-ха-ха-ха!..

— Это он враз.

— Будьте свидетелями на оскорбление!

— Тю! Слухать не даешь, цыц!

— Что на вас, черти, чуру нету?

— А ну, тише!..

Давыдову насилу удалось прекратить поднявшийся
шум.

— В этом и есть политика нашей партии! Что же ты
стучишь, ежели открыто? Уничтожить кулака как

класс, имущество его отдать колхозам, факт! И ты, товарищ партизан, напрасно шапку под стол бросил, она еще голове будет нужна. Аренды земли и найма батраков теперь не может быть! Кулака терпели мы из нужды: он хлеба больше, чем колхозы, давал. А теперь — наоборот. Товарищ Сталин точно подсчитал эту арифметику и сказал: уволить кулака из жизни! Отдать его имущество колхозам... О машинах ты все плакал. Пятьсот миллионов целковых дают колхозам на поправку, это как? Слыхал ты об этом? Так чего же ты бузу трешь? Сначала надо колхоз родить, а потом уж о машинах беспокоиться. А ты хочешь вперед хомут купить, а по хомуту уж коня покупать. Чего же ты смеешься? Так, так!

— Пошел Любишкин задом наперед!

— Хо-хо...

— Так мы же с дорогой душой в колхоз!

— Это он насчет хомута... подъехал...

— Хоть нынче ночью!

— Записывай зараз!

— Кулаков громить ведите.

— Кто записывается в колхоз, подымай руки, — предложил Нагульнов.

При подсчете поднятых рук оказалось тридцать три. Кто-то, обеспамятев, поднял лишнюю.

Духота выжила Давыдова из пальто и пиджака. Он расстегнул ворот рубахи, улыбаясь, выжидал тихомирья.

— Сознательность у вас хорошая, факт! Но вы думаете, что войдете в колхоз, и все? Нет, этого мало! Вы, беднота, — опора Советской власти. Вы, едрена зелена, и сами в колхоз должны идти, и тянуть за собой качающуюся фигуру середняка.

— А как ты его потянешь, ежели он не хочет? Что он, бык, что ли, взналыгал и веди? — спросил Аркашка Менок.

— Убеди! Какой же ты боец за нашу правду, ежели не можешь другого заразить? Вот собрание завтра будет. Сам голосуй «за» и соседа-середняка уговори. Сейчас мы приступаем к обсуждению кулаков. Вынесем мы постановление к высылке их из пределов Северо-Кавказского края или как?

— Подписуемся!

— Под корень их!

— Нет, уж лучше с корнем, а не под корень, — поправил Давыдов. И к Размётнову: — Огласи список кулаков. Сейчас будем утверждать их к раскулачиванию.

Андрей достал из папки лист, передал Давыдову.

— Фрол Дамасков. Достоин он такой пролетарской кары?

Руки поднялись дружно. Но при подсчете голосов Давыдов обнаружил одного воздержавшегося.

— Не согласен? — Он поднял покрытые потной испариной брови.

— Воздерживаюсь, — коротко отвечал неголосовавший, тихий с виду и неприметного обличья казак.

— Почему такое? — выпытывал Давыдов.

— Потому как он — мой сосед, и я от него много добра видал. Вот и не могу на него руки подымать.

— Выйди с собрания зараз же! — приказал Нагульнов вздрагивающим голосом, приподнимаясь, словно на стременах.

— Нет, так нельзя, товарищ Нагульнов! — строго прервал его Давыдов. — Не уходи, гражданин! Объясни свою линию. Кулак Дамасков, по-твоему, или нет?

— Я этого не понимаю. Я неграмотный и прошу уволить меня с собрания.

— Нет, ты уж нам объясни, пожалуйста: какие милости от него получил?

— Все время он мне пособлял, быков давал, семена ссужал... мало ли... Но я не изменяю власти. Я — за власть...

— Просил он тебя за него стоять? Деньгами магарычил, хлебом? Да ты признайся, не боись! — вступил в разговор Размётнов. — Ну, говори: что он тебе сулил? — и неловко от стыда за человека и за свои оголенные вопросы улыбнулся.

— А может, и ничего. Ты почем знаешь?

— Брешешь, Тимофей! Купленный ты человек и, выходит, подкулачник! — крикнул кто-то из рядов.

— Обзывайте как хотите, воля ваша...

Давыдов спросил, будто нож к горлу приставил:

— Ты за Советскую власть или за кулака? Ты, гражданин, не позорь бедняцкий класс, прямо говори собранию: за кого ты стоишь?

— Чего с ним вожжаться! — возмущенно перебил Любишкин. — Его за бутылку водки совсем с гуньями можно купить. На тебя, Тимофей, ажник глазами больно глядеть!

Неголосовавший Тимофей Борщев под конец с деланным смирением ответил:

— Я — за власть. Чего привязались? Темность моя попутала... — но руку при вторичном голосовании поднимал с видимой неохотой.

Давыдов коротко черканул в блокноте: «Тимофей Борщев затуманенный классовым врагом. Обработать».

Собрание единогласно утвердило еще четыре кулацких хозяйства.

Но когда Давыдов сказал:

— Тит Бородин. Кто «за»? — собрание тягостно промолчало. Нагульнов смущенно переглянулся с Размётновым. Любишкин папахой стал вытирать мокрый лоб.

— Почему тишина? В чем дело? — Давыдов, недоумевая, оглядел ряды сидевших людей и, не встретившись ни с кем глазами, перевел взгляд на Нагульнова.

— Вот в чем, — начал тот нерешительно. — Этот Бородин, по-улишному Титок мы его зовем, вместе с нами в восемнадцатом году добровольно ушел в Красную гвардию. Будучи бедняцкого рода, сражался стойко. Имеет раны и отличие — серебряные часы за революционное прохождение. Служил он в Думенковом отряде. И ты понимаешь, товарищ рабочий, как он нам сердце полоснул? Зубами, как кобель в падлу, вцепился в хозяйство, возвернувшись домой... И начал богатеть, несмотря на наши предупреждения. Работал день и ночь, оброс весь дикой шерстью, в одних холстинных штанах зиму и лето исхаживал. Нажил три пары быков и грызь от тяжелого подъема разных тяжестей, и все ему было мало! Начал нанимать работников, по два, по три. Нажил мельницу-ветрянку, а потом купил пятисильный паровой двигатель и начал ладить маслобойку, скотиной переторговывать. Сам, бывало, плохо жрет и работников голодом морит, хоть и работают они двадцать часов в сутки да за ночь встают раз по пять коням подмешивать, скотине метать. Мы вызывали его неоднократно на ячейку и в Совет, стыдили страшным стыдом, говорили: «Брось, Тит, не становись нашей дорогой Советской власти поперек путя! Ты же за нее, страдалец, на фронтах против белых был...» — Нагульнов вздохнул и развел руками. — Что можно сделать, раз человек осатанел? Видим, поедает его собственность! Опять его призовем, вспоминаем бои и наши обчие страдания, уговариваем, грозим, что в землю затопчем его, раз он становится поперек путя, делается буржуем и не хочет дожидаться мировой революции.

— Ты короче, — нетерпеливо попросил Давыдов.

Голос Нагульнова дрогнул и стал тише.

— Об этом нельзя короче. Эта боль такая, что с кровью... Ну, он, то есть Титок, нам отвечает: «Я сполняю приказ Советской власти, увеличиваю посев. А работников имею по закону: у меня баба в женских болезнях. Я был ничем и стал всем, все у меня есть, за это я и воевал. Да и Советская власть не на вас, мол, держится. Я своими руками даю ей что жевать, а вы — портфельщики, я вас в упор не вижу». Когда о войне и наших вместе перенесенных трудностях мы ему говорим, у него иной раз промеж глаз сверканет слеза, но он не дает ей законного ходу, отвернется, настанет сердце и говорит: «Что было, то быльем поросло!» И мы его лишили голосу гражданства. Он было помыкнулся туда и сюда, бумажки писал в край и в Москву. Но я так понимаю, что в центральных учреждениях сидят на главных постах старые революционеры и они понимают: раз предал — значит, враг, и никакой к тебе пощады!

— А ты все же покороче...

— Зараз кончаю. Его и там не восстановили, и он до се в таком виде, работников, правда, расчел...

— Ну, так в чем дело? — Давыдов пристально всматривался в лицо Нагульнова.

Но тот прикрыл глаза короткими сожженными солнцем ресницами, отвечал:

— Потому собрание и молчит. Я только объяснил, какой был в прошлом дорогом времени Тит Бородин, нынешний кулак.

Давыдов сжал губы, потемнел:

— Чего ты нам жалостные рассказы преподносишь? Был партизан — честь ему за это, кулаком стал, врагом сделался — раздавить! Какие тут могут быть разговоры?

— Я не из жалости к нему. Ты, товарищ, на меня напраслину не взводи!

— Кто за то, чтобы Бородина раскулачить? — Давыдов обвел глазами ряды.

Руки не сразу, вразнобой, но поднялись.

После собрания Нагульнов позвал Давыдова к себе ночевать.

— А завтра уж квартиру вам найдем, — сказал он, ощупью выходя из темных сеней Совета.

Они шли рядом по хрусткому снегу. Нагульнов, распахнув полушубок, негромко заговорил:

— Я, дорогой товарищ рабочий, легче дышу, как услыхал, что сплошь надо стянуть в колхоз хлеборобскую собственность. У меня к ней с мальства ненависть. Все зло через нее, правильно писали ученые товарищи Маркс и Энгельс. А то и при Советской власти люди, как свиньи у корыта, дерутся, южат, пихаются из-за этой проклятой заразы. А раньше что было, при старом режиме? Страшно вздумать! Мой отец был зажиточным казаком, имел четыре пары быков и пять лошадей. Посев у нас был огромный, шестьдесят, семьдесят и до ста десятин. Семья была большая, рабочая. Сами управлялись. Да ведь вздумать: трое женатых братьев у меня было. И вот вонзился в память мне такой случай, через чего я и восстал против собственности. Как-то соседская свинья залезла к нам в огород и потравила несколько гнездов картошки. Мать увидала ее, ухвати в кружку вару из чугуна и говорит мне: «Гони ее, Макарка, а я стану за калиткой». Мне тогда было лет двенадцать. Ну, конечно, погнал я эту несчастную свинью. Мать на нее и плескани варом. Так у ней щетина и задымилась. Время летняя, завелись у свиньи черви, дальше — больше, издохла свинья. Сосед злобу затаил. А через неделю у нас в степи сгорело двадцать три копны пшеницы. Отец уж знал, чьих это рук дело, не стерпел, подал в суд. Да такая промеж них завелась вражда — зрить один одного не могут! Чуть подопьют — и драка. Лет пять сутяжились и дошли до смертного случая... Соседского сына на масленую нашли на гумнах убитого. Кто-то вилами промзил ему грудь в скольких местах. И кой по чем я догадался, что это моих братов дело. Следствие было, убийцев не нашли... Составили акт, что погиб по пьяной лавочке... А я с той поры ушел от отца в работники. Попал на войну. И вот лежишь, бывало, бьет по тебе немец чижелыми снарядами, дым черный с землей к небу летит. Лежишь, думаешь: «За кого же, за чью собственность я тут страх и смерть принимаю?» А самому от обстрела хочется в гвоздь оборотиться: залез бы в землю по самую шляпку! Эх, ты, родная мамунюшка! Газы нюхал, был отравленный. Теперь, как чудóк на гору идтить, — опышка берет, кровь в голову шибнет, — не сойду. Умные люди ишо на фронте подсказали, большевиком вернулся. А в гражданскую, ох, и рубил гадов, беспощадно! Контузило меня под Касторной, потом зачало припадками бить. А теперь вот этот знак, — Нагульнов положил на орден огромную ладонь, и в голосе его странной теплотой зазвучали новые нотки: — От него мне зараз теплее становится. Я зараз, дорогой товарищ, как во дни Гражданской войны, как на позиции. В землю надо зарыться, а всех завлечь в колхоз. Всё ближе к мировой революции.

— Тита Бородина ты близко знаешь? — шагая, раздумчиво спросил Давыдов.

— Как же, мы с ним друзья были, но через то и разошлись, что он до крайности приверженный к собственности. В двадцатом году мы с ним были на подавлении восстания в одной из волостей Донецкого округа. Два эскадрона и ЧОН[1] ходили в атаку. Много за слободой оказалось порубанных хохлов. Титок ночью заявился на квартиру, вносит вьюки в хату. Тряхнул их и высыпал на пол восемь отрубленных ног. «Сдурел ты, такую твою?! — говорит ему товарищ. — Удались зараз же с этим!» А Титок говорит ему: «Не будут восставать, б...! А мне четыре пары сапог сгодятся. Я всю семью обую». Оттаял их на печке и начал с ног сапоги сдирать. Распорет шашкой шов на голенище, стянет. Голые ноги отнес, зарыл в стог соломы. «Похоронил», — говорит. Ежели б тогда мы узнали — расстреляли бы как гада! Но товарищи его не выдали. А после я пытал: верно ли это? «Верно, — говорит, — так снять не мог, на морозе одубели ноги-то, я их и поотгяпал шашкой. Мне, как чеботарю, прискорбно, что добрые сапоги в земле сгниют. Но теперь, — говорит, — самому ужасно. Иной раз даже ночью проснусь, прошу бабу, чтобы к стенке пустила, а то с краю страшно...» ...Ну, вот мы и пришли на мою квартиру. — Нагульнов вошел во двор, звякнул щеколдой дверей.

Глава V

Андрея Размётнова провожали на действительную военную службу в 1913 году. По тогдашним порядкам должен он был идти в строй на своем коне. Но не только коня, — и полагающееся казаку обмундирование не на что было ему купить. От покойного отца осталась в наследство одна дедовская шашка в отерханных, утративших лоск ножнах. Век не забыть Андрею горького унижения! На станичном сборе старики решили отправить его на

---

[1]*ЧОН* — части особого назначения, организованные для борьбы с остатками контрреволюции и бандитизмом.

службу за счет войска: купили ему дешевого рыженького конька, седло, две шинели, двое шаровар, сапоги... «На обчественные средства справляем тебя, Андрюшка, гляди, не забудь нашу милость, не страми станицы, служи царю справно...» — говорили старики Андрею.

А сыны богатых казаков на скачках, бывало, щеголяли сотенными конями Корольковского завода или от племенных жеребцов с Проваллья, дорогими седлами, уздечками с серебряным набором, новехонькой одеждой... Пай Андреевой земли взяло станичное правление, и все время, пока Андрей мотался по фронтам, защищая чужое богатство и чужую сытую жизнь, сдавало в аренду. Андрей заслужил на германской три Георгиевских креста. «Крестовые» деньги посылал жене и матери. Тем и жила со снохой старуха, чью старость, соленую от слез, поздновато пришлось Андрею покоить.

К концу войны Андреева баба с осени нанималась на молотьбу, скопила деньжат, поехала на фронт проведать мужа. Пожила там считанные дни (11-й Донской казачий полк, в котором служил Андрей, стоял на отдыхе), полежала на мужниной руке. Летними зарницами отполыхали те ночи. Но много ли времени для птичьего греха, для бабьего голодного счастья надо? А оттуда вернулась с посветлевшими глазами и через положенный срок, без крику и слез, будто нечаянно, прямо на пашне родила, вылила в Андрея мальчишку.

В восемнадцатом году Разметнов на короткий срок вернулся в Гремячий Лог. Прожил он в хуторе недолго: поправил подгнившие сохи и стропила сараев, вспахал две десятины земли, потом как-то целый день пестовал сынишку, сажал его на свою вросшую в плечи, провонявшую солдатчиной шею, бегал по горнице, смеялся, а в углах светлых, обычно злобноватых глаз заметила жена копившиеся слезы, побелела: «Либо уезжаешь, Андрюша?» — «Завтра. Сготовь харчей».

И на другой день он, Макар Нагульнов, атаманец Любишкин, Тит Бородин и еще восемь человек фронтовых казаков с утра собрались возле Андреевой хаты. Подседланные разномастные кони вынесли их за ветряк, и долго кружился по шляху легкий вешний прах, взвихренный конскими, обутыми в летние подковы, копытами.

В этот день над Гремячим Логом, над полой водой, над степью, надо всем голубым миром с юга на север, в вышней просторной целине спешили, летели без крика, без голоса станицы чернокрылых казарок и диких гусей.

Андрей в Каменской отстал от товарищей. С одной из ворошиловских частей он двинул на Морозовскую — Царицын. Макар Нагульнов, Любишкин и остальные очутились в Воронеже. А через три месяца под Кривой Музгой Андрей, легко раненный осколком гранаты, на перевязочном пункте от случайно повстречавшегося станичника узнал, что после разгрома отряда Подтелкова в Гремячем Логу белые казаки, хуторяне Андрея, мстя ему за уход в красные, люто баловались с его женой, что все это стало известно хутору и что Евдокия не снесла черного позора, наложила на себя руки.

...Морозный день. Конец декабря. Гремячий Лог. Курени, сараи, плетни, деревья в белой опуши инея. За дальним бугром бой. Глухо погромыхивают орудия генерала Гусельщикова. Андрей на взмыленном коне прискакал под вечер в хутор. И до сих пор помнит, стоит лишь закрыть глаза и стремительный бег памяти направить в прошлое... Скрипнула калитка. Задыхаясь, тянет Андрей повод, вводит на баз шатающегося от усталости коня. Мать, распокрытая, выбежала из сеней.

Ох, да как же резанул слух Андрея ее плач в голос, по мертвому!

— И родимый ты мо-о-ой! Закрылися ее ясные гла-а-зынь-ки!..

Будто бы на чужой баз заехал Разметнов: поводья примотал за перила крыльца, сам — в хату. Провалившимися, как у мертвого, глазами обшарил пустую горницу, пустую люльку.

— Дите где?

Мать, уткнувшись в завеску, мотала редковолосой, седеющей головой.

Насилу добился ответа.

— Да не сберегла ж я своего голубеночка! На вторую неделю после Дунюшки... от глотошной.

— Не кричи... Мне бы! Мне бы слезу найтить! Кто сильничал Евдокию?

— Аникей Девяткин тягал ее на гумно... Меня — плетью... ребят на гумно скликал. Все ее белы рученьки ножнами побил, пришла вся черная... Одни глаза...

— Дома он зараз?

— В отступе.

— Есть кто-нибудь у них дома?

— Баба его и сам старик. Андрюша! Не казни ты их! Они за чужой грех не ответчики...

— Ты!.. Ты мне указываешь?! — Андрей почернел, задохнулся. Порвал застежки шинели, ворот гимнастерки и нательной рубахи.

Припав к чугуну с водой голой реброватой грудью, пил и кусал края зубами. А потом встал, не поднимая глаз, спросил:

— Мамаша! Чего она мне переказывала перед смертью?

Мать сунулась в передний угол, из божнички вытащила пожелтелый лоскуток бумаги. И, словно родной голос, зазвучали смертные слова: «Родненький мой Андрюшенька! Споганили меня проклятые, смывались надо мной и над моим сердцем к тебе. Не гляну я на тебя и не увижу теперь белого света. Совесть мне не дозволяет жить с дурной болезнью. Андрюшенька мой, цветочек мой родимый! Я уж какую ночь не сплю и подушку свою оболью слезами. Нашу любовь с тобой я помню и на том свете буду помнить. И только жалко мне одного — дитя и тебя, что с тобой наша жизнь, любовь была такая короткая. Другую в дом приведешь — нехай она, ради господа бога, нашего парнишоночка жалеет. Жалей и ты его, мою сироту. Мамане прикажи, чтобы юбки мои, и шальки, и кофточки отдала сеструшке. Она невеста, ей надо...»

Ко двору Девяткиных Андрей прискакал наметом, спешился и, вытащив из ножен шашку, рысью вбежал на крыльцо. Отец Аникея Девяткина — высокий седой старик, — увидев его, перекрестился, стал под образами на колени.

— Андрей Степаныч! — сказал он только, поклонился в ноги Андрею, а больше и слова не молвил и розовой плешивой головы от пола не поднял.

— Ты мне за сына ответишь! В ваших богов, в креста!.. — Андрей левой рукой схватил седую бороду старика, пинком отворил дверь и с громом поволок Девяткина по крыльцу.

Старуха валялась у печки в беспамятстве, но сноха Девяткиных — жена Аникея — сгребла в кучу детишек (а их у нее было счетом шесть штук), с плачем выскочила на крыльцо. Андрей, белый, как облизанная ветрами мертвая кость, избочившись, уже занес шашку над стариковской шеей, но тут-то и посыпались ему под ноги с ревом, с визгом, с плачем разнокалиберные сопливые ребятишки.

— Руби всех их! Все они Аникушкиного помета щенки! Меня руби! — кричала Авдотья — Аникеева жена — и шла на Андрея, расстегнув розовую рубаху, болтая, как многощенная сука, сухонькими, сморщенными грудями.

А в ногах у Андрея копошилась детва, все мал мала меньше...

Попятился он, дико озираясь, кинул шашку в ножны и, не раз споткнувшись на ровном, направился к коню. До самой калитки шел за ним плачущий от радости и пережитого страха старик и все норовил припасть, поцеловать стремя, но Андрей, брезгливо морщась, отдергивал ногу, хрипел:

— Счастье твое!.. Детишки...

Дома он трое суток наливался дымкой, плакал пьяный, на вторую ночь сжег сарай на перерубе, в котором повесилась Евдокия, и на четвертые сутки, опухший и страшный, тихо прощался с матерью, и та, прижимая его голову к своей груди, впервые заметила на белокуром сыновьем чубе ковыльные нити седины.

Через два года Андрей вернулся в Гремячий с польского фронта. Год побродил по Верхнедонскому округу с продотрядом, а потом припал к хозяйству. На советы матери жениться он отмалчивался. Но однажды мать настойчиво стала добиваться ответа.

— Женись, Андрюша! Мне уж чугуны не под силу ворочать. Любая девка за тебя — с грабушками. У кого будем сватать?

— Не буду, маманя, не приставай!

— Заладил одно да добро! Гля-ко, у тебя вон по голове уже заморозки прошлись. Когда же надумаешь-то? Покеда белый станешь? Об матери и — бай дюже. А я-то думала, что внуков придется нянчить. С двух коз-то и пуху насбирала, детишкам бы чулочков связать... Обмыть их, искупать — вот мое дело. Корову мне уж трудно выдаивать: пальцы неслухменные стали. — И переходила на плач: — И в кого такого идола уродила! Набычится и сопит. Чего уж молчишь-то? Агел![1]

Андрей брал шапку, молча уходил из хаты. Но старуха не унималась: разговоры с соседками, шепоты, советы...

— После Евдокии никого не введу в хату, — угрюмо стоял на своем Андрей.

И материнская злоба переметнулась на покойную сноху.

— Приворожила его энта змеюка! — говорила она старухам, встречаясь на прогоне либо сидя перед вечером возле своего база. — Сама завесилась и от него жизню отымет. Не хочет другую брать. А мне-то легко? И-и, милушка моя! Гляну на чужих внуков да так слезьми и умоюсь: у других-то старухам радость да утеха, а я одна, как суслик в норе...

В этом же году Андрей сошелся с Мариной, вдовой убитого под Новочеркасском вахмистра Михаила Пояркова. Ей в ту осень перевалило за сорок, но она еще сохранила в полном и сильном теле, в смуглом лице степную, неяркую красоту.

В октябре Андрей крыл ей хату чаканом. Перед сумерками она позвала его в хату, расторопно накрыла стол, по-

---

[1]*Агел* — нечистый дух.

ставила чашку с борщом, кинула на колени Андрею расшитый чистый рушник, сама села напротив, подперев остроскулую щеку ладонью. Андрей искоса, молча посматривал на гордую ее голову, отягощенную глянцевито-черным узлом волос. Были они у нее густы, на вид жестки, как конская грива, но возле крохотных ушей по-детски беспокойно и мягко курчавились. Марина в упор щурила на Андрея удлиненный, чуть косой в разрезе черный глаз.

— Подлить еще? — спросила она.

— Ну что ж, — согласился Андрей и ладонью вытер белесый ус.

Он было приналег опять на борщ. Марина снова, сидя против него, смотрела зверино-сторожким и ждущим взглядом, но как-то нечаянно увидел Андрей на ее полной шее стремительно пульсирующую синюю жилку и почему-то смутился, отложил ложку.

— Чего же ты? — Она недоуменно взмахнула черными крыльями бровей.

— Наелся. Спасибо. Завтра утрецом приду, докрою.

Марина обошла стол. Медленно обнажая в улыбке плотно слитые зубы, прижимаясь к Андрею большой мягкой грудью, шепотом спросила:

— А может, у меня заночуешь?

— И это можно, — не нашелся иного сказать растерявшийся Андрей.

И Марина, мстя за глупое слово, согнула в поклоне полнеющий стан.

— То-то, спасибо, кормилец! Уважил бедную вдову... А я-то, грешница, боялась, думала — откажешься...

Она проворно дунула на жирник, в потемках постелила постель, заперла на задвижку дверь в сенях и с презрением, с чуть заметной досадой сказала:

— В тебе казачьего — поганая капля. Ведерник тамбовский тебя делал.

— Как так? — обиделся Андрей и даже сапог перестал стаскивать.

— Так же, как и других прочих. По глазам судить — лихие они у тебя, а вот у бабы попросить робеешь. Тоже, кресты на войне получал! — Она заговорила невнятней, зажав зубами шпильки, расплетая волосы. — Моего Мишу помнишь ты? Он ростом меньше меня был. Ты — ровней мне, а он чудок меньше. Так вот я его любила за одну смелость. Он и самому сильному, бывало, в кабаке не уступит, хоть нос в крови, а он все непобитый. Может, через это он и помер. Он ить знал, за что я его любила... — с гордостью закончила она.

Андрей вспомнил рассказы хуторских казаков — однополчан Марининого мужа, бывших свидетелями его смерти: будучи в рекогносцировке, он повел свой взвод в атаку на вдвое превосходящий числом разъезд красноармейцев, те «льюисом» обратили их в бегство, выбили из седел в угон четырех казаков, а самого Михаила Пояркова отрезали от остальных, попытались догнать. Троих преследовавших его красноармейцев он в упор убил, отстреливаясь на скаку, а сам, будучи лучшим в полку по джигитовке, начал вольтижировать, спасаясь от выстрелов, и ускакал бы, но конь попал ногой в какую-то ямину, переломил при падении ногу хозяину. Тут-то и подошел конец лихому вахмистру...

Андрей улыбнулся, вспомнив рассказ о смерти Пояркова.

Марина легла; часто дыша, придвинулась к Андрею.

Через полчаса она, продолжая начатый разговор, прошептала:

— Мишку за смелость любила, а вот тебя... так, ни за что, — и прижалась к груди Андрея маленьким пылающим ухом. А ему в полутемноте показалось, что глаз ее светится огнисто и непокорно, как у норовистой ненаезженной лошади.

Уже перед зарей она спросила:

— Придешь завтра хату докрывать?

— Ну а то как же? — удивился Андрей.

— Не ходи...

— Почему такое?

— Ну уж какой из тебя крыльщик! Дед Щукарь лучше тебя кроет, — и громко засмеялась. — Нарочно тебя покликала!.. Чем же, окромя, примануть? То-то ты мне убытку наделал! Хату все одно надо перекрывать под корешок.

Через два дня хату перекрывал дед Щукарь, хуля перед хозяйкой никудышную работу Андрея.

А Андрей с той поры каждую ночь стал наведываться к Марине. И сладка показалась ему любовь бабы на десять лет его старше, сладка, как лесовое яблоко-зимовка, запаленное первым заморозком...

В хуторе об их связи скоро узнали и встретили ее по-разному. Мать Андрея поплакала, пожалилась соседкам: «Страма! Со старухой связался». Но потом смирилась, притихла. Нюрка, соседская девка, с которой при случае Андрей и пошучивал, и баловался, долго избегала с ним встреч, но как-то еще по чернотропу, на рубке хвороста встретилась лицом к лицу, побледнела.

— Оседлала тебя старуха? — спросила она, улыбаясь дрожащими губами и не пытаясь скрывать блеснувших под ресницами слез.

— Дыхнуть нечем! — пробовал отшучиваться Андрей.

— Моложе аль не нашлось бы? — отходя, спросила Нюрка.

— Да я сам-то, глянь-ка, какой, — Андрей снял папаху, указывая голицей на свою иссеченную сединой голову.

— А я, дура, и седого тебя, кобеля, прилюбила! Ну, стало быть, прощай, — и ушла, оскорбленно неся голову.

Макар Нагульнов коротко сказал:

— Не одобряю, Андрюха! Вахмистра она из тебя сделает и мелкого собственника. Ну-ну, шутю, не видишь, что ли?

— Женись уж на ней законным путем, — однажды раздобрилась мать. — Пущай в снохах походит.

— Не к чему, — уклончиво отвечал Андрей.

Марина — будто двадцать лет с плеч скинула. Она встречала Андрея по ночам, сдержанно сияя чуть косо поставленными глазами, обнимала его с мужской силой, и до белой зорьки не сходил со скуластых смуглых щек ее вишневый, яркий румянец. Будто девичье время вернулось к ней! Она вышивала Андрею цветные и сборные из шелковых лоскутков кисеты, преданно ловила каждое его движенье, заискивала, потом с чудовищной силой проснулись в ней ревность и страх потерять Андрея. Она стала ходить на собрания только для того, чтобы там наблюдать за ним — не играет ли он с молодыми бабами? Не глядит ли на какую? Андрей первое время тяготился такой неожиданно пришедшей опекой, ругал Марину и даже несколько раз побил, а потом привык, и его чувству мужского самолюбия это обстоятельство стало даже льстить. Марина, выдабриваясь, отдала ему всю мужнину одежду. И вот Андрей, до того ходивший голодранцем, — не стыдясь, на правах преемника, защеголял по Гремячему в суконных вахмистровых шароварах и рубахах, рукава и воротники которых были ему заметно коротки и узковаты.

Он помогал своей любушке в хозяйстве, с охоты нес ей убитого зайца или вязанку куропаток. Но Марина никогда не злоупотребляла своей властью и не обделяла матери Андрея, хотя и относилась к ней с чувством скрытой враждебности.

Да она и сама неплохо справлялась с хозяйством и могла бы легко обходиться без мужской помощи. Не раз Андрей со скрытым удовольствием наблюдал, как она подымает на вилах трехпудовый ворох пшеницы, опутанной розовой повителью, или, сидя на лобогрейке, мечет из-под стрекочущих крыльев валы скошенного полнозерного ячменя. В ней было много мужской ухватистости и силы. Даже лошадь она запрягала по-мужски, упираясь в ободь клеща, разом затягивая супонь.

С годами чувство к Марине застарело, надежно укоренилось. Андрей изредка вспоминал о первой жене, но воспоминания уже не приносили прежней режущей боли. Иногда лишь, встречаясь со старшим сыном Аникея Девяткина, эмигрировавшего во Францию, бледнел: так разительно было сходство между отцом и сыном.

А потом опять в работе, в борьбе за кусок хлеба, в суете рассасывалась злоба и, тупая, ноющая, уходила боль, похожая на ту, которую иногда испытывал он от рубца на лбу — памятки, оставленной некогда палашом мадьярского офицера.

***

С собрания бедноты Андрей пошел прямо к Марине. Она пряла шерсть, дожидаясь его. В низенькой комнатушке снотворно жужжала прялка, было жарко натоплено. Кучерявый озорной козленок цокотал по земляному полу крохотными копытцами, намереваясь скакнуть на кровать.

Размётнов раздраженно поморщился:

— Погоди гонять кружало!

Марина сняла с подлапника прялки обутую в остроносый чирик ногу, сладко потянулась, выгибая широкую, как конский круп, спину.

— Чего ж на собрании было?

— Кулаков завтра начнем потрошить.

— Взаправди?

— В колхоз нынче беднота вступила всем собранием. — Андрей, не снимая пиджака, прилег на кровать, схватил на руки козленка — теплый шерстяной комочек. — Ты завтра неси заявление.

— Какое? — изумилась Марина.

— О принятии в колхоз.

Марина вспыхнула, с силой сунула к печи прялку.

— Да ты никак одурел? Чего я там не видала?

— Давай, Марина, об этом не спорить. Тебе надо быть в колхозе. Скажут про меня: «Людей в колхоз завлекает, а Марину свою отгородил». Совесть будет зазревать.

— Я не пойду! Все одно не пойду! — Марина прошла мимо кровати, опахнув Андрея запахом пота и разгоряченного тела.

— Тогда, гляди, придется нам — горшок об горшок и врозь.

— Загрозил!

— Я не грожу, а только мне иначе нельзя.

— Ну и ступай! Поведу я им свою коровенку, а сама с чем буду? Ты же придешь, трескать будешь просить!

— Молоко будет обчее.

— Может, и бабы будут обчие? Через это ты и пужаешь?

— Побил бы тебя, да что-то охоты нет. — Андрей столкнул на пол козленка, потянулся к шапке и, как удавку, захлестнул на шее пуховый шарфишко.

«Каждого черта надо уговаривать да просить! Маришка, и эта в дыбки становится. Что же завтра на обчем собрании будет? Побьют, ежели дюже нажимать», — злобно думал он, шагая к своей хате. Он долго не спал, ворочался, слышал, как мать два раза вставала смотреть тесто. В сарае голосил дьявольски горластый петух. Андрей с беспокойством думал о завтрашнем дне, о ставшей на пороге перестройке всего сельского хозяйства. У него явилось опасение, что Давыдов, сухой и черствый (таким он ему показался), каким-нибудь неосторожным поступком оттолкнет от колхоза середняков. Но он вспомнил его коренастую, прочного литья фигуру, лицо напряженное, собранное в комок, с жесткими складками по обочинам щек, с усмешливо-умными глазами, вспомнил, как на собрании Давыдов, наклоняясь к нему за спиной Нагульнова и дыша в лицо по-детски чистым, терпко-винным запахом щербатого рта, сказал во время выступления Любишкина: «Партизан-то парень грубо́й[1], но вы его забросили, не воспитали, факт! Надо над ним поработать». Вспомнил и обрадованно решил: «Нет, этот не подведет, Макара, вот кого надо взнуздывать! Как бы он в горячности не отчебучил какое-нибудь колено. Макару попадет шлея под хвост — тогда и повозки не собрать. Да, не собрать... А чего не собрать? Повозки... При чем тут повозка? Макар... Титок... завтра...» Сон, подкравшись, гасил сознание. Андрей засыпал, и с губ его медленно, как капли росы с желобка листа, стекала улыбка.

---

[1] *Грубо́й* — хороший.

Глава VI

Часов в семь утра Давыдов, придя в сельсовет, застал уже в сборе четырнадцать человек гремяченской бедноты.

— А мы вас давно ждем, спозаранку, — улыбнулся Любишкин, забирая в свою здоровенную ладонь руку Давыдова.

— Не терпится... — пояснил дед Щукарь.

Это он, одетый в белую бабью шубу, в первый день приезда Давыдова перешучивался с ним во дворе сельсовета. С того дня он почел себя близким знакомым Давыдова и обращался с ним, не в пример остальным, с дружественной фамильярностью. Он так перед его приходом и говорил: «Как мы с Давыдовым решим, так и будет. Он позавчера долго со мной калякал. Ну, были промеж сурьезного и шутейные разговоры, а то все больше обсуждали с ним планты, как колхоз устраивать. Веселый он человек, как и я...»

Давыдов узнал Щукаря по белой шубе и, сам того не зная, жестоко его обидел:

— А, это ты, дед? Вот видишь: позавчера ты как будто огорчился, узнав, для чего я приехал, а сегодня уже сам колхозник. Молодец!

— Некогда было... некогда, потому и ушел-то... — забормотал дед Щукарь, боком отодвигаясь от Давыдова.

Было решено идти выселять кулаков, разбившись на две группы. Первая должна была идти в верхнюю часть хутора, вторая — в нижнюю. Но Нагульнов, которому Давыдов предложил руководить первой группой, категорически отказался. Он нехорошо смутился под перекрестными взглядами, отозвал Давыдова в сторону.

— Ты чего номера выкидываешь? — холодно спросил Давыдов.

— Я лучше пойду со второй группой в нижнюю часть.

— А какая разница?

Нагульнов покусал губы, отвернувшись, сказал:

— Об этом бы... Ну да все равно узнаешь! Моя жена... Лушка... живет с Тимофеем, сыном Фрола Дамаскова —

кулака. Не хочу! Разговоры будут. В нижнюю часть пойду, а Размётнов пущай с первой...

— Э, брат, разговоров бояться... но я не настаиваю. Пойдем со мной, со второй группой.

Давыдов вдруг вспомнил, что ведь сегодня же он видел над бровью жены Нагульнова, когда та подавала им завтракать, лимонно-зеленоватый застарелый синяк; морщась и двигая шеей, словно за воротник ему попала сенная труха, спросил:

— Это ты ей посадил фонарь? Бьешь?

— Нет, не я.

— А кто же?

— Он.

— Да кто «он»?

— Ну, Тимошка... Фролов сын...

Давыдов несколько минут недоумевающе молчал, а потом озлился:

— Да ну, к черту! Не понимаю! Пойдем, после об этом.

Нагульнов с Давыдовым, Любишкин, дед Щукарь и еще трое вышли из сельсовета.

— С кого начнем? — Давыдов спрашивал, не глядя на Нагульнова. Оба они по-разному чувствовали после разговора какую-то неловкость.

— С Титка.

По улице шли молча. Из окон на них любопытствующе посматривали бабы. Детвора было увязалась следом, но Любишкин вытянул из плетня хворостину, и догадливые ребята отстали. Уже когда подошли к дому Титка, Нагульнов, ни к кому не обращаясь, сказал:

— Дом этот под правление колхоза занять. Просторный. А из сараев сделать колхозную конюшню.

Дом действительно был просторный. Титок купил его в голодный двадцать второй год за яловую корову и три пуда муки на соседнем хуторе Тубянском. Вся семья бывших владельцев вымерла. Некому было потом судиться с Титком за кабальную сделку. Он перевез дом в Гремячий, перекрыл крышу, поставил рубленые сараи и конюшню, обстроился на вечность... С крашенного охрой карниза смотрела на улицу затейливо сделанная маляром надпись славянского письма: «Т.К. Бородин. Р.Х. 1923 год».

Давыдов с любопытством оглядывал дом. Первый вошел в калитку Нагульнов. На звяк щеколды из-под амбара выскочил огромный, волчьей окраски, цепной кобель. Он рванулся без лая, стал на задние лапы, сверкая белым, пушистым брюхом, и, задыхаясь, хрипя от перехватившего горло ошейника, глухо зарычал. Бросаясь вперед, опрокидываясь на спину, несколько раз он пытался перервать цепь, но, не осилив, помчался к конюшне, и над ним, катаясь по железной, протянутой до конюшни проволоке, певуче зазвенело цепное кольцо.

— Такой чертан сседлает — не вырвешься, — бормотал дед Щукарь, опасливо косясь и на всякий случай держась поближе к плетню.

В курень вошли толпой. Жена Титка, худая, высокая баба, поила из лоханки телка. Она со злобной подозрительностью оглядела нежданных гостей. На приветствие буркнула что-то похожее на «черти тут носят».

— Тит дома? — спросил Нагульнов.

— Нету.

— А где же он?

— Не знаю, — отрезала хозяйка.

— Ты знаешь, Перфильевна, чего мы пришли? Мы... — загадочно начал было дед Щукарь, но Нагульнов так ворохнул в его сторону глазами, что дед судорожно глотнул слюну, крякнул и сел на лавку, не без внушительности запахивая полы белой невыдубленной шубы.

— Кони дома? — спрашивал Нагульнов, словно и не замечая неласкового приема.

— Дома.

— А быки?

— Нету. Вы чего явились-то?

— С тобой мы не могем... — снова начал было дед Щукарь, но на этот раз Любишкин, пятясь к двери, потянул его за полу; дед, стремительно увлекаемый в сени, так и не успел кончить фразу.

— Где же быки?

— Уехал на них Тит.

— Куда?

— Сказала тебе, не знаю!

Нагульнов мигнул Давыдову, вышел. Щукарю на ходу поднес к бороде кулак, посоветовал:

— Ты молчи, пока тебя не спросят! — И к Давыдову: — Плохи дела! Надо поглядеть, куда быки делись. Когда б он их не спровадил...

— Так без быков...

— Что ты! — испугался Нагульнов. — У него быки — первые в хуторе. Рога не достанешь. Как можно! Надо и Титка и быков искать.

Пошептавшись с Любишкиным, они пошли к скотиньему базу, оттуда в сарай и на гумно. Минут через пять Любишкин, вооружившись слегой, принудил кобеля к отступлению, загнал под амбар, а Нагульнов вывел из конюшни высокого серого коня, обратал его и, ухватившись за гриву, сел верхом.

— Ты чего это, Макар, не спросясь, распоряжаешься на чужом базу? — закричала хозяйка, выбежав на крыльцо, руки — в бока. — Вот муж вернется, я ему!.. Он с тобой потолкует!..

— Не ори! Я бы сам с ним потолковал, кабы он дома был. Товарищ Давыдов, а ну-ка пойди сюда!

Давыдов, сбитый с толку поведением Нагульнова, подошел.

— С гумна свежие бычиные следы на шлях. Видать, Тит пронюхал, погнал быков сдавать. А сани все под сараем. Брешет баба! Идите пока кончайте Кочетова, а я побегу верхи в Тубянской. Окромя гнать ему их некуда. Сломи-ка мне хворостинку погонять.

Прямо через гумно Нагульнов направился на шлях. За ним восставала белая пыль, медленно оседая на плетнях и на ветках бурьяна слепящее-ярким кристаллическим серебром. Бычачьи следы и рядом копытный след лошади тянулись до шляха, там исчезали. Нагульнов проскакал по направлению к Тубянскому саженей сто.

По пути на снежных переносах он видел все те же следы, чуть присыпанные поземкой, и, успокоившись, что направление верное, поехал тише. Так отмахал он версты полторы, как вдруг на новом переносе следов не оказалось. Круто повернул коня, спрыгнул, внимательно разглядывая, не замело ли их снегом. Перенос был не тронут, девственно чист. В самом низу виднелись крестики сорочьих следов. Выругавшись, Нагульнов поехал назад уже шагом, поглядывая по сторонам. На следы напал вскоре. Быки, оказалось, свернули со шляха неподалеку от толоки. На быстрой рыси Нагульнов следы их просмотрел. Он сообразил, что Титок направился через бугор прямиком в хутор Войсковой. «Должно быть, к кому-нибудь из знакомцев», — подумал, направляя по следам и сдерживая бег коня. На той стороне Бугра, возле Мертвого буерака, приметил на снегу бычий помет, остановился: помет был свежий, на нем только недавно изморозью, тончайшей пленкой лег ледок. Нагульнов нащупал в кармане полушубка холодную колодку нагана. В буерак спустился шагом. Еще с полверсты проехал и только тогда увидел неподалеку, за купой голых дубов, верхового и пару разналыганных быков. Верховой помахивал на быков налыгачем, горбился в седле. Из-за плеч его схватывался синий табачный дымок, таял навстречу.

— Поворачивай!

Титок остановил заржавшую кобылу, оглянулся, выплюнул цигарку и медленно заехал быкам наперед, негромко сказал:

— Что так? Тпру-у, гоф, стойте!

Нагульнов подъехал. Титок встретил его долгим взглядом.

— Ты куда направлялся?

— Быков продать хотел, Макар. Я не скрываюсь. — Титок высморкался. Рыжие, вислые, как у монгола, усы тщательно вытер рукавицей.

Они стояли, не спешиваясь, друг против друга. Лошади их с похрапом обнюхивались. Опаленное ветром лицо

Нагульнова было разгорячено, зло. Титок внешне спокоен и тих.

— Завертывай быков и гони домой! — приказал Нагульнов, отъезжая в сторону.

Одну минуту Титок колебался... Он перебирал поводья, нагнув дремотно голову, полузакрыв глаза, и в своем сером домотканом зипуне с накинутым на рваный малахай капюшоном был похож на дремлющего ястреба. «Если у него под зипуном что-нибудь есть, то он сейчас расстегнет крючок», — думал Нагульнов, глаз не спуская с неподвижного Титка. Но тот, словно очнувшись, махнул налыгачем. Быки пошли своим следом обратно.

— Забирать будете? Раскулачивать? — после долгого молчания спросил Титок, сверкнув на Нагульнова из-под надвинутого на брови капюшона синими белками.

— Дожился! Гоню тебя, как пленного гада! — не выдержав, вскричал Нагульнов.

Титок поежился. До самого бугра молчал. Потом спросил:

— Меня куда будете девать?

— Вышлем. Это что у тебя под зипуном выпинается?

— Обрез. — Титок искоса глянул на Нагульнова, распахнул полу зипуна.

Из кармана сюртука белым мослом выглянула небрежно оструганная залапанная рукоять обреза.

— Дай-ка его мне. — Нагульнов протянул руку, но Титок спокойно отвел ее.

— Нет, не дам! — и улыбнулся, оголяя под вислыми усами черные, обкуренные зубы, глядя на Нагульнова острыми, как у хоря, но веселыми глазами. — Не дам! Имущество забираете, да еще отрез последний? Кулак должен быть с отрезом, так про него в газетах пишут. Беспременно чтобы с отрезом. Я, может, им хлеб насущный добывать буду, а? Селькоры мне без надобностев...

Он смеялся, покачивал головой, рук с луки не снимал, и Нагульнов не стал настаивать на выдаче обреза. «Там, в хуторе, я тебя обломаю», — решил он.

— Зачем, небось думаешь, Макар, он с отрезом поехал? — продолжал Титок. — Греха с ним... Он у меня черт-те с каких пор, тогда ишо принес с хохлачьего восстания, помнишь? Ну, лежит себе отрез, приржавел. Я его почистил, смазал, — чин чином, думаю, может, от зверя или от лихого человека сгодится. А вчера узнал, что вы собираетесь идти кулаков перетряхать... Только не смикитил я, что вы нонче тронетесь... А то бы я с быками-то ишо ночью командировался...

— От кого узнал?

— Ну, вот скажи ему! Слухом земля полная. Да-а-а, и обсоветовали ночью с бабой быков в надежные руки сдать. Отрез я с собой зацепил, хотел прихоронить в степе, чтобы не нашли случаем на базу, да прижалел, и ты — вот он! Так у меня под коленками и зашшекотало! — оживленно говорил он, насмешливо играя глазами, тесня коня Нагульнова грудью кобылицы.

— Ты шутки потом будешь шутить, Титок! А зараз построжей держись.

— Ха! Мне самое теперя и шутковать. Завоевал себе сладкую жизню, справедливую власть оборонял, а она меня за хи́ршу[1]... — Голос Титка оборванно осекся.

С этого момента он ехал молча, нарочно придерживал кобылу, норовя пропустить Макара хоть на пол-лошади вперед, но тот из опаски тоже приотставал. Быки далеко ушли от них.

— Шевели, шевели! — говорил Нагульнов, напряженно посматривая на Титка, сжимая в кармане наган. Уж он-то знал Титка! Знал его, как никто. — Да ты не отставай! Стрельнуть ежели думаешь, все равно не придется, не успеешь.

— А ты пужливый стал! — улыбнулся Титок и, хлестнув коня налыгачем, поскакал вперед.

---

[1] *Хи́рша* — загривок.

Глава VII

Андрей Размётнов со своей группой пришел к Фролу Дамаскову, когда тот с семьей полудновал. За столом сидели: сам Фрол — маленький, тщедушный старичишка с клиноватой бороденкой и оторванной левой ноздрей (еще в детстве обезобразил лицо, падая с яблони, отсюда и прозвище Рваный), его жена, дородная и величественная старуха, сын Тимофей — парень лет двадцати двух, и дочь — девка на выданье.

Похожий на мать, статный и красивый, из-за стола встал Тимофей. Он вытер тряпкой яркие губы под юношески пушистыми усами, сощурил наглые, навыкат глаза и с развязностью лучшего в хуторе гармониста, девичьего любимца, указал рукой:

— Проходите, садитесь, дорогие властя!

— Нам садиться некогда, — Андрей достал из папки лист. — Собрание бедноты постановило тебя, гражданин Фрол Дамасков, выселить из дома, конфисковать все имущество и скот. Так что ты кончай, полудный и выгружайся из дому. Зараз мы произведем опись имущества.

— Это почему же такое? — кинув ложку, Фрол встал.

— Уничтожаем тебя как кулацкий класс, — пояснил ему Демка Ушаков.

Фрол пошел в горницу, поскрипывая добротными, подшитыми кожей валенками, вынес оттуда бумажку.

— Вот справка, ты сам, Размётнов, ее подписывал.

— Какая справка?

— Об том, что я хлеб выполнил.

— Хлеб тут ни при чем.

— А за что же меня из дому выгонять и конфисковать?

— Беднота постановила, я же тебе пояснил.

— Таких законов нету! — резко крикнул Тимофей. — Вы грабиловку устраиваете! Папаня, я зараз в рик поеду. Где седло?

— Ты в рик пеший пойдешь, ежели хочешь. Коня не дам. — Андрей присел к краю стола, достал карандаш и бумагу...

У Фрола синевой налился рваный нос, затряслась голова. Он как стоял, так и опустился на пол, с трудом шевеля распухшим, почернелым языком.

— Сссук-ки-ны!.. Сукины сыны! Грабьте! Режьте!

— Папаня, встаньте, ради Христа! — заплакала девка, подхватывая отца под мышки.

Фрол оправился, встал, лег на лавку и уже безучастно слушал, как Демка Ушаков и высокий застенчивый Михаил Игнатенок диктуют Размётнову:

— Кровать железная с белыми шарами, перина, три подушки, ишо две кровати деревянных...

— Горка с посудой. И посуду всю говорить? Да ну ее под такую голень!

— Двенадцать стульев, одна длинная стула со спинкой. Гармоня-трехрядка.

— Гармонь не дам! — Тимофей выхватил ее из рук Демки. — Не лезь, косоглазый, а то нос расшибу!

— Я тебе так расшибу, что и мать не отмоет!

— Ключи от сундуков давай, хозяйка.

— Не давайте им, маманя! Нехай ломают, ежели такие права у них есть!

— Есть у нас права ломать? — оживляясь, спросил Демид Молчун, известный тем, что говорил только при крайней необходимости, а остальное время молча работал, молча курил с казаками, собравшимися в праздник на проулке, молча сидел на собраниях и, обычно только изредка отвечая на вопросы собеседника, улыбался виновато и жалостно.

Распахнутый мир был полон для Демида излишне громких звуков. Они наливали жизнь до краев; не затихая и ночью, мешали прислушиваться к тишине, нарушали то мудрое молчание, которым полны бывают степь и лес под осень. Не любил Демид людского гомона. Жил он на отшибе в конце хутора, был работящим и по силе первым во всей округе. Но как-то пятнила его судьба обидами, обделяла, как пасынка... Он пять лет жил у Фрола Дамаскова в работниках, потом женился, отошел на свое хозяйство. Не успел обстроиться — погорел. Через год еще раз пожар оставил ему на подворье одни пахнущие дымом сохи. А вскоре ушла жена, заявив: «Два года жила с тобой и двух слов не слыхала. Нет уж, живи один! Мне в лесу с бирюком и то веселей будет. Тут с тобой и умом тронешься. Сама с собой уж начала я гутарить...»

А ведь было привыкла к Демиду баба. Первые месяцы, правда, плакала, приставала к мужу: «Демидушка! Ты хоть погутарь со мной. Ну скажи словцо!» Демид только улыбался тихой ребячьей улыбкой, почесывая волосатую грудь. А когда уж становилось невтерпеж от докучаний жены, нутряным басом говорил: «Чисто сорока ты!» — и уходил. Демида почему-то окрестила молва человеком гордым и хитрым, из тех, что «себе на уме». Может быть, потому, что всю жизнь дичился он шумоватых людей и громкого звука?

Поэтому-то Андрей и вскинул голову, заслышав над собой глухой гром Демидова голоса.

— Права? — переспросил он, смотря на Молчуна так, как будто увидел его впервые. — Есть права!

Демид, косолапо ступая, грязня пол мокрыми, изношенными чириками, пошел в горницу. Улыбаясь, легко, как ветку, отодвинул рукой стоявшего в дверях Тимофея и — мимо горки с жалобно зазвеневшей под его шагами посудой — к сундуку. Присел на корточки, повертел в пальцах увесистый замок. Через минуту замок со сломанной шейкой лежал на сундуке, а Аркашка Менок, с нескрываемым изумлением оглядывая Молчуна, восхищенно воскликнул:

— Вот бы с кем поменяться силенкой!

Андрей не успевал записывать. Из горницы, из зала Демка Ушаков, Аркашка и тетка Василиса — единственная женщина в Андреевой группе — наперебой разноголосо выкрикивали:

— Шуба бабья, донская!
— Тулуп!
— Три пары новых сапог с калошами!
— Четыре отреза сукна!

— Андрей! Размётнов! Тут, парнишка, товару на воз не заберешь! И ситцу, и сатин черный, и всякая иная...

Направившись в горницу, Андрей услышал из сеней девичьи причитания, крик хозяйки и урезонивающий голос Игнатенка. Андрей распахнул дверь:

— В чем тут у вас?

Опухшая от слез курносая хозяйская дочь ревела белугой, прислонясь к двери. Возле нее металась и кудахтала мать, а Игнатенок, весь красный, смущенно улыбаясь, тянул девку за подол.

— Ты чего тут?! — Андрей, не разобрав, в чем дело, задохнулся от гнева, с силой толкнул Игнатенка. Тот упал на спину, задрав длинные ноги в валяных опорках. — Тут кругом политика! Наступление на врага, а ты девок по углам лапаешь?! А под суд за...

— Да ты постой, погоди! — Игнатенок испуганно вскочил с пола. — На кой она мне... снилась! Лапать ее! Ты погляди, она на себя девятую юбку натягивает! Я не допущаю к тому, а ты — пихаться...

Тут только Андрей доглядел, что девка, под шумок вытащившая из горницы узел с нарядами, и в самом деле уже успела натянуть на себя ворох шерстяных платьев. Она, забившись в угол, одергивала подол, странно неповоротливая, кургузая от множества стеснявших движения одежин. Андрею стали противны и жалки ее мокрые, красные, как у кролика, глаза. Он хлопнул дверью, сказал Игнатенку:

— Не моги ее телешить! Что успела одеть — черт с ней, а узел забери.

Опись находившегося в доме имущества подходила к концу.

— Ключи от амбара, — потребовал Андрей.

Фрол, черный, как обугленный пень, махнул рукой.

— Нету ключей!

— Иди ломай, — приказал Андрей Демиду.

Тот направился к амбару, по пути выдернув из арбы шкворень.

Пятифунтовый замок-гирю с трудом одолели топором.

— Ты притолоку-то не руби! Наш теперь амбар, ты по-хозяйски. Легше! Легше! — советовал сопевшему Молчуну Демка.

Начали перемерять хлеб.

— Может, его зараз и подсеем? Вон в сусеке грохот[1] лежит, — предложил опьяневший от радости Игнатенок.

Его высмеяли и долго еще шутили, насыпая в меры тяжеловесную пшеницу.

— Тут ишо можно на хлебозаготовку пудов двести ссыпать, — по колено бродя в зерне, говорил Демка Ушаков. Он кидал пшеницу лопатой к выгребу закрома, хватал ее рукой, цедил сквозь пальцы.

— По пульке дюже должна заважить.

— Куда там! Червонного золота пашеница, только, видать, в земле была: видишь, тронутая.

Аркашка Менок и еще один парень из группы хозяйничали на базу. Аркашка поглаживал русую бороду, указывал на бычий помет с торчавшими из него непереваренными зернами кукурузы:

— Как же им не работать! Хлеб чистый едят, а у нас в товариществе и сенца внатруску.

Из амбара неслись оживленные голоса, хохот, пахучая хлебная пыль, иногда крепко присоленное слово... Андрей вернулся в дом. Хозяйка с дочерью собрали в мешок чугуны и посуду. Фрол, по-покойницки скрестив на груди пальцы, лежал на лавке уже в одних чулках. Присмиревший Тимофей взглянул ненавидяще, отвернулся к окну.

В горнице Андрей увидел сидевшего на корточках Молчуна. На нем были новые, подшитые кожей Фроловы валенки... Не видя вошедшего Андрея, он черпал столовой ложкой мед из ведерного жестяного бака и ел, сладко жмурясь, причмокивая, роняя на бороду желтые тянкие капли...

---

[1] *Грохот* — большое решето.

Глава VIII

Нагульнов с Титком вернулись в хутор уже в полдень. За время их отсутствия Давыдов описал имущество в двух кулацких хозяйствах, выселил самих хозяев, потом вернулся к Титку во двор и совместно с Любишкиным перемерил и взвесил хлеб, найденный в кизяшнике. Дед Щукарь положил в ясли объедья овцам и проворно пошел от овечьего база, увидев подходившего Титка.

Титок ходил по двору в распахнутом зипуне, с обнаженной головой. Он было направился к гумну, но Нагульнов крикнул ему:

— Воротись зараз же, а то в амбар запру!..

Он был зол, взволнован, сильнее обычного подергивалась его щека... Просмотрел он, как и где успел Титок выбросить обрез. Но только когда подъехали к гумну, Нагульнов спросил:

— Отрез-то отдашь? А то ведь отымем.

— Брось шутить! — Титок заулыбался. — Тебе он, должно, привиделся?..

Не оказалось обреза у него и под зипуном. Ехать назад искать было бессмысленно: в глубоком снегу, в бурьянах все равно не найти. Нагульнов, злобясь на себя, рассказал об этом Давыдову, и тот, все время с любопытством присматривавшийся к Титку, подошел к нему:

— Ты оружие-то отдай, гражданин! Так оно тебе спокойнее будет.

— Не было у меня оружия! Нагульнов это по насердке на меня. — Титок улыбнулся, играя хориными глазами.

— Ну что ж, придется тебя арестовать и отправить в район.

— Меня-то?

— Да, тебя. А ты думал как? Будем считаться с твоим прошлым! Ты хлеб укрываешь, готовишь...

— Меня?.. — согнувшись, как для прыжка, со свистом дыша, повторил Титок.

Вся наигранная веселость, самообладание, сдержанность — все покинуло его в этот момент. Слова Давыдова были толчком к взрыву накопившейся и сдерживаемой до этого лютой злобы. Он шагнул к попятившемуся Давыдову, споткнулся о лежавшее посреди двора ярмо и, нагнувшись, вдруг выдернул железную занозу[1]. Нагульнов и Любишкин кинулись к Давыдову. Дед Щукарь побежал со двора. Он, как назло, запутался в чрезмерно длинных полах своей шубы, упал, дико взывая:

— Ка-ра-а-ул, люди добрые! Убивают!

Титок, схваченный Давыдовым за кисть левой руки, правой успел нанести ему удар по голове. Давыдов качнулся, но на ногах устоял. Кровь из рассеченной раны густо хлынула ему в глаза, ослепила. Давыдов выпустил руку Титка, шатаясь, закрыл ладонью глаза. Второй удар повалил его на снег. В этот-то момент Любишкин и обхватил Титка поперек. Он не удержал его, несмотря на свою немалую силу. Вырвавшись у него из рук, Титок прыжками побежал к гумну. У ворот его догнал Нагульнов, рукоятью нагана стукнул по плоскому густоволосому затылку. Сумятицу усугубила Титкова баба. Видя, что к мужу бегут Любишкин и Нагульнов, она метнулась к амбару, спустила с цепи кобеля. Тот, гремя железным ошейником, наметом околесил двор и, привлеченный испуганными криками деда Щукаря, его распластанной на снегу шубой, насел на него... Из белой шубы с треском и пылью полетели лоскуты, овчинные клочья. Дед Щукарь вскочил, неистово брыкая кобеля ногами, пытаясь выломать из плетня кол. Он сажени две протащил на своей спине вцепившегося в воротник разъяренного цепняка, качаясь под его могучими рывками. Наконец отчаянным усилием ему удалось выдернуть кол. Кобель с воем отскочил, успев-таки напоследок распустить дедову шубу надвое.

— Дай мне ливольверт, Макар!.. — вылупив глаза, горловым голосом заорал ободрившийся дед Щукарь. — Дай, пока сердце горит! Я его вместе с хозяйкой жизни ррре-шу!..

Тем временем Давыдову помогли войти в курень, выстригли волосы вокруг раны, из которой все еще сочи-

---

[1]*Заноза* — стержень, который замыкает шею вола в ярме.

лась, пузырясь, черная кровь. Во дворе Любишкин запрягал в пароконные сани Титковых лошадей. Нагульнов за столом бегло писал:

«Районному уполномоченному ГПУ т. Захарченке.

Препровождаю в ваше распоряжение кулака Бородина Тита Константиновича как контрреволюционный гадский элемент. При описании имущества у этого кулака он официально произвел нападение на присланного двадцатипятитысячника т. Давыдова и смог его два раза рубануть по голове железной занозой.

Кроме этого, заявляю, что видел у Бородина винтовочный отрез русского образца, который не мог отобрать по причине условий, находясь на бугре и опасаясь кровопролития. Отрез он незаметно выкинул в снег. При отыскании доставим к вам как вещественность.

Секретарь гремяченской ячейки ВКП(б)
и краснознаменец М. НАГУЛЬНОВ».

Титка посадили в сани. Он попросил напиться и позвать к нему Нагульнова. Тот с крыльца крикнул:

— Чего тебе?

— Макар! Помни! — потрясая связанными руками, как пьяный, закричал Титок. — Помни: наши путя схлестнутся! Ты меня топтал, а уж тогда я буду. Все одно — убью! Могила на нашу дружбу!

— Езжай, контра! — Нагульнов махнул рукой.

Лошади резво взяли со двора.

Глава IX

Уже перед вечером Андрей Размётнов распустил работавшую с ним группу содействия из бедноты, отправил со двора раскулаченного Гаева последнюю подводу конфискованного имущества к Титку, куда свозили все кулацкие пожитки, пошел в сельсовет. Утром он условился с Давыдовым встретиться там за час до общего собрания, которое должно было начаться с наступлением темноты.

Андрей еще из сенцев увидел в угловой комнате сельсовета свет, вошел, широко откинув дверь. На стук Давыдов поднял от записной книжки перевязанную белым лоскутом голову, улыбнулся.

— Вот и Разметнов. Садись, мы подсчитываем, сколько обнаружено у кулаков хлеба. Ну как у тебя прошло?

— Прошло... Что это ты обвязал голову?

Нагульнов, мастеривший из газетного листа абажур на лампу, неохотно сказал:

— Это его Титок. Занозой. Отослал я Титка к Захарченке в ГПУ.

— Подожди, сейчас расскажем. — Давыдов подвинул по столу счеты. — Клади сто пятнадцать. Есть? Сто восемь...

— Постой! Постой! — встревоженно забормотал Нагульнов, осторожненько толкая пальцем колесики счетов.

Андрей посмотрел на них и, задрожав губами, глухо сказал:

— Больше не работаю.

— Как не работаешь? Где? — Нагульнов отложил счеты.

— Раскулачивать больше не пойду. Ну чего глаза выпучил? В припадок вдариться хочешь, что ли?

— Ты пьяный? — Давыдов с тревогой внимательно всмотрелся в лицо Андрея, исполненное злой решимости. — Что с тобой? Что значит — не будешь?

От его спокойного тенорка Андрей взбесился, заикаясь, в волнении закричал:

— Я не обучен! Я... Я... с детишками не обучен воевать!.. На фронте — другое дело! Там любому шашкой, чем хочешь... И катитесь вы под разэтакую!.. Не пойду!

Голос Андрея, как звук натягиваемой струны, поднимался все выше, выше, и казалось, что вот-вот он оборвется. Но Андрей, с хрипом вздохнув, неожиданно сошел на низкий шепот:

— Да разве это дело? Я что? Кат, что ли? Или у меня сердце из самородка? Мне война влилася... — и опять перешел на крик: — У Гаева детей одиннадцать штук! Пришли мы — как они взъюжались, шапку схватывает! На мне ажник волос ворохнулся! Зачали их из куреня выгонять... Ну, тут я глаза зажмурил, ухи заткнул и убег за баз! Бабы — по-мертвому, водой отливали сноху... детей... Да ну вас в господа бога!..

— Ты заплачь! Оно полегшает, — посоветовал Нагульнов, ладонью плотно, до отека, придавив дергающийся мускул щеки, не сводя с Андрея загоревшихся глаз.

— И заплачу! Я, может, своего парнишку... — Андрей осекся, оскалив зубы, круто повернулся к столу спиной.

Стала тишина.

Давыдов поднимался со стула медленно... И так же медленно крылась трупной синевой одна незавязанная щека его, бледнело ухо. Он подошел к Андрею, взял за плечи, легко повернул. Заговорил, задыхаясь, не сводя ставшего огромным глаза с Андреева лица.

— Ты их жалеешь... Жалко тебе их. А они нас жалели? Враги плакали от слез наших детей? Над сиротами убитых плакали? Ну? Моего отца уволили после забастовки с завода, сослали в Сибирь... У матери нас четверо... мне, старшему, девять лет тогда... Нечего было кушать, и мать пошла... Ты смотри сюда! Пошла на улицу мать, чтобы мы с голоду не подохли! В комнатушку нашу — в подвале жили — ведет гостя... Одна кровать осталась. А мы за занавеской... на полу... И мне девять лет... Пьяные приходили с ней... А я зажимаю маленьким сестренкам рты, чтобы не ревели... Кто наши слезы вытер? Слышишь ты?.. Утром беру этот проклятый рубль... — Давыдов поднес к лицу Андрея свою закожаневшую ладонь, мучительно заскрипел зубами, — мамой заработанный рубль, и иду за хлебом... — И вдруг, как свинчатку, с размаху кинул на стол черный кулак, крикнул: — Ты!! Как ты можешь жалеть?!

И опять стала тишина. Нагульнов вкогтился в крышку стола, держал ее, как коршун добычу. Андрей молчал. Тяжело, всхлипами дыша, Давыдов с минуту ходил по комнате, потом обнял Андрея за плечи, вместе с ним сел на лавку, надтреснутым голосом сказал:

— Эка, дурило ты! Пришел и ну давай орать: «Не буду работать... дети... жалость...» Ну, что ты наговорил, ты опомнись! Давай потолкуем. Жалко стало, что выселяют кулацкие семьи? Подумаешь! Для того и выселяем, чтобы не мешали нам строить жизнь, без таких вот... чтобы в будущем не повторялось... Ты — Советская власть в Гремячем, а я тебя должен еще агитировать? — и с трудом, натужно улыбнулся. — Ну, выселим кулаков к черту, на Соловки выселим. Ведь не подохнут же они? Работать будут — кормить будем. А когда построим, эти дети уже не будут кулацкими детьми. Рабочий класс их перевоспитает. — Достал пачку папирос и долго дрожащими пальцами никак не мог ухватить папиросу.

Андрей неотрывно смотрел в лицо Нагульнова, одевавшееся мертвенной пленкой. Неожиданно для Давыдова он быстро встал, и тотчас же, как кинутый трамплином, подпрыгнул Нагульнов.

— Гад! — выдохнул звенящим шепотом, стиснув кулаки. — Как служишь революции? Жа-ле-е-ешь? Да я... тысячи станови зараз дедов, детишков, баб... Да скажи мне, что надо их в распыл... Для революции надо... Я их из пулемета... всех порешу! — вдруг дико закричал Нагульнов, и в огромных, расширенных зрачках его плеснулось бешенство, на углах губ вскипела пена.

— Да не кричи ты! Сядь! — встревожился Давыдов.

Андрей, опрокинув стул, торопливо шагнул к Нагульнову, но тот, прислонясь к стенке, запрокинув голову, с закатившимися глазами, пронзительно, протяжно закричал:

— Зарублю-у-у-у!.. — а сам уже валился на бок, левой рукой хватая воздух в поисках ножен, правой судорожно шаря невидимый эфес шашки.

Андрей успел его подхватить на руки, чувствуя, как страшно напряглись все мускулы отяжелевшего Макарова тела, как стальной пружиной распрямились ноги.

— Припадок... Ноги ему держи!.. — успел Андрей крикнуть Давыдову.

* * *

В школу они пришли, когда там уже битком набился пришедший на собрание народ. Помещение не могло вместить всех. Казаки, бабы и девки густо стояли в коридоре, на крыльце. Из жерла настежь распахнутых дверей вылетал пар, мешаясь с табачным дымом.

Нагульнов, бледный, с запекшейся на разбитых губах кровью, шел по коридору первый. Под отчетливым шагом его похрустывала подсолнечная лузга. Казаки сдержанно посматривали на него, расступаясь. Зашептали, увидя Давыдова.

— Это и есть Давыдов? — громко спросила девка в цветастой шальке, указывая на Давыдова носовым платком, туго набитым семечками.

— В пальте... А сам небольшой.

— Небольшой, а машковатый, гля, у него шеяка, как у доброго бугая! К нам для приплоду прислали, — засмеялась одна, щуря на Давыдова круглые серые глаза.

— А он в плечах просторный, тысячник-то. Этот небось обнимет, девоньки, — беззастенчиво говорила Наталья-жалмерка, поводя подкрашенной бровью.

Грубоватый, прокуренный голос парня язвительно сказал:

— Нашей Наталке-давалке лишь бы в штанах.

— Голову ему уж наклевали никак? Перевязанный...

— Это от зубов небось...

— Не. Титок...

— Девки! Лапушки! И чего вы на приезжего человека гляделки вылупили? Ай у меня хуже? — немолодой, выбритый досиза казак, хохоча, обхватил длинными руками целый табун девок, прижал их к стене.

Поднялся визг. По спине казака гулко забарабанили девичьи кулаки.

Давыдов вспотел, пока добрался до классных дверей. Толпа пахуче дышала подсолнечным маслом семечек, луком, махрой, пшеничной отрыжкой. От девок и молодых баб наносило пряным запахом слежалых в сундуках нарядов, помадой. Глухой пчелиный гул стоял в школе. Да и сами люди шевелились черным кипящим клубом, похожим на отроившийся пчелиный рой.

— Лихие у вас девки, — смущенно сказал Давыдов, когда взбирались на сцену.

На сцене, сбитой из шалевок, стояли две сдвинутые ученические парты. Давыдов с Нагульновым сели. Размётнов открыл собрание. Президиум выбрали без задержки.

— Слово о колхозе предоставляется товарищу уполномоченному райкома партии Давыдову, — голос Размётнова смолк, и, резко убывая, пошел на отлив прибойный гул разговоров.

Давыдов встал, поправил на голове повязку. Он с полчаса говорил под конец осипшим голосом. Собрание молчало. Все ощутимей становилась духота. При тусклом свете двух ламп Давыдов видел лоснящиеся от пота лица в первых рядах, дальше все крылось полусумраком. Его ни разу не прервали, но когда он кончил и потянулся к стакану с водой, ливнем хлынули вопросы:

— Все надо обобществлять?

— А дома?

— Это на время колхоз аль на вечность?

— Что единоличникам будет?

— Землю не отнимут у них?

— А жрать вместе?

Давыдов долго и толково отвечал. Когда дело касалось сложных вопросов сельского хозяйства, ему помогали Нагульнов и Андрей. Был прочитан примерный устав, но, несмотря на это, вопросы не прекращались. Наконец из средних рядов поднялся казак в лисьем треухе и настежь распахнутом черном полушубке. Он попросил слова. Висячая лампа кидала косой свет на лисий треух, рыжие ворсины вспыхивали и словно дымились.

— Я середняк-хлебороб, и я так скажу, гражданы, что оно, конешно, слов нет, дело хорошее колхоз, но тут надо дюже подумать! Так нельзя, чтобы — тяп-ляп, и вот тебе кляп, на — ешь, готово. Товарищ уполномоченный от партии говорил, что, дескать: «Просто сложитесь силами, и то выгода будет. Так, мол, даже товарищ Ленин говорил». Товарищ уполномоченный в сельском хозяйстве мало понимает, за плугом он кубыть не ходил по своей рабочей жизни и небось к быку не знает, с какой стороны надо зайтить. Через это трошки и промахнулся. В колхоз надо, по-моему, людей так сводить: какие работящие и имеют скотину — этих в один колхоз, бедноту — в другой, зажиточных — само собой, а самых лодырей на выселку, чтобы их ГПУ научила работать. Людей мало в одну кучу свалить, толку один черт не будет: как в сказке — лебедь крылами бьет и норовит лететь, а рак его за гузно взял и тянет обратно, а щука — энта начертилась, в воду лезет...

Собрание отозвалось сдержанным смешком. Позади резко визгнула девка, и тотчас же чей-то возмущенный голос заорал:

— Вы там, которые слабые! Шшупаться можно и на базу. Долой отседова!

Хозяин лисьего треуха вытер платочком лоб и губы, продолжал:

— Людей надо так подбирать, как добрый хозяин быков. Ить он же быков подбирает ровных по силам, по росту. А запряги разных, что оно получится? Какой посильней — будет заламывать, слабый станет, а через него и сильному бесперечь надо становиться. Какая же с них работа? Товарищ гутарил: всем хутором в один колхоз, окромя кулаков... Вот оно и получится: Тит да Афанас, разымите нас!..

Любишкин встал, недобро пошевелил раскрылатившимся черным усом, повернулся к говорившему:

— До чего ты, Кузьма, иной раз сладко да хорошо гутаришь! Бабой был бы — век тебя слухал! (Зашелестел смешок.) Ты собрание уговариваешь, как Палагу Кузьмичеву...

Хохот грохнул залпом. Из лампы по-змеиному метнулось острое жало огня. Всему собранию был понятен намек, вероятно содержавший в себе что-то непристойно-веселое. Даже Нагульнов и тот улыбнулся глазами. Давыдов только хотел спросить у него о причине смеха, как Любишкин перекричал гул голосов:

— Голос-то — твой, песня — чужая! Тебе хорошо так людей подбирать. Ты этому, должно, научился, когда у Фрола Рваного в машинном товариществе состоял? Двигатель-то у вас в прошлом году отняли. А зараз мы и Фрола твоего растребушили с огнем и с дымом! Вы собрались вокруг Фролова двигателя, тоже вроде колхоз, кулацкий только. Ты не забыл, сколько вы за молотьбу драли? Не восьмой пуд? Тебе бы, может, и зараз так хотелось: прислониться к богатеньким...

Такое поднялось, что насилу удалось Размётнову водворить порядок. И еще долго остервенело — внешним градом — сыпалось:

— То-то артельновы нажили!

— Вшей одних трактором не подавишь!

— Сердце тебе кулаки запекли!

— Лизни его!

— Твоей головой бы подсолнух молотить!

Очередное слово выпросил маломощный середняк Николай Люшня.

— Ты без прениев. Тут дело ясное, — предупредил его Нагульнов.

— То есть как же? А может, я именно возопреть желаю. Или мне нельзя супротив твоего мления гутарить? Я так скажу: колхоз — дело это добровольное, хочешь — иди, хочешь — со стороны гляди. Так вот мы хотим со стороны поглядеть.

— Кто это «мы»? — спросил Давыдов.

— Хлеборобы то есть.

— Ты за себя, папаша, говори. У всякого язык не купленный, скажет.

— Могу и за себя. То есть за себя даже и гутарю. Я хочу поглядеть, какая она в колхозе, жизня, взыграет. Ежели хорошая — впишусь, а нет — так чего же я туда полезу. Ить это рыба глупая лезет в вентеря...

— Правильно!

— Погодим вступать!

— Нехай опробуют другие новую жизнь!

— Лезь áмором![1] Чего ее пробовать, девка она, что ли?

— Слово предоставляется Ахваткину. Говори.

— Я про себя, дорогие граждáны, скажу: вот мы с родным братом, с Петром, жили вместе. Ить не ужились! То бабы промеж себя заведутся, водой не разольешь, за виски растягивали, то мы с Петром не заладим. А тут весь хутор хотят в малу-кучу свалить! Да тут неразбери-поймешь получится. Как в степь выедем пахать, беспременно драка. Иван моих быков перегнал, а я его коней недоглядел... Тут надо милиции жить безысходно. У каждого полон рот юшки будет. Один больше сработает, другой меньше. Работа наша разная, это не возля станка на заводе стоять. Там отдежурил восемь часов — и тростку в зубы, пошел...

— Ты на заводе был когда-нибудь?

— Я, товарищ Давыдов, не был, а знаю.

— Ничего ты не знаешь о рабочем! А если не был, не видел, чего же ты трепешь языком! Кулацкие разговоры насчет рабочего с тросточкой!

— Ну, хучь и без тросточки: отработал — иди. А у нас, ишо темно — встаешь, пашешь. До ночи сорок потов с тебя сойдут, на ногах кровяные волдыри с куриное яйцо, а ночью быков паси, не спи: не нажрется бык — не потянет плуг. Я буду стараться в колхозе, а другой, вот как наш Колыба, будет на борозде спать. Хоть и говорит Советская власть, что лодырей из бедноты нету, что это кулаки выдумали, но это неправда. Колыба всю жизню на пече лежал. Весь хутор знает, как он одну зиму на пече так-то спасался, ноги к двери протянул. К утру ноги у него инеем оделись, а бок на кирпичине сжег. Значится, человек до того обленился, что с печки и по надобности до ветру встать не могет. Как я с таким буду работать? Не подписуюсь на колхоз!

---

[1] *Амором* — быстро.

— Слово предоставляется Кондрату Майданникову. Говори.

Из задних рядов долго пробирался к сцене невысокий, в сером зипуне, казак. Выцветший шишак буденовки покачивался над папахами и треухами, над разноцветьем бабьих шалек и платков.

Подошел, стал спиной к президиуму, неторопливо полез в карман шаровар.

— Читать будешь речь? — спросил Демка Ушаков, улыбаясь.

— Шапку сыми!

— Валяй наизусть!

— Этот всю жизнь свою на бумагу записывает.

— Ха-ха! Гра-а-амот-ный!..

Майданников достал засаленную записную книжонку, торопливо стал искать исчерченные каракулями странички.

— Вы погодите смеяться, может, плакать придется!.. — заговорил он сердито. — Да, записываю, над чем кормлюсь. И вот зараз прочту вам. Тут разные были голоса, и ни одного путного. Об жизни мало думаете...

Давыдов насторожился. В передних рядах завиднелись улыбки. Рябью — голоса по школе.

— Мое хозяйство середняцкое, — не смущаясь, уверенно начал Майданников. — Сеял я в прошлом году пять десятин. Имею, как вам известно, пару быков, коня, корову, жену и троих детей. Рабочие руки — вот они, одни. С посева собрал: девяносто пудов пшеницы, восемнадцать жита и двадцать три овса. Самому надо шестьдесят пудов на прокорм семьи, на птицу надо пудов десять, овес коню остается. Что я могу продать государству? Тридцать восемь пудов. Клади кругом по рублю с гривенником, получится сорок один рубль чистого доходу. Ну, птицу продам, утей отвезу в станицу, выручу рублей пятнадцать. — И, тоскуя глазами, повысил голос: — Можно мне на эти деньги обуться, одеться, гасу, серников[1], мыла купить? А

---

[1] *Гас, серники* — керосин, спички.

коня на полный круг подковать деньги стоит? Чего же вы молчите? Можно мне так дальше жить? Да ить это хорошо, бедный ли, богатый урожай. А ну, хлоп — неурожай? Кто я тогда? Старец![1] Какое ж вы, вашу матушку, имеете право меня от колхоза отговаривать, отпихивать? Неужели мне там хуже этого будет? Брешете! И всем вам так, какие из середняков. А через чего вы супротивничаете и себе и другим головы морочите, зараз скажу.

— Сыпь им, сукиным котам, Кондрат! — в восторге заорал Любишкин.

— И всыплю, нехай почухаются! Через то вы против колхоза, что за своей коровой да за своим скворешником-двором белого света не видите. Хоть сопливое, да мое. Вас ВКП пихает на новую жизнь, а вы как слепой телок: его к корове под сиську ведут, а он и ногами брыкается и головой мотает. А телку сиську не сосать — на белом свете не жить! Вот и все. Я нынче же сяду заявление в колхоз писать и других к этому призываю. А кто не хочет — нехай и другим не мешает.

Размётнов встал:

— Тут дело ясное, граждане! Лампы у нас тухнут, и время позднее. Подымайте руки, кто за колхоз. Одни хозяева дворов подымают.

Из двухсот семнадцати присутствовавших домохозяев руки подняли только шестьдесят семь.

— Кто против?

Ни одной руки не поднялось.

— Не хотите записываться в колхоз? — спросил Давыдов. — Значит, верно товарищ Майданников говорил?

— Не жа-ла-ем! — гундосый бабий голос.

— Нам твой Майданников не указ!

— Отцы-деды жили...

— Ты нас не силуй!

И когда уже замолкли выкрики, из задних рядов, из темноты, озаряемой вспышками цигарок, чей-то запоздалый, пронзенный злостью голос:

---

[1] *Старец* — нищий.

— Нас нечего загонять дуриком! Тебе Титок раз кровь пустил, и ишо можно...

Будто плетью Давыдова хлестнули. Он в страшной тишине с минуту стоял молча, бледнея, полураскрыв щербатый рот, потом хрипло крикнул:

— Ты! Вражеский голос! Мне мало крови пустили! Я еще доживу до той поры, пока таких, как ты, всех угробим. Но, если понадобится, я за партию... я за свою партию, за дело рабочих всю кровь отдам! Слышишь ты, кулацкая гадина? Всю, до последней капли!

— Кто это шумнул? — Нагульнов выпрямился.

Размётнов соскочил со сцены. В задних рядах хряснула лавка, толпа человек в двадцать с шумом вышла в коридор. Стали подниматься и в середине. Хрупнуло, звякнуло стекло: кто-то выдавил оконный глазок. В пробоину хлынул свежий ветер, смерчем закружился белый пар.

— Это никак Тимошка шумнул! Фрола Рваного...

— Выселить их из хутора!

— Нет, это Акимка! Тут с Тубянского есть казаки.

— Смутители, язви их в жилу. Выгнать!..

Далеко за полночь кончилось собрание. Говорили и за колхоз и против до хрипоты, до помрачения в глазах. Кое-где и даже возле сцены противники сходились и брали один другого за грудки, доказывая свою правоту. На Кондрате Майданникове родный кум его и сосед порвал до пупка рубаху. Дело чуть не дошло до рукопашной. Демка Ушаков уже было кинулся на подмогу Кондрату, прыгая через лавки, через головы сидевших, но кумовьев развел Давыдов. И Демка же первый съязвил насчет Майданникова:

— А ну, Кондрат, прикинь мозгой, сколько часов пахать тебе за порватую рубаху?

— Посчитай ты, сколько у твоей бабы...

— Но-но! Я за такие шутки с собрания буду удалять.

Демид Молчун мирно спал под лавкой в задних рядах, по-звериному лежа головой на ветер, тянувший из-под дверей, — укутав голову от излишнего шума полой зипуна. Пожилые бабы, и на собрание пришедшие с недовязанными чулками, дремали, как куры на шестке, роняя клубки и иголки. Многие ушли. И когда неоднократно выступавший Аркашка Менок хотел было еще что-то сказать в защиту колхоза, то из горла его вырвалось нечто, похожее на гусиное ядовитейшее шипенье. Аркашка помял кадык, горько махнул рукой, но все же не вытерпел и, садясь на место, показал ярому противнику колхоза, Николаю Ахваткину, чтó с ним будет после сплошной коллективизации: на обкуренный ноготь большого пальца положил другой ноготь и — хруп! Николай только плюнул, шепотом матерясь.

Глава X

Кондрат Майданников шел с собрания. Над ним вверху непогасим костром тлели Стожары. Было так тихо, что издалека слышались трески лопающейся от мороза земли, шорох зябнущей ветки. Дома Кондрат зашел на баз к быкам, подложил им в ясли скудную охапку сена; вспомнив, что завтра вести их на общий баз, набрал огромное беремя сена, вслух сказал:

— Ну, вот и расставанье подошло... Подвинься, лысый! Четыре года мы, казак на быка, а бык на казака, работали... И путного у нас ничего не вышло. И вам впроголодь, и мне скушновато. Через это и меняю вас на общую жизнь. Ну, чего разлопушился, будто и на самом деле понимаешь? — Он толкнул ногой борозденного быка, отвел рукой его жующую слюнявую пасть и, встретившись глазами с лиловым бычачьим глазом, вдруг вспомнил, как ждал он этого быка пять лет назад. Старая корова тогда приняла бугая так скрыто, что ни пастух, ни Кондрат не видели. Осенью долго не было заметно по ней, что она огулялась. «Яловой осталась, проклятая!» — холодел Кондрат, поглядывая на корову. Но она започинала в конце ноября, как и все старые коровы, — за месяц перед отелом. Сколько раз к концу Филипповок, холодными ночами Кондрат просыпался, как от толчка, и, всунув ноги в валенки, в одних подштанниках бежал на теплый баз смотреть: не отелилась ли? Давили морозы, телок мог замерзнуть, едва лишь облизала бы его мать... Под исход поста Кондрат почти не спал. Как-то Анна, жена его, утром вошла повеселевшая, даже торжественная:

— Старая жилы уж отпустила. Должно, ночью будет.

Кондрат прилег с вечера, не раздеваясь, не гася огня в фонаре. Семь раз вышел он к корове! И только на восьмой, уже перед светом, еще не открыв дверцы на коровий баз, услышал глубокий и трудный стон, вошел: корова опрастывалась от последа, а крохотный белоноздрый телок, уже облизанный, шершавый, жалко дрожащий, искал похолодевшими губами вымя. Кондрат схватил выпавший послед, чтобы корова его не съела[1], а потом поднял телка на руки и, отогревая его теплом своего дыхания, кутая в полу зипуна, на рыси понес в хату.

— Бык! — обрадованно воскликнул он.

Анна перекрестилась:

— Слава тебе, господи! Оглянулся милостивец на нашу нужду!

А нужды с одной лошаденкой хватнул Кондрат по ноздри. И вот вырос бык и добре работал на Кондрата, летом и в зимнюю стужу, бесчисленное количество раз переставляя свои клешнятые копыта по дорогам и пашням, волоча плуг или арбу.

Кондрат, глядя на быка, вдруг почувствовал острый комок в горле, резь в глазах. Заплакал и пошел с база, как будто облегченный прорвавшейся слезой. Остальцы ночи не спал, курил.

...Как будет в колхозе? Всякий ли почувствует, поймет так, как понял он, что путь туда — единственный, что это — неотвратимо? Что как ни жалко вести и кинуть на общие руки худобу, выросшую вместе с детьми на зем-

---

[1] На Верхнем Дону широко было распространено поверье, что, если корова съест послед, молоко нельзя употреблять двенадцать суток. — *Примеч. авт.*

ляном полу хаты, а надо вести. И подлюку-жалость эту к своему добру надо давить, не давать ей ходу к сердцу... Об этом думал Кондрат, лежа рядом с похрапывающей женой, глядя в черные провалы темноты невидящими, ослепленными темнотой глазами. И еще думал: «А куда же ягнят, козлят сведем? Ить им хата теплая нужна, большой догляд. Как их, враженят, разбирать, ежели они все почти одинаковые? Их и матеря будут путать, и люди. А коровы? Корма как свозить? Потеряем сколько! Что, ежели разбредутся люди через неделю же, испугавшись трудного? Тогда — на шахты, кинув Гремячий на всю жизнь. Не при чем жить останется».

Перед светом он забылся в дреме. И во сне ему было трудно и тяжело. Нелегко давался Кондрату колхоз! Со слезой и с кровью рвал Кондрат пуповину, соединявшую его с собственностью, с быками, с родным паем земли...

Утром он позавтракал, долго писал заявление, мучительно морща лоб, обрезанный полосою загара. Получилось:

«Товарищу Макару Нагульнову в ячейку коммунистической гремяченской партии.

Заявление

Я, Кондрат Христофоров Майданников, середняк, прошу принять меня в колхоз с моей супругой и детьми, и имуществом, и со всей живностью. Прошу допустить меня до новой жизни, так как я с ней вполне согласный.

К. Майданников».

— Вступил? — спросила жена.

— Вступил.

— Скотину поведешь?

— Зараз поведу... Ну что же ты кричишь, идолова дура? Мало я на тебя слов срасходовал, уговаривал, а ты опять за старое? Ты же согласилась!

— Мне, Кондраша, одну корову жалко... Я согласная. Только уж дюже сердце болит... — говорила она, улыбаясь и завеской вытирая слезы.

Следом за матерью заплакала и Христишка, младшая четырехлетняя девчушка.

Кондрат выпустил с база корову и быков; обратав лошадь, погнал к речке. Напоил. Быки повернули было домой, но Кондрат с закипевшей на сердце злобой, наезжая конем, преградил им дорогу, направил к сельсовету.

Из окон, не отходя, глядели бабы, казаки поглядывали через плетни, не показываясь на улицу. Не по себе стало Кондрату. Но около Совета увидел он, свернув за угол, огромную, как на ярмарке, толпу быков, лошадей, овец. Из соседнего проулка вывернулся Любишкин. Он тянул взналыганную корову, за которой поспешал телок с болтавшейся на шее веревкой.

— Давай им хвосты свяжем и погоним вместе, — попробовал шутить Любишкин, а сам по виду был задумчив, строг. Ему с немалым трудом удалось увести корову, свежая царапина на щеке была тому свидетельством.

— Кто это тебя шкарябнул?

— Греха не скрою: баба! Баба-чертяка кинулась за корову. — Любишкин заправил в рот кончик уса, недовольно цедил: — Пошла в наступ, как танка. Такое у нас кроворазлитие вышло возле база, от суседей стыду теперь не оберешься. Кинулась с чаплей[1], не поверишь? «А, — говорю, — красного партизана бить? Мы, — говорю, — генералам, и то навтыкали!» — да черк ее за виски. Со стороны кто глядел, ему небось спектакля...

От сельсовета тронулись во двор к Титку. С утра еще двенадцать середняков, одумавшись за ночь, принесли заявления, пригнали скот.

Нагульнов с двумя плотниками в Титковом дворе тесал ольхи на ясли. На первые общественные ясли в Гремячем Логу.

---

[1]*Чапля* (чапельник) — сковородник.

Глава XI

Кондрат долго долбил пешней смерзшуюся землю, рыл ямки для стоянов. Рядом с ним старался Любишкин. У Павла из-под черной папахи, нависшей как грозовая туча, сыпался пот, лицо горело. Ощеряя рот, он с силой, с яростью опускал пешню, комки и крохи мерзлой земли летели вверх и врозь, дробно постукивая о стены. Ясли наскоро сколотили, загнали в сарай оцененных комиссией двадцать восемь пар быков. Нагульнов в одной защитной рубахе, прилипшей к потным лопаткам, вошел в сарай.

— Помахал топориком, и уж рубаху хучь выжми? Плохой из тебя работник, Макар! — Любишкин покачал головой. — Гляди, как я! Гах! Гах!.. Пешня у Титка добрая... Гах!.. Да ты полушубок скорей одевай, а то простынешь, и копыта на сторону!

Нагульнов накинул полушубок. Со щек его медленно сходил кровяно-красный, плитами, румянец.

— Это от газов. Как поработаю или на гору подыматься — зараз же задвохнусь, сердце застукотит... Последний стоян? Ну и хорошо! Гляди, какое у нас хозяйство! — Нагульнов обвел горячечно блестящими глазами длинный ряд быков, выстроившихся вдоль новых, пахнущих свежей щепкой яслей.

Пока на открытом базу размещали коров, пришел Размётнов с Демкой Ушаковым. Отозвал Нагульнова в сторону, схватил его руку.

— Макар, друг, за вчерашнее не серчай... Наслухался я детского крику... своего парнишку вспомянул, ну и защемило...

— Защемить бы тебя, черта, жаленника!

— Ну конечно! Я уж по твоим глазам вижу, что сердце на меня остыло.

— Будет тебе, балабон! Куда направляешься? Сено надо свозить. Давыдов где?

— Он с Менком заявления в колхоз разбирают в Совете. А я иду... У меня же один кулацкий двор остался целый, Семена Лапшинова...

— Придешь, опять будешь?.. — Нагульнов улыбнулся.

— Оставь! Кого бы мне из людей взять! Такое делается, спуталось все, как в бою! Скотину тянут, сено везут. Кое-кто уж семена привез. Я их отправил обратно. Уже потом за семена возьмемся. Кого бы на подсобу взять?

— Вон Кондрата Майданникова. Кондрат! А ну, иди сюда. Ступай-ка вот с председателем раскулачивать Лапшинова. Не робеешь? А то иные не хотят, есть такие совестливые, вот как Тимофей Борщев... Лизать ему не совестно, а награбленное забрать — совесть зазревает...

— Нет, чего же не пойти? Я пойду. Охотой.

Подошел Демка Ушаков. Втроем вышли на улицу. Размётнов, поглядывая на Кондрата, спросил:

— Ты чего насупонился? Радоваться надо, гляди, как хутор ожил, будто муравьиное гнездо тронулось.

— Радоваться нечего спешить. Трудно будет, — сухо отозвался Кондрат.

— Чем?

— И с посевом, и с присмотром за скотиной. Видал вон: трое работают, а десять под плетнем на прицыпках сидят, цигарки крутят...

— Все будут работать! Это попервоначалу. Кусать нечего будет — небось меньше будут курить.

На повороте, поставленные на ребро, торчали сани. Сбоку лежал ворох рассыпанного сена, валялись обломанные копылья. Распряженные быки жевали ярко-зеленый на снегу пырей. Молодой парень — сын вступившего в колхоз Семена Куженкова — лениво подгребал сено вилами-тройчатками.

— Ну, чего ты, как неживой, ходишь? Я в твои года как на винтах был! Разве так работают? А ну, дай сюда вилы! — Демка Ушаков вырвал из рук улыбающегося парня вилы и, крякнув, попер на весу целую копну.

— Как же это ты перевернулся? — рассматривая сани, спросил Кондрат.

— Под раскат вдарило, не знаешь как?

— Ну, мотай за топором, возьми вот у Донецковых.

Сани подняли, затесали и вставили копылья. Демка аккуратно свершил возок, обчесал граблями.

— Куженков ты, Куженков! Драть бы тебя мазаной шелужиной[1] да кричать не свелеть. Ты глянь, сколько быки сена натолочили! А ты бы взял беремечко, пхнул им к плетню, и пущай бы ели. Кто же в вольную пущает?

Парень засмеялся, тронул быков.

— Оно теперича не наше, колхозное.

— Видали такого сукиного сына? — Демка разъехавшимися в стороны глазами оглядел Кондрата и Размётнова и нехорошо выругался.

Пока у Лапшинова производили опись, во двор набралось человек тридцать народу. Преобладали бабы-соседки, казаков было мало. Когда Лапшинову, высокому клинобородому седачу, предложили покинуть дом, в толпе, сбившейся в курене, послышались шепот, тихий разговор.

— А то чего же! Наживал, наживал, а зараз иди на курган.

— Скушноватая песня…

— То-то ему небось жалко! А?

— Всякому своя боль больная.

— Небось не нравится так-то, а как сам при старом прижиме забирал за долги у Трифонова имущество, об этом не думал.

— Как аукнется…

— Так ему, дьяволу, козлу бородатому, и надо! Сыпанули жару на подхвостницу!

— Грех, бабочки, чужой беде ликовать. Она, может, своя — вот она.

— Как то ни черт! У нас именья — одни каменья. Не поживешься дюже!

— Летось за то, что косилку на два дня дал, слупил с меня, как с любушки, десять целковых. А это — совесть?

Лапшинов издавна считался человеком, имеющим деньжата. Знали, что еще до войны у него было немалое

---

[1] *Шелужина* (шелюжина) — хворостина.

состояние, так как старик не брезговал и в долг ссужать под лихой процент, и ворованное потихоньку скупать. Одно время упорные были слухи, что на базу его передерживались краденые кони. К нему временами, все больше по ночам, наведывались цыгане, лошадники-купцы. Будто бы через жилистые руки Лапшинова шли кони воровским широким трактом на Царицын, Таганрог и Урюпинскую. Хутору доподлинно было известно, что Лапшинов в старое время раза три в год возил менять в станицу бумажные екатериновки[1] на золотые империалы[2]. В 1912 году его даже пытались «подержать за кисет», однако Лапшинов — старик матерый и сильный — отбился от напавших грабителей одной чакушкой[3] и ускакал. Прихватывали его в степи и с чужими копнами — это смолоду, а под старость стал он вовсе на чужое прост: брал все, что плохо лежало. Скуп же был до того, что, бывало, поставит в церкви копеечную свечку перед образом Николы Мирликийского, чуть погорит — Лапшинов подойдет и затушит, перекрестится, сунет в карман. Так одну свечку, бывало, год становит, а тем, кто упрекал его за такую излишнюю рачительность и нерадение к богу, отвечал: «Бог умнее вас, дураков! Ему не свечка нужна, а честь. Богу незачем меня в убыток вводить. Он даже бечевой сек торгующих в церкви».

Лапшинов спокойно встретил весть о раскулачивании. Ему нечего было бояться. Все ценное было заранее припрятано и сдано в надежные руки. Он сам помогал производить опись имущества, на свою причитавшую старуху грозно притопывал ногой, а через минуту со смирением говорил:

— Не кричи, мать, наши страданья зачтутся господом. Он, милостивец, все зрит...

---

[1]*Екатериновка* — в царской России сторублевая денежная бумага с портретом царицы Екатерины II.

[2]*Империал* — десятирублевая золотая монета в дореволюционной России.

[3]*Чакушка* (чекуша) — шкворень, притыка.

— А он не зрит того, куда ты новый овчинный тулуп запропастил? — серьезно, в тон хозяину, спрашивал Демка.

— Какой тулуп?

— А в каком ты в прошлое воскресенье в церкву ходил.

— Не было у меня нового тулупа.

— Был и зараз где-то спасается!

— Что ты, Дементий, перед богом говорю, — не было!

— Бог покарает, дед! Он тебя гвозданет!

— И вот тебе Христос, напрасно ты это... — Лапшинов крестился.

— Грех на душу берешь! — Демка подмигивал в толпу, выжимая у баб и казаков улыбки.

— Не виноватый я перед ним, истинное слово!

— Прихоронил тулуп-то! Ответишь на страшном суде!

— Это за свой тулуп-то?! — вскипел, не выдержав, Лапшинов.

— За ухороны ответишь!

— Бог, он, должно, такого ума, как ты, пустозвон! Он в эти дела и мешаться не будет!.. Нету тулупа! Совестно тебе над стариком надсмехаться. Перед богом и людьми совестно!

— А тебе не совестно было с меня за две меры проса, какие на семена брал, три меры взять? — спросил Кондрат.

Голос его был тих и хриповат, в общем шуме почти не слышен, но Лапшинов повернулся на него с юношеской живостью:

— Кондрат! Почтенный твой родитель был, а ты... Ты хоть из памяти об нем не грешил бы! В святом писании сказано: «Падающего не пихай», а ты как поступаешь? Когда я с тебя три меры за две взял? А бог? Ить он все видит!..

— Он хотел бы, чтоб ему, идолу голоштанному, даром просцо отдали! — истошно закричала Лапшиниха.

— Не шуми, мать! Господь терпел и нам велел. Он, страдалец, терновый венок надел и плакал кровяными слезами... — Лапшинов вытер мутную слезинку рукавом.

Гомонившие бабы притихли, завздыхали. Размётнов, кончив писать, сурово сказал:

— Ну, дед Лапшинов, выметайся отсюдова. Слеза твоя не дюже жалостная. Много ты людей наобижал, а теперь мы сами тебе прикорот даем, без бога. Выходите!

Лапшинов взял за руку своего косноязычного, придурковатого сына, надел ему на голову треух, вышел из дома. Толпа хлынула следом. На базу старик стал на колени, предварительно постлав на снегу полу полушубка. Перекрестил хмурый лоб и земно поклонился на все четыре стороны.

— Ступай! Ступай! — приказывал Размётнов.

Но толпа глухо загудела, раздались выкрики:

— Дайте хучь с родным подворьем проститься!

— Ты не дури, Андрей! Человек одной ногой в могиле, а ты...

— Ему, по его жизни, обеими надо туда залезть! — крикнул Кондрат.

Его прервал старик Гладилин — церковный ктитор:

— Выдабриваешься перед властью? Бить вас, таковских, надо!

— Я тебя, сиводуший, так вдарю, что и дорогу к дому забудешь!

Лапшинов кланялся, крестился, говорил зычно, чтоб слыхали все, трогал доходчивые к жалости бабьи сердца:

— Прощайте, православные! Прощайте, родимые! Дай бог вам на здоровье... пользуйтесь моим кровным. Жил я, честно трудился...

— Ворованное покупал! — подсказывал с крыльца Демка.

— ...в поте лица добывал хлеб насущный...

— Людей разорял, процент сымал, сам воровал, кайся! Взять бы тебя за хиршу, собачий блуд, да об земь!

— ...насущный, говорю, а теперь, на старости лет...

Бабы захлюпали носами, потянули к глазам концы платков. Размётнов только что хотел поднять Лапшинова и вытолкнуть со двора, он уж крикнул было: «Ты не агитируй, а то...», — как на крыльце, где стоял, прислонясь к перилам, Демка, внезапно возникли шум, возня...

Лапшиниха выскочила из кухни, неся в одной руке кошелку с насиженными гусиными яйцами, в другой — притихшую, ослепленную снегом и солнцем гусыню. Демка легко взял у нее кошелку, но в гусыню Лапшиниха вцепилась обеими руками.

— Не трожь, по-га-нец! Не трожь!

— Колхозная теперича гусыня!.. — заорал Демка, ухватываясь за вытянутую гусиную шею.

Лапшиниха держала гусиные ноги. Они тянули всяк к себе, яростно возя друг друга по крыльцу.

— Отдай, косой!

— Я те отдам!

— Пусти, говорю!

— Колхозная гуска!.. — задыхаясь, выкрикивал Демка. — Она нам на весну!.. гусят!.. Отойди, старая, а то ногой в хряшки́... гусят... выведет!.. Вы свое отъели...

Разлохматившаяся Лапшиниха, упираясь в порожек валенком, тянула к себе, брызгала слюной. Гусыня, вначале взревевшая дурным голосом, замолкла, — видно, Демка перехватил ей дыхание, — но продолжала с бешеной быстротой выбрасывать крылья. Белый пух и перья снежными хлопьями закружились над крыльцом. Казалось: еще один миг, и Демка одолеет, вырвет полуживую гусыню из костлявых рук Лапшинихи, но вот в этот-то момент непрочная гусиная шея, тихо хрустнув позвонками, оборвалась. Лапшиниха, накрывшись подолом через голову, загремела с крыльца, гулко считая порожки. А Демка, ахнув от неожиданности, с одной гусиной головой в руках упал на кошелку, стоявшую позади него, давя гусиные насиженные яйца. Взрыв неслыханного хохота оббил ледяные сосульки с крыши. Лапшинов встал с колен, натянул шапку, яростно дернул за руку своего слюнявого, ко всему равнодушного сына, почти рысью потащил его со двора. Лапшиниха встала, черная от злости и боли. Обметая юбку, она потянулась было к обезглавленной, бившейся у порожков гусыне, но желтый борзой кобель, крутившийся возле крыльца, увидев цевкой бившую из гусиной шеи кровь, вдруг прыгнул, вздыбив на спине шерсть, и из-под носа Лапшинихи выхватил гусыню, поволок ее по двору под свист и улюлюканье ребят.

Демка, кинув вослед Лапшинихе гусиную голову, все еще смотревшую на мир навек изумленным оранжевым глазом, ушел в хату. И долго еще над двором и проулком висел, разноголосый, взрывами, смех, тревожа и вспугивая с сухого хвороста воробьев.

Глава XII

Жизнь в Гремячем Логу стала на дыбы, как норовистый конь перед трудным препятствием. Казаки днем собирались на проулках и в куренях, спорили, толковали о колхозах, высказывали предположения. Собрания созывались в течение четырех дней подряд каждый вечер и продолжались до кочетиного побудного крику.

Нагульнов за эти дни так похудел, будто долгий срок лежал в тяжкой хворости. Но Давыдов по-прежнему хранил наружное спокойствие, лишь резче легли у него над губами, по обочинам щек глубокие складки упорства. Он как-то сумел и в Размётнова, обычно легко воспламенявшегося и столь же легко поддававшегося неоправдываемой панике, вселить уверенность. Андрей ходил по хутору, осматривая скотиньи общие базы, с уверенной ухмылкой, поигрывавшей в злобноватых его глазах. Аркашке Менку, возглавлявшему до выборов правления колхоза колхозную власть, часто говаривал:

— Мы им рога посвернем! Все будут в колхозе.

Давыдов послал в райком коннонарочного с сообщением о том, что в колхоз вовлечено пока только тридцать два процента, но что работа по вовлечению в колхоз продолжается ударными темпами.

Кулаки, выселенные из своих куреней, поселились у родни и близких людей. Фрол Рваный, отправив Тимофея прямо в округ к прокурору, жил у приятеля своего Борщева, того самого, который на собрании бедноты некогда отказался от голосования. У Борщева в тесной связи[1] собирался кулацкий актив.

Обычно днем, для того чтобы оградить себя от подслушиваний и досмотра, сходились к Борщеву по одному, по два, пробирались задами и гумнами, чтобы не шибалось людям в глаза, чтобы не привлечь внимания сельсовета. Приходил Гаев Давыд и жженый плут Лапшинов, ставший после раскулачивания «Христа ради юродивым», изредка являлся Яков Лукич Островнов нащупывать почву. Прибивались к «штабу» и кое-кто из середняков, решительно восставших против колхоза, — Николай Люшня и другие. Кроме Борщева, были даже двое из бедноты: один высокий, безбровый казак Атаманчуков Василий, всегда молчаливый, голый, как яйцо, начисто выстриженный и выбритый, другой — Хопров Никита, артиллерист гвардейской батареи, сослуживец Подтелкова, в Гражданскую войну все время уклонявшийся от службы и попавший-таки в 1919 году на службу в карательный отряд калмыка полковника Аштымова. Это и определило дальнейшую жизнь Хопрова при Советской власти. Три человека в хуторе — Яков Островнов с сыном и Лапшинов-старик — видели его при отступлении в 1920 году в Кущевке в аштымовском карательном отряде с долевой белой полоской подхорунжего на погоне, видели, как он с тремя казаками-калмыками гнал арестованных рабочих железнодорожного депо к Аштымову на допрос... Видели... А сколько жизни потерял Хопров после того, как вернулся из Новороссийска в Гремячий Лог и узнал, что Островновы и Лапшинов уцелели! Сколько страху пережил грудастый гвардейский батареец за лютые на расправу с контрой года! И он, на ковке удерживавший любую лошадь, взяв ее за копыто задней ноги, — дрожал, как убитый заморозком поздний дубовый лист, когда встре-

---

[1] *Связь* — хата из двух комнат, соединенных сенями.

чался с лукаво улыбающимся Лапшиновым. Его он боялся больше всех. Встречался, хрипел, с трудом шевеля губами:

— Дедушка, не дай пропасть казачьей душе, не выдавай!

Лапшинов с нарочитым негодованием успокаивал:

— Что ты, Никита! Христос с тобой! Да разве же я креста на гайтане не ношу! А спаситель как научал: «Пожалей ближнего, как самого себя». И думать не моги, не скажу! Режь — кровь не текет. У меня так... Только и ты уж подсоби, ежели что... На собрании там, может, кто против меня или от власти приступ будет... Ты оборони, на случай... Рука руку моет. А поднявший меч от меча да и гинет. Так иль? Ишо хотел я тебя просить, чтоб подсобил вспахать мне. Сына мне бог дал умом тронутого, он не пособник, человека нанимать — дорого...

Из года в год «подсоблял» Лапшинову Никита Хопров; задаром пахал, волочил, совал лапшиновской молотилке лапшиновскую пшеницу, стоя зубарем[1]. А потом приходил домой, садился за стол, хоронил в чугунных ладонях свое широкое рыжеусое лицо, думал: «До коих же пор так? Убью!»

Островнов Яков Лукич не одолевал просьбами, не грозился, знал, что если попросит когда, то и в большом, не только в бутылке водки, не посмеет отказать Хопров. А водку пивал Яков Лукич у него-таки частенько, неизменно благодарил: «Спасибо за угощение».

«Захленись ты ею!» — думал Хопров, с ненавистью сжимая под столом полупудовые гири-кулаки.

Половцев все еще жил у Якова Лукича в маленькой горенке, где раньше помещалась старуха Островниха. Она перешла на печку, а Половцев в ее горенке курил почти напролет лежа на куцей лежанке, упирая босые жилистые ноги в горячий камень. Ночью он часто ходил по спящему дому (ни одна дверь не скрипнет, заботливо смазанная в петлях гусиным жиром). Иногда, накинув

---

[1]*Зубарь* — подавальщик снопов на молотилке.

полушубок, затушив цигарку, шел проведать коня, спрятанного в мякиннике. Застоявшийся конь встречал его дрожащим приглушенным ржанием, словно знал, что не время выражать свои чувства полным голосом. Хозяин охаживал его руками, щупал суставы ног своими негнущимися, железными пальцами. Как-то раз, в особо темную ночь, вывел его из мякинника и охлюпкой поскакал в степь. Вернулся перед светом. Конь был мокр, словно вымыт по́том, часто носил боками, сотрясался тяжелой нечастой дрожью. Якову Лукичу Половцев утром сказал:

— Был в своей станице. Ищут меня там... Казаки готовы и ждут только приказа.

Это по его науще́нью, когда вторично было созвано общее собрание гремяченцев по вопросу о колхозе, Яков Лукич выступил с призывом войти в колхоз и несказанно обрадовал Давыдова своей разумной, положительной речью и тем, что после слов авторитетного в хуторе Якова Лукича, заявившего о своем вступлении в колхоз, было подано сразу тридцать одно заявление.

Ладно говорил Яков Лукич о колхозе, а на другой день, обходя дворы, угощал на деньги Половцева надежных, настроенных против колхоза середняков, подвыпив и сам малость, говорил иное:

— Чудак ты, братец! Мне дюжей, чем тебе, надо в колхоз вступать и говорить против нельзя. Я жил справно, могут обкулачить, а тебе какая нужда туда переться? Ярма не видал? В колхозе тебе, братец, так взналыгают, света не взвидишь! — и тихонько начинал рассказывать уже заученное наизусть о предстоящем восстании, про обобществление жен и, если собеседник оказывался податливым, злобно готовым на все, — уговаривал, упрашивал, грозил расправой, когда из-за границы придут «наши», и под конец добивался своего: уходил, заручившись согласием на вступление в «союз».

Все шло хорошо и ладно. Навербовал Яков Лукич около тридцати казаков, строжайше предупреждая, чтобы ни с кем не говорили о вступлении в «союз», о разговоре с ним. Но как-то отправился доканчивать дело в кулацкий штаб (на раскулаченных и группировавшихся около них была у него и у Половцева нерушимая надежда, потому-то вовлечение их, как дело нетрудное, и было оставлено напоследок), и тут-то впервые вышла у него осечка... Яков Лукич, закутавшись в зипун, пришел к Борщеву перед вечером. В нежилой горнице топилась подземка[1]. Все были в сборе. Хозяин Тимофей Борщев, стоя на коленях, совал в творило подземки мелко наломанный хворост, на лавках, на сваленных в углу едовых тыквах, расписанных, словно георгиевские ленты, оранжевыми и черными полосами, — сидели Фрол Рваный, Лапшинов, Гаев, Николай Люшня, Атаманчуков Василий и батареец Хопров. Спиной к окну стоял только что в этот день вернувшийся из округа Тимофей — сын Фрола Рваного. Он рассказывал о том, как сурово встретил его прокурор, как хотел вместо рассмотрения жалобы арестовать его и отправить обратно в район. Яков Лукич вошел, и Тимофей умолк, но отец одобрил его:

— Это наш человек, Тимоша. Ты его не пужайся.

Тимофей докончил рассказ; поблескивая глазами, сказал:

— Жизня такая, что, если б банда зараз была, сел бы на коня и начал коммунистам кровя пущать!

— Тесная жизнь стала, тесная... — подтвердил и Яков Лукич. — Да оно, кабы на этом кончилось, еще слава богу...

— А какого ж еще лихо ждать? — озлился Фрол Рваный. — Тебя не коснулось, вот тебе и сладко, а меня уж хлеб зачинает исть. Жили с тобой почти одинаково при царе, а вот зараз ты как обдутенький, а с меня последние валенки сняли.

— Я не про то боюсь, как бы чего не получилось...

— Чего же?

— Война как бы...

---

[1] *Подземка* — низенькая печурка.

— Подай-то, господи! Уподобь, святой Егорий Победоносец! Хоть бы и зараз! И сказано в писании апостола...

— С кольями бы пошли, как вёшенцы в девятнадцатом году!

— Жилы из живых бы тянул, эх, гм-м-м!..

Атаманчуков, раненный в горло под станицей Филоновской, говорил, как в пастушью дудку играл, — невнятно и тонко:

— Народ осатанел, зубами будут грызть!..

Яков Лукич осторожно намекнул, что в соседних станицах неспокойно, что будто бы даже кое-где коммунистов уже учат уму-разуму, по-казачьему, как в старину учили нежеланных, прибивавшихся к Москве атаманов, а учили их просто — в мешок головой да в воду. Говорил тихо, размеренно, обдумывая каждое слово. Вскользь заметил, что неспокойно везде по Северо-Кавказскому краю, что в низовых станицах уже обобществлены жены, и коммунисты первые спят с чужими бабами в открытую, и что к весне ждется десант. Об этом, мол, сказал ему знакомый офицер, полчанин, проезжавший с неделю назад через Гремячий. Утаил только одно Яков Лукич, что этот офицер до сих пор скрывается у него.

До этого все время молчавший Никита Хопров спросил:

— Яков Лукич, ты скажи вот об чем: ну ладно, восстанем мы, перебьем своих коммунистов, а потом? С милицией-то мы управимся, а как со станции сунут на нас армейские части, тогда что? Кто же нас супротив их поведет? Офицеров нету, мы — темные, по звездам дорогу угадываем... А иты в войне части не наобум ходят, они на плантах дороги ищут, карты в штабах рисуют. Руки-то у нас будут, а головы нет.

— И голова будет! — с жаром уверял Яков Лукич. — Офицерья объявются. Они поученей красных командиров. Из старых юнкерей выходили в начальство, благородные науки превзошли. А у красных какие командиры? Вот хотя бы нашего Макара Нагульнова взять? Голову отрубить — это он может, а сотню разве ему водить? Ни в жизню! Он-то в картах дюже разбирается?

— А откуда же офицерья объявются?

— Бабы их народют! — озлился Яков Лукич. — Ну, чего ты, Никита, привязался ко мне, как орепей к овечьему курдюку? «Откуда, откуда!»... А я-то знаю, откуда? — Из-за границы приедут. Непременно приедут! — обнадеживал Фрол Рваный и, предвкушая переворот, кровяную сладость мести, от удовольствия раздувая одну уцелевшую ноздрю, с хлюпом всасывал ею прокуренный воздух.

Хопров встал, пихнул тыкву ногой и, оглаживая рыжие широкие усы, внушительно сказал:

— Так-то оно так... Но только казаки стали теперича ученые. Их бивали смертно за восстания. Не пойдут они. Кубань не поддержит...

Яков Лукич посмеивался в седеющие усы, твердил:

— Пойдут, как одна душа! И Кубань вся огнем схватится... А в драке так: зараз я под низом, лопатками землю вдавливаю, а глядь, через какой-то срок уж я сверху на враге лежу, выпинаю его.

— Нет, братцы, как хотите, а я на это не согласный! — холодея от прилива решимости, заговорил Хопров. — Я против власти не подымаюсь и другим не посоветую. И ты, Яков Лукич, занапрасну народ подбиваешь на такие шутки... Офицер, какой у тебя ночевал, он чужой, темный человек. Он намутит воду — и в сторону, а нам опять расхлебывать. В эту войну они нас пихнули супротив Советской власти, казакам понашили лычки на погоны, понапекли из них скороспелых офицеров, а сами в тылы подались, в штабы, с тонконогими барышнями гулять... Помнишь, дело коснулось расплаты, кто за общие грехи платил? В Новороссийском красные на пристанях калмыкам головы срубали, а офицерья и другие благородные на пароходах тем часом плыли в чужие теплые страны. Вся Донская армия, как гурт овец, табунилась в Новороссийском, а генералы?.. Эх! Да я и то хотел кстати спросить: этот «ваше благородие», какой ночевал, зараз не у тебя спасается? Разка два примечал я, что ты в мякинник воду в цибарке носишь... К чему бы, думаю, Лукичу воду туда носить, какого он черта там поит? А потом как-то слышу — конь заиржал.

Хопров с наслаждением наблюдал, как под цвет седоватым усам становится лицо Якова Лукича. Были общее замешательство и испуг. Лютая радость распирала грудь Хопрова, он кидал слова, — словно со стороны, как чужую речь, слышал свой голос.

— Никакого офицера у меня нету, — глухо сказал Яков Лукич. — Иржала моя кобылка, а воду в мякинник я не носил, помои иной раз... Кабан у нас там...

— Голос твоей кобыленки я знаю, меня не обманешь! Да мне-то что? А в вашем деле я не участник, а вы угадывайте...

Хопров надел папаху, — глядя по сторонам, пошел к двери. Ему загородил дорогу Лапшинов. Седая борода его тряслась, он, как-то странно приседая, разводя руками, спросил:

— Доносить идешь, Июда? Проданный? А ежели сказать, что ты в карательном, с калмыками...

— Ты, дед, не сепети! — с холодным бешенством заговорил Хопров, подымая на уровень лапшиновской бороды свой литой кулак. — Я сам спервоначалу на себя донесу, так и скажу: был в карателях, был подхорунжий, судите... Но-о-о и вы глядите! И ты, старая петля кобылья... И ты... — Хопров задыхался, в широкой груди его хрипело, как в кузнечном мехе. — Ты из меня кровя все высосал! Хоть раз над тобой поликовать!

Не размахиваясь, тычком он ударил Лапшинова в лицо и вышел, хлопнув дверью, не глянув на упавшего у притолоки старика. Тимофей Борщев принес порожнее ведро. Лапшинов встал над ведром на колени. Черная кровь ударила из его ноздрей, словно из вскрытой вены. В потерянной тишине слышно было лишь, как всхлипывает, скрежещет зубами Лапшинов да цедятся, звенят по

стенке ведра, стекая с лапшиновской бороды, струйки
крови.

— Вот теперь мы пропали вовзя́т[1]! — сказал многосе-
мейный раскулаченный Гаев.

И тотчас же вскочил Николай Люшня, не попрощавшись, не покрыв головы шапкой, кинулся из хаты. За
ним степенно вышел Атаманчуков, тоненько и хриповато
сказав на прощанье:

— Надо расходиться, а то добра не дождешься.

Несколько минут Яков Лукич сидел молча. Сердце у
него, казалось, распухло и подкатило к глотке. Трудно
стало дышать. Напористо била в голову кровь, а на лбу
выступила холодная испарина. Он встал, когда уже многие ушли; брезгливо обходя склонившегося над ведром
Лапшинова, тихо сказал Тимофею Рваному:

— Пойдем со мной, Тимофей!

Тот молча надел пиджак, шапку. Вышли. По хутору
гасли последние огни.

— Куда пойдем-то? — спросил Тимофей.

— Ко мне.

— Зачем?

— Потом узнаешь, давай поспешать.

Яков Лукич нарочно прошел мимо сельсовета, там не
было огня, темнотой зияли окна. Вошли на баз к Якову
Лукичу. Возле крыльца он остановился, тронув рукав
Тимофеева пиджака.

— Погоди трошки тут. Я тебя тогда покличу.

— Лады.

Яков Лукич постучался, сноха вынула из пробоя засов.

— Ты, батя?

— Я. — Он плотно притворил за собой дверь; не заходя, постучался в дверь горенки. Хриповатый басок
спросил:

— Кто?

— Это я, Александр Анисимович. Можно?

— Входи.

_____

[1]*Вовзят* — совсем, вовсе.

Половцев сидел за столиком против занавешенного черной шалью окна, что-то писал. Исписанный лист покрыл своей крупной жилистой ладонью, повернул лобастую голову.

— Ну, что? Как дело?..

— Плохо... Беда!..

— Что? Говори живее!.. — Половцев вскочил, сунул исписанный лист в карман, торопливо застегнул ворот толстовки и, наливаясь кровью, багровея, нагнулся, весь собранный, готовый, как крупный хищный зверь перед прыжком.

Яков Лукич сбивчиво рассказал ему о случившемся. Половцев слушал, не проронив слова. Из глубоких впадин тяжко в упор смотрели на Якова Лукича его голубоватые глазки. Он медленно распрямлялся, сжимал и разжимал кулаки, под конец страшно скривил выбритые губы, шагнул к Якову Лукичу.

— Па-а-адлец! Что же ты, образина седая, погубить меня хочешь? Дело хочешь погубить? Ты его уже наполовину погубил своей дурьей неосмотрительностью. Я как тебе приказывал? Как я те-бе при-ка-зы-вал? Надо было по одному прощупать настроение всех предварительно! А ты — как бык с яру!.. — Его приглушенный, басовитый, булькающий шепот заставлял Якова Лукича бледнеть, повергал в еще больший страх и смятение. — Что теперь делать? Он уже сообщил, этот Хопров? А? Нет? Да говори же, пенек гремяченский! Нет? Куда он пошел, ты проследил?

— Никак нет... Александр Анисимович, благодетель, мы пропали теперича! — Яков Лукич схватился за голову. По коричневой щеке его на седоватый ус, щекоча, скатилась слезинка.

Но Половцев только зубами скрипнул.

— Ты! Бабья... Надо делать, а не... Сын твой дома?

— Не знаю... я захватил с собой человека.

— Какого?

— Сын Фрола Рваного.

— Ага. Зачем привел его?

Они встретились глазами, поняли друг друга без слов. Яков Лукич первый отвел глаза, на вопрос Половцева: «Надежный ли парень?» — только молча кивнул головой. Половцев яростно сорвал с гвоздя свой полушубок, вынул из-под подушки свежепрочищенный наган, крутнул барабан, и в отверстиях гнезд сияющим кругом замерцал никель вдавленных в гильзы пулевых головок. Застегивая полушубок, Половцев отчетливо, как в бою, командовал:

— Возьми топор. Веди самой короткой дорогой. Сколько минут ходьбы?

— Тут недалеко, дворов через восемь...

— Семья у него?

— Одна жена.

— Соседи близко?

— С одной стороны гумно, с другой сад.

— Сельсовет?

— До него далеко...

— Пошли!

Пока Яков Лукич ходил за топором к дровосеке, Половцев левой рукой сжал локоть Тимофея, негромко сказал:

— Беспрекословно слушать меня! Пойдем туда, и ты, паренек, измени голос, скажи, что ты дежурный сиделец из сельсовета, что ему бумажка. Надо, чтобы он сам открыл дверь.

— Вы глядите, товарищ, как вас... незнакомый с вами... этот Хопров, как бык, сильный, он, ежели не вспопашитесь, может так омочить голым кулаком, что... — развязно заговорил было Тимофей.

— Замолчи! — оборвал его Половцев и протянул руку к Якову Лукичу. — Дай-ка сюда. Веди.

Ясеневое топорище, нагревшееся и мокрое от ладони Якова Лукича, сунул под полушубок за пояс шаровар, поднял воротник.

По проулку шли молча. Рядом с плотной, большой фигурой Половцева Тимофей выглядел подростком. Он шел рядом с валко шагавшим есаулом, назойливо заглядывая ему в лицо. Но темнота и поднятый воротник мешали...

Через плетень перелезли на гумно.

— Иди по следу, чтобы один след был, — шепотом приказал Половцев.

По нетронутому снегу пошли волчьей цепкой, шаг в шаг. Около калитки во двор Яков Лукич прижал ладонь к левому боку, тоскливо шепнул:

— Господи...

Половцев указал на дверь.

— Стучи!.. — скорее угадал по губам его, чем услышал Тимофей.

Тихонько звякнул щеколдой и тотчас же услышал, как яростно скребут, рвут застежки полушубка пальцы чужого человека в белой папахе, ставшего справа от двери. Тимофей постучал еще раз. С ужасом смотрел Яков Лукич на собачонку, вылезавшую из-под стоявшего на открытом базу букаря. Но прозябший щенок безголосо тявкнул, заскулил, подался к покрытому камышом погребу.

***

Домой Хопров пришел отягощенный раздумьем, за время ходьбы несколько успокоившийся. Жена собрала ему повечерять.

Он поел неохотно, грустно сказал:

— Я бы зараз, Марья, арбуза соленого съел.

— На похмел, что ли? — улыбнулась та.

— Нет, я не пил ноне. Я завтра, Машутка, объявляю властям, что был в карателях. Мне не по силам больше так жить.

— Ох, и придумал! Да ты чего это ноне кружоный какой-то? Я и не пойму.

Никита улыбался, подергивая широкий рыжий ус. И, уже ложась спать, снова серьезно сказал:

— Ты мне сухарей сготовь либо пресных подорожников спеки. На отсидку я пойду.

А потом долго, не слушая увещаний жены, лежал с открытыми глазами, думал: «Объявлю про себя и про Островнова, пущай и их, чертей, посажают! А мне что же будет? Не расстреляют же? Отсижу года три, дровишки на Урале порублю и выйду оттель чистым. Никто тогда уж не попрекнет прошлым. Ни на кого работать за свой грех больше не буду. Скажу по совести, как попал к Аштымову. Так и скажу: мол, спасался от фронта, кому лоб под пули подставлять охота? Пущай судят, за давностью времен выйдет смягчение. Все расскажу! Людей сам я не стрелял, ну, а что касаемо плетей... Ну что же, плетей вваливал и казакам-дезертирам, и кое-каким за большевизму... Я тогда темней ночи был, не знал, что и куда».

Он уснул. Вскоре от первого сна оторвал его стук. Полежал. «Кому бы это приспичило?» Стук повторился. Никита, досадливо кряхтя, стал вставать, хотел зажечь лампочку, но Марья проснулась, зашептала:

— Либо опять на собранию? Не зажигай! Ни дня, ни ночи покою... Перебесились, треклятые!

Никита босиком вышел в сенцы.

— Кто такой?

— Это я, дяденька Никита, из Совету.

Ребячий незнакомый голос... Что-то похожее на беспокойство, намек на тревогу почувствовал Никита и спросил:

— Да кто это? Чего надо?

— Это я, Куженков Николай. Бумажка тебе от председателя, велел зараз в Совет идтить.

— Сунь ее под дверь.

...Секунда тишины с той стороны двери... Грозный понукающий взгляд из-под белой курпяйчатой папахи, и Тимофей, на миг растерявшийся, находит выход:

— За нее расписаться надо, отвори.

Он слышит, как Хопров нетерпеливо переступает, шуршит по земляному полу сенцев босыми подошвами. Стукнула черная задвижка. В квадрате двери на темном фоне возникает белая фигура Хопрова. В этот миг Половцев заносит левую ногу на порог, взмахнув топором, бьет Хопрова обухом повыше переносицы.

Как бык перед зарезом, оглушенный ударом молота, рухнул Никита на колени и мягко завалился на спину.

— Входить! Дверь на запор! — неслышно командует Половцев. Он нащупывает дверную ручку, не выпуская из рук топора, распахивает дверь в хату.

Из угла с кровати — шорох дерюги, встревоженный бабий голос:

— Никак ты свалил что-то?.. Кто там, Никитушка?

Половцев роняет топор, с вытянутыми руками бросается к кровати.

— Ой, люди добрые!.. Кто это?.. Кар...

Тимофей, больно стукнувшись о притолоку, вбегает в хату. Он слышит звуки хрипенья и возни в углу. Половцев упал на женщину, подушкой придавил ей лицо и крутит, вяжет рушником руки. Его локти скользят по зыбким, податливо мягким грудям женщины, под ним упруго вгибается ее грудная клетка. Он ощущает тепло ее сильного, бьющегося в попытках освободиться тела, стремительный, как у пойманной птицы, стук сердца. В нем внезапно и только на миг вспыхивает острое, как ожог, желание, но он рычит и с яростью просовывает руку под подушку, как лошади, раздирает рот женщине. Под его скрюченным пальцем резиново подается, потом мягко ползет разорванная губа, палец — в теплой крови, но женщина уже не кричит глухо и протяжно: в рот ей до самой глотки забил он скомканную юбку.

Половцев оставляет возле связанной хозяйки Тимофея, сам идет в сенцы, дышит с хрипом, как сапная лошадь.

— Спичку!

Яков Лукич зажигает. При тусклом свете Половцев наклоняется к поверженному навзничь Хопрову. Батареец лежит, неловко подвернув ноги, прижав щеку к земляному полу. Он дышит, широкая бугристая грудь его неровно вздымается, и при выдохе каждый раз рыжий ус опускается в лужу красного. Спичка гаснет. Половцев на ощупь пробует на лбу Хопрова место удара. Под пальцами его шуршит раздробленная кость.

— Вы меня увольте... У меня на кровь сердце слабое... — шепчет Яков Лукич. Его бьет лихорадка, подламываются ноги, но Половцев, не отвечая, приказывает:

— Принеси топор. Он там... возле кровати. И воды.

Вода приводит Хопрова в сознание. Половцев давит ему коленом грудь, свистящим шепотом спрашивает:

— Донес, предатель? Говори! Эй, ты, спичку!

Спичка опять на несколько секунд освещает лицо Хопрова, его полуоткрытый глаз. Рука Якова Лукича дрожит, дрожит и крохотный огонек. В сенцах по метелкам свисающего с крыши камыша пляшут желтые блики. Спичка догорает, жжет ногти Якова Лукича, но он не чувствует боли. Половцев два раза повторяет вопрос, потом начинает ломать Хопрову пальцы. Тот стонет и вдруг ложится на живот, медленно и трудно становится на четвереньки, встает. Половцев, стоная от напряжения, пытается снова опрокинуть его на спину, но медвежья сила батарейца помогает ему встать на ноги. Левой рукой он хватает Якова Лукича за кушак, правой охватывает шею Половцева. Тот втягивает голову в плечи, прячет горло, к которому тянутся холодные пальцы Хопрова, кричит:

— Огонь!.. Будь проклят! Огонь, говорят! — Он не может в темноте нашарить руками топор.

Тимофей, высунувшись из кухни, не подозревая, в чем дело, громко шепчет:

— Эй, вы! Вы его под хряшки́... Под хряшки топором, остряком его, он тогда скажет!

Топор в руках у Половцева, с огромным напряжением вырывается Половцев из объятий Хопрова, бьет уже острием топора раз и два, Хопров падает и при падении цепляется головой за лавку. С лавки от толчка валится ведро. Гром от падения его, как выстрел. Половцев, скрипя зубами, кончает лежащего; ногою нащупывает голову, рубит топором и слышит, как, освобожденная, булькает, клокочет кровь. Потом силком вталкивает Якова Лукича в хату, закрывает за собою дверь, вполголоса говорит:

— Ты, в душу твою... слюнтяй! Держи бабу за голову, нам надо узнать: успел он сообщить или нет? Ты, парень, придави ей ноги!

Половцев грудью наваливается на связанную бабу. От него разит едким мускусом пота. Спрашивает, раздельно произнося каждое слово:

— Муж после того, как пришел с вечера, ходил в Совет или еще куда-нибудь?

В полусумраке хаты он видит обезумевшие от ужаса, вспухшие от невыплаканных слез глаза, почерневшее от удушья лицо. Ему становится не по себе, хочется скорей отсюда, на воздух... Он со злостью и отвращением давит пальцами ей за ушами. От чудовищной боли она бьется, на короткое время теряет сознание. Потом, придя в себя, вдруг выталкивает языком мокрый, горячий от слюны кляп, но не кричит, а мелким, захлебывающимся шепотом просит:

— Родненькие!.. родненькие, пожалейте! Все скажу! — Она узнает Якова Лукича. Ведь он же кум ей, с ним она семь лет назад крестила сестриного сына. И трудно, как косноязычная, шевелит изуродованными, разорванными губами: — Куманек!.. родимый мой!.. За что?

Половцев испуганно накрывает рот ей своей широкой ладонью. Она еще пытается в припадке надежды на милость целовать эту ладонь своими окровавленными губами. Ей хочется жить! Ей страшно!

— Ходил муж куда или нет?

Она отрицательно качает головой. Яков Лукич хватается за руки Половцева:

— Ваше... Ваше... Ксан Анисимыч!.. Не трожь ее... Мы ей пригрозим, не скажет!.. Век не скажет!..

Половцев отталкивает его. Он впервые за все эти трудные минуты вытирает тылом ладони лицо, думает: «Завтра же выдаст! Но она — женщина, казачка, мне, офицеру, стыдно... К черту!.. Закрыть ей глаза, чтобы последнего не видела...»

Заворачивает ей на голову подол холстяной рубашки, секунду останавливает взгляд на ладном теле этой не рожавшей тридцатилетней женщины. Она лежит на боку, поджав ногу, как большая белая подстреленная птица... Половцев в полусумраке вдруг видит: ложбина на груди, смуглый живот женщины начинают лосниться, стремительно покрываясь испариной. «Поняла, зачем голову накрыл. К черту!..» Половцев, хакнув, опускает лезвие топора на закрывшую лицо рубаху.

Яков Лукич вдруг чувствует, как длительная судорога потянула тело его кумы. В ноздри ему хлынул приторный запах свежей крови... Яков Лукич, шатаясь, дошел до печки, страшный припадок рвоты потряс его, мучительно вывернул внутренности...

На крыльце Половцев пьяно качнулся, губами припал и стал хватать нападавший на перильце свежий и пушистый снег. Вышли в калитку. Тимофей Рваный отстал; околесив квартал, пошел на певучий голос двухрядки, доплывавший от школы. Возле школы — игрище. Тимофей, пощипывая девок, пробрался в круг, попросил у гармониста гармошку.

— Тимоша! Заиграй нам цыганку с перебором, — попросила какая-то девка.

Тимофей стал брать гармонь из рук хозяина и уронил. Тихо засмеялся, снова протянул руки и снова уронил, не успев накинуть на левое плечо ремень. Пальцы не служили ему. Он пошевелил ими, засмеялся, отдал гармошку.

— Натрескался уж гдей-то!

— Глянь-ка, девоньки, он никак пьяный?

— И пинжак уж облевал! Хорош!..

Девки подались от Тимофея. Хозяин гармошки, недовольно сдувая со складок мехов снег, неуверенно заиграл «цыганочку». Ульяна Ахваткина, самая рослая из девок, «на гвардейца деланная», как звали ее в хуторе, пошла, поскрипывая низкими каблуками чириков, коромыслом выгнув руки. «Надо сидеть до света, — как о ком-то постороннем, думал Тимофей, — тогда никто на случай следствия не подкопается». Он встал и, уже сознательно подражая движениям пьяного, покачиваясь, прошел к сидевшей на порожке школы девке, положил ей голову на теплые колени:

— Поищи меня, любушка!..

***

А Яков Лукич, зеленый, словно капустный лист, как вошел в курень — пал на кровать и головы от подушки не поднял. Он слышал, как над лоханкой мылил руки, плескал водой и отфыркивался Половцев, потом ушел к себе в горенку. Уже в полночь разбудил хозяйку:

— Взвар есть, хозяюшка? Зачерпни напиться.

Попил (Яков Лукич смотрел на него из-под подушки одним глазом), достал разваренную грушу, зачавкал, пошел, дымя цигаркой, поглаживая по-бабьи голую пухловатую грудь.

В горенке Половцев протянул босые ноги к неостывшему камельку. Он любит по ночам греть ноющие от ревматизма ноги. Простудил их в 1916 году, зимою вплавь переправляясь через Буг, верой и правдой служа его императорскому величеству, обороняя отчизну. С той-то поры есаул Половцев и тяготеет к теплу, к теплой валяной обуви...

Глава XIII

За неделю пребывания в Гремячем Логу перед Давыдовым стеною встал ряд вопросов... По ночам, придя из сельсовета или из правления колхоза, разместившегося в просторном Титковом доме, Давыдов долго ходил по комнате, курил, потом читал привезенные кольцевиком «Правду», «Молот», и опять в размышлениях возвращался к людям из Гремячего, к колхозу, к событиям прожитого дня. Как зафлаженный волк, пытался он выбраться из круга связанных с колхозом мыслей, вспоминал свой цех, приятелей, работу; становилось чуточку грустно оттого, что там теперь многое изменилось и все это в его отсутствие; что он теперь уже не сможет ночи навылет просиживать над чертежами катерпиллерского мотора, пытаясь найти новый ход к перестройке коробки скоростей, что на его капризном и требовательном станке работает другой — наверное, этот самоуверенный Гольдшмидт; что теперь о нем, видимо, забыли, наговорив на проводах уезжавших двадцатипятитысячников хороших, с горячинкой, речей. И внезапно мысль снова переключалась на Гремячий, будто в мозгу кто-то уверенно передвигал рубильник, по-новому направляя ток размышлений. Он ехал на работу в деревню вовсе не таким уж наивным горожанином, но разворот классовой борьбы, ее путаные узлы и зачастую потаенно-скрытые формы все же представлялись ему не столь сложными, какие увидел он в первые же дни приезда в Гремячий. Упорное нежелание большинства середняков идти в колхоз, несмотря на огромные преимущества колхозного хозяйства, было ему непонятно. К познанию многих людей и их взаимоотношений не мог он подобрать ключа. Титок — вчерашний партизан и нынешний кулак и враг. Тимофей Борщев — бедняк, открыто ставший на защиту кулака. Островнов — культурный хозяин, сознательно пошедший в колхоз, и настороженно-враждебное отношение к нему Нагульнова. Все гремяченские люди шли перед мысленным взором Давыдова... И многое в них было для него непонятно, закрыто какой-то неощутимой, невидимой завесой. Хутор был для него — как сложный мотор новой конструкции, и Давыдов внимательно и напряженно пытался познать его, изучить, прощупать каждую деталь, слышать каждый перебой в каждодневном неустанном, напряженном биении этой мудреной машины...

Загадочное убийство бедняка Хопрова и его жены натолкнуло его на догадку о том, что какая-то скрытая пружина действует в этой машине. Он смутно догадывался, что в смерти Хопрова есть причинная связь с коллективизацией, с новым, бурно ломившимся в подгнившие стены раздробленного хозяйства. Наутро, когда были обнаружены трупы Хопрова и его жены, он долго говорил с Размётновым и Нагульновым. Те тоже терялись в догадках и предположениях. Хопров был бедняк, в прошлом — белый, к общественной жизни пассивный, каким-то боком прислонявшийся к кулаку Лапшинову. Высказанное кем-то предположение, что убили с целью грабежа, было явно нелепо, так как ничего из имущества не было взято, да у Хопрова и брать было нечего. Размётнов отмахнулся:

— Должно, обидел кого-нибудь по бабьей части. Чью-нибудь чужую жену подержал в руках, вот и решили его жизни.

Нагульнов молчал, он не любил говорить непродуманно. Но когда Давыдов высказал догадку, что к убийству причастен кто-либо из кулаков, и предложил срочно произвести выселение их из хутора, Нагульнов его решительно поддержал:

— Из ихнего стану стукнули Хопрова, без разговоров! Выселить гадов в холодные края!

Размётнов посмеивался, пожимал плечами:

— Выселить их надо, слов нет. Они мешают народу в колхоз вступать. Но только Хопров не через них пострадал. Он к ним не причастный. Оно-то верно, он прислонялся к Лапшинову, постоянно работал у него, да ить это же небось не от сытости? Нуждишка придавливала, вот и прибивался к Лапшинову. Нельзя же всякое дело на кулаков валить, не чудите, братцы! Нет, тут бабье дело, как хотите!

Из района приехали следователь и врач. Трупы убитых вскрыли, допросили соседей Хопрова и Лапшинова. Но следователю так и не удалось заполучить нити, ведущей к раскрытию участников и причин убийства. На другой день, 4 февраля, общее собрание колхозников единогласно вынесло постановление о выселении из пределов Северо-Кавказского края кулацких семей. Собранием утверждено было избранное уполномоченными правление колхоза, в состав которого вошли Яков Лукич Островнов (кандидатуру его ревностно поддерживали Давыдов и Размётнов, несмотря на возражения Нагульнова), Павел Любишкин, Демка Ушаков, с трудом прошел Аркашка Менок, пятым дружно, без споров, избрали Давыдова.

Этому способствовала полученная накануне из райполеводсоюза бумажка, в которой писалось, что райпартком,
по согласованию с райполеводсоюзом, выдвигает на
должность председателя правления колхоза уполномоченного райпарткома, двадцатипятитысячника товарища Давыдова.

На общем собрании шел долгий спор, как наимено-
вать колхоз. Размётнов в конце держал речь.

— Даю отвод прозванию «Красный казак» — это мертвое и обмаранное прозвание. Казаком раньше детву пу-
жали рабочие. Предлагаю, дорогие товарищи, тепереш-
ние колхозники, присвоить нашему дорогому путю в самый социализм, нашему колхозу, имя товарища
Сталина.

Андрей заметно волновался, на лбу его багровел
шрам. На какой-то миг злобноватые глаза его затянула
дымка слез, но он оправился, подтвердил голосом:

— Нехай, братцы, товарищ наш Иосиф Виссарионо-
вич долго живет и руководствует! А мы давайте прозываться его именем. Окромя этого, даю фактическую
справку: когда мы обороняли Царицын, то я самолично
видал и слыхал товарища Сталина. Он тогда вместе с Ворошиловым реввоенсоветом был, одежду носил штатную,
но должен сказать — дока он! Тогда нам, бойцам, бывало,
говорил насчет стойкости.

— Ты не по существу, Размётнов, — прервал его Давыдов.

— Не по существу? Тогда я, конечно, извиняюсь, но я
твердо стою за его прозвание!

— Все это известно, я тоже за то, чтобы имени Сталина колхоз назвать, но это ответственное название, — внушал Давыдов, — опозорить его невозможно! Тогда уж надо так работать, чтобы перекрывать всех окружающих.

— С этим мы в корне согласны, — сказал дед Щукарь.

— Понятно! — Размётнов улыбнулся. — Я, дорогие
товарищи, авторитетно, как председатель Совета, заявляю: лучше прозвания имени товарища Сталина не могет быть. Мне вот, к примеру, довелось в девятнадцатом

году видать, как возля хутора Топольки наша красная пехота брала плотину на речке Цулим, возля водяной мельницы...

— Вот ты опять в воспоминания ударяешься, — досадливо сказал Давыдов. — Пожалуйста, веди собрание и конкретно голосуй!

— Извиняюсь, голосуйте, граждане, но как вспомнишь войну — сердце засвербит чесоткой, хочется слово сказать, — виновато улыбнулся Размётнов и сел.

Собрание единогласно присвоило колхозу имя Сталина.

***

Давыдов все еще жил у Нагульновых. Спал на сундуке, отгороженном от их супружеской кровати невысокой ситцевой занавеской. В первой комнате помещалась хозяйка — бездетная вдова. Давыдов сознавал, что стесняет Макара, но за суетой и тревогой первых дней как-то не было времени подыскать квартиру. Лушка, жена Нагульнова, была с Давыдовым неизменно приветлива, но, несмотря на это, он после того случайного разговора с Макаром, когда тот открыл ему, что жена живет с Тимофеем Рваным, относился к ней с плохо скрываемой неприязнью, тяготился своим временным пребыванием у них. По утрам Давыдов, не вступая в разговор, часто искоса посматривал на Лушку. На вид ей было не больше двадцати пяти лет. Мелкие веснушки густо крыли ее продолговатые щеки, пестрым лицом она напоминала сорочье яйцо. Но какая-то приманчивая и нечистая красота была в ее дегтярно-черных глазах, во всей сухощавой статной фигуре. Круглые ласковые брови ее всегда были чуточку приподняты, казалось, что постоянно ждет она что-то радостное; яркие губы в уголках наизготове держали улыбку, не покрывая плотно слитой подковы выпуклых зубов. Она и ходила-то, так шевеля покатыми плечами, словно ждала, что вот-вот кто-нибудь сзади прижмет ее, обнимет ее девичье узкое плечо. Одевалась как все гремяченские казачки, была, может быть, немного чистоплотней.

Как-то рано утром Давыдов, надевая ботинки, услышал голос Макара из-за перегородки:

— У меня в полушубке в кармане резинки. Ты, что ли, заказывала Семену? Он вчера приехал из станицы, велел тебе передать.

— Макарушка, взаправди? — Голос Лушки, теплый спросонок, дрогнул радостью...

Она в одной рубахе прыгнула с кровати к висевшему на гвозде мужнину полушубку, вытащила из кармана не круглые, стягивающие икры резинки, а городские, с поясом, обшитые голубым. Давыдов видел ее, отраженную зеркалом: она стояла, примеряя на своей сухого литья ноге покупку, вытянув мальчишески худую шею. Давыдов в зеркале видел излучины улыбки у ее вспыхнувших глаз, негустой румянец на веснушчатых щеках. Любуясь туго охватившим ногу черным чулком, она повернулась лицом к Давыдову, в разрезе рубахи дрогнули ее смуглые твердые груди, торчавшие, как у козы, вниз и врозь, и она тотчас же увидела его через занавеску, левой рукой медленно стянула ворот и, не отворачиваясь, щуря глаза, тягуче улыбалась. «Смотри, какая я красивая!» — говорили ее несмущающиеся глаза.

Давыдов грохнулся на заскрипевший сундук, побагровел, пятерней откинул со лба глянцевито-черные пряди волос: «Черт знает! Еще подумает, что я подсматривал... дернуло меня вставать! Еще взбредет ей, что я интересуюсь...»

— Ты хоть при чужом человеке телешом-то не ходи, — недовольно бормотнул Макар, услышав, как Давыдов смущенно кряхтит.

— Ему не видно.

— Нет, видно.

Давыдов кашлянул за перегородкой.

— А видно, так и смотрите на доброе здоровье, — равнодушно сказала она, через голову надевая юбку. — Чужих, Макарушка, нету. Нынче чужой, а завтра, ежели захочу, мой будет, — засмеялась и с разбегу кинулась на кровать. — Ты у меня смирненький! Тпружень! Тпруженюшка! Телочек!..

***

После завтрака, едва лишь вышли за ворота, Давыдов рубанул:

— Дрянь у тебя баба!

— Тебя это не касается... — ответил Нагульнов тихо, не глядя на Давыдова.

— Тебя зато касается! Я сегодня же перехожу на квартиру, мне смотреть тошно! Такой ты парень — что надо, а с нею миндали разводишь! Сам же говорил, что она живет с Рваным.

— Бить ее, что ли?

— Не бить, а воздействовать! Но я тебе прямо скажу: вот я коммунист, но на это у меня нервы тонкие, я побил бы и выгнал к черту! А тебя она дискредитирует перед массой, и ты молчишь. Где она пропадает всю ночь? Мы с собрания приходим, а ее все нет! Я не вмешиваюсь во внутренние ваши дела...

— Ты женатый?

— Нет. А вот на твою семью посмотрел — теперь до гроба не женюсь.

— У тебя на бабу вид, как на собственность.

— Э, черт тебя! Анархист кривобокий! Собственность, собственность! Она же еще существует? Чего же ты ее отменяешь? Семья-то существует? А ты... на твою бабу лезут... разврат заводишь, терпимость веры. Я об этом на ячейке поставлю!.. С твоего образа пример крестьянин должен снимать. Хорош был бы пример!

— Ну, я ее убью!

— Здравствуйте!

— Ну, ты вот чего... зараз в это дело не лезь... — останавливаясь среди улицы, попросил Макар. — Я сам с этим разберусь, зараз не до этого. Ежели б это вчера началось, а то я уж обтерпелся... погожу чудок, потом... Сердцем к ней присох... А то бы давно... Ты куда идешь, в Совет? — перевел он разговор.

— Нет, хочу зайти к Островнову. Охота мне с ним в его домашнем производстве поговорить. Он умный мужик. Я хочу его завхозом устроить. Как ты думаешь? Хозяин нужен, чтобы у него колхозная копейка рублем звенела. Островнов, как видно, такой.

Нагульнов махнул рукой, осердился.

— Опять за рыбу деньги! Дался вам с Андреем Островнов! Он колхозу нужен, как архиерею это самое... Я — против. Я добьюсь его исключения из колхоза! Два года платил сельхозналог с процентной надбавкой, зажиточный гад, до войны жил кулаком, а мы его выдвигать?

— Он — культурный хозяин! Я что же, по-твоему, кулака охраняю?

— Ежели б ему крылышки не резали, он давно бы в кулаки влетел!

Они разошлись, не договорившись, крепко недовольные друг другом.

Глава XIV

Февраль...

Жмут, корежат землю холода. В белом морозном накале встает солнце. Там, где ветры слизали снег, земля по ночам гулко лопается. Курганы в степи — как переспелые арбузы — в змеистых трещинах. За хутором возле зяблевой пахоты снежные наносы слепяще, нестерпимо блещут. Тополя над речкой все серебряного чекана. Из труб куреней по утрам строевым лесом высятся прямые оранжевые стволы дыма. А на гумнах от мороза пшеничная солома духовитей пахнет лазоревым августом, горячим дыханьем суховея, летним небом...

На холодных базах до утра скитаются быки и коровы. К заре в яслях не найдешь ни одной бурьянной былки объедьев. Ягнят и козлят зимнего окота уже не оставляют на базах. Сонные бабы по ночам выносят их к матерям, а потом опять несут в подолах в угарное тепло куреней, и от козлят, от курчавой их шерсти первозданно, нежнейше пахнет морозным воздухом, разнотравьем сена, сладким козьим молоком. Снег под настом — ядреная, зернистая, хрупающая соль. Полночь так тиха, так выморочно студеное небо в зыбкой россыпи многозвездья, что кажется — мир покинут живым. В голубой степи снежной целиной пройдет волк. На снегу не лягут отпечатки лапных подушек, а там, где когти вырвут обледеневший комочек наста, останется искрящаяся царапина — жемчужный след.

Ночью, если тихо заржет сжеребая кобыла, чувствуя, как в черном атласном вымени ее приливает молоко, ржанье слышно окрест на много верст.

Февраль...

Предрассветная синяя тишина.

Меркнет пустынный Млечный Путь.

В темных окнах хат багрово полыхающие зарева огней: отсвет топящихся печек.

На речке под пешней хрупко позванивает лед.

Февраль...

Еще до света Яков Лукич разбудил сына и баб. Затопили печь. Сын Якова Лукича Семен на бруске отточил ножи. Есаул Половцев старательно обвернул портянками шерстяные чулки на ногах, надел валенки. Вместе с Семеном пошли на овечий баз. У Якова Лукича — семнадцать овец и две козы. Семен знает, какая овца окотная, у какой уже есть ягнята. Он ловит, на ощупь выбирает валухов, баранов, ярок, вталкивает в теплый катух. Половцев, сдвинув на лоб белую папаху, хватает валуха за холодную рубчатую извилину закрученного рога, валит на землю и, ложась грудью на распластанного валуха, задирает ему голову, ножом режет горло, отворяет черную ручьистую кровь.

Яков Лукич хозяйственный человек. Он не хочет, чтобы мясом его овец питался где-то в фабричной столовой рабочий или красноармеец. Они — советские, а Советская власть обижала Якова Лукича налогами и поборами десять лет, не давала возможности круто повести хозяйство, зажить богато — сытней сытого. Советская власть Якову Лукичу и он ей — враги, крест-накрест. Яков Лукич, как ребенок к огоньку, всю жизнь тянулся к богатству. До революции начал крепнуть, думал сына учить в новочеркасском юнкерском училище, думал купить маслобойку и уже скопил было деньжат, думал возле себя кормить человек трех работников (тогда, бывало, даже сердце радостно замирало от сказочного, что сулила жизнь!), думалось ему, открыв торговлишку, перекупить у неудачного помещика — войскового старшины Жорова — его полузаброшенную вальцовку... В думках тогда видел себя Яков Лукич не в шароварах из чертовой кожи, а в чесучовой паре, с золотой цепочкой поперек живота, не с мозолистыми, а с мягкими и белыми руками, с которых, как змеиная шкурка-выползень, слезут черные от грязи ногти. Сын вышел бы в полковники и женился на образованной барышне, и однажды Яков Лукич подкатил бы за ним к станции не на бричке, а на собственном автомобиле, таком, как у помещика Новопавлова... Эх, да мало ли что снилось наяву Якову Лукичу в те незабываемые времена, когда жизнь сияла и хрустела у него в руках, как радужная екатериновка! Революция дохнула холодом невиданных потрясений, шатнулась земля под ногами Якова Лукича, но он не растерялся. Со всей присущей ему трезвостью и хитрецой издали успел разглядеть надвигавшееся безвременье и быстро, незаметно для соседей и хуторян, спустил нажитое... Продал паровой двигатель, купленный в 1916 году, зарыл в кубышке тридцать золотых десяток и кожаную сумку серебра, продал лишнюю скотину, свернул посев. Подготовился. И революция, война, фронты прошли над ним, как степовой вихрь над травой: погнуть — погнул, а чтобы сломать или искалечить — этого не было. В бурю лишь тополя да дубы ломает и выворачивает с корнем, бурьян-железняк только земно клонится, стелется, а потом снова встает. Но вот «встать»-то Якову Лукичу и не пришлось! Потому-то он и против Советской власти, потому он и жил скучно, как выхолощенный бугай: ни тебе созидания, ни пьяной радости от него, потому-то теперь ему Половцев и ближе жены, роднее родного сына. Или с ним, чтобы вернуть ту жизнь, что прежде сияла и хрустела радужной сторублевкой, или и эту кинуть! Поэтому и режет четырнадцать штук овец Яков Лукич — член правления гремяченского колхоза «имени Сталина». «Лучше выкинуть овечьи тушки вот этому черному кобелю, который у ног есаула Половцева жадно лижет дымящуюся овечью кровь, чем пустить овец в колхозный гурт, чтобы они жирели и плодились на прокорм вражеской власти! — думает Яков Лукич. — И правильно говорил ученый есаул Половцев: «Надо резать скот! Надо рвать из-под большевиков землю. Пусть дохнут быки от недосмотра, быков мы еще наживем, когда захватим власть! Быков нам из Америки и Швеции будут присылать. Голодом, разрухой, восстанием их задушим! А о кобыле не жалей, Яков Лукич! Это хорошо, что лошади обобществлены. Это нам удобно и выгодно... Когда восстанем и будем занимать хутора, лошадей проще будет вывести из общих конюшен и заседлать, нежели бегать из двора во двор искать их». Золотые слова! Голова у есаула Половцева так же надежно служит, как и руки...»

Яков Лукич постоял у сарая, посмотрел, как Половцев и Семен орудуют, обдирая подвешенные к перерубу тушки. Фонарь «летучая мышь» ярко освещал белый отонок овчины. Свежевать было легко. Посмотрел Яков Лукич на тушку, висевшую перерезанной шеей вниз, с завернутой, спущенной до синего пуза овчиной, глянул на валяющуюся возле корыта черную овечью голову и вздрогнул, как от удара под колени, — побледнел.

В желтом овечьем глазе с огромным, еще не потускневшим зрачком — смертный ужас. Вспомнилась Якову Лукичу жена Хопрова, ее косноязычный, страшный шепот: «Куманек!.. Родненький! За что?» Яков Лукич с отвращением глянул на овечью лилово-розовую тушу, на ее оголенные долевые пучки и связки мускулов. Острый запах крови, как тогда, вызвал припадок тошноты, заставил качнуться. Яков Лукич заспешил из сарая.

— Мяса душа не принимает... Господи!.. И на дух не надо.

— За каким дьяволом приходил? Без тебя управимся, тонкошкурый! — улыбнулся Половцев и окровененными пальцами, провонявшими овечьим салом, стал сворачивать цигарку.

К завтраку насилу управились. Освежеванные тушки развесили в амбаре. Бабы перетопили курдюки. Половцев затворился в горенке (днем он безвылазно находился там). Ему принесли свежих щей с бараниной, вышкварок из курдюка. Едва лишь сноха вынесла от него пустую миску, как на базу скрипнула калитка.

— Батя! Давыдов к нам, — крикнул Семен, первый увидев входившего на баз Давыдова.

Яков Лукич стал белее отсевной муки. А Давыдов уже обметал веником в сенцах ботинки, гулко кашлял, шел уверенно, твердо переставляя ноги.

«Пропал! — думал Яков Лукич. — Ходит-то, сукин сын! Будто всей земле хозяин! Будто по своему куреню идет! Ох, пропал! Небось за Никиту рестовать, дознался, вражина».

Стук в дверь, сильный тенорок:

— Разрешите войти?

— Входите, — Яков Лукич хотел сказать громко, но голос съехал на шепот.

Давыдов постоял и отворил дверь. Яков Лукич не встал из-за стола (не мог! и даже дрожащие, обессилевшие ноги поднял, чтобы не слышно было, как каблуки чириков дробно выстукивают по полу).

— Здравствуй, хозяин!

— Здравствуйте, товарищ! — в один голос ответили Яков Лукич и его жена.

— Мороз на дворе...

— Да, морозно.

— Рожь не вымерзнет, как думаешь? — Давыдов полез в карман, достал черный, как прах, платочек; хороня его в кулаке, высморкался.

— Проходите, товарищ, садитесь, — приглашал Яков Лукич.

«Чего он испугался, чудак?» — удивился Давыдов, заметивший, как побледнел хозяин, как губы его едва шевелились, объятые дрожью.

— Так как рожь-то?

— Нет, не должно бы… снегом ее прихоронило… Может, там прихватит, где сдуло снежок.

«Начинает с жита, а зараз небось скажет: «Ну, собирайся!» Может, про Половцева кто донес? Обыск?» — думал Яков Лукич. Он понемногу оправлялся от испуга, к лицу разом прихлынула кровь, из пор выступил пот, покатился по лбу, на седоватые усы, на колючий подбородок.

— Гостем будете, проходите в горницу.

— Я зашел потолковать с тобой. Как имя-отечество?

— Яков, сын Лукин.

— Яков Лукич? Так вот, Яков Лукич, ты очень хорошо, толково говорил на собрании о колхозе. Конечно, ты прав, что колхозу нужна и сложная машина. Вот насчет организации труда ты ошибнулся, факт! Думаем тебя заведующим хозяйством выдвинуть. Я о тебе слышал как о культурном хозяине…

— Да вы проходите, дорогой товарищ! Гаша, постанови самоварчик. Али вы, может, щец похлебаете? Али арбуз соленый разрезать? Проходите, дорогой, гость наш! К новой жизни нас… — Яков Лукич захлебнулся от радости, с плеч у него будто гору сняли. — Культурно хозяйствовал, верно вы сказали. Темных наших от дедовской привычки хотел отворотить… Как пашут! Грабют землю! Похвальный лист от окружного ЗУ имею. Семен! Принеси похвальный лист, что в рамку заведенный. Да мы и сами пройдем, не надо.

Яков Лукич повел гостя в горницу, неприметно мигнув Семену. Тот понял, вышел в коридор замкнуть горенку, где отсиживался Половцев, заглянул туда и испугался: горенка пустовала. Семен сунулся в зал. Половцев в одних шерстяных чулках стоял возле двери в горницу. Он сделал знак, чтобы Семен вышел, приложил к двери хрящеватое, торчмя, как у хищного зверя, поставленное ухо. «Бесстрашный, черт!» — подумал Семен, выходя из зала.

Зимой большой холодный зал в островновском курене был нежилым. На крашеном полу в одном из углов из года в год ссыпали конопляное семя. Рядом с дверью стояла кадушка с мочеными яблоками. Половцев присел на край кадушки. Ему было слышно каждое слово разговора. В запушенные изморозью окна точился розовый сумеречный свет. У Половцева зябли ноги, но он сидел, не шевелясь, с щемящей ненавистью вслушиваясь в осипший тенорок врага, отделенного от него одной дверью. «Охрип, собака, на своих митингах! Я бы тебя... Ах, если бы можно было сейчас!» — Половцев прижимал к груди набухавшие отечной кровью кулаки, ногти вонзились в ладони.

За дверью:

— Я вам так скажу, дорогой наш руководитель колхоза: негоже нам хозяйствовать по-старому! Взять хучь бы жито. Через чего вымерзает и приходится на десятину, это красно, ежели пудов двадцать, а то и семена не выручают многие? А у меня — завсегда не проломишься меж колосу. Бывало, выеду, оседламши, на своей кобылке и поверх луки колосья связываю. Да и колос — на ладони не уляжется. Все это через то, что снег придерживал, землю поил. Иной гражданин подсолнух режет под корень — жадует: все, мол, на топку сгодится. Ему, сукину сыну, на базу кизяк летом нарезать некогда, лень вперед него родилась, залипает ему, а того не разумеет, что будылья, ежели резать одни шляпки на подсолнухи, будут снег держать, промеж них ветер не разгуляется, снег не унесет в яры. На весну такая земля лучше самой глубокой зяби. А не держи снег, он потает зря, жировой водой сольет, и нету от него ни человеку, ни землице пользы.

— Это, конечно, верно.

— Мне, товарищ Давыдов, наша кормилица, Советская власть, не зря похвальный лист преподнесла! Я знаю, что и к чему. Оно и агрономы кое в чем прошибаются, но много и верного в ихней учености. Вот, к примеру, выписывал я агрономовский журнал, и в нем один дюже грамотный человек из этих, какие студентов обучают, писал, что, мол, жито даже не мерзнет, а гибнет через то, что голая земля, на какой нету снежной одежины, лопается и вместе с собой рвет коренья у колоса.

— А, это интересно! Я не слышал про это.

— И верно он пишет. Согласуюсь с ним. Даже сам для проверки спытывал. Вырою и гляжу: махонькие и тонкие, как волоски, присоски на корню, самое какими проращенное зерно из земли черную кровь тянет, кормится через какие, — лопнутые, порватые. Нечем кормиться зерну, оно и погибнет. Человеку жилы перережь — не будет же он на свете жить? Так и зерно.

— Да, Яков Лукич, это ты фактически говоришь. Надо снег держать. Ты мне дай эти агрономические журналы почитать.

«Тебе не пригодится! Не успеешь. Короткая тебе мера отмерена в жизни!» — улыбался Половцев.

— Или вот как на зяби снег держать? Щиты надо. Я уж и щит такой придумал из хвороста... с ярами надо воевать, они у нас земли отымают каждый год больше тыщи десятин.

— Все это верно. Ты вот скажи, как нам лучше помещения для скота утеплить. Чтобы и дешево и сердито получилось, а?

— Базы-то? Это мы все исделаем! Баб надо заставить плетни обмазать — это раз. А нет, так можно промеж двух плетнев сухого помету насыпать...

— Да-а-а... А как насчет протравки?

Половцев хотел устроиться на кадушке половчее, но крышка скользнула из-под него, упала с грохотом. Половцев скрипнул зубами, услышав, как Давыдов спросил:

— Что это упало там?

— Должно, кот что-нибудь свалил. Мы там зимой не живем, топки много уходит... Да вот хочу вам показать породную коноплю. Выписанная. Она у нас в энтой зале зимует. Проходите.

Половцев прыжком метнулся к выходу в коридор, дверь, заблаговременно смазанная гусиным жиром, не скрипнула, бесшумно выпустила его...

Давыдов вышел от Якова Лукича с пачкой журналов под мышкой, довольный результатами посещения и еще более убежденный в полезности Островнова. «Вот с такими бы можно в год перевернуть деревню! Умный мужик, дьявол, начитанный. А как он знает хозяйство и землю! Вот это квалификация! Не понимаю, почему Макар на него косится. Факт, что он принесет колхозу огромную пользу!» — думал он, шагая в сельсовет.

Глава XV

С легкой руки Якова Лукича каждую ночь стали резать в Гремячем скот. Чуть стемнеет, и уже слышно, как где-нибудь приглушенно и коротко заблеет овца, предсмертным визгом просверлит тишину свинья или мыкнет телка. Резали и вступившие в колхоз, и единоличники. Резали быков, овец, свиней, даже коров; резали то, что оставлялось на завод... В две ночи было ополовинено поголовье рогатого скота в Гремячем. По хутору собаки начали таскать кишки и требушки, мясом наполнились погреба и амбары. За два дня еповский[1] ларек распродал около двухсот пудов соли, полтора года лежавшей на складе. «Режь, теперь оно не наше!», «Режьте, все одно заберут на мясозаготовку!», «Режь, а то в колхозе мясца не придется кусануть!» — полез черный слушок. И резали. Ели невповорот. Животами болели все, от мала до велика. В обеденное время столы в

---

[1] *ЕПО* — Единое потребительское общество.

куренях ломились от вареного и жареного мяса. В обыденное время у каждого — масленый рот, всяк отрыгивает, как на поминках; и от пьяной сытости у всех посоловелые глаза.

Дед Щукарь в числе первых подвалил телку-летошницу. Вдвоем со старухой хотели подвесить ее на переруб, чтобы ловчее было свежевать; мучились долго и понапрасну (тяжела оказалась нагулявшая жиру телка!), старуха даже поясницу свихнула, поднимая задок телушки, и неделю после этого накидывала ей на спину чугунок бабка-лекарка. А дед Щукарь на следующее утро сам настряпал и, то ли от огорчения, что окалечилась старуха, то ли от великой жадности, так употребил за обедом вареной грудинки, что несколько суток после этого обеда с база не шел, мешочных штанов не застегивал и круглые сутки пропадал по великому холоду за сараем, в подсолнухах. Кто мимо Щукаревой полуразваленной хатенки ходил в те дни, видел: торчит, бывало, дедов малахай на огороде, среди подсолнечных будыльев, торчит, не шелохнется; потом и сам дед Щукарь из подсолнухов вдруг окажется, заковыляет к хате, не глядя на проулок, на ходу поддерживая руками незастегнутые штаны. Измученной походкой, еле волоча ноги, дойдет до воротцев и вдруг, будто вспомнив что-то неотложное, повернется, дробной рысью ударится опять в подсолнухи. И снова недвижно и важно торчит из будыльев дедов малахай. А мороз давит. А ветер пушит на огороде поземкой, наметая вокруг деда стоячие острокрышие сугробы...

Размётнов на вторые сутки, к вечеру, как только узнал о том, что убой скота принял массовый характер, прибежал к Давыдову.

— Сидишь?

— Читаю. — Давыдов завернул страницу небольшой желтоватой книжки, раздумчиво улыбнулся. — Вот, брат, книжка, — дух захватывает! — засмеялся, ощеряя щербатый рот, раскинув куцые сильные руки.

— Ро́маны читаешь! Либо песенник какой. А в хуторе...

— Дура! Дура! Ро́маны! Какие там песенники! — Давыдов, похохатывая, усадил Андрея на табурет против себя, ткнул в руки книжку. — Это же доклад Андреева на ростовском партактиве. Это, брат, десять романов стоит! Факт! Начал читать и вот шамануть забыл, зачитался. Э, черт, досадно… Теперь все, наверно, застыло. — На смугловатое лицо Давыдова пали досада и огорчение. Он встал, уныло подсмыкнул короткие штаны; сунув руки в карманы, пошел в кухню.

— Ты меня-то будешь слухать? — ожесточаясь, спросил Размётнов.

— А то как же! Конечно, буду. Сейчас.

Давыдов принес из кухни глиняную чашку с холодными щами, сел. Он сразу откусил огромный кус хлеба, прожевывая, гонял по-над розоватыми скулами желваки, молча уставился на Размётнова устало прижmuренными серыми глазами. На щах сверху застыли оранжевые блестки-круговины говяжьего жира, красным пламенем посвечивал плавающий стручок горчицы[1].

— С мясом щи? — ехидно вопросил Андрей, указывая на чашку обкуренным пальцем.

Давыдов, давясь и напряженно улыбаясь, довольно качнул головой.

— А откуда мясцо?

— Не знаю. А что?

— А то, что половину скотины перерезали в хуторе.

— Кто? — Давыдов повертел ломоть хлеба и отодвинул его.

— Черти! — Шрам на лбу Размётнова побагровел. — Председатель колхоза! Гиганту строишь! Твои же колхозники режут, вот кто! И единоличники. Перебесились! Режут наповал все, и даже, сказать, быков режут!

— Вот у тебя привычка… орать, как на митинге… — принимаясь за щи, досадливо сказал Давыдов. — Ты мне спокойно и толком расскажи, кто режет, почему.

— А я знаю — почему?

---

[1]Горчицей на Дону называют красный перец.

— А ты всегда с ревом, с криком... Глаза закрыть — и вот он, родненький, семнадцатый годок.

— Небось заревешь!

Размётнов рассказал, что́ знал, о начавшемся убое скота. Под конец Давыдов ел, почти не прожевывая, шутливость как рукой с него сняло, около глаз собрались расщепы морщин, и лицо как-то словно постарело.

— Сейчас же иди и созывай общее собрание. Нагульнова... А впрочем, я сам зайду к нему.

— Чего созывать-то?

— Как чего? Запретим резать скот! Из колхоза будем гнать и судить. Это же страшно важно, факт! Это опять кулак нам палку в колеса! Ну, на — закуривай и валяй... Да, кстати, я и забыл похвалиться.

По лицу Давыдова побежала, тепля глаза, счастливая улыбка, радости он не мог скрыть, как ни пробовал сурово ежить губы.

— Получил я сегодня посылку из Ленинграда... Да, посылочку от ребят... — Он нагнулся, вытащил из-под кровати ящик и, багровый от удовольствия, поднял крышку.

В ящике беспорядочно лежали пачки папирос, коробка печенья, книги, деревянный с резьбой портсигар, еще что-то в пакетиках и свертках.

— Товарищи вспомнили, прислали вот... Это, брат, наши папироски, ленинградские... Даже вот, видишь, шоколад, а на кой он мне? Надо чьей-нибудь детворе... Ну, да тут важен факт, а не это. Верно? Главное — вспомнили, прислали, и письмо вот есть...

Голос Давыдова был необычно мягок; таким растерянно-счастливым Андрей видел товарища Давыдова впервые. Волнение его, неведомо как, передалось и Размётнову. Желая сказать приятное, он буркнул:

— Ну и хорошо. Ты — парень славный, вот, стало быть, и послали. Тут, гляди, не на один рубль добра наложено.

— Дело не в этом! Ты же понимаешь, я, черт его подери, вроде безродного: ни жены, никого, факт! А тут —

хлоп, и вот она, посылка. Трогательный факт... В письме, смотри, сколько подписей. — Давыдов в одной руке протягивал коробку папирос, в другой держал письмо, испещренное многочисленными подписями. Руки его дрожали.

Размётнов закурил ленинградскую папиросу, спросил:

— Ну, как ты доволен новой квартирой? Хозяйка — ничего? Насчет стирки как устроился? Ты либо матери, что ли, принес бы постирать, а? Или с хозяйкой договорился бы... Рубашка на тебе — шашкой не прорубишь, и пóтом разит, как от морёного коня.

Давыдов порозовел, вспыхнул.

— Да, есть такое дело... У Нагульного жил, как-то неудобно там... Что зашить — это я сам, и стирал как-то тоже сам. А так вообще я еще с приезда не мылся, это факт. И фуфайка тоже... Мыла тут нет в ларьке, просил уже хозяйку, а она говорит: «Мыла дайте». Напишу ребятам, чтобы прислали стирального. А квартира ничего, детей нет, можно без помехи читать и вообще...

— Так ты принеси матери, она постирает. Ты, пожалуйста, не стесняйся. Она у меня старуха добрая.

— С этим обойдусь, не беспокойся, спасибо. Надо баню сделать для колхоза, вот это да! Устроим, факт! Ну, ступай, организуй собрание.

Размётнов, покурив, ушел. Давыдов бесцельно переложил в посылке пакетики, вздохнул, поправил растянувшийся ворот желто-бурой, загрязнившейся фуфайки и, пригладив черные, зачесанные вверх волосы, стал одеваться.

По пути зашел к Нагульнову. Тот встретил его, хмуря разлатые брови, глядя в сторону.

— Скотину режут... Жалко стало собственности. Такая в мелком буржуе идет смятения — слов не найдешь, — забормотал он, поздоровавшись. И сейчас же строго повернулся к жене: — Ты, Гликерья, выйди зараз же отсель. Посиди трошки у хозяйки, я при тебе гутарить не в силах.

Грустная с виду, Лушка вышла в кухню. Все эти дни, после того как с кулацкими семьями уехал и Тимофей Рваный, она ходила как в воду опущенная. Под опухшими глазами ее — печальная озерная синь; нос и тот заострился, как у неживой. Видно, тяжело пало на сердце расставание с милым. Тогда, на проводах кулаков, уезжавших в студеные полярные края, она открыто, не стыдясь, битый день слонялась возле борщевского двора, поджидая Тимофея. И когда нá вечер из Гремячего тронулись подводы с кулацкими семьями и пожитками, она крикнула дурным, кликушеским криком, забилась в снегу. Тимофей было кинулся к ней от подводы, но Фрол Рваный вернул его грозным окликом. Ушел за подводой Тимофей, часто оглядываясь на Гремячий, покусывая белые от жаркой ненависти губы.

Будто листы на тополе, отроптали ласковые Тимофеевы слова — видно, не слыхать уж больше их Лушке. Как же бабочке не сохнуть от тоски-немочи, как не убиваться! Кто теперь скажет ей, с любовью засматривая в глаза: «Вам эта зеленая юбка до того под стать, Луша! Вы в ней позвончее офицерши старого времени». Иль словами бабьей песенки: «Ты прости-прощай, красавица. Красота твоя мне очень нравится». Только Тимофей мог лестью и сердечным бесстыдством ворохнуть Лушкину душеньку.

Мужа она с того дня вовсе зачужалась. А Макар тогда говорил спокойно, веско и необычайно много:

— Живи у меня остатние деньки, доживай. А потом собирай свои огарки, резинки и склянки с помадой и жарь куда хошь. Я, любя тебя, много стыдобы перетерпел, а зараз разорвало мое терпенье! С кулацким сыном путалась — я молчал. А уж ежели ты при всем колхозном сознательном народе по нем в слезы ударилась, нету больше моего терпенья! Я, девка, с тобой не то что до мировой революции не дотяну, а вовсе могу с катушек долой. Ты мне в жизни — лишний вьюк на горбу. Скидаю я этот вьюк! Поняла?

— Поняла, — ответила Лушка и притихла.

Вечером тогда был у Давыдова с Макаром сокровенный разговор.

— Обмарала тебя баба в доску! Как ты теперь будешь перед колхозной массой глазами моргать, Нагульнов?

— Ты опять за старое...

— Колода ты! Сычуг бычий! — У Давыдова шея багровела, вспухали жилы на лбу.

— С тобою как говорить-то? — Нагульнов ходил по комнате, похрустывал пальцами, тихо, с лукавинкой улыбался. — Чуть не туда скажешь, и ты зараз же на крюк, цепляешь: «Анархист! Уклонщик!» Ты знаешь, как я на бабу взглядываю и через какую надобность терпел такое смывание? Я уж тебе никак говорил, у меня не об ней думки. Ты об овечьем курюке думал что-нибудь?

— Не-е-ет... — ошарашенный неожиданным оборотом Макаровой речи, протянул Давыдов.

— А вот я думал: к чему бы овце курюк, приваренный от природы? Кажись, не к чему. Ну, конь али кобель — энти хвостом мух отгоняют. А овце навесили восемь фунтов жиру, она и трясет им, мухи отогнать не может, жарко ей летом от курюка, орепьи за него хватаются...

— При чем тут курюк, хвосты разные? — Давыдов начинал тихо злиться.

Но Нагульнов невозмутимо продолжал:

— Это ей приделано, по-моему, чтобы стыд закрыть. Неудобно, а куда же на ее месте денешься? Вот и мне баба, жена то есть, нужна, как овце курюк. Я весь заостренный на мировую революцию. Я ее, любушку, жду... А баба мне — тьфу и больше ничего. Баба так, между прочим. Без ней тоже нельзя, стыд-то надо прикрыть... Мужчина я в самом прыску, хучь и хворый, а между делом могу и соответствовать. Ежели она у меня на передок слабая, да прах ее дери! Я ей так и сказал: «Ветрийся, ежели нужду имеешь, но гляди, в подоле не принеси или хворости не захвати, а то голову набок сверну!» А вот ты, товарищ Давыдов, ничего этого не понимаешь. Ты — как железный аршин-складень. И к революции не так ты прислухаешься... Ну, чего ты меня за бабий грех шпыняешь? У ней и для меня хватит, а вот что с кулаком связалась и кричала по нем, по классовой вражине, за это она — гада, и я ее — что не видно — сгоню с базу. Бить же я ее не в силах. Я в новую жизнь вступаю и руки поганить не хочу. А вот ты небось побил бы, а? А тогда какая же будет разница между тобой, коммунистом, и, скажем, прошедшим человеком, каким-нибудь чиновником? Энти завсегда жен били. То-то и оно! Нет, брат, ты перестань со мной об Лушке гутарить. Я сам с ней рассчитаюсь, ты в этом деле лишний. Баба — это дело дюже серьезное! От нее многое зависит. — Нагульнов мечтательно улыбнулся и с жаром продолжал: — Вот как поломаем все границы, я первый шумну: «Валяйте, женитесь на инакокровных!» Все посмешаются, и не будет на белом свете такой страмоты, что один телом белый, другой желтый, а третий черный, и белые других цветом ихней кожи попрекают и считают ниже себя. Все будут личиками приятно-смуглявые, и все одинаковые. Я и об этом иной раз ночами думаю...

— Живешь ты как во сне, Макар! — недовольно сказал Давыдов. — Многое мне в тебе непонятное. Расовая рознь — это так, а вот остальное... В вопросах быта я с тобой не согласен. Ну, да черт с тобой! Только я у тебя больше не живу. Факт!

Давыдов вытащил из-под стола чемодан (глухо загремели в нем бездельно провалявшиеся инструменты), вышел. Нагульнов проводил его на новую квартиру, к бездетному колхознику Филимонову. Тогда всю дорогу до филимоновского база они проговорили о посеве, но вопросов семьи и быта больше уже не касались. Еще ощутимее стал холодок в их взаимоотношениях с той поры...

Вот и на этот раз Нагульнов встретил Давыдова, все как-то посматривая вкось и вниз, но после того, как Лушка вышла, заговорил оживленнее:

— Режут скотину, гады! Готовы в три горла жрать, лишь бы в колхоз не сдавать. Я вот что предлагаю: нынче же вынести собранием ходатайство, чтобы злостных резаков расстрелять!

— Что-о-о?

— Расстрелять, говорю. Перед кем это надо хлопотать об расстреле? Народный суд не сможет, а? А вот как шлепнули бы парочку таких, какие стельных коров порезали, остальные небось поочухались бы! Теперь надо со всей строгостью.

Давыдов кинул на сундук кепку, зашагал по комнате. В его голосе были недовольство и раздумье:

— Вот опять ты загинаешь... Беда с тобой, Макар! Ну, ты подумай: разве можно за убой коровы расстреливать? И законов таких нет, факт! Было постановление ЦИК и Совнаркома, и на этот счет там прямо сказано: на два года посадить, лишить земли можно, злостных выселять из края, а ты — ходатайствовать об расстреле. Ну, право, ты какой-то...

— Какой-то! Никакой я! Ты все примеряешься да плануешь. А на чем будем сеять? На каком... ежели не вступившие в колхоз быков перережут?

Макар подошел к Давыдову вплотную, положил ладони на его широкие плечи. Он был почти на голову выше Давыдова; посматривая на него сверху, заговорил:

— Сема! Жаль ты моя! Чего у тебя мозга такая ленивая? — И почти закричал: — Ить пропадем мы, ежели с посевом не управимся! Неужели не понимаешь? Надо беспременно расстрелять двоих-троих гадов за скотину! Кулаков надо расстрелять! Ихние дела! Просить надо высшие власти!

— Дурак!

— Вот опять я вышел дурак... — Нагульнов понуро опустил голову и тотчас же вскинул ее, как конь, почувствовавший шенкеля; загремел: — Всё порежут! Время подошло позиционное, как в Гражданскую войну, враг кругом ломится, а ты! Загубите вы, такие-то, мировую революцию!.. Не приспеет она через вас, тугодумщиков! Там кругом буржуи рабочий народ истязают, красных китайцев в дым уничтожают, всяких черных побивают, а ты с врагами тут нежничаешь! Совестно! Стыдоба великая! В сердце кровя сохнут, как вздумаешь о наших родных братьях, над какими за границами буржуи измываются. Я газеты через это самое не могу читать!.. У меня от газетов все в нутре переворачивается! А ты... Как ты думаешь о родных братах, каких враги в тюрьмах гноят! Не жалеешь ты их!..

Давыдов страшно засопел, взъерошил пятерней маслено-черные волосы.

— Черт тебя! Как так не жалеешь! Факт! И не ори, пожалуйста! Сам псих и других такими делаешь! Я в войну ради Лушкиных глаз, что ли, с контрой расправлялся? Чего ты предлагаешь? Опомнись! Нет речи о расстреле! Ты бы лучше массовую работу вел, разъяснял нашу политику, а расстрелять — это просто! И вот ты всегда так! Чуть неустойка, и ты сейчас падаешь в крайность, факт! А где ты был до этого?

— Там же, где и ты!

— В том-то и факт! Проморгали все мы эту кампанию, а теперь надо исправлять, не о расстрелах говорить! Хватит тебе истерики закатывать! Работать берись! Барышня, черт! Хуже барышни, у которой ногти крашеные!

— У меня они кровью крашенные!

— У всех так, кто без перчаток воевал, факт!

— Семен, как ты могешь меня барышней прозывать?

— Это к слову.

— Возьми это слово обратно, — тихо попросил Нагульнов.

Давыдов молча посмотрел на него, засмеялся.

— Беру. Ты успокойся, и пойдем на собрание. Надо здорово агитнуть против убоя!

— Я вчера целый день по дворам шлялся, уговаривал.

— Это — хороший метод. Надо пройтись еще, да всем нам.

— Вот опять ты... Я вчера только с базу выхожу, думаю: «Ну, кажись, уговорил!» Выйду и слышу: «Куви-и-и, куви-и-и!» — подсвинок какой-нибудь уж под ножом визжит. А я гаду-собственнику до этого час говорил про мировую революцию и коммунизм! Да как говорил-то! Ажник самого до скольких разов слеза прошибала от трогательности. Нет, не уговаривать их надо, а бить по головам да приговаривать: «Не слухай кулака, вредный гад! Не учись у него собственности! Не режь, подлюга, скотину!» Он думает, что он быка режет, а на самом деле он мировой революции нож в спину сажает!

— Кого бить, а кого и учить, — упорствовал Давыдов.

Они вышли на баз. Порошила мокрая метель. Липкие снежные хлопья крыли застарелый снег, таяли на крышах. В аспидной темени добрались до школы. На собрание пришла только половина гремяченцев. Разметнов прочитал постановление ЦИК и Совнаркома «О мерах борьбы с хищническим убоем скота», потом держал речь Давыдов. В конце он прямо поставил вопрос:

— У нас есть, граждане, двадцать шесть заявлений о вступлении в колхоз, завтра на собрании будем разбирать их, и того, кто поддался на кулацкую удочку и порезал скот перед тем, как вступить в колхоз, мы не примем, факт!

— А ежели вступившие в колхоз режут молодняк, тогда как? — спросил Любишкин.

— Тех будем исключать!

Собрание ахнуло, глухо загудело.

— Тогда распущайте колхоз! Нету в хуторе такого двора, где бы скотиняки не резали! — крикнул Борщев.

Нагульнов насыпался на него, потрясал кулаками:

— Ты цыц, подкулачник! В колхозные дела не лезь, без тебя управимся! Ты сам не зарезал бычка-третьяка?

— Я своей скотине сам хозяин!

— Вот я тебя завтра приправлю на отсидку, там похозяйствуешь!

— Строго дюже! Дюже строго устанавливаете! — орал чей-то сиплый голос.

Собрание было хоть и малочисленно, но бурно. Расходясь, хуторцы помалчивали и, только выйдя из школы и разбившись на группы, на ходу стали обмениваться мнениями.

— Черт меня дернул зарезать двух овец! — жаловался Любишкину колхозник Куженков Семен. — Вы эту мясу теперь из горла вынете...

— Я, парень, сам опаскудился, прирезал козу... — тяжко вздыхал Любишкин. — Теперь моргай перед собранием. Ох ты, с этой бабой!.. Втравила в грех, туды ее в голень! «Режь да режь». Мяса ей захотелось! Ах ты анчибел[1] в юбке! Приду зараз и выбью ей бубну!

— Следовает, следовает поучить, — советовал сват Любишкина — престарелый дед Бесхлебнов Аким. — Тебе, сваток, вовсе неловко, ты ить колхозный член.

— То-то и есть, — вздыхал Любишкин, в темноте смахивая с усов налипшие хлопья снега, спотыкаясь о кочки.

— А ты, дедушка Аким, рябого быка, кубыть, тоже зарезал? — покашливая, спросил Демка Ушаков, живший с Бесхлебновым по соседству.

— Зарезал, милый. Да и как его не зарезать? Сломал бык ногу, сломал, окаянный, рябой! На погребицу занесла его нечистая сила, провалился в погреб и сломал ногу.

— То-то я на зорьке видел, как ты со снохой хворостинами направляли его на погребицу...

— Что ты? Что ты, Дементий! Окстись! — испугался дед Аким и даже стал среди проулка, часто моргая в беспросветной ночной темени.

— Пойдем, пойдем, дедок, — успокаивал его Демка. — Ну, чего стал, как врытая соха? Загнал быка-то в погреб...

— Сам зашел, Дементий! Не греши. Ох, грех великий!

— Хитер ты, а не хитрее быка. Бык — энтот языком под хвост достает, а ты небось не умеешь так, а? Думал: «Окалечу быка, и взятки гладки»?

Над хутором бесновался влажный ветер. Шумовито гудели над речкой в левадах тополя и вербы. Черная — глаз коли — наволочь крыла хутор. Придушенные сыростью, по проулкам долго звучали голоса. Валил снег. Зима вытряхала последние озимки...

---

[1]*Анчибел* — черт.

Глава XVI

С собрания Давыдов пошел с Размётновым. Снег бил густо, мокро. В темноте кое-где поблескивали огоньки. Собачий брех, разорванный порывами ветра, звучал по хутору тоскливо и неумолчно. Давыдов вспомнил рассказ Якова Лукича о снегозадержании, вздохнул: «Нет, в нынешнем году не до этого. А сколько вот в такую метель снегу легло бы на пашнях! Просто жалко даже, факт!»

— Зайдем в конюшню, поглядим на колхозных коней, — предложил Размётнов.

— Давай.

Свернули в проулок. Вскоре показался огонек: возле лапшинского сенника, приспособленного под конюшню, висел фонарь. Вошли во двор. Около дверей в конюшню, под навесом, стояло человек восемь казаков.

— Кто нынче дневалит? — спросил Размётнов.

Один из стоявших затушил о сапог цигарку, ответил:

— Кондрат Майданников.

— А почему тут народу много? Что вы тут делаете? — поинтересовался Давыдов.

— Так, товарищ Давыдов... Стоим, обчий кур устраиваем...

— Сено вечером привозили с гумна.

— Стали покурить да загутарились. Метель думаем перегодить.

В разгороженных станках мерно жуют лошади. Запахи пота, конского кала и мочи смешаны с легким, парящим духом степного полынистого сена. Против каждого станка, на деревянных рашках[1], висят хомут, шлея или постромки. Проход чисто выметен и слегка присыпан желтым речным песком.

— Майданников! — окликнул Андрей.

— Аю! — отозвался голос в конце конюшни.

---

[1]*Рашки* — вбитые в стену деревянные развилины, на которые вешают сбрую.

Майданников на навильнике нес беремя житной соломы. Он зашел в четвертый от дверей станок, ногою поднял улегшегося вороного коня, раструсил солому.

— Повернись! Че-е-орт! — зло крикнул он и замахнулся держаком навильника на придремавшего коня.

Тот испуганно застукотел, засучил ногами по деревянному полу, зафыркал и потянулся к яслям, передумав, как видно, ложиться. Кондрат подошел к Давыдову, весь пропитанный запахом конюшни и соломы, протянул черствую холодную ладонь.

— Ну как, товарищ Майданников?

— Ничего, товарищ председатель колхоза.

— Чтой-то ты уж больно официально: «товарищ председатель колхоза»... — Давыдов улыбнулся.

— Я зараз при исполнении обязанностев.

— Почему народ возле конюшни толчется?

— Спросите сами их! — В голосе Кондрата послышалась озлобленная досада. — Как на ночь метать коням, так и их черт несет. Народ никак не могет отрешиться от единоличности. Это все хозяева сидят! Приходют: «А моему гнедому положил сена?», «А буланому постелил?», «Кобылка моя тут целая?» А куда же, к примеру, его кобыленка денется? В рот я ее запхну, что ли? Все лезут, просют: «Дай подсоблю наметать коням!» И всяк норовит своему побольше сенца кинуть... Беда! Надо постановление вынесть, чтобы лишний народ тут не околачивался.

— Слыхал? — Андрей подмигнул Давыдову, сокрушенно покачал головой.

— Гони всех отсюда! — суровея, приказал Давыдов. — Чтобы, кроме дежурного и помощников, никого не было! Сена по скольку даешь? Весишь дачу?

— Нету. Не вешаю. На глазок, с полпуда на животину.

— Стелешь всем?

— Да что, ей-богу! — Кондрат яростно тряхнул буденовкой, на смуглый стоян его шеи, на воротник приношенного зипуна посыпались мягкие ости. — Завхоз наш, Островнов, Яков Лукич-то, ноне перед вечером был, говорит: «Стели коням объедья». Да разве это порядки? Ить он, черт, лучшим хозяином почитается, а такую чушь порет!

— А что?

— Да как же, Давыдов! Объедья — все начисто едовые. Полынок промеж них, он мелкий, съестной, или бурьянина: все это овцы, козы дотла съедят, переберут, а он приказывает на подстилку коням гатить! Я ему было сказал насупротив, а он: «Не твое дело мне указывать!»

— Не стели объедьев. Правильно! А мы ему завтра хвост наломаем! — пообещал Давыдов.

— И ишо одно дело: расчали прикладок, какой возля колодезя склали. К чему, спрашивается?

— Мне Яков Лукич говорил, что это сено похуже. Он хочет дрянненькое зимою скормить, а хорошее оставить к пахоте.

— Ну, когда так, это верно, — согласился Кондрат. — А насчет объедьев ему скажите.

— Скажу. На вот, закуривай ленинградскую папироску... — Давыдов кашлянул. — Прислали мне товарищи с завода... Лошади-то все здоровы?

— Благодарствую. Огонька дайте... Кони все справные. Прошедшую ночь завалился наш виноходец, бывший лапшиновский, доглядели. А так все в порядке. Вот один есть чертяка, никак не ложится. Всю ночь, говорят, простаивает. Завтра на передки будем всех перековывать. Сколизь была, шипы начисто посъел ледок. Ну, прощевайте. Я ишо не всем постелил.

Размётнов пошел проводить Давыдова. Разговаривая, прошли они квартал, но на повороте к квартире Давыдова Размётнов остановился против база единоличника Лукашки Чебакова, тронул плечо Давыдова, шепнул:

— Гляди!

Около калитки — в трех шагах от них — чернела фигура человека. Размётнов вдруг быстро подбежал, левой рукой схватил человека, стоявшего по ту сторону калитки, в правой стиснул рукоять нагана.

— Ты, Лука?

— Никак это вы, Андрей Степанович?

— Что у тебя в правой руке? А ну, отдай! Живо!

— Да это вы? Товарищ Размётнов!

— Отдай, говорят! Вдарю!..

Давыдов подошел на голоса, близоруко щурясь.

— Что ты у него отбираешь?

— Отдай, Лука! Выстрелю!

— Да возьмите, чего вы сбесились-то?

— Вот он с чем стоял у калиточки! Эх, ты! Ты это для чего же с ножом ночью стоишь? Ты это кого ждал? Не Давыдова? Зачем, спрашиваю, с финкой стоял? Контра? Убивцем захотел стать!

Только острые охотничьи глаза Андрея могли разглядеть в руке стоявшего около калитки человека белое лезвие ножа. Он и бросился обезоруживать. И обезоружил. Но когда стал, задыхаясь, допрашивать ошалевшего Лукашку, тот открыл калитку, изменившимся голосом сказал:

— Уж коли вы так дело поворачиваете, я не могу промолчать. Вы меня в чем не надо подозрить могете, упаси бог, Андрей Степаныч! Пройдемте.

— Куда это?

— В катух.

— Зачем это?

— Поглядите, и все вам станет ясное, зачем я с ножом на проулок выглядал...

— Пойдем посмотрим, — предложил Давыдов, первым входя на Лукашкин баз. — Куда идти-то?

— Пожалуйте за мной.

В катухе, внутри заваленном обрушившимся прикладком кизяка, стоял на табурете зажженный фонарь, возле него на корточках сидела жена Лукашки — красивая, полноликая и тонкобровая баба. Она испуганно встала, увидя чужих, заслонила собой стоявшие возле стены две цибарки с водой и таз. За нею в самом углу на чистой соломе, как видно только постланной, топтался сытый боров. Опустив голову в огромную лохань, он чавкал, пожирая помои.

— Видите, какая беда... — указывая на кабана, смущенно, бессвязно говорил Лукашка. — Борова надумали потихоньку заколоть... Баба его прикармывает, а я только хотел валять его, резать, слышу — гомонят где-то на проулке. «Дай-ка, — думаю, — выйду, гляну, не ровен час кто услышит». Как был я с засученными рукавами и при фартуке и при ноже, так и вышел к калитке. И вы — вот они! А вы на меня что подумали? Разве же человека резать при фартуке и с засученными рукавами выходят? — Лукашка, снимая фартук, смущенно улыбнулся и с сдержанной злостью крикнул на жену: — Ну, чего стала, дуреха? Выгони борова!

— Ты не режь его, — несколько смущенный, сказал Размётнов. — Зараз собрание было, нету дозволения скотину резать.

— Да я и не буду. Всю охоту вы мне перебили...

Давыдов вышел и до самой квартиры подтрунивал над Андреем:

— Покушение на жизнь председателя колхоза отвратил! Контрреволюционера обезоружил! Аника-воин, факт! Хо-хо-хо!..

— Зато кабану жизнь спас, — отшучивался Размётнов.

Глава XVII

На следующий день на закрытом собрании гремяченской партячейки было единогласно принято решение обобществить весь скот: как крупный гулевой, так и мелкий, принадлежащий членам гремяченского колхоза имени Сталина. Кроме скота, было решено обобществить и птицу.

Давыдов вначале упорно выступал против обобществления мелкого скота и птицы, но Нагульнов решительно заявил, что если на собрании колхозников не провести решения об обобществлении всей живности, то весенняя посевная будет сорвана, так как скот весь будет перерезан, и заодно и птица. Его поддержал Размётнов, и, поколебавшись, Давыдов согласился.

Помимо этого, было решено и занесено в протокол собрания: развернуть усиленную агитационную кампанию за прекращение злостного убоя, для чего в порядке самообязательства все члены партии должны были отправиться в этот же день по дворам. Что касается судебных мероприятий по отношению к изобличенным в убое, то пока решено было их не применять ни к кому, а подождать результатов агиткампании.

— Так-то скотина и птица посохранней будет. А то к весне ни бычьего мыку, ни кочетиного крику в хуторе не услышишь, — говорил обрадованный Нагульнов, пряча протокол в папку.

Колхозное собрание охотно приняло решение насчет обобществления всего скота, поскольку рабочий и молочно-продуктивный уже был обобществлен и решение касалось лишь молодняка да овец и свиней, — но по поводу птицы возгорелись долгие прения. Особенно возражали бабы. Под конец их упорство было сломлено. Способствовал этому в огромной мере Нагульнов. Это он, прижимая к ордену свои длинные ладони, проникновенно говорил:

— Бабочки, дорогие мои! Не тянитесь вы за курями, гусями! На спине не удержались, а уж на хвосте и подавно. Пущай и куры колхозом живут. К весне выпишем мы кубатор, и, заместо квочков, зачнет он нам выпущать цыпляток сотнями. Есть такая машина — кубатор, она высиживает цыпляток преотлично. Пожалуйста, вы не упирайтесь! Они ваши же будут куры, только в общем дворе. Собственности куриной не должно быть, дорогие тетушки! Да и какой вам от курей прок! Все одно они зараз не несутся. А к весне с ними суеты вы не оберетесь. То она, курица то есть, вскочит на огород и рассаду выклюет, то, глядишь, а она — трижды клятая — яйцо где-нибудь под амбаром потеряет, то хорь ей вязы отвернет... Мало ли чего с ней может случиться? И кажин раз вам надо в курятник лазить, щупать, какая с яйцом, а какая холостая. Полезешь и наберешься куриных вшей, заразы. Одна сухота с ними и сердцу остуда. А в колхозе как они будут жить? Распрекрасно! Догляд за ними будет хороший: какого-нибудь старика вдового, вот хоть бы дедушку Акима Бесхлебнова, к ним приставим, и пущай он их целый день щупает, по нашестам полозиет. Дело и веселое и легкое, самое стариковское. На таком деле грыжу сроду не наживешь. Приходите, милушки мои, в согласие.

Бабы посмеялись, повздыхали, посудачили и «пришли в согласие».

Сейчас же после собрания Нагульнов и Давыдов тронулись в обход по дворам. С первого же квартала выяснилось, что убоина есть доподлинно в каждом дворе... К обеду заглянули и к деду Щукарю.

— Активист он, говорил сам, что скотиняк беречь надо. Этот не зарежет, — уверял Нагульнов, входя на щукаревский баз.

«Активист» лежал на кровати, задрав ноги. Рубаха его была завернута до свалявшейся в клочья бороденки, а в тощий бледный живот, поросший седой гривастой шерстью, острыми краями вонзилась опрокинутая вверх дном глиняная махотка, вместимостью литров в шесть. По бокам пиявками торчали две аптекарские банки. Дед Щукарь не глянул на вошедших. Руки его, скрещенные на груди, как у мертвого, — дрожали, вылезшие из орбит, осумасшедшевшие от боли глаза медленно вращались. Нагульнову показалось, что в хате и воняет-то мертвежиной. Дородная Щукариха стояла у печи, а около кровати суетилась проворная, черная, как мышь, лекарка — бабка Мамычиха, широко известная в округе тем, что умела ставить банки, накидывать чугуны, костоправить, отворять и заговаривать кровь и делать аборты железной вязальной спицей. Она-то в данный момент и «пользовала» разнесчастного деда Щукаря.

Давыдов вошел и глаза вытаращил:

— Здравствуй, дед! Что это у тебя на пузе?

— Стрррра-даю! Жжжи-вотом!.. — в два приема, с трудом выговорил дед Щукарь. И тотчас же тоненьким голосом заголосил, заскулил по-щенячьи: — С-сы-ми махотку! Сыми, ведьма! Ой, живот мне порвет! Ой, родненькие, ослобоните!

— Терпи! Терпи! Зараз полегчает, — шепотом уговаривала бабка Мамычиха, тщетно пытаясь оторвать край махотки, всосавшейся в кожу.

Но дед Щукарь вдруг зарычал лютым зверем, лягнул лекарку ногой и обеими руками вцепился в махотку. Тогда Давыдов поспешил ему на выручку: схватив с пригрубка деревянное скало, он оттолкнул старушонку, махнул скалом по днищу махотки. Та рассыпалась, со свистом рванулся из-под черепков воздух, дед Щукарь утробно икнул, облегченно, часто задышал, без труда сорвал банки. Давыдов глянул на дедов живот, торчавший из-под черепков огромным посинелым пупом, и упал на лавку, давясь от бешеного приступа хохота. По щекам его текли слезы, шапка свалилась, на глаза нависли пряди черных волос...

Живуч оказался дед Щукарь! Едва лишь бабка Мамычиха запричитала над разбитой махоткой, он опустил рубаху, приподнялся.

— Головушка ты моя горькая! — навзрыд голосила бабка. — Разбил, нечистый дух, посудину! Таковских вас лечить, и добра не схошь!

— Удались, бабка! Сей момент удались отседова! — Щукарь указывал рукой на дверь. — Ты меня чудок жизни не решила! Об твою бы головешку этот горшок надо разбить! Удались, а то до смертоубийства могу дойтить! Я на эти штуки отчаянный!

— С чего это тебе подеялось? — спросил Нагульнов, едва лишь за Мамычихой захлопнулась дверь.

— Ох, сынки, кормильцы, верите: было пропал вовзят. Двое суток с базу не шел, так штаны в руках и носил... Такой понос у меня открылся — удержу нет! Кубыть прохудился я, несло, как из куршивого гусенка: кажин секунд...

— Мяса обтрескался?

— Мяса...

— Телушку зарезал?

— Нету уж телушечки... Не в пользу она мне пошла...

Макар крякнул, ненавидяще оглядел деда, процедил:

— Тебе бы, черту старому, надо не махотку на живот накинуть, а трехведерный чугун! Чтобы он всего тебя с потрохом втянул! Вот выгоним из колхоза, тогда не так тебя понесет! Зачем зарезал?

— Грех попутал, Макарушка... Старуха уговорила, а ночная кукушка — она перекукует завсегда... Вы смилуйтесь... Товарищ Давыдов! Приятели мы с вами были, вы меня не увольняйте из колхозу. Я и так пострадамши за свое доброе...

— Ну, чего ты с него возьмешь? — Нагульнов махнул рукой. — Пойдем, Давыдов. Ты, хвороба! Ружейного масла с солью намешай и выпей, рукой сымет.

Дед Щукарь обиженно задрожал губами:

— Надсмешку строишь?

— Верно говорю. Мы в старой армии от живота этим спасались.

— Я что же, железный, что ли? Чем бездушное ружье чистют, тем и я должен пользоваться? Не буду! Лучше помру в подсолнухах, а масла не приму!

На другой день, не успевши помереть, дед Щукарь уже ковылял по хутору и каждому встречному рассказывал, как в гости к нему приходили Давыдов с Нагульновым, как они спрашивали его советов насчет ремонта к посевной инвентаря и прочих колхозных дел. В конце рассказа дед выдерживал длительную паузу, сворачивая цигарку, вздыхал:

— Трошки прихворнул я, и вот они уж пришли. Неуправка без меня у них. Лекарства всякие предлагали. «Лечись, — говорят, — дедушка, а то, не дай бог греха, помрешь, и мы пропадем без тебя!» И пропадут, истинный Христос! То чуть чего — зовут в ячейку: глядишь, что-нибудь и присоветую им. Уж я редко гутарю, да метко. Мое слово небось мимо не пройдет! — и поднимал на собеседника выцветшие ликующие глазки, угадывая, какое впечатление произвел рассказ.

Глава XVIII

И снова заколобродил притихший было Гремячий Лог... Скот перестали резать. На общественные базы двое суток гнали и тянули разношерстных овец и коз, в мешках несли кур. Стон стоял по хутору от скотиньего рева и птичьего гогота и крика.

В колхозе числилось уже сто шестьдесят хозяйств. Были созданы три бригады. Якова Лукича правление колхоза уполномочило раздавать бедноте — нуждающейся в одежде и обуви — кулацкие полушубки, сапоги и прочие носильные вещи. Произвели предварительную запись. Оказалось, что всех удовлетворить правление было не в состоянии.

На Титковом базу, где Яков Лукич распределял конфискованную кулацкую одежду, до потемок стоял неумолчный гул голосов. Тут же, возле амбара, прямо на снегу разувались, примеряя добротную кулацкую обувь, натягивая поддевки, пиджаки, кофты, полушубки. Счастливцы, которым комиссия определила выдать одежду или обувь в счет будущей выработки, прямо на амбарной приклетке телешились и, довольно крякая, сияя глазами, светлея смуглыми лицами от скупых, дрожащих улыбок, торопливо комкали свое старое, латаное-перелатаное веретье, облачались в новую справу, сквозь которую уже не просвечивало тело. А уж перед тем, как взять что-либо, сколько было разговоров, советов, высказываемых сомнений, ругани... Любишкину Давыдов распорядился выдать пиджак, шаровары и сапоги. Хмурый Яков Лукич вытащил из сундука ворох одежды, метнул под ноги Любишкину:

— Выбирай на совесть.

Дрогнули у атаманца усы, затряслись руки... Уж он выбирал, выбирал пиджак — сорок потов с него сошло! Попробует сукно на зуб, поглядит на свет: не побили ли шашел или моль, минут десять мнет в черных пальцах. А кругом жарко дышат, гомонят:

— Бери, ишо детям достанется донашивать.

— Да где глаза-то у тебя! Не видишь — перелицованное.

— Брешешь!

— Сам стрескай!

— Бери, Павло!

— Не бери, померяй другой!

У Любишкина лицо — красная, обожженная кирпичина, жует он черный ус, затравленно озирается, тянется к другому пиджаку. Выберет. Всеми статьями хорош пиджак! Сунет длиннейшие свои руки в рукава, а они по локоть. Трещат швы в плечах. И снова, смущенно и взволнованно улыбаясь, роется в ворохе одежды. Разбегаются глаза, как у малого дитяти на ярмарке перед обилием игрушек; на губах такая ясная, детская улыбка, что впору бы кому-нибудь отечески погладить саженного атаманца Любишкина по голове. Так за полдня и не выбрал. Шаровары и сапоги надел, хмурому Якову Лукичу сказал, проглотив воздух:

— Завтра уж прийду примерять.

С база пошел в новых шароварах с лампасами, в сапогах с рыпом, помолодевший сразу лет на десять. Нарочно вышел на главную улицу, хотя было ему и не под дорогу, на проулках часто останавливался, то закурить, то со встречным погутарить. Часа три шел до дому, хвалился, и к вечеру уже по всему Гремячему шел слух: «Там Любишкина нарядили, как на службу! Ноне целый день выбирал одежи... Во всем новом домой шел, шаровары на нем праздничные. Как журавель выступал, небось ног под собой не чуял...»

Женёнка Демки Ушакова обмерла над сундуком, насилу отпихнули. Надела сборчатую шерстяную юбку, некогда принадлежавшую Титковой бабе, сунула ноги в новые чирики, покрылась цветастой шалькой, и только тогда кинулось всем в глаза, только тогда разглядели, что Демкина женёнка вовсе недурна лицом и собою бабочка статна. А как же ей, сердяге, было не обмереть над колхозным добром, когда она за всю свою горчайшую жизнь доброго куска ни разу не съела, новой кофтенки на плечах не износила? Как же можно было не побледнеть ее губам, выцветшим от постоянной нужды и недоеданий, когда Яков Лукич вывернул из сундука копну бабьих нарядов? Из года в год рожала она детей, заворачивая сосунков в истлевшие пеленки да в поношенный овчинный лоскут. А сама, растерявшая от горя и вечных нехваток былую красоту, здоровье и свежесть, все лето исхаживала в одной редкой, как сито, юбчонке; зимою же, выстирав единственную рубаху, в которой кишмя кишела вошь, сидела вместе с детьми на печи голая, потому что нечего было переменить...

— Родимые! Родименькие!.. Погодите, я, может, ишо не возьму эту юбку... Сменяю... Мне, может, детишкам бы чего... Мишатке... Дунюшке... — исступленно шептала она, вцепившись в крышку сундука, глаз пылающих не сводя с многоцветного вороха одежды.

У Давыдова, случайно присутствовавшего при этой сцене, сердце дрогнуло... Он протискался к сундуку, спросил:

— Сколько у тебя детей, гражданочка?

— Семеро... — шепотом ответила Демкина жена, от сладкого ожидания боясь поднять глаза.

— У тебя тут есть детское? — негромко спросил Давыдов у Якова Лукича.

— Есть.

— Выдай этой женщине для детей все, что она скажет.

— Жирно ей будет!..

— Это еще что такое?.. Ну?.. — Давыдов злобно ощерил щербатый рот, и Яков Лукич торопливо нагнулся над сундуком.

Демка Ушаков, обычно говорливый и злой на язык, стоял позади жены, молча облизывая сохнувшие губы, затаив дыхание. Но при последних словах Давыдова он взглянул на него... Из косых Демкиных глаз, как сок из спелого плода, вдруг брызнули слезы. Он сорвался с места, побежал к выходу, левой рукой расталкивая народ, правой — закрывая глаза. Спрыгнув с приклетка, Демка зашагал с база, стыдясь, пряча от людей свои слезы. А они катились из-под черного щитка ладони по щекам, обгоняя одна другую, светлые и искрящиеся, как капельки росы.

К вечеру на дележ приспел и дед Щукарь. Он вломился в дом правления колхоза, еле переводя дух — к Давыдову:

— Здорово живете, товарищ Давыдов! Живенького вас видеть.

— Здравствуй.

— Напишите мне бланку.

— Какой бланк?

— Бланку на получку одежи.

— Это за что же тебе одежину справлять? — Нагульнов, сидевший у Давыдова, поднял разлатые брови. — За то, что телушку зарезал?

— Кто старое вспомянет, Макарушка, глаз ему долой, знаешь? Как так — за что? А кто пострадал, когда Титка раскулачивали? Мы с товарищем Давыдовым. Ему хоть голову пробили, это пустяковина, а мне кобель-то шубу как произвел? Одни обмотки на ноги из шубы получились! Я же страдалец за Советскую власть, и мне, значится, не надо? Пущай бы лучше мне Титок голову на черепки поколол, да шубы не касался. Шуба-то старухина, ай нет? Она, может, меня за шубу со света сживет, тогда как? Ага, то-то и оно!

— Не бегал бы, и шуба целая была.

— Как так не бегал бы? А ты слыхал, Макарушка, что Титкова баба-яга сотворила? Она травила на меня кобеля, шумела: «Узы его! Бери его, Серко! Он тут самый вредный!» Вот и товарищ Давыдов могет подтвердить.

— Хоть ты и старик, а брешешь как сивый мерин!

— Товарищ Давыдов, подтвердите!

— Я что-то не помню...

— Истинный Христос, так она шумела! Ну, страх в глазах, я, конечно, и тронулся с база. Кабы он, кобель, был, как все протчие собаки, а то тигра, ажник страшнее!

— Никто на тебя кобеля не травил, выдумляешь!

— Макарушка, ты же не помнишь, соколик! Ты сам тогда так испужался, что на тебе лица не было, где уж там тебе помнить! Я ишо тогда, грешник, подумал: «Зараз Макар вдарится бечь!» А меня-то как кобель потягал по базу — я все это до нитки помню! Ежели б не кобель, Титку бы из моих рук живым не выйти, забожусь! Я — отчаянный!

Нагульнов сморщился, как от зубной боли, сказал Давыдову:

— Напиши ему скорее, нехай метется.

Но дед Щукарь на этот раз был больше, чем когда-либо, склонен к разговору.

— Я, Макарушка, смолоду, бывало, на кулачках любого...

— Ох, не балабонь, слыхали тебя! Тебе, может, написать, чтобы чугунок ведерный выдали? Живот-то чем будешь лечить?

Кровно обиженный, дед Щукарь молча взял записку, вышел, не попрощавшись. Но, получив из рук Якова Лукича просторный дубленый полушубок, вновь пришел в отличное расположение духа. Глазки его сыто жмурились, ликовали. Щепоткой, как соль из солонки, брал он полу полушубка, поднимал ее наотлет, словно юбку баба, собравшаяся переходить через лужу, — цокал языком, хвалился перед казаками:

— Вот он, полушубочек-то! Своим горбом заработал. Всем известно: Титка когда мы раскулачивали, он и напади с занозой на товарища Давыдова. «Пропадет, думаю, мой приятель!» Сей момент же кинулся на выручку, как герой, отбил. Не будь меня — труба бы Давыдову!

— А гутарили, кубыть ты от кобеля побег да упал, а он тебе и зачал, как свинье, ухи рвать, — вставил кто-то из слушателей.

— Брехня! Ить вот какой народ пошел: согнут, не паримши! Ну, что там кобель? Кобель, он тварь глупая и паскудная. Никакого глагола не разумеет... — И дед Щукарь искусно переводил разговор на другую тему.

Глава XIX

Ночь...

На север от Гремячего Лога, далеко-далеко за увалами сумеречных степных гребней, за логами и балками, за сплошняками лесов — столица Советского Союза. Над нею — половодье электрических огней. Их трепетное голубое мерцание заревом беззвучного пожарища стоит над многоэтажными домами, затмевая ненужный свет полуночного месяца и звезд.

Отделенная от Гремячего Лога полутора тысячами километров, живет и ночью, закованная в камень, Москва: тягуче-призывно ревут паровозные гудки, переборами огромной гармони звучат автомобильные сирены, лязгают, визжат, скрегочут трамваи. А за ленинским Мавзолеем, за Кремлевской стеной, на вышнем холодном ветру, в озаренном небе трепещет и свивается полотнище красного флага. Освещенное снизу белым накалом электрического света, оно кипуче горит, струится, как льющаяся алая кровь. Коловертью кружит вышний ветер, поворачивает на минуту тяжко обвисающий флаг, и он снова взвивается, устремляясь концом то на запад, то на восток, пылает багровым полымем восстаний, зовет на борьбу...

Два года назад, ночью, Кондрат Майданников, бывший в то время в Москве, на Всероссийском съезде Советов, пришел на Красную площадь. Глянул на Мавзолей, на победно сияющий в небе красный флаг и торопливо сдернул с головы буденовку. С обнаженной головой, в распахнутом домотканом зипуне стоял долго и недвижимо...

В Гремячем же Логу ночью стынет глухая тишина. Искрятся пустынные окрестные бугры, осыпанные лебяжьим пухом молодого снега. В балках, на сувалках, по бурьянам пролиты густо-синие тени. Почти касается горизонта дышло Большой Медведицы. Черной свечой тянется к тягостно высокому черному небу раина[1], расту-

---

[1]*Раина* — пирамидальный тополь.

щая возле сельсовета. Звенит, колдовски бормочет родниковая струя, стекая в речку. В текущей речной воде ты увидишь, как падают отсветившие миру звезды. Вслушайся в мнимое безмолвие ночи, и ты услышишь, друг, как заяц на кормежке гложет, скоблит ветку своими желтыми от древесного сока зубами. Под месяцем неярко светится на стволе вишни янтарный натек замерзшего клея. Сорви его и посмотри: комочек клея, будто вызревшая нетронутая слива, покрыт нежнейшим дымчатым налетом. Изредка упадет с ветки ледяная корочка — ночь укутает хрустальный звяк тишиной. Мертвенно-недвижны отростки вишневых веток с рубчатыми серыми сережками на них; зовут их ребятишки «кукушкиными слезами»...

Тишина...

И только на зорьке, когда с севера, из-под тучи, овевая снег холодными крылами, прилетит московский ветер, зазвучат в Гремячем Логу утренние голоса жизни: зашуршат в левадах голые ветви тополей, зачиргикают, перекликаясь, зазимовавшие возле хутора, кормившиеся ночью на гумнах куропатки. Они улетят дневать в заросли краснобыла, на песчаные склоны яров, оставив возле мякинников на снегу вышитую крестиками лучевую россыпь следов, накопы соломы. Замычат телята, требуя доступа к матерям, яростней вскличутся обобществленные кочета, потянет над хутором терпко-горьким кизяшным дымком.

А пока полегла над хутором ночь, наверное, один Кондрат Майданников не спит во всем Гремячем. Во рту у него горько от табаку-самосаду, голова — как гиря, от курева тошнит...

Полночь. И мнится Кондрату ликующее марево огней над Москвой, и видит он грозный и гневный мах алого полотнища, распростертого над Кремлем, над безбрежным миром, в котором так много льется слез из глаз вот таких же трудяг, как и Кондрат, живущих за границами Советского Союза. Вспоминаются ему слова покойной матери, сказанные как-то с тем, чтобы осушить его ребячьи слезы:

— Не кричи, милушка, Кондрат, не гневай бога. Бедные люди по всему белому свету и так кажин день плачут, жалуются богу на свою нужду, на богатых, какие все богатство себе забрали. А бог бедным терпеть велел. И вот он огневается, что бедные да голодные все плачут да плачут, и возьмет соберет ихни слезы, иделает их туманом и кинет на синие моря, закутает небо невидью. Вот тут-то и начинают блудить по морям корабли, потерямши свою водяную дорогу. Напхнется корабль на морской горюч-камень и потонет. А не то господь росой иделает слезы. В одну ночь падет соленая роса на хлеба по всей земле, нашей и чужедальней, выгорят от слезной горечи хлебные злаки, великий голод и мор пойдет по миру... Стало быть, кричать бедным никак нельзя, а то накричишь на свою шею... Понял, родимушка? — и сурово кончила: — Молись богу, Кондратка! Твоя молитва скорей долетит.

— А мы бедные, маманя? Папаня бедный? — спрашивал маленький Кондрат свою богомольную мать.

— Бедные.

Кондрат падал на колени перед темным образом староверского письма, молился и досуха тер глаза, чтобы сердитому богу и слезинки не было видно.

Лежит Кондрат, как сетную дель, перебирает в памяти прошлое. Был он по отцу донским казаком, а теперь — колхозник. Много передумал за многие и длинные, как степные шляхи, ночи. Отец Кондрата, в бытность его на действительной военной службе, вместе со своей сотней порол плетью и рубил шашкой бастовавших иваново-вознесенских ткачей, защищая интересы фабрикантов. Умер отец, вырос Кондрат и в 1920 году рубил белополяков и врангелевцев, защищая свою, Советскую власть, власть тех же иваново-вознесенских ткачей, от нашествия фабрикантов и их наймитов.

Кондрат давно уже не верит в бога, а верит в Коммунистическую партию, ведущую трудящихся всего мира к освобождению, к голубому будущему. Он свел на колхозный баз всю скотину, всю — до пера — отнес птицу. Он —

за то, чтобы хлеб ел и траву топтал только тот, кто работает. Он накрепко, неотрывно прирос к Советской власти. А вот не спится Кондрату по ночам... И не спится потому, что осталась в нем жалость-гадюка к своему добру, к собственной худо́бе, которой сам он добровольно лишился... Свернулась на сердце жалость, холодит тоской и скукой...

Бывало, прежде весь день напролет у него занят: с утра мечет корм быкам, корове, овцам и лошади, поит их; в обеденное время опять таскает с гумна в вахлях[1] сено и солому, боясь потерять каждую былку, на ночь снова надо убирать. Да и ночью по нескольку раз выходит на скотиний баз, проведывать, подобрать в ясли наметанное под ноги сенцо. Хозяйской заботой радуется сердце. А сейчас пусто, мертво у Кондрата на базу. Не к кому выйти. Порожние стоят ясли, распахнуты хворостяные ворота, и даже кочетиного голоса не слышно за всю долгую ночь; не по чем определить время и течение ночи.

Только тогда смывается скука, когда приходится дежурить на колхозной конюшне. Днем же норовит он уйти поскорее из дому, чтобы не глядеть на страшно опустелый баз, чтобы не видеть скорбных глаз жены.

Вот сейчас она спит с ним рядом, дышит ровно. На печке Христишка мечется, сладко чмокает губами, лопочет во сне: «Батяня, потихонечку!.. Потихонечку, потихонечку...» Во сне она, наверное, видит свои особые, светлые, детские сны; ей легко живется, легко дышится. Ее радует порожняя спичечная коробка. Она возьмет и смастерит из нее сани для своего тряпичного кукленка. Санями этими будет забавляться до вечера, а грядущий день улыбнется ей новой забавой.

У Кондрата же свои думки. Бьется он в них, как засетившаяся рыба... «Когда же ты меня покинешь, проклятая жаль? Когда же ты засохнешь, вредная чертяка?.. И с чего бы это? Иду мимо лошадиных станков, чу-

---

[1] *Вахли* — веревочная сетка для носки сена.

жие кони стоят, — мне хоть бы что, а как до своего дойду, гляну на его спину с черным ремнем до самой репки, на меченое левое ухо, и вот засосет в грудях, — кажись, он мне роднее бабы в эту минуту. И все норовишь ему послаже сенца кинуть, попыреистей, помельче. И другие так-то: сохнет всяк возле своего, а об чужих и — бай дюже. Ить нету зараз чужих, все наши, а вот так оно... За худобой не хотят смотреть, многим она обчужала... Вчера дежурил Куженков, коней сам не повел поить, послал парнишку; энтот сел верхи, погнал весь табун к речке в намет. Напилась какая, не напилась — опять захватил в намет и — до конюшни. И никому не скажи супротив, оскаляются. «Га-а-а, тебе больше всех надо!» Все это оттого, что трудно наживалося. У кого всего по ноздри, этому небось не так жалко... Не забыть сказать завтра Давыдову, как Куженков коней поил. С таким доглядом лошадюка к весне и борону с места не стронет. Поглядеть завтра утрецом, как курей доглядают, — бабы брехали, что кубыть штук семь уж издохли, от тесноты. Ох, трудно! И зачем зараз птицу сводить? Хучь бы по кочету на двор оставить заместо часов... В еповской лавке товару нету, а Христишка босая. Хучь кричи — надо ей чиричонки бы! Совесть зазревает спрашивать у Давыдова... Нет, нехай уж эту зиму перезимует на пече, а к лету они ей не нужны». Кондрат думает о нужде, какую терпит строящая пятилетку страна, и сжимает под дерюжкой кулаки, с ненавистью мысленно говорит тем рабочим Запада, которые не за коммунистов: «Продали вы нас за хорошую жалованью от своих хозяев! Променяли вы нас, братушки, на сытую жизнь!.. Через чего до се нету у вас советской власти? Через чего вы так припозднились? Ежели б вам погано жилось, вы бы теперича уж революцию сработали, а то, видно, ишо жареный кочет вас в зад не клюнул; всё вы чухаетесь, никак не раскачаетесь, да как-то недружно, шатко-валко идете... А клюнет он вас! До болятки клюнет!.. Али вы не видите через границу, как нам тяжко подымать хозяйство? Какую нужду мы терпим, полубосые и полуголые ходим, а сами зубы сомкнем и работаем. Совестно вам будет, братушки, прийти на готовенькое! Исделать бы такой высоченный столб, чтобы всем вам видать его было, взлезть бы мне на макушку этого столба, то-то я покрыл бы вас матерным словом!..» Кондрат засыпает. Из губ его валится цигарка, прожигает большую черную дыру на единственной рубахе. Он просыпается от ожога, встает; шепотом ругаясь, шарит в темноте иголку, чтоб зашить дыру на рубахе, а то Анна утром доглядит и будет за эту дыру точить его часа два... Иголки он так и не находит. Снова засыпает.

На заре, проснувшись, выходит на баз до ветру и вдруг слышит диковинное: обобществленные, ночующие в одном сарае кочета ревут одновременно разноголосым и мощным хором. Кондрат, удивленно раскрыв опухшие глаза, минуты две слушает сплошной, непрекращающийся кочетиный крик и, когда торопливо затихает последнее, запоздавшее «ку-ке-кууу», сонно улыбается: «Ну, и орут, чертовы сыны! Чисто — духовая музыка. Кто возля ихнего пристанища живет, сну, покою лишится. А раньше то в одном конце хутора, то в другом. Ни складу ни ладу... Эт, жизня!» — и идет дозоревывать.

***

Утром, позавтракав, он направляется на птичий двор. Дед Аким Бесхлебнов встречает его сердитым окриком:

— Ну, чего шляешься ни свет ни заря?

— Тебя да курей проведать пришел. Как живешь-можешь, дед?

— Жил, а зараз — не дай и не приведи!

— Что так?

— Служба при курях искореняет!

— Чем же это?

— А вот ты побудь тут денек, тогда узнаешь! Анафемы-кочета целый день стражаются, от ног отстал, за ними преследуя. На что уж куры, кажись, бабьего полу, и энти схватют одна другую за хохол — и пошел по базу! Пропади она пропадом такая служба! Нынче же пойду к Давыдову увольняться, отпрошусь к пчелам.

— Они свыкнутся, дед.

— Покеда они свыкнутся, дед ноги протянет. Да разве ж это мущинское дело? Я ить, как-никак, а казак, в турецкой канпании участвовал. А тут — изволь радоваться — над курями главнокомандующим поставили. Два дня, как заступил на должность, а от ребятишков уж проходу нету. Как иду домой, они, враженяты, перевстревают, орут: «Дед курощуп! Дед Аким курощуп!» Был всеми уважаемый, да чтобы при старости лет помереть с кличкой курощупа? Нету моего желания!

— Брось, дедушка Аким! С ребятишек какой вопрос?

— Кабы они одни, ребятишки, дурили, а то и бабы к ним иные припрягаются. Вчера иду домой полудновать. Возля колодезя Настенка Донецковых стоит, воду черпает. «Управляешься с курями, дед?» — спрашивает. «Управляюсь», — говорю. «А несутся какие курочки, дед?» — «Несутся, — говорю, — мамушка, да что-то плохо». А она, кобыляка калмыцкая, как заиржет: «Гляди, — говорит, — чтоб к пахоте кошелку яиц нанесли, а то самого тебя заставим курей топтать!» Стар я такие шутки слухать. И должность эта дюже обидна!

Старик хотел еще что-то сказать, но возле плетня грудь в грудь ударились кочета, у одного из гребня цевкой свистнула кровь, у другого с зоба вылетело с пригоршню перьев. Дед Аким рысцой затрусил к ним, на бегу вооружившись хворостиной.

В правлении колхоза, несмотря на раннее утро, было полно народу. Во дворе, возле крыльца, стояла пара лошадей, запряженных в сани, поджидая Давыдова, собравшегося ехать в район. Оседланный лапшиновский иноходец рыл ногою снег, а около топтался, подтягивая подпруги, Любишкин! Он тоже готовился к поездке в Тубянской, где должен был договориться с тамошним правлением колхоза насчет триера.

Кондрат вошел в первую комнату. За столом рылся в книгах приехавший недавно из станицы счетовод. Осунувшийся и хмурый за последнее время, Яков Лукич что-то писал, сидя напротив. Тут же толпились колхозники, назначенные нарядчиком на возку сена. Бригадир третьей бригады рябой Агафон Дубцов и Аркашка Менок о чем-то спорили в углу с единственным в хуторе кузнецом, Ипполитом Шалым. Из соседней комнаты слышался резкий и веселый голос Размётнова.

Оп только что пришел; торопясь и посмеиваясь, рассказывал Давыдову:

— Приходют ко мне спозаранок четыре старухи. Коноводит у них бабка Ульяна, мать Мишки Игнатенко. Знаешь ты ее? Нет? Старуха такая, пудов на семь весом, с бородавкой на носу. Приходют. Бабка Ульяна — буря бурей, не сдышится от гневу, ажник бородавка на носу подсигивает. И с места наметом: «Ах ты, такой-сякой, разэтакий!» У меня в Совете народ, а она матюгается. Я ей, конечно, строго говорю: «Заткнись и прекрати выражение, а то отправлю в станицу за оскорбление власти. Чего ты, спрашиваю, взъярилась?» А она: «Вы чего это над старухами мудруете? Как вы могете над нашей старостью смываться?» Насилу дознался, в чем дело. Оказывается, прослыхали они, будто бы всех старух, какие к труду неспособные, каким за шестьдесят перевалило, правление колхоза определит к весне... — Размётнов надулся, удерживая смех, закончил: — Будто бы за недостачей паровых машин, какие насиживают яйца, старух определят на эту работенку. Они и взбесились. Бабка Ульяна и орет, как резаная: «Как! Меня на яйца сажать? Нету таких яиц, на какие бы я села! И вас всех чапельником побью, и сама утоплюсь!» Насилу их урезонил. «Не топись, говорю, бабка Ульяна, все одно в нашей речке воды тебе не хватит утопнуть. Все это — брехня, кулацкие сказки». Вот какие дела, товарищ Давыдов! Распущают враги брехню, тормоз нам делают. Начал допрашивать, откедова слухом пользовались, дознался: с Войскового монашка позавчера пришла в хутор, ночевала у Тимофея Борщева и рассказывала им, что, мол, для того и курей сбирают, чтобы в город всех отправить на лапшу, а старухам, дескать, такие стульцы поделают, особого фасону, соломки постелют и заставют яйца насиживать, а какие будут бунтоваться, энтих, мол, к стулу будут привязывать.

— Где эта монашка зараз? — с живостью спросил присутствовавший при разговоре Нагульнов.

— Умелась. Она не глупая: сбрешет — и ходу дальше.

— Таких сорок чернохвостых надо арестовывать и по принадлежности направлять. Не попалась она мне! Завязал бы ей на голове юбку да плетюганов всыпал... А ты — председатель Совета, а в хуторе у тебя ночует кто хочешь. Тоже порядочки!

— Черт за ними за всеми углядит!

Давыдов, в тулупе поверх пальто, сидел за столом, в последний раз просматривая утвержденный колхозным собранием план весенних полевых работ; не поднимая глаз от бумаги, он сказал:

— Клевета на нас — старый прием врага. Он — паразит — все наше строительство хочет обмарать. А мы ему иногда козырь в руки даем, вот как с птицей...

— Чем это такое? — Нагульнов раздул ноздри.

— Тем самым, что пошли на обобществление птицы.

— Неверно!

— Факт, верно! Не надо бы нам на мелочи разменивываться. У нас вон еще семенной материал не заготовлен, а мы за птицу взялись. Такая глупость! Я сейчас локоть бы себе укусил... А в райкоме мне за семфонд хвост наломают, факт! Прямо-таки неприятный факт...

— Ты скажи, почему птицу-то не надо обобществлять? Собрание-то согласилось?

— Да не в собрании дело! — Давыдов поморщился. — Как ты не поймешь, что птица — мелочь, а нам надо решать главное: укрепить колхоз, довести процент вступивших до ста, наконец посеять. И я, Макар, серьезно предлагаю вот что: мы политически ошиблись с проклятой птицей, факт, ошиблись! Я сегодня ночью прочитал кое-что по поводу организации колхозов и понял, в чем ошибка: ведь у нас колхоз, то есть артель, а мы на коммуну потянули. Верно? Это и есть левый уклон, факт! Вот ты и подумай. Я бы на твоем месте (ты провел это и нас сагитировал) с большевистской смелостью признал бы эту ошибку и приказал разобрать кур и прочую птицу по домам. А? Ну, а если ты не сделаешь, то сделаю я на свою ответственность, как только вернусь. Я поехал, до свиданья.

Нахлобучил кепку, поднял высокий, провонявший нафталином воротник кулацкого тулупа, сказал, увязывая папку:

— Всякие же монашки недобитые ходят, и вот ну болтать про нас — женщин, старушек вооружать против. А колхозное дело такое молодое и страшно необходимое. Все должны быть за нас! И старушки и женщины. Женщина тоже имеет свою роль в колхозе, факт! — и вышел, широко и тяжело ступая.

— Пойдем, Макар, курей разгонять по домам. Давыдов правильные слова говорил.

Размётнов, выжидая ответа, долго смотрел на Нагульнова... Тот сидел на подоконнике, распахнув полушубок, вертел в руках шапку, беззвучно шевелил губами. Так прошло минуты три. Голову поднял Макар разом, и Размётнов встретил его открытый взгляд.

— Пойдем. Промахнулись. Верно! Давыдов-то, черт щербатый, в аккурат и прав... — и улыбнулся чуть смущенно.

Давыдов садился в сани, около него стоял Кондрат Майданников. Они о чем-то оживленно говорили. Кондрат размахивал руками, с жаром рассказывая; кучер нетерпеливо перебирал вожжи, поправляя подоткнутый под сиденье махорчатый кнут. Давыдов слушал, покусывая губы.

Сходя с крыльца, Размётнов слышал, как Давыдов сказал:

— Ты не волнуйся. Ты поспокойнее. Все в наших руках, все обтяпаем, факт! Введем систему штрафов, обяжем бригадиров следить под их личную ответственность. Ну, пока!

Над лошадиными спинами взвился и щелкнул кнут. Сани вычертили на снегу синие округлые следы полозьев, скрылись за воротами.

На птичьем дворе сотни кур рассыпаны разноцветной галькой. Дед Аким с хворостинкой похаживает по двору. Ветерок заигрывает с сивой его бородой, сушит на лбу зернистый пот. Ходит «курощуп», расталкивая валенками кур; через плечо у него висит мешок, наполовину наполненный озадками. Сыплет дед озадки узкой стежкой от амбара к сараю, а под ногами у него варом кипят куры, непрестанно звучит торопливо-заботливое: «Ко-ко-ко-ко-ко-ко-ко!»

На гумне, отгороженном частоколом, сплошными завалами известняка белеют гусиные стада. Оттуда, как с полой воды во время весеннего перелета, полнозвучный и зычный несется гогот, хлопанье крыл, кагаканье. Возле сарая — тесно скученная толпа людей. Наружу торчат одни спины да зады. Головы наклонены вниз, — куда-то под ноги, внутрь круга, устремлены глаза.

Размётнов подошел, заглянул через спины, пытаясь разглядеть, что творится в кругу. Люди сопят, вполголоса переговариваются.

— Красный собьет.

— Как то ни черт! Гля, у него уж гребень набок.

— Ох, как он его саданул!

— Зев-то разинул, приморился...

Голос деда Щукаря:

— Не пихай! Не пихай! Он сам начнет! Не пихай, шалавый!.. Вот я тебе пихну под дыхало!..

В кругу, распустив крылья, ходят два кочета, один — ярко-красный, другой — оперенный иссиня-черным, грачиным пером. Гребни их расклеваны и черны от засохшей крови, под ногами набиты черные и красные перья. Бойцы устали. Они расходятся, делают вид, будто что-то клюют, гребут ногами подтаявший снег, следя друг за другом настороженными глазами. Притворное равнодушие их коротко: черный внезапно отталкивается от земли, летит вверх, как «галка» с пожарища, красный тоже подпрыгивает. Они сшибаются в воздухе раз и еще раз...

Дед Щукарь смотрит, забыв все на свете. На кончике его носа зябко дрожит сопля, но он не замечает. Все внимание его сосредоточено на красном кочете. Красный должен победить. Дед Щукарь бился с Демидом Молчуном об заклад. Из напряженнейшего состояния Щукаря неожиданно выводит чья-то рука: она грубо тянет деда за ворот полушубка, вытаскивает из круга. Щукарь поворачивается, лицо его изуродовано несказанной злобой, кочетиной решимостью броситься на обидчика. Но выражение лица мгновенно меняется, становится радушным и приветливым: это — рука Нагульнова. Нагульнов, хмурясь, расталкивает зрителей, разгоняет петухов, мрачно говорит:

— Кит́ушки тут оббиваете, кочетов стравливаете... А ну, расходись на работу, лодыри! Ступайте сено метать к конюшне, коли делать нечего. Навоз идите возить на огороды. Двое пущай идут по дворам и оповещают баб, чтобы шли разбирать курей.

— Распущается куриный колхоз? — спрашивает один из любителей кочетиного боя, единоличник в лисьем трехухе, по прозвищу Банник. — Видать, ихняя сознательность не доросла до колхоза! А при сицилизме кочета будут драться или нет?

Нагульнов меряет спрашивающего тяжеленным взглядом, бледнеет.

— Ты шути, да знай, над чем шутить! За социализм самый цвет людской погиб, а ты, дерьмо собачье, над ним вышучиваешься? Удались зараз же отседова, контра, а то вот дам тебе в душу, и поплывешь на тот свет. Пошел, гад, пока из тебя упокойника не сделал! Я ить тоже шутить умею!

Он отходит от притихших казаков, в последний раз глядит на баз, полный птицей, и медленно, сутуловато идет к калитке, подавив тяжелый вздох.

Глава XX

В райкоме сине вился табачный дым, тарахтела пишущая машинка, голландская печь дышала жаром. В два часа дня должно было состояться заседание бюро. Секретарь райкома — выбритый, потный, с расстегнутым от духоты воротом суконной рубахи — торопился: указав Давыдову на стул, он почесал обнаженную пухло-белую шею, сказал:

— Времени у меня мало, ты это учти. Ну, как там у тебя? Какой процент коллективизации? До ста скоро догонишь? Говори короче.

— Скоро. Да тут не в проценте дело. Вот как с внутренним положением быть? Я привез план весенних полевых работ; может быть, посмотришь?

— Нет, нет! — испугался секретарь и, болезненно щуря сумчатые глаза, вытер платочком со лба пот. — Ты с этим иди к Лупетову, в райполеводсоюз. Он там посмотрит и утвердит, а мне некогда: из окружкома товарищ приехал, сейчас будет заседание бюро. Ну спрашивается, за каким ты чертом к нам кулаков направил? Беда с тобой... Ведь я же русским языком говорил, предупреждал: «С этим не спеши, сколь нет у нас прямых директив». И вместо того, чтобы за кулаками гонять и, не создавши колхоза, начинать раскулачиванье, ты бы лучше сплошную кончал. Да что это у тебя с семфондом-то? Ты получил директиву райкома о немедленном создании семфонда? Почему до сих пор ничего не сделано во исполнение этой директивы? Я буду вынужден сегодня же на бюро поставить о вас с Нагульновым вопрос. Мне придется настаивать, чтобы вам записали это в дела. Это же безобразие! Смотри, Давыдов! Невыполнение важнейшей директивы райкома повлечет за собой весьма неприятные для тебя оргвыводы! Сколько у тебя собрано семенного по последней сводке? Сейчас я проверю... — Секретарь вытащил из стола разграфленный лист, щурясь, скользнул по нему глазами и разом покрылся багровой краской. — Ну конечно! Ни пуда не прибавлено! Что же ты молчишь?

— Да ты не даешь мне говорить. Семфондом, верно, еще не занимались. Сегодня же вернусь, и начнем. Все это время каждый день созывали собрания, организовывали колхоз, правление, бригады, факт! Дела очень много, нельзя же так, как ты хочешь: по щучьему веленью, раз-два — и колхоз создать, и кулака изъять, и семфонд собрать... Все это мы выполним, и ты не торопись записывать в дело, еще успеешь.

— Как не торопись, если округ и край жмут, дышать не дают! Семфонд должен быть создан еще к первому февраля, а ты...

— А я его создам к пятнадцатому, факт! Ведь не в феврале же сеять будем? Сегодня послал члена правления за триером в Тубянской. Там председатель колхоза Гнедых бузит, на нашем письменном запросе, когда у них освободится триер, написал резолюцию: «В будущие времена». Тоже остряк-самоучка, факт!

— Ты мне про Гнедых не рассказывай. О своем колхозе давай.

— Провели кампанию против убоя скота. Сейчас не режут. На днях приняли решение обобществить птицу и мелкий скот, из боязни, что порежут, да и вообще... Но я сегодня сказал Нагульнову, чтобы он обратно раздал птицу.

— Это зачем?

— Считаю ошибочным обобществление мелкого скота и птицы, в колхозе это пока не нужно.

— Собрание колхоза приняло такое решение?

— Приняло.

— Так в чем же дело?

— Нет птичников, настроение у колхозника упало, факт! Незачем его волновать по мелочам... Птицу не обязательно обобществлять, не коммуну строим, а колхоз.

— Хорошенькая теория! А возвращать обратно есть зачем? Конечно, не нужно было браться за птицу, но если уж провели, то нечего пятиться назад. У вас там какое-то топтание на месте, двойственность... Надо решительно подтянуться! Семфонд не создан, ста процентов коллективизации нет, инвентарь не отремонтирован...

— Сегодня договорились с кузнецом.

— Вот видишь, я и говорю, что темпов нет! Непременно агитколонну к вам надо послать, она вас научит работать.

— Пришли. Очень хорошо будет, факт!

— А вот с чем не надо торопиться, вы моментально об-тяпали. Кури, — секретарь протянул портсигар. — Вдруг, как снег на голову, прибывают подводы с кулака-ми. Звонит мне из ГПУ Захарченко: «Куда их девать? Из округа ничего нет. Под них эшелоны нужны. На чем их отправлять, куда отправлять?» Видишь, что вы нарабо-тали! Не было ни согласовано, ни увязано…

— Так что же я с ними должен был делать?

Давыдов осердился. А когда в сердцах он начинал го-ворить торопливей, то слегка шепелявил, потому что в щербину попадал язык и делал речь причмокивающей, нечистой. Вот и сейчас он чуть шепеляво, повышенно и страстно заговорил своим грубоватым тенорком:

— На шею я их должен был себе повесить? Они убили бедняка Хопрова с женой.

— Следствием это не доказано, — перебил секре-тарь, — там могли быть посторонние причины.

— Плохой следователь, потому и не доказано. А посто-ронние причины — чепуха! Кулацкое дело, факт! Они нам всячески мешали организовывать колхоз, вели агитацию против, — вот и выселили их к черту. Мне непонятно, по-чему ты все об этом упоминаешь? Словно ты недоволен…

— Глупейшая догадка! Поосторожней выражайся! Я против самодеятельности в таких случаях, когда план, плановая работа подменяется партизанщиной. А ты пер-вый ухитрился выбросить из своего хутора кулаков, по-ставив нас в страшно затруднительное положение с их выселением. И потом, что за местничество, почему ты от-правил их на своих подводах только до района? Почему не прямо на станцию, в округ?

— Подводы нужны были.

— Вот я и говорю — местничество! Ну, хватит. Так вот тебе задания на ближайшие дни: собрать полностью сем-фонд, отремонтировать инвентарь к севу, добиться стопроцентной коллективизации. Колхоз твой будет самостоятельным. Он территориально отдален от остальных населенных пунктов и в «Гигант», к сожалению, не войдет. А тут в округе — черт бы их брал! — путают: то «гиганты» им подавай, то разукрупняй! Мозги переворачиваются!

Секретарь взялся за голову, посидел с минуту молча и уже другим тоном сказал:

— Ступай согласовывай план в райполеводсоюз, потом обедай в столовке, а если там обедов не захватишь, иди ко мне на квартиру, жена тебя покормит. Подожди! Записку напишу.

Он быстро черканул что-то на листке бумажки, сунул Давыдову и, уткнувшись в бумаги, протянул холодную, потную руку.

— И тотчас же езжай. Будь здоров. А на бюро я о вас поставлю. А впрочем, нет. Но подтянитесь. Иначе — оргвыводы.

Давыдов вышел, развернул записку. Синим карандашом было размашисто написано:

«Лиза! Категорически предлагаю незамедлительно и безоговорочно предоставить обед предъявителю этой записки.

Г. Корчжинский».

«Нет, уж лучше без обеда, чем с таким мандатом», — уныло решил проголодавшийся Давыдов, прочитав записку и направляясь в райполеводсоюз.

Глава XXI

По плану площадь весенней пахоты в Гремячем Логу должна была составить в этом году 472 гектара, из них 110 — целины. Под зябь осенью было вспахано — еще единоличным порядком — 643 гектара, озимого жита посеяно 210 гектаров. Общую посевную площадь предполагалось разбить по хлебным и масличным культурам следующим порядком: пшеницы — 667 гектаров, жита — 210, ячменя — 108, овса — 50, проса — 65, кукурузы — 167, подсолнуха — 45, конопли — 13. Итого — 1325 гектаров плюс 91 гектар отведенной под бахчи песчаной земли, простиравшейся на юг от Гремячего Лога до Ужачиной балки.

На расширенном производственном совещании, состоявшемся двенадцатого февраля и собравшем более сорока человек колхозного актива, стоял вопрос о создании семенного фонда, о нормах выработки на полевых работах, ремонте инвентаря к севу и о выделении из фуражных запасов брони на время весенних полевых работ.

По совету Якова Лукича Давыдов предложил засыпать семенной пшеницы круглым числом по семи пудов на гектар, всего — 4669 пудов. Тут-то и поднялся оглушительный крик. Всяк себе орал, не слушая другого, от шума стекла в Титковом курене дрожали и вызванивали.

— Много дюже!

— Как бы не прослабило!

— По серопескам сроду мы так не высевали.

— Курям на смех!

— Пять пудов, от силы.

— Ну, пять с половиной.

— У нас жирной земли, какая по семь на десятину требует, с воробьиный нос! Толоку надо бы пахать, чего власть предусматривала?

— Либо возле Панюшкина барака, энти ланы.

— Хо! Самые травяные места запахивать! Сказал, как в воду дунул!

— Вы про хлеб гутарьте, сколько килов на эту га надо.

— Ты нам килами голову не морочь! Мерой али пудом вешай!

— Граждаиы! Граждаиы, тише! Граждаиы, вашу...! Тю-у-у, сбесились, проклятые! Одно словцо мне дайте! — надрывался бригадир второй, Любишкин.

— Бери их все, даем!

— Ну, народ, язви его в почку! Чисто скотиняка... Игнат! И чего ты ревешь, как бугай? Ажник посинел весь с натуги...

— У тебя у самого с рота пена клубом идет, как у бешеной собаки!

— Любишкину слово представьте!

— Терпежу нету, глушно!

Совещание лютовало в выкриках. И наконец, когда самые горлодеры малость приохрипли, Давыдов свирепо, необычно для него, заорал:

— Кто-о-о так совещается, как вы?.. Почему рев? Каждый говорит по порядку, остальные молчат, факт! Бандитства здесь нечего устраивать! Сознательность надо иметь! — И тише продолжал: — Вы должны у рабочего класса учиться, как надо организованно проводить собрания. У нас в цеху, например, или в клубе собрание, и вот идет оно порядком, факт! Один выступает, остальные слушают, а вы кричите все сразу, и ни черта не поймешь!

— Кто вякнет середь чужой речи, того вот этой задвижкой так и потяну через темя, ей-богу! Чтоб и копыта на сторону откинул! — Любишкин встал, потряс дубовым толстенным запором.

— Этак ты нас к концу собрания всех перекалечишь! — высказал предположение Демка Ушаков.

Совещавшиеся посмеялись, покурили и уже серьезно взялись за обсуждение вопроса о норме высева. Да оно, как выяснилось, и спорить-то и орать было нечего... Первым взял слово Яков Лукич и сразу разрешил все противоречия.

— Надсадились от крику занапрасну. Почему товарищ Давыдов предлагали по семи пудов? Очень просто, это наш общий совет. Протравливать и чистить на триере будем? Будем. Отход будет? Будет. И может много быть отходу, потому у иных хозяев, какие нерадеи, семенное зерно от озадков не отличишь. Блюдется оно с едовым вместе, подсевается абы как. Ну, а ежели и будут остальцы, не пропадут же они? Птицей, животиной потравим.

Решили — по семь пудов. Хуже дело пошло, когда коснулись норм выработки на плуг. Тут уж пошел такой разнобой в высказываниях, что Давыдов почти растерялся.

— Как ты могешь мне выработку загодя на плуг устанавливать, ежели не знаешь, какая будет весна? — кричал бригадир третьей бригады, рябой и дюжий Агафон Дубцов, нападая на Давыдова. — А ты знаешь, как будет снег таять и какая из-под него земля выйдет, сырая или сухая? Ты что, сквозь землю видишь?

— А ты что же предлагаешь, Дубцов? — спрашивал Давыдов.

— Предлагаю бумагу зря не портить и зараз ничего не писать. Пройдет сев, и толкач муку покажет.

— Как же ты — бригадир, а несознательно выступаешь против плана? По-твоему, он не нужен?

— Нельзя загодя сказать, что и как! — неожиданно поддержал Дубцова Яков Лукич. — И норму как можно становить? У вас, к примеру, в плугу три пары добрых, старых быков ходят, а у меня трехлетки, недоростки. Разве же я с ваше вспашу? Сроду нет!

Но тут вмешался Кондрат Майданников:

— От Островнова, завхоза, дюже удивительно нам такие речи слухать! Как же ты без заданий будешь работать? Как бог на душу положит? Я от чапиг не буду рук отымать, а ты на припеке будешь спину греть, а получать за это будем одинаково? Здорово живешь, Яков Лукич!

— Слава богу, Кондрат Христофорыч! А как же ты уравняешь бычиную силу и землю? У тебя — мягкая земля, а у меня — крепь, у тебя — в низине лан, а у меня — на бугру. Скажи уж, ежели ты такой умный.

— По крепкой — одна задача, по мягкой — другая. Быков можно подравнять в запряжках. Все можно учесть, ты мне не толкуй!

— Ушаков хочет говорить.

— Просим.

— Я бы, братцы, так сказал: худобу надо, как оно всегда водится, за месяц до сева начать кормить твердым кормом: добрым сеном, кукурузой, ячменем. Вот тут вопросина: как у нас с кормами будет? Хлебозаготовка съела лишнее зерно...

— О скоте потом будет речь. Сейчас это не по существу, факт! Надо решать вопрос о нормах дневной выработки на пахоте. Сколько гектаров по крепкой земле, сколько на плуг, сколько на сеялку.

— Сеялки — они тоже разные! Я на одиннадцатирядной не сработаю же с семнадцатирядовкой.

— Факт! Вноси свое предложение. А вы чего, гражданин, все время молчите? Числитесь в активе, а голоса вашего я еще не слыхал.

Демид Молчун удивленно взглянул на Давыдова, ответил нутряным басом:

— Я согласный.

— С чем?

— Что надо пахать, стало быть... и сеять.

— Ну?

— Вот и все.

— И все?

— Кгм.

— Поговорили, — Давыдов улыбнулся, еще что-то сказал, но за общим хохотом слов его не было слышно.

Потом уже за Молчуна объяснился дед Щукарь:

— Он у нас в хуторе, товарищ Давыдов, Молчуном прозывается. Всю жизнь молчит, гутарит в крайностях, через это его и жена бросила. Казак он неглупой, а вроде дурачка, али, нежнее сказать, как бы с придурью, что ли, али бы вроде мешком из-под угла вдаренный. Мальчонком был, я его помню, сопливый такой и никудышний, без порток бегал, и никаких талантов за ним не замечалось, а зараз вот вырос и молчит. Его при старом прижиме тубянской батюшка даже причастия за это лишал. На исповеди накрыл его черным платком, спрашивает (в великий пост было дело, на самой никак неделе): «Воруешь, чадо?» Молчит. «Блудом действуешь?» Опять молчит. «Табак куришь? Прелюбы сотворяешь с бабами?» Обратно молчит. Ему бы, дураку, сказать, мол: «Грешен, батюшка!» — и сей момент было бы отпущение грехов...

— Да заткнись ты! — Голос сзади и смех.

— ...Зараз, в один секунд кончаю! Ну, а он толечко сопит и глаза лупит, как баран на новые ворота. Батюшка в отчаянность пришел, в испуг вдарился, питрахиль на нем дрожит, а все-таки спрашивает: «Может, ты когда жену чужую желал или ближнего осла его, или протчего скота его?» Ну, и разное другое по Евангелию... Демид опять же молчит. Да и что же можно ему сказать? Ну, жену чью бы он ни пожелал, все одно этого дела не было бы: никакая, самая последняя, ему не...

— Кончай, дед! К делу не относящийся твой рассказ, — сурово приказал Давыдов.

— Он зараз отнесется, вот-вот подойдет к делу. Это толечки приступ. Ишо один секунд! Перебили... Ах, едрить твою за кочан! Забыл, об чем речь-то шла!.. Дай бог памяти... Т-твою!.. с такой памятью! Вспомнил! — Дед Щукарь хлопнул себя по плеши, посыпал очередями, как из пулемета: — Так вот, насчет чужой женки Демидовы дела табак были, а осла чего ему желать или протчую святую скотиняку? Он, может, и пожелал бы, пребывая в хозяйстве безлошадным, да они у нас не водятся, и он их сроду не видал. А спрошу я вас, дорогие гражданы, откель у нас ослы? Спокон веку их тут не было! Тигра там или осел, то же самое верблюд...

— Ты замолчишь ноне? — спросил Нагульнов. — Зараз выведу из хаты.

— Ты, Макарушка, на Первое мая об мировой революции с полден до закату солнца в школе говорил. Скушно говорил, слов нет, то же да одно же толок. Я потихонечку на лавке свернулся калачом, уснул, а перебивать тебя не решился, а вот ты перебиваешь...

— Нехай кончает дед. Время у нас терпит, — сказал Размётнов, шибко любивший шутку и веселый рассказ.

— Может, через это он и смолчал, никому ничего не известно. Поп тут диву дался. Лезет головой к Демиду под платок, пытает: «Да ты не немой?» Демид тут говорит ему: «Нету, мол, надоел ты мне!» Поп тут осерчал, слов нет, ажник зеленый с лица стал, как зашипит потихоньку, чтоб ближние старухи не слыхали: «Так чего же ты тудыт твою, молчишь, как столб?» Да ка-а-ак дюбнет Демида промеж глаз малым подсвечником!

Хохот покрывается рокочущим басом Демида:

— Брешешь! Не вдарил.

— Неужели не вдарил? — страшно удивился дед Щукарь. — Ну, все одно, хотел небось вдарить... Тут он его и причастия лишил. Что же, гражданы, Демид молчит, а мы будем гутарить, нас это не касаемо. Хучь оно хорошее слово, как мое, и серебро, а молчание — золото.

— Ты бы все свое серебро-то на золото променял! Другим бы спокойнее было... — посоветовал Нагульнов.

Смех то вспыхивал горящим сухостоем, то гаснул. Рассказ деда Щукаря было нарушил деловую настроенность. Но Давыдов смахнул с лица улыбку, спросил:

— Что ты хотел сказать о норме выработки? К делу приступай!

— Я-то? — Дед Щукарь вытер рукавом вспотевший лоб, заморгал. — Я ничего про нее не хотел... Я про Демида засветил вопрос... А норма тут ни при чем...

— Лишаю тебя слова на это совещание! Говорить надо по существу, а балагурить можно после, факт!

— Десятину в сутки на плуг, — предложил один из агроуполномоченных, колхозник Батальщиков Иван.

Но Дубцов возмущенно крикнул:

— Одурел ты! Бабке своей рассказывай побаски! Не вспашешь за сутки десятину! В мылу будешь, а не сработаешь.

— Я пахал допрежь. Ну, чудок, может, и меньше...

— То-то и оно, что меньше!

— Полдесятины на плуг. Это — твердой земли.

После долгих споров остановились на следующей суточной норме вспашки: твердой земли на плуг — 0,60 гектара, мягкой — 0,75.

И по высеву для садилок: одиннадцатирядной — 3 $1/4$ гектара, тринадцатирядной — 4, семнадцатирядной — 4 $3/4$.

При общем наличии в Гремячем Логу 184 пар быков и

73 лошадей план весеннего сева не был напряженным. Об этом так и заявил Яков Лукич:

— Отсеемся рано, ежели будем работать при усердии. На тягло падает по четыре с половиной десятины на весну. Это легко, братцы! И гутарить нечего.

— А вот в Тубянском вышло по восемь на тягло, — сообщил Любишкин.

— Ну, и пущай они себе помылят промеж ног! Мы до заморозков прошлую осень пахали зябь, а они с Покрова хворост зачали делить, шило на мыло переводить.

Приняли решение засыпать семфонд в течение трех дней. Выслушали нерадостное заявление кузнеца Ипполита Шалого. Он говорил зычно, так как был туговат на ухо, и все время вертел в черных, раздавленных работой руках замаслившийся от копоти треух, робея говорить перед столь многолюдным собранием:

— Всему можно ремонт произвесть. За мной дело не станет. Но вот насчет железа как ни мога́ надо стараться, зараз же его добывать. Железа на лемеши и на чересла плугов и куска нету. Не с чем работать. К са́дилкам я приступаю с завтрашнего дня. Подручного мне надо и угля. И какая мне от колхоза плата будет?

Давыдов подробно разъяснил ему относительно оплаты и предложил Якову Лукичу завтра же отправиться в район за железом и углем. Вопрос о создании фуражной брони разрешили скоро.

Потом взял слово Яков Лукич:

— Надо вам толком обсудить, братцы, как, где и что сеять, и полевода надо выбрать знающего, грамотного человека. Что же, было у нас до колхоза пять агроуполномоченных, а делов ихних не видно. Одного полевода нужно выбрать из старых казаков, какой всю нашу землю знает, и ближнюю и переносную. Покеда новое землеустройство не прошло, он нам дюже сгодится! Я скажу так: зараз в колхозе у нас почти весь хутор. Помаленечку вступают да вступают. Дворов полсотни осталось единоличников, да и энти завтра проснутся колхозниками... вот и надо нам сеять по науке, как она диктует. Я это к тому, чтобы из двухсот десятин, какие у нас под пропашные предназначаются, половину сработать под херсонский пар. Нонешнюю весну сто десять десятин будем подымать целины, вот и давайте их кинем под этот херсонский пар.

— Слыхом про такой не слыхивали!

— Что это за Херсон?

— Ты нам фактически освети это, — попросил Давыдов, втайне гордясь познаниями своего столь многоопытного завхоза.

— А это вот какой пар, иначе он ишо прозывается кулисным, американским. Это дюже любопытно и с умом придумано! К примеру, сеете вы нонешний год пропашные, ну, кукурузу там либо подсолнушки, и сеете редким рядом, наполовину реже, чем завсегда, так что урожай супротив настоящего, правильного посева соберете толечко пятьдесят процентов. Кочны с кукурузы сымете либо подсолнуховые шляпки поломаете, а будылья оставляете на месте. И в эту же осень промеж будыльев по кулисам сеете пшеницу-озимку.

— А как же сеять-то? Садилка будылья ить поломает? — спросил жадно, с открытым ртом слушавший Кондрат Майданников.

— Зачем поломает? Ряды же редкие, через это она будылья не тронет, рукава ее мимо пойдут, стало быть, ляжет и задержится промеж будыльев снег. Таять он будет степенно и влаги больше даст. А весною, когда пшеница подымется, эти будылья удаляют, пропалывают. Довольно завлекательно придумано. Я сам хучь и не пробовал так сеять, а в этом году уж было намеревался спытать. Тут верный расчет, без ошибки!

— Это вот да! Поддерживаю! — Давыдов толкнул под столом ногою Нагульнова, шепнул: — Видишь? А ты все был против него...

— Я и зараз против...

— Это уж от упрямства, факт! Уперся, как вол...

Совещание приняло предложение Якова Лукича. После этого решили и обсоветовали еще кучу мелких дел. Стали расходиться. Не успели Давыдов с Нагульновым дойти до сельсовета, как из сельсоветского двора навстречу им быстро зашагал невысокий парень в распахнутой кожаной тужурке и юнгштурмовском костюме. Придерживая рукой клетчатую городскую кепку, преодолевая сопротивление бившего порывами ветра, он быстро приближался.

— Из району кто-то. — Нагульнов сощурился.

Паренек подошел вплотную, по-военному приложил руку к козырьку кепки.

— Вы не из сельсовета?

— А вам кого?

— Секретаря здешней ячейки или предсовета.

— Я секретарь ячейки, а это председатель колхоза.

— Вот и хорошо. Я, товарищи, из агитколонны. Мы только что приехали и ждем вас в Совете.

Курносый и смуглолицый паренек, быстро скользнув глазами по лицу Давыдова, вопрошающе улыбнулся:

— Ты не Давыдов, товарищ?

— Давыдов.

— Я тебя угадал. Недели две назад встречались мы с тобой в окружкоме. Я в округе работаю, на маслозаводе, прессовщиком.

И только тут Давыдов понял, почему, когда подошел к ним парень, вдруг пахуче и сладко дохнуло от него подсолнечным маслом: его промасленная кожаная куртка была насквозь пропитана этим невыветривающимся вкусным запахом.

Глава XXII

На сельсоветском крыльце, спиной к подходившему Давыдову, стоял приземистый человек в черной, низко срезанной кубанке с белым перекрестом по верху и в черном дубленом сборчатом полушубке. Плечи человека в кубанке были необъятно широки, редкостно просторная спина заслоняла всю дверь вместе с притолоками. Он стоял, раскорячив куцые, сильные ноги, низкорослый и могучий, как степной вяз. Сапоги с широченными морщеными голенищами и сбитыми на сторону каблуками, казалось, вросли в настил крыльца, вдавили его тяжестью медвежковатого тела.

— Это командир нашей агитколонны, товарищ Кондратько, — сказал паренек, шедший рядом с Давыдовым. И, заметив улыбку на его губах, шепнул: — Мы его между собой в шутку зовем «батько Квадратько»... Он — с Луганского паровозостроительного. Токарь. По возрасту — папаша, а так — парень хоть куда!

В этот момент Кондратько, заслышав разговор, повернулся багровым лицом к Давыдову, под висячими бурыми усами его в улыбке бело вспыхнули зубы:

— Оце, мабуть, и радянська власть? Здоровеньки булы, братки!

— Здравствуйте, товарищ. Я — председатель колхоза, а это — секретарь партячейки.

— Добре! Ходимте у хату, а то вже мои хлопцы заждались. Як я у цей агитколонни голова, то я з вами зараз и побалакаю. Зовуть мене Кондратько, а коли мои хлопци будут казать вам, що зовуть мене Квадратько, то вы им, пожалуйста, не давайте виры, бо они у мене таки скаженни та дурны, шо и слов нема... — говорил он громовитым басом, боком протискиваясь в дверь.

Осип Кондратько работал на юге России более двадцати лет. Сначала в Таганроге, потом в Ростове-на-Дону, в Мариуполе и, наконец, в Луганске, откуда и пошел в Красную гвардию, чтобы подпереть своим широким плечом молодую Советскую власть. За годы общения с русскими он утратил чистоту родной украинской речи, но по облику, по нависшим шевченковским усам в нем еще можно было узнать украинца. Вместе с донецкими шахтерами, с Ворошиловым шел он в 1918 году сквозь полыхавшие контрреволюционными восстаниями казачьи хутора на Царицын... И уже после, когда в разговоре касались отлетевших в прошлое годов Гражданской войны, чей отзвук неумираемо живет в сердцах и памяти ее участников, Кондратько с тихой гордостью говорил: «Наш Клементий, луганський... Як же, колысь булы добре знакомы, та, мабуть, ще побачимось. Вин мене зразу взнае! Пид Царицыном, як воювалы з билыми, вин зо мной стике разив шутковав: «Ну як, каже, Кондратько, дило? Ты ще живый, старый вовк?» — «Живый, кажу, Клементий Охримыч, николы зараз помырать, бачите як з контрой рубаемось? Як скаженни!» Колы б побачилысь, вин бы мене и зараз пригорнув», — уверенно заканчивал Кондратько.

После войны он опять попал в Луганск, служил в органах Чека на транспорте, потом перебросили его на партработу и снова на завод. Оттуда-то по партмобилизации и был он послан на помощь коллективизирующейся деревне. За последние годы растолстел, раздался вширь Кондратько... Теперь не узнать уж соратникам того самого Осипа Кондратько, который в 1918 году на подступах к Царицыну зарубил в бою четырех казаков и кубанского сотника Мамалыгу, получившего «за храбрость» серебряную с золотой насечкой шашку из рук самого Врангеля. Взматерел Осип, начал стариться, по лицу пролегли синие и фиолетовые прожилки... Как коня быстрый бег и усталь кроют седым мылом, так и Осипа взмылило время сединой; даже в никлых усах — и там поселилась вероломная седина. Но воля и сила служат Осипу Кондратько, а что касается неумеренно возрастающей полноты, то это пустое. «Тарас Бульба ще важче мене був, а з ляхами як рубався? Ото ж! Колы прийдеться воюваты, так я ще зумию з якого-небудь хвицера двох зробыти! А пивсотни годив моих — що ж таке? Мий батько сто жив при царськой власти, а я зараз при своей риднесенькой пивтораста проживу!» — говорит он, когда ему указывают на его лета и все увеличивающуюся толщину.

Кондратько первым вошел в комнату сельсовета.

— Просю тыше, хлопци! Ось — председатель колхоза, а це — секретарь ячейки. Треба нам зараз послухать, яки тутечка дила, тоди будемо знать, шо нам робыть. А ну, сидайте!

Человек пятнадцать из состава агитколонны, разговаривая, стали рассаживаться, двое пошли на баз — видимо, к лошадям. Рассматривая незнакомые лица, Давыдов узнал трех районных работников: агронома, учителя из школы второй ступени и врача; остальные были присланы из округа, некоторые, судя по всему, с производства. Пока рассаживались, двигая стульями и покашливая, Кондратько шепнул Давыдову:

— Прикажи, шоб нашим коням синця кинулы та шоб подводчики не отлучались, — и хитро прижмурился. — А мабуть, у тебя и овсом мы разживемось?

— Нет овса, остался лишь семенной, — ответил Давыдов и тотчас же весь внутренне похолодел, остро ощущая неловкость, неприязнь к самому себе.

Овса кормового было еще более ста пудов, но он ответил отказом потому, что оставшийся овес хранили к началу весенних работ как зеницу ока; и Яков Лукич, чуть не плача, отпускал лошадям (одним правленческим лошадям!) по корцу драгоценного зерна, и то только перед долгими и трудными поездками.

«Вот она, мелкособственническая стихия! И меня захлестывать начинает... — подумал Давыдов. — Ничего подобного не было раньше, факт! Ах, ты... Дать, что ли, овса? Нет, сейчас уже неудобно».

— Мабуть, ячмень е?

— И ячменя нет.

Ячменя в самом деле не было, но Давыдов вспыхнул под улыбчивым, понимающим взглядом Кондратько.

— Нет, серьезно говорю — нету ячменя.

— Гарный з тебе хозяин був бы... Тай ще, мабуть, и кулак... — смеясь в усы, басил Кондратько, но, видя, что Давыдов сдвигает брови, обнял его, чуточку приподнял от пола. — Ни-ни! То я шуткую. Нема так нема! Соби ховай бильше, шоб свою худобу було чим годувать... Так, ну, братики, — к дилу! Шоб мертву тишину блюлы. — И обращаясь к Давыдову и Нагульнову: — Приихалы мы до вас, щоб якусь-то помогу вам зробить, це вам, надиюсь, звистно. Так от докладайте: яки у вас тутечка дила?

После сделанного Давыдовым обстоятельного доклада о ходе коллективизации и засыпке семенного фонда Кондратько решил так:

— Нам усим тут ничого робыть, — он, кряхтя, извлек из кармана записную книжку и карту-трехверстку, повел по ней толстым пальцем, — мы поидемо у Тубяньский. До цього хутора, як бачу я, видциля блызенько, а у вас тутечка кинемо бригаду з чотырех хлопцив, хай воны вам пидсобляють у работи. А шо касаемо того, як скорийше собрать семфонд, то я хочу вам присовитувать так: уначали проведить собрания, расскажить хлиборобам, шо воно и як, а вжи тоди о так развернете массовую работу, — говорил он подробно и не спеша.

Давыдов с удовольствием слушал его речь, временами не совсем ясно разбираясь в отдельных выражениях, затемненных полупонятным для него украинским языком, но крепко чувствуя, что Кондратько излагает в основном правильный план кампании по засыпке семенного зерна. А Кондратько все так же неспешно наметил линию, которую нужно вести в отношении единоличника и зажиточной части хутора, ежели, паче чаяния, они вздумают упорствовать и так или иначе сопротивляться мероприятиям по сбору семзерна; указал на наиболее эффективные методы, основанные на опыте работы агитколонны в других сельсоветах; и все время говорил мягко, без малейшего намека на желание руководить и поучать, по ходу речи советуясь то с Давыдовым, то с Размётновым, то с Нагульновым. «Це дило треба о так повернуть. Як вы, гремяченци, думаете? Ото ж и я так соби думал!»

А Давыдов, улыбчиво глядя на багровое, в прожилках лицо токаря Кондратько, на шельмовский блеск его глубоко посаженных глазок, думал: «Экий же ты, дьявол, умница! Не хочет нашу инициативу вязать, будто бы советуется, а начни возражать против его правильной расстановки, — он тебя так же плавно повернет на свой лад, факт! Видывал я таких, честное слово!»

Еще один мелкий случай укрепил его симпатии к товарищу Кондратько: перед тем как уезжать, тот отозвал в сторону бригадира, оставшегося с тремя товарищами в Гремячем Логу, и между ними короткий возник разговор:

— Шо це ты надив на себя поверх жакетки наган? Зараз же скынь!

— Но, товарищ Кондратько, ведь кулачество... классовая борьба...

— То шо ты мени там кажешь? Кулачество, ну так шо, як кулачество? Ты приихав агитировать, а колы кулакив злякався, так имий наган, но наверху его не смий носить. Вумный який! У его, не у его наган! Як дитына мала! Цацкаеться з оружием, начепыв зверху... Зараз же заховай у карман, шоб той же пидкулачник не сказав про тебе: «Дывысь, люди добри, ось як вас приихалы агитировать, з наганами!» — и сквозь зубы кончил: — Таке дурне...

И уже садясь в сани, подозвал Давыдова, повертел пуговицу на его пальто:

— Мои хлопци будут робить, як прокляти! Тике ж и вы гарно робите, шоб усе было зроблено, тай скорийше. Я буду у Тубянском, колы шо — повидомляй. Приидемо туда, тай ще нынче, мабуть, прийдеться спектакль становыть. От побачив бы ты, як я кулака граю! В мене ж така компликация, шо дозволяе кулака з натуры грать... Ось, як диду Кондратько пришлось на старости лит! А за овес не думай, сердця из-за цього дила на тебе не маю, — и улыбнулся, привалившись широченной спиной к задку саней.

— Что головой башковат, что в плечах, что ноги под ним! — хохотал Разметнов. — Как трактор!.. Он один, впряги его в букарь, потянет, и трех пар быков не нужно. Даже удивительно мне: чем их, таких ядреных людей, и делают, как думаешь, Макар?

— Ты уж вроде деда Щукаря: балабоном становишься! — сердито отмахнулся тот.

Глава XXIII

Есаул Половцев, живя у Якова Лукича, деятельно готовился к весне, к восстанию. Ночами он до кочетов просиживал в своей комнатушке, что-то писал, чертил химическим карандашом какие-то карты, читал. Иногда, заглядывая к нему, Яков Лукич видел, как Половцев, склонив над столиком лобастую голову, читает, беззвучно шевелит твердыми губами. Но иногда Яков Лукич заставал его в состоянии тяжелейшей задумчивости. В такие минуты Половцев обычно сидел облокотясь, сунув пальцы в редеющие отросшие космы белесых волос. Сцепленные крутые челюсти его двигались, словно прожевывали что-то неподатливо твердое, глаза были полузакрыты. Только после нескольких окликов он поднимал голову, в крохотных, страшных неподвижностью зрачках его возгоралось озлобление. «Ну, чего тебе?» — спрашивал он лающим басом. В такие минуты Яков Лукич испытывал к нему еще больший страх и невольное уважение.

В обязанности Якова Лукича вошло ежедневно сообщать Половцеву о том, что делается в хуторе, в колхозе; сообщал он добросовестно, но каждый день приносил Половцеву новые огорчения, вырубая на щеках его еще глубже поперечные морщины...

После того как были выселены из Гремячего Лога кулаки, Половцев всю ночь не спал. Его тяжелый, но мягкий шаг звучал до зорьки, и Яков Лукич, на цыпочках подходя к двери комнатушки, слышал, как он, скрипя зубами, бормотал:

— Рвут из-под ног землю! Опоры лишают... Рубить! Рубить! Рубить беспощадно!

Умолкнет, снова пойдет, мягко ставя ступни обутых в валенки ног, слышно, как он скребет пальцами тело, чешет по привычке грудь и снова глухо:

— Рубить! Рубить!.. — И мягче, с глухим клекотом в гортани: — Боже милостивый, всевидящий, справедливый!.. Поддержи!.. Да когда же этот час?.. Господи, приблизь твою кару!

Встревоженный Яков Лукич уже на заре подошел к двери горенки, снова приложил к скважине ухо: Половцев шептал молитву, кряхтя, опускался на колени, клал поклоны. Потом погасил огонь, лег и уже в полусне еще раз внятно прошептал: «Рубить всех... до единого!» — и застонал.

Спустя несколько дней Яков Лукич услышал ночью стук в ставню, вышел в сени.

— Кто?

— Открой, хозяин!

— Кто это?

— К Александру Анисимовичу... — шепотом из-за двери.

— К какому? Нету тута таких.

— Скажи ему, что я — от Черного, с пакетом.

Яков Лукич помедлил и открыл дверь: «Будь что будет!» Вошел кто-то низенький, закутанный башлыком. Половцев ввел его к себе, наглухо закрыл дверь, и часа полтора из горенки слышался приглушенный, торопливый разговор. Тем временем сын Якова Лукича положил лошади приехавшего нарочного сена, ослабил подпруги седла, разнуздал.

Потом коннонарочные стали приезжать почти каждый день, но уже не в полночь, а ближе к заре, часов около трех-четырех ночи. Приезжали, видимо, из более дальних мест, нежели первый.

Раздвоенной диковинной жизнью жил эти дни Яков Лукич. С утра шел в правление колхоза, разговаривал с Давыдовым, Нагульновым, с плотниками, с бригадирами. Заботы по устройству базов для скота, протравке хлеба, ремонту инвентаря не давали и минуты для посторонних размышлений. Деятельный Яков Лукич неожиданно для него самого попал в родную его сердцу обстановку деловой суеты и вечной озабоченности, лишь с тою существенной разницей, что теперь он мотался по хутору, в поездках, в делах уже не ради личного стяжания, а работая на колхоз. Но он и этому был рад, лишь бы отвлечься от черных мыслей, не думать. Его увлекала работа, хотелось делать, в голове рождались всяческие проекты. Он ревностно брался за утепление базов, за стройку капитальной конюшни, руководил переноской обобществленных амбаров и строительством нового колхозного амбара; а вечером, как только утихала суета рабочего дня и приходило время идти домой, при одной мысли, что там, в горенке, сидит Половцев, как коршун-стервятник на могильном кургане, хмурый и страшный в своем одиночестве, — у Якова Лукича начинало сосать под ложечкой, движения становились вялыми, несказанная усталь борола тело... Он возвращался домой и, перед тем как повечерять, шел к Половцеву.

— Говори, — приказывал тот, сворачивая цигарку, готовый жадно слушать.

И Яков Лукич рассказывал об истекшем в колхозных делах дне. Половцев обычно выслушивал молча, лишь единственный раз, после того как Яков Лукич сообщил о происшедшем распределении среди бедноты кулацкой одежды и обуви, его прорвало; с бешенством, с клекотом в горле он крикнул:

— Весною глотки повырвем тем, кто брал! Всех этих... всю эту сволочь возьми на список! Слышишь?

— Список у меня есть, Александр Анисимыч.

— Он у тебя здесь?

— При мне.

— Дай сюда!

Взял список и тщательно снял с него копию, полностью записывая имена, отчества, фамилии и взятые вещи, ставя против фамилии каждого, получившего одежду или обувь, крестик.

Поговорив с Половцевым, Яков Лукич шел вечерять, а перед сном опять шел к нему и получал инструкции: что делать на следующий день.

Это по мысли Половцева Яков Лукич 8 февраля приказал нарядчику второй бригады выделить четыре подводы с людьми и привезти к воловням речного песку. Песок привезли. Яков Лукич распорядился начисто вычистить земляные полы воловен, присыпать их песком. К концу работы на баз второй бригады пришел Давыдов.

— Что это вы с песком возитесь? — спросил он у Демида Молчуна, назначенного бригадным воловником.

— Присыпаем.

— Зачем?

Молчание.

— Зачем, спрашиваю.

— Не знаю.

— Кто распорядился сыпать здесь песок?

— Завхоз.

— А что он говорил?

— Мол, чистоту блюдите... Выдумляет, сукин сын!

— Это хорошо, факт! Действительно, будет чистота, а то навоз и вонь тут, как раз еще волы могут заразиться. Им тоже чистоту подавай, так ветеринары говорят, факт. И ты напрасно, это самое... недовольство выражаешь. Ведь даже смотреть сейчас на воловню приятно: песочек, чистота, а? Как ты думаешь?

Но с Молчуном Давыдов не разговорился, — отмалчиваясь, тот ушел в мякинник, а Давыдов, мысленно одобряя инициативу своего завхоза, пошел обедать.

Перед вечером к нему прибежал Любишкин, озлобленно спросил:

— Вместо подстилок быкам, значится, с нонешнего дня песок сыпем?

— Да, песок.

— Да он, этот Островнов, что? С... с... сорвался, что ли? Где это видано? И ты, товарищ Давыдов?.. Неужели же такую дурь одобряешь?

— А ты не волнуйся, Любишкин! Тут все дело в гигиене, и Островнов правильно сделал. Безопасней, когда чисто: заразы не будет.

— Да какая же это гигиена, в рот ее махай! На чем же быку надо лежать? Гля, какие морозы зараз давят! На соломе же ему тепло, а на песке, поди-кась, полежи!

— Нет, ты уж, пожалуйста, не возражай! Надо бросать по старинке ходить за скотом! Подо все мы должны подвести научную основу.

— Да какая же это основа? Эх!.. — Любишкин грохнул своей черной папахой по голенищу, выскочил от Давыдова с рожей краснее калины.

А наутро двадцать три быка не смогли встать с пола. Ночью замерзший песок не пропускал бычиной мочи, бык ложился на мокрое и примерзал... Некоторые поднялись, оставив на окаменелом песке клочья кожи, у четырех отломились примерзшие хвосты, остальные передрогли, захворали.

Перестарался Яков Лукич, выполняя распоряжение Половцева, и еле удержался на должности завхоза. «Морозь им быков вот этаким способом! Они — дураки, поверят, что ты это для чистоты. Но лошадей мне блюди, чтобы все были хоть нынче в строй!» — говорил накануне Половцев. И Яков Лукич выполнил.

Утром его вызвал к себе Давыдов; заложив дверь на крючок, не поднимая глаз, спросил:

— Ты что же?..

— Ошибка вышла, дорогой товарищ Давыдов! Да я... бож-же мой... Готов волосья на себе рвать...

— Ты это что же, гад!.. — Давыдов побелел, разом вскинул на Якова Лукича глаза, от гнева налитые слезами. — Вредительством занимаешься?.. Не знал ты, что песок нельзя в станки сыпать? Не знал, что волы могут примерзнуть?

— Быкам хотел... Видит бог, не знал!

— Замолчи ты с своим!.. Не поверю, чтобы ты — такой хозяйственный мужик — не знал!

Яков Лукич заплакал: сморкаясь, бормотал все одно и то же:

— Чистоту хотел соблюсть... Чтоб навозу не было... Не знал, не додумал, что оно так выйдет...

— Ступай, сдай дела Ушакову. Будем тебя судить.

— Товарищ Давыдов!..

— Выйди, говорят тебе!

После ухода Якова Лукича Давыдов уже спокойнее продумал случившееся. Заподозрить Якова Лукича во вредительстве — теперь уже казалось ему — было нелепо. Островнов ведь не был кулаком. И если его кое-кто иногда и называл так, то это было вызвано просто мотивами личной неприязни. Однажды, вскоре после того как Островнов был выдвинут завхозом, Любишкин както вскользь бросил фразу: «Островнов сам — бывший кулак!» Давыдов тогда же проверил и установил, что Яков Лукич много лет тому назад действительно жил зажиточно, но потом неурожай разорил его, сделал середняком. Подумал, подумал Давыдов и пришел к выводу, что Яков Лукич не виновен в несчастном случае с быками, что присыпать воловню песком он заставил, движимый желанием установить чистоту и отчасти, может быть, своим постоянным стремлением к новшествам. «Если б он был вредителем, то не работал бы так ударно, и потом ведь пара его быков тоже пострадала от этого, — думал Давыдов. — Нет, Островнов — преданный нам колхозник, и случай с песком — просто печальная ошибка, факт!» Он вспомнил, как Яков Лукич заботливо и смекалисто устраивал теплые базы, как берег сено, как однажды, когда заболели три колхозных лошади, он с вечера до утра пробыл на конюшне и собственноручно ставил лошадям клизмы, вливал им вовнутрь конопляное масло, чтобы прошли колики; а потом первый предложил выбросить из колхоза виновника болезни лошадей — конюха первой бригады Куженкова, который, как оказалось, в течение недели кормил лошадей одной житной соломой. По наблюдению Давыдова, о лошадях Яков Лукич заботился, пожалуй, больше, чем кто-либо. Припомнив все это, Давыдов почувствовал себя пристыженным, виноватым перед завхозом за свою вспышку неоправданного гнева. Ему было неловко, что он так грубо накричал на хорошего колхозника, уважаемого согражданами члена правления колхоза, и даже заподозрил его — виновного в одной неосмотрительности — во вредительстве. «Какая чушь!» — Давыдов взъерошил волосы, смущенно крякнул, вышел из комнаты.

Яков Лукич говорил со счетоводом, держа в руке связку ключей, губы его обиженно дрожали...

— Ты вот что, Островнов... Ты дела не сдавай, продолжай работать, факт. Но если у тебя такая штука снова получится... Словом, это самое... Вызови из района ветеринарного фельдшера, а бригадирам скажи, чтобы обмороженных быков освободили от нарядов.

Первая попытка Якова Лукича повредить колхозу окончилась для него благополучно. Половцев временно освободил Островнова от следующих заданий, так как был занят другим: к нему приехал — как всегда, ночью — новый человек. Он отпустил подводу, вошел в курень, и тотчас же Половцев увлек его к себе в горенку, приказал, чтобы никто не входил. Они проговорили допоздна, и на следующее утро повеселевший Половцев позвал Якова Лукича к себе.

— Вот, дорогой мой Яков Лукич, это — член нашего союза, так сказать, наш соратник, подпоручик, а по-казачьему — хорунжий, Лятьевский Вацлав Августович. Люби его и жалуй. А это — мой хозяин, казак старого закала, но сейчас пребывающий в колхозе завхозом... Можно сказать — советский служащий...

Подпоручик привстал с кровати, протянул Якову Лукичу белую широкую ладонь. На вид был он лет тридцати, желтолиц и худощав. Черные вьющиеся волосы, зачесанные вверх, ниспадали до стоячего воротника черной сатиновой рубахи. Над прямыми веселыми губами реденькие курчавились усы. Левый глаз был навек прижмурен, видимо после контузии; под ним недвижно бугрилась собранная в мертвые складки кожа, сухая и безжизненная, как осенний лист. Но прижмуренный глаз не нарушал, а как бы подчеркивал веселое, смешливое выражение лица бывшего подпоручика Лятьевского. Казалось, что карий глаз его вот-вот ехидно мигнет, кожа расправится и лучистыми морщинами поползет к виску, а сам жизнерадостный подпоручик расхохочется молодо и заразительно. Кажущаяся мешковатость одежды была нарочита, она не стесняла резких движений хозяина и не скрывала его щеголеватой выправки.

Половцев в этот день был необычно весел, любезен даже с Яковом Лукичом. Ничего не значащий разговор он вскоре закончил; поворачиваясь к Островнову лицом, заявил:

— Подпоручик Лятьевский останется у тебя недели на две, а я сегодня, как только стемнеет, уеду. Все, что понадобится Вацлаву Августовичу, доставляй, все его приказы — мои приказы. Понял? Так-то, Яков свет Лукич! — и значительно подчеркнул, кладя пухложилую руку на колено Якова Лукича: — Скоро начнем! Еще немного осталось терпеть. Так и скажи нашим казакам, пусть приободрятся духом. Ну а теперь ступай, нам еще надо поговорить.

Случилось что-то необычайное, что понуждало Половцева выехать из Гремячего Лога на две недели. Яков Лукич горел нетерпением узнать. С этой целью он пробрался в зал, откуда Половцев когда-то подслушивал его разговор с Давыдовым, приник ухом к тонкой переборке. Из-за стены, из горенки, чуть слышный уловил он разговор:

Л я т ь е в с к и й. Безусловно, вам необходимо связаться с Быкадоровым... Его превосходительство, разумеется, сообщит вам при свидании, что планы... удобная ситуация... Это же замечательно! В Сальском округе... бронепоезд... в случае поражения.

П о л о в ц е в. Тссс!..

Л я т ь е в с к и й. Нас, надеюсь, никто не слышит?

П о л о в ц е в. Но все же... Конспирация во всем...

Л я т ь е в с к и й (еще тише, так что Яков Лукич невольно утратил связность в его речи). Поражения... конечно... Афганистан... При их помощи пробраться...

П о л о в ц е в. Но средства... ГПУ... (и дальше сплошное: «бу-бу-бу-бу-бу...»).

Л я т ь е в с к и й. Вариант таков: перейти границу... Минске... Минуя... Я вас уверяю, что пограничная охрана... Отделе генштаба, безусловно, примут... Полковник, фамилия мне известна... условная явка... Так ведь это же могущественная помощь! Такое покровительство... Дело же не в субсидии...

П о л о в ц е в. А мнение особого?

Л я т ь е в с к и й. Уверен, что генерал повторит... много! Мне велено на словах, что... крайне напряженное, используя... не упустить момента...

Голоса перешли на шепот, и Яков Лукич, так ничего и не понявший из отрывочного разговора, вздохнул, пошел в правление колхоза. И снова, когда подошел к бывшему Титкову дому и по привычке скользнул глазами по прибитой над воротами белой доске с надписью: «Правление Гремяченского колхоза им. Сталина», почувствовал обычную раздвоенность. А потом вспомнил подпоручика Лятьевского и уверенные слова Половцева: «Скоро начнем!» — и со злорадством, со злостью на себя подумал: «Скорее бы! А то я промеж ними и колхозом раздерусь, как бык на сколизи!»

Ночью Половцев оседлал коня, уложил в переметные сумы все свои бумаги, взял харчей и попрощался. Яков Лукич слышал, как мимо окон весело, с переплясом, с сухим цокотом копыт прошел-протанцевал под седлом застоявшийся половцевский конь.

Новый жилец оказался человеком непоседливым и по-военному бесцеремонным. Целыми днями он, веселый, улыбающийся, шатался по куреню, шутил с бабами, не давал покою старой бабке, до смерти не любившей табачного дыма; ходил, не боясь, что к Якову Лукичу заглянет кто-либо из посторонних, так что Яков Лукич даже заметил ему:

— Вы бы поосторожней... Не ровен час, кто заявится и увидит вас, ваше благородие.

— А у меня что, на лбу написано, что я — «ваше благородие»?

— Нет, да ить могут спросить, кто вы, откель...

— У меня, хозяин, липы полны карманы, а уж если туго будет, не поверят, то предъявляю вот этот мандат... С ним всюду можно пройти! — и достал из-за пазухи черный, матово поблескивающий маузер, все так же весело улыбаясь, вызывающе глядя недвижным глазом, укрытым за бугристой складкой кожи.

Веселость лихого подпоручика пришлась не по душе Якову Лукичу, особенно после того как, возвращаясь однажды вечером из правления, он услыхал в сенях приглушенные голоса, сдавленный смех, возню и, чиркнув спичкой, увидел в углу за ящиком с отрубями одиноко блеснувший глаз Лятьевского, а рядом красную, как кумач, сноху, смущенно одергивающую юбку и поправлявшую сбитый на затылок платок... Яков Лукич, слова не молвя, шагнул было в кухню, но Лятьевский нагнал его уже у порога, хлопнул по плечу, шепнул:

— Ты, папаша, — молчок... Сынишку своего не волнуй. У нас, у военных, знаешь как? Быстрота и натиск! Кто смолоду не грешил, кхе, кгм... На-ка вот папироску, закури... Ты сам со снохой не того? Ах ты, шельмец этакой!

Яков Лукич так растерялся, что взял папироску и только тогда вошел в кухню, когда закурил от спички Лятьевского. А тот, угостив хозяина огоньком, нравоучительно и подавляя зевоту, сказал:

— Когда тебе оказывают услугу, например спичку зажигают, надо благодарить. Эх ты, невежа, а еще завхоз! Раньше я бы тебя и в денщики не взял.

«Ну и жильца черт накачал на мою шею!» — подумал Яков Лукич.

Нахальство Лятьевского подействовало на него удручающе. Сына — Семена — не было, он уехал по наряду в район за ветеринарным фельдшером. Но Яков Лукич решил не говорить ему ничего, а сам позвал сноху в амбар и там ее тихонько поучил, отхлестал бабочку чересседельней; но так как бил не по лицу, а по спине и ниже, то наглядных следов побоев не оказалось. И даже Семен ничего не заметил. Он вернулся из станицы ночью, жена собрала ему вечерять, и, когда сама присела на лавку, на самый край, Семен простодушно удивился:

— Чего это ты, как в гостях, садишься?

— Чирий у меня... вскочил... — Женёнка Семенова вспыхнула, встала.

— А ты бы луку пожевала с хлебом да приложила,

сразу вытянет, — сердобольно посоветовал Яков Лукич, в это время сучивший возле пригрубка дратву.

Сноха блеснула на него глазами, но ответила смиренно:

— Спасибо, батюшка, и так пройдет...

Лятьевскому изредка привозили пакеты. Он читал содержимое их и тотчас же сжигал в грубке[1]. Под конец стал попивать ночами, со снохой Якова Лукича уже не заигрывал, поугрюмел и все чаще просил Якова Лукича или Семена достать «поллитровочку», совал в руки новые, хрустящие червонцы. Напиваясь, он склонен был к политическим разговорам, в разговорах — к широким обобщениям и по-своему объективной оценке действительности. Однажды в великое смущение поверг он Якова Лукича. Зазвал его к себе в горенку, угостил водкой; цинически подмигивая, спросил:

— Разваливаешь колхоз?

— Нет, зачем же, — притворёно удивился Яков Лукич.

— Какими же ты методами работаешь?

— Как то есть?

— Какую работу ведешь? Ведь ты же диверсионер... Ну, что ты там делаешь? Лошадей стрихнином травишь, орудия производства портишь или что-либо еще?

— Лошадей мне не приказано трогать, даже совсем наоборот... — признался Яков Лукич.

Последнее время он почти не пил, потому-то стакан водки подействовал на него оглушающе, поманил на откровенность. Ему захотелось пожаловаться на то, как болеет он душой, одновременно строя и разрушая обобществленное хуторское хозяйство, но Лятьевский не дал ему говорить; выпив водку и больше не наливая Якову Лукичу, спросил:

— А зачем ты, дура этакая стоеросовая, связался с нами? Ну спрашивается, зачем? За каким чертом? Половцеву и мне некуда деваться, мы идем на смерть... Да, на смерть! Или мы победим, хотя, знаешь ли, хамлет, шансов на победу прискорбно мало... Одна сотая процента,

---

[1]*Грубка* — печка.

не больше! Но уж мы таковы, нам терять нечего, кроме цепей, как говорят коммунисты. А вот ты? Ты, по-моему, просто жертва вечерняя. Жить бы тебе да жить, дураку... Положим, я не верю, чтобы такие, как ты, хамлеты могли построить социализм, но все же... вы хоть воду бы взмутили в мировом болоте. А то будет восстание, шлепнут тебя, седого дьявола, или просто заберут в плен и как несознательного пошлют в Архангельскую губернию. Будешь там сосны рубить до второго пришествия коммунизма... Эх ты, сапог! Мне — понятно, почему — надо восставать, ведь я дворянин! У моего отца было пахотной земли около пяти тысяч десятин да леса почти восемьсот. Мне и другим, таким, как я, кровно обидно было ехать из своей страны и где-то на чужбине в поте лица, что называется, добывать хлеб насущный. А ты? Кто ты такой? Хлебороб и хлебоед! Жук навозный! Мало вас, сукиных сынов, казачишек, пошлепали за Гражданскую войну!

— Так житья же нам нету! — возражал Яков Лукич. — Налогами подушили, худобу забирают, нету единоличной жизни, а то, само собою, на кой вы нам ляд, дворяне да разные подобные, и нужны. Я бы ни в жизню не пошел на такой грех!

— Подумаешь, налоги! Будто бы в других странах крестьянство не платит налогов. Еще больше платит!

— Не должно быть.

— Я тебя уверяю!

— Да вам отколь же знать, как там живут и что платят?

— Жил там, знаю.

— Вы, стало быть, из-за границы приехали?

— А тебе-то что?

— Из интересу.

— Много будешь знать — очень скоро состаришься. Иди и принеси еще водчонки.

Яков Лукич за водкой послал Семена, а сам, взалкав одиночества, ушел на гумно и часа два сидел под прикладком соломы, думал: «Проклятый морщеный! Наговорил, ажник голова распухла. Или это он меня спытывает, что́ скажу и не пойду ли супротив их, а потом Александру Анисимычу передаст по прибытию его... а энтот меня и рубанет, как Хопрова? Или, может, взаправди так думает? Ить что у трезвого на уме, то у пьяного на языке... Может, и не надо бы вязаться с Половцевым, потерпеть тихочко в колхозе годок-другой? Может, власти и колхозы-то через год пораспущают, усмотрев, как плохо в них дело идет? И опять бы я зажил человеком... Ах, боже мой, боже мой! Куда теперь деваться? Не сносить мне головы... Зараз уж, видно, одинаково... Хучь сову об пенек, хучь пеньком сову, а все одно сове не воскресать...»

По гумну, перевалившись через плетень, заходил, хозяйствуя, ветер. Он принес к скирду рассыпанную возле калитки солому, забил ее в лазы, устроенные собаками, очесал взлохмаченные углы скирда, где солома не так плотно слеглась, смел с вершины прикладка сухой снежок. Ветер был большой, сильный, холодный. Яков Лукич долго пытался понять, с какой стороны он дует, — и не мог. Казалось, что ветер топчется вокруг скирда и дует по очереди со всех четырех сторон. В соломе — потревоженные ветром — завозились мыши. Попискивая, бегали они своими потайными тропами, иногда совсем близко от спины Якова Лукича, привалившегося к стенистому скирду. Вслушиваясь в ветер, в шорох соломы, в мышиный писк и скрип колодезного журавля, Яков Лукич словно бы придремал: все ночные звуки стали казаться ему похожими на отдаленную диковинную и грустную музыку. Полузакрытыми слезящимися глазами он смотрел на звездное небо, вдыхал запах соломы и степного ветра; все окружающее казалось ему прекрасным и простым...

Но в полночь приехал от Половцева из хутора Войскового коннонарочный. Лятьевский прочитал письмо с пометкой на конверте «В. срочно», разбудил спавшего в кухне Якова Лукича:

— На-ка вот, прочитай.

Яков Лукич, протирая глаза, взял адресованное Лятьевскому письмо. Чернильным карандашом на листке из записной книжки было четко, кое-где с буквой «ять» и твердыми знаками, написано:

«Господин подпоручик!

Нами получены достоверные сведения о том, что ЦК большевиков собирает среди хлеборобческого населения хлеб, якобы для колхозных посевов. На самом деле хлеб этот пойдет для продажи за границу, а хлеборобы, в том числе и колхозники, будут обречены на жестокий голод. Советская власть, предчувствуя свой неминуемый и близкий конец, продает последний хлеб, окончательно разоряет Россию. Приказываю Вам немедленно развернуть среди населения Гремячего Лога, в коем Вы в настоящее время представляете наш союз, агитацию против сбора мнимосеменного хлеба. Поставьте в известность о содержании моего письма к Вам Я.Л. и обяжите его срочно повести разъяснительную работу. Крайне необходимо во что бы то ни стало воспрепятствовать засыпке хлеба».

Наутро Яков Лукич, не заходя в правление, отправился к Баннику и остальным единомышленникам, завербованным им в «Союз освобождения Дона».

Глава XXIV

Бригада из трех человек, оставленная в Гремячем Логу командиром агитколонны Кондратько, приступила к сбору семфонда. Под штаб бригады заняли один из пустовавших кулацких домов. С самого утра молодой агроном Ветютнев разрабатывал и уточнял при помощи Якова Лукича план весеннего сева, давал справки приходившим казакам по вопросам сельского хозяйства, остальное время неустанно наблюдал за очисткой и протравкой поступавшего в амбары семзерна, изредка шел, как он говорил, «ветеринарить»: лечить чью-либо заболевшую корову или овцу. За «визит» он получал обычно «натурой»:

обедал у хозяина заболевшей животины, а иногда даже приносил товарищам корчажку молока или чугун вареной картошки. Остальные двое — Порфирий Лубно, вальцовщик с окружной госмельницы, и комсомолец с маслозавода Иван Найденов — вызывали в штаб гремяченцев, проверяли по списку заведующего амбаром, сколько вызванный гражданин засыпал семян, в меру сил и умения агитировали.

С первых же дней работы выяснилось, что засыпать семфонд придется с немалыми трудностями и с большой оттяжкой в сроке. Все мероприятия, предпринимавшиеся бригадой и местной ячейкой с целью ускорения темпов сбора семян, наталкивались на огромное сопротивление со стороны большинства колхозников и единоличников. По хутору поползли слухи, что хлеб собирается для отправки за границу, что посева в этом году не будет, что с часу на час ожидается война... Нагульнов ежедневно созывал собрания, при помощи бригады разъяснял, опровергал нелепые слухи, грозил жесточайшими карами тем, кто будет изобличен в «антисоветских пропагандах», но хлеб продолжал поступать крайне медленно. Казаки норовили с утра уехать куда-либо из дому, то в лес за дровишками, то за бурьяном, или уйти к соседу и вместе с ним переждать в укромном месте тревожный день, чтобы не являться по вызову в сельсовет или штаб бригады. Бабы же вовсе перестали ходить на собрания, а когда на дом приходил из сельсовета сиделец, то отделывались короткой фразой: «Хозяина моего дома нету, а я не знаю».

Словно чья-то могущественная рука держала хлеб...

В штабе бригады обычно шли такие разговоры:

— Засыпал семенное?

— Нет.

— Почему?

— Зерна нету.

— Как это — нету?

— Да так, что очень просто... Думал приблюсть на посев, а потом сдал на хлебозаготовку лишки, а самому жевать нечего было. Вот и потравил.

— Так ты что же, и сеять не думал?

— Думалось, да нечем...

Многие ссылались на то, что будто бы сдали по хлебозаготовке и семенное. Давыдов — в правлении, а Ванюшка Найденов — в штабе рылись в списках, в квитанциях ссыпного пункта, проверяли и изобличали упорствующего в неправильной даче сведений: посевной, как оказывалось, оставался. Иногда для этого нужно было подсчитать примерное количество обмолота в двадцать девятом году, подсчитать общее количество сданного по хлебозаготовке хлеба и искать остаток. Но и тогда, когда обнаруживалось, что хлеб оставался, упорствующий не сдавался:

— Оставалась пашеничка, спору нет. Да ить знаете, товарищи, как оно в хозяйстве? Мы привыкли хлеб исть без весу, расходовать без меры. Мне оставили по пуду на душу на месяц едоцкого, а я, к примеру, съедаю в день по три-четыре фунта. А через то съедаю, что приварок плохой. Вот и перерасход. Нету хлеба, хучь обыщите!

Нагульнов на собрании ячейки предложил было произвести обыск у наиболее зажиточной части хуторян, не засыпавших семзерна, но этому воспротивились Давыдов, Лубно, Найденов, Размётнов. Да и в директиве райкома по сбору семфонда строжайше воспрещалось производить обыски.

За три дня работы бригады и правления колхоза по колхозному сектору было засыпано только 480 пудов, а по единоличному — всего 35 пудов. Колхозный актив полностью засыпал свою часть. Кондрат Майданников, Любишкин, Дубцов, Демид Молчун, дед Щукарь, Аркашка Менок, кузнец Шалый, Андрей Размётнов и другие привезли зерно в первый же день. На следующий — с утра к общественному амбару шагом подъехали на двух подводах Семен Якова Лукича и сам Яков Лукич. Лукич тотчас же пошел в правление, а Семка стал сносить с саней чувалы с зерном. Принимал и вешал Демка Ушаков. Четыре чувала Семен высыпал, а когда развязал гузырь пятого, Ушаков налетел на него ястребом:

— Это таким зерном твой батя собирался сеять? — и сунул под нос Семена горсть зерна.

— Каким это? — вспыхнул Семен. — Ты с косого глазу, видать, пшеницу за кукурузу счел!

— Нет, не за кукурузу! Я — косой, да зрячей тебя, жулика! Обое вы с батюшкой хороши, зна-а-аем! Это что? Семенное? Да ты нос не вороти! Ты чего мне в чистую зерно насыпал, гадская морда?

Демка совал к лицу Семена ладонь, а на ладони лежала горстка сорного, перемешанного с землею и викой зерна.

— Я вот зараз людей кликну.

— Да ты не ори! — испугался Семен. — Видно, по ошибке захватил чувал... Зараз вернусь и переменю... Чудной, ей-бо! Ну, чего расходился-то, как бондарский конь? Сказано — переменю, промашка вышла...

Демка забраковал шесть чувалов из четырнадцати привезенных. И когда Семен попросил его помочь поднять на плечо один из чувалов с забракованным зерном, Демка отвернулся к весам, будто не слыша.

— Не помогаешь, стало быть? — с дрожью в голосе спросил Семен.

— Совесть! Дома подымал, небось легко было, а зараз почижелело? Сам подымай, таковский!

Малиновый от натуги, Семен взял чувал поперек, понес...

За два следующих дня поступлений почти не было. На собрании ячейки решено было идти по дворам. Давыдов накануне выехал в соседний район на селекционную станцию, чтобы внеплановым порядком добыть на обсеменение хотя нескольких гектаров засухоустойчивой яровой пшеницы, превосходно выдерживавшей длительный период бездождья и давшей в прошлом году на опытном поле станции отменный урожай. Яков Лукич и бригадир Агафон Дубцов много говорили о новом сорте пшеницы, добытом на селекционной станции путем скрещивания привозной «калифорнийской» с местной «белозеркой», и Давыдов, за последнее время усиленно приналегавший по ночам на агротехнические журналы, решил поехать на станцию добыть новой пшеницы.

Из поездки он вернулся 4 марта, а за день до его возвращения случилось следующее: Макар Нагульнов, прикрепленный ко второй бригаде, с утра обошел вместе с Любишкиным около тридцати дворов, а вечером, когда из сельсовета ушли Размётнов и секретарь, стал вызывать туда тех домохозяев, дворы которых не успел обойти днем. Человек четырех отпустил, так и не добившись положительных результатов. «Нет хлеба на семена. Пущай государство дает». Нагульнов уговаривал вначале спокойно, потом стал постукивать кулаком.

— Как же вы говорите, что хлеба нету? Вот ты, к примеру, Константин Гаврилович, ить пудов триста намолотил осенью!

— А хлеб ты сдавал за меня государству?

— Сколько ты сдал?

— Ну, сто тридцать.

— Остатний где?

— Не знаешь где? Съел!

— Брешешь! Разорвет тебя — столько хлеба слопать! Семьи — шесть душ, да чтобы столько хлеба съисть? Вези без разговору, а то из колхоза вышибем в два счета!

— Увольняйте из колхозу, что хотите делайте, а хлеба, истинный Христос, нету! Пущай власть хучь под процент отпустит...

— Ты повадился Советскую власть подсасывать. Деньги-то, какие брал в кредит на покупку садилки и травокоски, возвернул кредитному товариществу? То-то и есть! Энти денежки зажилил да ишо хлебом норовишь поджиться?

— Все одно теперича и травокоска и садилка — колхозные, самому не довелось попользоваться, нечего и попрекать!

— Ты вези хлеб, а то плохо тебе будет! Закоснел в брехне! Совестно!

— Да я бы с великой душой, кабы он был...

Как ни бился Нагульнов, как ни уговаривал, чем ни грозил, а все же пришлось отпустить не желавших засыпать семена.

Они вышли, минуты две переговаривались в сенях, потом заскрипели сходцы. Немного погодя вошел единоличник Григорий Банник. Он, вероятно, уже знал о том, чем кончился разговор с только что вышедшими из сельсовета колхозниками, в углах губ его подрагивала самоуверенная, вызывающая улыбочка. Нагульнов дрожащими руками расправил на столе список, глухо сказал:

— Садись, Григорий Матвеич.

— Спасибо на приглашении.

Банник сел, широко расставив ноги.

— Что же это ты, Григорий Матвеич, семена не везешь?

— А мне зачем их везть?

— Так было же постановление общего собрания — и колхозникам и единоличникам — семенной хлеб свезть. У тебя-то он есть?

— А то как же, конешно есть.

Нагульнов заглянул в список: против фамилии Банника в графе «предполагаемая площадь ярового посева в 1930 году» стояла цифра «6».

— Ты собирался в нонешнем году шесть га пшеницы сеять?

— Так точно.

— Значит, сорок два пуда семян имеешь?

— Все полностью имею, подсеянный и очищенный хлебец, как золотцо!

— Ну, это ты — герой! — облегченно вздохнув, похвалил Нагульнов. — Вези его завтра в общественный амбар. Могешь в своих мешках оставить. Мы от единоличников даже в ихних мешках примаем, ежели не захочешь зерно мешать. Привезешь, сдашь по весу заведующему, он наложит на мешки сюргучовые печати, выдаст тебе расписку, а весною получишь свой хлеб целеньким. А то многие жалуются, что не соблюли, поели. А в амбаре-то он надежней сохранится.

— Ну, это ты, товарищ Нагульнов, оставь! — Банник развязно улыбнулся, пригладил белесые усы. — Этот твой номер не пляшет! Хлеба я вам не дам.

— Это почему же, дозволь спросить?

— Потому что у меня он сохранней будет. А вам отдай его, а к весне и порожних мешков не получишь. Мы зараз тоже ученые стали, на кривой не объедешь!

Нагульнов сдвинул разлатые брови, чуть побледнел.

— Как же ты могешь сомневаться в Советской власти? Не веришь, значит?!

— Ну да, не верю! Наслухались мы брехнев от вашего брата!

— Это кто же брехал? И в чем? — Нагульнов побледнел заметней, медленно привстал.

Но Банник, словно не замечая, все так же тихо улыбался, показывая ядреные редкие зубы, только голос его задрожал обидой и жгучей злобой, когда он сказал:

— Соберете хлебец, а потом его на пароходы да в чужие земли? Антанабили покупать, чтоб партийные со своими стрижеными бабами катались? Зна-а-аем, на что нашу пашеничку гатите! Дожилися до равенства!

— Да ты одурел, чертяка! Ты чего это балабонишь?

— Небось одуреешь, коли тебя за глотку возьмут! Сто шешнадцать пудиков по хлебозаготовке вывез! Да зараз последний, семенной хотите... чтоб детей моих... оголодить...

— Цыц! Брешешь, гад! — Нагульнов грохнул кулаком по столу.

Свалились на пол счеты, опрокинулась склянка с чернилами. Густая фиолетовая струя, блистая, проползла по бумаге, упала на полу дубленого полушубка Банника. Банник смахнул чернила ладонью, встал. Глаза его сузились, на углах губ вскипели белые заеди, с задавленным бешенством он выхрипел:

— Ты на меня не цыкай! Ты на жену свою Лушку стучи кулаком, а я тебе не жена! Ноне не двадцатый год, понял? А хлеба не дам... Кка-тись ты!..

Нагульнов было потянулся к нему через стол, но тотчас, качнувшись, выпрямился.

— Ты это... чьи речи?.. Ты это, чего, контра, мне тут?.. Над социализмом смеялся, гад!.. А зараз... — Он не находил слов, задыхался, но, кое-как овладев собой, вытирая тылом ладони клейкий пот с лица, сказал: — Пиши мне зараз расписку, что завтра вывезешь хлеб, и завтра же ты у меня пойдешь куда следовает. Там допытаются, откуда ты таких речей наслухался!

— Арестовать ты меня могешь, а расписки не напишу и хлеб не дам!

— Пиши, говорю!..

— Трошки повремени...

— Я тебя добром прошу...

Банник пошел к выходу, но, видно, злоба так люто возгорелась в нем, что он не удержался и, ухватясь за дверную ручку, кинул:

— Зараз приду и высыплю свиньям этот хлеб! Лучше они нехай потрескают, чем вам, чужеедам!..

— Свиньям? Семенной?!

Нагульнов в два прыжка очутился возле двери, — выхватив из кармана наган, ударил Банника колодкой в висок. Банник качнулся, прислонился к стене, — обтирая спиной побелку, стал валиться на пол. Упал. Из виска, из ранки, смачивая волосы, высочилась черная кровь. Нагульнов, уже не владея собой, ударил лежачего несколько раз ногою, отошел. Банник, как очутившаяся на суше рыба, зевнул раза два, а потом, цепляясь за стену, начал подниматься. И едва лишь встал на ноги, как кровь пошла обильней. Он молча вытирал ее рукавом, с обеленной спины его сыпалась меловая пыль. Нагульнов пил прямо из графина противную, степлившуюся воду, ляская о края зубами. Искоса глянув на поднявшегося Банника, он подошел к нему, взял, как клещами, за локоть, толкнул к столу, сунул в руку карандаш:

— Пиши!

— Я напишу, но это будет известно прокурору... С-под нагана я что хошь напишу... Бить при Советской власти не дозволено... Она — партия — тебе тоже за это не уважит! — хрипло бормотал Банник, обессиленно садясь на табурет.

Нагульнов стал напротив, взвел курок нагана.

— Ага, контра, и Советскую власть и партию вспомянул! Тебя не народный суд будет судить, а я вот зараз, и своим судом. Ежели не напишешь — застрелю как вредного гада, а потом пойду за тебя в тюрьму хоть на десять лет! Я тебе не дам над Советской властью надругиваться! Пиши: «Расписка». Написал? Пиши: «Я, бывший активный белогвардеец, мамонтовец, с оружием в руках приступавший к Красной Армии, беру обратно свои слова...» Написал?.. «...свои слова, невозможно оскорбительные для ВКП(б)». ВКП с заглавной буквы, есть? «...и Советской власти, прошу прощения перед ними и обязываюсь впредь, хотя я и есть скрытая контра...»

— Не буду писать! Ты чего меня сильничаешь?

— Нет, будешь! А ты думал — как? Что я, белыми израненный, исказнённый, так тебе спущу твои слова? Ты на моих глазах смывался над Советской властью, а я бы молчал! Пиши, душа с тебя вон!..

Банник слег над столом, и снова карандаш в его руке медленно пополз по листу бумаги. Не снимая пальца со спуска нагана, Нагульнов раздельно диктовал:

— «...хотя я и есть контра скрытая, но Советской власти, которая дорогая всем трудящимся и добытая большой кровью трудового народа, я вредить не буду ни устно, ни письменно, ни делами. Не буду ее обругивать и досаждать ей, а буду терпеливо дожидаться мировой революции, которая всех нас — ее врагов мирового масштабу — подведет под точку замерзания. А еще обязываюсь не ложиться поперек пути Советской власти и не скрывать посев и завтра, 3 марта 1930 года, отвезть в общественный амбар...»

В это время в комнату вошел сиделец, с ним — трое колхозников.

— Погодите трошки в сенцах! — крикнул Нагульнов и, поворачиваясь лицом к Баннику, продолжал: — «...сорок два пуда семенного зерна пшеничной натурой. В чем и подписуюсь». Распишись!

Банник, к лицу которого вернулась багровая окраска, расчеркнулся, встал.

— Ты за это ответишь, Макар Нагульнов!..

— Всяк из нас за свое ответит, но ежели хлеб завтра не привезешь — убью!

Нагульнов свернул и положил расписку в грудной карман защитной гимнастерки, кинул на стол наган, проводил Банника до дверей. Он оставался в сельсовете до полуночи. Сидельцу не приказал отлучаться и с помощью его водворил и запер в пустовавшей комнате еще трех колхозников, отказавшихся от вывоза семенного зерна. Уже за полночь, сломленный усталостью и пережитым потрясением, уснул, сидя за сельсоветским столом, положив на длинные ладони всклокоченную голову. До зари снились Макару огромные толпы празднично одетого народа, беспрестанно двигавшиеся, полой водой затоплявшие степь. В просветах между людьми шла конница. Разномастные лошади попирали копытами мягкую степную землю, но грохочущий цокот конских копыт был почему-то гулок и осадист, словно эскадроны шли по разостланным листам железа. Отливающие серебром трубы оркестра вдруг совсем близко от Макара заиграли «Интернационал», и Макар почувствовал, как обычно наяву, щемящее волнение, горячую спазму в горле... Он увидел в конце проходившего эскадрона своего покойного дружка Митьку Лобача, зарубленного врангелевцами в 1920 году в бою под Каховкой, но не удивился, а обрадовался и, расталкивая народ, кинулся к проходившему эскадрону. «Митя! Митя! Постой!» — звал он, не слыша собственного голоса. Митька повернулся в седле, посмотрел на Макара равнодушно, как на чужого, незнакомого человека, и поехал рысью. Тотчас же Макар увидел скакавшего к нему своего бывшего вестового Тюлима, убитого польской пулей под Бродами в том же двадцатом году. Тюлим скакал, улыбаясь, держа в правой руке повод Макарова коня. А конь, все такой же белоногий и сухоголовый, шел заводным, высоко и гордо неся голову, колесом изогнув шею...

Скрип ставен, всю ночь метавшихся на вешнем ветру, во сне воспринимал Макар как музыку, погромыхиванье железной крыши — как дробный топот лошадиных копыт... Размётнов, придя в сельсовет часов в шесть утра, еще застал Нагульнова спящим. На желтой Макаровой щеке, освещенной лиловым светом мартовского утра, напряженная и ждущая застыла улыбка, в мучительном напряжении шевелилась разлатая бровь... Размётнов растолкал Макара и выругался:

— Наворошил делов и спишь? Веселые сны видишь, ощеряешься! За что ты Банника избил? Он на заре привез семенной хлеб, сдал и зараз же мотнулся в район. Любишкин прибегал ко мне, говорит, поехал Банник заявлять на тебя в милицию. Достукался! Приедет Давыдов, что он теперь скажет? Эх, Макар!

Нагульнов потер ладонями опухшее от неловкого сна лицо и раздумчиво улыбнулся:

— Андрюшка! Какой я зараз сон вида-а-ал! Дюже завлекательный сон!

— Ты про сны свои оставь гутарить! Ты мне про Банника докладай.

— Я про такую гаду ядовитую и докладать не хочу! Говоришь — привез он хлеб? Ну, значит, подействовало... Сорок два пуда семенного — это тебе не кот наплакал. Кабы из каждой контры после одного удара наганом по сорок пудов хлеба выскакивало, я бы всею жизнью тем и занимался, что ходил бы да ударял их! Ему за его слова не такую бы бубну надо выбить! Нехай радуется, что я ему ноги из заду не повыдергивал! — И с яростью, поблескивая глазами, закончил: — Он же, подлюка, с генералом Мамонтовым таскался. До тех пор нам супротивничал, покеда его в Черном море не выкупали, да ишо и зараз норовит поперек дороги лечь, вреду наделать мировой революции! А какие он мне тут слова про Советскую власть и про партию говорил? На мне от обиды волосья дыбом поднялись!

— Мало бы что! А бить не должен ты, лучше бы арестовать его.

— Нет, не арестовать, а убить бы его надо! — Нагульнов сокрушенно развел руками. — И чего я его не стукнул? Ума не приложу! Вот об чем зараз я жалкую.

— Дураком тебя назвать — в обиду примешь, а дури в тебе — черпать не исчерпать! Вот приедет Давыдов, он тебе разбукварит за такое подобное!

— Семен приедет — одобрит меня, он не такой сучок, как ты!

Размётнов, смеясь, постучал согнутым пальцем по столу, потом по лбу Макара, уверил:

— Одинаковый звук-то!

Но Макар сердито отвел его руку, стал натягивать полушубок. Уже держась за дверную скобу, не поворачивая головы, буркнул:

— Эй, ты, умник! Выпусти из порожней комнаты мелких буржуев, да чтобы хлеб они нынче же отвезли, а то вот умоюсь да возвернусь и обратно их посажаю.

У Размётнова от удивления глаза на лоб полезли... Он кинулся к пустовавшей комнате, где хранились сельсоветские архивы да колосовые экспонаты с прошлогодней районной сельскохозяйственной выставки, открыл дверь и обнаружил трех колхозников: Краснокутова, Антипа Грача и мухортенького Аполлона Песковатскова. Они благополучно переночевали на разостланных на полу комплектах старых газет, при появлении Размётнова поднялись.

— Я, гражданы, конешно, должон... — начал было Размётнов, но один из подвергшихся аресту, престарелый казак Краснокутов, с живостью перебил его:

— Да что там толковать, Андрей Степаныч, виноваты, речи нету... Отпущай, зараз привезем хлеб... Мы тут ночушкой трошки промеж себя посоветовались, ну, и порешили отвезть хлеб... Чего уж греха таить, хотели попридержать пашеничку.

Размётнов, только что собиравшийся извиняться за необдуманный поступок Нагульнова, учел обстоятельства и моментально перестроился:

— Вот и давно бы так! Ить вы же колхозники! Совестно семена хоронить!

— Пожалуйста, отпущай нас, а кто старое вспомянет... — смущенно улыбнулся в аспидно-черную бороду Антип Грач.

Широко распахнув дверь, Размётнов отошел к столу, и надо сказать, что и в нем в этот момент ворохнулась мыслишка: «А может, и прав Макар? Кабы покрепче нажать — в один день засыпали бы!»

Глава XXV

Давыдов вернулся из поездки на селекционную станцию с двенадцатью пудами сортовой пшеницы, веселый, довольный удачей. Хозяйка, собирая ему обедать, рассказала о том, что в его отсутствие Нагульнов избил Григория Банника и ночь продержал в сельсовете трех колхозников. Слух об этом, видимо, успел широко распространиться по Гремячему Логу. Давыдов торопливо пообедал, встревоженный пошел в правление. Там ему подтвердили рассказ хозяйки, дополнив его подробностями. Поведение Нагульнова все расценивали по-разному: одни одобряли, другие порицали, некоторые сдержанно помалкивали. Любишкин, например, категорически стал на сторону Нагульнова, а Яков Лукич в оборочку собрал губы и был столь обижен на вид, словно ему самому пришлось отведать нагульновского внушения. Вскоре пришел в правление сам Макар. Был он с виду суровей обычного, с Давыдовым поздоровался сдержанно, но взглянул на него со скрытой тревогой и ожиданием. Оставшись вдвоем, Давыдов, не сдерживаясь, резко спросил:

— Это что у тебя за новости?

— Слыхал, чего же пытаешь...

— Такими-то методами ты начинаешь агитировать за сбор семян?

— А он пущай мне такую подлость не говорит! Я зароку не давал терпеть издевку от врага, от белого гада!

— А ты подумал о том, как это подействует на других, как это с политической стороны будет высматривать?

— Тогда некогда было думать.

— Это не ответ, факт! Ты должен был его арестовать за оскорбление власти, но не бить! Это поступок, позорящий коммуниста! Факт! И мы сегодня же поставим о тебе на ячейке. Ты принес нам вот какой вред своим поступком! Мы его должны осудить! И об этом я буду говорить на колхозном собрании, не дожидаясь разрешения райкома, фактически говорю! Потому что если нам промолчать, то колхозники подумают, будто мы с тобой заодно и такой же терпимости веры держимся в этом деле! Нет, братишечка! Мы от тебя отмежуемся и осудим. Ты — коммунист, а поступил, как жандарм. Этакое позорище! Черт бы тебя драл с твоим происшествием!

Но Нагульнов уперся, как бык: на все доводы Давыдова, пытавшегося убедить его в недопустимости для коммуниста и политической вредности подобного поступка, он отвечал:

— Правильно я его побил! И даже не побил, а только раз стукнул, а надо бы больше. Отвяжись! Поздно меня перевоспитывать, я — партизан и сам знаю, как мне надо свою партию от нападков всякой сволочи оборонять!

— Да я же не говорю, что этот Банник — свой человек, прах его возьми! Я о том говорю, что тебе не надо бы его бить. А защитить партию от оскорблений можно было другим порядком, факт! Ты пойди остынь несколько и подумай, а вечером придешь на ячейку и скажешь, что я был прав, факт.

Вечером, перед началом ячейкового собрания, как только вошел насупившийся Макар, Давыдов первым делом спросил:

— Обдумал?

— Обдумал.

— Ну?

— Мало я ему, сукину сыну, вложил. Убить бы надо!

Бригада агитколонны целиком стала на сторону Давыдова и голосовала за вынесение Нагульнову строгого выговора. Андрей Размётнов от голосования воздержался, все время молчал, но когда уже перед уходом Макар, набычившись, буркнул: «Остаюсь при своем верном мнении», — Размётнов вскочил и выбежал из комнаты, яростно отплевываясь и матерно ругаясь.

Закуривая в темных сенях, при свете спички всматриваясь в потускневшее за этот день лицо Нагульнова, Давыдов примиренно сказал:

— Ты, Макар, напрасно обижаешься на нас, факт!

— Я не обижаюсь.

— Ты старыми, партизанскими методами работаешь, а сейчас — новое время, и не налеты, а позиционные бои идут... Все мы партизанщиной были больны, особенно наши флотские, ну, и я конечно. Ты хотя и нервнобольной, но надо, дорогой Макар, себя того... обуздывать, а? Ты вот посмотри на смену: комсомолец наш из агитколонны Ванюшка Найденов какие чудеса делает! У него в квартале больше всего поступлений семенного, почти все вывезено. Он с виду такой не очень шустренький, конопатенький, небольшой, а работает лучше всех вас. Черт его знает, ходит по дворам, балагурит, говорят, что он какие-то сказки мужикам рассказывает... И хлеб у него везут без мордобоя и без сажаний в «холодную», факт. — В голосе Давыдова послышались улыбка и теплые нотки, когда он заговорил о Найденове, а Нагульнов почувствовал, как в нем ворохнулось нечто похожее на зависть к расторопному комсомольцу. — Ты из любопытства пойди с ним завтра по дворам и присмотрись, какими способами он достигает, — продолжал Давыдов, — в этом, ей-богу, нет ничего обидного для тебя. Нам, браток, иногда и у молодых есть чему поучиться, факт! Они какие-то не похожие на нас растут, как-то они приспособленней...

Нагульнов промолчал, а утром, как только встал, разыскал Ванюшку Найденова и — словно между прочим — сказал:

— Я нынче свободный, хочу с тобой пойтить, помочь тебе. Сколько в твоей третьей бригаде еще осталось невывезенного?

— Пустяки остались, товарищ Нагульнов! Пойдем, вдвоем веселее будет.

Пошли. Найденов двигался с непривычной для Макара быстротой, валко, по-утиному покачиваясь. Кожанка его, духовито пахнущая подсолнечным маслом, была распахнута, клетчатая кепка надвинута по самые брови. Нагульнов сбоку пытливо всматривался в неприметное, засеянное какими-то ребячьими веснушками лицо комсомольца, которого Давыдов вчера с несвойственной ему ласковостью назвал Ванюшкой. Было в этом что-то страшно близкое, располагающее: то ли открытые, серые в крапинках глаза, то ли упрямо выдвинутый подбородок, еще не утративший юношеской округлости...

К бывшему «курощупу» — деду Акиму Бесхлебнову — пришли они в курень, когда вся бесхлебновская семья завтракала. Сам старик сидел за столом в переднем углу, рядом с ним — сын лет сорока, тожс Аким, по прозвищу Младший, по правую руку от него — жена и престарелая овдовевшая теща, на искрайке примостились две взрослые дочери, а обочины стола густо, как мухи, облепили детишки.

— Здравствуйте, хозяева! — Найденов стащил свою промасленную кепку, приглаживая поднявшиеся торчмя вихры.

— Здравствуйте, коли не шутите, — отвечал, чуть заметно улыбаясь, простой и веселый в обхождении Аким Младший.

Нагульнов бы в ответ на шутливое приветствие сдвинул разлатые брови и — преисполненный строгости — сказал: «Некогда нам шутки вышучивать. Почему до се хлеб не везешь?» — а Ванюшка Найденов, будто не замечая холодноватой сдержанности в лицах хозяев, улыбаясь, сказал:

— Хлеб-соль вам!

Не успел Аким рта раскрыть, чтобы, не приглашая к столу, проронить скупое «спасибо» или отделаться грубовато-шутливо: «Ем, да свой, а ты рядом постой», — как Найденов торопливо продолжал:

— Да вы не беспокойтесь! Не надо! А впрочем, можно и позавтракать... Я, признаться, сегодня еще не ел. Товарищ Нагульнов — здешний, он, конечно, уж подзаложил, а мы кушаем через день с натяжкой... как «птицы небесные».

— Не сеете, не жнете и сыты бываете, стало быть? — засмеялся Аким.

— Сыты — не сыты, а веселы всегда, — и с этими словами Найденов, к изумлению Нагульнова, в одну секунду смахнул с плеч кожанку, присел к столу.

Дед Аким крякнул, видя такую бесцеремонность гостя, а Аким Младший расхохотался:

— Ну, вот это по-служивски! Счастлив ты, парень, что успел вперед меня заскочить, а то я было уж хотел сказать на твою «хлеб-соль», мол, «едим свой, а ты рядом постой!» Девки! Дайте ему ложку.

Одна из девок вскочила и, пырская в завеску, пошла к загнетке за ложкой, но подала ее Найденову чинно, как и водится подавать мужчине — с поклоном. За столом стало оживленно и весело. Аким Младший пригласил и Нагульнова, но тот отказался, присел на сундук. Белобровая жена Акима, улыбаясь, протянула гостю ломоть хлеба, девка, подававшая ложку, сбегала в горницу, принесла чистый рушник, положила его на колени Найденову. Аким Младший, с любопытством и нескрываемым одобрением посматривавший на веснушчатое лицо не по-хуторскому смелого парня, сказал:

— Вот видишь, товарищ, полюбился ты моей дочке: отцу сроду чистого рушника не подавала, а тебе — не успел ишо за столом угнездиться. Посватаешь ежели — до́разу отдадим!

Девка от отцовской шутки вспыхнула; закрывая лицо ладонью, встала из-за стола, а Найденов, усугубляя веселое настроение, отшучивался:

— Она, наверное, за конопатого не пойдет. Мне свататься можно, только когда стемнеет, тогда я бываю красивый и могу девушкам нравиться.

Подали взвар. Разговор прекратился. Слышно было только, как чавкают рты да скребут днище обливной чашки деревянные ложки. Тишина нарушалась лишь тогда, когда ложка какого-нибудь парнишки начинала описывать внутри чашки круги в поисках разваренной груши. В этот-то момент дед Аким облизывал свою ложку и звонко стукал ею провинившегося мальца по лбу, внушая:

— Не вылавливай!

— Что-то тихо у нас стало, как в церкви, — проговорила хозяйка.

— В церкви тоже не всегда тихо бывает, — сказал Ванюшка, плотно подзакусивший кашей и взваром. — Вот у нас под пасху был случай — смеху не оберешься!

Хозяйка перестала стирать со стола. Аким Младший свернул курить, присел на лавку, собираясь слушать, и даже дед Аким, отрыгивая и крестясь, вслушивался в слова Найденова. Нагульнов, выказывавший явные признаки нетерпения, подумал: «Когда же он про хлеб-то начнет? Тут, как видно, дела наши — хреновые! Обоих Акимов не скоро своротишь, самые напряженные черти во всем Гремячем. И на испуг как ты его возьмешь, когда Аким Младший в Красной Армии служил и — в общем и целом — наш казак? А хлеб не повезет он через свою приверженность к собственности и через скупость. У него середь зимы снегу не выпросишь, знаю!»

Тем временем Ванюшка Найденов, выждав время, продолжал:

— Я родом из Тацинского района, и был у нас под Пасху один раз такой случай в церкви: идет стояние, приверженные религии люди собрались в церкви, душатся от тесноты. Поп и дьякон, конечно, поют и читают, а около ограды хлопцы играются. Была у нас в слободе телушка-летошница, такая брухливая, что чуть ее тронь — щукой кидается и норовит рогами поддеть. Телушка эта мирно паслась возле ограды, но хлопцы раздражнили ее до того, что она погналась за одним и вот-вот его догонит! Хлопец той — в ограду, телушка — за ним, хлопец — на паперть, телушка — следом. В притворе людей было до биса. Телушка разгонись, да того хлопца под зад ка-ак двинет! Он — со всех ног, да к старухе под ноги. Старушка-то затылком об пол хлопнулась и орет: «Ратуйте, люди добри! Ой, лыхо мэни!..» Старухин муж хлопца костылем по спиняке! «А, шоб ты сгорила, вражья дытына!..» А телушка: «Бе-е-е!» — и до того старика с рогами приступает. И такая пошла там паника-а-а! Кто ближе к алтарю стоял — не поймут, в чем дело, а слышат, что в притворе шум, молиться перестали, стоят, волнуются, один у одного пытают: «Шо це там шумлять?» — «Та шо там таке?»

Ванюшка, воодушевившись, так живо изобразил в лицах, как перешептывались его перепуганные односельчане, что Аким Младший первый не выдержал и захохотал:

— Наделала делов телушка!

Оголяя в улыбке белозубый рот, Ванюшка продолжал:

— Один парубок в шутку и скажи: «Мабуть, там бишена собака вскочила, треба тикать!» Рядом с ним стояла беременная баба, испугалась она да как заголосит на всю церкву: «Ой, ридна моя маты! Та вона ж зараз нас усих перекусае!» Задние на передних жмут, опрокинули подсвечники, чад пошел... Темно стало. Тут кто-то и заревел: «Горым!» Ну, и пошло! «Бишена собака!», «Горы-ы-ым!..», «Та шо воно таке?..», «Конець свита!», «Шо-о-о-о?.. Конець свита? Жинка! До дому!» Ломанулись в боковые двери и так сбились, что ни один не выйдет. Ларек со свечами опрокинули, пятаки посыпались, титор упал, шумит: «Граблють!..» Бабы, как овцы, шахнули на амвон, а дьякон их кадилом по головам: «Тю-у-у, скаженни!.. Куда? Чи вам, поганим, не звистно, шо в алтарь бабам не можно?» А сельский староста, толстый такой был, с цепком на пузе, лезет к дверям, распихивает людей, уркотит: «Пропустить! Пропустить, прокляти! Це ж я, голова слободьска!» А где ж там его пропускать, когда — «конець свита»!

Прерываемый хохотом, Ванюшка кончил:

— В слободе был у нас конокрад Архип Чохов. Лошадей уводил каждую неделю, и никто его никак не мог словить. Архип был в церкви, отмаливал грехи. И вот когда заорали: «Конець свита! Погибаемо, браты!» — кинулся Архип к окну, разбил его, хотел высигнуть, а за окном — решетка. Народ весь в дверях душится, а Архип бегает по церкви, остановится, плеснет руками и кажет: «Ось колы я попався! От попався, так вже попався!»

Девки, Аким Младший и жена его смеялись до слез, до икоты. Дед Аким и тот беззвучно ощерял голодесную пасть; лишь бабка, не расслышав половины рассказа и ничего не поняв с глухоты, невесть отчего заплакала и, вытирая красные, набрякшие слезой глаза, прошамкала:

— Штало быть, попалша, болежный! Чарича небешная! Чего же ему ишделали?

— Кому, бабушка?

— Да этому штраннику-то?

— Какому страннику, бабуся?

— А про какого ты, голубок, гутарил... про богомольча.

— Да про какого богомольча-то?

— А я, милый, и не жнаю... Тугая я на ухи стала, тугая, мой желанный... Недошлышу...

Разговор с бабкой вызвал новую вспышку хохота. Аким Младший раз пять переспрашивал, вытирая проступившие от смеха слезы:

— Как он, воряга этот? «Вот когда я попался»? Ну, парень, диковинную веселость рассказал ты нам! — наивно восхищался он, хлопая Ванюшку по плечу.

А тот как-то скоро и незаметно перестроился на серьезный лад, вздохнул:

— Это, конечно, смешная история, но только сейчас — такие дела, что не до смеху... Нынче прочитал я газету, и сердце заныло...

— Заныло? — ожидая нового веселого рассказа, переспросил Аким.

— Да. А заныло оттого, что так зверски над человеком в капиталистических странах издеваются и терзают. Такое описание я прочитал: в Румынии двое комсомольцев открывали крестьянам глаза, говорили, что надо землю у помещиков отобрать и разделить между собою. Очень бедно в Румынии хлеборобы живут...

— Что бедно, то бедно, знаю, сам видал, как был с полком в семнадцатом году на румынском фронте, — подтвердил Аким.

— Так вот, вели они агитацию за свержение капитализма и за устройство в Румынии Советской власти. Но их поймали лютые жандармы, одного забили до смерти, а другого начали пытать. Выкололи ему глаза, повыдергивали на голове все волосы. А потом разожгли докрасна тонкую железяку и начали ее заправлять под ногти...

— Про-ок-лятые! — ахнула Акимова жена, всплеснув руками. — Под ногти?

— Под ногти... Спрашивают: «Говори, кто у вас еще в ячейке состоит, и отрекайся от комсомола». — «Не скажу вам, вампиры, и не отрекусь!» — стойко отвечает тот комсомолец. Жандармы тогда стали резать ему шашками уши, нос отрезали. «Скажешь?» — «Нет, говорит, умру от вашей кровавой руки, а не скажу! Да здравствует коммунизм!» Тогда они за руки подвесили его под потолок, внизу развели огонь...

— Вот, будь ты проклят, какие живодеры есть! Ить это беда! — вознегодовал Аким Младший.

— ...Жгут его огнем, а он только плачет кровяными слезами, но никого из своих товарищей-комсомольцев не выдает и одно твердит: «Да здравствует пролетарская революция и коммунизм!»

— И молодец, что не выдал товарищей! Так и надо! Умри честно, а друзей не моги выказать! Сказано в писании, что «за други своя живот положиша...» — Дед Аким пристукнул кулаком и заторопил рассказчика: — Ну, ну, дальше-то что?

— ...Пытают они его, стязают по-всякому, а он молчит. И так с утра до вечера. Потеряет он память, а жандармы обольют его водой и опять за свое. Только видят, что ничего они так от него не добьются, тогда пошли арестовали его мать и привели в свою охранку. «Смотри, —

кажут ей, — как мы твоего сына будем обрабатывать! Да скажи ему, чтобы покорился, а то убьем и мясо собакам выкинем!» Ударилась тут мать без памяти, а как пришла в себя — кинулась к своему дитю, обнимает, руки его окровяненные целует...

Побледневший Ванюшка замолк, обвел слушателей расширившимися глазами: у девок чернели открытые рты, а на глазах закипали слезы, Акимова жена сморкалась в завеску, шепча сквозь всхлипыванья: «Каково ей... матери-то... на своего дитя... го-о-ос-поди!..» Аким Младший вдруг крякнул и, ухватясь за кисет, стал торопливо вертеть цигарку; только Нагульнов, сидя на сундуке, хранил внешнее спокойствие, но и у него во время паузы как-то подозрительно задергалась щека и повело в сторону рот...

— «...Сынок мой родимый! Ради меня, твоей матери, покорись им, злодеям!» — говорит ему мать, но он услыхал ее голос и отвечает: «Нет, ро́дная мама, не выдам я товарищей, умру за свою идею, а ты лучше поцелуй меня перед моей кончиной, мне тогда легче будет смерть принять...»

Ванюшка вздрагивающим голосом окончил рассказ о том, как умер румынский комсомолец, замученный палачами-жандармами. На минуту стало тихо, а потом заплаканная хозяйка спросила:

— Сколько ж ему, страдальцу, было годков?

— Семнадцать, — без запинки отвечал Ванюшка и тотчас же нахлобучил свою клетчатую кепку. — Да, умер герой рабочего класса — наш дорогой товарищ, румынский комсомолец. Умер за то, чтобы трудящимся лучше жилось. Наше дело — помочь им свергнуть капитализм, установить рабоче-крестьянскую власть, а для этого надо строить колхозы, укреплять колхозное хозяйство. Но у нас еще есть такие хлеборобы, которые по несознательности помогают подобным жандармам и препятствуют колхозному строительству — не сдают семенной хлеб... Ну, спасибо, хозяева, за завтрак! Теперь — о деле, насчет которого мы к вам пришли: надо вам сейчас же отвезти семенной хлеб. Вашему двору причитается засыпать ровно семьдесят семь пудов. Давай, хозяин, вези!

— Да кто его знает... Его, и хлеба-то, почти нету... — нерешительно начал было Аким Младший, огорошенный столь неожиданным приступом, но жена метнула в его сторону озлобленный взгляд, резко перебила:

— Нечего уж там! Ступай, насыпай мешки да вези!

— Нету семидесяти пудов... Да и неподсеянный он у нас, — слабо сопротивлялся Аким.

— Вези, Акимушка. Стало быть, надо сдать, чего уж там супротивничать, — поддержал сноху дед Аким.

— Мы — люди не гордые, поможем, подсеем, — охотно вызвался Ванюшка. — А грохот-то у вас есть?

— Есть... Да он трошки несправный...

— Эка беда! Починим! Скорее, скорее, хозяин! А то мы тут у вас и так заговорились...

Через полчаса Аким Младший вел с колхозного база две бычиные подводы, а Ванюшка с лицом, усеянным мелкими, как веснушки, бисеринками пота, таскал из мякинника на приклеток амбара мешки с подсеянной пшеницей, твердозерной и ядреной, отливающей красниной червонного золота.

— Чего же это хлеб-то у вас в половне сохранялся? Амбар имеете вместительный, а хлеб так бесхозяйственно лежал? — спрашивал он у одной из Акимовых девок, лукаво подмигивая.

— Это батяня выдумал... — смущенно отвечала та.

После того как Бесхлебнов повез свои семьдесят семь пудов к общественному амбару, а Ванюшка с Нагульновым, простившись с хозяевами, пошли в следующий двор, Нагульнов, с радостным волнением глядя на усталое лицо Ванюшки, спросил:

— Про комсомольца это ты выдумал?

— Нет, — рассеянно отвечал тот, — когда-то давно читал про такой случай в мопровском журнале.

— А ты сказал, что сегодня читал...

— А не все ли равно? Тут главное, что такой случай был, вот что жалко, товарищ Нагульнов!

— Ну, а ты... от себя-то прибавлял для жалобности? — допытывался Нагульнов.

— Да это же неважно! — досадливо отмахнулся Ванюшка и, зябко ежась, застегивая кожанку, проговорил: — Важно, чтобы люди ненависть почувствовали к палачам и к капиталистическому строю, а к нашим борцам — сочувствие. Важно, что семена вывезли... Да я почти ничего и не прибавлял. А взвар у хозяйки был сладкий, на ять! Напрасно ты, товарищ Нагульнов, отказался!

Глава XXVI

Десятого марта с вечера пал над Гремячим Логом туман, до утра с крыш куреней журчала талая вода, с юга, со степного гребня, набегом шел теплый и мокрый ветер. Первая ночь, принявшая весну, стала над Гремячим, окутанная черными шелками наплывавших туманов, тишины, овеянная вешними ветрами. Поздно утром взмыли порозовевшие туманы, оголив небо и солнце, с юга уже мощной лавой ринулся ветер; стекая влагой, с шорохом и гулом стал оседать крупнозерный снег, побурели крыши, черными просовами покрылась дорога; а к полудню, по ярам и логам яростно всклокоталась светлая, как слезы, нагорная вода и бесчисленными потоками устремилась в низины, в левады, в сады, омывая горькие корневища вишенника, топя приречные камыши.

Дня через три уже оголились доступные всем ветрам бугры, промытые до земли склоны засияли влажной глиной, нагорная вода помутилась и понесла на своих вскипающих кучерявых волнах желтые шапки пышно взбитой пены, вымытые хлебные корневища, сухие выволочки с пашен и срезанный водою кустистый жабрей.

В Гремячем Логу вышла из берегов речка. Откуда-то с верховьев ее плыли источенные солнцем голубые крыги льда. На поворотах они выбивались из русла, кружились и терлись, как огромные рыбы на нересте. Иногда струя выметывала их на крутобережье, а иногда льдина, влекомая впадавшим в речку потоком, относилась в сады и плыла между деревьями, со скрежетом налезая на стволы, круша садовый молодняк, раня яблони, пригибая густейшую поросль вишенника.

За хутором призывно чернела освобожденная от снега зябь. Взвороченные лемехами пласты тучного чернозема курились на сугреве паром. Великая благостная тишина стояла в полуденные часы над степью. Над пашнями — солнце, молочно-белый пар, волнующий выщелк раннего жаворонка, да манящий клик журавлиной станицы, вонзающейся грудью построенного треугольника в густую синеву безоблачных небес. Над курганами, рожденное теплом, дрожит, струится марево; острое зеленое жало травяного листка, отталкивая прошлогодний отживший стебелек, стремится к солнцу. Высушенное ветром озимое жито словно на цыпочках поднимается, протягивая листки встречь светоносным лучам. Но еще мало живого в степи, не проснулись от зимней спячки сурки и суслики, в леса и буераки подался зверь, изредка лишь пробежит по старюке-бурьяну полевая мышь да пролетят на озимку разбившиеся на брачные пары куропатки.

В Гремячем Логу к 15 марта был целиком собран семфонд. Единоличники ссыпали свои семена в отдельный амбар, ключ от которого хранился в правлении колхоза, колхозники доверху набили шесть обобществленных амбаров. Хлеб чистили на триере и ночью при свете трех фонарей. В кузнице Ипполита Шалого до потемок дышала широкая горловина кузнечного меха, из-под молота сеялись золотые зерна огня, певуче звенела наковальня. Шалый приналег и к 15 марта отремонтировал все доставленные в починку бороны, буккера, запашники, садилки и плуги. А 16-го вечером в школе Давыдов, при большом стечении колхозников, премировал его своими, привезенными из Ленинграда, инструментами и держал такую речь:

— Нашему дорогому кузнецу, товарищу Ипполиту Сидоровичу Шалому, за его действительно ударную работу, по которой должны равняться все остальные колхозники, мы — правление колхоза — преподносим настоящий инструмент.

Давыдов, по случаю торжественного премирования ударника-кузнеца свежевыбритый, в чисто выстиранной фуфайке, взял со стола разложенные на красном полотнище инструменты, а Андрей Размётнов вытолкал на сцену багрового Ипполита.

— Товарищ Шалый к сегодняшнему дню на сто процентов закончил ремонт — факт, граждане! Всего им налажено лемехов — пятьдесят четыре, приведено в боевую готовность двенадцать разнорядных сеялок, четырнадцать буккеров и прочее, факт! Получи, дорогой наш товарищ, наш братский подарок тебе в награждение, и чтобы ты, прах тебя дери, и в будущем так же ударно работал; чтобы весь инвентарь в нашем колхозе был на большой палец, факт! И вы, остальные граждане, должны так же ударно работать в поле, только тогда мы оправдаем название своего колхоза, иначе нам предстоит предание позору и стыду на глазах всего Советского Союза, факт!

С этими словами Давыдов завернул в трехметровый кусок красного сатина премию, подал ее Шалому. Выражать одобрение хлопаньем в ладоши гремяченцы еще не научились, но когда Шалый дрожащими руками взял красный сверток, шум поднялся в школе:

— Следовает ему! Дюже работал!

— Из негодности обратно привел в годность.

— Иструмент получил и бабе сатину на платье!

— Ипполит, магарыч с тебя, черный бугай!

— Качать его!

— Брось, шалавый! Он и так возля ковалды накачался!

Дальше выкрики перешли в слитый гул, но дед Щукарь ухитрился-таки пробуравить шум своим по-бабьи резким голосом:

— Чего же стоишь молчком?! Говори! Ответствуй! Вот уродился человек от супругов — пенька да колоды.

Щукаря поддержали, всерьез и в шутку стали покрикивать:

— Пущай за него Демид Молчун речь скажет!

— Ипполит! Гутарь скорее, а то упадешь!

— Гляньте-ка, а у него и на самом деле поджилки трясутся?

— От радости язык заглотнул?

— Это тебе не молотком стучать!

Но Андрей Размётнов, любивший всякие торжества и руководивший на этот раз церемонией премирования, унял шум, успокоил взволнованное собрание:

— Да вы хучь трошки охолоньте! Ну чего опять взревелись? Весну почуяли? Хлопайте культурно в ладошки, а орать нечего! Цыцте, пожалуйста, и дайте человеку соответствовать словами! — Повернувшись к Ипполиту и незаметно толкнув его кулаком в бок, шепнул: — Набери дюжей воздуху в грудя и говори. Пожалуйста, Сидорович, длинней говори, по-ученому. Ты зараз у нас — герой всей торжественности и должен речь сказать по всем правилам, просторную.

Не избалованный вниманием Иполлит Шалый, никогда в жизни не говоривший «просторных» речей и получавший от хуторян за работу одни скупые водочные магарычи, подарком правления и торжественной обстановкой его вручения был окончательно выбит из состояния всегдашней уравновешенности. У него дрожали руки, накрепко прижавшие к груди красный сверток; дрожали ноги, всегда такой уверенной и твердой раскорякой стоявшие в кузнице... Не выпуская из рук свертка, он вытер рукавом слезинку и докрасна вымытое по случаю необычайного для него события лицо, сказал охрипшим голосом:

— Струмент нам, конечно, нужный... Благодарные мы... И за правление, за ихнюю эту самую... Спасибо и ишо раз спасибо! А я... раз я кузницей зараженный и могу... то я всегда, как я нынче — колхозник, с дорогой душой... А сатин, конечно, бабе моей сгодится... — Он потерянно зашарил глазами по тесно набитой классной комнате, ища жену, втайне надеясь, что она его выручит, но не увидел, завздыхал и кончил свою непросторную речь: — И за струмент в сатине и за наши труды... вам, товарищ Давыдов, и колхозу спасибочко!

Размётнов, видя, что взволнованная речь Шалого приходит к концу, напрасно делал вспотевшему кузнецу отчаянные знаки. Тот не хотел их замечать и, поклонившись, пошел со сцены, неся сверток на вытянутых руках, как спящее дитя.

Нагульнов торопливо сдернул с головы папаху, махнул рукой; оркестр, составленный из двух балалаек и скрипки, начал «Интернационал».

***

Бригадиры Дубцов, Любишкин, Демка Ушаков каждый день верхами выезжали в степь смотреть, не готова ли к пахоте и севу земля. Весна шла степями в сухом дыхании ветров. Погожие стояли дни, и первая бригада уже готовилась к пахоте серопесчаных земель, бывших на ее участке.

Бригада агитколонны была отозвана в хутор Войсковой, но Ванюшку Найденова, по просьбе Нагульнова, Кондратько оставил на время сева в Гремячем.

На другой день после того, как премировали Шалого, Нагульнов развелся с Лушкой. Она поселилась у своей двоюродной тетки, жившей на отшибе, дня два не показывалась, а потом как-то встретилась с Давыдовым возле правления колхоза, остановила его:

— Как мне теперь жить, товарищ Давыдов, посоветуйте.

— Нашла о чем спрашивать! Вот мы ясли думаем организовать, поступай туда.

— Нет уж, спасибо! Своих детей не имела, да чтоб теперь с чужими нянчиться? Тоже выдумали!

— Ну иди работать в бригаду.

— Я — женщина нерабочая, у меня от польско́й работы в голове делается кружение...

— Скажите, какая вы нежная! Тогда гуляй себе, но хлеба не получишь. У нас «кто не работает, тот не ест»!

Лушка вздохнула и, роя остроносым чириком влажный песок, потупила голову:

— Мне мой дружочек Тимошка Рваный прислал из города Котласу Северного краю письмецо... Сулится скоро прийтить.

— Ну, уж это черта с два! — улыбнулся Давыдов. — А если и придет, мы его еще подальше отправим.

— Значит, ему не будет помилования?

— Нету! Не жди и не лодырничай. Работать надо, факт! — резко ответил Давыдов и хотел было идти, но Лушка, чуть смутившись, его удержала. В голосе ее дрогнули смешливые и вызывающие нотки, когда она протяжно спросила:

— А может, вы мне жениха бы какого-нибудь завалященького нашли?

Давыдов злобно ощерился, буркнул:

— Этим не занимаюсь! Прощай!

— Погодите чудóк! Ишо спрошу вас!

— Ну?

— А вы бы меня не взяли в жены? — В голосе Лушки зазвучали прямой вызов и насмешка.

Тут уж пришла очередь смутиться Давыдову. Он побагровел до корней зачесанных вверх волос, молча пошевелил губами.

— Вы посмотрите на меня, товарищ Давыдов, — продолжала Лушка с напускным смирением, — я женщина красивая, на любовь дюже гожая... Вы посмотрите: что глаза у меня хороши, что брови, что нога подо мной, ну и все остальное... — Она кончиками пальцев слегка приподняла подол зеленой шерстяной юбки и, избоченясь, поворачивалась перед ошарашенным Давыдовым. — Аль плоха? Так вы так и скажите...

Давыдов жестом отчаяния сдвинул на затылок кепку, ответил:

— Девочка ты фартовая, слов нет. И нога под тобой красивая, да только вот... только не туда ты этими ногами ходишь, куда надо, вот это факт!

— Это уж где хочу, там и топчу! Так, значится, на вас мне не надеяться?

— Да уж лучше не надейся.

— Вы не подумайте, что я по вас сохну или пристроиться возле вас желаю. Мне вас просто жалко стало, думаю: «Живет молодой мужчина, неженатый, холостой, бабами не интересуется...» И жалко стало, как вы смотрите на меня, и в глазах ваших — голод...

— Ты, черт тебя знает... Ну, до свиданья! Некогда мне с тобой, — и шутливо добавил: — Вот отсеемся, тогда, пожалуйста, налетай на бывшего флотского, да только у Макара разрешение возьми, факт!

Лушка захохотала, сказала вслед:

— Макар от меня все мировой революцией заслонялся, а вы — севом. Нет уж, оставьте! Мне вы, таковские, не нужны! Мне горячая любовь нужна, а так что же?.. У вас кровя заржавели от делов, а с плохой посудой и сердцу остуда!

Давыдов шел в правление, растерянно улыбаясь. Подумал было: «Надо ее как-нибудь к работе пристроить, а то собьется бабочка с правильных путей. Будни, а она вырядилась, и такие разговорчики...» — но потом мысленно махнул рукой: «Э, да прах ее возьми! Сама не маленькая, должна понимать. Что я, в самом деле, — буржуйская дама с благотворительностью, что ли? Предложил работать — не хочет, ну и пусть ее треплется!»

У Нагульнова коротко спросил:

— Развелся?

— Пожалуйста, без вопросов! — бормотнул Макар, с чрезмерным вниманием рассматривая на своих длинных пальцах ногти.

— Да я так...

— Ну и я так!

— И черт с тобой! Спросить нельзя уже, факт!

— Первой бригаде бы выезжать пора, а они проволочку выдумляют.

— Ты бы Лукерью на путь наставил, она теперь — хвост в зубы и пойдет рвать!

— Да что я, поп ей или кто? Отвяжись! Я про первую бригаду говорю, что завтра ей край надо...

— Первая завтра выедет... А ты думаешь, это так просто: развелся и — ваших нет? Почему не воспитал женщину в коммунистическом духе? Одно несчастье с тобой, факт!

— Завтра сам нá поля поеду с первой бригадой... Да что ты ко мне привязался, как репей? «Воспитать, воспитать!» Каким я ее чертом воспитал бы, ежели я сам кругом невоспитанный? Ну развелся. Еще чего? Въедливый ты, Семен, как лишай!.. Тут с этим Банником!.. Мне самому до себя, а ты ко мне с предбывшей женой...

Давыдов только что хотел отвечать, но во дворе правления зазвучала автомобильная сирена. Покачиваясь, гребя штангой талую воду в луже, въехал риковский фордик. Распахнув дверцу, из него вышел председатель районной контрольной комиссии Самохин.

— Это по моему делу... — Нагульнов сморщился и озлобленно озирнулся на Давыдова. — Гляди, ишо ты ему про бабу не вякни, а то подведешь меня под монастырь! Он, этот Самохин, знаешь, какой? «Почему развелся да при какой случайности?» Ему — нож вострый, когда коммунист разводится. Поп какой-то, а не РКИ. Терпеть его ненавижу, черта лобастого! Ох, уже этот мне Банник! Убить бы гада и...

Самохин вошел в комнату, не выпуская из рук брезентового портфеля, не здороваясь, полушутливо сказал:

— Ну, Нагульнов, натворил делов? А я вот через тебя должен в такую ростороп ехать. А это что за товарищ? Кажется, Давыдов? Ну, здравствуйте. — Пожал руки Нагульнову и Давыдову, присел к столу. — Ты, товарищ Давыдов, оставь нас на полчасика, мне вот с этим чудаком (жест в сторону Нагульнова) потолковать надо.

— Валяйте, говорите.

Давыдов поднялся, с изумлением слыша, как Нагульнов, только что просивший его не говорить о разводе, брякнул, видимо решив, что «семь бед — один ответ»:

— Избил одного контрика — верно, да это еще не все, Самохин...

— А что еще?

— Жену нынче выгнал из дому!

— Да ну-у?.. — испуганно протянул большелобый тощий Самохин и страшно засопел, роясь в портфеле, молча шелестя бумагами...

Глава XXVII

Ночью сквозь сон Яков Лукич слышал шаги, возню возле калитки и никак не мог проснуться. И когда с усилием оторвался от сна, уже въяве услышал, как заскрипела доска забора под тяжестью чьего-то тела и словно бы звякнуло что-то металлическое. Торопливо подойдя к окну, Яков Лукич приник к оконному глазку, всмотрелся — в предрассветной глубокой темени увидел, как через забор махнул кто-то большой, грузный (слышен был тяжкий звук прыжка). По белевшей в ночи папахе угадал Половцева. Накинул пиджак, снял с печи валенки, вышел. Половцев уже ввел в калитку коня, запер ворота на засов. Яков Лукич принял из рук его поводья. Конь был мокр по самую холку, хрипел нутром и качался. Половцев, не ответив на приветствие, хриплым шепотом спросил:

— Этот... Лятьевский тут?

— Спят. Беда с ними... водочку все выпивали за это время...

— Черт с ним! Сволочь... Коня я, кажется, перегнал...

Голос Половцева был неузнаваемо тих, в нем почудились Якову Лукичу какая-то надорванность, большая тревога и усталь...

В горенке Половцев снял сапоги, из седельной сумы вынул казачьи синие с лампасами шаровары, надел, а свои, мокрые по самый высокий простроченный пояс, повесил над лежанкой просушить.

Яков Лукич стоял у притолоки, следил за неторопливыми движениями своего начальника; тот присел на лежанку, обхватил руками колени, грея голые подошвы; на минуту дремотно застыл. Ему, видимо, смертно хотелось спать, но он с усилием открыл глаза, долго смотрел на Лятьевского, спавшего непросыпным пьяным сном, спросил:

— Давно пьет?

— Спервоначалу. Дюже зашибает! Мне ажник неловко перед людьми... Кажин день приходится водку тягать... Подозрить могут.

— Сволочь! — не разжимая зубов, с великим презрением процедил Половцев. И снова задремал сидя, покачивая большой седеющей головой.

Но через несколько минут темного наплывного сна вздрогнул, спустил с лежанки ноги, открыл глаза.

— Трое суток не спал... речки играют. Через вашу, гремяченскую, вплынь перебрался.

— Вы бы прилегли, Александр Анисимыч.

— Лягу. Дай табаку. Я свой намочил.

После двух жадных затяжек Половцев оживился. Из глаз его исчезла сонная наволочь, голос окреп.

— Ну, как дела тут?

Яков Лукич коротко рассказал; спросил в свою очередь:

— А какие ваши успехи? Скоро?

— На этих днях или... вовсе не начнем. Завтра ночью поедем с тобой в Войсковой. Надо поднимать оттуда. Ближе к станице. Там сейчас агитколонна. С нее будем пробовать. А ты мне в этой поездке необходим. Тебя там знают казаки, твое слово их воодушевит. — Половцев помолчал, долго и нежно гладил своей большой ладонью вскочившего ему на колени черного кота, потом зашептал, и в голосе его зазвучали несвойственные ему теплота, ласка: — Кисынька! Кисочка! Котик! Ко-ти-ще! Да какой же ты вороной! Люблю я, Лукич, кошек! Лошадь и кошка — самые чистоплотные животные... У меня дома был сибирский кот, огромный, пушистый... Постоянно спал со мной... Масти этакой... — Половцев задумчиво сощурил глаза, улыбнулся и пошевелил пальцами, — этакой дым-

чато-серой с белыми плешинами. За-ме-ча-тель-ный кот
был. А ты, Лукич, не любишь кошек? Вот собак я не люблю, ненавижу собак! Знаешь, у меня в детстве был такой
случай, мне было тогда, наверное, лет восемь. У нас был
щеночек маленький, я с ним как-то играл, как видно,
больно ему сделал. Он меня и цапнул за палец, до крови
прокусил. Я разъярился, схватил хворостину и стал его
пороть. Он бежит, а я догоняю и порю, порю с... прямо-таки с наслаждением! Он — под амбар, я — за ним, он —
под крыльцо, но я его и оттуда достану и все бью его, бью.
И до того засек, что он весь обмочился и уже, знаешь, не
визжит, а хрипит да всхлипывает... И вот тогда я взял его
на руки... — Половцев улыбнулся как-то виновато, смущенно, одною стороною рта. — Взял да так разревелся
сам от жалости к нему, что у меня сердце зашлось. Судо-
роги тогда со мной сделались... Мать прибежала, а я рядом со щенком лежу возле каретника на земле и ногами
сучу... С той поры не переношу собак. А вот кошек чертовски люблю. И детей. Маленьких. Очень люблю, даже
как-то болезненно. Детских слез не могу слышать, все во
мне переворачивается... А ты, старик, кошек любишь
или нет?

Изумленный донельзя проявлением таких простых
человеческих чувств, необычным разговором своего начальника, пожилого матерого офицера, славившегося
еще на германской войне жестокостью в обращении с казаками, Яков Лукич отрицательно потряс головой. Половцев помолчал, посуровел лицом и уже сухо, по-деловому спросил:

— Почта давно была?

— Зараз же разлой, лога все понадулись, бездорожье.
Недели полторы не было почты.

— В хуторе ничего не слышно насчет статьи Сталина?

— Какой статьи?

— Статья его была напечатана в газетах насчет колхозов.

— Нет, не слыхать. Видно, эти газеты не дошли до нас.
А что в ней было пропечатано, Александр Анисимыч?

— Так, пустое... Тебе это неинтересно. Ну, ступай, ложись спать. Коня напоишь часа через три. А завтра ночью добыть пару колхозных лошадей, и как только смеркнется, поедем на Войсковой. Ты поедешь охлюпкой[1], тут недалеко.

Утром Половцев долго говорил с прохмелившимся Лятьевским. После разговора Лятьевский вышел в кухню бледный, злой.

— Может, похмелиться есть нужда? — предупредительно спросил Яков Лукич, но Лятьевский глянул куда-то выше его головы, раздельно сказал:

— Теперь уж ничего не надо, — и ушел в горенку, лег на кровать ничком.

Ночью на колхозной конюшне дежурил Батальщиков Иван — один из завербованных Яковом Лукичом в «Союз освобождения Дона». Но Яков Лукич и ему не сказал о том, куда и для какой надобности поедут. «По нашему делу надо съездить недалеко», — уклончиво ответил на вопрос Батальщикова. И тот, не колеблясь, отвязал пару лучших лошадей. По-за гумнами провел их Яков Лукич, привязал в леваде, а сам пошел вызывать Половцева. И когда подходил к дверям горенки, слышал, как Лятьевский крикнул: «Да ведь это же означает наше поражение, поймите!» В ответ что-то сурово забасил Половцев, и Яков Лукич, томимый предчувствием какой-то беды, тихо постучался.

Половцев вынес седло. Вышли. Взяли лошадей. Тронули рысью. Речку переехали за хутором вброд. Всю дорогу Половцев молчал, курить воспретил и ехать велел не по дороге, а сбочь, саженях в пятидесяти.

В Войсковом их ждали. В курене у знакомого Якову Лукичу казака сидело человек двадцать хуторян. Преобладали старики. Половцев со всеми здоровался за руку, потом отошел с одним к окну, шепотом в течение пяти минут говорил. Остальные молча поглядывали то на Половцева, то на Якова Лукича. А тот, присев около порога,

---

[1] *Охлюпкой* — без седла.

чувствовал себя среди чужих, мало знакомых казаков потерянно, неловко...

Окна изнутри были плотно занавешены дерюжками, ставни закрыты, на базу караулил зять хозяина, но, несмотря на это, Половцев заговорил вполголоса:

— Ну, господа казаки, час близок! Кончается время вашего рабства, надо выступать. Наша боевая организация наготове. Выступаем послезавтра ночью. К вам в Войсковой придет конная полусотня, и по первому же выстрелу вы должны кинуться и перебрать на квартирах этих... агитколонщиков. Чтобы ни один живым не ушел! Командование над вашей группой возлагаю на подхорунжего Марьина. Перед выступлением советую нашить на шапки белые ленты, чтобы в темноте своих не путать с чужими. У каждого должен быть наготове конь, имеющееся вооружение — шашка, винтовка или даже охотничье ружье — и трехдневный запас харчей. После того как управитесь с агитколонной и вашими местными коммунистами, ваша группа вливается в ту полусотню, которая придет вам на помощь. Командование переходит к командиру полусотни. По его приказу тронетесь туда, куда он вас поведет. — Половцев глубоко вздохнул, вынул из-за пояса толстовки пальцы левой руки, вытер тылом ладони пот на лбу и громче продолжал: — Со мною приехал из Гремячего Лога всем вам известный казак Яков Лукич Островнов, мой полчанин. Он вам подтвердит готовность большинства гремяченцев идти вместе с нами к великой цели освобождения Дона от ига коммунистов. Говори, Островнов!

Тяжелый взгляд Половцева приподнял Якова Лукича с табурета. Яков Лукич проворно встал, ощущая тяжесть во всем теле, жар в своей пересохшей гортани, но говорить ему не пришлось, его опередил один из присутствовавших на собрании, самый старый на вид казак, член церковного совета, до войны бывший в Войсковом бессменным попечителем церковноприходской школы. Он встал вместе с Яковом Лукичом и, не дав ему слова вымолвить, спросил:

— А вы, ваше благородие, господин есаул, наслышанные об том, что... Тут вот до вашего прибытия совет промежду нас шел... Тут газетка дюже антиресная проявилась...

— Что-о-о? Что ты говоришь, дед? — хрипловато спросил Половцев.

— Газетка, говорю, из Москвы пришла, и в ней пропечатанное письмо председателя всей партии...

— Секретаря! — поправил кто-то из толпившихся возле печи.

— ...То бишь секретаря всей партии, товарища Сталина. Вот она, эта самая газетка от второго числа сего месяца, — не спеша, старческим тенорком говорил старик, а сам уже доставал из внутреннего кармана пиджака аккуратно сложенную вчетверо газету. — Читали мы вслух ее промеж себя трошки загодя до вашего прибытия, и... выходит так, что разлучает эта газетка нас с вами! Другая линия жизни нам, то есть хлеборобам, выходит... Мы вчера прослыхали про эту газету, а ноне утром сел я верхи и, на старость свою не глядя, мотнулся в станицу. Через Левшову балку вплынь шел, со слезами, а перебрался через нее. У одного знакомца в станице за-ради Христа выпросил — купил я эту газету, заплатил за нее. Пятнадцать рубликов заплатил! А после уже доглядели, а на ней обозначенная цена — пять копеек! Ну, да деньги мне с обчества соберут, с база по гривеннику, так мы порешили. Но газета денег этих стоит, ажник, кубыть, даже превышает...

— Ты о чем говоришь, дед? Ты что это несешь и с Дона и с моря? На старости лет умом помешался? Кто тебе давал полномочия говорить от имени всех тут присутствующих? — с гневной дрожью в голосе спросил Половцев.

Тогда выступил малого роста казачок, годов сорока на вид, с куцыми золотистыми усами и расплюснутым носом; выступил из стоявшей возле стены толпы и заговорил вызывающе, зло:

— Вы, товарищ бывший офицер, на наших стариков не пошумливайте, вы на них и так предостаточно нашу-

мелись в старую времю. Попановали — и хватит, а зараз
надо без грубиянства гутарить. Мы при Советской власти стали непривычные к таким обращениям, понятно
вам? И старик наш правильно гутарил, что был промеж
нас совет, и порешили мы все через эту статью в газете
«Правде» не восставать. Разошлись поврозь наши с вашими стежки-дорожки! Власть наша хуторская надурила, кое-кого дуриком в колхоз вогнала, много середняков занапрасно окулачила, а того не поняла наша
власть, что дуриком одну девку можно, а со всем народом нельзя управиться. Ить наш председатель совета
так нас зануздал было, что на собрании и слова супротив
него не скажи. Подтягивал нам подпруги неплохо, дыхнуть нечем было, — а ить хороший хозяин по песку, по
чижолой дороге лошади чересседельно отпущает, норовит легше сделать... Ну, мы раньше, конешно, думали,
что это из центру такой приказ идет, масло из нас выжимать; так и кумекали, что из ЦК коммунистов эта пропаганда пущенная, гутарили промеж себя, что, мол,
«без ветру и ветряк не будет крыльями махать». Через
это решили восставать и вступили в ваш «союз». Понятно вам? А зараз получается так, что Сталин этих местных коммунистов, какие народ силком загоняли в колхоз и церква без спросу закрывали, кроет почем зря, с
должностей смещает. И получается хлеборобу легкая
дыхания, чересседельная ему отпущенная — хочешь,
иди в колхоз, а хочешь, сиди в своей единоличности.
Вот мы и порешили — с вами добром... Отдайте нам расписки, какие мы вам по нашей дурости подписали, и
ступайте, куда хотите, мы вам вреда чинить не будем через то, что сами мазаные...

Половцев отошел к окну, прислонился к косяку спиной, побледнел так, что всем стало заметно, но голос его
прозвучал твердо, с сухим накалом, когда он, оглядывая
всех, спросил:

— Это что же, казачки? Измена?

— Уж это как хотите, — ответил ему еще один старик, — как хотите прозывайте, но нам с вами зараз не по дороге. Раз сам хозяин стал нам в защиту, то чего же нам на сторону лезть? Вот меня лишили зазря голосу, выселять хотели, а у меня сын в Красной Армии, и, значится, я своих правов голоса достигну. Мы не супротив Советской власти, а супротив своих хуторских беспорядков, а вы нас хотели завернуть противу всей Советской власти. Нет, это негоже нам! Возверните нам расписки, покедова добром просим.

И еще один пожилой казак говорил, неспешно поглаживая левой рукой кучерявую бородку:

— Промахнулись мы, товарищ Половцев... Видит бог, промахнулись! Не путем мы с вами связались. Ну, да ить от спыток — не убыток, теперича будем ходить без вилюжечков... Прошедший раз слухали мы вас, как вы нам золотые горы сулили, и диву давались: уж дюже ваши посулы чижолые! Вы говорили, что, мол, союзники нам — на случай восстания — в один момент оружию примчат и всю военную справу. Наше, мол, дело только постреливать коммунистов. А после раздумались мы, и что же оно получается? Оружию-то они привезут, это добро дешевое, но, гляди, они и сами на нашу землю слезут? А слезут, так потом с ними и не расцобекаешься! Как бы тоже не пришлось их железякой с русской землицы спихивать. Коммунисты — они нашего рода, сказать, свои, природные, а энти черти-те по-каковски гутарют, ходют гордые все, а середь зимы снегу не выпросишь, и попадешься им, так уж милости не жди! Я побывал в двадцатом году за границей, покушал французского хлеба на Галиполях и не чаял оттедова ноги притянуть! Дюже уж хлеб их горьковатый! И много нациев я перевидал, а скажу так, что, окромя русского народа, нету желанней, сердцем мягше. В Константинополе и в Афинах работал в портах, на англичан, французов насмотрелся. Ходит такая разутюженная гадюка мимо тебя и косоротится оттого, что я, видишь ты, небритый, грязный, как прах, по́том воняю, а ему на меня глядеть — душу воротит. У него ить, как у офицерской кобылы, все до самой подхвостницы подмыто и выскоблено, и вот он этим гордится, а нами гребует.

Ихние матросы в кабаках, бывало, нас затрагивают и чуть чего — боксом бьют. Но наши донские и кубанские трошки приобыкли в чужих краях и начали им подвешивать! — Казак улыбнулся, в бороде синеватым лезвием сверкнули зубы. — По-русски даст наш биток какому-нибудь англичанину, а он с ног — копырь, и лежит, за голову держится, тяжело вздыхает. Нежные они на русский кулак, и хоть сытно едят, а квелые. Мы этих союзников раскусили и поотведали! Нет уж, мы тут с своей властью как-нибудь сами помиримся, а сор из куреня нечего таскать... Расписочки-то вы нам ублаговолите назад!

«Махнет он зараз в окно, а я останыся, как рак на меле! Вот так влез!.. Ох, матушка родимая, в лихой час ты меня зародила! Связался с распроклятым! Попутал нечистый дух!» — думал Яков Лукич, ерзая по скамейке, глаз не сводя с Половцева. А тот спокойно стоял у окна, и теперь уже не бледность заливала его щеки, а темная просинь гнева, решимости. На лбу вздулись две толстые поперечные жилы, руки неотрывно сжимали подоконник.

— Ну, что же, господа казаки, воля ваша: не хотите идти с нами — не просим, челом не бьем. Расписок я не верну, они не со мною, а в штабе. Да вы напрасно и опасаетесь, я же не пойду в ГПУ заявлять на вас...

— Оно-то так, — согласился один из стариков.

— ...И не ГПУ вам надо бояться... — Половцев, говоривший до этого замедленно, тихо, вдруг крикнул во весь голос: — Нас надо бояться! Мы вас будем расстреливать, как предателей!.. А ну, прочь с дороги! Сторонись! К стенкам!.. — и, выхватив наган, держа его в вытянутой руке, направился к двери.

Казаки ошалело расступились, а Яков Лукич, опередив Половцева, плечом распахнул дверь, вылетел в сенцы, как камень, кинутый пращой.

В темноте они отвязали лошадей, рысью выехали со двора. Из куреня доносился гул взволнованных голосов, но никто не вышел, ни один из казаков не попытался их задержать...

***

После того как вернулись в Гремячий Лог и Яков Лукич отвел на колхозную конюшню запаренных быстрой скачкой лошадей, Половцев позвал его к себе в горенку. Он не снимал с себя ни полушубка, ни папахи; как только вошел, приказал Лятьевскому собираться, прочитал письмо, присланное перед их приездом с коннонарочным, сжег его в печке и начал увязывать в переметные сумы свои пожитки.

Яков Лукич, войдя в горенку, застал его сидящим за столом. Лятьевский, посверкивая глазом, чистил маузер, собирал точными, быстрыми движениями смазанные ружейным маслом части, а Половцев на скрип двери отнял ото лба ладонь, повернулся к Якову Лукичу лицом, и тот впервые увидел, как бегут из глубоко запавших, покрасневших глаз есаула слезы, блестит смоченная слезами широкая переносица...

— О том плачу, что не удалось наше дело... на этот раз... — звучно сказал Половцев и размашистым жестом снял белую курпяйчатую папаху, осушил ею глаза. — Обеднял Дон истинными казаками, разбогател сволочью: предателями и лиходеями... Сейчас уезжаем, Лукич, но мы вернемся! Получил вот пакет... В Тубянском и в моей станице казаки тоже отказались восставать. Переманил их Сталин своей статьей. Вот бы кого я сейчас... вот бы кого я... — В горле Половцева что-то заклокотало, захлюпало, под скулами взыграли желваки, а пальцы на ядреных руках скрючились, сжались в кулаки до отеков в суставах. Глубоко, с хрипом вздохнув, он медленно разнял пальцы, улыбнулся одной стороной рта. — Ккка-ккой народ! Подлецы!.. Дураки, богом проклятые!.. Они не понимают того, что эта статья — гнусный обман, маневр! И они верят... как дети. О! Гнусь земляная! Их, дураков, большой политики ради водят, как сомка на удочке, подпруги им отпускают, чтобы до смерти не задушить, а они все это за чистую монету принимают... Ну да ладно! Поймут и пожалеют, да поздно будет. Мы уезжаем, Яков Лукич. Спаси Христос тебя за хлеб-соль, за все. Вот тебе мой наказ: из колхоза не выходи, вреди им всячески, а тем, кто был в нашем «союзе», скажи моим крепким словом: мы пока отступаем, но мы не разбиты. Мы еще вернемся, и тогда горе будет тем, кто отойдет от нас, предаст нас и дело... великое дело спасения родины и Дона от власти международных жидов! Смерть от казачьей шашки будет им расплатой, так и скажи!

— Скажу, — прошептал Яков Лукич.

Речь и слезы Половцева его растрогали, но в душе он был страшно рад тому, что избавляется от опасных постояльцев, что все это закончилось так благополучно, что отныне не придется рисковать имуществом и собственной шкурой.

— Скажу, — повторил он и осмелился спросить: — А куда вы отбываете, Александр Анисимыч?

— А зачем это тебе? — настороженно спросил Половцев.

— Так, может статься, понадобитесь вы или человек какой к вам прибудет.

Половцев покачал головою, встал.

— Нет, этого я тебе сказать не могу. Но так недели через три ожидай меня. Прощай, — и подал холодную руку.

Коня он оседлал сам, тщательно разгладил потник, подтянул подпруги. Лятьевский уже на базу простился с Яковом Лукичом, сунул ему в руку две бумажки.

— Вы пеши? — спросил его Яков Лукич.

— Это я только с твоего двора, а там на улице меня ожидает собственный автомобиль, — пошутил духа не сронивший подпоручик и, дождавшись, пока Половцев сел в седло, взялся за стремянной ремень. — Ну, скачи, князь, до вражьего стану, авось я пешой не отстану!

Яков Лукич проводил гостей за калитку, с чувством огромного облегчения запер ворота на засов, перекрестился и, озабоченно вынув из кармана полученные от Лятьевского деньги, долго в предрассветном сумеречье пытался разглядеть, какого они достоинства, и на ощупь, по хрусту определить, не фальшивые ли.

Глава XXVIII

Двадцатого марта кольцевик привез в Гремячий Лог запоздавшие по случаю половодья газеты со статьей Сталина «Головокружение от успехов». Три экземпляра «Молота» за день обошли все дворы, к вечеру превратились в засаленные, влажные, лохматые лоскутки. Никогда за время существования Гремячего Лога газета не собирала вокруг себя такого множества слушателей, как в этот день. Читали, собирая группами, в куренях, на проулках, по забазьям, на приклетках амбаров... Один читал вслух, остальные слушали, боясь проронить слово, всячески соблюдая тишину. По поводу статьи всюду возникали великие спорища. Всяк толковал по-своему, в большинстве так, кому как хотелось. И почти везде при появлении Нагульнова или Давыдова почему-то торопливо передавали газету из рук в руки, пока она, белой птицей облетев толпу, не исчезала в чьем-нибудь широченном кармане.

— Ну, теперь полезут колхозы по швам, как прелая одежина! — первым высказал догадку торжествующий Банник.

— Навоз уплывет, а что потяжельше — останется, — возражал ему Демка Ушаков.

— Гляди, как бы навыворот, наоборот не получилось, — ехидствовал Банник и спешил уйти, чтобы в другом месте шепнуть людям, которые понадежнее: «Бузуй, выписывайся из колхозу, покеда свободу крепостным объявили!»

— Раскорячился середняк! Одной ногой в колхозе стоит, а другую поднял, отрясает и уже норовит зараз, как бы из колхоза переступить обратно в свое хозяйство, — говорил Павло Любишкин Менку, указывая на оживленно разговаривавших колхозников-середняков.

Бабы, много недопонимавшие, по своему бабьему обыкновению занялись догадками и выгадками! И пошло по хутору:

— Распущаются колхозы!

— Коров — приказано из Москвы — вернуть.

— Кулаков возвертают и записывают по колхозам.

— Голоса отдают энтим, у каких поотняли.

— Церкву на Тубянском открывают, а семенной хлеб, какой в ней был ссыпанный, раздают колхозникам на прокорм.

Надвигались большие события. Это чувствовалось всеми. Вечером на закрытом собрании партячейки Давыдов, нервничая, говорил:

— Очень даже своевременно написана статья товарища Сталина! Макару, например, она не в бровь, а в глаз колет! Закружилась Макарова голова от успехов, заодно и наши головы малость закружились... Давайте, товарищи, предложения, что́ будем исправлять. Ну, птицу мы распустили, вовремя догадались, а вот как с овцами, с коровами как быть? Как с этим быть, я вас спрашиваю? Если это не политически сделать, то тут, факт, получится... получится, что это — вроде сигнала: «Спасайся кто может!», «Бежи из колхоза!» И побегут, скот весь растянут, и останемся мы с разбитым корытом, очень даже просто!

Нагульнов, пришедший на собрание последним, встал, в упор глядя на Давыдова слезящимися, налитыми кровью глазами, заговорил, и Давыдов почувствовал, как от Макара резко нанесло запахом водочного перегара:

— Говоришь, в глаз мне эта статья попала? Нет, не в глаз, а в самое сердце! И наскрозь, навылет! И голова моя закружилась не тогда, когда мы колхоз создавали, а вот сейчас, после этой статьи...

— После бутылки водки она у тебя закружилась, — тихо вставил Ванюшка Найденов.

Размётнов улыбнулся, сочувственно подмигнув, Давыдов нагнул над столом голову, а Макар раздул побелевшие ноздри, в мутных глазах его плеснулось бешенство:

— Ты, кужёнок, молодой меня учить и заметки мне делать! У тебя ишо пупок не просох, а я уже бился в то время за Советскую власть и в партии состоял... Так-то! А что я выпил ноне, так это — факт, как Давыдов наш говорит. И не бутылку, выпил, а две!

— Нашел чем хвалиться! То-то из тебя дурь и прет... — хмуро кинул Размётнов.

Макар только покосился в его сторону, но заговорил тише и рукой перестал бестолково размахивать, а накрепко прижал ее к груди, да так и остался стоять до конца своей бессвязной, горячей речи.

— Дурь из меня зараз не прет, брешешь, Андрюшка! Выпил же я через то, что меня эта статья Сталина, как пуля, пронизала навылет, и во мне закипела горючая кровь... — Голос Макара дрогнул, стал еще тише. — Я тут — секретарь ячейки, так? Я приступал к народу и к вам, чертям, чтобы курей-гусей в колхоз согнать, так? Я за колхоз как агитировал? А вот как: кое-кому из наших злодеев, хотя они и середняки числются, прямо говорил: «Не идешь в колхоз? Ты, значится, против Советской власти? В девятнадцатом году с нами бился, супротивничал, и зараз против? Ну, тогда и от меня миру не жди. Я тебя, гада, так гробану, что всем чертям муторно станет!» Говорил я так? Говорил! И даже наганом по столу постукивал. Не отрицаюсь! Правда, не всем, но иным говорил, какие в душе против нас особенно напряженные. И я зараз не пьяный, пожалуйста, без глупостей! Я этой статьи не мог стерпеть, через нее и выпил за полгода первый раз. Какая это есть статья? А эта статья такая, что товарищ наш Сталин написал, а я, то есть Макар Нагульнов, брык! — и лежу в грязе ниц лицом, столченный, сбитый с ног долой... Это как? Товарищи! Я же согласен с тем, что я влево загибал с курями и с прочей живностью... Но, братцы, братцы, отчего я загибал? И зачем вы мне Троцкого на шею вешаете, взналыгиваете меня с ним, что я с ним в цобах ходил? Ты, Давыдов, мне все время в глаза ширял, что я — левый троцкист. Но я такой грамоты, как Троцкий, не знаю, и я не так, как он... к партии я не ученым хрящиком прирастал, а сердцем и своей пролитой за партию кровью!

— Ты по существу говори, Макар! Что ты в такое дорогое время разводишь волынку? Время не терпит. Давай предложения, как нам наши общие ошибки поправлять, а этак что ж ты, как Троцкий: «Я в партии, я да партия...»

— Дай сказать! — зарычал Макар, вспыхнув и еще крепче прижав к груди правую руку. — От Троцкого я отпихиваюсь! Мне с ним зараз зазорно на одной уровне стоять! Я не изменник и наперед вас упреждаю: кто меня троцкистом назовет — побью морду! До мослов побью! И я влево с курями ушел не за-ради Троцкого, а я поспешал к мировой революции! Через это мне и хотелось все поскорее сделать, покруче собственника — мелкого буржуя — завернуть. Все на шаг ближе бы к расправе над мировой капитализмой! Ну? Чего же вы молчите? Теперича так: кто же я есть такой, по статье товарища Сталина? Вот что середь этой статьи пропечатано, — Макар достал из кармана полушубка «Правду», развернул ее, медленно стал читать: — «Кому нужны эти искривления, это чиновничье декретирование колхозного движения, эти недостойные угрозы по отношению к крестьянам? Никому, кроме наших врагов! К чему они могут привести, эти искривления? К усилению наших врагов и к развенчанию идей колхозного движения. Не ясно ли, что авторы этих искривлений, мнящие себя «левыми», на самом деле льют воду на мельницу правого оппортунизма?» Вот и выходит, что я перво-наперво — декретный чиновник и автор, что я развенчал колхозников и что я воды налил на правых оппортунистов, пустил в ход ихнюю мельницу. И все это из-за каких-то овец, курей, пропади они пропадом! Да из-за того, что пристращал несколько штук бывших белых, какие на тормозах в колхоз спущались. Неправильно это! Создавали, создавали колхоз, а статья отбой бьет. Я эскадрон водил и на поляков и на Врангеля и знаю: раз пошел в атаку — с полдороги не поворачивай назад!

— Ты от эскадрона-то выскакал вперед как раз на сотенник... — хмурясь, сказал Разметнов, последнее время упорно поддерживавший Давыдова. — И ты, пожалуйста, кончай, Макар, об деле надо гутарить! Вот когда выберут тебя секретарем ЦК, тогда уж ты будешь опреметь головы в атаку кидаться, а зараз — ты рядовой боец и ты строй соблюдай, а то мы тебе прикорот сделаем!

— Ты не перебивай, Андрей! Я любому приказу партии подчиняюсь, а зараз хочу говорить не потому, что я своей родимой партии намереваюсь супротивничать, а потому, что я ей добра хочу! Товарищ Сталин прописал, что надо было работать с учетом местности, так? А почему ты, Давыдов, говоришь, что статья именно мне в глаз встромилась? В ней же не прописано прямо, что Макар Нагульнов — автор и чиновник? Может, эти слова вовсе даже меня и не касаемые? А вот, кабы товарищ Сталин приехал в Гремячий Лог, я бы ему так и сказал: «Дорогой наш Осип Виссарионыч! Ты, значится, супротив того, чтобы нашим середнякам острастку задавать? Ты их прижеливаешь и норовишь с нежностями уговаривать? А ежели он, этот середняк, в прошедших временах был в белых казаках и до́ се до невозможности привержённый к собственности, тогда в какое место мне его лизать, чтобы он в колхоз вошел и терпеливо приближался к мировой революции? Ить он, середняк этот, в колхоз войдет, и то не может отрешиться от собственности, а все прицеляется, как бы свою худобу дюжей подкармывать, вот он какой!» Ну, а уж ежели товарищ Сталин, поглядев на такой народ, опять настаивал бы, что я искривления производил и колхозников развенчивал, то тут бы я прямо сказал ему: «Пущай их черт венчает, товарищ Сталин, а я больше не могу через состояние своего раскиданного по фронтам здоровья. Отпустите меня на китайскую границу, там я дюжей партии спонадоблюсь, а Гремячий пущай Андрюшка Размётнов коллективизирует. Он и хребтиной жидковат, кланяться бывшим белым может преотлично, и слезу пущает... Это он тоже может!»

— Ты меня не трожь, а то я тоже могу тронуть...

— А ну, довольно! Хватит на сегодня! — Давыдов встал, подошел к Макару вплотную, с не присущим ему холодком в голосе спросил: — Письмо Сталина, товарищ Нагульнов, это — линия ЦК. Ты, что же, не согласен с письмом?

— Нет.

— А ошибки свои признаешь? Я, например, свои признаю. Против факта не попрешь и выше кое-чего не прыгнешь. Я не только признаю, что мы пересолили, обобществив мелкий скот, телят, но и буду исправлять свои ошибки. Мы чересчур увлеклись процентом коллективизации, хотя в этом и райкомовская вина есть, и слишком мало поработали над фактическим укреплением колхоза. Ты признаешь это, товарищ Нагульнов?

— Признаю.

— Так в чем же дело?

— Статья неправильная.

Давыдов с минуту разглаживал ладонями грязную клеенку на столе, неизвестно для чего подкрутил фитиль умеренно горевшей лампы, — видимо, пытался унять волнение и не смог.

— Ты! Дубина, дьявол!.. Тебя за эти разговорчики в другом месте из партии вышибли бы! Ну, факт! Ты с ума свихнулся, что ли? Или ты сейчас же прекратишь этот... свое это... свою оппозицию, или мы на тебя... Факт! Мы терпели достаточно твоих высказываний, а если уж ты ставишь это по-серьезному, — пожалуйста! Мы официально сообщим райкому о твоем выступлении против линии партии!

— Сообщай. Я сам заявлю в райком. За Банника и за все разом отвечу...

Давыдов несколько приутих, вслушиваясь в потерянный голос Макара, но со все еще не остывшим озлоблением, пожимая плечами, сказал:

— Знаешь что, Макар? Поди-ка ты проспись, а уж потом мы будем с тобой говорить фактически. А то у нас с тобой получается, как в сказке про белого бычка: «Мы с тобой шли?» — «Шли». — «Тулуп нашли?» — «Нашли». — «Ну, давай по уговору делить тулуп». — «Какой тулуп?» — «Так мы ж с тобой шли?» — «Шли...» И так без конца. То ты говоришь, что ошибки свои признаешь, а следом за этим заявляешь, что статья неправильная. Тогда какие же ты ошибки признаешь, если статья, по-твоему, неправильная? Запутался ты, факт! И потом — с каких это пор у нас секретари ячеек стали приходить на ячейковые собрания в выпитом виде? Что это такое, Нагульнов? Это — партийный проступок! Ты — старый член партии, красный партизан, краснознаменец, и вдруг такое явление... Вот Найденов, комсомолец, что он о твоем образе может подумать? И потом, если до районной контрольной комиссии дойдет, что ты пьянствуешь, да еще в такой ответственный момент, что ты не только середняков запугивал с ружьем в руках, но и не по-большевицки относишься к своим искривлениям и даже выступаешь против линии партии, то это, Нагульнов, получится для тебя печальный факт. Ты не только секретарем ячейки не будешь, но и членом партии, так и знай! Это я тебе фактически говорю. — Давыдов взъерошил волосы, помолчал, чувствуя, что тронул Макара за живое; продолжал: — Дискуссию вокруг статьи нечего устраивать. Партию ты по-своему не свернешь, она не таким, как ты, рога обламывала и заставляла подчиняться. Как ты этого не поймешь!

— Да брось ты с ним воловодиться! Он битый час бузу тер, а слушать было нечего. Нехай идет и спит. Ступай, Макар! Совестно тебе! Глянь на себя в зеркалу — и ужахнешься: морда пухлая, глаза как у бешеной собаки, ну, чего ты в таком виде явился? Иди! — Размётнов вскочил, свирепо потряс Макара за плечо, но тот вялым, безжизненным движением снял с плеча его руку, больше ссутулился...

В тягостном молчании Давыдов побарабанил по столу пальцами. Найденов Ванюшка, все время с недоумевающей улыбкой посматривавший на Макара, попросил:

— Товарищ Давыдов, давайте кончать.

— Так вот, товарищи, — оживился Давыдов, — я предлагаю следующее: вернуть колхозникам мелкий скот и коров, но у кого было сдано по две коровы — тех сагитировать, чтобы по одной оставили в колхозном обобществленном стаде. Завтра прямо с утра надо созвать собрание и повести разъяснительную работу. Весь упор надо сделать сейчас на разъяснение! Я боюсь, что начнутся выходы из колхоза, а ведь нам не сегодня-завтра выезжать в поле... Вот где, Макар, покажи-ка свою закалку! Уговори, да без нагана, чтобы из колхоза не выходили, это будет факт! Так что же, будем голосовать? Будем голосовать мое предложение? Кто за? Ты воздерживаешься, Макар? Так и запишем: «при одном воздержавшемся...»

Размётнов предложил с завтрашнего же дня повести борьбу с сусликами. Решили мобилизовать на уничтожение сусликов часть колхозников из числа тех, которые не будут заняты на полевых работах, прикрепить к ним несколько пар быков для доставки воды и просить заведующего школой учителя Шпыня выйти в поле с учениками, помочь в выливке грызунов.

Все время Давыдов внутренне колебался: прижимать ли Макара? Ставить ли вопрос о нем в порядке привлечения его к партийной ответственности за его выступление против статьи Сталина, за нежелание ликвидировать последствия «левых» ошибок, наделанных в практике создания колхоза? Но к концу собрания, глянув на мертвенно-белое лицо Макара, потное, со вздувшимися на висках венами, решил: «Нет, не надо! Сам поймет. Пусть-ка он без нажима осознает. Путаник, но ведь страшно свой же! И еще эта его болезнь... припадки. Нет, замнем это дело!»

А Макар до конца собрания просидел молча, внешне ничем не проявляя своего волнения. Давыдов, поглядывая на него, лишь единственный раз заметил, как по рукам Макара, обессиленно кинутым на колени, бугристой волной прошла крупная дрожь...

— Возьми Нагульнова к себе ночевать, проследи, чтобы он не пил, — шепнул Давыдов Размётнову, и тот согласно кивнул головой.

Домой Давыдов возвращался один. Возле база Лукашки Чебакова на поваленном плетне сидели казаки, оттуда доносился оживленный говор. Давыдов шел по противоположной стороне улицы; поравнявшись, слышал, как из темноты кто-то незнакомый уверенно, с улыбкой в басовитом голосе говорил:

— «...сколько ни давай, сколько ни плати, — все им мало!» А другой и говорит: «Зараз проявились у Советской власти два крыла: правая и левая. Когда же она сымется и улетит от нас к ядрене-фене?»

Покатился разноголосый смех и неожиданно быстро смолк.

— Тссс!.. Давыдов! — послышался тревожный шепот.

И тотчас же прежний басовитый голос, уже без малейшего намека на игривость, с притворной деловитостью, врастяжку заговорил:

— Да-а-а... Кабы не было дождей, с посевом скоро управились бы... Земля подсыхает прямо-таки невидя... Ну что же, братцы, на спокой, что ли? Прощевайте покедова!

Кашель. Шаги...

Глава XXIX

На другой день было подано двадцать три заявления о выходе из колхоза. Вышли преимущественно середняки, вступившие в колхоз в числе последних, на собраниях обычно отмалчивавшиеся, постоянно спорившие с нарядчиками, неохотно выходившие на работу. Это про них Нагульнов говорил: «Да разве ж это колхозники? Это так, ни рыба ни мясо!» Вышли те, которые, по сути, были мертвым балластом в бригадах, которые и колхозниками-то стали то ли из-за опасений, как бы не попасть в немилость у власти, то ли просто увлеченные общим могущественным приливом, тягой в колхоз, начавшейся еще в январе.

Давыдов, принимая заявления, пробовал и этих уговаривать, советовал подумать, повременить, но выходцы уперлись на своем, и Давыдов в конце концов махнул рукой.

— Идите, граждане, но помните: будете обратно проситься в колхоз — мы тогда еще подумаем, принимать вас или нет!

— Навряд мы будем обратно проситься! Надеемся сызнова без колхоза прожить... Да оно, видишь ли, Давыдов, и раньше без колхоза мы как-то жили, с голоду не пухли, свому добру сами были хозяева, чужие дяди нам не указывали, как пахать, как сеять, на попихачах ни у кого не были... Так что думаем и зараз без колхоза жить, не скучать! — улыбаясь в закрученные каштановые усы, за всех отвечал вчерашний колхозник Батальщиков Иван.

— Мы-то тоже без вас как-нибудь проживем! Уж плакать и убиваться не будем, факт! Баба с телеги — кобыле легче, — отрезал Давыдов.

— Оно и лучше, когда полюбовно разойдемся. Горшок об горшок и — без обиды врозь. Дозвольте скотинку нашу из бригад забрать?

— Нет, этот вопрос мы будем ставить на правлении. Подождите до завтра.

— Годить нам некогда. Вы колхозом, может, после Троицы начнете сеять, а нам надо в поле ехать. До завтра погодим, а уж ежели вы зачнете и завтра нашу худо́бу держать, тогда возьмем сами!

В голосе Батальщикова была прямая угроза, и Давыдов слегка покраснел от злости, когда отвечал ему:

— Я посмотрю, как ты сумеешь взять что-либо из колхозной конюшни без ведома правления! Во-первых, не дадим, а во-вторых, если и возьмешь — будешь отвечать по суду.

— За свою скотиняку-то?

— Пока она — колхозная.

С этими бывшими колхозниками Давыдов расстался без малейшего чувства сожаления, но заявление о выходе Демида Молчуна его неприятно поразило. Демид пришел уже перед вечером, сильно пьяный и все такой же неразговорчивый. Не поздоровавшись, сунул клочок газетной бумажки с нацарапанными поперек текста словами: «Выпущайте из колхоза».

Давыдов повертел в руках немногословное молчуновское заявление, с некоторым недоумением, с недовольством в голосе спросил:

— Что же это ты, а?

— Удаляюсь, — зарокотал Молчун.

— Куда? Почему?

— Из колхозу, стало быть.

— Да почему выходишь-то? Куда пойдешь?

Демид промолчал, широко повел рукою.

— На все четыре стороны хочешь пыхнуть? — перевел его жест Размётнов.

— Во-во!

— Так почему ты все-таки выходишь? — допытывался Давыдов, пораженный выходом бедняка — молчаливого активиста.

— Люди выходят... Ну и я следом.

— А ежели люди с яру головами вниз будут сигать, и ты будешь? — спросил тихо улыбавшийся Размётнов.

— Ну уж это, брат, едва ли! — Молчун гулко захохотал. Смех его разительно был похож на грохот порожней бочки.

— Ну, что же, выходи, — вздохнул Давыдов, — корову свою можешь взять. Тебе как бедняку отдадим без разговора, факт. Отдадим, Размётнов?

— Надо возвернуть, — согласился Размётнов, но Демид снова пространно и раскатисто засмеялся, бухнул:

— А она, корова-то, мне и без надобностев! Колхозу ее дарю. Я в зятья, должно, выйду. Это вам как? На удивленье небось? — и вышел, не попрощавшись.

Давыдов выглянул в окно: Молчун неподвижно стоял около крыльца. Закатное багряное солнце щедротно освещало его медвежковатую спину, могучую бурую шею, до самого воротника заросшую золотистой курчавейшей шерстью. Колхозный двор был залит талой водой. Огромнейшая лужа простиралась от крыльца до амбара. Со сходцев мимо плетня лежала протоптанная по рыхлому снегу, по грязи стежка. Люди, обходя лужу, обычно шли по-над самым плетнем, придерживаясь руками за колышки. Демид стоял в тупой, тяжкой задумчивости. Потом качнулся и вдруг с пьяным безразличием шагнул прямо в воду, побрел к амбару, медлительно и валко покачиваясь.

С интересом наблюдая за ним, Давыдов увидел, как Молчун взял стоявший на приклетке лом, подошел к воротам.

— Это он, чертило, не громить ли нас задумал? — проговорил подошедший к окну Размётнов и засмеялся. Он всегда относился к Молчуну тепло, приязненно, питая непреоборимое уважение к его физическому могуществу.

Молчун приоткрыл ворота и с такой силой ахнул ломом по обледенелому сугробу, что разом отколол огромный кус льда, пуда в три весом. В ворота градом застучали ледяные комочки, и вскоре в проделанное ломом русло молчаливо ринулась со двора вода.

— Ну, этот опять в колхозе будет! — заговорил Размётнов, хватая Давыдова за плечо, указывая на Молчуна. — Приметил непорядок, исправил и пошел. Значит, у него душа в нашем хозяйстве осталася! Верно я говорю?

***

После появления в районе газет со статьей Сталина райком прислал гремяченской ячейке обширную директиву, невнятно и невразумительно толковавшую о ликвидации последствий перегибов. По всему чувствовалось, что в районе господствовала полная растерянность, никто из районного начальства в колхозах не показывался, на запросы мест о том, как быть с имуществом выходцев, ни райком партии, ни райполеводсоюз не отвечали. И только после того, как было получено постановление ЦК «О борьбе с искривлениями партлинии в колхозном движении», райком засуетился: в Гремячий Лог посыпались распоряжения о срочном представлении списков раскулаченных, о возвращении колхозникам обобществленного мелкого скота и птицы, о пересмотре списков лишенных избирательных прав. Одновременно с этим было получено официальное извещение, вызывавшее Нагульнова на объединенное заседание бюро райкома партии и районный контрольный комитет к десяти часам утра 28 марта.

Глава XXX

За неделю в Гремячем Логу вышло из колхоза около ста хозяйств. Особенно сильный отлив был из второй бригады, в которой осталось всего-навсего двадцать девять хозяйств, да и из этого числа несколько человек были «на вакансии к бегству», как говорил бригадир Любишкин.

Хутор потрясали события. Каждый день приносил Давыдову новые неприятности. На его вторичный запрос о том, возвращать ли выходцам тягло и сельскохозяйственный инвентарь сейчас или же после сева, райполеводсоюз и райпартком ответили громовым приказом, смысл которого сводился к тому, чтобы гремяченцы всеми силами и средствами предотвратили развал колхоза, удержали от выхода возможно большее число колхозников, а все расчеты с выходцами, а также и возвращение им имущества перенесли на осень.

Вскоре как-то в Гремячий приехал заврайзо, член бюро райкома, Беглых. Он наскоро ознакомился с положением (в этот день ему надо было объехать несколько сельсоветов), сообщил:

— Сейчас скот и инвентарь выходцам ни в коем случае не отдавай. До осени, а там посмотрим.

— На горло ведь люди наступают! — попробовал возразить Давыдов.

Беглых, человек решительный и твердый, только улыбнулся:

— А ты, в свою очередь, наступи. По существу, мы, конечно, должны бы возвратить, но есть такая установка окружкома: отдавать только в исключительных случаях, придерживаясь классового принципа.

— То есть?

— Ну, это тебе должно быть понятно и без «то есть»! Бедняку отдать, а середняку пообещать на осень. Понятно?

— А не получится, Беглых, как со стопроцентной коллективизацией? Ведь была в райкоме такая установка: «Гони до ста во что бы то ни стало и как можно скорее». И вышло головокружение... Не отдать скот середняку — это значит фактически прижать его, а? На чем он пахать, сеять будет?

— Это не твоя старость-печаль. Ты не о единоличнике думай, а о своем колхозе. Вот ты на чем будешь работать, если отдашь скот? И потом это не наша установка, а окружкома, и мы как солдаты революции обязаны ей беспрекословно подчиниться. Так вот, как же ты думаешь выполнять план, если у тебя пятьдесят процентов скота перейдет к единоличнику? Никаких разговоров и дискуссий! Скот держи зубами и руками. Не выполнишь посевной план — голову оторвем!

Уже садясь в тачанку, вскользь кинул:

— В общем и целом тя-же-ле-хонь-ко! За перегибы придется, братишечка, расплачиваться, принести кое-кого в жертву... Таков уж порядок. Наш районный народ зверски настроен против Нагульнова. Что это он тут вытворял? Бил какого-то середнячка, арестовывал, грозил наганом. Мне говорил Самохин. Он имеет на него целое дело. Да-а, оказался Нагульнов «леваком» большого масштаба. А сейчас, знаешь, какая установка? Карать вплоть до исключения из партии! Ну, будь здоров. Скот, скот береги!

Беглых укатил в Войсковой. Не успел еще ветер высушить проследков от колес его тачанки, как прибежал взволнованный Агафон Дубцов, бригадир третьей:

— Товарищ Давыдов! Быков и коней у меня забрали, энти, какие повыписались. Силком взяли!

— Как это так взяли?! — крикнул, побагровев, Давыдов.

— Очень просто взяли! Воловника заперли на сеновале, а быков поотвязали и погнали в степь. Восемнадцать пар быков и семь штук лошадей. Что будем делать?

— А ты?! А ты что же, разява?! Где ты был? Почему позволил? Где тебя черт... Ну?!

У Агафона по изрубленному оспою лицу пошли бледные матежины[1], он тоже повысил голос:

— Я на конюшне или в воловне ночевать вам не обязан! Нечего на меня шуметь. А коли вы уж дюже чересчур храбрый — подите верните быков! Может, кольев вам в загорбок навстромляют!

Только перед вечером быков отбили в степи, на выпасе, куда хозяева отправили их под усиленной охраной. Любишкин, Агафон Дубцов, с ними шестеро колхозников третьей бригады посадились на лошадей, поскакали в степь. Завидя на противоположном скате балки пасшихся быков, Любишкин разделил свой немногочисленный отряд надвое:

— Агафон, бери троих и шибкой рысью через балку заходи с правого фланга, а я обойду их слева. — Любишкин разгладил вороные усы, скомандовал: — Дай повод! Рысью за мной — арррш!

Дело не обошлось без драки: двоюродный брат Любишкина, Захар Любишкин, стерегший вместе с тремя другими выходцами быков, изловчился ухватить подскакавшего к быкам Мишку Игнатенка за ногу, стянул с лошади и, в короткий срок жестоко извозив его по земле, во многих местах наставил синяков и начисто спустил с плеч рубаху. Пока подскакавший Павло Любишкин, не слезая с лошади, порол брата толстенным и длинным арапником, остальные оттеснили пастухов, захватили быков, на рысях погнали к хутору.

Давыдов распорядился на ночь запереть на замки воловни и конюшни, выставить пикеты из колхозников.

---

[1]*Матежины* — пятна.

Но, несмотря на все принятые меры по охране скота, в течение двух дней выходцы сумели угнать семь пар быков и трех лошадей. Скот угнали в степь, к дальним логам, а чтобы отсутствие взрослых не бросалось в глаза, пастухами послали подростков.

С утра до ночи в правлении колхоза и в сельсовете кучился народ. Уже вставала во весь рост угроза захвата выходцами колхозных земель.

— Либо зараз же нарезайте нам землю, либо начнем свои старые наделы пахать! — приступали к Давыдову выходцы.

— Землю вам выделим, не волнуйтесь, граждане единоличники! Завтра начнем нарезать. Обращайтесь к Островнову, он этим делом будет заправлять, фактически вам говорю, — успокаивал Давыдов.

— А где нам отведете землицу? И какую?

— Где будет свободная.

— Может, она, свободная-то, будет в конце хуторского надела, тогда как?

— Ты, товарищ Давыдов, не дуракуй! Ближние земли все колхозу отошли, — выходит, что нам будет земля в далях? Скотину не даете, мы, может, на себе, на коровенках будем сеять, и нам же дальняя земля подлежит? Эх, вот она какая власть справедливая!

Давыдов уговаривал, объяснял, что он не может наделять землей там, кому где захотелось, так как не может дробить колхозный массив, резать его на клинья и нарушать проведенное осенью землеустройство. Выходцы, пошумев, уходили, а через несколько минут вваливалась новая толпа, и — с порога:

— Земли давайте! Да что ж это такое? Какое вы имеете право держать нашу землю? Ить вы же нам сеять не даете! А товарищ Сталин как про нас писал? Мы ему тоже могем описать, что не токмо скотину не дают, но и земли, всех правов состояния полишили. Он вас тоже за это дело не похвалит!

— Яков Лукич, отводи им завтра с утра землю за Рачьим прудом.

— Это целину? — орали выходцы.

— Залежь, какая ж это целина? Ее пахали, но давешь, лет пятнадцать назад, — объяснял Яков Лукич.

И сразу поднимался кипучий, бурный крик:

— Не желаем крепь!

— Чем мы будем ее пахать?

— Давайте мягкой земли!..

— Скотину отдайте, тогда будем крепкую обрабатывать!

— Ходатаев отправим в самую Москву, к Сталину!

— Что же вы нас жизни решаете?

Бабы свирепствовали. Их охотно и дружно поддерживали казаки. Требовалось много усилий, чтобы унять шум. Давыдов обычно под конец терял выдержку, кричал:

— А вы хотите, чтобы вам лучшую землю отдали? Не будет этого, факт! Советская власть все преимущества оказывает колхозам, а не тому, кто идет против колхоза. Катитесь отсюда к чертовой матери!..

Кое-где единоличники уже начали было пахать и дорабатывать земли, некогда принадлежавшие им, а потом отошедшие в колхозный массив. Любишкин согнал их с колхозного поля, а Яков Лукич отправился с деревянным сажнем в степь и за Рачьим прудом в два дня отвел единоличные наделы.

Бригада Демки Ушакова 25-го выехала пахать серопески. Давыдов выделил наиболее работоспособных колхозников в распоряжение полеводов, расставил силы. Большинство стариков охотой пошли в бригады садильщиками, плугатарями, бороновальщиками. Вручную сева решили не проводить. Даже ветхий старик — бывший «курощуп» Аким Бесхлебнов — изъявил желание идти работать садильщиком. Щукаря Давыдов назначил конюхом при правлении колхоза. Все было готово. Сев задержали обложные дожди, в течение двух суток щедро мочившие гремяченские бугры, зябь, задернутую по утрам белесым пологом пара.

Выходы из колхозов прекратились. Осталось надежное, крепкое ядро. Последней в Гремячем Логу вышла из колхоза милушка Андрея Размётнова — Марина По- яркова. Что-то не клеилась у них совместная жизнь. Марина потянулась к богу, стала богомольной, говела весь Великий пост, на третьей неделе ходила каждо- дневно молиться в тубянскую церковь, исповедалась и причастилась. Она смиренно и молчаливо встречала уп- реки Андрея, на его ругню не отвечала, все больше по- малкивала, не хотела «осквернять причастие». Андрей, придя как-то поздно ночью, увидел, что в горенке горит лампадка. Недолго думая, он прошел в горницу, снял лампадку, вылил деревянное масло на ладонь и тща- тельно смазал им свои задубевшие сапоги, а лампадку разбил о каблук.

— Ить сказано было дуракам неоднократно, что все это есть опиум и затмение мозгов. Так нет же! Все молют- ся деревяшкам, масло жгут, воск на свечки переводят... Эх, кнут по тебе, Маришка, плачет! Неспроста ты что-то в церкву зачала ударяться...

Оказалось, что на самом деле неспроста: Марина 26-го подала заявление о выходе из колхоза, ссылаясь на то, что быть в колхозе — «идти против бога».

— А с Андрюшкой спать на одной кровати — это не су- против бога? Или это — сладкий грех? — улыбаясь, спро- сил Любишкин.

Марина на этот раз смолчала, видимо ничуть не подо- зревая, что через несколько минут вихрем схватится ее смиренность, что своими устами «осквернит» она «святое причастие».

Из сельсовета прибежал бледный и злой Андрей. Ру- кавом вытирая пот со шрамистого лба, он просил при Да- выдове и Якове Лукиче:

— Мариша! Родимушка! Не губи ты меня, не страми! Ну, зачем ты удаляешься от колхоза? Я ли тебя, чертяку, не жалел, не любил? Корову тебе возвернули... Ишо чего надо? И как я с тобой могу после этого любовь напополам разделять, ежели ты стремишься в единоличную жизню? Птицу, курей твоих обратно отдали, кочет голошеий... и опять же голландский гусак, о каком ты дорогие слезки лила, обратно у тебя на базу проживают... Какого же тебе клёпа надо? Бери назад заявление!

— Нет и нет! — гневно сузив косо поставленные глаза, кричала Марина. — Не хочу, хучь и не проси! Не хочу быть в колхозе! Не хочу в вашем грехе быть! Отдайте назад мою повозку и запашник с бороной.

— Марина, опамятуйся! Иначе, выходит дело, брошу я тебя.

— И черт с тобой, чертяка белесый! Потаскун, кобелина проклятый! Моргаешь, разнечистый ду-уух? Вылупил свои бешеные гляделки? А кто с Малашкой Игнатенковой вчера на проулке ночью стоял? Не ты? Ах ты враженяка, ссссукин ты сын! И бросай, без тебя проживу! Ты уж давно намеряешься, я вижу!

— Мариша, ягодка моя, да с чего ты это берешь? С какой Малашкой? Сроду я с ней не стоял! И при чем тут колхоз? — Андрей взялся руками за голову, притих, как видно исчерпав все доводы...

— Да не кланяйся ты ей, подлюке! — вступился возмутившийся Любишкин. — Не проси ты ее, гордость свою пожалей! Ты ить — красный партизан, чего ты ее просишь, в зубы ей заглядаешь? По морде ее! Выбей ей бубну — сразу посмирнеет!

Марина, осыпанная пятнами густого вишневого румянца, прыгнула, как от укола, и, наступая на Любишкина могучей грудью, шевеля разгонистыми плечами, начала по-мужски, по-бойцовски подсучивать рукава.

— Ты чего влипаешь в чужие дела, гадючий выползень? Ах ты недоделок цыганский, идол черный, страшный! Я тебе скорее морду поковыряю! Я не побоюсь, что ты бригадир! Таковских-то я видала да через себя кидала!

— Я б тебе кинул! Я бы из тебя жиру поспустил... — отодвигаясь в угол, угрюмо басил Любишкин, приготовившийся ко всяким неприятным неожиданностям.

Он чудесно помнил, как однажды на мельнице в Тубянском Марина взялась бороться с одним здоровым на вид казаком, задонцем, и, к вящему удовольствию присутствовавших, повалила его да еще и окончательно прибила, прямо-таки изничтожила острым словом. «Сверху бабы тебе делать нечего, дядя! — переведя дух, сказала тогда она. — С твоей силенкой да с ухваткой только под исподом и лежать, посапливать». И пошла к весовой, поправляя на ходу волосы, сбившийся во время борьбы платок. Любишкин помнил, каким багрянцем полыхали щеки поваленного Мариной казака, когда он поднимался на ноги, измазанный просыпанной на земле мукой и навозом, а потому выставил вперед согнутую в локте левую руку, предупредил:

— Ты не наскакивай, ей-богу, я из тебя пороховню выбью! Удались отсюда!

— А вот этого ты не нюхал?.. — Марина на секунду высоко подняла подол, махнула им перед носом Любишкина, сверкнула матовой округлостью розоватых колен и сливочной желтизной своего мощного и плотного, как сбитень, тела.

Она дошла до предела в своей ключом вскипевшей ярости. Даже видавший виды Любишкин, ослепленный мощью и белизной Марининого тела, попятился, пораженно бормоча:

— Осатанела! Тю, чертяка! Прямо жеребец, а не баба! Отступись, будь ты трижды проклята!.. — и боком, боком проскользнул мимо лютовавшей в выкриках Марины, вышел в сенцы, отплевываясь и ругаясь.

Давыдов хохотал до упаду, уронив голову на стол, зажмурив глаза. Размётнов выбежал вслед за Любишкиным, оглушительно хлопнув дверью, один Яков Лукич попробовал было урезонить расходившуюся вахмистершу:

— Ну, чего ты орешь? Эко бессовестная баба! Мысленное дело — подол подымать? Ты хучь меня, старика, посовестилась бы!

— Цыц! — прикрикнула на него Марина, направляясь к двери. — Знаю этого старика! Прошлым летом на Троицу, когда сено возили, ты чего мне предлагал? Замстило? Туда же! Куда конь с копытой...

По двору она понеслась подобно буревой туче. Яков Лукич провожал ее взглядом, смущенно покашливая, укоризненно качая головой...

А полчаса спустя он был свидетелем тому, как Марина, сама впрягшись в оглобли своей повозки, легко везла борону и запашник со двора первой бригады. По случаю дождя приехавший с поля Демка Ушаков шел за нею поодаль и, вероятно не рискуя приближаться на более короткую и опасную дистанцию, просил:

— Марина! Эй ты, гражданка Пояркова? Слышишь? Марина Терентьевна! Не могу же я отдать тебе имущество, раз оно у меня по описи числится!

— Небось сможешь!

— Пойми, дурья голова, что это — обобществленный инвентарь! Вези, пожалуйста, назад, не дури. Ты человек или кто ты есть такой? Что же это ты грабежом берешь? Под суд за такую подлость пойдешь! Без записки Давыдова ничего не могу отдать.

— Небось сможешь! — коротко отвечала Марина.

Демкины глаза растерянно косили, руки просительно прижимались к груди, а Марина — вся в поту и в жарком румянце — неумолимо влекла повозенку, и жалобно вызванивала привалившаяся к грядушке борона...

«Надо было отобрать у ней повозку, чтобы знала, как языком трепать. Да как отберешь-то? С ней только свяжись, а тогда и свету белому не обрадуешься!» — подумал Яков Лукич, предусмотрительно сворачивая в проулок.

Разметнов на другой день забрал от Марины свои вещи, ружье, патронташ, бумаги; отнес домой. Он жестоко мучился разрывом с Мариной, страдал и избегал одиночества. С этой целью пошел к Нагульнову поговорить, «разогнать тоску».

В Гремячий Лог сходила ночь. Омытый дождями молодой месяц светлой прорезью покоился на западной окраине неба. Черная мартовская тишина, нарушаемая умолкающим шепотом взломных ручьев, полонила хутор. С чавканьем вытаскивал ноги Андрей из закрутевшей к ночи грязи, шел тихо, думал о своем. В сыром воздухе уже чувствовались волнующие запахи весны: горьковатой пресниной дышала земля, прелым душком встречали гумна, винно-терпким ароматом полнились сады, и резко, хмельно, молодо пахла выметавшаяся возле плетней свежая поросль травы.

Андрей жадно вдыхал разнородные запахи ночи, смотрел, как под ногами в лужах дробятся и рассыпаются искрами отраженные водою звезды, думал о Марине и чувствовал, что на глазах его закипают горчайшие слезы тоски и обиды.

Глава XXXI

Дед Щукарь с восторгом принял назначение его в постоянные кучера при правлении колхоза. Поручая ему двух бывших кулацких жеребцов, оставленных при правлении для служебных разъездов, Яков Лукич говорил:

— Блюди их, как порох в глазу! Чтоб они у тебя были в теле, гляди — шибко не ездий, не перегони. Вот этот серый Титков жеребец — племенной, да и рыжий хороших донских кровей. Езда у нас не дюже большая, скоро будем их к маткам припущать. Ты за них — ответчик!

— Скажи на милость! — отвечал дед Щукарь. — Да разве же я с коньми не знаю, как обойтись? Уж я-то их перевидал на своем веку. Волос на иной голове столько нету, сколько их через мои руки перешло.

А на самом деле за всю Щукареву жизнь «перешло через его руки» всего-навсего две лошаденки. Причем одну из них он променял на корову, а со второй произошла следующая история. Лет двадцать назад Щукарь, будучи сильно навеселе и возвращаясь из хутора Войскового, купил ее у проезжих цыган за тридцать целковых. Кобылка, когда при покупке он осматривал ее, на вид была кругла, масти мышастой, вислоуха, с бельмом на глазу, но очень расторопна. Дед Щукарь торговался с цыганом до полудня. Раз сорок били они по рукам, расходились, опять сходились.

— Золото, а не кобылка! Скачет так, что — закрой глаза, и земли не видно будет. Мысля! Птица! — уверял и божился цыган, брызжа слюной, хватая сомлевшего от устали Щукаря за полу куртки.

— Кутних зубов[1] почти не осталось, на глаз кривая, копыта все порепанные, вислопузая... Какое уж там золото, горючие слезы, а не золото! — корил дед Щукарь лошадь, страстно желая чтобы цыган сбавил последний рубль, из-за которого и расходились они в цене.

— Да на что тебе ее зубы? Меньше корму сожрет. А кобылка молодая, разрази бог. Дите, а не кобылка, зубов же лишилась от нечаянной болезни. И при чем ее бельмо тебе? Да это и не бельмо, раковинка! И копыта срастутся, почистятся... Кобылка сива, не очень красива, да ведь тебе же с ней не спать, а на ней пахать, верно говорю! Ты приглядись, отчего она пузатая — от силы! Бежит — земля дрожит, упадет — три дня лежит... Эх, папаша! Ты, видно, за тридцать монет рысака хочешь купить? Живого не купишь, а сдохнет — тебе и даром махан отдадут...

Спасибо, цыган оказался человеком доброй души: поторговавшись, он сбавил и последний рубль, из полы в полу передал Щукарю повод недоуздка, даже притворно всхлипнул, вытирая рукавом ярко-синего длиннополого сюртука коричневый лоб.

Кобылка утратила недавнюю живость, едва лишь повод перешел в руки Щукаря. Она пошла за ним, нехотя повинуясь его чрезвычайным усилиям, трудно переставляя клешнятые ноги. Только тут цыган засмеялся; оголив сплошные и белые, как мел, зубы, крикнул вслед Щукарю:

— Эй, папаша! Донской казак! Помни мою доброту! Это лошадка мне сорок лет служила и тебе еще столько же послужит, только корми ее раз в неделю, а то сбесит-

---

[1] *Кутний зуб* — последний коренной зуб.

ся!.. Мой отец на ней из Румынии приехал, а ему она досталась от французов, когда они из Москвы бежали. Дорогая лошадь!

Он еще что-то кричал вслед Щукарю, влачившему за собой покупку; около шатра и между ног цыгана, шумливые и черные, как галки, орали цыганята; взвизгивали и хохотали цыганки. А дед Щукарь шел, ни на что не обращая внимания, добродушно думал: «Сам вижу, какого живота купил. Кабы деньги были, я бы не такую отхватил. А цыган — шутливый человек, веселый, как я... Ну вот и лошадка есть. В воскресенье с бабой на базар в станицу примчимся».

Но не успел он добраться до Тубянского, как с лошадью стали вершиться чудеса... Случайно оглянувшись, Щукарь оторопел: за ним шла не купленная им пузатая и сытая кобыла, а худющая кляча с подтянутым брюхом и глубокими яминами возле кострецов. За какихнибудь полчаса она похудела наполовину. Сотворив крестное знамение и шепча: «Свят, свят, свят!» — Щукарь выронил из рук повод, остановился, чувствуя, как хмель с него словно рукой снимает. Только обойдя вокруг кобылки, он обнаружил причину столь невероятного по быстроте исхудания: из-под мочалистого кобыльего хвоста, откинутого черт знает как бессовестно — на сторону и вверх, — со свистом, с шипением вырывались спертый воздух и жидкие брызги помета. «Ну, вот это — да!» — ахнул Щукарь, схватившись за голову. А потом с удесятеренной силой повлек кобылку, уцепившись за недоуздок. Вулканическое извержение ее желудка не прекращалось до самого Тубянского, по дороге оставались позорные следы. Может быть, Щукарь и добрался бы до Гремячего Лога благополучно, если б вел лошадь в поводу, но он, едва лишь поравнялся с первым двором хутора Тубянского, в котором жил его кум и было много знакомых казаков, решил сесть верхом на купленную лошадь и хоть шагом, но ехать, а не тянуть ее в поводу. В нем внезапно проснулись небывалая гордость и обычно всегда свойственное ему желание прихвастнуть, показать, что и он, Щукарь, теперь выбился из бедноты и едет хоть на плохой, но зато на собственной лошади. «Тррр, проклятая! Все играла бы ты!» — свирепо вскричал Щукарь, краем глаза видя, что из хаты, против которой он остановился, выходит знакомый казак. И с этими словами он дернул недоуздок, приосанился. Лошадь его, игравшая и взбрыкивавшая, вероятно, еще в своем далеком детстве, на самом деле и не думала играть. Она остановилась, понуро опустив голову, поджав задние ноги. «Мимо кума надо бы проехать. Пущай поглядит!» — подумал Щукарь и с тем, подпрыгнув, навалился брюхом на острую кобаржину лошадиной спины. Тут-то и случилось с ним то, о чем впоследствии долго говорили казаки в Тубянском: именно на этом месте и претерпел Щукарь неслыханное позорище, предание о котором сохранилось до наших дней и уж наверное перейдет к следующему потомству... Едва лишь Щукаревы ноги оттолкнулись от земли, а сам он повис на кобыле, лежа поперек ее спины и пытаясь усесться верхом, как кобыла закачалась, в нутре ее что-то заурчало, и она как стояла, так и рухнула на дорогу, откинув хвост. Щукарь, вытянув руки, перелетел через дорогу, распластался на запыленном придорожнике. Вгорячах он вскочил и, усмотрев, что казак видел его срам, поправил дело криком: «Все бы ты взбррррыки-вала! Шо-о-орт!» — орал он, пиная лошадь ногами. Та встала и как ни в чем не бывало потянулась мордой к увядшему придорожнику.

Казак, наблюдавший за Щукарем, был большой шутник и весельчак, он перепрыгнул через плетень, подошел к Щукарю. «Доброго здоровья, Щукарь! Никак, лошадку купил?» — «Купил, да вот трошки кубыть промахнулся, норовистая, чертяка, попалась: ты на нее садиться, а она — хлоп и наземь. Видать, под верхом ишо не ходила, необъезженная». Казак, сощурив глаза, обошел вокруг кобылы раза два, мимоходом заглянул ей в зубы, совершенно серьезно сказал: «Ну, конечно, она — не́ука! А лошадь, видать, благородных кровей. По зубам ей годов пятьдесят, никак не меньше, а вот через то, что она благородная, и совладать с ней никто не мог». Щукарь, видя сочувственное к нему отношение, осмелился спросить: «А скажи, Игнатий Порфирич, через чего это она так уж дюже скоро похудела? Я ее веду, а она прямо на глазах тает; дух чижолый из нее рвется и помет выскакивает, как из пропасти. Всю дорогу приследила!» — «А ты ее где купил? Не у цыганов?» — «У них, зараз за вашим хутором табором стояли». — «Ну, так она через то стала худая, — пояснил казак, знающий и в лошадях и в цыганах, — что они ее перед тем, как продать тебе, надули. Какая лошадка от старости превзойдет в тощесть, ей перед продажей встромляют в задний проход продырявленную камышину и дуют по очереди всем кагалом до тех пор, покеда бока ей разнесет и станет она видом круглая и пузатая. А потом, как надуют ее наподобие бычиного пузыря, — зараз же камышину выдернут и на место ее встромляют обмазанную смолой тряпку, либо кусок початки, чтоб дух не выходил. Вот и ты такую надутую купил. Затычка-то, должно, дорогой выпала, и начала кобылка твоя худеть... Ты вернись, поищи затычку-то... Мы заново в момент надуем...» — «Черти бы их дули!..» — в отчаянии вскричал Щукарь и кинулся к цыганскому табору, но, выскочив на пригорок, обнаружил, что ни шатров, ни кибиток возле речки уже нет. Там, где был стан, полз синий дымок непотухшего костра, а вдали по летнему шляху вилась и таяла на ветру седая пыль. Цыгане исчезли, как в сказке. Заплакал Щукарь, вернулся. Любезный Игнат Порфирьевич опять вышел из хаты. «Я под нее подлягу, чтобы она сызнова не упала... от лихости, а ты садись», — предложил он. Мокрый от стыда, горя и пота, Щукарь принял его услугу, кое-как сел. Но его бедствиям еще не суждено было кончиться: кобыла на этот раз не упала, зато у нее оказался совершенно невероятный скок. Она, как в галопе, выбрасывала вперед передние ноги, а задними взбрыкивала, поднимая их выше спины. Таким манером пронесла она Щукаря до первого проулка. За время этого бешеного скока у него свалилась с головы шапка и раза четыре от страшных сотрясений внутри что-то екало и словно обрывалось. «Бож-же мой! немысленно так ехать!..» — решил Щукарь, спешиваясь на скаку. Он вернулся за шапкой, но, видя, что по проулку спешит к нему народ, сам поспешил назад, вывел злосчастную, проявившую столь неожиданную прыть кобылу за хутор. До ветряка ему сопутствовали ребятишки, потом отстали. А Щукарь уже не осмелился снова сесть на цыганскую «мыслю», он далеко околесил хутор по бугру, но на бугре уморился тянуть за недоуздок и решил гнать кобылу впереди себя. И тут-то оказалось, что с таким трудом купленная им лошадь слепа на оба глаза. Она шла, направляясь прямо на ярки и канавки, и не перепрыгивала их, а падала, потом, опираясь на дрожащие передние ноги, вставала, трудно вздыхая, снова шла, причем и шла-то не обычно, а все время описывая круги... Щукарь, потрясенный новым открытием, предоставил ей полную свободу и увидел: кобылка его, завершив круг, начинала новый — и так безостановочно, по невидимой спирали. Тут уж Щукарь без посторонней помощи догадался, что купленная им лошадь всю свою долгую и трудную жизнь проходила в чигире, ослепнув там и состарившись.

До сумерек он пас кобылу на бугре, стыдясь днем являться в хутор, и только ночью пригнал он ее домой. Как его встретила жена, баба дородная и лютая на расправу, что претерпел щупленький Щукарь за свою неудачную покупку — «покрыто неизвестным мраком», как говорил друживший в ту пору с Щукарем сапожник Локатеев. Известно лишь то, что кобыла вскоре заболела чесоткой, облезла и в таком неприглядном виде тихо почила на базу однажды в полночь. А кожу Щукарь с дружком Локатеевым пропили.

Уверяя Якова Лукича, что он, дед Щукарь, немало перевидал на своем веку лошадей, заведомо знал дед Щукарь, что Яков Лукич ему не может поверить, так как вся

Щукарева жизнь прошла на глазах Якова Лукича. Но уж такой был дед Щукарь от природы: не мог не прихвастнуть и не соврать. Неподвластная сила заставляла его говорить такое, от чего он через несколько минут с удовольствием бы отрекся.

Словом, стал дед Щукарь кучером и конюхом одновременно. И надо сказать, что несложные обязанности свои выполнял он неплохо. Единственно, чем не нравился он Нагульнову, любившему быструю езду, это частыми остановками. Не успеет выехать из двора и уже натягивает вожжи: «Тпрууу, милые!» — «Чего стал?» — спросит Нагульнов. «По лошадиной надобности», — ответит дед Щукарь и до тех пор позывно посвистывает, пока Нагульнов не выдернет у него из-под сиденья кнут и не потянет жеребца по спине.

«Ноне не царские времена, чтобы кучер на облучке, а седок сзади на мягкой подушке выкачивался. Ноне я вот кучер, а с товарищем Давыдовым рядом сижу на дрожках. Иной раз захочу покурить и прошу его: «А ну, подержи вожжи, я цигарку заделаю». — «С нашим удовольствием», — говорит. Берет вожжи и иной раз час правит, а я сижу важно и на природу интересуюсь», — хвалился дед Щукарь казакам. Он стал важен с виду и даже менее разговорчив. Спать, несмотря на весенние заморозки, перешел было в конюшню, поближе к жеребцам, но старуха через неделю водворила его домой, жестоко избив и изругав всенародно за то, что будто бы ходили к деду Щукарю по ночам молодые бабы. Над старухой подшутили парни, возведя на деда этот гнусный поклеп, но перечить он ей не стал, перешел домой и раза два за ночь ходил проведывать жеребцов, конвоируемый своей ревнивой супругой.

Запрягать он научился столь быстро, что соперничал в быстроте с гремяченской пожарной командой, и, выводя запрягать, усмиряя застоявшихся игогокавших жеребцов, неизменно зычно покрикивал: «Но-но-о-о! Заиржал, шорт!.. Он и этот не кобыла, а такой же цветок, как ты!» А кончая запряжку и садясь на дроги, самодовольно говорил: «Ну, вот съездим, и палочку[1] заработаю. Жизня эта мне, братцы, начала дюже нравиться!»

***

Двадцать седьмого Давыдов решил съездить на поле первой бригады, чтобы проверить, действительно ли бригада — вопреки его указаниям — боронует вдоль борозды. Об этом сообщил ему кузнец Ипполит Шалый, который ездил в поле чинить садилку и видел, как бороны шли не поперек борозды, а вдоль. Он тотчас по возвращении в хутор явился в правление; пожимая руку Давыдову, сурово сказал:

— Первая бригада вдоль борозды бороны гоняет. Такая волочба ни к черту не годится. Езжай-ка сам туда да прикажи им делать как следует. Я им указал на это, а Ушаков — раскосый черт — говорит: «Твое дело по ковадлу стукать да мех дуть, сюда не суй носяку, а то мы его зараз плугом оттяпаем!» Я ему на это отвечаю: «Допрежь, чем ехать мех дуть, я бы тебя, косого, вздул!» Ну и за малым не подрались.

Давыдов позвал деда Щукаря:

— Запрягай!

Не вытерпел, сам выскочил помочь поскорее запрячь. Выехали. Пасмурный день и влажный ветерок с юго-запада сулили дождь. Первая бригада работала на самом дальнем участке серопесчаной земли. От хутора был он километрах в десяти за перевалом, возле Лютого пруда. Бригада пахала, готовя землю для сева колосовых, пахоту крайне необходимо было тщательно проборонить, чтобы дождевая влага задержалась на ровно разработанном участке, а не сошла по бороздам в низину.

— Торопи, торопи, дед! — просил Давыдов, поглядывая на густую гряду кучевых облаков.

---

[1] В 1930 году трудовой день отмечался обычно «палочкой» в записях бригадира. — *Прим. авт.*

— И то тороплю. Вон с Серого уж мыло наружу просится.

На бугре, неподалеку от летней дороги, цепью шли школьники, предводительствуемые своим старым учителем Шпынем. За ними двигались четыре подводы, везшие бочки с водой.

— Мелкота на сусликов вышла, — Щукарь указал кнутом.

Давыдов смотрел на ребят со сдержанной улыбкой. Когда дрожки поравнялись с ребятами, он попросил Щукаря: «Останови» — и, прицелившись взглядом, выбрал парнишку лет семи, босого, белоголового:

— Подойди-ка сюда.

— А чего идтить-то? — независимо спросил тот, сдвигая на затылок отцовскую фуражку с красным околышем, с выцветшим следом кокарды над козырьком.

— Сколько сусликов ты убил?

— Четырнадцать.

— Ты чей мальчик?

— Федот Демидыч Ушаков.

— Ну, садись со мной, Федот Демидыч, прокачу. И ты садись, — Давыдов указал пальцем на покрытую платком девочку. Усадив малышей приказал: — Трогай! — И к мальчику: — Ты в какой группе?

— В первой.

— В первой? Так надо сопли выбивать, факт.

— Их не выбьешь. Я простуженный.

— Ну, как это не выбьешь? Давай сюда нос! — Давыдов тщательно вытер пальцы о штаны, вздохнул. — Как-нибудь зайди в правление колхоза, я тебе конфету дам, шоколадную. Едал ты когда-нибудь шоколад?

— Не-е-ет...

— Вот приходи в правление, в гости ко мне, угощу.

— А я в ней, в конфетке-то, и не нуждаюсь!

— Вот как! Это почему же, Федот Демидыч?

— Зубы у меня крошатся, а нижние выпали, вот погляди-ка! — Парнишка открыл румяный рот: двух нижних зубов действительно не было.

— Так ты, Федотка Демидыч, выходит дело, щербатый?

— Ты сам щербатый!

— Гм... Ишь ты... Доглядел!

— У меня-то вырастут, а у тебя небось нет? Ага!..

— Ну, это шалишь, брат! И у меня вырастут, факт.

— Ловко брешешь! У больших они не вырастают. А я и верхними могу укусить, ей-богу!

— Куда уж тебе там!

— Дай-кося палец! Не веришь?

Давыдов, улыбаясь, протянул указательный палец и, охнув, отдернул его: на верхнем суставе вылегли синие пятнышки укуса.

— Ну, теперь, Федотка, давай я твой палец укушу, — предложил он, но Федотка, помедлив, вдруг прыгнул на ходу с дрожек, как большой серый кузнечик; чикиляя на одной ноге, прокричал:

— Любил ба ты кусаться! Нет, зараз не укусишь!..

Давыдов захохотал, ссадил девочку с дрожек и еще долго оглядывался на красневший над дорогой околыш Федоткиной фуражки; улыбался, ощущая редкостную теплоту на сердце и влагу на глазах. «Хорошую жизнь им построим, факт! Бегает сейчас Федотка в отцовском картузе казачьего фасона, а лет через двадцать будет электроплугом наворачивать вот эту землю... Ему-то уж, наверно, не придется так, как мне пришлось после смерти матери: и белье сестренкам стирать, и штопать, и обед готовить, и на завод бегать... Счастливые будут Федотки, факт!» — думал Давыдов, обводя глазами бескрайнюю, нежно зазеленевшую степь. На минуту он прислушался к певучим высвистам жаворонков, посмотрел, как вдали, согбенный над плугом, ходит плугатарь, а рядом с быками, спотыкаясь, идет по борозде погоныч, и вздохнул полной грудью: «Машина будет все тяжелое работать за человека... Тогдашние люди позабудут, наверное, запах пота... Дожить бы, черт его подери!.. Хоть посмотреть бы! А то издохнешь, и никакой Федотка о тебе не вспомнит. А издохнешь ты, братишечка Давыдов, как пить дать! И вместо потомства от тебя останется гремяченский колхоз. Из колхоза станет коммуна и — смотри еще — назовут ее впоследствии имени путиловского слесарька Семки Давыдова...» — Давыдов улыбнулся шутливому обороту своих мыслей, спросил у Щукаря:

— Скоро доедем?

— Через два огляда на третий.

— Сколько, папаша, у вас тут земли без пользы гибнет — один фактический ужас! Через две пятилетки мы уж тут заводов настроим. Все — принадлежащее нам, все в наших руках, факт! Надуйся да проживи-ка еще лет десять, и вместо вожжей возьмешь в руки руль машины. Будешь газовать, — спасу нет!

Дед Щукарь вздохнул:

— Поздновато трошки! Кабы лет сорок назад меня рабочим исделать, я бы, может, другим человеком был... Мне в крестьянской бытности не было удачи. С мальства моя жизнь пошла наперекосяк, да и так до последних времен. Меня, кубыть, ветром несло всю жизнь, и то скособочит; то вдарит об какой предмет, а то и вовсе к ядрене-матери ушибет...

— Почему же это? — поинтересовался Давыдов.

— Зараз расскажу все до нитки. Жеребцы нехай бегут трюпком, а я пожалюсь тебе. Хучь ты и пасмурный человек, а должон понять и восчувствие поиметь... Со мной до скольких разов сурьезные случаи происходили. Перво-наперво: родился я, и бабка-повитуха моей покойной мамаше до́разу сказала: «Твой сын, как в лета войдет, генералом будет. Всеми статьями шибается на генерала: и лобик у него, мол, узенький, и головка тыклой, и пузцо сытенькое, и голосок басовитый. Радуйся, Матрена!» А через две недели пошло навыворот супротив бабкиных слов... Родился я на Евдокию, но в этот день не то что курочке негде было напиться, но даже, говорила мамаша, воробьи на лету замерзали к ядреной матери! Понесли меня крестить в Тубянской. Ну, сам подумай: мысленное дело дитя в купелю окунать по такому холоду? Зачали воду греть, дьячок с попом были пьяные, как сукины дети. Один налил в купелю вару, а другой не попробовал и — «Господи-сусе, крещается раб божий» — да как ширнет меня в кипяток, с головой затопил... Так на мне шкурка и полезла! Принесли домой, а я — весь в волдырях. Ну, конечно, через это и грызь в пупке нажил, от боли кричал дюже, надувался через силу... С этой поры и пошло мне, как больному, на́ лихо! А все через то, что в хлеборобской бытности произведенный я на свет. До девяти годов меня и собаки рвали, и гусак шшипал до невозможности, и жеребенок раз так задком накинул, что я замертво копырнулся. А с девяти годов со мной все сурьезнее зачали случаи вершиться. Десятый год мне шел, и тут я был натурально пойматый на крючок...

— На какой крючок? — удивился Давыдов, слушавший Щукарев рассказ не без внимания.

— На обыкновенный, каким рыбу ловят. Был у нас в Гремячем в энту пору глухой и ветхий дед по прозвищу Купырь. Зимой он куропаток ловил вентёрками и крыл шатериком, а летом так и пропадал на речке, удочками рыбалил. У нас речка тогда была глубже, и даже лапшиновская мельничушка об один постав на ней тогда стояла. Под плотиной сазаники водились и щуки огромные; вот дед, бывалоча, и сидит возля талового кустика с удочками. Разложит их штук семь — на какую за червя ловит, на какую за тесто, а то и за живца щуку поджидает. Вот мы, ребятишки, и приладились у него крючки откусывать. Дед-то глухой, как камень, ему хучь в ухо мочись, все одно не услышит. Соберемся мы на речке, растелешимся вблизи деда за кустиком, и один из нас потихонечку в воду слезет, чтобы волны не пустить, поднырнет под дедовы удочки, крайнюю леску схватит — жик ее зубами, перекусит и обратно под кустом вынырнет. А дед выдернет удилищу, ажник задрожит весь, шамчит: «Опять откусила, треклятая? Ах ты, мати божия!» — это он про щуку думает и, натурально, злобствует, что крючка лишился. У него-то крючки лавошные, а нам, бывало, покупать не за что их, вот мы вокруг деда и промышляем. В один такой момент добыл я крючок и поинтересовался другой откусить. Вижу, дед занялся насадкой, я и нырнул. Только что потихонечку нашупал леску и рот к ней приложил, а дед ка-ак смыканет удилищу вверх! Леска-то осмыгнулась у меня в руке, крючок и промзил верхнюю губу. Тут я кричать, а вода в рот льется. Дед же тянет удилищу, норовит меня вываживать. Я, конечно, от великой боли ногами болтаю, волокусь на крючке и уж чую, как дед под меня черпачок в воде подсовывает... Ну, тут я, натурально, вынырнул и реванул дурным голосом. Дед обмер, хочет крестное знамение сотворить и не может, у самого морда стала от страха чернее чугуна. Да и как ему было не перепугаться? Тянул щуку, а вытянул парнишку. Стоял, стоял он, да, эх, как вдарится бечь!.. Чирики с ног ажник у него соскакивают! Я с этим крючком в губе домой прибыл. Отец крючок-то вырезал, а потом меня же и высек до потери сознательности. А спрашивается, что толку-то? Губа обратно срослась, но с той поры и кличут меня Щукарем. Присохла на мне глупая эта кличка... На другой год весной выгоняю гусят к ветряку стеречь. Ветряк работает, гусятки мои поблизу пасутся, а над ними коршун кружит. Гусятки желтые, завлекательные, и хочется коршуну ухватить какого-нибудь, но я их, натурально, остерегаю и на коршуна кшикаю и шумлю: «Шу-гууу!» Прибегают тут мои друзья ребятишки, и начинаем мы на крыльях ветряка кататься: хватаемся по одному за крыло, оно подымает от земли аршина на два, тут руки разжимаешь и падаешь на землю, лежишь, а то другое крыло зацепит. А ребятишки — это чистые враженята! Придумали ж игру: кто выше всех подымется, энтот будет «царем», и ездить ему на других верхом от ветряка до гумна. Ну, каждому интересно «царем» побывать. И я думаю: «Зараз выше всех подымусь!», а про гусят-то и позабыл. Подымает меня крыло, да только глядь я, а над гусятами коршун, вот-вот ухватит. Испужался я — слов нет, порка мне будет за гусенка... «Ребяты! — шумлю, — коршун! Коршуна отгоните!..» А сам тем секундом и запамятовал, что я на крыле нахожуся... Когда опомнился, а меня от земли-то черт-те куда уперло! И вниз сигать страшно, и вверх лететь ишо страшнее. А куда же денешься? Пока я мечтал, как мне быть, крыло сторчмя встало, и я на нем кверх ногами встромленный. А как начало крыло к земле опущаться, я и оторвался. Неизвестно, сколько моментов до земли летел, сдавалось мне, что дюже долго, но только долетел и, натурально, вдарился. Вгорячах вскочил, гляжу, из рук возля кистей мослы наружу повыпнулись. И больно мне тут стало неподобно, ко всему интерес пропал: коршун гусенка-таки спер, а мне это ничуть не интересно. Костоправка мослы мне обратно по местам водворила, а что толку-то? Все одно мне их на другой год сызнова повыворачивало и самого изрезало косогоном. После Петрова дня поехали со старшим братом житу косить. Я коньми правлю, а брат мечет с косилки. Гоню я коней, над ними овода кружутся, белое солнце в небе и такая жара, что я начисто сомлел, падаю в дремоте со стульца. Только, промежду прочего — луп глазами, и вижу, на борозде сбочь меня протянулся, как кнут, лежит огромаднейший дудак-усач. Приостановил я коней, брат говорит: «Я его вилами!» А я говорю: «Дай, братушка, я сигну на него и живого его схвачу?» — «Сигай!» — говорит. Ну, я и сигнул, ухватил этого дудака поперек, а он как пырхнет бечь! Крылья-то выпростал, бьет меня ими по голове, подсигивает и волокет меня следом за собой, а сам от страху (значит, напужался дюже!) жидким пометом меня всего обливает и волокет за собой, как норовистая лошадюка борону. Неизвестно с чего вздумалось ему назад повернуть. Как он кинется коням под ноги да в сторону, а кони были пужливые: сигнули через меня, всхрапнули и понесли. А я под косогоном очутился... Брат разом даванул спуск, поднял косогон. Меня под полку забило и тянет под косилкой, а она — и так и сяк. Одному коню ногу до самого мосла отхватило, сухожилки порезало, а меня суродовало — и не узнать. Брат кое-как остановил коней, отпрег одного, меня поперек положил и — верхи в хутор, а я без памяти, весь дудачиным пометом и землей обмазанный, а дудак, подлюка, натурально, улетел. Выхворался я... Через полгода иду от соседей, и перерезает мне дорогу хуторской бугай. Я его обходить, а он хвостом, как лютая тигра, крутит и с рогами ко мне приступается. Мне-то, думаешь, дюже любопытно на рогах у него дух спущать? Кинулся я бечь, а он догнал да под нижнее ребро рогом подцепил, кинул через плетень. Ребро к ядреной матери так и хрупнуло. Кабы у меня их, ребров-то, сто было, а то ить жалко ни с того ни с сего ребра лишаться... Через это и вышел я на призыве бракованным. И что потом мне от разных животин попадало — счету нет! Скажи, как я чертом меченный: какая собака с цепи ни сорвется, где б она, трижды клятая, ни летала, а уж ко мне прибежит, либо я на нее невзначай налечу. Ну, и порвет гачи[1], покусает, а от этого мне какой же прок? И хори за мной гнали от Ужачиной балки до самой дороги, и обдичалые свиньи нападали в степе. Через бугая был один раз избитый и сапог лишился. Иду как-то ночью по хутору, и вот встречь мне супротив Донецковых куреня опять бугай. «Бууу!..» — и хвостом работает. Нет, думаю, под разэтакую голень, ученый я с вашим братом связываться! Держусь к куреню ближе, бугай за мной, я — бежка, он вот-вот за спиной сопит. В курене окно на улицу раскрытое. Я в него влетел, чисто летучая мышь, — оглядел — никого в комнатушке нету, думаю: не буду людей булгачить, выйду опять в окно. Бугай побунел чудок, ковырнул завалинку рогом, пошел. Только я собрался из окна сигать на улицу, а меня за руки цоп, да по затылку какой-то твердостью. А это хозяин — дед Донецковых — услышал шум и словил меня. «Ты зачем сюда зашел, паренек?» — «От бугая, мол, спасаюсь». — «Нет, — говорит, — знаем мы вас, бугаев! Это ты к снохе нашей к Олютке залез?» Да с тем и начал меня стукать, сначала будто шутейно, а потом все дюжей да дюжей. Старик он был при силе, к снохе сам прилабунивался, ну

---

[1]*Гачи* — штаны.

и со зла, значит, выбил мне кутний зуб. А потом и говорит: «Будешь к Олютке ишо ходить?» — «Нет, — говорю, — не буду, в рот тебе клёп! Повесь ты свою Олютку на гайтан заместо креста». — «Ну, сымай сапоги, — говорит, — а то ишо вложу!» Так и снял я сапоги, отдал за здорово живешь. Тоже страх как интересно последних сапогов было лишаться! Я на этую Олютку годов пять посля злился, да что толку-то? И так дале, и так дале случалося... Да хучь бы взять этот придмер: когда мы с вами Титка раскулачивали, через чего это, спрашивается, его кобель, собственно, мне шубу исшматовал? Ему бы вся статья на Макара кинуться либо на Любишкина, а его черт кругом двора обнес и на меня пихнул. Да ить хорошо, что он мне до глотки не добрался, а то давнул бы раза два за хрип — вот тебе и записывай Щукаря в поминание. Не-е-ет, знаем мы эти предметы. Оно, конешно, так кончилось через то, что у меня ливольверта не было. А не дай бог, у меня ливольверт, что бы там получилось? Одно смертоубивство! Я отчаянный, когда разгорюсь. В этот момент и кобеля мог жизни решить, и Титкову бабу, да и Титку бы прямо в зевало все пули так и покидал бы! Вот тебе и убивство, и обратно могли бы посадить Щукаря в тюрьму... А мне в тюрьме вовсе без надобности, у меня свой интерес есть. Да... Так вот и вышел из меня генерал. Кабы эта повитуха зараз живая была, я бы ее прямо сырую съел!.. Не торочь, чего не надо! Не смущай младенцев!.. Ну, вот он, бригадный стан, приехали!

Глава XXXII

Еще в сенцах, счищая мокрым сибирьковым веником липкую комкастую грязь с сапог, Размётнов увидел косую полосу света, сочившуюся сквозь дверную щель из комнаты Нагульнова. «Не спит Макар. А чего ему-то не спится?» — подумал Андрей, бесшумно открывая дверь.

Пятилинейная лампочка, покрытая обгорелым абажуром из газеты, тускловато освещала стол в углу, раскрытую книжку. Вихрастая голова Макара была сосредоточенно угнута над столом, правая рука подпирала щеку, пальцы левой ожесточенно вцепились в чуб.

— Здорово, Макар! С чего это от тебя сон стремится?

Нагульнов поднял голову, недовольно оглядел Андрея.

— Ты чего пришел?

— Зашел погутарить. Помешал?

— Помешал — не помешал, а садись, не выгонять же тебя.

— Чего это ты читаешь?

— Занятие одно нашел, — Макар покрыл ладонью книжку, выжидающе посматривая на Размётнова.

— Ушел я от Маришки. Навовсе... — вздохнул Андрей и тяжело опустился на табурет.

— Давно бы надо.

— Это почему же?

— Помеха она тебе была, а зараз такая жизнь, что все лишнее надо удалять от себя. Не время зараз нам, коммунистам, завлекаться разными посторонними делами!

— Какое же это постороннее дело, ежели это любовь промеж нас была?

— Ну, какая это любовь? Это — колодка на шее, а не любовь. Ты собранию проводишь, а она глаз с тебя не спущает, сидит, ревнуется. Это, браток, не любовь, а наказание.

— Стало быть, по-твоему, коммунистам к бабам и подходить нельзя? Завяжи ниткой и ходи по свету, как подрезанный бычок, или как?

— Да и нельзя, а что же ты думаешь? Какие исстари одурели, поженились, энти пущай доживали бы с женами, а молодым вьюношам я бы по декрету запрет сделал жениться. Какой из него будет революционер, ежели он за женин подол приобыкнет держаться? Баба для нас как мед для жадной мухи. До́разу влипнешь. Я на себе это испытал, категорически знаю! Бывало, садишься вечером почитать, развитие себе сделать, а жена спать ложится. Ты почитаешь трошки, ляжешь, а она задом к тебе. И вот становится обидно за такое ее положение, и либо зачнешь ругаться с ней, либо молчаком куришь и злобствуешь, а сну нету. Недоспишь, а утром с тяжелой головой какое-нибудь политически неправильное дело сделаешь. Это — спытанное дело! А у кого ишо дети пойдут, энтот для партии вовзят погибший человек. Он тебе в момент научится дитёнка пестовать, к запаху его молочному приобыкнет, и — готов, спекся! Из него и боец плохой, и работник чоховый. В царское время я молодых казаков обучал и нагляделся: как парень, так он с лица веселый, понятливый, а как от молодой жены в полк пришел, так он в момент от тоски одеревенеет и становится пенек пеньком. Бестолочь из него лезет, ничего ему не втолкуешь. Ты ему про устав службы, а у него глаза как пуговицы. Он, сволочуга, кубыть и на тебя глядит, а на самом деле зрачок у него повернутый самому себе в нутро, и он, гад, женушку свою видит. И это — дело? Нет, дорогой товарищ, допрежь ты мог как желательно жить, а зараз, уж ежели ты в партии состоишь, то ты глупости всякие оставь. После мировой революции — по мне — ты хучь издохни на бабе, тогда мне наплевать, а зараз ты весь должен быть устремленный на эту революцию. — Макар встал, потянулся, с хрустом расправил свои широкие, ладные плечи, хлопнул Размётнова по плечу, чуть приметно улыбнулся. — Ты ко мне пришел небось пожаловаться, чтобы я с тобой на паях погоревал: «Да, мол, жалкое твое положение, Андрей, трудно тебе будет без бабы. Как ты, сердяга, будешь переносить, переживать эту трудность?..» Так, что ли? Нет, Андрюха, уж чего-чего, а этого ты от меня не подживешься! Я даже радуюсь, что ты со своей вахмистершей растолкался. Ее давно бы стоило наладить по толстому заду мешалкой! Вот я, к примеру, развелся с Лушкой и распрекрасно себя сознаю. Никто мне не мешает, я зараз как вострый штык, самым жальцем направленный на борьбу с кулаком и прочим врагом коммунизма. И вот даже могу сам себя обучать, образоваться.

— Чему же это обучаешься? Каким таким наукам? — язвительно и холодно спросил Размётнов.

Он в душе был обижен словами Макара, тем, что тот не только не посочувствовал его горю, но даже выказал прямую радость и нес, по мнению Андрея, несусветную чушь относительно женитьбы. Одно время Андрей, слушая серьезную, убежденную речь Макара, не без страха подумал: «Хорошо, что брухливой корове бог рог не дает, а то если б Макару дать власть, что бы он мог наделать? Он бы со своей ухваткой всю жизню кверх тормашками поставил! Он бы, чего доброго, додумался весь мужской класс выхолостить, чтобы от социализма не отвлекались!»

— Чему обучаюсь? — переспросил Макар и захлопнул книжку. — Английскому языку.

— Че-му-у-у?

— Английскому языку. Эта книжка и есть самоучитель.

Нагульнов настороженно вглядывался в Андрея, страшась увидеть в лице его издевку, но Андрей был настолько ошарашен неожиданностью, что, кроме изумления, Нагульнов ничего не прочитал в его злобноватых, широко раскрытых глазах.

— Что же ты... уже могешь читать или гутарить по этому, по-ихнему?

И Нагульнов с чувством затаенной горделивости отвечал:

— Нет, гутарить ишо не могу, это не сразу дается, а так, ну, одним словом, по-печатному начинаю понимать. Я ить четвертый месяц учусь.

— Трудная штука? — проглотив слюну, с невольным уважением поглядывая на Макара и на книжку, спросил Размётнов.

Макар, видя со стороны Размётнова проявление живейшего интереса к его учебе, откинул настороженность, уже охотно заговорил:

— Трудная до невозможностей! Я за эти месяцы толечко... восемь слов выучил наизусть. Но сам собою язык даже несколько похожий на наш. Много у них слов, взятых от нас, но только они концы свои к ним приприделывали.

По-нашему, к примеру, «пролетариат» — и по-ихнему так же, окромя конца, и то же самое слово «революция» и «коммунизм». Они в концах какое-то шипенье произносют, вроде злобствуют на эти слова, но куда же от них денешься? Эти слова по всему миру коренья пустили, хошь не хошь, а приходится их говори́ть.

— Та-а-ак... Вот оно что, учишься, значит. А к чему, Макар, тебе это язык спонадобился? — спросил наконец Размётнов.

С улыбкой снисхожденья Нагульнов отвечал:

— Чудно́ ты спрашиваешь, Андрюха! Диву можно даться о твоей непонятливости... Я коммунист, так? В Англии тоже будет Советская власть? Ты головой киваешь, значит, будет? А у нас много русских коммунистов, какие по-а́нглийски гутарют? То-то и есть, что мало. А а́нглийские буржуи завладели Индией, почти половиной мира, и угнетают всяких чернокожих и темнокожих. Что это за порядки, спрашивается? Произойдет там Советская власть, но многие а́нглийские коммунисты не будут знать, что такое есть классовая вражина в голом виде, и с непривычки не сумеют с ней как следовает обойтиться. Вот тогда я напрошусь к ним поехать, поучить их и, как я ихний язык буду знать, то приеду и сразу в точку: «Револющьен у вас? Коммунистишьен? Бери, ребята, капиталистов и генералов к ногтю! Мы в России их, гадов, в семнадцатом году по своей невинности на волю пущали, а они потом нам начали жилы резать. Бери их к ногтю, чтобы ошибки не понесть, чтоб олрайт вышло!» — Макар раздул ноздри, подмигнул Размётнову. — Вот к чему мне ихний язык понадобился. Понятно? Я ночи насквозь спать не буду, последнего здоровья лишуся, но... — и, скрипнув густыми мелкими зубами, докончил: — Язык этот выучу! На а́нглийском языке буду без нежностев гутарить с мировой контрой! Пущай гады трепещут заране! От Макара Нагульнова им, кгм... Это им не кто-нибудь другой! От него помилования не будет. «Пил кровя из своих а́нглийских рабочих классов, из индейцев и из разных других угнетенных нациев? Ксплоатировал чужим трудом? — становися, кровяная гадюка, к стенке!» Вот и весь разговор. Эти слова я перво-наперво разучу. Чтобы мне их без заминки говорить.

Они еще с полчаса толковали о разном, потом Андрей ушел, а Нагульнов уткнулся в самоучитель. Медленно шевеля губами, потея и хмуря от напряжения разлатые брови, просидел до половины третьего.

На другой день проснулся рано, выпил два стакана молока, пошел на колхозную конюшню.

— Выведи мне какого-нибудь конишку порезвее, — попросил дежурного по конюшне.

Тот вывел буланого вислозадого маштака, славившегося редкой неистомчивостью и резвостью, поинтересовался:

— Далеко путь будете держать?

— В район. Давыдову перекажи, что я нынче же к ночи возвернусь.

— Верхи поедете?

— Ага. Вынеси седло.

Макар оседлал коня, снял с него недоуздок, накинув нарядную уздечку, некогда принадлежавшую Титку, привычно поставил ногу в зазубренное стремя. Маштак с места пошел плясовой рысью, но на выезде из ворот вдруг споткнулся, достал коленями земли, едва не упал и, кое-как выправившись, проворно вскочил на ноги.

— Воротись, плохая примета, товарищ Нагульнов! — сторонясь, крикнул подходивший к воротам дед Щукарь.

Не отвечая, Макар зарысил по хутору, выбрался на главную улицу. Около сельсовета десятка два баб о чем-то взволнованно, шумливо стрекотали.

— Посторонитесь, сороки, а то конем стопчу! — шутливо крикнул Макар.

Бабы промолчали, сошли с дороги, и когда он уже миновал их, услышал сиповатый от злости голос вослед:

— Как бы тебя, растреклятого, самого не стоптали! Гляди, доскачешься...

***

Заседание бюро ячейки райкома началось в одиннадцать. На повестке дня стоял доклад завройзо Беглых о ходе сева в первой пятидневке. Помимо членов бюро, присутствовали председатель районной контрольной комиссии Самохин и районный прокурор.

— В разных будет стоять вопрос о тебе, не уходи, — предупредил Нагульнова заворг Хомутов.

Получасовой доклад Беглых был прослушан в напряженной, тяжеловатой тишине. Местами по району еще не начинали сеять, несмотря на то, что почва была уже готова; в некоторых сельсоветах семенной фонд не был собран целиком, в Войсковом сельсовете бывшие колхозники разобрали почти весь семенной хлеб, в Ольховатском правление колхоза само роздало выходцам семена. Докладчик подробно остановился на причинах неудовлетворительного хода сева, под конец сказал:

— Безусловно, товарищи, наше отставание в севе, я бы сказал, даже не отставание, а нахождение на одном месте, на той же самой точке замерзания, происходит оттого, что в ряде сельсоветов колхозы возникли под нажимом местных работников, которые погнались за дутыми цифрами коллективизации и кое-где, как вам известно, даже из-под нагана заставляли вступать в колхоз. Эти непрочные колхозы в настоящий момент разваливаются, как подмытая саманная стена, в них-то и происходят волынки, когда колхозники не едут в поле, а если едут, то работают спустя рукава.

Секретарь райкома предупреждающе постучал карандашом о стеклянную покрышку графина:

— Время истекло!

— Я сейчас кончаю, товарищи! Разрешите остановиться на выводах: как я уже долаживал вам, по данным райзо, в районе за первую пятидневку засеяно всего триста восемьдесят три га. Считаю необходимым немедленно мобилизовать весь районный актив и бросить его по колхозам. По моему мнению, всеми средствами надо удерживать колхозников от выхода и обязать правление колхозов и секретарей ячеек повседневно вести среди колхозников разъяснительную работу и главный упор сделать на широкое осведомление колхозников... на широкий рассказ о том, какие льготы дает государство колхозам, так как это в ряде мест ничуть даже не разъяснено. Очень многие колхозники до сих пор не знают, какие отпущены колхозам кредиты и все такое прочее. Кроме этого, вношу предложение: срочно рассмотреть дела о виновниках тех перегибов, через которые мы не можем приступить к севу и которые на основании постановления ЦК от пятнадцатого марта должны сниматься с работы. Я предлагаю срочно рассмотреть и привлечь всех их к суровой партийной ответственности. Я кончил.

— По докладу Беглых будет кто говорить? — спросил секретарь райкома, обводя присутствующих взглядом, умышленно избегая глаз Нагульнова.

— Да что же говорить, картина ясная, — вздохнул один из членов бюро, начальник районной милиции, плотный, постоянно потеющий крепыш с военной выправкой, с многочисленными шрамами на лоснящейся бритой голове.

— Примем за основу нашего решения выводы Беглых, так, что ли? — спросил секретарь.

— Конечно.

— Теперь вот о Нагульнове. — Секретарь впервые за время заседания взглянул на Макара, на несколько секунд задержал на нем блуждающий, отчужденный взгляд. — Вам известно, что он, будучи секретарем гремяченской партячейки, совершил ряд тяжких преступлений против партии. Вопреки указаниям райкома вел левацкую линию во время коллективизации и сбора семфонда. Он избил наганом одного середняка-единоличника, запирал в холодную колхозников. Товарищ Самохин сам ездил в Гремячий, расследовал это дело и открыл вопиющие нарушения Нагульновым революционной законности, вредительское искажение линии партии. Дадим слово Самохину. Сообщи бюро, товарищ Самохин, что ты установил относительно преступной деятельности Нагульнова. — Секретарь прикрыл глаза пухлыми веками, тяжело облокотился.

Нагульнов еще с момента прихода в райком понял, что дело его плохо, что снисхождения ему не ждать. Секретарь райкома с небывалой сдержанностью поздоровался с ним и, как видно, уклоняясь от разговора, тотчас же обратился с каким-то вопросом к председателю рика.

— Как мое дело, Корчжинский? — не без робости спросил у него Макар.

— Бюро решит, — неохотно отвечал тот.

Да и все остальные избегали вопрошающих глаз Макара, сторонились его. Вопрос о нем между ними, вероятно, был уже решен заранее; лишь один начальник милиции Балабин сочувственно улыбнулся Макару, крепко пожимая его руку:

— Нагульнов, не робей! Ну, проштрафился, ну, запутался и наломал дров, так ведь мы же политически не очень-то подкованы. Не такие мозговитые, как ты, и то ошибались! — Он вертел своей круглой головой, крепкой, обточенной, как речной камень-голыш, вытирал пот с короткой, красной шеи, сожалеюще причмокивал толстыми губами. Макар, приободрясь, смотрел в налитое полнокровным румянцем лицо Балабина, благодарно улыбался, сознавая, что этот парень насквозь его видит, понимает и сочувствует. «Строгий выговор мне влепят, снимут с секретарей», — думал Макар и с тревогой поглядывал на Самохина. Этот маленький большелобый человек, не терпевший разводов, беспокоил его больше всех. И когда Самохин достал из портфеля увесистую папку, Нагульнов больно ощутил острый угол тревоги. С надсадным звоном у него застучало сердце, кровь кинулась в голову, загорелись виски, легкая пьянящая тошнота подкатила к горлу. Такое состояние было у него всегда незадолго перед припадком. «Только бы не зараз!» — внутренне содрогнулся он, вслушиваясь в замедленную речь Самохина.

— По поручению райкома и райКК я расследовал это дело. Путем опроса самого Нагульнова, потерпевших от его действий колхозников и единоличников Гремячего Лога, а также на основании свидетельских показаний мною установлено следующее: товарищ Нагульнов безусловно не оправдал доверия партии и своими поступками принес ей огромный вред. Так, он в момент коллективизации, в феврале месяце, ходил по дворам и, угрожая наганом, понуждал к вступлению в колхоз. Таким образом он, что называется, «вовлек» в колхоз семь середняков. Это не отрицает и сам Нагульнов...

— Они — закореневшие белые! — хрипло сказал Нагульнов, вставая со стула.

— Я тебе не давал слова. К порядку! — строго прервал его секретарь.

— ...Затем во время засыпки семенного фонда он избил наганом до потери сознания одного середняка-единоличника, и это на глазах у присутствовавших колхозников и сидельцев сельсовета. Избил за то, что тот отказался немедленно вывезти семенной фонд...

— Позор! — громко сказал прокурор.

Нагульнов потер ладонью горло, побледнел, но промолчал.

— В эту же ночь он, как какой-нибудь, товарищи, становой пристав, посадил в холодную комнату трех колхозников и продержал их там всю ночь, причем угрожал им наганом за отказ немедленно вывезти семзерно.

— Им я не угрожал...

— Я это говорю с их слов, товарищ Нагульнов, и прошу меня не перебивать! По его же настоянию был раскулачен и сослан середняк Гаев, который совершенно раскулачиванию не подлежит, так как он по имущественному положению ни в коем случае не может быть причислен к кулакам, а раскулачили его по воздействию Нагульнова за то, что он имел в тысяча девятьсот двадцать восьмом году батрака. Но что это был за батрак? А это, товарищи, была нанята на месяц во время уборки хлеба девушка с того же Гремячего Лога, и Гаев нанял ее только потому, что сын его в тысяча девятьсот двадцать седьмом году осенью был призван в Красную Армию и многодетный Гаев не мог управиться. Советским законодательством такое использование наемной рабочей силы не возбранялось. Гаев имел эту батрачку на основании договора с батрачкомом, расплату произвел сполна, я проверил этот факт. Кроме этого, Нагульнов ведет беспорядочную половую жизнь, а это тоже немаловажно для характеристики члена партии. Нагульнов развелся с женой, даже не развелся, а выгнал ее из дому, выгнал, как собаку, и только на том основании, то она якобы принимала ухаживания какого-то гремяченского парня. Словом, воспользовался сплетнями и выгнал, для того чтобы развязать себе руки. Какую жизнь в половом отношении ведет он сейчас, я не знаю, но все данные за то, товарищи, что он попросту распутничает. Иначе к чему же ему выгонять из дому жену? Хозяйка квартиры Нагульнова мне сказала, что он ежедневно очень поздно приходит домой, где он бывает — ей неизвестно, но нам-то товарищи, известно, где он может бывать! Мы пе маленькие и знаем, где обычно бывает человек, выгнавший жену, ищущий развлечений в смене женщин... Мы знаем! Вот, товарищи, краткий перечень тех геройских поступков (в этом месте своей обвинительной речи Самохин язвительно улыбнулся), которые за короткий срок сумел совершить горе-секретарь ячейки Нагульнов. К чему это привело? И каковы корни этих поступков? Тут надо прямо сказать, что это — не головокружение от успехов, как гениально выразился наш вождь товарищ Сталин, а это — прямой левацкий заскок, наступление на генеральную линию партии. Нагульнов, например, ухитрился не только середняков раскулачивать и из-под нагана загонять в колхоз, но провел решение обобществить домашнюю птицу и весь мелкий и молочный скот. Он же пытался, по словам некоторых колхозников, установить такую дисциплину в колхозе, какой не было даже при Николае Кровавом!

— Про птицу и скотину не было директив райкома, — тихо сказал Нагульнов.

Он уже стоял, вытянувшись во весь рост, судорожно прижимая к груди левую руку.

— Нет, уж это ты извини! — вспыхнул секретарь. — Райком указывал. Нечего с больной головы на здоровую валить! Есть устав артели, и ты не грудной ребеночек, чтобы не суметь разобраться в нем!

— ...В гремяченском колхозе царит зажим самокритики, — продолжал Самохин. — Нагульнов террор устроил, никому не дает слова сказать. Вместо того чтобы вести разъяснительную работу, он орет на хлеборобов, стучит ногами, грозит оружием. Поэтому-то в гремяченском колхозе имени товарища Сталина и идет буза. Там сейчас — массовые выходы из колхоза, к севу только что приступили и определенно с ним не справятся. Районная контрольная комиссия, призванная очищать партию от всяких разложившихся элементов, от оппортунистов всех мастей, мешающих нам в нашем великом строительстве, несомненно сделает свои выводы относительно Нагульнова.

— Все? — спросил секретарь.

— Да.

— Предоставим слово Нагульнову. Пусть он расскажет, как дошел он до жизни такой. Говори, Нагульнов.

Страшный гнев, полымем охвативший Макара под конец самохинской речи, вдруг бесследно исчез, его сменили неуверенность и испуг. «Что же они со мной делают? Как можно так? Угробить хотят!» — на миг растерянно подумал он, подходя к столу. От приготовленных во время выступления Самохина злых возражений ничего не осталось. Пустота заполнила голову, и даже ни одного подходящего слова не было на уме. С Макаром творилось что-то необычайное...

— Я, товарищи, со времен революции — в партии... Был в Красной Армии...

— Все это нам известно. Ближе к делу! — нетерпеливо прервал его секретарь.

— Я на всех фронтах бился с белыми... И в Первой Конной армии... Мне дали орден...

— Да ты о деле говори!

— А это не дело?

— Ты не виляй, Нагульнов! На заслуги нечего теперь ссылаться! — перебил председатель рика.

— Так дайте же товарищу сказать! Что вы на язык ему становитесь? — возмущенно крикнул Балабин, и глянцевая макушка его круглой голышковатой головы вмиг покрылась малиновой апоплексической просинью.

— Пусть конкретно говорит!

Нагульнов все так же стоял, не отнимая от груди левой руки, а правая медленно тянулась к горлу, закостеневшему в колючей суши. Он бледнел и с трудом продолжал:

— Дайте мне сказать. Я же не враг, зачем со мною так? Я был в армии израненный... Под Касторной получил контузию... Тяжелым снарядом с площадки... — и умолк, почерневшие губы его с хлюпом всасывали воздух.

Балабин торопливо плеснул из графина воды, протянул стакан Макару, не глядя на него.

Корчжинский взглянул на Нагульнова, проворно отвел взгляд: рука Нагульнова, сжимавшая боковины стакана, неудержимо дрожала.

В тишине было отчетливо слышно, как дробно звенело стекло, выстукивая о зубы Макара.

— Да ты не волнуйся, говори! — досадливо сказал Балабин.

Корчжинский поморщился. К сердцу его, непрошеная, подкатилась жалость, но он взял себя в руки. Он был твердо убежден, что Нагульнов — зло для партии и что его надо не только снять с работы, но и исключить из партии. Мнение его разделяли все, за исключением Балабина.

Макар залпом глотнул стакан воды; отдышавшись, начал говорить:

— Я признаю то, что говорил Самохин. Верно, это я сотворял. Но не потому, что хотел на партию наступать.

Это Самохин брешет. Брешет он, как кобель, и насчет моего распутства. Выдумки! Я от баб сторонюсь, и мне не до них...

— Через это ты и жену прогнал? — ехидно спросил заворг Хомутов.

— Да, через это самое, — серьезно отвечал Макар. — Но все это я делал... Я хотел для блага революции. Может, я ошибался... Не знаю. Вы ученее меня. Вы курсы проходили, вам виднее. Своей вины я не умаляю. Судите как хочете. Одно прошу понять... — ему опять не хватило дыхания, осекся на полуслове и с минуту молчал. — Поймите, братцы, что это у меня без злого умысла супротив партии. А Банника бил через то, что он над партией надсмехался и хотел семенной свиньям стравить.

— Говори! — насмешливо вставил Самохин.

— Говорю, что было. До́ се жалею, что этого Банника не убил. Больше сказать нечего.

Корчжинский выпрямился, креслице застонало под ним. Ему хотелось кончить это тяжелое дело поскорее. Торопливо заговорил:

— Ну что же, товарищи, все ясно. Сам Нагульнов сознается. Хотя по мелочам он и пытается увильнуть, оправдаться, но оправдания эти звучат неубедительно. Всякий, кого приходится ущемлять, пытается свалить с себя часть вины или переложить ответственность на других... Я считаю, что Нагульнова — как злостно нарушившего линию партии в колхозном движении, как коммуниста, переродившегося в бытовом отношении, — следует из рядов партии ис-клю-чить! Мы не будем смотреть на бывшие заслуги Нагульнова, это — прошедший этап. Мы должны, в назидание другим, наказать его. Всех, кто пытается порочить партию и тянуть ее влево или вправо, мы будем беспощадно бить. Полумерами в отношении Нагульнова и таких, как он, ограничиваться нельзя. Мы с ним и так долго пестовались. Еще в прошлом году во время организации ТОЗов он левшил, я предупреждал его еще тогда. А раз не послушался — пусть пеняет на себя! Давайте голоснем? Кто за то, чтобы

Нагульнова из партии исключить? Голосуют, разумеется, одни члены бюро. Так, четыре, стало быть? Ты против, товарищ Балабин?

Балабин хлопнул по столу. На висках его вздулись путаные сетчатки вен.

— Я не только против, но и категорически возражаю! Это в корне неправильное решение.

— Ты можешь оставаться при особом мнении, — холодно сказал Корчжинский.

— Нет, ты мне разреши сказать!

— Поздно говорить, Балабин. Решение об исключении Нагульнова принято большинством голосов.

— Это чиновничий подход к человеку! Из-ви-ни-те, этого я так не оставлю! Я в окружком буду писать! Исключить старого члена партии, краснознаменца... Вы опупели, товарищи? Как будто нет других мер взыскания!

— Нечего об этом дискутировать. Ведь проголосовали же!

— Морду бить за такое голосование!.. — Голос Балабина перешел на тонкий фальцет, тугая шея так набрякла, что казалось, тронь ее слегка, и из-под пальца свистнет освобожденная кровь.

— Ну, насчет морды, это ты потише, — вкрадчиво и недобро сказал заворг Хомутов. — К порядку мы можем призвать и тебя. Здесь не РУМ, а райком.

— Без тебя знаю! А почему вы мне говорить не даете?

— Потому что я считаю это излишним! — вспылил Корчжинский и тоже, как Балабин, побагровел, вцепился в ручки кресла. — Я здесь секретарь райкома. Я тебя лишаю слова, а угодно говорить — ступай вон на крыльцо!

— Балабин, не кипятись! Чего ты горишь! Пожалуйста, пиши свое мнение в окружком, а этак что же, проголосовали, и ты начал после драки кулаками махать, — урезонивал начальника милиции председатель рика.

Он взял Балабина за рукав форменной рубашки, отвел в угол, что-то вполголоса говоря.

Тем временем Корчжинский, обозленный стычкой с Балабиным, поднял на Макара сердито посверкивающие из-под припухлых век глазки и уже с нескрываемой враждебностью сказал:

— Кончен разговор, Нагульнов! Решением бюро ты исключен из наших рядов. Такие вы партии не нужны. Клади сюда партбилет! — и постучал по столу ладонью рыжеволосой руки.

Нагульнов мертвенно побледнел. Крупная дрожь сотрясала его, а голос был почти не слышен, когда он говорил:

— Партбилет я не отдам.

— Заставим отдать.

— Езжай в окружком, Нагульнов! — крикнул из угла Балабин и, на полуслове оборвав разговор с председателем рика, вышел, оглушительно хлопнув дверью.

— Партбилет я тебе не отдам!.. — повторил Макар. Голос его окреп, со лба и скуластых щек медленно сходила голубоватая бледность. — И партии я буду ишо нужен... И мне без партии не жить! А тебе не подчинюсь!.. Вот он, билет, в грудном кармане... Попробуй, возьми его! Глотку перерву!..

— Трагическое действие начинается! — прокурор пожал плечами. — Ты только без истерик...

Не обращая внимания на его слова, Макар смотрел на Корчжинского, говорил медленно и словно бы с раздумьем:

— Куда же я без партии? И зачем? Нет, партбилет я не отдам! Я всю жизнь свою вложил... всю жизнь... — и вдруг старчески-жалко и бестолково засуетился, зашарил по столу руками, путаясь в словах, торопливо и невнятно забормотал: — Так ты уж лучше меня... прикажи ребятам... Мне тогда на распыл надо... Ничего не остается... Мне жизня теперь без надобностей, исключите и из нее... Стало быть, брехал Серко — нужен был... Старый стал — с базу долой...

Лицо Макара было неподвижно, как гипсовая маска, одни лишь губы вздрагивали и шевелились, но при последних словах из остановившихся глаз, впервые за всю взрослую жизнь, ручьями хлынули слезы. Они текли, обильно омывая щеки, задерживаясь в жесткой поросли давно не бритой бороды, черными крапинами узоря рубаху на груди.

— Довольно тебе! Этим ведь не поможешь, товарищ! — Секретарь болезненно сморщился.

— Ты мне не товарищ! — закричал Нагульнов. — Ты — бирюк! И все вы тут — ядовитые гады! Засилье взяли! Гладко гутарить выучились! Ты чего, Хомутов, оскаляешься, как б...? Над слезьми моими смеешься? Ты!.. В двадцать первом году, когда Фомин с бандой мотал по округу, ты пришел в окружком, помнишь? Помнишь, сучий хвост?.. Пришел и отдал партбилет, сказал, что сельским хозяйством будешь заниматься... Ты Фомина боялся! Через это и бросил билет... а потом опять в партию пролез, как склизкая мокрушка сквозь каменьев!.. И зараз голосуешь против меня? И смеешься моему смертному горю?

— Хватит, Нагульнов, не ори, пожалуйста. У нас же еще вопросы есть, — не смущаясь и все так же тая улыбочку под темными усами, примиряюще сказал смуглолицый, красивый Хомутов.

— С вами хватит, но я свою правду найду! В ЦК поеду!

— Во-во! Поезжай! Там все в момент разрешат! Там тебя давно дожидаются... — улыбался Хомутов.

Макар тихо пошел к двери, стукнулся виском о дверной косяк, застонал. Последняя вспышка гнева его окончательно обессилила. Без мысли, без чувств дошел до ворот, отвязал от изгороди маштака, почему-то повел его в поводу. На выезде из станицы хотел сесть верхом, но не смог: четыре раза поднимал ногу к стремени и, пьяно качнувшись, отрывался от луки.

Возле крайней хатенки на завалинке сидел старый, но молодцеватый дед. Из-под облупленного козырька казачьей фуражки он внимательно наблюдал, как Макар пытался сесть на маштака, потом поощрительно улыбнулся.

— Хорош, орёлик! Солнце в дуб, а он уж и ноги поднять не могет. Через какой-такой случай спозаранку упился? Али ноне праздник?

— Праздник, дедушка Федот! — откликнулся ему сосед, выглядывая из-за плетня. — Ноне симоны-гулимоны, крестный ход по кабакам.

— То-то я вижу, — улыбался старик, — стало быть, нет молодца сильнее винца! Ишь как оно его шибает от седла! Держися, казачок!

Макар скрипнул зубами и, чуть коснувшись стремени носком сапога, птицей взлетел на седло.

Глава XXXIII

В этот день с утра в Гремячий Лог прибыли из хутора Ярского двадцать три колхозных подводы. Около ветряка их встретил Банник. Повесив на плечо оброть, он шел в степь искать кобылу. Передняя подвода поравнялась с ним.

— Здорово живете, граждане казачки!

— Слава богу, — ответил чернобородый казачина, правивший куцехвостыми лошадьми.

— Откель это подводы?

— С Ярского.

— Чего же это у ваших коней хвостов нету? К чему это вы их пострамотили?

— Тррр, стой! Добрая чертяка! И хвост отрубили, а она все сепетит... Чего хвостов нету, говоришь? Поотрезали на козну. Городские бабы будут хвостами мух отгонять... Покурить не найдется, добрый человек? Угости, а то мы табаком бедствуем. — Казак соскочил с брички.

Задние подводы остановились. Банник уж и пожалел, что ввязался в разговор. Он с неохотой доставал кисет, глядя, как еще человек пять идут от подвод, на ходу полосуя газету на закрутки.

— Раскурите вы меня... — крякнул скуповатый Банник.

— Теперь — колхоз, знаешь? Все должно быть обчее, — строго сказал бородач и, словно из своего кисета, потянул добрую жменю[1] табаку-самосаду.

Закурили. Банник торопливо засовывал кисет в карман шаровар, улыбался, с брезгливой жалостью поглядывая на обрезанные чуть не по самые репицы лошадиные хвосты. Падкая на кровь весенняя муха секла лошадей, садилась на потные стегна, на потертые хомутами зашеины. Лошади по привычке мотали хвостами, пытаясь отогнать мух, но куцые, лишенные волоса, срамотные отрезки не действовали.

— Куда же это она хвостом указывает? — язвительно выспрашивал Банник.

— Все туда же, в колхоз. А у вас аль не резали?

— Резали, но толечко на два вершка.

— Это наш председатель совета распорядился, премия получал, а нуда́ зачнется — пропадут кони! Ну, поедемте. Спасибо за табачок. Покурил — и сердце помягчело, а то всю дорогу ехал, лютовал без курева.

— Вы куда же едете?

— В Гремячий.

— К нам, значится. А по каким делам?

— За семенами.

— Это... Это как же?

— Из района приказали у вас семфонды взять, четыреста тридцать пудов. Но, иди!

— Я ж так и знал! — вскричал Банник. Махая обротью, он побежал в хутор.

Не успели ярские подводы доехать до правления колхоза, как уже половине хутора стало известно о том, что ярские приехали забирать семенной хлеб. Не пожалел Банник ног, шныряя с база на баз.

Сначала на проулках собрались бабы, заторочили, всшумелись, как табунки встревоженных куропаток.

— Хлеб наш увозят, милушки!

— Сеять-то нечем будет!

---

[1]*Жменя* — горсть.

— Головушка моя горькая!

— Люди добрые говорили, что не надо засыпать было в обчественный анбар...

— Кабы казаки нас слухали!

— Надо идтить, говорить казакам, чтобы хлеба не давали!

— Да мы и сами не дадим! Поедемте, бабочки, к анбарам! Заберем колья и не подпустим их к замкам!

Потом появились казаки. И промеж них такие же пошли разговоры. Переходя от проулка к проулку, с улицы на улицу, собрались в немалую толпу, двинулись к амбарам.

Тем временем Давыдов прочитал привезенную ярцами от председателя правления райполеводсоюза служебную записку.

«Тов. Давыдов, — писал Лупетов, — у тебя на глубинке есть 73 центнера оставшейся невывезенной по хлебозаготовке пшеницы. Предлагаю тебе выдать эту пшеницу (все 73 центнера) Ярскому колхозу. У них не хватает семенного материала. С конторой Союзхлеба я согласовал вопрос».

Давыдов прочитал, распорядился выдать хлеб. Ярцы со двора правления колхоза поехали к амбарам, но возле амбаров улицу запрудил народ. Сотни две баб и казаков окружили подводы.

— Куда едете?

— За нашим хлебом? Черти вас принесли?

— Поворачивай!

— Не дадим!

Демка Ушаков кинулся за Давыдовым. Тот рысью прибежал к амбарам.

— В чем дело, граждане? Чего вы собрались?

— Ты почему наш хлеб отдаешь ярцам? Мы для них его засыпали?

— Тебе, Давыдов, кто это такие права давал?

— А мы чем сеять будем?

Давыдов взлез на приклеток ближайшего амбара, спокойно объяснил, что выдает он по распоряжению райполеводсоюза не семенной хлеб, а оставшийся по хлебозаготовке.

— Вы, граждане, не беспокойтесь, наш хлеб будет целый. А вам вместо того, чтобы без дела слоняться да семечки лущить, в поле надо ехать. Имейте в виду, бригадиры ведут учет невышедших на работу. Кто не пойдет, будем штрафовать.

Часть казаков покинула улицу. Многие, успокоенные заявлением Давыдова, отправились в поле. Кладовщик начал отпускать ярцам хлеб. Давыдов ушел в правление. Но через полчаса в настроении баб, все еще дежуривших возле амбаров, произошла резкая перемена. Яков Лукич поспособствовал этому, шепнул нескольким казакам:

— Брешет Давыдов! Семенной увозит! Колхоз посеет, а что единоличники засыпали, отдадут Ярскому колхозу.

Бабы заволновались. Банник, Демид Молчун, дед Донецков и еще человек тридцать казаков, посовещавшись, подошли к весам.

— Не даем хлеб! — от имени всех заявил Донецков.

— У тебя не спрашиваются! — огрызнулся Демка Ушаков.

Между ними началась перепалка. Ярцы вступились за Демку. Тот самый чернобородый казачина, которого на выгоне угощал Банник табаком, стал на бричке во весь рост, минут пять яростно матерился, а уж потом начал выкрикивать:

— Вы чего это власть нарушаете? Что вы мордуете нас? Мы в горячую пору забились за сорок верст, а вы государственный хлеб держите? Гепева по вас горько плачет! Вас, сукиных сынов, в Соловки надо сажать! Как собаки на сене, лежите, сами не жрете и другим не даете! Чего вы нá поля не едете? Праздник вам?..

— А тебе чего надо? Борода у тебя свербит? Расчешем!.. Это мы — в минуту! — заорал Бесхлебнов, Аким Младший, подсучивая рукава и пробиваясь к бричке.

Бородатый ярской казачина прыгнул с брички. Он не подсучивал рукавов своей вылинявшей коричневой рубахи, но встретил Акима Младшего таким умелым, лихим ударом в челюсть, что Аким сажени две летел, расталкивая спиной народ, махая руками, как ветряная мельница крыльями.

Завязалась драка, каких давным-давно не видывал Гремячий Лог. Ярцам изрядно натолкали, и они, избитые в кровь, бросили мешки с хлебом, попадали в брички, и, ударив по лошадям, прорвались сквозь толпу взвизжавшихся баб, ускакали.

С этого часа и пошло кружало волнений по Гремячему Логу. У Демки Ушакова хотели отобрать ключи от амбаров с семенным зерном, но догадливый Демка во время драки улизнул из толпы, прибежал в правление.

— Куда ключи девать, товарищ Давыдов? Ярских наши бьют, а зараз, видно, и до нас зачнут добираться!

— Давай мне ключи, — спокойно сказал Давыдов.

Он взял ключи, положил их в карман, пошел к амбарам. А в это время бабы уже успели вытащить из сельсовета Андрея Размётнова, надсадно крича:

— Открывай митинг!

— Бабочки! Тетушки! Мамаши! Лапушки мои! Нету зараз митингов. Сеять надо, а не митинговать! На что вам митинг спонадобился? Это — слово солдатское. Допрежь, чем его говорить, надо в окопах три года высидеть! На войне надо побывать, вшов попродовольствовать, а потом уж и про митингу гутарить, — пробовал вразумить баб Размётнов.

Но они его не слушали; уцепившись за шаровары, за рукава и подол рубахи, волоком тянули нахмуренного Андрея в школу, орали:

— Не желаем в окопах высиживаться!

— Не желаем на войну!

— Открывай митинг, а то сами откроем!

— Брешешь, сукин сын, что нельзя! Ты председатель! Тебе можно!

Андрей, отпихивал баб, затыкал уши, стараясь перекричать их, вопил:

— Замолчите, анафены! Отслонитесь трошки! По какому случаю вам митинг нужен?

— По хлебу! По хлебу будем с вами гутарить!

...В конце концов Размётнов вынужден был сказать:

— Считаю собрание открытым.

— Слово дозвольте, — потребовала вдовая Екатерина Гулящая.

— Да говори, черт тебя нюхай!..

— Ты не чертякай, председатель! А то я тебя черкану, должно быть... С чьего соизволеньица вы дозволили наш хлеб растаскивать? Кто это распорядился ярцам отпущать и на раскакую нужду? — Гулящая — руки в бока — изогнулась, ожидая ответа.

Андрей отмахнулся от нее, как от надоедливой мухи.

— Было вам авторитетно объяснено товарищем Давыдовым. И я собрание не за этими глупостями открывал, а затем... — Андрей вздохнул, — что надо, любезные граждане, на сусликов идтить всей нашей силой...

Маневр Андрею не удался.

— Какой там суслик!

— Не до сусликов!

— Хлеб давайте!..

— Краснобай, ёж тебя наколи! На суслика съехал! А про хлеб кто будет гутарить?

— Про него и гутарить нечего!

— А-а-а, нечего? Отдавайте назад хлеб!

Бабы во главе с Гулящей начали подступать к сцене. Андрей стоял около жестяной суфлерской будки. Он с усмешкой посматривал на баб, но в душе испытывал некоторую тревогу: уж больно суровы на вид были казаки, толпившиеся позади, за белым ромашковым полем сплошных бабьих платков.

— В сапогах зиму и лето ходишь, а нам и на чирики товару нету!

— Комиссаром стал!

— А давно ли с Маришкиного мужа шаровары трепал?

— Наел мурло.

— Разуйте его, бабы!

Выкрики загрохотали, как беспорядочная пачечная стрельба. Несколько десятков баб столпилось около самой сцены. Андрей тщетно старался водворить тишину: голоса его не было слышно.

— Сымайте с него сапоги! Бабочки, а ну, до́разу!

Вмиг к сцене протянулось множество рук. Андрея схватили за левую ногу. Он вцепился в будку, побледнел от злости, но с ноги уже стянули сапог, кинули куда-то назад. Многочисленные руки подхватывали сапог, перебрасывали дальше, покатился недружный, недобрый смех. Издали, из задних рядов, зазвучали одобрительные мужские голоса:

— Разувай его!

— Пущай без галихве походит!..

— Тяни другой!..

— Бабы, действуйте! Валяй его, борова!..

И другой сапог сорвали с Андрея. Он стряхнул с ног портянки, оранул:

— И портянки нужны? Берите! Может, кому на утирки пойдут!

К сцене быстро подходило несколько парней. Один из них — единоличник Ефим Трубачев, губатый детина, сын атаманца и сам саженного роста, — растолкал баб, шагнул на сцену.

— Нам портянки твои не нужны, — говорил он, улыбаясь и тяжело дыша, — а вот шаровары мы с тебя, председатель, сымем...

— Штаны нам позарез нужны! Беднота без штанов ходит, а кулацкого не хватило, — развязно пояснил другой, помоложе и помельче ростом, но бедовей, коноводистей на вид.

Парень этот, по прозвищу Дымок, был на редкость кучеряв. Каракулевых дымчато-белесых волос его словно никогда в жизни не касалась расческа, — такими беспорядочными завитушками взмывали они из-под околыша старенькой казачьей фуражки. Отец Дымка был убит на германской войне, мать умерла от тифа; малолетний Дымок возрастал на попечении тетки. Сызмальства он воровал на чужих огородах огурцы и редиску, в садах — вишню и яблоки, с бахчей мешками носил арбузы, а по возмужании пристрастился портить хуторских девок и на этом поприще стяжал себе столь худую и громкую славу, что ни одна гремяченская мамаша, имевшая взрослую дочь, не могла равнодушно глядеть на Дымка, на его небольшую, но складную, как у ястребка, фигуру. Глянет, непременно сплюнет на сторону, зашипит:

— Идет, чертяка белоглазый! Так и ходит, кобелина поблудный, по хутору, так и ходит... — и к дочери: — Ну, а ты чего гляделки вылупила? Чего у окна торчишь? Вот принеси мне в подоле, только принеси — своими руками задушу! Тяни, сукина дочь, кизяк на затоп да ступай корову встревай!

А Дымок, зверино-мягко ступая обутыми в рваные чирики ногами, тихонько посвистывая сквозь зубы, идет себе мимо плетней и заборов, из-под загнутых, лучистых ресниц посматривает на окна, на базы, и лишь только мелькнет где-нибудь девичий платок, — мгновенно преображается ленивый с виду, неповоротливый Дымок: он коротким, точным движением, по-ястребиному быстро поворачивает голову, выпрямляется. Но не хищность высматривает из его белесоватых глаз, а ласка и величайшая нежность; даже глаза Дымковы в этот момент как будто меняют окраску и становятся такими бездонно-синими, как июльское небо. «Фектюшка! Светок мой лазоревый! Ноне, как смеркнется, я приду на забазье. Ты где ноне спать будешь?» — «Ах, оставьте ваши глупости!» — на бегу неприступно-строго отвечает девка.

Дымок с понимающей улыбкой смотрит ей вслед, уходит. На закате солнца играет возле общественного амбара на гармошке своего сосланного дружка, Тимофея Рваного, но как только синяя тень ляжет в садах и левадах, едва утихнет людской гомон и скотиний мык, он не спеша шагает по проулку к Фектиному базу, а над грустно перешептывающимися верхушками тополей, над безмолвным хутором идет такой же одинокий, такой же круглолицый, как и Дымок, месяц.

Не одни девки были утехой в жизни Дымка: любил он и водку, а еще больше — драки. Где драка, там и Дымок. Вначале он смотрит, с силой сцепив за спиной руки, угнув голову, потом у него начинают часто подрагивать ноги в коленях, дрожь становится неудержной, и Дымок, не в силах совладать с борющей его страстью, вступает в бой. К двадцати годам он уже успел растерять полдюжины зубов. Неоднократно был избиваем так, что кровь шла у него горлом. Били его и за девичьи грехи, и за вмешательство в чужие споры, разрешаемые при помощи кулаков. Покашляет Дымок, похаркает кровью, с месяц вылежит на печи у вечно плачущей тетки, а потом опять появится на игрищах, и еще неутолимей блистают голубоватые Дымковы глаза, еще проворней бегают пальцы по клапанам двухрядки, только голос после болезни становится глуше и хрипатей, словно вздох изношенных мехов старенький гармошки.

Из Дымка трудно было вышибить жизнь, — живуч был, как кошка. Его исключили из комсомола, судили за хулиганство и за поджог. Андрей Размётнов не раз арестовывал его за буйство, отводил ночевать в сельсоветский сарай. Дымок издавна питал к нему великую злобу и вот теперь-то, считая момент подходящим для расплаты, и полез на сцену, чтобы поквитаться...

Он подходил к Андрею все ближе. Колени его тряслись, и от этого казалось, что он словно бы пританцовывает.

— Шаровары нам... — Дымок громко вздохнул: — А ну, сымай!..

Сцена текуче наполнялась бабами, многорукая толпа снова окружила Андрея, жарко дыша ему в лицо и в затылок, окружая неразрывным кольцом.

— Я — председатель! — крикнул Размётнов. — Надо мной смеяться — над Советской властью смеяться! Отойди! Хлеба я вам не дозволю брать! Собрание считаю закрытым!..

— Сами возьмем!

— Хо-хо! Закрыл!

— Откроем!

— К Давыдову пойдем, ишо его потрясем!

— А ну, ходу в правление!

— Размётнова придержать надо!

— Бей его, ребятки!..

— Чего ему в зубы глядеть?!

— Он против Сталина!

— Посадить его!

Одна из баб стащила со стола президиума красную сатиновую покрышку, сзади укутала ею голову Размётнова. А пока он пытался сорвать пахнущую чернилами и пылью скатерть, Дымок, не размахиваясь, ударил его под ложечку.

Освободив голову, задыхаясь от безрассудной ярости и боли, Андрей выхватил из кармана наган. Бабы с криком шарахнулись в стороны, но Дымок, Ефим Трубачев и еще двое проникших на сцену казаков схватили его за руки, обезоружили.

— Стрелять в народ хотел! Вот сукин-то сын! — радостно заорал Трубачев, поднимая над головой размётновский наган с порожним, без единого патрона барабаном...

Давыдов невольно замедлил шаг, услышав доносившийся от амбаров сплошной и грозный рев: «Ая-я-я-я-я-я!» — высоко взлетая, звенел над мужскими басовитыми голосами пронзительный бабий крик. Он резко выделялся из слитной массы голосов, как выделяется из общего гона осенью в лесу, тронутом первыми заморозками, страстный, захлебывающийся, яростно плачущий лай гончей суки, идущей вместе со стаей по горячему следу красного зверя.

«Надо бы послать за второй бригадой, а то разберут хлеб», — подумал Давыдов. Он решил вернуться в правление, чтобы спрятать где-нибудь ключи от амбаров с семенным зерном. Демка Ушаков растерянно стоял у ворот.

— Я схоронюсь, товарищ Давыдов. А то меня за ключи дерзать будут.

— Это твое дело. Найденова нет?

— Он во второй бригаде.

— А из второй бригады здесь никого нет?

— Кондрат Майданников.

— Где он? Что он тут делает?

— За семенами приехал. Да вот он метется!

К ним, поспешая, подходил Майданников. Еще издали махнул кнутом, крикнул:

— Андрея Размётнова арестовало общество! Посадили его в подвал и зараз направляются к амбарам. Ты прихоронись, товарищ Давыдов, а то как бы греха не вышло... Народ прямо-таки осатанел!

— Не буду я прятаться! С ума ты сошел?! На́ тебе ключи и мотай в бригаду, скажи Любишкину, чтобы посадил человек пятнадцать на коней и сейчас же скакал сюда. Видишь, у нас здесь... буза начинается. Район я не хочу тревожить, сами управимся. Ты на чем приехал?

— На бричке.

— Отцепи одну лошадь, садись верхом и дуй!

— Это я в два счета! — Майданников сунул в карман ключи, побежал по проулку.

Давыдов не спеша подходил к амбарам. Толпа несколько приутихла, поджидая его. «Идет, вражина!» — истерично крикнула какая-то бабенка, указывая на Давыдова. Но он не спешил, на виду у всех остановился закурить, повернулся спиной на ветер, зажег спичку.

— Иди, иди! Ус-пе-ешь покурить-то!

— Ишо на том свете накуришься!

— Ключи несешь ай нет?

— Не-се-от, небось! Чует кошка, чью мясу съела.

Попыхивая дымком, сунув руки в карманы, Давыдов подошел к передним рядам. Его самоуверенный, спокойный вид подействовал на толпу двояко: некоторые почувствовали в этой самоуверенности сознание силы и превосходства, бывших на стороне Давыдова, других внешняя спокойность его взбесила. Как град по железной крыше, застукотели выкрики:

— Ключи давай!

— Распущай колхоз!

— Катися отседова! Кой тебя... просил?!

— Давай семено́в!

— Почему не даешь нам сеять?

Тихий ветерок поигрывал концами бабьих платков, шуршал метелками камыша на амбарных крышах, нес из степи пресный запах сохнущей земли и невыбродивший виноградный дух молодых трав. Медвяный аромат набухающих почек тополей был так приторно-сладок, что у Давыдова, когда он начал говорить, было такое ощущение, как будто губы его слипаются, и даже вкус меда ощущал он, касаясь языком нёба.

— Вы что же это, граждане, перестали подчиняться распоряжениям Советской власти? Почему это вы не дали Ярскому колхозу хлеба? А вы не думаете, что за это придется вам отвечать перед судом как за срыв весенней посевной кампании? Факт, что прийдется! Советская власть вам этого не простит!

— Советская власть твоя сидит у нас зараз заарестованная! Сидит, как любушка, в подвале! — ответил единоличник Добродеев Мирон, низенький хромой казачишка, намекая на арест Размётнова.

Кое-кто засмеялся, но Банник выступил вперед, гневно крикнул:

— Советская власть не так диктует, как вы тут выдумляете! Мы такой Советской власти, какую вы с Нагульновым Макаркой выдумали, не подчиняемся! Разве ж это мода, чтобы хлеборобам не давать сеять? Это что есть такое? Это есть искажение партии!

— Тебе, что ли, не даем сеять?

— А то даете?

— Ты ссыпал в общественный амбар семена?

— Ну, ссыпал.

— Получил их обратно?

— Ну, получил. Далее что?

— Кто же тебе не дает сеять? Чего ты тут возле амбаров околачиваешься?

Банник был несколько смущен неожиданным для него оборотом разговора, но он попытался вывернуться:

— Я не о себе душою болю, а об народе, какой вышел из колхоза и какому вы хлеб обратно не возвертаете и имущество не даете. Вот что! Да и мне какую вы землю отвели? Почему вдалях?

— Ступай отсюда! — не выдержал Давыдов. — С тобой мы потом будем говорить, факт! А в колхозные дела ты не суй носа, а не то мы его тебе живо оттяпаем! Ты подстрекательством занимаешься! Ступай, говорят тебе!

Банник, бормоча угрозы, отступил, а на смену ему дружно выдвинулись бабы. Они зашумели все сразу, в один голос, не давая Давыдову и слова молвить. Он старался выиграть время, чтобы дать возможность подоспеть Любишкину с бригадой, но бабы окружили его, оглушительно крича, поддерживаемые сочувственным молчанием казаков.

Оглядываясь по сторонам, Давыдов увидел Марину Пояркову. Она стояла поодаль, скрестив на груди обнаженные по локоть могучие руки, о чем-то оживленно разговаривая с бабами, хмуря почти сомкнувшиеся над переносицей иссиня-черные брови. Давыдов уловил ее враждебный взгляд и почти тотчас же увидел около нее Якова Лукича, взволнованно, выжидательно улыбавшегося, шептавшего что-то Демиду Молчуну.

— Давай ключи! Отдай добром, слышишь?

Одна из баб схватила Давыдова за плечо, сунула руку в карман его штанов.

Давыдов с силой толкнул ее. Баба попятилась, упала на спину, притворно заголосила:

— Ой, убил, убил! Родненькие, не дайте пропасть!..

— Что же это такое? — дрожащим теноркомсказал кто-то из задних рядов толпы. — Драться, значится, начинает? А ну, толканите-ка его, чтобы у него юшка из носу брызнула!..

Давыдов шагнул было, чтобы поднять упавшую бабу, но с головы его сбили кепку, несколько раз ударили его по лицу и по спине, схватили за руки. Ворохнув плечами, он сбросил насевших на него баб, но они снова с криком вцепились в него, разорвали ворот рубахи, в несколько секунд обшарили и вывернули карманы.

— Нету у него ключей!

— Где ключи?..

— От-да-а-ай! Все одно замки пособьем!

Величественная старуха — мать Мишки Игнатенка, — сопя, пробилась к Давыдову, матерно выругалась, плюнула ему в лицо.

— Вот тебе, сатанюка, безбо-ож-ник!

Побледнел Давыдов, напряг всю силу, пытаясь освободить руки, и не смог: как видно, кто-то из казаков поспешил на помощь бабам. Ядреные заскорузлые пальцы взяли, стиснули сзади его локти, стиснули как плоскогубцы. Тогда Давыдов перестал вырываться. Он понял, что дело зашло уж слишком далеко, что на помощь ему никто из присутствующих не выступит, а поэтому и действовать решил иначе.

— Ключей от амбаров у меня нет, граждане. Ключи хранятся... — Давыдов запнулся: он хотел сказать, что ключи не у него хранятся, но мгновенно сообразил, что если он откажется, толпа бросится искать Демку Ушакова, наверняка найдет, и тогда Демке несдобровать, — убьют. «Скажу, что у меня на квартире, а там поищу и скажу, что потерял. Тем временем Любишкин подоспеет, а меня они убить едва ли решатся. Э, да черт их бери!» Он помолчал, вытирая плечом кровь с оцарапанной щеки, потом сказал: — Ключи у меня на квартире хранятся, но я вам их не дам, а за взлом замков вы будете отвечать по всей строгости! Так и знайте, факт!

— Веди нас на фатеру! Сами твои ключи возьмем, — наседала Игнатенкова мать.

У нее дрожали от волнения брюзглые щеки и крупная бородавка на носу, по морщинистому лицу непрестанно сыпался пот. Она первая толкнула Давыдова, и тот охотно, но медленно зашагал по направлению к своей квартире.

— Да там ли ключи-то? Может, ты запамятовал? — допытывалась Авдотья, жена Банника.

— Там, там, тетушка! — уверял Давыдов, наклоняя голову, пряча улыбку.

Четыре бабы держали его за руки, пятая шла позади с здоровенным колом в руках; с правой стороны, вся сотрясаясь, шагала крупным мужским шагом Игнатенкова старуха, а по левую сторону, разбившись на группки, валили бабы. Казаки остались дожидаться ключей около амбаров.

— Руки пустите, тетушка. Я не убегу, — просил Давыдов.

— А чума тебя знает, как раз ишо и убежишь.

— Да нет же!

— Иди при нас, так нам спокойнее.

Дошли до квартиры; повалив хворостяные воротца и плетень, вломились во двор.

— Иди, неси ключи. А не принесешь — зараз кликнем казаков, они тебе враз вязы набок своротют!

— Ох, тетушка, скоро вы Советскую власть позабыли. А она вам за это не спустит!

— Семь бед — один ответ! Что нам, не сеямши, к осени с голоду пухнуть, что зараз отвечать, — все едино! А ты иди-кася, иди!

Давыдов вошел в свою комнату; зная, что за ним подсматривают, сделал вид, будто старательно ищет. Он перерыл все в чемодане и на столе, перетряс все бумаги, слазил под койку и под кривоногий стол...

— Нету ключей, — заявил он, появляясь на крыльце.

— А где же они?

— Наверное, у Нагульнова.

— Да ить он же уехал!

— Мало ли что! Сам уехал, а ключи мог оставить. Даже наверное оставил. Мы сегодня должны были хлеб отпускать на вторую бригаду.

Его повели на квартиру Нагульнова. Дорогою стали бить. Сначала лишь слегка подталкивали и ругали, а потом, ожесточившись оттого, что он все время посмеивается и шутит, начали бить уже как следует.

— Гражданочки! Дорогие мои ухажерочки! Вы хоть палками-то не бейте, — упрашивал он, пощипывая ближайших баб, а сам нагибал голову и через силу улыбался.

Его нещадно колотили по согнутой широкой и гулкой спине, но он только покрякивал, плечами шевелил и, несмотря на боль, все еще пробовал шутить:

— Бабушка! Тебе помирать пора, а ты дерешься. Дай я тебя хоть разок ударю, а?

— Идол бесчувственный! Каменюка холодная! — чуть не со слезами взголосила молоденькая Настенка Донецкова, усердно молотившая по спине Давыдова своими маленькими, но крепкими кулачками. — Все руки об него прибила, а ему хучь бы что!..

— Палками не бить! — единственный раз сурово, сквозь стиснутые зубы, бормотнул Давыдов и выхватил из рук какой-то бабенки сухой вербовый колышек, хряпнул его об колено.

Ему до крови рассекли ухо, разбили губы и нос, но он все еще улыбался вспухшими губами, выказывая нехваток переднего зуба, неторопливо и несильно отталкивал особенно свирепо наседавших баб. Страшно досаждала ему Игнатенкова старуха с гневно дрожавшей бородавкой на носу. Она била больно, норовила попасть либо в переносицу, либо в висок и била не так, как остальные, а тыльной стороной кулака, костяшками сжатых пальцев. Давыдов на ходу тщетно поворачивался к ней спиной. Она, сопя, расталкивала баб, забегала ему наперед, хрипела:

— Дай-кася, я его по сусалу! По сусалу!

«Н-н-ну, подожди, чертова жаба, — с холодным бешенством думал Давыдов, уворачиваясь от удара, — как только покажется Любишкин, я тебя так садану, что ты у меня винтом пойдешь!»

Любишкина с верховыми все не было. Подошли к квартире Нагульнова. На этот раз вместе с Давыдовым вошли в комнату и бабы. Они все перерыли, пораскидали бумаги, книги, белье, даже у хозяев и то искали ключи. Разумеется, не нашли, вытолкали Давыдова на крыльцо.

— Где ключи? Убьем!

— У Островнова, — отвечал Давыдов, вспомнив стоявшего в толпе у амбаров, злорадно улыбавшегося завхоза.

— Брешешь! Мы у него уж пытали! Он сказал, что у тебя должны быть ключи!..

— Гражданочки! — Давыдов потрогал пальцами чудовищно распухший нос, тихо улыбнулся: — Гражданочки!

Совершенно напрасно вы меня били... Ключи лежат в правлении, в моем столе, факт. Теперь я точно припоминаю.

— Да ты смеешься над нами! — взвизгнула подоспевшая от амбаров Екатерина Гулящая.

— Ведите туда. Какой может быть смех? Только, пожалуйста, без драки!

Давыдов сошел с крыльца. Его мучила жажда, одолевала бессильная ярость. Били его не раз, но женщины били впервые, и от этого было ему как-то не по себе. «Только бы не свалиться, а то озвереют и — чего доброго — заклюют до смерти. Вот глупая смерть-то будет, факт!» — думал он, с надеждой устремляя глаза на бугор. Но не схватывалась на шляху пыльца, взвихренная конскими копытами, не показывались рассыпанные лавой всадники. В безлюдье пустовал бугор, простираясь до дальнего кургана на горизонте... Так же пустынны были улицы. Все собрались возле амбаров, оттуда доносилось тугое громыхание множества голосов.

Пока дошли до правления, Давыдова избили столь изрядно, что он еле держался на ногах. Он уже не шутил, а все чаще спотыкался на ровном, все чаще хватался за голову и, бледнея, глухо просил:

— Хватит! Убьете ведь. По голове не надо... Нету у меня ключей! До ночи буду водить, а ключей нету... Не отдам!

— А-а-а-а, до ночи?! — стонали разъяренные бабы и снова пиявками присасывались к обессилевшему Давыдову, царапали, били и даже кусали.

Возле самого двора колхозного правления Давыдов сел на дорогу. Парусиновая рубаха его была в крови, короткие городские штаны (с бахромой внизу от ветхости) разорваны на коленях, из распахнутого ворота высматривала смуглая татуированная грудь. Он тяжело, с сапом дышал и выглядел жалко.

— Иди, су-ки-и-ин ты сын!.. — Игнатенкова старуха топала ногами.

— За вас же, сволочей!.. — неожиданно звонко сказал Давыдов и повел по сторонам странно посветлевшими глазами. — Для вас же делаем!.. И вы меня же убиваете... Ах, сво-ло-чи! Не дам ключей. Понятно? Факт, не дам! Ну?

— Бросьте вы его!.. — закричала подбежавшая девка. — Казаки уже замки посбили и хлеб делют!

Бабы кинули Давыдова около правленческих ворот, побежали к амбарам.

Встал он с огромнейшим усилием, зашел во двор, вынес на крыльцо цибарку со степлившейся водой, долго пил, а потом стал лить воду на голову. Кряхтя, смыл кровь с лица и шеи, вытерся висевшей на перильце попонкой и присел на порожек.

Во дворе не было ни души. Где-то потревоженно кудахтала курица. На крыше скворешни выщелкивал, запрокинув голову, вороной жаворонок. Со степи слышно было, как посвистывали суслики. Негустая ступенчатая грядина лиловых облачков застилала солнце, но, несмотря на это, в воздухе висела такая томящая духота, что даже воробьи, купавшиеся посреди двора в куче золы, лежали недвижно, вытянув шейки, изредка трепыхая крохотными веерками распущенных крылышек.

Заслышав глухой, мягкий грохот копыт, Давыдов поднял голову: в ворота на полном карьере влетел оседланный вислозадый буланый конишка. Он круто повернулся, взрыл задними ногами землю, с храпом околесил двор, роняя со стёгнов на жаркую землю белые, пышные шмотья мыла. Возле конюшенных дверей остановился, обнюхал помост.

Нарядная, отделанная серебром уздечка на нем была оборвана, концы поводов болтались, седло сбилось на самую холку, а лопнувшие ремни нагрудника свисали до земли, касаясь исчерна-лиловых раковин копыт. Он тяжело носил боками, раздувал розовые ноздри; в золотистой челке его и в спутанных космах гривы понастряли комья бурых прошлогодних репьев.

Давыдов с удивлением смотрел на коня. В это время тягуче скрипнула дверь сеновала и наружу просунулась голова деда Щукаря. Немного погодя и сам он вышел, с величайшими предосторожностями отворив дверь, пугливо озираясь по сторонам.

Сенная труха густо крыла мокрую от пота рубаху Щукаря, в клочкастой бороденке торчали обзерненные головки пырея, пересохшие травяные былки и листья, желтая осыпь донника. Лицо деда Щукаря было вишнево-красно, печать безмерного испуга лежала на нем, по вискам на бороду и щеки стремился пот...

— Товарищ Давыдов! — просящим шепотом заговорил он, на цыпочках подойдя к крыльцу, — схоронитесь вы, за-ради господа бога! Уж раз зачали нас громить, значится дело вот-вот подходит к смертоубийству. До чего вас размозжили — лица не призначишь! Я в сене спасался... Духотища там — мочи нету, весь я пóтом изошел, но зато спокойнее для души, ей-богу! Давайте перегодим трошки эту смуту, вместе схоронимся, а? Одному как-то ужасно пребывать... Ну, какой нам интерес смерть принимать, за-ради чего — неизвестно. Вы послухайте, как бабы гудут, как шершеня, в рот им клёп! Вот и Нагульнова, как видно, ухандокали. Ить это его конь прибег... На этом маштачке он в станицу ноне бегал. Он утром под ним споткнулся в воротах, а я ишо тогда ему сказал: «Вернись, Макар, примета дюже плохая!» Но ить он разве ж когда послухает знающего человека? Сроду нет! Все на свой хряп норовит, вот и убили. А коли воротился бы, то мог бы за мое почтение прихорониться.

— Так, может быть, он теперь дома? — нерешительно спросил Давыдов.

— До-о-ма? А почему конь порожнем прибег и храпит, как мертвежину чует? Мне эти приметы довольно даже известные! Ясное дело: возвернулся он из района, видит, что возле амбаров хлеб громят, ну, сказал суперечь, не стерпело его горячее сердце, ну, и убили человека...

Давыдов молчал. Около амбаров по-прежнему стон стоял от многоголосого говора, слышался скрип арб и такающий перестук бричечных колес.

«Хлеб увозят... — подумал Давыдов. — А действительно, что же с Макаром? Неужели убили? Пойду!» Он поднялся.

Дед Щукарь, думая, что Давыдов решил схорониться вместе с ним на сеновале, засуетился:

— Пойдемте, пойдемте от греха! А то ишо кого-нибудь черт занесет сюда, узрят нас с вами и наведут нам трубу. Это они в один секунд сработают! А на сеновале очень даже прекрасно. Дух от сена легкий, веселый, я бы там месяц пролежал, кабы харчишки водилися. Только вот козел меня искоренил... Убил бы вредителя, до смерти! Прослыхал я, что бабы колхоз громят и вас за хлеб дерзают: «Ну, — говорю сам себе, — пропадешь ты, Щукарь, ни за понюшку табаку!» Ить бабы все до одной знают, что только мы с вами, товарищ Давыдов, со дня революции на платформе и что мы и сочинили в Гремячем колхоз и Титка раскулачили. Кого им перво-наперво надо убивать? Ясное дело — меня и вас! «Плохие наши дела, — думаю, — надо хорониться, а то Давыдова убьют и до меня доберутся, а кто же тогда про смерть товарища Давыдова следователю будет показывать?» В один секунд пыхнул я в сено, зарылся с головой, лежу, дыхать резко и то опасаюсь. И вот слышу, кто-то лезет по сену, поверх меня... Лезет и, натурально, чихает от пыли. «Мать родимая! — думаю. — Не иначе, меня ищут, не иначе, за моей душой лезут». А оно все лезет себе и лезет, и вот уже на живот мне наступает... Лежу! Душа с телом от страха расстается, а я лежу как про́клятый, затем, что мне, ну, раз уже некуда податься! И вот оно наступает мне прямо на морду. Я рукой цап — копыто, и все в шерсте! Волосья на мне все наежинились, и ажник кожа начала от тела отставать... Никак не воздохну от страху! Я что подумал, ущупамши шерстяное копыто? «Черт!» — думаю. На сеновале — страшенная темень, а всякая нечисть темноту уважает. «Значится, — думаю, — зараз он меня зачнет кузюкать и защелыкчет до смерти... Уж лучше пущай бы бабы исказнили». Да-а-а-а, страху принял — нет числа! Будь на моем месте другой, трусого десятка парень, энтот в один секунд мог бы окочуриться от разрыва сердца и внутренностей. От скорого страха это завсегда разрывается. А я толечко похолодал трошки, а сам лежу. И вот чую, что уж дюже козлиным духом воняет... Замстило мне, что раскулаченный Титков козел на сеновале проживает, вовзят забыл про него, проклятущего! Выглянул, а это так и есть, он, Титков козел, по сену лазит, шалфей ищет, полынок грызет... Ну уж тут я, конешно, привстал и зачал его утюжить. Извозил его, как миленького, и за бороду и по-всякому! «Не лазь, бородатый черт, по сену, когда в хуторе бунт идет! Не топчися без толку, вонючий дьявол!» Так осерчал, что хотел его там же смерти предать за то, что он хучь и животина, но должон разуметь, что и к чему и когда можно без толку по сену командироваться, а когда надо тихочко притаиться и сидеть... Вы куда же это, товарищ Давыдов?..

Давыдов, не отвечая, прошел мимо сеновала, направился к воротам.

— Куда вы?.. — испуганно зашептал дед Щукарь.

Выглянув в полуотворенную калитку, он увидел, как Давыдов, словно подталкиваемый в спину порывистым ветром, идет по направлению к общественным амбарам неверным, но быстрым шагом.

Глава XXXIV

Сбочь дороги — могильный курган! На слизанной ветрами вершине его скорбно шуршат голые ветви прошлогодней полыни и донника, угрюмо никнут к земле бурые космы татарника, по скатам, от самой вершины до подошвы, стелются пучки желтого пушистого ковыля. Безрадостно тусклые, выцветшие от солнца и непогоды, они простирают над древней, выветрившейся почвой свои волокнистые былки, даже весною, среди ликующего цветения разнотравья, выглядят старчески уныло, отжившие, и только под осень блещут и переливаются гордой изморозной белизной. И лишь осенью кажется, что величаво приосанившийся курган караулит степь, весь одетый в серебряную чешуйчатую кольчугу.

Летом, вечерними зорями, на вершину его слетает из подоблачья степной беркут. Шумя крылами, он упадет на курган, неуклюже ступнет раза два и станет чистить изогнутым клювом коричневый веер вытянутого крыла, покрытую ржавым пером хлупь, а потом дремотно застынет, откинув голову, устремив в вечно синее небо янтарный, окольцованный черным ободком глаз. Как камень-самородок, недвижный и изжелта-бурый, беркут отдохнет перед вечерней ловитвой и снова легко оторвется от земли, взлетит. До заката солнца еще не раз серая тень его царственных крыл перечеркнет степь.

Куда унесут его знобящие осенние ветры? В голубые предгорья Кавказа? В Муганскую степь ли? В Персию ли? В Афганистан?

Зимою же, когда могильный курган — в горностаевой мантии снега, каждый день в голубино-сизых предрассветных сумерках выходит на вершину его старый сиводуший лисовин. Он стоит долго, мертво, словно изваянный из желто-пламенного каррарского мрамора; стоит, опустив на лиловый снег рыжее ворсистое правило, вытянув навстречу ветру заостренную, с дымной черниной у пасти, морду. В этот момент только агатовый влажный нос его живет в могущественном мире слитных запахов, ловя жадно разверстыми, трепещущими ноздрями и пресный, все обволакивающий запах снега, и неугасимую горечь убитой морозами полыни, и сенной веселый душок конского помета с ближнего шляха, и несказанно волнующий, еле ощутимый аромат куропаткиного выводка, залегшего на дальней бурьянистой меже.

В запахе куропаток так много плотно ссученных оттенков, что лисовину, для того чтобы насытить нюх, надо сойти с кургана и проплыть, не вынимая из звездно искрящегося снега ног, волоча покрытое сосульками, почти невесомое брюшко по верхушкам бурьяна, саженей пятьдесят. И только тогда в крылатые черные ноздри его хлынет обжигающая нюх пахучая струя: терпкая кислота свежего птичьего помета и сдвоенный запах пера. Влажное от снега, соприкасающееся с травой перо лучит воспринятую от травы горечь полынка и прогорклый душок чернобыла, это — сверху, а от синего пенька, до половины вонзающегося в мясо, исходит запах теплой и солонцеватой крови...

...Точат заклеклую насыпную землю кургана суховеи, накаляет полуденное солнце, размывают ливни, рвут крещенские морозы, но курган все так же нерушимо властвует над степью, как и много сотен лет назад, когда возник он над прахом убитого и с бранными почестями похороненного половецкого князя, насыпанный одетыми в запястья смуглыми руками жен, руками воинов, родичей и невольников...

Стоит курган на гребне в восьми верстах от Гремячего Лога, издавна зовут его казаки Смертным, а предание поясняет, что под курганом когда-то в старину умер раненый казак, быть может тот самый, о котором в старинной песне поется:

> ...Сам огонь крысал шашкой вострою,
> Разводил, раздувал полынь-травушкой.
> Он грел, согревал ключеву воду,
> Обливал, обмывал раны смертные:
> «Уж вы, раны мои, раны, кровью изошли,
> Тяжелым-тяжело к ретиву сердцу пришли!..»

...Верст двадцать от станицы Нагульнов проскакал наметом и остановил своего буланого маштака лишь около Смертного кургана. Спешился, ладонью сгреб с конской шеи пенное мыло.

Необычная для начала весны раскохалась теплынь. Солнце калило землю, как в мае. Над волнистым окружием горизонта, дымное, струилось марево. С дальнего степного пруда ветер нес гусиный гогот, разноголосое кряканье уток, стенящий крик куликов.

Макар разнуздал коня, привязал повод уздечки к его передней ноге, ослабил подпруги. Конь жадно потянулся к молодой траве, попутно обрывая выгоревшие метелки прошлогоднего пырея.

Над курганом с тугим и дробным свистом пронеслась стайка свиязей. Они снизились над прудом. Макар бездумно следил за их полетом, видел, как свиязи камнями попадали в пруд, как вскипела распахнутая ими вода возле камышистого островка. От плотины тотчас же поднялась станица потревоженных казарок.

Степь мертвела в безлюдье. Макар долго лежал у подножия кургана. Вначале он слышал, как неподалеку фыркал, переступал конь, звякая удилами, а потом конь сошел в лог, где богаче была травяная поросль, и стала вокруг такая тишина, какая бывает лишь позднею глухою осенью в покинутой людьми отработанной степи.

«Приеду домой, попрощаюсь с Андреем и с Давыдовым, надену шинель, в какой пришел с польского фронта, и застрелюсь. Больше мне нету в жизни привязы! А революция от этого не пострадает. Мало ли за ней народу идет? Одним меньше, одним больше... — равнодушно, словно о ком-то постороннем, думал Макар, лежа на животе, рассматривая в упор спутанные ковыльные нити. — Давыдов небось будет говорить на моей могиле: «Хоть Нагульнова и исключили из партии, но он был хорошим коммунистом. Его поступок самоубийства мы не одобряем, факт, но дело, за которое он боролся с мировой контрреволюцией, мы доведем до конца!» И с необыкновенной яркостью Макар представил себе, как довольный, улыбающийся Банник будет похаживать в толпе, оглаживать свои белесые усы, говорить: «Один натянулся, ну и слава богу! Собаке — собачья смерть!»

— Так нет же, гадючья кровь! Не застрелюсь! Доведу вас, подобных, до точки! — скрипнув зубами, вслух сказал Макар и вскочил на ноги, будто ужаленный. Мысль о Баннике перевернула его решение, и он, разыскивая глазами коня, уже думал: «Ни черта! Сначала вас всех угроблю, а после уж и я выйду в расход! Торжествовать вам над моею смертью не придется! А Корчжинский, что же, его слово — остатнее, что ли? Отсеемся — и махну в окружком. Восстановят! В край поеду, в Москву!.. А нет — так и беспартийным буду сражаться с гадами!»

Посветлевшими глазами оглядел он распростертый окрест его мир. Ему уже казалось, что положение его вовсе не такое непоправимое и безнадежное, каким представилось несколько часов назад.

Торопливо направился в лог, куда ушел конь. Потревоженная его шагами, из бурьянов на сувалке поднялась щенная волчица, Мгновение она стояла, угнув лобастую голову, осматривая человека, потом заложила уши, поджала хвост и потрусила в падину. Черные оттянутые сосцы ее вяло болтались под впалым брюхом.

Едва Макар стал подходить к коню, как тот норовисто махнул головой. Повод, привязанный к ноге, лопнул.

— Тррр! Васек! Васек! Тррр, стой! — вполголоса уговаривал Макар, пытаясь сзади подойти к взыгравшему маштаку, ухватиться за гриву или стремя.

Помахивая головой, буланый прибавлял шагу, косился на седока. Макар побежал рысью, но конь не допустил его, взбрыкнул и ударился через шлях по направлению к хутору стремительным гулким наметом.

Макар выругался, пошел следом за ним. Версты три шагал бездорожно, направляясь к видневшейся около хутора зяби. Из некоси поднимались стрепета и спарованные куропатки, вдали, на склоне балки, ходил дудак, сторожа покой залегшей самки. Охваченный непоборимым стремлением соития, он веером разворачивал куцый рыжий хвост с белесо-ржавым подбоем, распускал крылья, черкая ими сухую землю, ронял перья, одетые у корня розовым пухом...

Великая плодотворящая работа вершилась в степи: буйно росли травы, поднимались птицы и звери, лишь пашни, брошенные человеком, немо простирали к небу свои дымящиеся паром, необсемененные ланы...

Макар шагал по высохшей комкастой зяби в ярости и гневе. Он быстро нагибался, хватал и растирал в ладонях землю. Черноземный прах, в хрупких волокнах умерщвленных трав, был сух и горяч. Зябь перестаивалась! Требовалось, не медля ни часу, пустить по заклеклой дернистой верхушке в три-четыре следа бороны, разодрать железными зубьями слежалую почву, а потом уже гнать по рыхлым бороздам сеялки, чтобы падали поглубже золотистые зерна пшеницы.

«Припозднились! Загубим землю! — думал Макар, с щемящей жалостью оглядывая черные, страшные в своей наготе, необработанные пашни. — День-два — и пропала зябь. Земля ить как кобыла: течка у ней — спеши покрывать, а пройдет эта пора — и на дух не нужен ей жеребец. Так и человек земле... Все, окромя нас, людей, — чистое в этих делах. И животина всякая, и дерево, и земля пору знают, когда им надо обсеменяться, а люди... а мы — хуже и грязней самой паскудной животины! Вот не едут сеять через то, что собственность в них на дыбки встала... Проклятые! Прийду зараз и всех выгоню на поля! Всех до одного!»

Он все убыстрял шаги, кое-где переходя на рысь. Из-под шапки его катился пот, рубаха на спине потемнела, губы пересохли, а на щеках все ярче проступал нездоровый, плитами, румянец...

Глава XXXV

Он вошел в хутор, когда дележ семенного хлеба был в полном разгаре. Любишкин со своей бригадой все еще был в поле. Около амбара шла давка. На весы в спешке кидали мешки с зерном, непрерывно подъезжали подводы, казаки и бабы несли хлеб в чувалах, в мешках, в завесках, рассыпанное зерно густо устилало землю и амбарные сходцы...

Нагульнов сразу понял, в чем дело. Расталкивая хуторян, пробился к весам.

Вешал и отпускал хлеб бывший колхозник Батальщиков Иван, ему помогал мухортенький Аполлон Песковатсков. Ни Давыдова, ни Размётнова, ни одного из бригадиров не было около амбаров. На секунду лишь в толпе мелькнуло растерянное лицо завхоза Якова Лукича, но и тот скрылся где-то за плотно сбитыми арбами.

— Кто дозволил хлеб разбирать? — крикнул Макар, оттолкнул Батальщикова, становясь на весы.

Толпа молчала.

— Кто тебя уполномочил хлеб вешать? — не снижая голоса, спросил Макар у Батальщикова.

— Общество...

— Где Давыдов?..

— Я за ним не ходил!

— Правление где? Правление дозволяло?

Демид Молчун, стоявший возле весов, улыбнулся, вытер рукавом пот. Громовитый бас его прозвучал уверенно и простодушно:

— Мы сами, без правления дозволили. Сами берем!

— Сами?.. Вот как?! — Нагульнов в два прыжка очутился на приклетке амбара, ударом кулака сшиб стоявшего на порожке парня, резко захлопнул дверь и крепко прислонился к ней спиною. — Расходись! Хлеб не даю! Всех, кто сунется к амбару, объявляю врагами Советской власти!..

— Ого! — насмешливо сказал Дымок, помогавший кому-то из соседей нагружать хлебом бричку.

Появление Нагульнова было для большинства неожиданностью. До его отъезда в районный центр по Гремячему упорные ходили слухи, что Нагульнова будут судить за избиение Банника, что его снимут с должности и наверняка посадят... Банник, с утра еще прослышавший об отъезде Макара, заявил:

— Нагульнову больше не ворочáться! Прокурор мне самому сказал, что его пришкребут по всей строгости! Нехай почухается Макарка! Вышибут его из партии — тогда будет знать, как хлебороба бить. Зараз — не старые права!

Поэтому-то появление Макара возле весов и было встречено такой растерянной, недоумевающей тишиной.

Но после того как он кинулся от весов на приклеток амбара и стал, заслонив собою дверь, настроение большинства сразу определилось. Вслед за Дымковым возгласом посыпались крики:

— У нас зараз своя власть!

— Народная!

— Покличьте его, ребяты!

— Ступай, откель пришел!

— Рас-по-ря-ди-тель, под такую...

Первым пошел было к амбару Дымок, молодецки шевеля плечами, с улыбкой поглядывая назад. За ним нерешительно тронулось еще несколько казаков. Один из них на ходу поднял с земли камень...

Нагульнов неторопливо вытащил из кармана шаровар наган, взвел курок. Дымок остановился, замялся в нерешительности. Остановились и остальные. Вооружившийся увесистым камнем повертел его в руках, бросил в сторону. Все знали, что уж если Нагульнов взвел курок, то при необходимости он не задумается его спустить. И Макар это подтвердил незамедлительно:

— Семь гадов убью, а уж тогда в амбар войдете. Ну, кто первый? Подходи!

Охотников что-то не находилось... На минуту наступило общее замешательство. Дымок что-то обдумывал, не решаясь идти к амбару. Нагульнов, опустив наган дулом вниз, крикнул:

— Расходись!.. Расходись зараз же, а то стрелять зачну!..

Не успел он окончить фразы, как над головой его с громом ударился о дверь железный шкворень. Друг Дымка, Ефим Трубачев, бросил его, целя Макару в голову, но, увидев, что промахнулся, проворно присел за арбу. Нагульнов принимал решения, как в бою: увернувшись от камня, брошенного из толпы, он выстрелил вверх и тотчас же сбежал с приклетка. Толпа не выдержала: опрокидывая друг друга, передние бросились бежать, захрястели дышла бричек и арб, дурным голосом взвыла поваленная казаками бабенка.

— Не бегай! У него только шесть патронов осталось! — воодушевлял и останавливал бегущих появившийся откуда-то Банник.

Макар снова вернулся к амбару, но он не взошел на приклеток, а стал около стены с таким расчетом, чтобы в поле его зрения были все остальные амбары.

— Не подходи! — закричал он снова подступавшим к весам Дымку, Трубачеву и другим. — Не подходи, ребята! Перебью!

Из толпы, расположившейся шагах в ста от амбаров, выступили Батальщиков Иван, Атаманчуков и еще трое выходцев. Они решили действовать хитростью. Подошли шагов на тридцать, Батальщиков предупреждающе поднял руку:

— Товарищ Нагульнов! Обожди, не подымай оружию.

— Чего вам надо? Расходись, говорю!..

— Зараз разойдемся, но ты занапрасну горячку порешь... мы хлеб с изволения берем...

— С чьего это изволения?

— Из округа приехал какой-то... Ну, из окрисполкома, что ли, и он нам дозволил.

— А где же он? Давыдов где? Размётнов?

— Они в правлении заседают.

— Брешешь, стерва!.. Отходи от весов, говорят тебе! Ну?.. — Нагульнов согнул в локте левую руку, положил на нее белый, потерявший от старости вороненье ствол нагана.

Батальщиков безбоязненно продолжал:

— Не веришь нам — пойди сам, погляди, а нет — мы их зараз сюда приведем. Брось грозить оружием, товарищ Нагульнов, а то плохо будет! Ты противу кого идешь? Противу народа! Противу всего хутора!

— Не подходи! Не трогайся дальше! Ты мне не товарищ! Ты — контра, раз ты хлеб государственный грабишь!.. Я вам не дам Советскую власть топтать ногами.

Батальщиков хотел было что-то сказать, но в этот момент из-за угла амбара показался Давыдов. Страшно избитый, весь в синяках, царапинах и кровоподтеках, он шел неверным, спотыкающимся шагом. Нагульнов глянул на него и кинулся к Батальщикову с хриплым криком: «А-а-а, гад! Обманывать?.. Бить нас?!»

Батальщиков и Атаманчуков побежали. Нагульнов два раза стрелял по ним, но промахнулся. Дымок в стороне ломал из плетня кол, остальные, не отступая, глухо взроптались.

— Не дам... топтать... ногами... Советскую власть!.. — сквозь стиснутые зубы рычал Макар, бегом направляясь на толпу.

— Бей его!

— Хоть бы ружьишко какое-нибудь было! — стонал в задних рядах Яков Лукич, всплескивая руками, проклиная так некстати исчезнувшего Половцева.

— Казаки!.. Берите его, храброго, до рук!.. — звучал негодующий, страстный голос Марины Поярковой. Она выталкивала казаков навстречу бегущему Макару, с ненавистью спрашивала, хватая Демида Молчуна за руки: — Какой же ты казак?! Боишься?!

И вдруг толпа раскололась, хлынула в стороны, врозь, навстречу Макару...

— Милиция!!! — в диком страхе крикнула Настенка Донецкова.

С бугра, рассыпавшись лавой, наметом спускалось в хутор человек тридцать всадников. Под лошадьми их легкими призрачными дымками вспыхивали клубы вешней пыли...

Через пять минут на опустевшей площади возле амбаров остались только Давыдов с Макаром. Грохот конских копыт стлался все ближе. На выгоне показались всадники. Впереди на лапшиновском иноходце скакал Любишкин Павло, по правую руку от него вооруженный дубиной, рябой и страшный в своей решимости Агафон Дубцов, а позади в беспорядке, на разномастных лошадях, — колхозники второй и третьей бригад...

К вечеру из района приехал вызванный Давыдовым милиционер. Батальщикова Ивана, Аполлона Песковатскова, Ефима Трубачева и еще нескольких «активистов» из выходцев он арестовал в поле. Игнатенкову старуху — на дому. Всех их направил с понятыми в район... Дымок сам явился в сельсовет.

— Прилетел, голубь? — торжествующе спросил Размётнов.

Усмешливо поглядывая на него, Дымок ответил:

— Явился. Зараз уж нечего в похоронки играть, ежели перебор вышел...

— Какой перебор? — Размётнов нахмурился.

— Ну какой бывает перебор, когда в очко играешь? Не вышло двадцать одно — вот и перебор! Мне куда зараз деваться?

— В район пойдешь.

— А милиционер где?

— Зараз приедет, не скучай дюже! Нарсуд тебя выучит, как председателей бить! Нарсуд тебе с недобором пропишет!..

— Уж это конешно! — охотно согласился Дымок и, зевая, попросил: — Спать мне охота, Размётнов. Отведи меня в сарай да примкни, покеда милиционер явится, а я сосну. Примкни, пожалуйста, а то во сне убегу.

На следующий день приступили к сбору расхищенного семенного хлеба. Макар Нагульнов ходил по дворам, хозяева которых вчера брали хлеб; не здороваясь, отводя глаза в сторону, сдержанно спрашивал:

— Брал хлеб?

— Брал...

— Привезешь обратно?

— Прийдется отвезть...

— Вези, — и с тем, не прощаясь, выходил из куреня.

Многие из выходцев взяли семенного хлеба больше, чем раньше ссыпали. Раздача производилась на основании опроса. «Сколько засыпал пшеницы?» — спрашивал нетерпеливо Батальщиков. «По семь пудов на два круга». — «Неси мешки на весы!»

А на самом деле получавший засыпал при сборе семфонда на семь — четырнадцать пудов меньше. Кроме этого, пудов сто, не вешавши, растащили бабы в завесках и сумках.

К вечеру пшеница была собрана целиком, за вычетом нескольких пудов. Не хватало лишь пудов двадцати ячменя да нескольких мешков кукурузы. Вечером же полностью роздали семена, принадлежавшие единоличникам.

Хуторское собрание в Гремячем началось затемно. Давыдов, при небывалом стечении народа в школе, говорил:

— Это что означает вчерашнее выступление недавних колхозников и части единоличников, граждане? Это означает, что они качнулись в сторону кулацкого элемента! Это факт, что они качнулись в сторону наших врагов. И это позорный факт для вас, граждане, которые вчера грабительски тянули из амбаров хлеб, топтали дорогое зерно в землю и расхищали в завесках. Из вас, граждане, шли несознательные возгласы, чтобы женщины меня били, и они меня били всем, чем попадя, а одна гражданка даже заплакала оттого, что я виду слабости не подавал. Я про тебя говорю, гражданочка! — И Давыдов указал на Настенку Донецкову, стоявшую у стены, суетливо закутавшую головным платком лицо, едва лишь Давыдов начал говорить. — Это ты меня гвоздила по спине кулаками и сама же плакала от злости и говорила: «Бью, бью его, а он, идол, как каменный!»

Закутанное лицо Настенки горело огнем великой стыдобы. Все собрание смотрело на нее, а она, потупившись от смущения и неловкости, только плечами шевелила, вытирая спиной побелку стены.

— Закрутилась, гада, как ужака под вилами! — не вытерпел Демка Ушаков.

— Всю стену спиной обтерла! — поддержал его рябой Агафон Дубцов.

— Не вертися, лупоглазая! Умела бить — умей собранию и в глаза глядеть! — рычал Любишкин.

Давыдов неумолимо продолжал, но на разбитых губах его уж заскользила усмешка, когда он говорил:

— ...Ей хотелось, чтобы я на колени стал, пощады попросил, ключи от амбаров ей отдал! Но, граждане, не из такого мы — большевики — теста, чтобы из нас кто-нибудь мог фигуры делать! Меня в Гражданскую войну юнкера били, да и то ничего не выбили! На коленях большевики ни перед кем не стояли и никогда стоять не будут, факт!

— Верно! — Вздрагивающий, взволнованный голос Макара Нагульнова прозвучал задушевно и хрипло.

— ...Мы, граждане, сами привыкли врагов пролетариата ставить на колени. И мы их поставим.

— И поставим в мировом масштабе! — снова вмешался Нагульнов.

— ...и в мировом масштабе проделаем это, а вы вчера к этому врагу качнулись и оказали ему поддержку. Как считать, граждане, такое выступление, когда замки с амбаров посбивали, меня избили, а Размётнова сначала связали, посадили в подвал, а потом повели в сельсовет и по пути на него хотели крест надеть? Это — прямое контрреволюционное выступление! Арестованная мать нашего колхозника Игнатенка Михаила кричала, когда вели Размётнова: «Анчихриста ведут! Сатану преисподнюю!..» — и хотела при помощи женщин надеть на шею нательный крест на шнурке, но наш товарищ Размётнов, как и следует коммунисту, не мог на такое издевательство согласиться! Он фактически говорил и женщинам и вредным старухам, которые одурманены поповщиной: «Гражданки! Я не православный, а коммунист! Отойдите с крестом прочь!» Но они продолжали приставать и только тогда оставили его в покое, когда он перекусил шнурок зубами и активно начал отбиваться ногами и головой. Это что такое, граждане? Это прямая контрреволюция! И народный суд жестоко осудит подобных издевателей, как мать того же Игнатенка Михаила.

— Я за свою матерю не ответчик! Она сама имеет голос гражданства, пущай она и отвечает! — крикнул Мишка Игнатенок из передних рядов.

— Так я про тебя и не говорю. Я говорю про тех типов, какие вопили против закрытия церквей. Им не нравилось, когда церкви закрывали, а как сами принудительно хотели надеть крест на шею коммунисту — так это ничего! Ну и здорово же они разоблачили свое лицемерие! Те, что были зачинщиками этих беспорядков и кто активно выступал, — арестованы, но остальные, поддавшиеся на кулацкую удочку, должны опомниться и понять, что они упали в заблуждение. Это я фактически говорю... В президиум неизвестный гражданин бросил записочку, в ней спрашивается: «Верно ли, что все, забиравшие хлеб, будут арестованы с конфискацией имущества и сосланы?» Нет, это неверно, граждане! Большевики не мстят, а беспощадно карают только врагов; но вас, хотя вы и вышли из колхоза, поддавшись уговорам кулаков, хотя вы и расхитили хлеб и били нас, мы не считаем врагами. Вы — качающиеся середняки, временно заблужденные, и мы к вам административных мер применять не будем, а будем вам фактически открывать глаза.

По школе прокатился сдержанный рокот голосов. Давыдов продолжал:

— И ты, гражданочка, не бойся, раскутай лицо, никто тебя не тронет, хотя ты меня и здорово колотила вчера. Но вот если выедем завтра сеять и ты будешь плохо работать, то уж тогда я всыплю тебе чертей, так и знай! Только уж бить я буду не по спине, а ниже, чтобы тебе ни сесть, ни лечь нельзя было, прах тебя возьми!

Несмелый смешок окреп, а пока докатился до задних рядов, вырос в громовитый, облегчающий хохот.

— ...Поволынили, граждане, и будет! Зябь перестаивается, время уходит, надо работать, а не валять дурака, факт! Отсеемся — тогда можно будет и подраться и побороться... Я вопрос ставлю круто: кто за Советскую власть — тот завтра едет в поле, кто против — тот пускай семечки лущит. Но кто не поедет завтра сеять, у того мы — колхоз — землю заберем и сами засеем!

Давыдов отошел от края сцены, сел за стол президиума, и, когда потянулся к графину, из задних рядов, из сумеречной темноты, озаренной оранжевым светом лампы, чей-то теплый и веселый басок растроганно сказал:

— Давыдов, в рот тебе печенку! Любушка Давыдов!.. За то, что зла на сердце не носишь... зла не помнишь... Народ тут волнуется... и глаза некуда девать, совесть зазревает... И бабочки сумятются... А ить нам вместе жить... Давай, Давыдов, так: кто старое помянет — тому глаз вон! А?

Наутро пятьдесят выходцев подали заявление с просьбой о принятии в колхоз. Единоличники и все три бригады гремяченского колхоза зарею выехали в степь.

Любишкин предложил было оставить охрану около амбаров, но Давыдов усмехнулся:

— Теперь, по-моему, не надо...

За четыре дня колхоз засеял почти половину своего зяблевого клина. Третья бригада 2 апреля перешла на весно-вспашку. За все это время Давыдов лишь раз был в правлении. Он кинул в поле всех способных к труду и даже деда Щукаря временно отстранил от обязанностей конюха, послал во вторую бригаду, а сам с рассветом уезжал на участки бригад и возвращался в хутор за полночь, когда по базам уже начиналась побудняя перекличка кочетов.

Глава XXXVI

На затравевшем дворе колхозного правления было тихо, как на выгоне за хутором. Под полуденным солнцем ржавые черепицы амбарной крыши тепло и тускло блестели, но в тени сараев, на примятой траве еще висели литые, тяжелые зерна дымчато-сиреневой росы.

Обчесанная, безобразная в своей худобе овца стояла среди двора, раздвинув захлюстанные ноги, а рядом, припав на колени, проворно толкала вымя белошерстая, как мать, ярка.

Любишкин въехал во двор верхом на маленькой подсосой кобыленке. Проезжая мимо сарая, он озлобленно хлестнул плетью козленка, смотревшего на него с крыши зелеными дьявольскими глазами, буркнул:

— Все бы ты верхолазничал, разнечистый дух! Кызь отседова!

Зол и хмур был Любишкин! Он прискакал из степи и, не заезжая домой, направился в правление. За его мухортенькой кобылкой, глухо побрякивая привязанным к шее балабоном, неся пушистый хвост наотлет, бежал тонконогий, с утолщенными бабками жеребенок. По росту Любишкина кобыла была так мала, что распущенная стременная скошевка болталась чуть не ниже ее колен; казалось, что согбенный всадник, как в сказке, несет ледащую лошаденку промеж своих богатырских ног... Демка Ушаков, смотревший на Любишкина с крыльца, развеселился:

— Ты вроде как Исус Христос, взъежающий в Ерусалим на осляти... До смерти похоже!

— Сам ты ослятя! — огрызнулся Любишкин, подъезжая к крыльцу.

— Ноги-то подбери, а то ты ими землю пашешь!

Любишкин, не удостаивая Демку ответом, спешился, обмотал повод вокруг перильца, сурово спросил:

— Давыдов тут?

— Тут. Сидит, скучает, тебя увидеть не чает. Третьи сутки не жрет, не пьет, одно гутарит: «Где мой незабвенный Павло Любишкин? Жизни без него решаюся, и белый свет мне не мил!»

— Поговори-ка у меня ишо! Поговори! Наступлю вот на язык.

Демка покосился на любишкинскую плеть, умолк, а Любишкин потопал в курень.

Давыдов с Размётновым и представительницами женского собрания только что окончили обсуждение вопроса об устройстве детских яслей. Любишкин подождал, пока бабы вышли, подвинулся к столу. От ситцевой рубахи его, распоясанной и запыленной на лопатках, дохнуло по́том, солнцем и пылью...

— Приехал я с бригады...

— Чего приехал? — Давыдов пошевелил бровями.

— Ничего не выходит! Осталося у меня к труду способных двадцать восемь человек, и энти не хотят работать, злодырничают... Никакой управы на них не найду. Зараз работает у меня двенадцать плугов. Плугарей насилу собрал. Один Кондрат Майданников ворочает, как бык, а что Аким Бесхлебнов, Куженков Самоха или эта хрипатая заноза, Атаманчуков, и другие, то это горючие слезы, а не плугари! Как, скажи, они сроду за чапиги не держались! Пашут абы как. Гон пройдут, сядут курить, и не спихнешь их.

— Сколько выпахиваете в день?

— Майданников и я по три четверти подымаем, а энти... кругом по полдесятины. Ежели так будем пахать, к Покрову прийдется кукурузку-то сеять.

Давыдов в молчании постучал донышком карандаша по столу, вкрадчиво спросил:

— Так ты чего приехал? Чтобы мы тебе слезы утерли? — и злобно заиграл глазами.

Любишкин ощетинился:

— Я не со слезьми приехал. Ты мне людей давай да плугов прибавь, а шутки вышучивать я и без тебя умею!

— Шутить-то ты умеешь, факт, вот работу поставить — гайка у тебя слаба! Тоже, бри-га-дир! Управы не найдет на лодырей! Факт, что ты не найдешь, если дисциплину распустил и всякую терпимость веры развел!

— Ты ее найди, дисциплину-то! — повысил голос вспотевший от волнения Любишкин. — Всему делу голова там — Атаманчуков. Он мне народ мутит, подбивает выходить из колхоза, а начни его, стерву, выкидывать, — он и других за собой потянет. Да что ты, Семен Давыдов, на самом деле, смеешься надо мной, что ли? Каких-то калек да хворых навешал на меня и работу норовишь спрашивать? Куда я того же деда Щукаря дену? Его, черта, балабона, на бахчу становить в неподвижность, замест чучела грачей пужать, а вы мне его вперли в бригаду, навязали, как на цыгана матерю! Куда он гож? За плугом — не может, погонычем — тоже. Голос у него воробьиный, его быки и за человека не считают, ничуть не пужаются! Повиснет на налыгаче, чертяка клешнятый, а пока гон пройдет — раз десять упадет! То он чирик завязывает, то ляжет, ноги задерет выше головы и грызь свою вправляет. А бабы быков кинут, заиржут, зашумят: «У Щукаря грызь выпала!..» — и опрометью бегут любопытствовать, как он, Щукарь этот, грызь обратно в свое нутряное место впихивает. Ить это спектакля, а не работа! Мы уже его вчера в кашевары определили, через его грызь, но он и там негожий и вредный! Сала выдал ему заточь в кашу, а он его слопал, а кашу пересолил и сварил с какими-то пенками... Ну куда я его дену? — у Любишкина под черными усами бешено задрожали губы. Он поднял плеть, обнажив под мышкой вылинявшую и обопревшую от пота круговину грязной рубахи, с отчаянием сказал:

— Сымите меня с бригадиров, нету моего терпежу валандаться с такими подобными: они и меня-то стреножили своей работой!..

— Ты тут сиротой не прикидывайся, факт! Мы знаем, когда тебя надо будет снять, а сейчас езжай в поле, и чтобы к вечеру было вспахано двенадцать га. А не вспашешь — не обижайся! Часа через два я приеду, проверю. Ступай.

Любишкин с громом захлопнул за собой дверь, сбежал с крыльца. Привязанная к крыльцу кобыла стояла понуро. В фиолетовых глазах ее, испещренных золотистыми крапинками, отсвечивало солнце. Поправив на голом, горячем от солнца ленчике седла разостланную дерюжку, Любишкин медленно стал садиться. Демка Ушаков, щуря глаза, язвительно выспрашивал:

— Много ли напахала ваша бригада, товарищ Любишкин?

— Тебя это не касаемо...

— То-то что не касаемо... Вот зацеплю тебя на буксир, оно и коснется!

Любишкин, поворачиваясь на седле, сжал до отека в пальцах ядреный бурый кулак, посулил:

— Только явись! Я тебе, черту косоглазому, глаза враз направлю! На затылок оборочу и задом наперед ходить научу!

Демка презрительно сплюнул:

— Лекарь нашелся! Плугатарей своих спервоначалу вылечил бы, чтоб они у тебя спорей пахали...

Любишкин, словно в атаку идучи, наметом вылетел из ворот, помчался в степь. Еще не успел заглохнуть захлебывающийся звон балабона, мотавшегося на шее жеребенка, как на крыльцо вышел Давыдов, торопливо сказал Демке:

— Я на несколько дней уеду во вторую бригаду, тебя оставляю заместителем. Проследи за устройством яслей, помоги им, в третью бригаду овса не давай, слышишь? В случае какой заминки — скачи ко мне. Понятно? Запряги-ка лошадь да скажи Размётнову, чтобы заехал за мной. Я буду на квартире.

— Может, мне бы со своими перекинуться на целину, подсобить Любишкину? — предложил было Демка, но Давыдов чертыхнулся, крикнул:

— Выдумываешь! Они сами должны управиться! Вот поеду, наломаю им хвосты, тогда они у меня, факт, что не будут по половине... пахать! Запрягай!

Размётнов подъехал к квартире Давыдова на одном из правленческих жеребцов, запряженном в дрожки. Давыдов уже ожидал, стоял возле ворот, прижав локтем небольшой узелок.

— Садись. Ты чего это, харчей набрал, что ли? — улыбнулся Размётнов.

— Белье.

— Какое белье? Зачем?

— Ну, смена белья.

— На что это?

— Да езжай ты, чего пристал? Белье взял затем, чтобы вшей не разводить, понятно? Еду в бригаду, ну вот и решил до тех пор там побыть, пока кончат пахоту. Закрой рот и трогай.

— Ты, бывает, умом не рухнулся? Что ты там будешь делать до конца пахоты?

— Пахать.

— Бросишь правление и поедешь пахать? Ну, вот это придумал!

— Езжай! Езжай! — Давыдов сморщился.

— Да ты не сепети! — Разметнов, как видно, начинал злиться. — Ты мне путем объясни: без тебя там не обойдутся, или как? Ты должен руководить, а не за плугом ходить! Ты — председатель колхоза...

Давыдов яростно сверкнул глазами:

— Ну, еще!.. Учишь! Я сначала — коммунист, а потом уж... факт!.. а потом уж председатель колхоза! У меня пахота гибнет, а я тут буду?.. Пошел, пошел, говорят тебе!

— Да мне-то что! Но, ты, уснул, вражина! — Разметнов вытянул кнутом жеребца.

Давыдов от неожиданного рывка откинулся назад, больно ударился локтем о дрожину; колеса мягко затарахтели по летнику[1] в степь.

На выезде из хутора Разметнов перевел жеребца на шаг, вытер рукавом шрамистый лоб.

— Ты, Давыдов, глупость сотворяешь! Ты им работу поставь на ноги и мотай назад. Это, брат, не диво, пахать-то. Хороший командир не должен в цепе идтить, а должен умно командовать, вот что я тебе скажу!

— Оставь, пожалуйста, свои примеры! Я должен их научить работать и научу, факт! Это и есть руководство! В первой и третьей бригаде кончили колосовые, а тут у меня прорыв, Любишкин не справится, как видно. А ты еще туда же: «Хороший командир» и прочее... Ну чего ты мне очки втираешь? Что я, не видал хороших командиров, по-твоему? Тот и хорош, который в заминке своим примером ведет. И я должен повести!

— Ты бы им лучше два букаря перекинул из первой бригады.

— А людей? Людей где возьму? Погоняй, погоняй, пожалуйста!

До самого гребня ехали молча. Над степью, заслонив солнце, в зените стояла вздыбленная ветром, густо-лиловая градовая туча. Белые обочины ее клубились и снежно блистали, но черная вершина была грозна своей тяжкой

---

[1] *Летник* — летняя малоезженная дорога в степи.

недвижностью. Из провала тучи, из-за оранжевого, окрашенного солнцем края широким веером косо ниспадали солнечные лучи. Тонкие, копьеносные там, в просторном небе, они потоками расходились, приближаясь к земле, и, ложась на дальние, простертые над горизонтом гряды бурой степи, красили ее, диковинно и радостно молодили...

Степь, задымленная тучевой тенью, молчаливо, покорно ждала дождя. Ветер кружил на шляху сизый столб пыли. Ветер уже дышал духовитой дождевой влагой. А через минуту, скупой и редкий, пошел дождь. Ядреные холодные капли вонзались в дорожную пыль, сворачивались в крохотные комочки грязи. Тревожно засвистали суслики, отчетливей зазвучал перепелиный бой, умолк накаленный страстью призывный крик стрепета. По просяной стерне хлынул низовой ветер, и стерня ощетинилась, зашуршала. Степь наполнилась сухим ропотом прошлогодних бурьянов. Под самой тучевой подошвой, кренясь, ловя распростертыми крылами воздушную струю, плыл на восток ворон. Бело вспыхнула молния, и ворон, уронив горловой баритонистый клекот, вдруг стремительно ринулся вниз. На секунду — весь осиянный солнечным лучом — он сверкнул, как охваченный полымем смоляной факел; слышно было, как сквозь оперенье его крыл со свистом и буреподобным гулом рвется воздух, но, не долетев до земли саженей полсотни, ворон круто выпрямился, замахал крыльями, и тотчас же с оглушительным, сухим треском ударил гром.

На гребне показался стан второй бригады, когда Размётнов заприметил шагавшего под изволок, навстречу им человека. Он шел бездорожно, перепрыгивая ярки, иногда переходя на старческую дробную рысь. Размётнов направил к нему жеребца и еще издали угадал деда Щукаря. По всему было видно, что со Щукарем произошло что-то неладное... Он подошел к дрожкам. Волосы на обнаженной голове его были плотно прибиты дождем, в мокрой бороденке, в бровях густо торчало разваренное пшено. Щукарь был иссиня-бледен, напуган, и у Давыдова ворохнулась тяжкая догадка: «В бригаде неладно... Волынка!»

— В чем дело? — спросил он.

— От смерти насилу ушел! — выдохнул Щукарь. — Убить хотели...

— Кто?

— Любишкин и протчие.

— За что?

— За капрызность ихнюю... За кашу дело зашло... Я человек отчаянный на слова, не стерпел... ну, а Любишкин ухватил нож, да за мной... Кабы не моя резвость — сидел бы зараз я на ноже! Так и спекся бы!

— Ступай в хутор, после разберемся, — приказал Давыдов, облегченно вздыхая.

...А на стану за полчаса до этого произошло следующее: дед Щукарь, пересолив накануне кашу, решил выдобриться перед бригадой и, отправившись с вечера в хутор, переночевал там, а утром припас из дому мешок, на пути в бригаду завернул к гумну Краснокутова, жившего на самом краю хутора, перелез через прясло и воровски затаился возле мякинной кучи. План у деда Щукаря был гениально прост: подстеречь курицу, осторожно схватить ее и обезглавить, чтобы наварить каши с курятиной и тем самым снискать себе в бригаде почет и уважение. Он пролежал, тая дыхание, с полчаса, но куры, как назло, рылись где-то около плетня, а подходить к вороху мякины словно и не думали. Тогда дед Щукарь начал тихонько их прикликать: «Цып, цып, цып, цып!.. Цыпаньки! Мамушки! Тю-тю-тю!» — звал он шепотом, а сам звероподобно таился за мякиной. Старик Краснокутов случайно находился неподалеку от гумна. Он услышал чей-то вкрадчивый голосок, созывавший кур, присел за плетнем... Куры доверчиво подошли к вороху мякины, и в этот момент Краснокутов увидел, как чья-то рука, высунувшись из мякины, сцапала бисерную курочку за ногу. Щукарь задушил курицу с быстротой матерого хоря и только что начал просовывать ее в мешок, как услышал негромкий вопрос: «Курочек щупаешь?» — и увидел поднимавшегося из-за плетня Краснокутова. Так растерялся дед Щукарь, что выронил из рук мешок, снял шапку и некстати поздоровался: «Доброго здоровья, Афанасий Петрович!» — «Слава богу, — отвечал тот. — Курочками, говорю, займаешься?» — «Вот-вот! Иду мимо и вижу — бисерная курица! Такая по ней диковинная разноцветь пера, что даже не мог я утерпеть. Дай, думаю, поймаю, погляжу вблизи, что это за диковинная птаха? Век прожил, а такой любопытственной не видывал!»

Щукарева хитрость была прямо-таки неуместна, и Краснокутов положил ей конец: «Не бреши, старый мерин! Курей в мешках не разглядывают! Признавайся: на какую надобность хотел скрасть?» И Щукарь повинился: сказал, что хотел угостить пахарей своей бригады кашей с курятиной. К его удивлению, Краснокутов и слова не сказал суперечь, а только посоветовал: «Пахарям можно, в этом греху нету. Раз уж ты пошкодил одну курочку, то клади ее в мешок, да вдобавки подстрели костыликом ишо одну, да не эту, а вон энту, какая не несется, хохлатую... Из одной курицы на бригаду лапши не сваришь. Лови другую скорей и метись живее, а то — не дай бог — старуха моя вспопашится, так нам с тобой обоим тошноты наделает!»

Щукарь, донельзя довольный исходом дела, поймал вторую курицу и махнул через прясло. За два часа он пришел на стан, а к приезду Любишкина из хутора у него уже кипела в трехведерном котле вода, выпрыгивало разварившееся пшено, и порезанная на куски курятина истекала наваристым жиром. Каша удалась на славу. Единственно, чего опасался дед Щукарь, — это того, что каша будет приванивать стоялой водой, так как воду черпал он в ближнем мелководном пруду, а непроточная вода там уже крылась чуть приметной зеленью. Но опасения его не оправдались: все ели и усердно хвалили, а сам бригадир Любишкин даже сказал: «В жизни не ел такого кондера! Благодарность тебе, дедок, от всей бригады!»

Котел быстренько опорожнили. Самые проворные уже начали доставать со дна гущу и куски мяса. В этот-то момент и случилось то, что навек испортило поварскую карьеру Щукаря... Любишкин вытащил кусочек мясца, понес его было ко рту, но вдруг отшатнулся и побледнел.

— Это что же такое? — зловеще спросил он у Щукаря, поднимая кончиками пальцев кусок белого разваренного мяса.

— Должно, крылушко, — спокойно ответил дед Щукарь.

Лицо Любишкина медленно наливалось синеватым румянцем страшного гнева.

— Кры-луш-ко?.. А ну, гляди сюда, каш-ше-варррр! — зарычал он.

— Ох, милушки мои! — ахнула одна из баб. — Да на ней когти!..

— Повылазило тебе, окаянная! — обрушился на бабу Щукарь. — Откуда на крыле когти? Ты под юбкой на себе их поищи!

Он кинул на разостланное ряднище ложку, всмотрелся: в подрагивающей руке Любишкина болталась хрупкая косточка, оперенная на конце перепонками и крохотными коготками...

— Братцы! — воскликнул потрясенный Аким Бесхлебнов. — А ить мы лягушку съели!..

Вот тут-то и началось смятение чувств: одна из брезгливых бабенок со стоном вскочила и, зажимая ладонями рот, скрылась за полевой будкой. Кондрат Майданников, глянув на вылупленные в величайшем изумлении глаза деда Щукаря, упал на спину, покатываясь со смеху, насилу выкрикнул: «Ой, бабочки! Оскоромилися вы!» Казаки, отличавшиеся меньшей брезгливостью, поддержали его: «Не видать вам теперича причастия!» — в притворном ужасе закричал Куженков. Но Аким Бесхлебнов, возмущенный смехом, свирепо заорал: «Какой тут могет быть смех?! Бить Щукарячью породу!..»

— Откель могла лягушка в котел попасть? — допытывался Любишкин.

— Да ить он воду в пруду черпал, значит, не доглядел.

— Сукин сын! Нутрец седой!.. Чем же ты нас накормил?! — взвизгнула Аниська, сноха Донецковых, и с подвывом заголосила: — Ить я зараз в тягостях! А ежели вот скину через тебя, подлюшного?..

Да с тем как шарахнет в деда Щукаря кашей из своей миски!

Поднялся великий шум. Бабы дружно тянулись руками к Щукаревой бороде, невзирая на то, что растерявшийся и перепуганный Щукарь упорно выкрикивал:

— Охолоньте трошки! Это не лягушка! Истинный Христос, не лягушка!

— А что же это? — наседала Аниська Донецкова, страшная в своей злобе.

— Это одна видимость вам! Это вам видение! — пробовал схитрить Щукарь.

Но обглодать косточку «видимости», предложенную ему Любишкиным, категорически отказался. Быть может, на том дело и кончилось бы, если бы вконец разозленный бабами Щукарь не крикнул:

— Мокрохвостые! Сатаны в юбках! До морды тянетесь, а того не понимаете, что это не простая лягушка, а вустрица!

— Кто-о-о-о?! — изумились бабы.

— Вустрица, русским языком вам говорю! Лягушка — мразь, а в вустрице благородные кровя! Мой родный кум при старом прижиме у самого генерала Филимонова в денщиках служил и рассказывал, что генерал их даже натощак сотнями заглатывал! Ел прямо на кореню! Вустрица ишо из ракушки не вылупится, а он уж ее оттель вилочкой позывает. Проткнет насквозь и — ваших нету! Она жалобно пишшит, а он знай ее в горловину пропихивает. А почему вы знаете, может она, эта хреновина, вустричной породы? Генералы одобряли, и я, может, нарошно для навару вам, дуракам, положил ее, для скусу...

Тут уж Любишкин не выдержал: ухватив в руку медный половник, он привстал, гаркнул во всю глотку:

— Генералы? Для навару!.. Я красный партизан, а ты меня лягушатиной, как какого-нибудь с... генерала... кормить?!

Щукарю показалось, что в руках у Любишкина нож, и он со всех ног, не оглядываясь, кинулся бежать...

Давыдов обо всем этом узнал, приехав на стан, а пока, проводив Щукаря, попросил Размётнова погонять — и вскоре подъехал к стану бригады. Дождь все еще звенел над степью. От Гремячего Лога до дальнего пруда, в полнеба, стала горбатая, цветастая радуга. На стану не было ни души. Попрощавшись с Размётновым, Давыдов пошел к ближайшей клетке пахоты. Около нее на попасе ходили выпряженные быки, а плугатарь — Аким Бесхлебнов, — ленясь идти на стан, лег на борозде, укрылся с головой зипуном и придремал под шепелявый говор дождевой капели. Давыдов разбудил его:

— Почему не пашешь?

Аким нехотя встал, зевнул, улыбнулся.

— При дожде нельзя пахать, товарищ Давыдов. Вам про это неизвестно? Бык — не трактор. Как толечко намокнет у него шерсть на шее — враз ярмом потрешь шею до крови, и тогда уж на нем отработался. Верно, верно! — закончил он, приметив недоверчивость во взгляде Давыдова, и посоветовал: — Вы бы лучше пошли аников-воинов развели. С утра Кондрат Майданников к Атаманчукову присыкается... А зараз вон у них стражение идет на энтой клетке. Кондрат велит быков выпрягать, а Атаманчуков ему: «Не касайся моей упряги, а то голову побью...» Они уж вон, никак, за грудки один одного берут!

Давыдов поглядел в конец второй за складом клетки и увидел, что там действительно происходит что-то похожее на драку: Майданников, словно шашку, вертел в руке железную занозу, а высокий Атаманчуков одной рукой отталкивал его от ярма, а другую, сжатую в кулак, держал за спиною. Голосов слышно не было. Торопливо направившись туда, Давыдов издали крикнул:

— Что еще такое?

— Да как же так, Давыдов! Мокресть идет, а он пашет! Ить этак же он быкам шеи потрет! Я говорю: «Отпрягай, покеда дождь спустился», а он меня матом: «Не твое дело!» А чье же, сукин ты сын, это дело? Чье, хрипатый черт? — закричал Майданников, уже обращаясь к Атаманчукову и замахиваясь на него занозой.

Они, как видно, успели-таки цокнуться: у Майданникова черносливом синел над глазом подтек, а у Атаманчукова наискось был разорван ворот рубахи, на выбритой вспухшей губе расползлась кровь.

— Вреда колхозу делать не дам! — ободренный приходом Давыдова, кричал Майданников. — Он говорит: «Не мои быки, колхозные!» А ежели колхозные, значит, и шкуру с них сымай? Отступись от быков, вражина!

— Ты мне не указ! И бить не имеешь права! А то вот чистик выну, так я тебя не так перелицую! Мне надо норму выпахать, а ты мне препятствуешь! — хрипел бледный Атаманчуков, шаря левой рукой по вороту рубахи, стараясь застегнуть.

— Можно при дожде пахать? — спросил у него Давыдов, на ходу взял из рук Кондрата занозу, кинув ее под ноги.

У Атаманчукова засверкали глаза. Вертя своей тонкой шеей, он злобно просипел:

— У хозяев нельзя, а в колхозе надо!..

— Как это «надо»?

— А так, что план надо выполнять! Дождь не дождь, а паши. А не вспашешь — Любишкин день будет точить, как ржа железу.

— Ты эти разговорчики... Вчера, в вёдро, ты норму выпахал?

— Выпахал, сколько сумел!

Майданников фыркнул:

— Четверть десятины поднял! Гля, какие у него быки! Рога не достанешь, а что вспахал? Пойдем, Давыдов! Поглядишь. — Он схватил Давыдова за мокрый рукав пальто, повел по борозде; не договаривая от волненья, бормотал: — Решили пахать не менее трех с половиной вершков глуби, а это как? Меряй сам!

Давыдов нагнулся, сунул пальцы в мягкую и липкую борозду. От днища ее до дернистого верха было не больше полутора-двух вершков глубины.

— Это пахота? Это земле чесотка, а не пахота! Я его ишо утром хотел побить за такую старанию. Пройди по всем ланам — и скрозь у него такая глубь!

— А ну, пойди сюда! Тебе говорю, факт! — крикнул Давыдов Атаманчукову, неохотно выпрягавшему быков.

Тот лениво, не спеша подошел.

— Ты что же это... так пашешь? — ощеряя щербатый рот, тихо спросил Давыдов.

— А вам как бы хотелось? Восемь вершков гнать? — Атаманчуков злобно сощурился и, сняв фуражку с голо остриженной головы, поклонился: — Спасибо вам! Сами попробуйте вспахать глубе! На словах-то мы все, как на органах, а на деле нас нету!

— Нам так бы хотелось, чтобы тебя, подлеца, из колхоза гнать! — побагровев, крикнул Давыдов. — И выгоним!

— Сделайте одолжению! Сам уйду! Я не проклятый, чтобы вам тут жизню свою вколачивать. Силу из себя мотать за-ради чего не знаю, — и пошел, посвистывая, к стану.

Вечером, как только вся бригада собралась у стана, Давыдов сказал:

— Ставлю перед бригадой вопрос: как быть с тем ложным колхозником, который обманывает колхоз и Советскую власть, — вместо трех с половиной вершков пахоты портит землю, пашет полтора вершка? Как с тем быть, кто сознательно хочет угробить быков, работая под дождем, а в вёдро выполняет норму лишь наполовину?

— Выгнать! — сказал Любишкин.

Особо ретиво его поддержали бабы.

— Такой колхозник-вредитель есть среди вас. Вот он! — Давыдов указал на Атаманчукова, присевшего на дышло арбы. — Бригада в сборе. Ставлю вопрос на голосование: кто за то, чтобы вредителя и лодыря Атаманчукова выгнать?

Из двадцати семи — «за» голосовали двадцать три. Давыдов пересчитал, сухо сказал Атаманчукову:

— Удались. Ты теперь не колхозник, факт! А через годик посмотрим: если исправишься, примем обратно. Теперь, товарищи, выслушайте мое краткое и важное слово к вам. Вы почти все работаете плохо. Очень плохо! Нормы никем, за вычетом Майданникова, не выполняются. Это — позорный факт, товарищи вторая бригада! Этак можно в дым обмараться. С такой работой можем вмиг влететь на черную доску, да так и присохнем на ней! В колхозе имени Сталина — и такое явление безобразия! Надо в корне пресечь это дело!

— Дюже норма не по силам! Быки не тянут, — сказал Аким Бесхлебнов.

— Не под силу? Быкам? Чепуха! А почему же быкам Майданникова под силу? Я остаюсь в вашей бригаде, беру быков Атаманчукова и покажу вам на живом примере, что можно за день вспахать один га и даже один с четвертью.

— Э, Давыдов, да ты ловкач! У тебя губа не дура, — засмеялся Куженков, зажав в руке короткий оклад седоватой бороды. — На быках Атаманчукова можно черту рога свернуть! На них одну га это и я бы вспахал...

— А на своих ты не вспашешь?

— Сроду нет!

— Ну давай поменяемся? Ты на Атаманчуковых, а я на твоих! Ладно?

— Давай спытаем, — подумав, серьезно и осторожно отвечал Куженков.

...Ночь Давыдов провел беспокойно. Он спал в полевой будке, часто просыпался, то ли оттого, что гремела под ветром железная крыша будки, то ли от полуночного холода, забиравшегося под не просохшее от дождя пальто, то ли от блох, густо населявших разостланную под ним овчинную шубу...

На заре его разбудил Кондрат Майданников. Кондрат уже поднял на ноги всю бригаду. Давыдов выпрыгнул из будки. На западной окраине неба тускло просвечивали звезды, молодой, согнутый сагайдаком месяц золотой насечкой красовался на сизо-стальной кольчуге неба. Давыдов умывался, черпая воду из пруда, а Кондрат стоял около и, досадливо покусывая кончик желтоватого уса, говорил:

— За день десятину с гаком — это много делов... Загнул ты вчерась через край, товарищ Давыдов! Как бы нам с тобой не опростоволоситься...

— Все в наших руках, все наше! Чего ты боишься, чудак? — бодрил его Давыдов, а про себя думал: «Умру на пашне, а сделаю! Ночью при фонаре буду пахать, а вспашу десятину с четвертью, иначе нельзя. Позор всему рабочему классу...»

Пока Давыдов вытирал лицо подолом парусиновой толстовки, Кондрат запряг своих и его быков, крикнул:

— Пошли!

Под скрип колёсен плугов Кондрат объяснял Давыдову простые, десятилетиями складывавшиеся основы пахоты на быках.

— Лучшим плугом считаем мы сакковский. Вот хучь бы аксайский взять, слов нет — плуг, а до сакковского ему далеко! Нету в нем такого настрою. Мы порешили пахать так: отбиваем каждому свою клетку, и бузуй на ней. Сперvoначалу Бесхлебнов, Атаманчуков, Куженков, — да и Любишкин к ним припрегся, — зачали пахать след в след. «Раз у нас колхоз, — говорят, — значит, надо пущать плуг за плугом». Пустили. Только вижу я — не туда дело загинает... Передний плуг остановится, и другим надо останавливаться. Ежели передний пашет с прохладцем, и остальные по нем нехотя равняются. Я и взбунтовался: «Либо меня, — говорю, — пущайте передом, либо отбивайте каждому свою клетку». Тут и Любишкин понял, что не годится так пахать. Ничью работу не видно. Побили на клетки, ну, я и ушел от них, десять очек им дал, чертям! Каждая клетка у нас — десятина: сто шестьдесят сажен — долевой лан и пятнадцать — поперечный.

— А почему поперечный лан не пашется? — глядя на обчин пахотной клетки, спросил Давыдов.

— А это вот зачем: кончаешь ты долевую борозду и на выгоне завертаешь быков, так? Ежели круто их поворачивать, так им шеи побьешь ёрмами, и — готов бык, негож пахать! Потому вдоль пробороздишь, а потом вывернешь плуг и гонишь пятнадцать сажен порожнем. Трактор — он круто повернулся, ажник колеса у него под перед заходют, и опять пошел рвать обратным следом, а трех-четырех пар быков разве повернешь? Это им надо как в строю, на одной левой ноге крутиться, чтоб без огреха на повороте запахать! Через это и больших клеток бычиной пахоте нельзя делать! Трактору, чем ни длиньше гон, тем спокойней, а с быками пробуровлю я сто шестьдесят длиннику, а потом ить плуг-то у меня по поперечному лану порожня идет, на ползунке. Да вот я вам нарисую, — и Кондрат, остановившись, начертил на земле отточенным концом чистика удлиненную клетку. — Тут нехай четыре десятины. Вдоль — сто шестьдесят сажен, и поперек шестьдесят. Вот я пашу первый долевой лан, глядите: ежели я одну десятину пашу, мне надо порожнем пятнадцать сажен по выгону объехать, а ежели четыре десятины — шестьдесят. Несходно ить? Поняли? Потеря времени...

— Понял. Это ты фактически доказал.

— Вы пахать-то пахали когда?

— Нет, браток, не приходилось. Плуг я приблизительно знаю, а пускать его в действие не могу. Ты мне укажи, я понятливый.

— Я зараз вам налажу плуг, пройду с вами гона два, а потом уж вы сами наловчитесь.

Кондрат наладил плуг Давыдова, переставил на подъемной подушке крюк, установил глубину в три с половиной вершка и, незаметно перейдя в обращении на «ты», на ходу объяснил:

— Тронемся пахать, и ты будешь видать: ежели быкам будет тяжко, то подкрутишь оборота на полтора вот эту штуку. Называется она у нас бочонком; видишь, он на разводной цепи, а борозденная цепь — глухая. Крутнешь ты бочонок, и лемех трошки избочится, пойдет на укос и будет брать шириной уж не во все свои восемь дюймов, а в шесть, и быкам будет легше. Ну, трогаем! Цоб, лысый! Цоб!.. Не щади живота, товарищ Давыдов!

Погоныч Давыдова, молодой парнишка, щелкнул арапником, и головные быки дружно взяли упор. Давыдов с некоторым волнением положил руки на чапиги, пошел за плугом, глядя, как, разрезанный череслом, лезет из-под лемеха по глянцевитому отвалу черный сальный пласт земли, валится, поворачиваясь набок, как сонная рыбина.

В конце лана на выгоне Майданников подбежал к Давыдову, указал:

— Клади плуг налево, чтобы он на ползунке шел, а чтобы тебе отвал не чистить, вот так делай, гляди! — Он налег на правую чапигу, поставил плуг «на перо», и пласт земли, косо и туго проехавшись по отвалу, словно слизал плотно притертую, налипшую на отвале грязь. — Вот как надо! — Кондрат опрокинул плуг, улыбнулся. — Тут тоже техника! А не поставь плуг «на перо», надо бы, пока быки поперечный лан пройдут, чистиком счищать грязцо с отвала-то. Зараз у тебя плуг — как вымытый, и ты могешь на ходу цигарочку для удовольствия души завернуть. На-ка!

Он протянул Давыдову свернутый в трубку кисет, скрутил цигарку, кивком головы указал на своих быков:

— Гляди, как моя баба наворачивает! Плуг настроенный, выскакивает редко, ей и одной бы можно пахать...

— Это у тебя жена погонычем? — спросил Давыдов.

— Жена. С ней сподручней. Ее иной раз и крепким словом пуганешь — не обидится, а ежели и обидится, то только до ночи... Ночь помирит — свои как-никак...

Кондрат улыбнулся и широко и валко зашагал по пашне.

В первом упруге[1] до завтрака Давыдов вспахал около четверти десятины. Он нехотя похлебал каши, дождавшись, пока поели быки, мигнул Кондрату:

— Начинаем?

— Я готов, Анютка, гони быков!

И снова — борозда за бороздой — валится изрезанная чреслом и лемехом заклеклая, спрессованная столетиями почва, тянутся к небу опрокинутые, мертво скрюченные корневища трав, издробленная, дернистая верхушка прячется в черных валах. Земля сбоку отвала колышется, переворачивается, словно плывет. Пресный запах чернозема живителен и сладок. Солнце еще высоко, а у подручного быка уже темнеет от пота линючая шерсть...

К вечеру у Давыдова тяжко ныли потертые ботинками ноги, болела в пояснице спина. Спотыкаясь, обмерил он свой участок и улыбнулся спекшимися, почерневшими от пыли губами: вспахана за день одна десятина.

— Ну, сколько наворочал? — с чуть приметной улыбкой, с ехидцей спросил Куженков, когда Давыдов, волоча ноги, подошел к стану.

— А сколько бы ты думал?

— Полдесятины одолел?

— Нет, черт тебя задери, десятину и лан!

Куженков, смазывавший сурчиным жиром порезанную о зубья бороны ногу, закряхтел, пошел к клетке Давыдова мерять... Через полчаса, уже в густых сумерках, вернулся, сел подальше от огня.

— Что же ты молчишь, Куженков? — спросил Давыдов.

— Нога что-то разболелась... А говорить нечего, вспахал, ну и вспахал... Делов-то! — нехотя ответил тот и прилег возле огня, натягивая на голову зипун.

— Замазали тебе рот? Теперь не гавкнешь? — захохотал Кондрат, но Куженков промолчал, словно и не слышал.

---

[1]*Упруг* — непрерывная работа в течение определенного срока, до роздыха.

Давыдов лег около будки, закрыл глаза. От костра наносило запахом древесной золы. Жарко горели натруженные ходьбой подошвы, в голенях — ноющая тяжесть; как ни положи ноги, все неудобно, все хочется переменить положение... И почти сейчас же, едва только лег, перед глазами поплыла волнующаяся черная почва: белое лезвие лемеха скользило неслышно, а сбоку, меняя очертания, смолой вскипала, ползла черная земля... Почувствовав легкое головокружение и тошноту, Давыдов открыл глаза, окликнул Кондрата.

— Не спится? — отозвался тот.

— Да что-то голова кружится, перед глазами — земля из-под плуга...

— Уж это завсегда так, — в голосе Кондрата послышалась сочувственная улыбка.

— Целый день под ноги глядишь, от этого и кружение делается. А тут дух от земли чертячий, чистый, от него ажник пьянеешь. Ты, Давыдов, завтра под ноги дюже не пулься, а так, по сторонам больше интересуйся...

Ночью Давыдов не чувствовал укусов блох, не слышал ни ржанья лошадей, ни гогота припоздавшей станицы диких гусей, ночевавших на гребне перевала, — уснул мертво. Уже перед зарей, проснувшись, увидел подходившего к будке закутанного в зипун Кондрата.

— Ты где это был? — в полусне, приподняв голову, спросил Давыдов.

— Своих и твоих быков стерег... Дюже подкормились быки. Согнал их в ложок, а там травка добрая выметалась...

Хрипловатый голос Кондрата стал стремительно удаляться, глохнуть... Давыдов не слышал конца фразы: сон снова опрокинул голову его на мокрую от росы шубу, покрыл забытьем.

В этот день к вечеру Давыдов вспахал десятину и два лана, Любишкин — ровно десятину, Куженков — десятину без малого, и совершенно неожиданно для них на первое место выбился Антип Грач, до этого находившийся в группе отсталых, в насмешку прозванной Давыдовым «слабосильной командой». Он работал на отощавших Титковых быках, когда полудновали — промолчал о том, сколько вспахал; после обеда жена его, работавшая с ним погонычем, кормила быков своей упряги из подола, насыпав туда шесть фунтов причитавшихся быкам концентратов; а Антип даже хлебные крохи, оставшиеся после обеда, смахнул с ватолы, высыпал жене в подол — быкам на подкормку. Любишкин приметил это, усмехнулся:

— Тонко натягиваешь, Антип!

— И натяну! Наша порода в работе не из последних! — вызывающе кинул еще более почерневший от вешнего загара Грач.

Он таки натянул: к вечеру у него оказалась вспаханной десятина с четвертью. Но уже затемно пригнал к стану быков Кондрат Майданников, на вопрос Давыдова: «Сколько к шабашу?» — прохрипел: «Без лана полторы. Дайте табачку на цигарку... с полден не курил...» — и глянул на Давыдова обрезавшимися, но торжествующими глазами.

После того как повечеряли, Давыдов подвел итоги:

— Социалистическое соревнование, товарищи вторая бригада, развернулось у нас — во! Темпы взяты очень достойные. За пахоту бригаде от правления колхоза большевистское спасибо! Из прорыва мы, дорогие товарищи, вылезаем, факт! И как не вылезти, если на веществе доказана выполнимость нормы! Теперь надо навалиться на волочьбу. И чтобы обязательно волочить в три следа! Особое спасибо Майданникову, так как он — самый фактический ударник!

Бабы перемыли посуду, плугатари улеглись спать, быков погнали на попас. Кондрат уже придремал, когда жена забралась к нему под зипун, толкнула в бок, спросила:

— Кондраша, Давыдов тебя повеличал... Вроде бы в похвальбу... А что это такое — ударник?

Кондрат много раз слышал это слово, но объяснить его не мог. «Надо бы у Давыдова разузнать!» — с легкой досадой подумал он. Но не растолковать жене, уронить в ее глазах свое достоинство он не мог, а потому и объяснил, как сумел:

— Ударник-то? Эх ты, дура-баба! Ударник-то? Кгм... Это... Ну, как бы тебе понятней объяснить? Вот, к примеру, у винтовки есть боек, каким пистонку разбивают, — его тоже самое зовут ударником. В винтовке эта штука — заглавная, без нее не стрельнешь... Так и в колхозе: ударник есть самая заглавная фигура, поняла? Ну, а зараз спи и не лезь ко мне!

Глава XXXVII

К 15 мая по району сев колосовых в основном был закончен. В Гремячем Логу колхоз имени Сталина к этому времени целиком выполнил посевной план. Десятого в полдень третья бригада досеяла оставшиеся восемь гектаров пропашных — кукурузы и подсолнуха, и Давыдов тотчас же снарядил в район коннонарочного с рапортом в райком партии об окончании сева.

Ранняя пшеница радовала всходами, но на участке второй бригады было около сотни гектаров кубанки, высеянной в первых числах мая. Давыдов опасался, что посеянная с опозданием кубанка плохо взойдет; опасения его разделял и Любишкин, а Яков Лукич, так тот даже с прямой уверенностью заявлял:

— Не взойдет! Ни за что не взойдет! Вы хотите круглую лету сеять, да чтобы всходило? В книжках прописано, будто бы в Египте два раза в год сеют и урожай снимают, а Гремячий Лог вам, товарищ Давыдов, не Египта, тут надо дюже строго сроки сева выдерживать!

— Ну что ты оппортунизм разводишь? — сердился Давыдов. — У нас должна взойти! И если нам потребуется, два раза будем сымать урожай. Наша земля, нам принадлежащая: что захочем, то из нее и выжмем, факт!

— Ребячьи речи гутарите.

— А вот посмотрим. Ты, гражданин Островнов, в своих речах правый уклон проявляешь, а это для партии нежелательный и вредный уклон... Он, этот уклон, достаточно заклейменный, — ты об этом не забывай.

— Я не про уклон, а про землю гутарю. В уклонах ваших я несмысленный.

Но Давыдов, надеясь на всхожесть кубанки, все же не мог разогнать сомнений и каждый день седлал правленческого жеребца, ехал смотреть обуглившиеся под солнцем, разделанные, но пугающие мертвой чернотой пашни.

Земля быстро высыхала. Нарастившееся зерно, скудно питаясь, не в силах было выбросить росток наружу. Острое жальце ростка, нежное и слабое, вяло лежало под рыхлыми комьями теплой, пахнущей солнцем земли, стремилось к свету и не могло пронзить лишенный влаги, зачерствевший земляной покров. Давыдов спешивался на пашне — стоя на коленях, разрывал рукою землю и, рассматривая на ладони зернышко пшеницы с выметавшимся тоненьким ростком, испытывал горькое чувство жалости к миллионам похороненных в земле зерен, так мучительно тянувшихся к солнцу и почти обреченных на смерть. Его бесило сознание своей беспомощности. Нужен был дождь, и тогда кубанка зеленым плющом застелила бы пашню. Но дождя не было, и пашни густо зарастали сильными, живучими и неприхотливыми сорняками.

Вечером как-то к Давыдову на квартиру пришла делегация от стариков.

— Мы к вам с покорнейшей просьбицей, — сказал дед Аким Курощуп, здороваясь и тщетно разыскивая глазами образ, глядя на который можно было бы перекреститься.

— С какой просьбой?.. Иконы нету, дедушка, не ищи.

— Нету? Ну, обойдуся... ничего... А просьба к вам будет от стариков такая...

— Какая?

— Пашеничка-то во второй бригаде, как видно, не взойдет?

— Еще ничего не видно, дед.

— Не видно, а запохожилось на это.

— Ну?

— Дожжа надо.

— Надо.

— Дозвольте попа покликать, помолебствовать?

— Это для чего же? — Давыдов порозовел.

— Известно для чего, чтобы господь дожжичка дал.

— Ну уж это, дед... Ступай, дед, и больше об этом не говори.

— Как же так — не говори? Пашеничка-то наша?

— Колхозная.

— Ну, а мы-то кто? Мы — колхозники.

— А я — председатель колхоза.

— Мы это понимаем, товарищ. Вы бога не признаете, вас мы и не просим с хоругвой идтить, а нам дозвольте: мы — верующие.

— Не позволю. Вас колхозное собрание послало?

— Нет. Сказать, мы сами, старики, решили.

— Ну, вот видите: вас немного, а собрание все равно не позволило бы. Надо, дедушка, с наукой хозяйство вести, а не с попами.

Давыдов говорил долго и осторожно, стараясь не обидеть религиозных чувств стариков. Деды молчали. Под конец явился Макар Нагульнов. Он услышал, что старики — делегация верующих — отправились просить у Давыдова разрешения молебствовать, поспешил прийти.

— Значит, нельзя? — вздохнул, поднимаясь, дед Аким Курощуп.

— Нельзя и незачем. И без этого дождь будет.

Старики вышли, следом за ними шагнул в сенцы и Нагульнов. Он плотно притворил дверь в комнату Давыдова, шепотом сказал:

— Вы, ветхие люди! Я про вас знаю: вы все норовите по-своему жить, вы напряженные черти. Вам бы все престольные праздники устраивать да с иконами по степе таскаться, хлеба вытаптывать... Ежели самовольно привезете попа и тронетесь в поле, я следом за вами выеду с пожарной командой и до тех пор буду вас из насосов полоскать, пока вы мокрее воды сделаетесь. Понятно? А поп пущай лучше и не является. Я его, волосатого жеребца, при народе овечьими ножницами остригу. Остригу на страм и пущу. Понятно вам? — А потом вернулся к Давыдову, хмурый и недовольный, сел на сундук.

— Ты о чем со стариками шептался? — подозрительно спросил Давыдов.

— Про погоду гутарили, — глазом не моргнув, отвечал Макар.

— Ну?

— Ну и решили они твердо — не молебствовать.

— Что же они говорили? — Давыдов отвернулся, пряча улыбку.

— Говорят: сознали, что религия опиум... Да что ты ко мне пристаешь, Семен? Ты чисто стригучий лишай: привяжешься — и отцепы от тебя нету! О чем говорил да чего говорил?.. Говорил — и ладно. Это ты с ними тут демократизмы разводишь, уговариваешь, упрашиваешь. А с такими старыми вовсе не так надо гутарить. Они же все вредного духу, захрясли в дурмане. Значит, с ними нечего и речей терять, а надо так: раз-два — и в дамки!

Давыдов, посмеиваясь, безнадежно махнул рукой. Нет, положительно Макар был неисправим.

Две недели ходил он беспартийным, а за это время в райкоме произошла смена руководства: сняли Корчжинского и Хомутова.

Новый секретарь райкома, получив из окружной контрольной комиссии апелляцию Нагульнова, послал в Гремячий Лог одного члена бюро вторично расследовать дело, и после этого бюро постановило: отменить прежнее свое решение об исключении Нагульнова из партии. Решение отменили, мотивируя тем, что строгость взыскания несоответственна проступку, а кроме того, ряд обвинений, в свое время выдвинутых против Нагульнова («моральное разложение», «половая распущенность»), после вторичного расследования отпал. Макару записали выговор. На том дело и кончилось.

Давыдов, временно исполнявший обязанности секретаря ячейки, передавая дела Макару, спросил:

— Научен? Будешь еще загинать?

— Очень даже научен. Только кто из нас загинал — я или райком?

— И ты, и райком. Все понемногу.

— А я считаю, что и окружком перегибы делает.

— Какие, например?

— А вот такие: почему выходцам не приказано было возвращать скот? Это не есть принудительная коллективизация? Она самая! Вышли люди из колхоза, а им ни скота, ни инструмента не дают. Ясное дело: жить ему не при чем, деваться некуда, он опять и лезет в колхоз. Пищит, а лезет.

— Так ведь скот и инвентарь вошли в неделимый фонд колхоза!

— А на черта нужен такой фонд, раз они через силу опять идут в колхоз? Выкинуть им!.. «Нате, жрите, подавитесь своим инструментом!» Я бы их и близко к колхозу не подпустил, а вот ты напринимал таких перевертухов целую сотню и думаешь небось, что из него сознательный колхозник выйдет? Черта лысого! Он, вражина, в колхозе будет жить, а сам на единоличную жизнь до гробовой покрышки будет косоротиться... Знаю я их! И то, что им не отдали скотину и сельский инструмент, — левый перегиб, а то, что ты их обратно принял в колхоз, — правый перегиб. Я, брат, тоже стал политически развитый, ты меня зараз не объедешь!

— Где уж там политически развитый, если ты даже того не понимаешь, что не могли мы всякие расчеты с выходцами устраивать сейчас же, не дождавшись конца хозяйственного года!..

— Нет, это я понимаю.

— Эх, Макар, Макар! Жить ты не можешь без заскоков. Частенько моча тебе в голову ударяет, факт!

Они еще долго спорили, под конец разругались, и Давыдов ушел.

За две недели в Гремячем Логу произошло много перемен: к великому удивлению всего хутора Марина Пояркова приняла в мужья Демида Молчуна. Он перешел к ней в хату, ночью сам впрягся в повозку и перевез все свое скудное имущество, а окна и дверь в своей хатенке заколотил насмерть досками.

«Нашла Маришка себе пару. Они вдвоем больше трактора сработают!» — говорили в Гремячем.

Андрей Размётнов, сраженный замужеством своей долголетней милахи, первое время бодрился, а потом не выдержал и, потаясь Давыдова, начал попивать. Давыдов, однако, приметил это, предупредил:

— Ты брось это дело, Андрей. Не годится.

— Брошу. Только обидно мне, Сема, до невозможностев! На кого променяла, сука? На кого променяла?!

— Это ее личное дело.

— Но мне-то обидно?

— Обижайся, но не пей. Не время. Скоро полка подойдет.

А Марина, как назло, все чаще попадалась Андрею на глаза и по виду была довольна, счастлива.

Демид Молчун ворочал в ее крохотном хозяйстве, как добрый бык: в несколько дней он привел в порядок все надворные постройки, за сутки вырыл полуторасаженной глубины погреб, на себе носил десятипудовые стояны и сохи... Марина обстирала, обшила его; починила белишко, соседкам нахвалиться не могла работоспособностью Демида.

— То-то, бабочки, он мне в хозяйстве гожий. Сила у него медвежиная. За что ни возьмется — кипит у него в руках. А что молчаливый, так уж бог с ним... Меньше ругани промеж нас будет...

И Андрей, до которого доходили слухи о том, что довольна Марина новым мужем, тоскливо шептал про себя:

— Ах, Мариша! Да я что же, не мог бы тебе сараи поправить али погреб вырыть? Загубила ты мою молодую жизнь!

В Гремячий Лог вернулся из ссылки раскулаченный Гаев: краевая избирательная комиссия восстановила его в правах гражданства. И Давыдов тотчас же, как только многодетный Гаев приехал в хутор, вызвал его в правление колхоза.

— Как думаешь жить, гражданин Гаев? Единоличным порядком или будешь вступать в колхоз?

— Как придется, — отвечал Гаев, не изживший обиды за незаконное раскулачивание.

— А все же?

— Видно так, что колхоза не миновать.

— Подавай заявление.

— А имущество мое как же?

— Скот твой — в колхозе, сельскохозяйственный инвентарь — тоже. А вот барахлишко твое мы роздали. С этим будет сложнее. Кое-что отдадим, а остальное получишь деньгами.

— Хлебец-то вы у меня весь вымели...

— Ну, это дело простое. Пойди к завхозу, он скажет кладовщику, и тот отпустит на первое время пудов десять муки.

— Пошли набирать в колхоз и с бору и с сосенки! — негодовал Макар, прослышав о том, что Давыдов намерен принять Гаева в колхоз. — Тогда уж пущай Давыдов объявление в «Молоте» пропечатает, что всех ссыльнопоселенцев, какие отбыли выселку, он в колхоз будет принимать... — говорил он Андрею Размётнову.

Гремяченская ячейка после сева выросла вдвое; в кандидаты партии были приняты Павло Любишкин, три года батрачивший у Титка, Нестор Лощилин — колхозник третьей бригады — и Демка Ушаков. Нагульнов в день собрания ячейки, когда принимали в партию Любишкина и остальных, предложил Кондрату Майданникову:

— Вступай, Кондрат, в партию, за тебя я с охотой поручусь. Служил ты под моей командой в эскадроне, и как тогда был геройским конармейцем, так и зараз колхозник на первом счету. Ну, чего ты, спрашивается, поотдальки от партии стоишь? Дело идет к тому, что с часу на час подходит мировая революция, может, нам с тобой опять придется в одном эскадроне служить, Советскую власть отстаивать, а ты по прошествии времен, как и раньше, беспартийный! Нехорошо так-то! Вступай!

Кондрат вздохнул и высказал сокровенное:

— Нет, товарищ Нагульнов, совесть мне не дозволяет в партию вступать зараз... Воевать за Советскую власть я сызнова пойду и в колхозе буду работать на совесть, а в партию не могу вписываться...

— Это почему такое? — нахмурился Макар.

— А через то не могу, что вот я зараз в колхозе, а об своем добре хвораю... — Губы Кондрата дрогнули, он перешел на быстрый шепот: — По своим быкам хвораю душой, и жалко мне их... Не такой за ними догляд, как надо бы... Конишке Акимка Бесхлебнов на волочбе шею потер хомутом, поглядел я — и сутки через это не жрал... Можно ли на малую лошадь здоровый хомут надевать? Через это и не могу. Раз я ишо не отрешился от собственности, значит, мне и в партии не дозволяет совесть быть. Я так понимаю.

Макар подумал и сказал:

— Это ты справедливо говоришь. Трошки повремени, не вступай. Супротив всяких непорядков в колхозном хозяйстве мы будем беспощадно бороться, хомуты будут все подогнаны. А уж ежели ты спишь и во сне бывших своих быков видишь — тогда в партию небе нельзя. В партию надо идтить безо всяких страданий об собственности. В партию надо идтить так, чтобы был ты наскрозь чистый и оперенный одной думкой: достигнуть мировой революции. Мой папаша жил при достатке и меня к хозяйству с малюшки приучал, но я к этому ничуть не был приверженный, хозяйство было для меня вовсе никчемушнее. Я от сытой жизни и от четырех пар быков в нужду ушел, в работники... Так что ты до сих пор не вступай, покуда вовзят очистишься от этой коросты — собственности.

Слух о том, что Любишкин, Ушаков и Лощилин вступают в партию, широко распространился в Гремячем Логу. Кто-то из казаков в шутку сказал деду Щукарю:

— Ну, а ты чего в партию не подаешь? Ты же в активе состоишь — подавай! Дадут тебе должность, купишь кожаную портфелю, возьмешь ее под мышку и будешь ходить.

Щукарь поразмыслил и вечером, как только стемнело, пошел к Нагульному на квартиру.

— Здорово, Макарушка!

— Здорово. Ну, чего явился?

— Люди в партию вступают...

— Ну?

— Не запрег ишо, не нукай.

— Дальше?

— А дальше, может, и я хочу поступить. Мне, брат, всею жизнью при жеребцах не крутиться. Я с ними не венчанный.

— Так ты чего же хочешь?

— Сказано русским языком: хочу поступить в партию. Затем и пришел, чтобы узнать, какая мне выйдет должность, ну и прочее... Ты мне дай такой придмер: что писать и как писать?..

— Так ты, что же?.. Ты думаешь, что в партию ради должностей вступают?

— У нас все партейные на должностях.

Макар сдержался, переменил разговор:

— На Пасху поп к тебе заходил?

— Само собой.

— Жертвовал ему?

— Ну, конечно. Парочку яичков и, натурально, кусочек сальца, с полфунта.

— Ты, стало быть, в бога веруешь и до́ се?

— Так, конечно, не дюже чтобы крепко, но ежели захвораю, али ишо какое неудовольствие, али, к придмеру сказать, гром резко вдарит, то тогда молюсь, натурально прибегаю к богу.

Макар хотел было обойтись с дедом Щукарем вежливо, хотел толком объяснить ему, почему его не могут принять в партию, но, вызвав Щукаря на разговор, не успел запастись терпением, а поэтому и брякнул сразу:

— Ступай к черту, старый желудь! Попам яйца жертвуешь, ярдани изо льда делаешь, об каких-то должностях мечтаешь, а сам до дела — коням мески замесить не умеешь. На черта ты партии нужен, такое трепло? Ты что это, смешки строишь? Думаешь, в партию всякую заваль принимают? Твое дело — только языком балабонить, брехни рассказывать. Ступай, не волнуй меня, а то я человек нервного расстройства. Мне здоровье не дозволяет с тобой спокойно гутарить. Иди, говорят. Ну?

«Не в добрый час попал! Надо бы после обеда прийтить», — сожалел дед Щукарь, торопливо захлопывая калитку.

Последней новостью, взволновавшей Гремячий Лог и в особенности гремяченских девок, была смерть Дымка.

Ефим Трубачев и Батальщиков, осужденные народным судом, писали, что по дороге на станцию Дымок затосковал по воле, по Гремячему Логу и попытался бежать.

Милиционер, сопровождавший партию осужденных, три раза крикнул Дымку: «Стой!» Но тот, пригнувшись, бежал по пахоте к лесу. До кустов оставалось саженей пятнадцать, тут-то милиционер стал на колено, вскинул винтовку и с третьего выстрела положил Дымка насмерть.

Кроме тетки, некому было горевать о безродном парне, а девки, обученные Дымком несложному искусству любви, если и погоревали, то недолго.

«Дело забывчиво, а тело заплывчиво...» А девичьи слезы — что роса на восходе солнца...

Глава XXXVIII

В 1930 году впервые исчезла «глухая пора». В прежние годы, когда жили по старинке, эти два месяца неспроста назывались «глухою порою». Отсеявшись, исподволь готовились хозяева к покосу: на выпасах выгуливались, набирались сил быки и лошади, а казаки строгали грабельники, чинили арбы, ремонтировали лобогрейки. Редко кто ехал пахать под майские пары. В тягостном молчании покоились хутора. В полдень пройти по мертвой улице — человека не встретишь. Казаки либо в поездках, либо отдыхают в куренях или на погребицах, либо вяло постукивают топорами; сонные бабы, устроившись где-нибудь в холодке, ищутся. Пустота и дремотный покой властвуют в хуторах.

Но первый же год колхозной жизни нарушил «глухую пору» в Гремячем Логу. Едва лишь поднялись хлеба, началась полка.

— Три раза будем полоть, чтобы ни одного сорняка не было на колхозных полях! — заявил на собрании Давыдов.

Яков Лукич Островнов торжествовал. Ему — непоседливому и живому — шибко нравилось такое хозяйствование, когда весь хутор был в движении, в делах, в озабоченной суете. «Высоко Советская власть летит, поглядим, как она сядет! И хлеба полоть, и пары подымать, и скотину выкармливать, и инвентарь чинить... А народ-то будет работать? А баб заставишь хлеба полоть? Ить это неслыханное дело. По всей Области Войска Донского раньше не пололи хлеба. А занапрасну не пололи. Урожай бы богаче был. И мне, старому дураку, надо бы полоть. Один черт бабы всею лету без делов злодырничали», — думал он, сокрушаясь о том, что раньше, когда он еще единолично наживал хозяйство, не пропалывал своих хлебов.

Давыдову же, беседуя с ним, говорил:

— Теперича огрузимся мы хлебом, товарищ Давыдов. А то раньше, бывало, — кинет человек семена и ждет, какая выйдет. А оно и выходит рядом с пашеничкой и пырей, и осот, и овсюг, и молочай, и всякая другая сволочная трава. Зачнешь молотить, хлеб будто и добрый, но взважишь умолот — с десятины и выйдет сорок пудов либо ишо меньше.

После того как из колхозных амбаров гремяченцы растащили семенной хлеб, Давыдов хотел было сместить Островного с должности завхоза. Тяжкое подозрение родилось у Давыдова... Помнилось ему, что, когда он видел в толпе возле амбаров Островнова, по лицу старика тенью скользили не только растерянность, но и злорадное улыбчивое выжидание... Так по крайней мере показалось тогда Давыдову.

На другой же день он позвал Якова Лукича к себе в комнату, выслал посторонних. Разговор вели они вполголоса.

— Ты чего делал вчера возле амбаров?

— Народ уговаривал, товарищ Давыдов. Уговаривал врагов, чтобы они опамятовались, не брали самосудом колхозного хлеба, — без запинки отвечал Яков Лукич.

— А женщинам... Ты почему сказал женщинам, что ключи от амбаров у меня должны быть?

— Да что вы! Господь с вами! Кому это я говорил? Сроду никому не говорил...

— Сами женщины об этом сказали, когда водили меня...

— Брехня! Под присягу пойду. Наговоры... По злобе на меня.

И Давыдов поколебался в своей решимости. А тут вскоре Яков Лукич развил такую кипучую деятельность по подготовке к полке, по сбору средств на общественное питание, такими хозяйственными проектами засыпал правление, что Давыдов снова был покорен своим энергичным завхозом.

Яков Лукич предложил правлению устроить на полеводческих участках бригад несколько новых прудов. Он даже места по балкам наметил, где удобнее всего будет запереть вешнюю воду. Устройство новых прудов, по его мысли, должно было так пройти, чтобы скот из бригад не ходил к водопою дальше полкилометра. И Давыдов, да и все члены правления вынуждены были признать ценность островновского проекта, так как старые пруды делались вовсе не из расчета на колхозное хозяйство. Они были беспорядочно разбросаны по степи, и весною скот от бригадного стана приходилось гонять на водопой за два с половиной — три километра. Потеря времени была огромная. Усталым быкам, для того чтобы дойти до водопоя и вернуться к стану, требовалось почти два часа, а за этот срок можно было бы вспахать или заволочить не один гектар. Правление дало согласие на устройство новых прудов, и Яков Лукич, пользуясь перерывом в полевых работах, с ведома Давыдова приступил к заготовке леса для плотин.

Мало того, Яков Лукич внес предложение построить небольшой заводишко по обжигу кирпича и без труда доказал сомневавшемуся в рентабельности такого предприятия Аркашке Менку, что иметь свой кирпич для строительства капитальной конюшни и воловен несравненно выгоднее, нежели возить его из района за двадцать восемь километров да еще платить за сотню по четыре рубля пятьдесят копеек. И все тот же Яков Лукич уговорил колхозников третьей бригады загатить Дурной лог, из года в год размывавший богатые земли возле хутора, на которых отлично родились просо и диковинные по величине и сахарности арбузы. Под его руководством лог загородили сваями, забили хворостом и навозом, забутили камнями, а по теклине посадили молодые тополя и вербы, чтобы корни их переплели и укрепили рыхлую почву. Немалая площадь земли была спасена от размыва.

Вся совокупность этих-то обстоятельств и упрочила поколебавшееся положение Якова Лукича в колхозе. Давыдов крепко решил: завхоза ни в коем случае не лишаться и всячески поддерживать его поистине неиссякаемую инициативность. Даже Нагульнов и тот подобрел в отношении Якова Лукича.

— Хотя и чужой человек по духу, но едучий хозяин. Пока не возрастим своего такого знающего, до тех пор будем держать Островного в завхозах. Партия наша с огромным умом. В ней мильены умов, через это она такая вострая. Иной есть инженер гад и нутряная контра, по духу его давно бы надо прислонить к стенке, но его не присланивают, а дают ему работу и говорят: «Ты ученый человек! На́ тебе деньги, жри в три горла, покупай бабе своей шелковые чулки на утеху, но крути своими мозговыми шариками, делай инженерские дела на благо мировой революции!» И он делает. Хотя и косоротится на старую жизнь, а делает. Расстреляй его — что с него получишь? Ношеные штаны да, может, часы с брелоком останутся. А то он работает и на много тысячев пользы приносит. Так и наш Островнов: пущай он лога бутит, пущай пруды роет. Все это идет на пользу Советской власти и на приближение мировой революции! — говорил он как-то на собрании ячейки.

Жизнь Якова Лукича снова обрела некоторое равновесие. Он понимал, что все те силы, которые стояли за спиной Половцева и руководили подготовкой восстания, на этот раз проиграли; он был твердо убежден, что теперь уж восстания не будет, так как момент был упущен и в настроении даже наиболее враждебно относившихся к Советской власти казаков произошел некоторый перелом. «Видно, Половцев и Лятьевский махнули через границу», — думал Яков Лукич, и к острому сожалению о том, что не пришлось стряхнуть Советскую власть, примешивалась спокоящая радость, довольство: отныне уж ничто не грозило благополучному существованию Якова Лукича. Теперь уж, глядя на приезжавшего в Гремячий Лог участкового милиционера, он не испытывал тошнотного страха; а раньше один вид черной милиционерской шинели повергал его в несказанный трепет и дрожь.

— Что же, скоро бусурманская власть кончится? Скоро наши заступят? — с глазу на глаз спрашивала у Островнова старуха мать.

И Яков Лукич, донельзя возмущенный неуместным вопросом, горько и раздраженно отвечал:

— Вам-то не все одно, мамаша?

— То-то и есть, что не все одно: церква позакрывали, попов окулачили... И это правда?

— Года ваши дряхлые, молитесь богу... А в мирские дела вам нечего лезть. Очень уж вы дотошная, мамаша!

— А офицерья куда запропастились? Энтот непутевый, одноглазый табашник, куда залетел? И ты тоже!.. То благословление брал, а то уж опять этой власти прислуживаешь! — не унималась старуха, так и не уразумевшая, почему Яшка, сын ее, не согласился «сменять власть».

— Ох, мамаша, кровя вы мне замораживаете! Оставьте вы ваши глупые разговоры! Ну к чему вы об этом вспоминаете? Вы ишо при людях ляпните!.. Голову вы с меня сымете, мамаша. Вы же говорили: «Что бог ни делает, все к лучшему». Вот и живите себе на здоровье. Есть у вас в носу две отвертки, посапливайте в них да помалкивайте... Куска хлеба вас не лишают... Чего же вам, прости бог, надо?..

После такого разговора Яков Лукич выскакивал из горенки, словно кипятком ошпаренный, и долго потом не мог успокоиться, а Семену и бабам с пущей строгостью приказывал:

— За бабкой глядите во все глаза! Упекет она меня! Как кто чужой к нам на порог, зараз же примыкайте ее в горенке.

И старуху стали день и ночь держать под замком. Но по воскресеньям ее выпускали беспрепятственно. Она шла к сверстницам, таким же дряхлым старушонкам, и плакала, жаловалась им:

— Ох, матушки мои, сердешные! Наши-то, Яков с женушкой, запирают меня под замок... Одними постными сухариками и кормлюсь, сухарик-то ем, слезьми своими запиваю! А раньше, в пост, как у нас офицерья жили, командир Яшкин и друзьяк его, так наши-то мне и щец постных сварют, и зварку, бывало, дадут... а зараз уж так на меня взъелися, так взъелися... И сноха и сын... Ох-хо-хо!.. Дожилася, мои болезные: родной сын — и то остервился, а за что — сама не ведаю. То приходил благословления выпрашивал власть эту бусурманскую унистожать, а то и слова не скажи суперечь, ругается да поносит меня...

...Одначе тихому житью Якова Лукича, омрачаемому лишь разговорами с матерью, неожиданно и скоро подошел конец...

Глава XXXIX

Еще во время сева Лушка Нагульнова, разведенная жена и веселая, беспутная бабенка, стала работать в поле. Ее определили в третью бригаду, и она с охотой поселилась в бригадной будке. Днем работала погонычем в упряге Афанасия Краснокутова, а ночью возле красной полевой будки, в которой она жила, до самой зари звенела балалайка, вздыхали басы и тонко выговаривали нижние лады двухрядки, парни и девки плясали и пели; а всем этим развеселым гульбищем руководила Лушка.

Мир для нее всегда был светел и прост. Ни единой морщинки озабоченности или тревоги не было на бездумном Лушкином лице. Сквозь жизнь шла она легко, уверенно, шла, выжидающе приподняв ласковые брови, словно надеясь с минуты на минуту встретиться с радостью. О Макаре она на другой же день после развода и думать не стала. Тимофей Рваный был где-то далеко, но Лушке ли было горевать об утерянных близких? «Этих кобелей на мой век хватит!» — презрительно говорила она девкам и бабам, указывавшим на ее полувдовье положение.

И их действительно хватало в преизбытке. Парни и молодые женатые казаки из третьей бригады наперебой домогались Лушкиной любви. На стану возле будки ночами, под голубым и сумеречным светом месяца, с треском отлетали подметки с казачьих чириков и сапог, выбивавших «краковяки» и «полечки с каблучком». Но частенько между плясавшими и искавшими Лушкиной близости плугатарями, садильщиками и бороновальщиками завязывалась густо смешанная с матерщиной ругня, переходившая в жестокие драки. А все из-за Лушки. Уж больно доступной казалась она на вид; тем более что всему хутору была известна срамотная связь ее с Тимофеем Рваным, и каждому было лестно занять место, поневоле освобожденное Тимофеем и по доброй охоте — Нагульновым.

Агафон Дубцов пробовал урезонить Лушку, но потерпел лютую неудачу.

— В работе я справная, а плясать и любовь крутить мне никто не закажет. Ты, дядя Агафон, не злуй дюже, укройся зипуном и спи. А ежели завидки берут и хошь сам участвовать в игрищах — приходи. Мы и рябых принимаем. Рябые на любовь, говорят, дюже злые! — хохоча издевалась Лушка.

Тогда Агафон при первом же приезде в Гремячий обратился за содействием к Давыдову.

— Диковинные порядки вы заводите, товарищ Давыдов! — негодующе говорил он. — Любишкину деда Щукаря в бригаду вперли, мне — Лушку Нагульнову... Вы их для вредительства всаживаете или для чего? Приезжайте как-нибудь ночью, поглядите, что на стану делается. Лушка всех ребят мне перебесила. Всем она улыбается, вроде посулы делает, ну и дерутся за нее, как молодые кочета. А пляшут по ночам так, что ажник стон стоит, ажник вчуже ихних пяток жалко: до того они, не щадя жизни, ими гоцают об земь! Точок возля будки выбили неподобный! Стожары истухают, а у нас на стану шум, как на ярмарке... Я в Харькове в германскую войну раненый лежал при госпитале, и вот по выздоровлении водили нас милосердные сестры опера слухать... И вот там идет страшная мешавень: кто дурным голосом воет, кто пляшет, а кто на скрипке наяривает. Ничего не поймешь! Такая музыка, что ажник за воротник хватает! Так и у нас: и песни дерут, и на музыках нажваривают, и пляшут... Ну и чистая собачья свадьба! Бесятся до зари, а днем какая с ним работа! Идет и на ходу спит, под быка ложится... Ты, товарищ Давыдов, либо удали с бригады эту заразу Лушку, либо скажи ей, чтобы она себя соблюдала подобно мужней бабе.

— Да я что тебе? — освирепел Давыдов. — Я что? наставник ей?.. Катися от меня к чертовой матери!.. Со всякой грязью лезут... Я что, ее буду поведению скромности учить? Плохо работает — гони из бригады, факт! Что это за привычка: чуть что — в правление. «Товарищ Давыдов, плуг сломался!», «Товарищ Давыдов, кобыла заболела!» Или с этим делом: женщина хвостом трепет, а я, по-твоему, должен ее обучать? К черту! Плуг чинить — к кузнецу! По лошадиной части — к ветеринару! Когда вы научитесь собственную инициативу проявлять? До каких это пор я вас буду на помочах водить? Ступай!..

Агафон ушел, крепко недовольный Давыдовым, а тот после его ухода выкурил две папиросы подряд, с громом прихлопнул дверь, запер ее на крючок.

Рассказ Дубцова взволновал Давыдова. Не потому он озлился и накричал, что бригадиры, не освоившие своих обязанностей, действительно одолевали его, обращаясь за разрешением всяческих мелочных хозяйственных вопросов, а потому, что Лушка, по словам Дубцова, «всем улыбалась, посулы делала».

После того шутливого разговора с Лушкой, когда он столкнулся с ней около правления и она, тая усмешку под ресницами полуопущенных глаз, просила подыскать ей какого-нибудь «завалященького жениха», а потом сама предложила себя в жены, Давыдов незаметно для самого себя изменился в отношении к ней. В последнее время все чаще ловил он себя на мыслях об этой по существу вздорной и на редкость пустяковой бабенке. Если раньше он относился к ней с легким налетом брезгливой жалости и равнодушия, то теперь чувствовал совсем иное... И то, что Дубцов пришел с нелепой жалобой на Лушку, послужило Давыдову лишь чисто внешним предлогом для ругани.

Потянуло его к Лушке, да так не вовремя, как раз в момент наибольшего напряжения в севе. Вновь возникшему чувству наверняка способствовало то, что всю зиму Давыдов прожил на «архиерейском положении», как пошучивал Андрей Разметнов, а может быть, и весна властно давила на смертную плоть безупречного, справившегося со всеми хозяйственно-политическими кампаниями председателя гремяченского колхоза.

Все чаще по ночам он беспричинно просыпался, курил, страдальчески морщился, вслушиваясь в певучие высвисты и захлебывающееся прищелкивание соловьев, потом яростно захлопывал окошко, с головой укутывался байковым одеялишком и до белой зорьки пролеживал, не смежив глаз, прижавшись к подушке широкой татуированной грудью.

А весна 1930 года — стремительная и скороспелая — так много поселила в садах и левадах соловьев, что они гремучими раскатами заполняли не только глухую пустоту ночи, но и при дневном свете никак не могли угомониться. Не хватало короткой вешней ночи на любовные утехи соловьев. «В две смены дуют, подлецы!» — шептал на заре Давыдов, обуреваемый нудным томлением, мужественно боровшийся с бессонницей.

Лушка Нагульнова до конца сева была в бригаде, но как только бригада, кончив пропашные, съехала с поля, в тот же день вечером пришла к Давыдову.

Он, поужинав, лежал в своей комнатушке, читал «Правду». В сенях тонко, по-мышиному, кто-то поскреб дверь, а потом — тихий женский голос:

— Можно взойтить?

— Можно. — Давыдов вскочил с койки, накинул пиджак.

Лушка вошла, тихо притворила за собой дверь. Черный полушалок старил ее обветревшее, посмуглевшее лицо. Отчетливей проступали на щеках обожженные солнцем густые и мелкие веснушки. Но глаза под темным навесом надвинутого полушалка смеялись и искрились все ярче.

— Проведать пришла...

— Проходи, садись.

Давыдов, удивленный и обрадованный ее приходом, подвинул табурет, застегнул пиджак, сел на койку.

Он выжидающе молчал, чувствовал себя тревожно, неловко. А Лушка свободно прошла к столу, ловким и незаметным движением подвернула юбку (чтобы не мялась), села.

— Как поживаешь, колхозный председатель?

— Ничего живу.

— Не скучаешь?

— Некогда скучать и не о чем.

— А обо мне?

Никогда не терявшийся Давыдов розовел и хмурился. Лушка с напускным смирением опускала ресницы, а в углах губ неудержимо трепетала улыбка.

— Выдумала черт знает что, — несколько неуверенно отвечал он.

— Так уж и не скучал?

— Да нет же, факт! У тебя дело есть ко мне?

— Есть... Что же в газетах новенького пишут? Что слышно про мировую революцию? — Лушка облокотилась, придала лицу серьезное, соответствующее разговору выражение. Словно и не было на губах ее недавней бесовской улыбки.

— Разное пишут... Какое у тебя ко мне дело? — крепился Давыдов.

Их разговор, вероятно, подслушивала хозяйка. Давыдов сидел как на горячих угольях. Совершенно немыслимо, прямо-таки нетерпимо было его положение! Хозяйка завтра разнесет по всему Гремячему, что бывшая Макарова жена ходит по ночам к ее квартиранту, и — пропала ничем не запятнанная репутация Давыдова! Жадные до сплетен бабы станут неустанно судачить на проулках и у колодцев, колхозники при встречах будут понимающе посмеиваться. Размётнов начнет ехидствовать по адресу попавшегося в Лушкины сети товарища, а там дойдет и до района, и в райполеводсоюзе — чего доброго — пришьют дело, скажут: «Потому-то он и сев кончил только десятого, что к нему бабы бегали. Он, видно, больше любовными делишками занимался, чем севом!» А секретарь окружкома ведь недаром говорил, перед тем как отправить двадцатипятитысячников по районам: «Авторитет рабочего класса — авангарда революции — в деревне надо держать на высочайшем уровне. Вести себя, товарищи, надо сугубо осторожно. Я не говорю о большом, но даже в бытовых мелочах надо быть предусмотрительными. В деревне выпьешь на копейку, а разговоров будет на сто политических рублей...»

Давыдов даже вспотел, вмиг передумал все последствия посещения Лушки и вольного разговора с ней. Налицо была явная угроза компрометации. А Лушка сидела, совершенно не замечая мучительных переживаний Давыдова. И тот, малость приохрипнув от волнения, уже сурово переспросил:

— Какое дело-то? Говори и уходи, мне некогда с тобой пустяками заниматься, ну, факт!

— А ты помнишь, что говорил мне тогда? Я у Макара не спрашивалась, но я и так знаю: супротив он...

Давыдов привскочил, замахал руками:

— Некогда мне! После! Потом!

В этот момент он готов был смеющийся рот ее зажать ладонью, лишь бы она замолчала.

И она поняла, презрительно шевельнула бровями.

— Эх ты! А ишо... Ну ладно. Дайте мне газетку, какая поинтересней. Окромя у меня делов к вам нету. Извиняйте, что побеспокоила...

Ушла, и Давыдов вздохнул с облегчением. Но через минуту он уже сидел за столом, ожесточенно вцепившись в волосы, думал: «До чего же я сапог, сил нет! Подумаешь, велика важность, что сказали бы по этому поводу. Что же, ко мне женщине нельзя прийти, что ли? Что я, монах, что ли? Да и кому какое дело? Она мне нравится, следовательно я могу с ней проводить время... Лишь бы ущерба работе не было, а на остальное плевать! А теперь она не придет, факт. Очень я с ней грубо, да и заметила она, что я несколько испуган был... Прах тебя возьми, до чего глупо вышло!»

Но опасения его были напрасны: Лушка вовсе не принадлежала к той категории людей, которые легко отступают от намеченных планов. А в планы ее входило завоевание Давыдова. На самом деле, не связывать же было ей свою жизнь с жизнью какого-нибудь гремяченского парня? Да и для чего? Чтобы до старости сохнуть у печки и пропадать в степи возле быков и пахоты?

А Давыдов был простой, широкоплечий и милый парень, совсем не похожий на зачерствевшего в делах и ожидании мировой революции Макара, не похожий на Тимофея... Был у него один малый изъян: щербатинка во рту, да еще на самом видном месте — в передке; но Лушка примирилась с этим недостатком в наружности облюбованного ею. Она за свою недолгую, но богатую опытом жизнь познала, что зубы при оценке мужчины — не главное...

На следующий день в сумерках она снова пришла, на этот раз разнаряженная и еще более вызывающая. Предлогом для посещения были газеты.

— Принесла вашу газетку... Можно ишо взять? А книжек у вас нету? Мне бы какую-нибудь завлекательную, про любовь.

— Газеты возьми, а книжек нету, у меня не изба-читальня.

Лушка, не ожидая приглашения, села и по-серьезному начала разговор о севе в третьей бригаде, о замеченных ею непорядках на организовавшейся в Гремячем Логу молочной ферме. Она с наивной бесхитростностью приспособлялась к Давыдову, к тому кругу интересов, в котором — казалось ей — он должен бы жить.

Давыдов вначале недоверчиво прислушивался к ней, но потом увлекся разговором, рассказал о своих планах по устройству молочной фермы, попутно сообщил о появившихся за границей новейших технических достижениях по обработке молочной продукции, под конец не без огорчения сказал:

— Денег нам надо уймищу. Надо купить несколько телок от коров, дающих высокий удой, надо завести племенного бугая... Все это необходимо сделать как можно скорее. Ведь правильно постановленное молочное хозяйство будет давать огромный доход! Факт, что на этом деле колхоз поправит свой бюджет. Ну, что у них там есть сейчас? Старенький сепараторишко, которому ломаный грош цена, который ни черта не может пропустить весенний удой, и все. А бидонов ни одного нет, и молоко по старинке сливают в корчаги. Что это за дело? Вот ты говоришь, что у них молоко прокисает, а почему прокисает? Уж наверное, сливали в грязную посуду.

— Корчажки плохо выжаривают, через это и прокисает.

— Ну, вот я же и говорю, что плохо содержат посуду. Ты возьмись за это дело и приведи его в порядок. Что необходимо сделать — делай, правление всегда поможет. А этак что же? Молоко всегда будет погибать, если за посудой нет надзора, если доярки будут так доить, как вот я недавно видел: садиться под корову, вымя ей не обмывает, сосцы все в грязи, в навозе... и руки у самой доярки фактически немытые. Она, может быть, до этого черт знает за что бралась и лезет под корову с грязными руками. Времени у меня не было взяться за это дело. А уж я возьмусь! И ты, вместо того, чтобы пудрами пудриться да красоту наводить взялась бы похозяйствовать по ферме, а? Назначим тебя заведующей, поедешь на курсы, поучишься, как надо научно заведовать, и будешь квалифицированной женщиной.

— Нет уж, пущай без меня хозяйствуют, — вздохнула Лушка, — там и без меня есть кому в порядок все произвесть. А заведующей быть я не хочу. И на курсы ехать не хочу. Дюже колготы много. Я работать люблю легко, чтобы просторней жилося, а так что же?.. Работа, она дураков любит.

— Опять ты всякие глупости говоришь! — досадливо сказал Давыдов, но убеждать не стал.

Вскоре Лушка засобиралась домой. Давыдов пошел ее проводить. Шагали рядом по темному проулку, долго молчали, потом Лушка, необычайно быстро познавшая все заботы Давыдова, спросила:

— На кубанку ездил нынче глядеть?

— Ездил.

— Ну как?

— Плохо! Если на этой неделе не будет дождя... боюсь, что не взойдет. И ты понимаешь, как все это, прах его дери, слаживается? Старичишки, которые приходили ко мне за разрешением молебствовать, будут злорадствовать, факт! «Ага, скажут, не разрешил молебен отслужить — и дождя бог не дал!» А бог их тут совершенно ни при чем, раз барометр закостенел на переменном положении. Но они-то укрепятся в своей глупой вере. Прямо беда, факт! Отчасти мы и сами несколько промахнулись... Надо бы плюнуть на бахчи, на часть пропашных и поскорее посеять пшеницу, вот в чем промах вышел! И то же самое с мелионопусом: фактически доказывал этой дубине — Любишкину, что в наших условиях эта порода по всем агрономическим данным наиболее подходяща... — Давыдов снова оживился и, попав на своего «конька», говорил бы долго и с увлечением, но Лушка прервала его с явным нетерпением:

— Да брось ты — о хлебе! Давай лучше сядем, посидим, — и указала на голубой при лунном свете гребень канавы.

Подошли. Лушка подобрала юбки, хозяйственно предложила:

— Ты бы пинжак свой постелил, а то я боюсь юбку вымазать. Она у меня праздничная...

И когда сели рядом на разостланном пиджаке, приблизила к усмешливому лицу Давыдова свое, ставшее строгим, странно похорошевшее лицо, сказала:

— Хватит про хлеб и про колхоз! Зараз не об этом надо гутарить... Ты чуешь, как пахнет молодой лист на тополе?..

...На этом и кончились колебания Давыдова, тянувшегося к Лушке и боявшегося, что связь с ней уронит его авторитет...

После, когда он встал и из-под ног его, шурша, покатилась в канаву сухая осыпь глины, Лушка все еще лежала на спине, раскинув руки, устало смежив глаза. С минуту молчали. Потом она приподнялась с неожиданной живостью, охватила руками свои согнутые в коленях ноги и затряслась от приступа беззвучного смеха. Смеялась так, как будто ее щекотали.

— Ты... чему это? — недоумевающе и обиженно спросил Давыдов.

Но Лушка так же неожиданно оборвала смех, вытянула ноги и, гладя ладонями бедра и живот, раздумчиво сказала, голосом чуть охрипшим и счастливым:

— То-то и легко же мне зараз!..

— Перо вставить — так полетишь? — озлобился Давыдов.

— Не-е-ет, это ты напрасно... напрасно злуешь. Живот у меня зараз какой-то бестягостный стал... какой-то порожний и легкий, того и засмеялась. А что же мне, чудак, плакать надо было, что ли? Сядь, чего вскочил?

Давыдов нехотя повиновался. «Как же теперь быть с ней? Придется это как-нибудь фактически оформить, а то неудобно и перед Макаром и вообще... Вот не было печали, так черти накачали!» — думал он, искоса поглядывая на зеленоватое при лунном свете лицо Лушки.

А та, не касаясь руками земли, гибко привстала, — улыбаясь, щуря глаза, спрашивала:

— Хорошая я? А?

— Как тебе сказать... — неопределенно отвечал Давыдов, обнимая узкие Лушкины плечи.

Глава XL

На другой день после того, как над Гремячим Логом спустился проливной дождь, Яков Лукич верхом выехал в Красную дуброву. Ему нужно было собственноручно отметить дубы, подлежащие порубке, так как назавтра почти вся третья бригада должна была выехать в дуброву, чтобы приступить к заготовке леса, надобного для плотин.

Выехал Яков Лукич с утра. Лошадь его, виляя подвязанным по-хозяйски хвостом, шла неторопко. Ее раскованные передние ноги разъезжались по скользкой жирной грязи. Но Яков Лукич ни разу не поднял плети: ему некуда было спешить. Он покуривал, уронив на луку поводья, оглядывал раскинувшуюся округ Гремячего Лога степь, где каждый ярóк, каждая балочка и сурчина с детства были знакомы и родны его сердцу, любовался рыхлыми, набухшими влагой пашнями, омытыми, наклоненными ливнем хлебами, с великой досадой и огорчением думал: «Напророчил дождя, черт щербатый! Взойдет кубанка! Скажи, как все одно и бог за эту окаянную власть! То, бывало, все неурожаи да недороды, а то с двадцать первого года прямо-таки ломучие хлеба! Вся природность стоит за Советскую власть, этак когда же дождешься износу ей? Нет, ежели союзники не пособют пихнуть коммунистов, сами мы ни хрена ничего не сделаем. Никакие половцевы не устоят, какого бы ума они ни были. Сила солому ломит, куда же супротив силы попрешь? А ишо народ проклятый, вредный пошел... Один про одного доказывают да всякие доносы делают. Лишь бы ему, сукиному сыну, жить, а там хучь в поле и полын-травушка не расти. Скудные времена! И куда оно через год-другой взыграет, небось сам черт не знает... Но я-то, как видно, в урочный час зародился, иначе не кончилось бы мое дело с Половцевым так благополучно. Быть бы бычку на оборочке! Ну, и слава богу, что все оно так пришло в порядок и чистоту. Погодим ишо, что оно будет дальше. Зараз не пришлось расстаться с Советской властью — может, ишо понадежней дело зачнется!»

На стеблях раскрылатившихся под солнцем трав, на ростках возмужалых хлебов дрожала нанизанная стеклярусом роса. Ветер с запада отряхал ее, и капельки срывались, радужно посверкивали, падали на пахнущую дождем, желанную и ласковую землю.

По колеям дороги еще стояла не впитанная почвой дождевая влага, но над Гремячим Логом уже поднимались выше тополей розовые утренние туманы, и на матовой синеве небес, словно начисто вымытый ливнем, тускнел застигнутый рассветом серебряный месяц.

Месяц был чеканно-тонкий, пологий, суливший обильные дожди, и Яков Лукич, взглянув на него, окончательно утвердился в мысли: «Быть урожаю!»

В дуброву приехал он около полудня. Конишку стреножил и пустил пастись, а сам вытащил из-за пояса небольшой плотницкий топор, пошел делать натесы на дубах той деляны, которую отвел гремяченскому колхозу лесничий.

На краю отножины натесал штук шесть дубов, подошел к очередному. Высокий, прогонистый дуб, мачтового роста и редкостной строевой прямизны, горделиво высился над низкорослыми, разлапистыми караичами и вязами-перестарками. На самой маковке его, в темной глянцево-зеленой листве угрюмо чернело воронье гнездо. Судя по толщине ствола, дуб был почти ровесником Якова Лукича, и тот, поплевывая на ладони, с чувством сожаления и грусти взирал на обреченное дерево.

Сделал надтес, надписал на обнаженной от коры боковине чернильным карандашом «Г.К.» и, откинув ногой сырую, кровоточащую древесным соком щепу, сел покурить. «Сколько годов жил ты, браток! Никто над тобой был не властен, и вот подошла пора помереть. Свалют тебя, растелешат, отсекут топорами твою красу — ветки и отростки, и повезут к пруду, сваей вроют на месте плотины... — думал Яков Лукич, снизу вверх посматривая на шатристую вершину дуба. — И будешь ты гнить в колхозном пруду, покуда не сопреешь. А потом взломной водой по весне уволокет тебя куда-нибудь в исход балки, — и все тебе, конец!»

От этих мыслей Яков Лукич вдруг больно ощутил какую-то непонятную тоску и тревогу. Ему стало не по себе. «То ли уж помиловать тебя, не рубить? Не все же колхозу на пропастишшу... — И с радостным облегчением решил: — Живи! Расти! Красуйся! Чем тебе не жизня? Ни с тебя налогу, ни самооблогу, ни в колхоз тебе не вступать... Живи, как господь тебе повелел!»

Он суетливо вскочил, набрал в горсть глинистой грязи, тщательно замазал ею натес. Из отножины шел довольный и успокоенный...

Все шестьдесят семь дубов пометил расчувствовавшийся Яков Лукич, сел на коня, поехал по опушке леса.

— Яков Лукич, погоди трошки! — окликнули его на выезде.

А затем из-за куста боярышника показался человек в черной смушковой шапке и в теплой распахнутой куртке шинельного сукна. Лицо его было черно и обветренно, кожа на скулах от худобы туго натянута, глаза глубоко ввалились, а над белесыми спекшимися губами четко, как нарисованные углем, чернели отросшие пушистые усики.

— Не узнаешь, что ли?

Человек снял шапку; настороженно озираясь, вышел на поляну, и только тут Яков Лукич узнал в незнакомце Тимофея Рваного.

— Откуда ты?.. — спросил он, пораженный встречей, всем видом страшно исхудалого, неузнаваемо изменившегося Тимофея.

— Откуда не возвертаются... Из ссылки... Из Котласу.

— Неужли убег?

— Убег... У тебя с собой, дядя Яков, ничего нету? Хлеба нету?

— Есть!

— Дай, ради Христа! Я четвертые сутки... гнилыми кислицами... — и сделал судорожное глотательное движение.

У него дрожали губы, по-волчьи сверкали глаза, наблюдавшие за тем, как рука Якова Лукича извлекает из-за пазухи краюху хлеба.

К хлебу припал он с такой голодной яростью, что у Якова Лукича даже дыхание перехватило. Рвал черствую, пригорелую корку зубами, раздирал мякоть скрюченными пальцами и с жадностью глотал, почти не прожевывая, трудно двигая острым кадыком. И только тогда поднял на Якова Лукича опьяневшие, утратившие недавний лихорадочный блеск глаза, когда, давясь, проглотил последний кусок.

— Наголодал ты, парень... — сожалеюще проговорил Яков Лукич.

— Говорю, что пятый день с голоду то прелую кислицу съем, то прошлогоднюю сухую тернину найду... Отощал я.

— Ну, ты как же это сюда?

— Пеши со станции. Ночьми шел, — устало отвечал Тимофей.

Он заметно побледнел, словно истратил на еду последние силы. Безудержная икота сотрясала его, заставляла болезненно морщиться.

— А папаша-то живой? Семейство как, в здравии? — продолжал Яков Лукич, но с коня не сошел и время от времени тревожно поглядывал по сторонам.

— Отец помер от воспаления нутра, мамаша с сеструшкой там. А у вас в хуторе как? Лукерья Нагульнова там проживает?

— Она, парнишка, с мужем ить развелася...

— Где же она зараз? — оживился Тимофей.

— У тетки живет, на вольных харчах.

— Ты, дядя Яков, вот что... Ты, как приедешь, перекажи ей, чтобы она мне беспременно нынче же харчишков принесла сюда. Я отощал вовзят, не пойду, надо отлежаться, передневать. Да и подбился дюже. Сто семьдесят верст, и ночьми, а по незнакомой местности ночью знаешь как ходить? Идешь вслепую... Пущай принесет. А как чудок поправлюсь, сам в хутор приду... Скучился по родным местам до смерти! — И виновато улыбнулся.

— Как же ты жить думаешь в дальнеющем? — выпытывал неприятно пораженный встречей Яков Лукич.

И Тимофей, с ожесточившимся лицом, ответил:

— Не знаешь — как? Я зараз на бирючином положении. Вот отдохну трошки, приду ночью в хутор, вырою винтовку... Она у меня зарытая соблюдалась на гумне... И зачну промышлять! Мне одна направления дадена. Раз меня казнят, и я буду казнить. Кое-кому влеплю гостинцу... кое-кто почухается! Ну, в дуброве перелетую до осени, а с заморозками подамся на Кубань либо ишо куда. Белый свет-то просторный, и нас, таких вот, найдется, гляди, не одна сотняга.

— Лушка-то Макарова вроде к председателю колхоза зачала прислоняться, — нерешительно сообщил Яков Лукич, не раз примечавший, как Лушка бегала к Давыдову на квартиру.

Тимофей лег под куст. Повалила его нестерпимая боль в желудке. Но он, хотя и с паузами, все же заговорил:

— Давыдову, вражине, первому... В поминание его пущай... А Лушка мне верная... Старая любовь не забывается... Это не хлеб-соль... Я к ее сердцу стежку всегда сыщу... не заросла небось... Загубил ты меня, дяденька, своим хлебом... живот мне раздирает... Так Лушке перекажи... пущай сала и хлеба принесет... Хлеба побольше!

Яков Лукич предупредил Тимофея о том, что в дуброве завтра начнется порубка, выехал из леса и направился на поле второй бригады, чтобы осмотреть засеянный кубанкой участок. На всем пространстве недавно углисто-черной пахоты нежнейшей зеленой прошвой сияли наконец-то пробившиеся всходы...

В хутор Лукич вернулся только ночью. От колхозной конюшни шел домой все под тем же, не покидавшим его весь день тягостным впечатлением от встречи с Тимофеем Рваным. А дома ждала его новая и несравнимо горшая неприятность...

Еще в сенцах выскочившая из кухни сноха шепотом предупредила его:

— Батя, у нас гости...

— Кто?..

— Половцев и энтот... косой. Пришли, чуть стемнело... мы с маманей как раз коров доили... Сидят в горенке. Половцев дюже выпитый, а энтого не поймешь... Обносилися обое страшно! Вши у них кипят... прямо посверх одежи ходом ходют!

...Из горенки слышался разговор; покашливая, насмешливо и едко говорил Лятьевский:

— ...Ну, конечно! Кто вы такой, милостидарь? Я вас спрашиваю, достопочтенный господин Половцев. А я скажу вам, кто вы такой... Угодно? Пжалуста! Патриот без отечества, полководец без армии и, если эти сравнения вы находите слишком высокими и отвлеченными, — игрочишка без единого золотого в кармане.

Заслышав глухой половцевский басок, Яков Лукич обессиленно прислонился спиной к стене, схватился за голову...

Старое начиналось сызнова.

КНИГА ВТОРАЯ

Глава I

Земля набухала от дождевой влаги и, когда ветер раздвигал облака, млела под ярким солнцем и курилась голубоватым паром. По утрам из речки, из топких, болотистых низин вставали туманы. Они клубящимися волнами перекатывались через Гремячий Лог, устремляясь к степным буграм, и там таяли, невидимо растворялись в нежнейшей бирюзовой дымке, а на листьях деревьев, на камышовых крышах домов и сараев, всюду, как рассыпанная каленая дробь, приминая траву, до полудня лежала свинцово-тяжелая, обильная роса.

В степи пырей поднялся выше колена. За выгоном зацвел донник. Медвяный запах его к вечеру растекался по всему хутору, волнуя томлением сердца девушек. Озимые хлеба стояли до горизонта сплошной темно-зеленой стенкой, яровые радовали глаз на редкость дружными всходами. Серопески густо ощетинились стрелками молодых побегов кукурузы.

К концу первой половины июня погода прочно установилась, ни единой тучки не появлялось на небе, и дивно закрасовалась под солнцем цветущая, омытая дождями степь! Была она теперь, как молодая, кормящая грудью мать, — необычно красивая, притихшая, немного усталая и вся светящаяся прекрасной, счастливой и чистой улыбкой материнства.

Каждое утро, еще до восхода солнца, Яков Лукич Островнов, накинув на плечи заношенный брезентовый плащ, выходил за хутор любоваться хлебами. Он подолгу стоял у борозды, от которой начинался зеленый, искрящийся росинками разлив озимой пшеницы. Стоял неподвижно, понурив голову, как старая, усталая лошадь, и размышлял: «Ежели во время налива не дунет «калмык»[1], ежели не прихватит пшеничку суховеем, огру-

---

[1] *Калмык* — юго-восточный ветер.

зится зерном колхоз, будь он трижды богом проклят! Везет же окаянной Советской власти! Сколько годов при единоличной жизни не было дождей вовремя, а ныне лило, как на пропасть! А будет хороший урожай — и перепадет колхозникам на трудовые дни богато, да разве тогда повернешь добром их против Советской власти? Ни в жизнь! Голодный человек — волк в лесу, куда хошь пойдет; сытый человек — свинья у кормушки, его и с места не стронешь. И чего господин Половцев думают, чего они дожидаются, ума не приложу! Самое время бы сейчас качнуть Советскую власть, а они прохлаждаются...»

Яков Лукич, уставший от ожидания обещанного Половцевым переворота, рассуждал так, конечно, со зла. От отлично знал, что Половцев вовсе не прохлаждается и чего-то выжидает отнюдь не зря. Почти каждую ночь по яру, вплотную подходившему с горы к саду Островнова, пробирались из дальних хуторов и чужих станиц гонцы. Они, наверное, оставляли лошадей в лесистой вершине яра, а сами шли пешком. На тихий условный стук им открывал дверь Яков Лукич, не зажигая лампы, провожал в горенку к Половцеву. В горенке ставни обоих окон, смотревших во двор, были закрыты день и ночь, а изнутри наглухо завешены толстыми, валянными из серой шерсти полстями. Даже в солнечный день там было темно, как в погребе, и так же, как в погребе, пахло плесенью, сыростью и затхлым, спертым воздухом редко проветриваемого помещения. Днем ни Половцев, ни Лятьевский не выходили из дому; парашу добровольным узникам заменяло стоявшее под оторванной половицей оцинкованное ведро.

Каждого из тех, кто воровски приходил по ночам, Яков Лукич бегло осматривал, зажигая в сенцах спичку, но еще ни разу он не встречал знакомого лица; все были чужие и, как видно, издалека. Как-то у одного из связных Яков Лукич осмелился тихо спросить:

— Ты откуда, станишник?

Мерцающий огонек спички осветил под башлыком бородатое, добродушное по виду лицо пожилого казака, и

Яков Лукич увидел прищуренные глаза и блеснувшие в насмешливой улыбке зубы.

— С того света, станишник! — таким же тихим шепотом ответил приезжий. И повелительно добавил: — Веди скорее к самому и поменьше любопытствуй!

А спустя двое суток этот же бородатый и с ним еще один казак, помоложе, приехали снова. Они внесли в сенцы что-то тяжелое, но ступали тихо, почти бесшумно. Яков Лукич зажег спичку, увидел на руках у бородатого два офицерских седла, перекинутые через плечо уздечки с серебряным набором; второй держал на плече какой-то сверток, длинный и бесформенный, завернутый в черную лохматую бурку.

Бородатый, как давнишнему знакомому, подмигнул Якову Лукичу, спросил:

— У себя? Оба дома? — и, не дожидаясь ответа, пошел в горенку.

Спичка догорала, обжигая пальцы Якова Лукича. В темноте бородатый обо что-то споткнулся, вполголоса выругался.

— Погоди, я сейчас, — сказал Яков Лукич, доставая непослушными пальцами спичку из коробка.

Половцев сам открыл дверь, тихо сказал:

— Входите. Да входите же, что вы там возитесь? Зайди и ты, Яков Лукич, ты мне нужен. Потише, я сейчас зажгу огонь.

Он зажег фонарь «летучая мышь», но прикрыл его сверху курткой, оставив лишь узкую полоску света, косо ложившуюся на крашенные охрой доски пола.

Приезжие почтительно поздоровались, положили возле двери принесенные вещи. Бородатый сделал два шага вперед, щелкнул каблуками, протянул вытащенный из-за пазухи пакет. Половцев вскрыл конверт, быстро пробежал письмо, близко придвинув его к фонарю, сказал:

— Скажите Седому спасибо. Ответа не будет. Жду от него вестей не позже двенадцатого. Можете отправляться. Рассвет вас не застанет в дороге?

— Никак нет. Добежим. У нас кони добрые, — ответил бородатый.

— Ну ступайте. Благодарю за службу.

— Рады стараться!

Оба разом повернулись как один, щелкнули каблуками, вышли. Яков Лукич восхищенно подумал: «Вот это вышколенные! Старую школу проходили на строевой службе, по ухватке видно!.. А почему же они его никак не величают?..»

Половцев подошел к нему, положил тяжелую руку на плечо. Яков Лукич невольно подобрался, выпрямив спину, вытянув руки по швам.

— Видал орлов? — Половцев тихо засмеялся. — Эти не подведут. Эти за мной пойдут в огонь и в воду, не так, как некоторые подлецы и маловеры из хутора Войскового. Теперь посмотрим, что нам привезли...

Став на одно колено, Половцев проворно распутал белые сыромятные ремни, туго спеленавшие бурку, развернул ее и достал части разобранного ручного пулемета, завернутые в промасленную мешковину четыре матово блеснувших диска. Потом осторожно извлек две шашки. Одна из них была простая, казачья, в потерханных, видавших виды ножнах, другая — офицерская, с глубоко утопленной серебряной головкой и георгиевским потускневшим темляком на ней, в ножнах, выложенных серебром с чернью, на черной кавказской портупее.

Половцев, опустившись уже на оба колена, на ладонях вытянутых рук держал шашку, откинув голову, как бы любуясь тусклыми отсветами серебра, а потом прижал ее к груди, сказал дрогнувшим голосом:

— Милая моя, красавица! Верная старушка моя! Ты мне еще послужишь верой и правдой!

Массивная нижняя челюсть его мелко задрожала, на глазах вскипели слезы ярости и восторга, но он кое-как овладел собой и, повернувшись к Якову Лукичу бледным, исказившимся лицом, зычно спросил:

— Угадываешь ты ее, Лукич?..

Яков Лукич сделал судорожное глотательное движение, молча кивнул головой: он узнал эту шашку, он впервые видел ее еще в тысяча девятьсот пятнадцатом году на молодом и бравом хорунжем Половцеве на австрийском фронте...

Молча и с безразличным видом лежавший на кровати Лятьевский привстал, свесил босые ноги, с хрустом потягиваясь, угрюмо сверкнул единственным глазом.

— Трогательное свидание! — хрипло сказал он. — Повстанческая, так сказать, идиллия. Не люблю я этих сентиментальных сцен, заквашенных на дурном пафосе!

— Перестаньте! — резко сказал Половцев.

Лятьевский пожал плечами:

— Почему я должен перестать? И что я должен перестать?

— Перестаньте, прошу вас! — совсем тихо проговорил Половцев, поднимаясь на ноги и медленной, словно крадущейся походкой направляясь к кровати.

В прыгающей левой руке он держал шашку, правой расстегивал, рвал ворот серой толстовки. Яков Лукич с ужасом видел, как от бешенства сошлись к переносью глаза Половцева, как под цвет толстовки стало его одутловатое лицо.

Спокойно и не торопясь Лятьевский прилег на кровать, закинул за голову руки.

— Театральный жест! — сказал он, насмешливо улыбаясь, глядя в потолок одиноким глазом. — Все это я уже видел, и не раз, в паршивых провинциальных театрах. Мне это надоело!

Половцев остановился в двух шагах от него, очень усталым движением поднял руку, вытер испарину со лба; потом рука, безвольная и обмякшая, скользнула вниз.

— Нервы... — сказал он невнятно и косноязычно, как парализованный, и лицо его потянула куда-то вкось похожая на улыбку длинная судорога.

— И это я слышал уже не раз. Да полно вам бабиться, Половцев! Возьмите себя в руки.

— Нервы... — промычал Половцев. — Шалят нервы... Мне тоже надоело в этой темноте, в этой могиле...

— Темнота — друг мудрых. Она способствует философским размышлениям о жизни, а нервы практически существуют только у малокровных, прыщеватых девиц и у дам, страдающих недержанием слова и мигренью. Нервы — позор и бесчестье для офицера! Да вы только притворяетесь, Половцев, нет у вас никаких нервов, одна блажь! Не верю я вам! Честное офицерское слово, не верю!

— Вы не офицер, а скот!

— И это я слышал от вас не один раз, но на дуэль я вас все равно вызывать не буду, идите вы к черту! Старо и несвоевременно, и дела есть поважнее. К тому же, как вам известно, достопочтеннейший, дерутся только на шпагах, а не на полицейских селедках, образец которой вы так трогательно и нежно прижимали к своим персям. Как старый артиллерист, я презираю этот вид холодного украшения. Есть и еще один аргумент против вызова вас на дуэль: вы — плебей по крови, а я — польский дворянин, одной из самых старых фамилий, которая...

— Слушай сюда, с... шляхтич! — грубо оборвал его Половцев, и голос его неожиданно обрел привычную твердость и металлический, командный накал. — Глумиться над георгиевским оружием?! Если ты скажешь еще хоть одно слово, я зарублю тебя как собаку!

Лятьевский привстал на кровати. На губах его не было и тени недавней иронической улыбки. Серьезно и просто он сказал:

— Вот в это я верю! Голос выдает ваши искренние и добрые намерения, а потому я умолкаю.

Он снова прилег, до подбородка натянул старенькое байковое одеяло.

— Все равно я убью тебя, — упрямо твердил Половцев, по-бычьи склонив голову, стоя возле кровати. — Вот этим самым клинком я из одного ясновельможного скота сразу сделаю двух — и знаешь когда? Как только свергнем на Дону Советскую власть!

— Ну, в таком случае я могу спокойно жить до глубокой старости, а может быть, проживу вечно, — усмехаясь, сказал Лятьевский и, матерно выругавшись, отвернулся лицом к стене.

Яков Лукич возле двери переступал с ноги на ногу, словно стоял на горячих угольях. Несколько раз он порывался выйти из горенки, но Половцев удерживал его движением руки. Наконец он не вытерпел, взмолился:

— Разрешите мне удалиться, ослобоните меня, ваше благородие! Уже скоро светать будет, а мне рано надо в поле ехать...

Половцев сел на стул, положил на колени шашку и, опираясь о нее руками, низко согнувшись, долго хранил молчание. Слышно было только, как тяжело, с сапом, он дышит да тикают на столе его большие карманные часы. Яков Лукич думал, что Половцев дремлет, но тот рывком поднял со стула свое грузное, плотно сбитое тело, сказал:

— Бери, Лукич, седла, а я возьму остальное. Пойдем, спрячем все это в надежном и сухом месте. Может быть, в этом, как его... э, черт его... в сарае, где у тебя сложены кизяки, а?

— Место подходящее, пойдемте, — охотно согласился Яков Лукич, не чаявший выбраться из горенки.

Он уже взял было на руки одно седло, но тут Лятьевский вскочил с кровати как ошпаренный, бешено сверкая глазом, зашипел:

— Что вы делаете? Я спрашиваю вас: что вы изволите делать?

Половцев, склонившийся над буркой, выпрямился, холодно спросил:

— Ну а в чем дело? Что вас так взволновало?

— Как же вы не понимаете? Прячьте, если вам угодно, седла и вот этот металлолом, но пулемет и диски оставьте! Вы живете не на даче у приятеля, и пулемет нам может понадобиться в любую минуту. Вы это понимаете, надеюсь?

После короткого раздумья Половцев согласился:

— Пожалуй, вы правы, радзивилловский ублюдок. Тогда пусть все останется здесь. Иди, Лукич, спать, можешь быть свободен.

И до чего же прочной на сохранность оказалась старая служивская закваска! Не успел Яков Лукич и подумать о чем-либо, а босые ноги его уже сами по себе, непроизвольно, сделали «налево кругом», и натруженные пятки сухо и почти неслышно стукнулись одна о другую. Заметивший это Половцев слегка улыбнулся, а Яков Лукич, только притворив за собой дверь, понял свою оплошность, крякнул от конфуза, подумал: «Попутал меня этот бородатый черт своей выправкой!»

До самого рассвета он не сомкнул глаз. Надежды на успех восстания сменялись у него опасениями провала и запоздалыми раскаяниями по поводу того, что очень уж опрометчиво связал свою судьбу с такими отпетыми людьми, как Половцев и Лятьевский. «Эх, поспешил я, влез как кур во щи! — мысленно сокрушался Яков Лукич. — Было бы мне, старому дураку, выждать, постоять в сторонке, не примолвливать поначалу Александра Анисимовича. Взяли бы они верх над коммунистами — вот тогда и мне можно было бы к ним пристать на готовенькое, а так — очень даже просто подведут они меня, как слепого, под монастырь... И так рассудить: ежели я в стороне, да другой, да третий, тогда что же получится? Век на своем хребту возить Советскую власть? Тоже не годится! А подобру-поздорову она с нас не слезет, ох не слезет! Скорее бы уже какой-нибудь конец приходил... Обещает Александр Анисимович и десант из-за границы, и подмогу от кубанцев, мягко стелет, а каково спать будет? Господь его милостивый знает! А ну как союзники отломят высаживаться на нашу землю, тогда что? Пришлют, как в девятнадцатом году, английские шинели, а сами будут у себя дома кофеи распивать да со своими бабами в утеху играть — вот тогда что мы будем делать с одними ихними шинелями? Кровяные сопли будем утирать полами этих шинелей, только и всего. Побьют нас большевики, видит бог, побьют! Им это дело привычное. Тогда уж пропадем все, кто супротив них встанет. Дымом возьмется донская землица!»

От этих мыслей Якову Лукичу стало грустно и жалко себя чуть не до слез. Он долго кряхтел, стонал, крестился, шепча молитвы, а потом снова в назойливых думах вернулся к мирскому: «И чего Александр Анисимович не поделят с этим кривым поляком? Чего они постоянно сцепливаются? Такое великое дело предстоит, а они живут, как два злых кобеля в одной конуре. И все больше этот одноглазый наскакивает, брехливый, то так скажет, то этак. Поганый человек, никакой веры я ему не даю. Недаром пословица говорит: «Не верь кривому, горбатому и своей жене». Убьет его Александр Анисимович, ей-богу, убьет! Ну и господь с ним, все одно он не нашей веры».

Под эти успокаивающие мысли наконец-то Яков Лукич забылся недолгим и тягостным сном.

Глава II

Яков Лукич проснулся, когда уже взошло солнце. За какой-то час он умудрился перевидеть множество снов — и все один другого нелепее и безобразнее.

То ему снилось, что он стоит в церкви возле аналоя, молодой и нарядный, в полном жениховском уборе, а рядом с ним — в длинном подвенечном платье, весь, как белым облаком, окутанный фатой, лихо перебирает ногами Лятьевский и пялит на него блудливо насмешливый глаз и все время подмигивает им бесстыже и вызывающе. Яков Лукич будто бы говорит ему: «Вацлав Августович, негоже нам с тобой венчаться: ты же хучь и плохонький, а все-таки мужчина. Ну куда это годится, такое дело? Да и я уже женатый. Давай скажем про все это попу, а то он округтит нас людям на смех!» Но Лятьевский берет холодной рукою руку Якова Лукича, наклоняясь к нему, доверительно шепчет: «Не говори никому, что ты женатый! А из меня, милый Яша, такая жена выйдет, что ты только ахнешь!» — «Да ну тебя к черту, кривой дурак!» — хочет крикнуть Яков Лукич, пытаясь вырвать свою руку из руки Лятьевского, но это ему не удается — пальцы у Лятьевского холодные, стальные, а голос Якова Лукича странно беззвучен и губы будто сделаны из ваты...

От ярости Яков Лукич плюется и просыпается. На бороде у него и на подушке — клейкая слюна...

Не успел он осенить себя крестным знамением и прошептать «свят, свят», а ему уже снова снится, что он с сыном Семеном, с Агафоном Дубцовым и другими однохуторянами бродит по какой-то огромной плантации под руководством одетых в белое молодых женщин-надсмотрщиц они рвут помидоры. И сам Яков Лукич, и все окружающие его казаки почему-то голые, но никто, кроме него, не стыдится своей наготы. Дубцов, стоя к нему спиной, склоняется над помидорным кустом, и Яков Лукич, задыхаясь от смеха и возмущения, говорит ему: «Ты хучь не нагинайся так низко, рябой мерин! Ты хучь баб-то постыдись!»

Сам Яков Лукич срывает помидоры, смущенно приседая на корточки, и только одной правой рукой, левую он держит словно нагой купальщик, перед тем как войти в воду...

Проснувшись, Яков Лукич долго сидел на кровати, тупо смотрел перед собой ошалело испуганными глазами. «Такие паскудные сны к добру не снятся. Быть беде!» — решил он, ощущая на сердце неприятную тяжесть и уже наяву отплевываясь при одном воспоминании о том, что недавно снилось.

В самом мрачном настроении он оделся, оскорбил действием ластившегося к нему кота, за завтраком ни с того ни с сего обозвал жену «дурехой», а на сноху, неуместно вступившую за столом в хозяйственный разговор, даже замахнулся ложкой, как будто она была маленькой девчонкой, а не взрослой женщиной. Отцовская несдержанность развеселила Семена: он скорчил испуганно-глупую рожу, подмигнул жене, а та вся затряслась от беззвучного смеха. Это окончательно вывело Якова Лукича из себя: он бросил на стол ложку, крикнул срывающимся от злости голосом:

— Оскаляетесь, а скоро, может, плакать будете!

Не докончив завтрака, он демонстративно стал вылезать из-за стола и тут, как на грех, оперся ладонью о край миски и вылил себе на штаны недоеденный горячий борщ. Сноха, закрыв лицо руками, метнулась в сени. Семен остался сидеть за столом, уронив на руки голову; только мускулистая спина его вздрагивала да ходуном ходили от смеха литые лопатки. Даже вечно серьезная жена Якова Лукича и та не могла удержаться от смеха.

— Что это с тобой, отец, ныне подеялось? — смеясь, спросила она. — С левой ноги встал или плохие сны снились?

— А ты почем знаешь, старая ведьма?! — вне себя крикнул Яков Лукич и опрометью выскочил из-за стола.

На пороге кухни он зацепился за вылезший из дверного косяка гвоздь, до локтя распустил рукав новой сатиновой рубахи. Вернулся к себе в комнату, стал искать в сундуке другую рубаху, и тут небрежно прислоненная к стене крышка сундука упала, весомо и звучно стукнула его по затылку.

— Да будь же ты проклят! И что это нынче за день выдался! — в сердцах воскликнул Яков Лукич, обессиленно садясь на табурет, бережно ощупывая вскочившую на затылке здоровенную шишку.

Кое-как он переоделся, сменил облитые борщом штаны и порванную рубаху, но так как очень волновался и торопился, то позабыл застегнуть ширинку. В таком неприглядном виде Яков Лукич дошел почти до правления колхоза, про себя удивляясь, почему это встречающиеся женщины, поздоровавшись, как-то загадочно улыбаются и поспешно отворачиваются... Недоумение его бесцеремонно разрешил семенивший навстречу дед Щукарь.

— Стареешь, милушка Яков Лукич? — участливо спросил он, останавливаясь.

— А ты молодеешь? Что-то по тебе не видно! Глаза красные, как у крола, и слезой взялись.

— Глаза у меня слезятся от ночных чтениев. На старости годов читаю и прохожу разное высшее образование, но держу себя в аккурате, а вот ты забывчив стал прямо по-стариковски...

— Чем же это я забывчив стал?

— Калитку дома позабыл закрыть, скотину пораспускаешь...

— Семен закроет, — рассеянно сказал Яков Лукич.

— Твою калитку Семен закрывать не будет...

Пораженный неприятной догадкой, Яков Лукич опустил глаза долу, ахнул и проворно заработал пальцами. В довершение всех бед и несчастий, свалившихся на него в это злополучное утро, уже во дворе правления Яков Лукич наступил на оброненную кем-то картофелину, раздавил ее и, поскользнувшись, растянулся во весь рост.

Нет, это было уже чересчур, и все творилось неспроста! Суеверный Яков Лукич был глубочайше убежден в том, что его караулит какое-то большое несчастье. Бледный, с трясущимися губами, вошел он в комнату Давыдова, сказал:

— Захворал я, товарищ Давыдов, отпустите меня нынче с работы. Кладовщик меня заменит.

— Ты что-то плохо выглядишь, Лукич, — сочувственно отозвался Давыдов. — Пойди отдохни. К фельдшеру сам зайдешь или прислать его к тебе на дом?

Яков Лукич безнадежно махнул рукой:

— Фельдшер мне не поможет, отлежусь сам...

Дома он велел закрыть ставни, разделся и лег на кровать, терпеливо ожидая шествующую где-то беду... «А все эта проклятая власть! — мысленно роптал он. — Ни днем, ни ночью нету от нее спокою! По ночам какие-то дурачьи сны снятся, каких сроду в старое время не видывал, днем одно лихо за другим вожжою тянется за тобой...

Не доживу я при этой власти положенного мне от бога сроку! Загнусь раньше времени!»

Однако тревожные ожидания Якова Лукича в этот день были напрасны: беда где-то задержалась и пришла к нему только через двое суток и с той стороны, откуда он меньше всего ожидал ее...

Перед сном Яков Лукич для храбрости выпил стакан водки, ночь проспал спокойно, без сновидений, а утром ободрился духом, с радостью подумал: «Пронесло!» День провел в обычной деловой суете, но на следующий день, в воскресенье, заметив перед ужином, что жена чем-то встревожена, спросил:

— Что-то ты, мать, вроде как не в себе? Аль корова захворала? Вчера и я тоже примечал за ней, будто она какая-то невеселая вернулась из табуна.

Хозяйка повернулась к сыну.

— Сема, выдь на час, мне с отцом надо погутарить...

Причесывавшийся перед зеркалом Семен недовольно проговорил:

— Что это вы все какие-то секреты разводите? В горенке эти друзья отцовы — черт их навялил на нашу шею — день и ночь шепчутся, а тут — вы... Скоро от ваших секретов житья в доме не станет. Не дом, а женский монастырь: кругом одни шушуканья да шепотки...

— Ну, это не твоего телячьего ума дело! — вспылил Яков Лукич. — Сказано тебе — выйди, значит выйди! Больно уж ты что-то разговорчив стал... Смотри поджимай язык, а то его и прищемить недолго!

Семен вспыхнул, повернулся к отцу лицом, глухо сказал:

— А вы, папаня, тоже поменьше грозитесь! В семье у нас пужливых и маленьких нету. А то, ежели мы один другому грозить зачнем, как бы всем нам хуже не было...

Он вышел, хлопнув дверью.

— Вот и полюбуйся на своего сыночка! Каков герой оказался, сукин сын! — с сердцем воскликнул Яков Лукич.

Никогда не вступавшая в пререкания с ним жена сказала сдержанно:

— Да ведь как рассудить, Лукич, и нам эти твои жильцы-дармоеды не дюже в радость. Живем при них с такой оглядкой, аж тошно! Того и гляди, сделают у нас обыск хуторские власти, ну тогда пропали! Не жизня у нас, а трясучка, каждого шороха боишься, каждого стука. Не дай и не приведи господь никому такой жизни! И об тебе и об Семушке я вся душой изболелась. Дознаются про наших постояльцев, заберут их — да и вас прихватют. А тогда что мы, одни бабы, будем делать? По миру с сумкой ходить?

— Хватит! — прервал ее Яков Лукич. — Без вас с Семкой знаю, что делаю. Ты об чем хотела гутарить? Выкладывай!

Он плотно притворил обе двери, близко подсел к жене. Вначале он слушал ее, наружно не выказывая охватившей его тревоги, а под конец, уже не владея собой, вскочил с лавки, забегал по кухне, потерянно шепча:

— Пропали! Погубила родная мамаша! Голову сняла!

Немного успокоившись, он выпил подряд две большие кружки воды, в тяжком раздумье опустился на лавку.

— Что же будешь делать теперь, отец?

Яков Лукич не ответил на вопрос жены. Он его не слышал...

Из рассказа жены он узнал, что недавно приходили четыре старухи и настоятельно требовали, чтобы их провели к господам офицерам. Старухам не терпелось узнать, когда офицеры, с помощью приютившего их Якова Лукича и других гремяченских казаков, начнут восстание и свергнут безбожную Советскую власть. Тщетно жена Якова Лукича заверяла их, что никаких офицеров в доме не было и нет. В ответ на это горбатая и злая бабка Лощилина разгневанно сказала ей: «Молода ты мне, матушка, брехать! Твоя же родная свекровь говорила нам, что офицерья ишо с зимы проживают у вас в горнице. Знаем, что живут они, потаясь людей, но ведь мы же никому не скажем про них. Веди нас к старшему, какого Александром Анисимычем кличут!»

...Входя к Половцеву, Яков Лукич испытывал уже знакомый ему трепет. Он думал, что Половцев, услышав о случившемся, взбесится, даст волю кулакам, и ждал расправы, по-собачьи покорный и дрожащий. Но, когда он, сбиваясь и путаясь от волнения, однако ничего не утаив, рассказал все, что услышал от жены, Половцев только усмехнулся:

— Нечего сказать, хороши из вас конспираторы... Что ж, этого и надо было ожидать. Стало быть, подвела нас твоя мамаша, Лукич? Что же теперь будем делать, по-твоему?

— Уходить вам надо от меня, Александр Анисимович! — решительно сказал ободренный приемом Яков Лукич.

— Когда?

— Чем ни скорее, тем лучше. Раздумывать дюже некогда.

— Без тебя знаю. А куда?

— Не могу знать. А где же товарищ... Извиняйте, пожалуйста, за оговорку! Где же господин Вацлав Августович?

— Нет его. Будет ночью, и ты его встретишь завтра возле сада. Атаманчуков тоже на краю хутора живет? Вот там и перебуду считанные дни... Веди!

Они дошли крадучись, и, перед тем как расстаться, Половцев сказал Якову Лукичу:

— Ну, будь здоров, Лукич! Ты подумай, Лукич, насчет своей мамаши... Она может завалить все наше дело... Ты об этом подумай... Лятьевского встретишь и скажешь, где я сейчас.

Он обнял Якова Лукича, коснулся его жесткой, небритой щеки сухими губами и, отдалившись, как бы прирос к давно не мазанной стенке дома, исчез...

Яков Лукич вернулся домой и, улегшись спать, необычайно сурово подвинул к краю жену, сказал:

— Ты вот что... ты мать больше не корми... и воды ей не давай... она все равно помрет не нынче-завтра...

Жена Якова Лукича, прожившая с ним долгую и нелегкую жизнь, только ахнула:

— Яша! Лукич! Ты же сын ее!

И тут Яков Лукич, чуть ли не впервые за все время совместного и дружного житья, наотмашь, с силой ударил немолодую свою жену, сказал приглушенно и хрипло:

— Молчи! Она же нас в такую трату даст! Молчи! В ссылку хочешь?

Яков Лукич тяжело поднялся, снял с сундука небольшой замок, осторожно прошел в теплые сени и замкнул дверь горенки, где была его мать.

Старуха услышала шаги. Давным-давно она привыкла узнавать его по шагам... Да и как же ей было не научиться распознавать слухом даже издали поступь сына? Пятьдесят с лишним лет назад она — тогда молодая и красивая казачка, — отрываясь от домашней работы, стряпни, с восторженной улыбкой прислушивалась к тому, как неуверенно, с перерывами шлепают по полу в соседней горнице босые ножонки ее первенца, ее единственного и ненаглядного Яшеньки, ползунка, только что научившегося ходить. Потом она слышала, как вприпрыжку, с пристуком, топочут по крыльцу ножки ее маленького Яшутки, возвращающегося из школы. Тогда он был веселый и шустрый, как козленок. Она не помнит, чтобы в этом возрасте он когда-нибудь ходил, — он только бегал, и бегал-то не просто, а с прискоком, вот именно как козленок... Тянулась жизнь — как и у всех, кто живет, — богатая длинными горестями и бедная короткими радостями; и вот она — уже пожилая мать — недовольно вслушивается по ночам в легкую, как бы скользящую походку Яши, стройного и разбитного парня, сына, которым она втайне гордилась. Когда он поздно возвращался с игрищ, казалось, что чирики его почти не касаются половиц, — так легка и стремительна была его юношеская поступь. Незаметно для нее сын стал взрослым, семейным человеком. Тяжеловесную уверенность приобрела его походка. Уже давно звучат по дому шаги хозяина, зрелого мужа, почти старика, а для нее он по-прежнему Яшенька, и она часто видит его во сне маленьким, белобрысым и шустрым мальчуганом...

Вот и теперь, заслышав его шаги, она спросила глуховатым старушечьим голосом:

— Яша, это ты?

Сын не отозвался ей. Он постоял возле двери и вышел во двор, почему-то ускорив шаги. Сквозь дремоту старуха подумала: «Хорошего казака я родила и доброго хозяина, слава богу, вырастила! Все спят, а он на баз пошел, по хозяйству хлопочет». И горделивая материнская улыбка слегка тронула ее бесцветные, высохшие губы...

С этой ночи в доме стало плохо...

Старуха — немощная и бессильная — все же жила; она просила хоть кусочек хлеба, хоть глоток воды, и Яков Лукич, крадучись проходя по сенцам, слышал ее задавленный и почти немой шепот:

— Яшенька мой! Сыночек родимый! За что же?! Хучь воды-то дайте!

...В просторном курене все домашние избегали бывать. Семен с женой и дневали и ночевали во дворе, а жена Якова Лукича, если хозяйственная нужда заставляла ее бывать в доме, выходила, трясясь от рыданий. Но когда к концу вторых суток сели за стол ужинать и Яков Лукич после долгого безмолвия сказал: «Давайте пока это время переживем тут, в летней стряпке», — Семен вздрогнул всем телом, поднялся из-за стола, качнулся, как от толчка, и вышел...

...На четвертый день в доме стало тихо. Яков Лукич дрожащими пальцами снял замок, вместе с женой вошел в горенку, где когда-то жила его мать. Старуха лежала на полу около порога, и случайно забытая на лежанке еще с зимних времен старая кожаная рукавица была изжевана ее беззубыми деснами... А водой она, судя по всему, пробавлялась, находя ее на подоконнике, где сквозь прорезь ставни перепадал легкий, почти незаметный для глаза и слуха дождь и, может быть, ложилась в это туманное лето роса...

Подруги покойницы обмыли ее сухонькое, сморщенное тело, обрядили, поплакали, но на похоронах не было человека, который плакал бы так горько и безутешно, как Яков Лукич. И боль, и раскаяние, и тяжесть понесенной утраты — все страшным бременем легло в этот день на его душу...

Глава III

Тоска по физическому труду угнетала Давыдова. Все его здоровое, сильное тело жадно просило работы, такой работы, от которой к вечеру в тяжелом и сладком изнеможении ныли бы все мускулы, а ночью вместе с желанным отдыхом немедля бы приходил и легкий, без сновидений сон.

Однажды Давыдов зашел в кузницу проверить, как подвигается ремонт обобществленных лобогреек. Кислогорький запах раскаленного железа и жженого угля, певучий звон наковальни и старчески хриплые, жалующиеся вздохи древнего меха повергли его в трепет. Несколько минут он молча стоял в полутемной кузнице, блаженно закрыв глаза, с наслаждением вдыхая знакомые с детства, до боли знакомые запахи, а потом не выдержал искушения и взялся за молот... Два дня он проработал от зари до зари, не выходя из кузницы. Обед ему приносила хозяйка. Но какая же это к черту работа, когда через каждые полчаса человека отрывают от дела, синея, стынет в клещах поковка, ворчит старый кузнец Сидорович и мальчишка-горновой откровенно ухмыляется, глядя, как уставшая от напряжения рука Давыдова, то и дело роняя на земляной пол карандаш, вместо разборчивых букв выводит на очередной деловой бумажке какието несуразные, ползущие вкривь и вкось каракули.

Плюнул Давыдов на такие условия труда и, чтобы не быть помехой Сидоровичу, ругаясь про себя, как матерый боцман, ушел из кузницы; мрачный, злой, засел в правлении колхоза.

По сути, целые дни он тратил на разрешение обыденных, но необходимых хозяйственных вопросов: на проверку составляемых счетоводом отчетов и бесчисленных сводок, на выслушивание бригадирских докладов, на разбор различных заявлений колхозников, на производственные совещания — словом, на все то, без чего немыслимо существование большого коллективного хозяйства и что в работе менее всего удовлетворяло Давыдова.

Он стал плохо спать по ночам, утром просыпался с неизменной головной болью, питался кое-как и когда придется, и до вечера не покидало его ощущение незнакомого прежде, непонятного недомогания. Как-то незаметно для себя самого Давыдов чуточку опустился, в характере его появилась никогда ранее не свойственная ему раздражительность, да и внешне выглядел он далеко не таким молодцеватым и упитанным, как в первые дни после приезда в Гремячий Лог. А тут еще эта Лушка Нагульнова и постоянные мысли о ней, всякие мысли... Не в добрый час перешла ему окаянная бабенка дорогу!

Всматриваясь насмешливо прищуренными глазами в осунувшееся лицо Давыдова, Размётнов как-то сказал:

— Все худеешь, Сема? Ты с виду сейчас как старый бык после плохой зимовки: скоро на ходу будешь ложиться, и весь ты какой-то облезлый стал, куршивый... Линяешь, что ли? А ты поменьше на наших девок заглядывайся и особенно — на разведенных жен. Тебе это дело для здоровья ужасно вредное...

— Иди ты к черту со своими дурацкими советами!

— А ты не злись. Ведь я же любя советую.

— Вечно ты придумываешь всякие глупости, факт!

Давыдов багровел медленно, но густо. Не в силах преодолеть смущение, он нескладно заговорил о чем-то постороннем. Однако Размётнов не унимался:

— Это тебя во флоте или на заводе научили так краснеть: не то чтобы одним лицом, но и всей шеей? А может, ты и всем туловом краснеешь? Сыми рубаху, я погляжу!

Только завидев недобрые искорки в помутневших глазах Давыдова, Размётнов круто изменил направление разговора, скучающе позёвывая, заговорил о покосе, смотрел из-под полуопущенных век с притворной сонливостью, — но шельмоватую улыбку то ли не мог, то ли попросту не хотел спрятать под белесыми усами.

Догадывался Размётнов об отношениях Давыдова и Лушки или знал об этом? Скорее всего, что знал. Ну разумеется, знал! Да и как можно было сохранить эти отношения в тайне, если беззастенчивая Лушка не только не хотела их скрывать, а даже нарочно выставляла напоказ. Дешевенькому самолюбию Лушки, очевидно, льстило то обстоятельство, что она — отвергнутая жена секретаря партячейки — прислонилась не к рядовому колхознику, а к самому председателю колхоза, и ее не оттолкнули.

Несколько раз она выходила из правления колхоза вместе с Давыдовым, вопреки суровым хуторским обычаям брала его под руку и даже слегка прижималась плечом. Давыдов затравленно озирался, боясь увидеть Макара, но руки не отнимал, приноравливаясь к Лушкиной поступи, шагал мелко, как стреноженный конь, и почему-то часто спотыкался на ровном... Нахальные хуторские ребятишки — жестокий бич влюбленных — бежали следом, всячески кривляясь, выкрикивали тонкими голосами:

Из кислого теста
Жених и невеста!

Они бешено изощрялись, без конца варьируя свое нелепое двустишие, и пока мокрый от пота Давыдов проходил с Лушкой два квартала, кляня в душе ребятишек, Лушку и свою слабохарактерность, «кислое тесто» последовательно превращалось в крутое, пресное, сдобное, сладкое и так далее. В конце концов терпение Давыдова иссякало: он мягко разжимал смуглые Лушкины пальцы, крепко вцепившиеся в его локоть, говорил: «Извини, мне некогда, надо спешить» — и уходил вперед крупными шагами. Но не так-то просто было отделаться от преследования назойливых ребят. Они разделялись на две партии: одна оставалась изводить Лушку, другая упорно сопровождала Давыдова. Было лишь одно верное средство избавиться от преследования. Давыдов подходил к ближайшему плетню, делал вид, что выламывает хворостину, и тотчас же ребят словно ветром сдувало. Только тогда председатель колхоза оставался полновластным хозяином улицы и ее окрестностей...

Не так давно, в глухую полночь, Давыдов и Лушка в упор наткнулись на сторожа ветряной мельницы, находившейся далеко в степи, за хутором. Сторож — престарелый колхозник Вершинин — лежал, укрывшись зипуном, под курганчиком старой сурчиной норы. Завидев идущую прямо на него пару, он неожиданно поднялся во весь рост, по-военному строго окликнул:

— Стой! Кто идет? — и взял наизготовку старенькое, к тому же еще не заряженное ружье.

— Свои. Это я, Вершинин! — неохотно отозвался Давыдов.

Он круто повернул назад, увлекая за собой Лушку, но Вершинин догнал их, умоляюще говоря:

— Не будет ли у вас, товарищ Давыдов, табачку хучь на одну завертку? Чисто пропадаю не куря, уши попухли!

Лушка не отвернулась, не отошла в сторону, не закрыла лица платком. Спокойно смотрела она, как торопливо отсыпает Давыдов табак из кисета, так же спокойно сказала:

— Пошли, Сема. А ты, дядя Николай, лучше воров стереги, а не тех, кто по степи любовь пасет. Не одни злые люди ночью гуляют...

Дядя Николай коротко хохотнул, фамильярно похлопал Лушку по плечу:

— Да ведь, милая Луша... ночное дело — темное: кто — любовь пасет, а кто — чужое несет. Мое дело сторожевое, окликать каждого, охранять ветряк, потому что в нем колхозный хлеб, а не кизяки. Ну, спасибо за табачок. Счастливо вам! Желаю удачи...

— На кой черт ты ввязываешься в разговоры? Отошла бы в сторону, может, он и не узнал бы тебя, — с нескрываемым раздражением сказал Давыдов, когда они остались одни.

— Мне не шестнадцать лет, и я не девка, чтобы мне стесняться всякого старого дурака, — сухо ответила Лушка.

— Но все-таки...

— Что все-таки?

— Зачем тебе все это надо на выставку выставлять?

— Да что он мне, родный папаша или свекор?

— Не понимаю я тебя...

— А ты понатужься да пойми.

Давыдов не видел в темноте, но по голосу догадался, что Лушка улыбается. Раздосадованный ее беспечностью к своей собственной женской репутации и полным пренебрежением к приличиям, он с жаром воскликнул:

— Да пойми же, дурочка, что я о тебе беспокоюсь!

Еще суше Лушка ответила:

— Не трудись. Я как-нибудь сама. Ты о себе беспокойся.

— Я и о себе беспокоюсь.

Лушка сразу остановилась, вплотную придвинулась к Давыдову. В голосе ее зазвучало злорадное торжество:

— Вот с этого ты и начинал бы, миленочек! Ты только о себе беспокоишься, и тебе стало досадно, что именно тебя с бабой ночью в степи увидели. А дяде Николаю все равно, с кем ты по ночам блудишь.

— При чем тут — «блудишь»? — озлился Давыдов.

— А что иначе? Дядя Николай пожил на свете и знает, что ты со мной сюда ночью пришел не ежевику собирать. И тебе стало страшно, что́ о тебе подумают в Гремячем добрые люди, честные колхозники. Так ведь? Тебе наплевать на меня! Не со мной, так с другой ты все равно гулял бы за хутором. Но тебе и грешить хочется, и в холодке, в тени, хочется остаться, чтобы никто про твои блудни не знал. Вот ты какой, оказывается, жук! А так, миленочек, не бывает, чтобы всю жизнь в холодке спасаться. Эх ты, а ишо матрос! Как же это у тебя так получается? Я не боюсь, а ты боишься? Выходит, что я мужчина, а ты баба, так, что ли?

Лушка была настроена скорее шутливо, чем воинственно, но по всему было видно, что она уязвлена поведением своего возлюбленного. Помолчав немного, презрительно поглядывая на него сбоку, она вдруг быстро сняла черную сатиновую юбку, сказала тоном приказа:

— Раздевайся!

— Ты спятила! Для чего это?

— Наденешь мою юбку, а я — твои штаны. Это будет по справедливости! Кто как себя ведет в этой жизненке, тому и носить то; что положено. Ну, поторапливайся!

Давыдов рассмеялся, хотя и был обижен Лушкиными словами и предложенным обменом. Всеми силами сдерживая накопившееся раздражение, он тихо сказал:

— Брось озоровать, Луша! Одевайся, пойдем.

Нехотя и вяло двигаясь, Лушка надела юбку, поправила волосы, выбившиеся из-под платка, и вдруг сказала с неожиданной и глубокой тоской в голосе:

— Скучно мне с тобой, матросский тюфяк!

Тогда до самого хутора они шли, не проронив ни слова. В переулке так же молча простились. Давыдов сдержанно поклонился. Лушка еле заметно кивнула головой, скрылась за калиткой, будто растаяла в густой тени старого клена...

Несколько дней они не встречались, а потом как-то утром Лушка зашла в правление колхоза, терпеливо выждала в сенях, когда уйдет последний посетитель. Давыдов хотел было закрыть дверь в свою комнату, но увидел Лушку. Она сидела на лавке, по-мужски широко расставив ноги, туго обтянув юбкой круглые колени, покусывала подсолнечные семечки и безмятежно улыбалась.

— Семечек хочешь, председатель? — спросила она смеющимся низким голосом. Тонкие брови ее слегка шевелились, глаза смотрели с открытой лукавинкой.

— Ты почему не на прополке?

— Сейчас пойду, видишь — одетая во все будничное. Зашла сказать тебе... Приходи сегодня, как стемнеет, на выгон. Буду ждать тебя возле гумна Леоновых. Знаешь, где оно?

— Знаю.

— Придешь?

Давыдов молча кивнул головой, плотно притворил дверь.

Он долго сидел за столом в мрачном раздумье, подперев щеки кулаками, уставившись взглядом в одну точку. Было ему о чем подумать!

Еще до первой размолвки два раза Лушка в сумерках приходила к нему на квартиру, — посидев немного, громко говорила:

— Проводи меня, Сема! На дворе темнеет, и я что-то боюсь идти одна. Ужасти как боюсь. Я с детства ужасно пужливая, с детства напуганная темнотой...

Давыдов делал страшное лицо, указывал глазами на дощатую стенку, за которой хозяйка — старая религиозная женщина — негодующе, по-кошачьи злобно фыркала и гремела посудой, собирая мужу и Давыдову что-то на ужин. Тонкий изощренный слух Лушки отчетливо воспринимал свистящий шепот хозяйки:

— Это она-то боится! Сатана, а не баба! Да она в потемках на том свете сама к молодому черту ощупкой дорогу найдет и дожидаться не будет, когда он к ней припожалует. Прости, господи, мое великое согрешение! Это она-то пужливая! Напужаешь тебя темнотой, нечистого духа, как же!

Лушка только улыбалась, слушая столь нелестную для себя характеристику. Не таковская она была баба, чтобы на ее настроение повлияли наветы какой-то богомольной старухи! Чихать она хотела на эту вечно мокрогубую ханжу и чистюлю! На своем коротком замужнем веку отважной Лушке не в таких переделках приходилось бывать и не такие схватки выдерживать с гремяченскими бабами. Она отлично слышала, как хозяйка вполголоса бормотала за дверью, называя ее и беспутной, и гулящей. Боже мой, да разве такие, сравнительно безобидные, слова приходилось Лушке выслушивать, а еще больше говорить самой в стычках с обиженными ею женщинами, когда они лезли в драку и нападали на нее с отменными ругательствами, в слепой наивности своей полагая, что только им одним положено любить своих мужей! Во всяком случае, Лушка умела постоять за себя и всегда давала противницам должный отпор. Нет, никогда и ни при каких обстоятельствах она не терялась и за хлестким словом в карман юбки не лазила, не говоря уже о том, что еще не было в хуторе такой ревнивицы, которая сумела бы опростоволосить Лушку, сорвать с ее головы платок... Но старуху она все же решила проучить — так просто, порядка ради, руководясь одним жизненным правилом: чтобы за ней, Лушкой, всегда оставалось последнее слово.

Во второе свое посещение она на минутку задержалась в проходной хозяйской комнате, пропустив вперед Давыдова, и, когда тот вышел в сени, а затем сбежал по скрипучим ступенькам крыльца, Лушка с самым невинным видом повернулась лицом к хозяйке. Лушкин расчет оказался безошибочным. Старая Филимониха наспех облизала и без того влажные губы, не переводя дыхания проговорила:

— Ну и бессовестная же ты, Лукерья, сроду я таких ишо не видывала!

Лушка с величайшей скромностью потупила глаза, остановилась посреди комнаты как бы в покаянном раздумье. У нее были очень длинные, черные, будто подрисованные ресницы, и когда она опустила их, на побледневшие щеки пала густая тень.

Обманутая этим притворным смирением, Филимониха уже примиреннее зашептала:

— Ты сама подумай, бабонька, мысленное это дело тебе, замужней, ну хучь и разведенной, являться на квартиру к холостому мужчине да ишо в потемках? Какую же это совесть перед людьми надо иметь, а? Опамятуйся ты, постыдись, ради Христа!

Так же тихо и елейно, в тон хозяйке, Лушка ответила:

— Когда господь бог, вседержитель наш и спаситель... — Тут она выжидающе замолчала, после короткой паузы подняла недобро сверкнувшие в сумраке глаза.

Богомольная хозяйка при упоминании имени божьего тотчас же набожно склонила голову, стала торопливо креститься; вот тогда-то Лушка и закончила торжествующе, но уже голосом по-мужски грубым и жестким:

— ...Когда бог раздавал людям совесть, делил ее на паи, меня дома не было, я на игрищах была, с парнями гуляла, целовалась-миловалась. Вот и не досталось мне при дележке ни кусочка этой самой совести. Поняла? Ну что ты рот раскрыла и никак его не закроешь? А теперь вот тебе мой наказ: пока твой квартирант не придет домой, пока он со мной будет мучиться, молись за нас, грешных, старая кобыла!

Лушка величаво вышла, не удостоив ошеломленную, онемевшую, уничтоженную вконец хозяйку даже презрительным взглядом. Ожидавший ее у крыльца Давыдов настороженно спросил:

— О чем вы там, Луша?

— Все больше о божественном, — тихонечко смеясь и прижимаясь к Давыдову, ответила Лушка, усвоившая у бывшего мужа манеру отделываться шуткой от нежелательного разговора.

— Нет, серьезно: что она там шептала? Не обидела она тебя?

— Меня обидеть у нее просто возможностей никаких нету, не под силу ей это дело. А шипела она из ревности, ко мне тебя ревнует, мой щербатенький! — снова отшутилась Лушка.

— Подозревает она нас, факт! — Давыдов сокрушенно помотал головой. — Не надо было тебе приходить ко мне, вот в чем дело!

— Старухи испугался?

— Чего ради?

— Ну а если такой парень-отвага, так нечего об этом и речей терять!

Трудно было убедить в чем-либо своенравную и взбалмошную Лушку. А Давыдов, как молнией, ослепленный внезапно подкравшимся большим чувством, уже не раз и всерьез подумывал о том, что надо объясниться с Макаром и жениться на Лушке, чтобы в конце концов выйти из того ложного положения, в какое он себя поставил, и тем самым прекратить всякие могущие возникнуть на его счет пересуды. «Я ее перевоспитаю! У меня она не очень-то попляшет и оставит всякие свои фокусы! Вовлеку ее в общественную работу, упрошу или заставлю заняться самообразованием. Из нее будет толк, уж это факт! Она неглупая женщина, а вспыльчивость ее кончится, отучу пылить! Я не Макар, у них с Макаром коса камень резала, а у меня не тот характер, я другой подход к ней найду», — так, явно переоценивая свои и Лушкины возможности, самонадеянно думал Давыдов.

В тот день, когда они условились встретиться возле леоновского гумна, Давыдов уже с обеда начал посматривать на часы. Велико же было его изумление, перешедшее затем в ярость, когда за час до условленной встречи он услышал и распознал легкую Лушкину поступь по крыльцу, а затем ее звонкий голос:

— Товарищ Давыдов у себя?

Ни хозяйка, ни старик ее, как раз в это время находившийся дома, ничего не ответили. Давыдов схватил кепку, ринулся к двери и лицом к лицу столкнулся с улыбающейся Лушкой. Она посторонилась. Молча они вышли за калитку.

— Мне эти игрушки не нравятся! — грубо сказал Давыдов и даже кулаки сжал, задыхаясь от гнева. — Зачем ты явилась сюда? Где мы с тобой уговаривались встретиться? Отвечай же, черт тебя возьми!..

— Ты что на меня кричишь? Кто я тебе — жена или кучер твой? — в свою очередь спросила не потерявшая самообладания Лушка.

— Оставь! Я вовсе не кричу, а спрашиваю.

Лушка пожала плечами, издевательски спокойно проговорила:

— Ну, если спрашиваешь без крика, тогда другое дело. Соскучилась, вот и пришла раньше времени. Ты небось рад и доволен?

— Какой черт — «доволен»! Ведь теперь моя хозяйка будет трепаться по всему хутору! Что ты ей наговорила в прошлый раз, что она на меня и не смотрит, а только кудахчет и кормит какой-то дрянью вместо обыкновенных щей? О божественном говорили? Хорошенький божественный разговор, если она при одном слове о тебе начинает икать и синеет, как утопленник! Это факт, я тебе говорю!

Лушка расхохоталась так молодо и безудержно, что у Давыдова невольно смягчилось сердце. Но на этот раз он вовсе не склонен был веселиться, и когда Лушка, глядя на него смеющимися и мокрыми от слез глазами, переспросила:

— Так, говоришь, икает и синеет? Так ей и надо, богомолке! Пускай не сует нос не в свое дело. Подумаешь, подряд она взяла следить за моим поведением!

Давыдов холодно прервал ее:

— Тебе все равно, что она будет распространять о нас по хутору?

— Лишь бы ей это занятие на здоровье шло, — беспечно ответила Лушка.

— Если тебе это безразлично, то мне далеко не безразлично, факт! Хватит валять дурочку и выставлять напоказ наши отношения! Давай я завтра же поговорю с Макаром, и мы с тобой либо поженимся, либо — горшок об горшок, и врозь. Не могу я жить так, чтобы на меня пальцами указывали: вон, мол, идет председатель — Лушкин ухажер. А вот таким своим наглядным поведением ты в корне подрываешь мой авторитет. Понятно тебе?

Вспыхнув, Лушка с силой оттолкнула Давыдова, проговорила сквозь зубы:

— Тоже мне жених нашелся! Да на черта ты мне нужен, такой трус слюнявый? Так я за тебя и пошла замуж, держи карман шире! Ты по хутору со мной вместе стесняешься пройти, а туда же, «давай поженимся»! Всего-то он боится, на всех оглядывается, от ребятишек и то шарахается, как полоумный. Ну и ступай со своим авторитетом на выгон, за леоновское гумно, валяйся там на траве один, кацап несчастный! Думала, что ты человек как человек, а ты вроде Макарки моего: у того одна мировая революция на уме, а у тебя — авторитет. Да с вами любая баба от тоски подохнет!

Лушка немного помолчала и вдруг сказала неожиданно ласковым, дрогнувшим от волнения голосом:

— Прощай, мой Сема!

Несколько секунд она стояла как бы в нерешительности, а потом быстро повернулась, пошла скорым шагом по переулку.

— Луша! — приглушенно позвал Давыдов.

За поворотом, как искра, сверкнула белая Лушкина косынка и погасла в темноте. Проводя рукой по загоревшемуся отчего-то лицу, Давыдов стоял неподвижно, растерянно улыбался, думал: «Вот тебе и нашел время сделать предложение! Вот тебе и женился, орясина, факт!»

***

Размолвка оказалась нешуточной. Да, по сути, это уже не размолвка была и даже не ссора, а нечто похожее на разрыв. Лушка упорно избегала встреч с Давыдовым. Вскоре он переменил квартиру, но это обстоятельство, несомненно ставшее известным Лушке, не толкнуло ее на примирение.

«Ну и черт с ней, если она такая психологическая!» — со злобою думал Давыдов, окончательно потеряв надежду увидеть свою любимую где-нибудь наедине. Но что-то уж очень горько щемило у него сердце, а на душе было сумрачно и непогоже, как в дождливый октябрьский день. Как видно, за короткий срок сумела Лушка найти прямую тропинку к бесхитростному и не закаленному в любовных испытаниях сердцу Давыдова...

Правда, в намечавшемся разрыве были и свои положительные стороны: во-первых, тогда отпадала бы необходимость идти на тяжелое объяснение с Макаром Нагульновым, а во-вторых, с той поры уже ничто не грозило бы железному авторитету Давыдова, несколько поколебленному его до некоторой степени безнравственным поведением. Однако все эти благие рассуждения приносили несчастному Давыдову очень малое утешение. Стоило ему остаться наедине с самим собой, как тотчас он, сам того не замечая, уже смотрел куда-то в прошлое невидящими глазами, улыбался с задумчивой грустинкой, вспоминая милый сердцу запах Лушкиных губ, всегда сухих и трепетных, постоянно меняющееся выражение ее горячих глаз.

Удивительные глаза были у Лушани Нагульновой! Когда она смотрела немного исподлобья, что-то трогательное, почти детски беспомощное сквозило в ее взгляде, и сама она в этот момент была похожа скорее на девчонку-подростка, нежели на многоопытную в жизни и любовных утехах женщину. А через минуту, легким касанием пальцев поправив всегда безупречно чистый, подсиненный платок, она вскидывала голову, смотрела уже с вызывающей насмешливостью, и тогда тускло мерцающие, недобрые глаза ее были откровенно циничны и всезнающи.

Эта способность мгновенного перевоплощения была у Лушки не изученной в совершенстве школой кокетства, а просто природным дарованием. Так по крайней мере казалось Давыдову. Не видел он, пораженный любовной слепотой, что возлюбленная его была особой, может быть, даже более, чем надо, самоуверенной и, несомненно, самовлюбленной. Много кое-чего не видел и не замечал Давыдов.

Однажды он, в приливе лирической влюбленности, целуя слегка напомаженные Лушкины щеки, сказал:

— Лушенька моя, ты у меня как цветок! У тебя даже веснушки пахнут, факт! Знаешь, чем они пахнут?

— Чем? — спросила заинтересованная Лушка, приподнимаясь на локте.

— Какой-то свежестью, ну, вроде как росой, что ли... Ну вот как подснежники, почти неприметно, а хорошо.

— У меня так оно и должно быть, — с достоинством и полной серьезностью заявила Лушка.

Давыдов помолчал, неприятно удивленный таким развязным самодовольством. Немного погодя спросил:

— Это почему же у тебя так и должно быть?

— Потому что я красивая.

— Что ж, по-твоему, все красивые пахнут?

— Про всех не скажу, не знаю. Я к ним не принюхивалась. Да мне до них и дела нет, я про себя говорю, чудак. Не все же красивые бывают с конопинками, а конопушки — это веснянки, они и должны у меня пахнуть подснежниками.

— Зазнайка ты, факт! — огорченно сказал Давыдов. — Если хочешь знать, так не подснежниками твои щеки пахнут, а редькой с луком и с постным маслом.

— Тогда чего же ты лезешь с поцелуями?

— А я люблю редьку с луком...

— Гутаришь ты, Сема, всякую чепуху, прямо как мальчишка, — недовольно проговорила Лушка.

— С умным по-умному... Знаешь?

— Умный и с дураком умный, а дурак и с умным вечный дурак, — отпарировала Лушка.

Тогда они тоже ни с того ни с сего поссорились, но то была мимолетная ссора, закончившаяся через несколько минут полным примирением. Иное дело теперь. Все пережитое с Лушкой теперь казалось Давыдову прекрасным, но невозвратимым и далеким прошлым. Отчаявшись увидеть ее наедине, чтобы объясниться и до конца выяснить по-новому сложившиеся отношения, Давыдов всерьез затосковал. Он поручил Размётнову вести по совместительству и колхозные дела, а сам на неопределенное время собрался поехать во вторую бригаду, подымавшую майские пары на одном из отдаленных участков колхозной земли.

Это было не отъездом, вызванным какими-то деловыми соображениями, а позорным бегством человека, который хотел и в то же время боялся наступающей любовной развязки. Давыдов все это превосходно понимал, временами глядя на себя как бы со стороны, но уже окончательно издергался, потому и предпочел решение выехать из хутора, как наиболее приемлемое для себя, хотя бы уже по одному тому, что там он не мог видеть Лушку и надеялся несколько дней прожить в относительном спокойствии.

Глава IV

В начале июня часто шли необычные для лета дожди: тихие, по-осеннему смирные, без гроз, без ветра. По утрам с запада, из-за дальних бугров, выползала пепельно-сизая туча. Она росла, ширилась, занимая полнеба, — зловеще белели ее темные подкрылки, — а потом снижалась так, что прозрачные, как кисея, нижние хлопья ее цеплялись за крышу стоявшей в степи, на кургане, ветряной мельницы; где-то высоко и добродушно, еле слышной октавой разговаривал гром и спускался благодатный дождь.

Теплые, словно брызги парного молока, капли отвесно падали на затаившуюся в туманной тишине землю, белыми пузырями вспухали на непросохших, пенистых лужах; и так тих и мирен был этот летний негустой дождь, что даже цветы не склоняли головок, даже куры по дворам не искали от него укрытия. С деловитой озабоченностью они рылись возле сараев и влажных, почерневших плетней в поисках корма, а мокрые и слегка утратившие свою величественную осанку петухи, невзирая на дождь, кричали врастяжку и по очереди, и бодрые голоса их сливались с чириканьем беззастенчиво купавшихся в лужах воробьев и писком ласточек, как бы припадавших в стремительном полете к пахнущей дождем и пылью, ласково манящей земле.

Все петухи в Гремячем Логу были на редкость, прямо-таки на удивление разноголосы. Начиная с полуночи, перекличку открывал раньше всех просыпавшийся петух Любишкиных. Он голосил веселым, заливистым тенором, как молодой и старательный по службе командир роты; ему солидным, полковничьим баритоном отзывался петух со двора Агафона Дубцова; затем минут пять над хутором висел сплошной, непрекращающийся крик, а уж после всех, громко бормоча спросонок и мощно хлопая на насесте крыльями, генеральским сиплым басом, с командной хрипотцой и надсадцем в голосе оглушительно ревел самый старый в хуторе, рыжий и дебелый петух Майданниковых.

Кроме влюбленных и тяжелобольных, что в понятии Нагульнова было почти одно и то же, позже всех в хуторе отходил ко сну сам Макар Нагульнов. Он по-прежнему старательно изучал английский язык, пользуясь ночным досугом. На спинке стула у него в комнате висело холстинное полотенце, в углу стоял кувшин холодной колодезной воды. Тяжело давалась Макару наука! С расстегнутым воротом рубахи, всклокоченный и мокрый от пота, сидел он за столом возле настежь распахнутого окна, вытирал полотенцем пот со лба, под мышками, на груди и на спине, а время от времени, свешиваясь через подоконник, лил на голову воду из кувшина и сдержанно рычал от удовольствия.

Тускло горела пятилинейная лампа, в абажур, сделанный из газетной бумаги, бились ночные бабочки, за стеной смиренно похрапывала старуха хозяйка, а Макар слово за словом одолевал ужасно трудный и чертовски нужный ему язык... Как-то около полуночи он, отдыхая, сел на подоконник покурить и тут впервые по-настоящему услышал петушиный хорал. Внимательно прислушавшись, пораженный Макар в восторге воскликнул: «Да это же прямо как на параде, как на смотру дивизии! Чудеса, да и только!..»

С той поры он стал каждую ночь ожидать петушиной побудки и с наслаждением вслушивался в командные голоса ночных певцов, презирая в душе соловьиные лирические выщелки и трели. Особенно нравился ему генеральский бас майданниковского петуха, служивший в общем петушином хоре как бы заключительным аккордом. Но однажды порядок переклички, к которому он уже привык и который внутренне одобрял, был нарушен самым неожиданным и хулиганским образом: после могучего петушиного баса вдруг где-то совсем рядом, за сараем, во дворе жившего по соседству Аркашки Менка, мальчишеским залихватским альтом проголосил какой-то паршивый, как видно из молоденьких, петушок и после долго по-куриному вскудахтывал и давился какой-то гнусной отрыжкой. В наступившей затем тишине Макар отчетливо слышал, как возился в курятнике, умащиваясь и хлопая крыльями, дрянной петушишка, очевидно боясь свалиться от собственного крика с насеста.

Эта выходка была явным нарушением дисциплины и полным пренебрежением к субординации. Это было в представлении Макара до некоторой степени похожим на то, как если бы после доподлинного генерала, поправляя его, вдруг заговорил какой-нибудь захудалый отделенный командир, к тому же еще заика. Возмущенный до глубины души, Макар не мог стерпеть такого безобразия, он крикнул в темноту: «Отставить!..» — и с яростью захлопнул окошко, вполголоса ругаясь.

На вторую ночь эта история повторилась, на третью — то же самое. Еще два раза кричал Макар в темноту: «Отставить!» — будя и пугая своим криком хозяйку. Стройная гармония ночной петушиной переклички, где голоса и время выступлений были как бы расписаны по рангам, непоправимо нарушалась. Тотчас же после полуночи Макар стал ложиться спать... Он уже не мог дольше заниматься, запоминать мудреные слова. Мысли его вертелись возле нахального петуха, и он со злостью думал, что петух этот в жизни, без сомнения, такой же пустой и вздорный, как и сам его хозяин. Про себя Макар мысленно честил ни в чем не повинную птицу и прохвостом, и паразитом, и выскочкой. Соседский петух, осмеливавшийся подавать голос после майданниковского петуха, окончательно выбил Макара из колеи: успеваемость в изучении английского языка покатилась у него стремительно вниз, настроение изо дня в день портилось... Пора было кончать с подобным беспорядком!

Утром на четвертый день Макар зашел во двор к Аркашке Менку, сухо поздоровался, попросил:

— А ну, покажи своего петуха.

— Зачем он тебе понадобился?

— Интересуюсь его наружностью.

— Да на черта она тебе понадобилась, его наружность?

— Давай показывай! Некогда мне с тобой тут свататься! — раздраженно сказал Макар.

Пока он сворачивал папироску, Аркашка не без труда выгнал хворостиной из-под амбара пеструю толпу нарядных кур. Ну так и есть! Предположения Макара полностью подтвердились: среди дюжины крикливо оперенных, легкомысленных и кокетливых кур вьюном вертелся небольшой, защипанный, серо-мышастой масти, неказистый петушок. Макар оглядел его взглядом, полным нескрываемого презрения; обращаясь к Аркашке, посоветовал:

— Зарежь ты этого недоноска!

— На что же это я буду его резать?

— На лапшу, — коротко ответил Макар.

— С какой же стати? Он у меня один в хозяйстве и до курей охотлив.

Макар иронически улыбнулся, скривив губы:

— Только и делов, что до курей охотлив? Подумаешь, важность какая! Дурачье дело не хитрое.

— Так от него больше ничего и не требуется. Огород на нем пахать я не собираюсь, он и однолемешного плуга не потянет...

— Ну, ты без шуточек! Шутить я и сам умею, когда надо...

— А чем он помешал тебе, мой петух? — уже нетерпеливее спросил Менок. — Дорогу тебе перешел или что?

— Дура он у тебя, никакого порядку не знает.

— Какого же это порядку? На огород к твоей хозяйке летает или что?

— На огород он не летает, а так, вообще...

Макару было неудобно объяснить, о каком порядке он ведет речь. С минуту он стоял молча, широко расставив ноги, бросая на петуха уничтожающие взгляды, а потом его осенило.

— Знаешь что, сосед, — оживившись, сказал он Аркашке, — давай меняться петухами?

— А откуда в твоем безлошадном хозяйстве может оказаться петух? — спросил заинтересованный Менок.

— Найдется, и не такой защипанец, как этот!

— Что ж, неси, сменяемся, ежели петушок будет подходящий. Я за своего не стою.

Через полчаса, как бы мимоходом, Макар заглянул во двор Акима Бесхлебнова, у которого в хозяйстве было изрядное число кур. Разговаривая о том и о сем, Макар пытливо присматривался к бродившим по двору курам, вслушивался в петушиные голоса. Все пять бесхлебновских петухов были как на подбор рослые и внушительной расцветки, а главное, все они были в меру горласты и по виду очень степенны. Перед тем как распрощаться, Макар предложил:

— Вот что, хозяин, продай-ка мне одного петушка, а?

— Изволь, товарищ Нагульнов, но ведь курица во щах слаже, выбирай любую, у бабы их до черта!

— Нет, мне только петуха надо. Дай мне на время мешок, чтобы упрятать его.

Спустя немного Макар уже стоял во дворе Аркашки Менка, развязывая мешок. Аркашка, страстью которого, как известно, была любая мена, в предвкушении предстоящего обмена довольно потирая руки, приговаривал:

— Поглядим, что у тебя за козырь, а то, может, ишо и додачи попросим. Развязывай скорее, чего ты возишься! Сию минуту я поймаю своего кочета, и мы их стравим на драку, чей кочет побьет, тому и магарыч требовать. Ей-богу, так, иначе я и меняться не буду! Твой, каков он из себя с виду? Ядреный ростом?

— Гвардеец! — коротко буркнул Макар, развязывая зубами затянувшийся на мешке узел.

Аркашка, на бегу поддерживая сползающие штаны, рысью бросился к курятнику. Через минуту оттуда уже неслись дикие петушиные вопли. Но когда он вернулся, прижимая к груди перепуганного до смерти, часто дышавшего петушка, Макар стоял, склонившись над развязанным мешком, и озадаченно почесывал затылок: «гвардеец» лежал в мешке, тяжело распластав крылья, и в предсмертном томлении закатывал круглые оранжевые глаза.

— Это что же с ним такое? — спросил изумленный Аркашка.

— Осечка!

— Хворый оказался?

— Говорю тебе, что осечка с ним получилась.

— Какая же у петуха может быть осечка? Чудно ты говоришь!

— Да не у петуха, глупый ты человек, а у меня осечка вышла. Нес его, а он вздумал в мешке кукарекать, срамить меня при народе — дело было возле правления, — ну, я самую малость ему голову на сторону повернул... Понимаешь, самую малость, а видишь, что оно получилось. Неси живей топор, а то издохнет без всякого толку.

Обезглавленного петуха Макар перебросил через плетень, крикнул возившейся возле крыльца хозяйке:

— Эй, мамаша! Щипи его, пока он тепленький, завтра лапши сваришь!

Ни слова не говоря Аркашке, он снова направился к Бесхлебнову. Тот вначале заупрямился, говоря: «Этак ты у меня всех курочек повдовишь!» — но потом все же продал второго петуха. Обмен с Аркашкой состоялся, а через несколько минут Аркашкин петух без головы уже летел через плетень и вслед ему донельзя довольный Макар кричал хозяйке:

— Бери эту заразу, мамаша! Щипи его, недисциплинированного черта, и — в котел!

Он вышел на улицу с видом человека, сделавшего большое и нужное дело. С горестным сожалением, покачивая головой, провожала его глазами Аркашкина жена, без меры удивленная кровопролитной расправой над петухами, которую учинил на их дворе Макар. На ее молчаливый вопрос Аркашка приложил указательный палец ко лбу, повертел им из стороны в сторону, сказал шепотом:

— Тронулся! Хороший человек, а тронулся. Бесповоротно сошел с ума, не иначе. Сколько ему, бедняге, ни сидеть по ночам! Доконали его английские языки, будь они трижды прокляты!

С той поры мужественно переносивший одиночество Макар стал беспрепятственно слушать по ночам петушиное пение. Целыми днями он работал в поле на прополке хлебов наряду с женщинами и ребятишками, а вечером, поужинав пустыми щами и молоком, садился за самоучитель английского языка и терпеливо дожидался полуночи.

Вскоре к нему присоединился и дед Щукарь. Как-то вечером он тихо постучал в дверь, спросил:

— Разрешите взойтить?

— Входи. Ты что явился? — встретил его Макар не очень-то ласковым вопросом.

— Да ить как сказать... — замялся дед Щукарь. — Может, я дюже соскучился по тебе, Макарушка. Дай, думаю, зайду на огонек, проведаю его.

— Да ты что, баба, что ли, чтобы обо мне скучать?

— Старый человек иной раз скучливей бабы становится. А мое дело вовсе сухое: все при жеребцах да при жеребцах. Осточертела мне эта бессловесная тварь! Ты к нему, допустим, с добрым словом, а он молчком овес жрет и хвостом махает. А что мне от этого толку? А тут ишо этот козел, будь он трижды анафема! И когда эта насекомая спит, Макарушка? Ночью только глаза закроешь — и он, чертяка, тут как тут. До скольких разов на меня, на сонного, наступал своей копытой! Выпужает до смерти, а тогда хучь в глаза коли, все равно не усну, да и шабаш! Такая проклятая, вредная насекомая, что никакого житья от него нету! Всею ночь напролет по конюшне да по сеновалу таскается. Давай его зарежем, Макарушка?

— Ну, ты убирайся с этими разговорами! Я правленческими козлами не распоряжаюсь, над ними Давыдов командир, к нему и иди.

— Боже упаси, я не насчет козла пришел, а просто проведать тебя. Дай мне какую-нибудь завлекательную книжечку, и я буду возле тебя смирно сидеть, как мышь в норе. И тебе будет веселее, и мне. Мешать я тебе и на порошинку не буду!

Макар подумал и согласился. Вручая Щукарю толковый словарь русского языка, сказал:

— Ладно, сиди со мной, читай, только про себя, и губами не шлепай, не кашляй, не чихай — словом, не звучи никак! Курить будем по моей команде. Ясная задача?

— На все я согласен, а вот как же насчет чиха? А вдруг, нелегкая его возьмет, приспичит чихнуть, тогда как? При моей должности у меня в ноздрях всегда полно сенной трухи. Иной раз я и во сне чихаю. Тогда как нам быть?

— Лети пулей в сенцы!

— Эх, Макарушка, пуля-то из меня хреновая, заржавленная! Я пока до сенцев добегу, так десять раз чихнуть успею и пять раз высморкаться.

— А ты поторапливайся, старик!

— Торопилась девка замуж выйти, а жениха не оказалось. Нашелся какой-то добрый человек, помог ей в беде. Знаешь, что из девки и без венца вышло? Хо-орошая баба! Вот так и со мной может получиться: потороплюсь, да как бы на бегу греха не нажить, тогда ты сразу меня отсюдова выставишь, уж это я как в воду гляжу!

Макар рассмеялся, сказал:

— Ты аккуратнее поспешай, рисковать своим авторитетом нельзя. Словом, так: умолкни и не отбивай меня от дела, читай и становись культурным стариком.

— Ишо один вопросик можно? Да ты не хмурься, Макарушка, он у меня последний.

— Ну? Живее!

Дед Щукарь смущенно заерзал на лавке, промямлил:

— Видишь, оно какое дело... Оно не очень, чтобы того, но, однако, старуха моя за это дело на меня шибко обижается, говорит: «Спать не даешь!» А при чем тут я, спрашивается?

— Ты ближе к делу!

— Про это самое дело я и говорю. У меня от грыжи, а может, от какой другой болезни, ужасный гром в животе бывает, гремит, прямо как из грозовой тучи! Тогда как нам с тобой быть? Это ить тоже отвлечение от занятиев?

— В сенцы, и чтобы никаких ни громов, ни молний! Задача ясна?

Щукарь молча кивнул головой, тяжело вздохнул и раскрыл словарь. В полночь он, под руководством Макара и пользуясь его разъяснениями, впервые как следует прослушал петухов, а через три дня они уже вместе, плечом к плечу, лежали, свесившись через подоконник, и дед Щукарь восторженно шептал:

— Боже мой, боже мой! Всею жизнью этим петухам на хвосты наступал, возле курей возрастал с малых лет и не мог уразуметь такой красоты в ихнем распевании. Ну, теперь уж я уподобился! Макарушка, а этот майданниковский бес как выводит, а? Чисто генерал Брусилов, да и только!

Макар хмурился, но отвечал сдержанным шепотом:

— Подумаешь! Ты бы послушал, дед, наших генералов — вот это наши, настоящие голоса! А что твой Брусилов? Во-первых, бывший царский генерал — стало быть, подозрительная личность для меня, а во-вторых, интеллигент в очках. У него и голос-то небось был как у покойного Аркашкиного петуха, какого мы съели. В голосах тоже надо разбираться с политической точки зрения. Вот был, к примеру сказать, у нас в дивизии бас — на всю армию бас! Оказался стервой: переметнулся к врагам. Что же ты думаешь, он и теперь для меня бас? Черта лысого! Теперь он для меня фистуля продажная, а не бас!

— Макарушка, но ить петухов политика не затрагивает? — робко вопросил дед Щукарь.

— И петухов затрагивает! Будь заместо майданниковского петуха какой-нибудь кулацкий — да я его слушать бы в жизни не стал, паразита! На черта он мне сдался бы, кулацкий прихвостень!.. Ну, хватит разговоров! Ты садись за свою книжку, а я за свою, и с разными глупыми вопросами ко мне не лезь. В противном случае выгоню без пощады!

Дед Щукарь стал ревностным поклонником и ценителем петушиного пения. Это он уговорил Макара пойти посмотреть майданниковского петуха. Будто по делу, они зашли во двор Майданникова. Кондрат был в поле на вспашке майских паров. Макар поговорил с его женой, спросил, как бы между прочим, почему она не на прополке, а сам внимательно осматривал важно ходившего по двору петуха. Тот был весьма солидной и достойной внешности и роскошного рыжего оперения. Осмотром Макар остался доволен. Выходя из калитки, он толкнул локтем безмолвствовавшего Щукаря, спросил:

— Каков?

— Согласно голосу и обличье. Архирей, а не петух!

Сравнение Макару очень не понравилось, но он промолчал. Они уже почти дошли до правления, когда Щукарь, испуганно вытаращив глаза, схватил Макара за рукав гимнастерки:

— Макарушка, могут зарезать!

— Кого?

— Да не меня же, господи помилуй, а кочета! Зарежут за милую душу! Ох, зарежут!

— Почему же это зарежут? С какой стати? Не пойму я тебя, что ты балабонишь!

— И чего тут непонятного? Он же старее навоза-перегноя, он по годам мне ровесник, а может, и старше. Я этого кочета ишо с детства помню!

— Не бреши, дед! Кочета по семьдесят годов не живут, в законах природы про это ничего не написано. Ясно тебе?

— Все одно он старый, у него на бороде все перо седое. Или ты не приметил? — запальчиво возразил дед Щукарь.

Макар круто повернулся на каблуках. Шел он таким скорым, размашистым и широким шагом, что Щукарь, поспешая за ним, время от времени переходил на дробную рысь. Через несколько минут они снова были во дворе Майданникова. Макар вытирал оставшимся на память о Лушке женским кружевным платочком пот со лба, дед Щукарь, широко раскрыв рот, дышал, как гончая собака, полдня мотавшаяся за лисой. С лилового языка его мелкими каплями сбегала на бороденку светлая слюна.

Кондратова жена подошла к ним, приветливо улыбаясь.

— Аль забыли чего?

— Забыл тебе сказать, Прохоровна, вот что: своего кочета ты не моги резать.

Дед Щукарь изогнулся вопросительным знаком, протянул вперед руку и, поводя грязным указательным пальцем, тяжело дыша, с трудом просипел:

— Боже тебя упаси!..

Макар недовольно покосился на него, продолжал:

— Мы его хотим на племя для колхоза у тебя купить или обменять, потому что, судя по его обличью, он высоких породистых кровей, может, его предки даже из какой-нибудь Англии или тому подобной Голландии вывезены на предмет размножения у нас новой породы. Голландские гусаки с шишкой на носу бывают? Бывают. А может, и этот петух голландской нации — ты же этого не знаешь? Ну и я не знаю, а стало быть, резать его ни в коем случае нельзя.

— Да он на племя не гож, старый дюже, и мы хотели на Троицу его зарубить, а себе добыть молодого.

На этот раз уже дед Щукарь толкнул локтем Макара: мол, что я тебе говорил? — но Макар, не обращая на него внимания, продолжал убеждать хозяйку:

— Старость — это не укор, у нас пойдет на племя, подкормим как следует пшеницей, размоченной в водке, и он начнет за курочками ухаживать — аж пыль столбом! Словом, ни в коем случае этого драгоценного кочета изничтожать нельзя. Задача тебе ясная? Ну и хорошо! А молодого кочетка тебе нынче же дедушка Щукарь доставит.

В тот же день у жены Демки Ушакова Макар по сходной цене купил лишнего в хозяйстве петуха, отослал его Майданниковой с дедом Щукарем.

Казалось бы, что последнее препятствие было преодолено, но тут по хутору прокатился веселый слух, будто Макар Нагульнов для неизвестных целей скупает всюду петухов оптом и в розницу, причем платит за них бешеные деньги. Ну как любивший веселую шутку Размётнов мог не откликнуться на такое событие? Услышав о диковинной причуде своего друга, он решил все проверить самолично и поздним вечером заявился на квартиру к Нагульнову.

Макар и дед Щукарь сидели за столом, уткнувшись в толстые книги. Коптила лампа с чрезмерно выпущенным фитилем. В комнате порхали черные хлопья, пахло жженой бумагой от полуистлевшего бумажного абажура, надетого прямо на ламповое стекло, и стояла такая тишина, какая бывает только в первом классе начальной школы во время урока чистописания. Размётнов вошел без стука, покашлял, стоя у порога, но ни один из прилежно читавших не обратил на него внимания. Тогда, еле сдерживая улыбку, Размётнов громко спросил:

— Здесь живет товарищ Нагульнов?

Макар поднял голову, внимательно всмотрелся в лицо Размётнова. Нет, ночной гость не пьян, но губы подергиваются от неудержимого желания расхохотаться. Глаза Макара тускло блеснули и сузились. Он спокойно сказал:

— Ты пойди, Андрей, к девкам на посиделки, а мне, видишь, некогда с тобою впустую время тратить.

Видя, что Макар отнюдь не расположен делить с ним его веселое настроение, Размётнов, садясь на лавку и закуривая, уже серьезно спросил:

— Нет, на самом деле: к чему ты их покупал?

— К лапше да ко щам. А ты думал, что я из них мороженое для хуторских барышень делаю?

— За мороженое я, конечно, не думал, а диву давался: к чему, думаю, ему столько петухов понадобилось, и почему именно петухи?

Макар улыбнулся:

— Уважаю в лапше петушиные гребни, вот и все. Ты диву давался насчет моих покупок, а вот я, Андрей, диву даюсь — почему ты на прополку не изволишь ходить?

— А что мне прикажешь там делать? За бабами присматривать — так на это бригадиры есть.

— Не присматривать, а полоть самому.

Размётнов, отмахиваясь руками, весело рассмеялся.

— Это чтобы я вместе с ними сурепку дергал? Ну уж это, брат, извиняй! Не мужчинское это дело, к тому же я ишо не кто-нибудь, а председатель сельсовета.

— Не велика шишка. Прямо сказать, так себе шишка на ровном месте! Почему же я сурепку и тому подобные сорняки наравне с ними дергаю, а ты не могешь?

Размётнов пожал плечами.

— Не то что не могу, а просто не желаю срамиться перед казаками.

— Давыдов никакой работой не гнушается, я тоже, почему же ты фуражечку на бочок сдвинешь и по целым дням сиднем сидишь в своем совете либо замызганную свою бумажную портфелю зажмешь под мышкой и таскаешься по хутору, как неприкаянный? Что, секретарь твой не сумеет какую-нибудь справку о семейном положении выдать? Ты, Андрей, брось эти штучки! Завтра же ступай в первую бригаду, покажи бабам, как герои Гражданской войны могут работать!

— Да ты что, с ума сошел или шутишь? Убей на месте, а не пойду! — Размётнов со злобой кинул в сторону окурок, вскочил со скамьи. — Не хочу быть посмешищем! Не мужчинское это дело — полоть! Может, ишо скажешь — идти мне картошку подбивать?

Спокойно постукивая огрызком карандаша по столу, Макар сказал:

— То и мужчинское дело, куда пошлет партия. Скажут мне, допустим: иди, Нагульнов, рубить контре головы, — с радостью пойду! Скажут: иди подбивать картошку, — без радости, но пойду. Скажут: иди в доярки, коров доить, — зубами скрипну, а все равно пойду! Буду эту пропащую коровенку тягать за дойки из стороны в сторону, но уж как умею, а доить ее, проклятую, буду!

Размётнов, немного поостывший, развеселился:

— Как раз с твоими лапами корову доить. Да ты ее в два счета свалишь!

— Свалю — опять подыму, а доить буду до победного конца, пока последнюю каплю молока из нее не выцежу. Понятно? — И, не дожидаясь ответа, раздумчиво продолжал: — Ты об этом деле подумай, Андрюха, и не особенно гордись своим мужчинством и казачеством. Наша партийная честь не в этом заключается, я так понимаю. Вот надысь еду в район, новому секретарю показаться, по дороге встречаю тубянского секретаря ячейки Филонова, спрашивает он меня: «Куда путь держишь, не в райком?» В райком, говорю. «К новому секретарю?» К нему, говорю. «Ну, так сворачивай на наш покос, он там». И указывает плетью влево от дороги. Гляжу: там покос идет вовсю, шесть лобогреек ходят. Вы что, спрашиваю, очертели, так рано косить? А он говорит: «У нас там не трава, а гольный бурьян и прочий чертополох, вот и порешили его скосить на силос». Спрашиваю: сами порешили? Отвечает он мне: «Нет, секретарь вчера приехал, оглядел все наши поля, на этот бурьян напхнулся, ну и задает вопрос нам: что будем с бурьяном делать? Мы сказали, что запашем его под пары, а он засмеялся и говорит: мол, запахать — дело слабоумное, а на силос его скосить — будет умнее».

Макар помолчал, испытующе глядя на Размётнова.

— Видал ты его? — нетерпеливо спросил Размётнов.

— А как же! Свернул в сторону, проехал километра два — стоят две брички; какой-то дедок кашу на огневище мастерит; здоровый, как бугай, мордатый парень лежит под бричкой, пятки чешет и мух веточкой отгоняет. На секретаря не похож: босой лежит, и морда — как решето. Спросил про секретаря — парень ухмыльнулся. «Он, говорит, с утра меня на лобогрейке сменил, вон он гоняет по степи, скидывает». Спешился я, привязал коня к бричке, иду к косарям. Прошла первая лобогрейка,

на ней дед сидит в соломенной шляпе, в порватой, со-
прелой от пота рубахе и в холщовых портках, измазан-
ных коломазью. Ясное дело — не секретарь. На второй
сидит молодой стриженый парень, без рубахи, от пота
весь будто маслом облитый, блестит на солнце, как па-
лаш. Ясное дело, думаю, не секретарь. Секретарь не будет без рубахи на косилке ездить. Глянул вдоль гона, а
остальные все тоже без рубах! Вот это номер, разберись
тут, какой из них секретарь! Думал, что по интелли-
гентному обличью угадаю, всех мимо себя пропустил, —
так, будь ты проклят, и не узнал! Все до половины растелешенные, все одинаковые, как медные пятаки, а на
лбу не написано, кто из них секретарь. Вот тебе и интел-
лигентное обличье! Оказались все интеллигентами. Ост-
риги ты наголо самого волохатого попа и пусти его в баню, где солдаты купаются, — найдешь ты этого попа?
Так и тут.

— Ты, Макарушка, леригиозных особов не касайся:
грех! — несмело попросил дед Щукарь, хранивший до
этого полное молчание.

Макар метнул в его сторону гневный взгляд, продолжал:

— Вернулся к бричкам, спрашиваю у парня: какой из
косарей секретарь? А он, дура мордатая, говорит, что секретарь, дескать, без рубахи. Я ему и говорю: ты протри
гляделки, тебе их мухи засидели, на косилках, кроме деда, все без рубах. Он вылез из-под брички, протер свои
щелочки да как засмеется! Я глянул и тоже засмеялся:
пока я к бричкам возвращался, дед тоже снял с себя рубаху и шляпу, режет впереди всех в одних портках, лыси-
ной посверкивает, а седую бороду у него ветром аж на
спину заносит. Прямо как лебедь по бурьяну плывет. Ну,
вот это, думаю, да! Моду какую городскую им секретарь
райкома привез — голышом по степи мотаться, и даже
трухлявого деда на такую неприличию соблазнил. Подвел меня к ним мордатый, показал секретаря. Я — к нему, иду сбоку косилки, представляюсь, говорю, что ехал
в райком с ним знакомиться, а он засмеялся, остановил

лошадей, говорит: «Садись, правь лошадьми, будем косить и тем временем познакомимся с тобой, товарищ Нагульнов». Согнал я хлопца, какой лошадьми правил, со стульца, сел на его место, тронул лошадей. Ну, пока четыре гона проехали, познакомились... Мировой парень! Таких секретарей у нас ишо не было. ««Я, говорит, покажу вам, как на Ставропольщине работают! У вас на штанах лампасы носят, а у нас чище косят», — и смеется. Это, говорю ему, ишо поглядим, кто лучше будет управляться: хвалюн — нахвалится, горюн — нагорюется. Обо всем он понемногу расспросил, а потом говорит: «Езжай домой, товарищ Нагульнов, вскорости я у вас буду».

— Что же он ишо говорил? — с живостью спросил Размётнов.

— Больше ничего такого особенного. Да, ишо спросил про Хопрова: активист он был или нет? Какой там, говорю ему, активист — слезы, а не активист.

— А он что?

— Спрашивает: за что же, дескать, его убили да ишо вместе с женой? Мало ли, говорю, за что могли кулаки убить. Не угодил им, вот и убили.

— Что же он?

— Пожевал губами, будто яблоко-кислицу съел, и этак — то ли сказал, то ли покашлял: «гм, гм», а сказать вразумительного ничего не сказал.

— Откуда же он про Хопровых наслышанный?

— А чума его знает. В районном ГПУ ему сообщили, не иначе.

Размётнов молча выкурил еще одну папироску. Он о чем-то так сосредоточенно думал, что даже забыл, с какой целью приходил к Нагульнову. Прощаясь и с улыбкой глядя прямо в глаза Макару, сказал:

— Все в голове стало на место! Завтра чуть свет иду в первую бригаду. Можешь не беспокоиться, Макар, спину свою на прополке я жалеть не буду. А ты мне к воскресенью пол-литры водки выставишь, так и знай!

— Выставлю, и разопьем вместе, ежели будешь хорошо полоть. Только топай завтра пораньше, подавай бабам пример, как надо выходить на работу. Ну, в час добрый! — пожелал Макар и снова углубился в чтение.

Около полуночи в нерушимой тишине, стоявшей над хутором, они с дедом Щукарем торжественно прослушали первых петухов, порознь восторгаясь их слаженным пением.

— Как в архирейском соборе! — сюсюкая от полноты чувства, благоговейно прошептал Щукарь.

— Как в конном строю! — сказал Макар, мечтательно глядя на закопченное стекло лампы.

Так зародилось это удивительное и необычайное увлечение, за которое вскоре Макар едва не поплатился жизнью.

Глава V

В бригаду Давыдова провожал один Размётнов. Подвода была попутная: пахарям из кладовой колхоза отправляли харчи, семьи слали работавшим в бригаде смены белья и кое-что из одежонки.

Давыдов сидел на бричке, свесив ноги в обшарпанных, порыжелых сапогах, старчески горбясь и безучастно глядя по сторонам. Под накинутым внапашку пиджаком острыми углами выступали лопатки, он давно не подстригался, и крупные завитки черных волос сползали из-под сбитой на затылок кепки на смуглую широкую шею, на засаленный воротник пиджака. Что-то неприятное и жалкое было во всем его облике.

Глядя на него и морщась, как от сильной боли, Размётнов подумал: «Эк его выездила Лушка! Ну и проклятая же баба! Произвела парня — да какого! — так, что и поглядеть-то не на что! Вот она, любовь, до чего нашего брата доводит: был человеком, а стал хуже капустной кочерыжки».

Уж кому-кому, а Размётнову было доподлинно известно, «до чего доводит любовь». Вспомнил он Марину Пояркову, еще кое-что из пережитого, горестно вздохнул, но улыбнулся весело и пошел наведаться в сельсовет. На полпути ему встретился Макар Нагульнов. Как и всегда, сухой, подтянутый, немного щеголяющий безукоризненной военной выправкой, он молча протянул Размётнову руку, кивком головы указал на удалявшуюся вдоль улицы подводу.

— Видал, каков стал товарищ Давыдов?

— Что-то он похудел, — уклончиво ответил Размётнов.

— Я, когда на его положении был, тоже худел изо дня в день. А про него и говорить нечего — слабяк! Хоть клади да в гроб клади. Стоял же у меня на квартире, видал, что она за штука от ружья, на его глазах воевал с этой семейной контрой, и вот, пожалуйста, влип! Да ведь влип-то как! Поглядел я нынче на него, и, веришь, сердце кровью облилось: худой, всем виноватый какой-то, глаза — по сторонам, а штаны, ей-богу, на чем они у него, у бедного, держатся! На виду пропадает парень! Эту мою пребывшую супругу надо было ишо зимой подогнать под раскулачивание и проводить вместе с ее Тимошкой Рваным в холодные края. Может, хоть там у нее жару поубавилось бы.

— А я думал, что ты не знаешь...

— Ха! «Не знаешь»! Все знают, а я не знаю? Глаза прижмурил? Да по мне — черт с ней, с кем бы она ни путалась, но ты, подлюка, мне Давыдова не трожь, не губи моего товарища дорогого! Вот как стоит вопрос на данный момент!

— Предупредил бы его. Чего ты молчал?

— Да мне же неловко было предупреждать! Чего доброго, он бы мог подумать, что я из ревности его отговариваю или ишо тому подобное. А вот почему ты, сторонний в этом деле человек, молчал? Почему ты не сделал ему строгого предупреждения?

— С выговором? — улыбнулся Размётнов.

— Выговор он в другом месте себе заработает, если будет ходить спустя рукава. Но нам с тобой надо, Андрей, его по-товарищески остеречь, ждать дольше нельзя. Лушка — это такой змий, что с нею он не только до мировой революции не доживет, но и вовсе может скопытиться. Или скоротечную чахотку наживет, или ишо какой-нибудь тому подобный сифилис раздобудет, того и жди! Я, когда от нее избавился, так вроде заново на свет народился: никаких венерических болезней не боюсь, великолепно áнглийский язык изучаю, и много тут достиг своим умом, безо всяких учителей, и партийные дела веду в порядке, и от другой работы чуром не отгораживаюсь. Словом, при моем холостом положении и руки и ноги у меня свободные, и голова светлая. А с нею жил — водки не пил, а каждый день как с похмелья. Бабы для нас, революционеров, — это, братец ты мой, чистый опиум для народа! Я бы эту изречению в устав вписал ядреными буквами, чтобы всякий партийный, каждый настоящий коммунист и сочувствующий эту великую изречению каждый день перед сном и утром натощак по три раза читал. Вот тогда бы ни один черт не попал в такой переплет, как сейчас наш дорогой товарищ Давыдов. Да ты сам вспомни, Андрей, сколько хороших людей пострадало в жизни от этого проклятого бабьего семени! Не счесть! Сколько из-за них растрат, сколько через них пьяниц образовалось, сколько выговоров по партийной линии хорошим ребятам за них повлепили, сколько из-за них народу по тюрьмам сидит — одна кошмарная жуткость!

Размётнов задумался. Некоторое время они шли молча, предаваясь воспоминаниям о далеком и близком прошлом, о встречавшихся на их жизненном пути женщинах. Макар Нагульнов раздувал ноздри, плотно сжимал тонкие губы и шел, как в строю, расправив плечи, четко печатая шаг. Всем видом своим он являл воплощенную недоступность. Размётнов же на ходу то улыбался, то отчаянно взмахивал рукою, то крутил свой светлый курчавый ус и, как сытый кот, жмурил глаза, а иногда, очевидно при особо ярком воспоминании то о той, то о другой женщине, только крякал, словно выпивал изрядную чарку водки, и тогда между длительными паузами невразумительно восклицал:

— Ну и ну! Ох и баба! Вот это да! Ишь ты, проклятущая!..

***

Где-то позади остался, скрылся за изволоком Гремячий Лог, и широкая — глазом не окинешь — степь поглотила Давыдова. Всей грудью вдыхая хмельные запахи травы и непросохшего чернозема, Давыдов долго смотрел на далекую гряду могильных курганов. Чем-то напомнили ему эти синеющие вдали курганы вздыбленные штормом волны Балтики, и он, не в силах побороть внезапно нахлынувшую на сердце сладкую грусть, тяжело вздохнул и отвел вдруг увлажнившиеся глаза... Потом рассеянно блуждающий взгляд его поймал в небе еле приметную точку. Черный степной орел — житель могильных курганов, — царственно величавый в своем одиночестве, парил в холодном поднебесье, медленно, почти незаметно теряя на кругах высоту. Широкие, тупые на концах, неподвижно распростертые крылья легко несли его там, в подоблачной вышине, а встречный ветер жадно облизывал и прижимал к могучему костистому телу черное, тускло блистающее оперенье. Когда он, слегка кренясь на разворотах, устремлялся на восток, солнечные лучи светили ему снизу и навстречу, и тогда Давыдову казалось, что по белесому подбою орлиных крыльев мечутся белые искры, то мгновенно вспыхивая, то угасая.

...Степь без конца и края. Древние курганы в голубой дымке. Черный орел в небе. Мягкий шелест стелющейся под ветром травы... Маленьким и затерянным в этих огромных просторах почувствовал себя Давыдов, тоскливо оглядывая томящую своей бесконечностью степь. Мелкими и ничтожными показались ему в эти минуты и его любовь к Лушке, и горечь разлуки, и несбывшееся желание повидаться с ней... Чувство одиночества и оторванности от всего живого мира тяжко овладело им. Нечто похожее испытывал он давным-давно, когда приходилось по ночам стоять на корабле «впередсмотрящим». Как страшно давно это было! Как в старом, полузабытом сне...

Ощутимее пригревало солнце. Сильнее дул мягкий южный ветер. Незаметно для самого себя Давыдов склонил голову и задремал, тихо раскачиваясь на ухабах и неровностях заброшенной степной дороги.

Лошаденки попались ему захудалые, возница — пожилой колхозник Иван Аржанов — молчаливый и, по общему мнению в хуторе, слегка придурковатый. Он сильно прижеливал недавно порученных ему лошадей, а потому почти всю дорогу до полевого стана бригады они тащились таким нудным и тихим шагом, что на полпути Давыдов, очнувшись от дремоты, не выдержал, сурово спросил:

— Ты что, дядя Иван, горшки на ярмарку везешь? Боишься побить? Почему все время шагом едешь?

Аржанов, отвернувшись, долго молчал, потом ответил скрипучим голосом:

— Я знаю, какой «горшок» я везу, но хоть ты и председатель колхоза, а без толку скакать меня не заставишь, шалишь, брат!

— Кто же говорит — «без толку»? Но ты хоть под горку тронь их рысцой! Не клажу везешь, считай, порожняком едешь, факт!

После длительного молчания Аржанов неохотно сказал:

— Животная сама знает, когда ей шагом идти, когда рысью бечь.

Давыдов начал не на шутку сердиться. Уже не скрывая возмущения, он воскликнул:

— Вот это лихо! А ты для чего? Для чего тебе вожжи в руки даны? Для чего ты на повозке место просиживаешь? А ну-ка, давай сюда вожжи!

Уже явно охотнее Аржанов ответил:

— Вожжи мне в руки даны для того, чтобы править лошадьми, чтобы они шли туда, куда надо, а не туда, куда не надо. А ежели тебе не нравится, что я с тобой рядом сижу и место просиживаю, я могу слезть и идти возле брички пешком, но в твои руки вожжей не отдам, шалишь, брат!

— Это почему же ты не отдашь? — спросил Давыдов, тщетно пытаясь заглянуть в лицо упорно не желавшему смотреть на него вознице.

— А ты свои вожжи в мои руки отдашь?

— Какие вожжи? — не понял сразу Давыдов.

— А такие! У тебя же от всего колхоза вожжи в руках, тебе народ доверил всем хозяйством нашего колхоза править. Отдашь ты мне эти вожжи? Не отдашь небось, скажешь: «Шалишь, дядя!» Вот так и я: я же не прошу твои вожжи? Не проси и ты мои!

Давыдов весело фыркнул. От недавней злости его не осталось и следа.

— Ну, а если, скажем, пожар в хуторе случится, ты и с бочкой воды будешь ехать такими же позорными темпами? — спросил он, уже с интересом ожидая ответа.

— На пожар таких, как я, с бочками не посылают...

И тут-то, глядя сбоку на Аржанова, Давыдов впервые увидел у него где-то ниже обветренной, шелушащейся скулы мелкие морщины сдержанной улыбки.

— А каких же посылают, по-твоему?

— Таких, как ты да Макар Нагульнов.

— Это почему же?

— А вы только двое в хуторе любите шибко ездить и сами вскачь живете...

Давыдов рассмеялся от всей души, хлопая себя по коленям и запрокидывая голову. Еще не отдышавшись от смеха, он спросил:

— Значит, если на самом деле пожар случится, только нам с Макаром и тушить его?

— Нет, зачем же! Вам с Макаром только воду возить, на лошадях во весь опор скакать, чтобы мыло с них во все стороны шмотьями летело, а тушить будем мы, колхозники, — кто с ведром, кто с багром, кто с топором... А распоряжаться на пожаре будет Размётнов, больше некому...

«Вот тебе и дядя с придурью!» — с искренним изумлением подумал Давыдов. После минутного молчания он спросил:

— Почему же ты именно Размётнова в пожарные начальники определил?

— Умный ты парень, а недогадливый, — уже откровенно посмеиваясь, ответил Аржанов. — Кто как живет, тому такая и должность на пожаре должна быть определенная, по его нраву, словом. Вот вы с Макаром вскачь живете, ни днем, ни ночью спокою вам нету, и другим этого спокою не даете, стало быть, вам, как самым проворным и мотовитым, только воду подвозить без задержки; без воды пожара не потушишь, так я говорю? Андрюшка Размётнов — этот рыском живет, внатруску, лишнего не перебежит и не переступит, пока ему кнута не покажешь... Значит, что ему остается делать при его атаманском звании? Руки в бока — и распоряжаться, шуметь, бестолочь устраивать, под ногами у людей путаться. А мы, народ то есть, живем пока потихоньку, пока шагом живем, нам и надо без лишней сутолоки и поспешки дело делать, пожар тушить...

Давыдов хлопнул ладонью по спине Аржанова, повернул его к себе и близко увидел хитро смеющиеся глаза и доброе забородатевшее лицо. Сдержанно улыбаясь, Давыдов сказал:

— А ты, дядя Иван, оказывается, гусь!

— Ну, и ты тоже, Давыдов, гусь не из последних! — весело отозвался тот.

Они по-прежнему тащились шагом, но Давыдов, уверившись в том, что все его старания ни к чему не приведут, уже не торопил Аржанова.

Он то соскакивал с повозки и шел рядом, то снова садился. Разговаривая о колхозных делах и обо всем понемногу, Давыдов все больше убеждался в мнении, что возница его — человек отнюдь не ущербленного ума; обо всем он рассуждал толково и здраво, но ко всякому явлению и оценке его подходил с какой-то своей, особой и необычной меркой.

Уже когда показался вдали полевой стан и возле него тончайшей прядкой закурчавился дымок бригадной кухни, Давыдов спросил:

— Нет, всерьез, дядя Иван, так всю жизнь ты шагом и ездишь на лошадях?

— Так и езжу.

— Что же ты мне раньше не сказал про такую твою странность? Я бы с тобой не поехал, факт!

— А чего ради я бы заранее себя хвалил? Вот ты и сам увидал мою езду. Один раз проедешь со мной, в другой — не захочешь.

— С чего же это тебе так подеялось? — усмехнулся Давыдов.

Вместо прямого ответа Аржанов уклончиво сказал:

— У меня сосед в старое время был, плотник, запойный. Руки золотые, а сам запойный. Держится, держится, а потом, как только рюмку понюхает, и пошел чертить на месяц! Все с себя, милый человек, пропивал, до нитки!

— Ну?

— Ну, а сын его и капли в рот не берет.

— А ты без притчей, попроще.

— Проще некуда, милый человек. У меня покойный родитель лихой был охотник, а ишо лише — наездник. На действительной службе в полку всегда первые призы забирал по скачке, по рубке и по джигитовке. Вернулся с действительной — на станишных скачках каждый год призы схватывал. Хоть он и родной отец, а вредный человек был, царство ему небесное! Задатный был, форсистый казачок... Бывало, каждое утро гвоздь в печке на огне нагреет и усы на этом гвозде закручивает. Любил перед народом покрасоваться, а особенно перед бабами... А верхи ездил как! Не дай и не приведи господь! Надо ему, допустим, в станицу по делу смотаться, вот он выводит своего служивского коня из конюшни, подседлает его и — с места в намет! Разгонит его по двору, пересигнет через плетень, только вихорь за ним вьется. Рысью или шагом сроду не ездил. До станицы двадцать четыре версты — наметом и оттуда так же. Любил он из лихости зайцев верхом заскакивать. Заметь, не волков, а зайцев! Выгонит где-нибудь из бурьяна этого зайчишку, отожмет от буерака, догонит и либо арапником засечет, либо конем стопчет. Сколько раз он падал на всем скаку и увечился, а забаву свою не бросал. Ну и перевел лошадей в хозяйстве. На моей памяти шесть коней изничтожил: какого насмерть загонит, какого на ноги посадит. Разорил нас с матерью вчистую! В одну зиму два коня под ним убились насмерть. Споткнется на всем скаку, вдарится об мерзлую землю — и готов! Глядим — отец пеши идет, седло несет на плече. Мать, бывало, так и заголосит по-мертвому, а отцу хоть бы что! Отлежится дня три, покряхтит, и ишо не успеют синяки у него на теле оттухнуть, а он уже опять собирается на охоту...

— Лошади разбивались насмерть, а как же он мог уцелеть?

— Лошадь — животная тяжелая. Она, когда падает на скаку, через голову раза три перевернется, пока земли достанет. А отцу — что? Он стремена выпустит и летит с нее ласточкой. Ну, вдарится, полежит без памяти, сколько ему требуется, чтобы очухаться, а потом встанет и командируется домой пешком. Отважным был, черт! И кость у него была, как из железа клепанная.

— Силен был парень! — с восхищением сказал Давыдов.

— Силен-то силен, но нашлась и на него чужая сила...

— А что?

— Убили его наши хуторские казаки.

— За что же это? — закуривая, спросил заинтересованный Давыдов.

— Дай и мне папироску, милый человек.

— Да ведь ты же не куришь, дядя Иван?

— Так-то, всурьез, я не курю, а кое-когда балуюсь. А тут вспомнил эту старую историю, и что-то во рту стало сухо и солоно... За что, спрашиваешь, убили его? Заслужил, значит...

— Но все-таки?

— За бабу убили, за полюбовницу его. Она была замужняя. Ну, муж ее прознал про это дело. Один на один он с отцом побоялся сходиться: отец был ростом небольшой, но ужасно сильный. Тогда муж отцовой любушки подговорил двух своих родных братьев. Дело было на масленицу. Втроем они ночью подкараулили на речке отца... Господь-милостивец, как они его били! Кольями били и каким-то железом... Когда утром отца принесли домой, он был ишо без памяти и весь черный, как чугун. Всю ночь без памяти на льду пролежал. Должно быть, ему не легко было, а? На льду-то! Через неделю начал разговаривать и понимать начал, что ему говорят. Словом, пришел в себя. А с кровати два месяца не вставал, кровью харкал и разговаривал потихонечку-потихонечку. Вся середка у него была отбита. Друзья приходили его проведывать, допытывались: «Кто тебя бил, Федор? Скажи, а мы...» А он молчит и только потихоньку улыбается, поведет глазом и, когда мать выйдет, скажет шепотом: «Не помню, братцы. Многим мужьям я виноватый».

Мать, бывало, до скольких разов станет перед ним на колени, просит: «Родный мой Федюшка, скажи хоть мне: кто тебя убивал? Скажи, ради Христа, чтобы я знала, за чью погибель мне молиться!» Но отец положит ей руку на голову, как дитю, гладит ее волосы и говорит: «Не знаю — кто. Темно было, не угадал. Сзади по голове вдарили, сбили с ног, не успел разглядеть, кто меня на льду пестовал...» Или так же тихонько улыбнется и скажет ей: «Охота тебе, моя касатушка, старое вспоминать? Мой грех — мой и ответ...» Призвали попа исповедовать его, и попу он ничего не сказал. Ужасный твердый был человек!

— А откуда ты знаешь, что он попу не сказал?

— А я под кроватью лежал, подслушивал. Мать заставила. «Лезь, говорит, Ванятка, под кровать, послушай, может, он батюшке назовет своих убивцев». Но только отец ничего про них не сказал. Разов пять на поповы вопросы он сказал: «Грешен, батюшка», — а потом спрашивает: «А что, отец Митрий, на том свете кони бывают?» Поп, как видно, испугался, часто так говорит: «Что ты, что ты, раб божий Федор! Какие там могут быть лошади! Ты о спасении души думай!» Долго он отца совестил и уговаривал, отец все молчал, а потом сказал: «Говоришь, нету там коней? Жалко! А то бы я там в табунщики определился... А ежели нету, так мне и делать на том свете нечего. Не буду умирать, вот тебе и весь сказ!» Поп наспех причастил его и ушел дюже недовольный, очень дюже злой. Я рассказал матери все, что слышал; она заплакала и говорит: «Грешником жил, грешником и помрет кормилец наш!»

Весною — снег уже стаял — отец поднялся, дня два походил по хате, а на третий, гляжу, он надевает ватный сюртук и папаху, говорит мне: «Пойди, Ванятка, подседлай мне кобыленку». У нас к этому времени в хозяйстве осталась одна кобылка-трехлетка. Мать услыхала, что он сказал, и — в слезы: «Куда ты гож, Федя, сейчас верхи ездить? Ты на ногах еле держишься! Ежели сам себя не жалеешь, так хоть меня с детишками пожалей!» А он засмеялся и говорит: «Я же, мать, сроду в жизни шагом не ездил. Дай мне хоть перед смертью в седле посидеть и хоть разок по двору шажком проехать. Я только по двору круга два проеду и — в хату».

Пошел я, подседлал кобылку, подвел к крыльцу. Мать вывела отца под руку. Два месяца он не брился, и в нашей темной хатенке не видно было, как он переменился обличьем... Глянул я на него при солнышке, и закипела во мне горючая слеза! Два месяца назад отец был черный как ворон, а теперь борода отросла наполовину седая и усы тоже, а волосы на песиках стали вовсе белые, как снег... Ежели бы он не улыбался какой-то замученной улыбкой, — я, может, и не заплакал бы, а тут никак не мог сдержаться... Взял он у меня повод, за гриву ухватился, а левая рука у него была перебитая, только недавно срослась. Хотел я его поддержать, но он не свелел. Ужасный гордый был человек! Слабости своей и то стыдился. Понятно, хотелось ему, как и раньше, птицей взлететь на седло, но не вышло... Поднялся он на стремени, а левая рука подвела, разжались пальцы, и вдарился он навзничь, прямо спиной об землю... Внесли мы с матерью его в хату. Ежели раньше он только кашлял кровью, то теперь уже она пошла у него из глотки цевкой. Мать до вечера от корыта не отходила, не успевала красные полотенца замывать. Призвали попа. В ночь он его пособоровал, но до чего же ужасный крепкий человек был! Только на третьи сутки после соборования перед вечером затосковал, заметался по кровати, а потом вскочил, глядит на мать мутными, но веселыми глазами и говорит: «После соборования, говорят, нельзя босыми ногами на землю становиться, но я постою хоть трошки... Я по этой земле много исходил и изъездил, и мне уходить с нее прямо-таки жалко... Мать, дай мне рученьку твою, она в этой жизни много поработала...»

Мать подошла, взяла его за руку. Он прилег на спину, помолчал, а потом почти шепотом сказал: «И слез она по моей вине вытерла немало...» — отвернулся лицом к стенке и помер, пошел на тот свет угоднику Власию конские табуны стеречь...

Очевидно подавленный воспоминаниями, Аржанов надолго замолчал. Давыдов покашлял, спросил:

— Слушай, дядя Иван, а почем ты знаешь, что твоего отца бил муж этой... ну, одним словом, этой его женщины... и братья мужа? Или это твои предположения? Догадки?

— Какие там догадки! Отец сам мне сказал за день до смерти.

Давыдов даже слегка приподнялся на бричке:

— Как — сказал?

— Очень даже просто сказал. Утром мать пошла корову доить, я сидел за столом, перед школой уроки доучивал, слышу — отец шепчет: «Ванятка, подойди ко мне». Я подошел. Он шепчет: «Нагнись ко мне ниже». Я нагнулся. Он говорит потихоньку: «Вот что, сынок, тебе уже тринадцатый год идет, ты после меня останешься за хозяина, запомни: били меня Аверьян Архипов и два его брата, Афанасий и Сергей-косой. Ежели бы они убили меня сразу, — я бы на них сердца не держал. Об этом я их и просил там, на речке, пока был в памяти. Но Аверьян мне сказал: «Не будет тебе легкой смерти, гад! Поживи калекой, поглотай свою кровицу вволю, всласть, а потом издыхай!» Вот за это я на Аверьяна сердце держу. Смерть у меня в головах стоит, а сердце на него все равно держу! Сейчас ты маленький, а вырастешь большой — вспомни про мои му́ки и убей Аверьяна! Об чем я тебе сказал, никому не говори — ни матери, никому на свете. Побожись, что не скажешь». Я побожился, глаза были сухие, и поцеловал отцов нательный крест...

— Фу-ты, черт, прямо как у черкесов на Кавказе в старое время! — воскликнул Давыдов, взволнованный рассказом Аржанова.

— У черкесов — сердце, а у русских заместо сердца камушки, что ли? Люди, милый человек, все одинаковые.

— Что же дальше? — нетерпеливо спросил Давыдов.

— Похоронили отца. Пришел я с кладбища, стал в горнице спиной к притолоке и провел над головой черточку карандашом. Каждый месяц я измерял свой рост, отмечался: все скорее хотел стать большим, чтобы стукнуть Аверьяна... И вот стал я в доме хозяином, а было в ту пору мне двенадцать лет, и, кроме меня, было у матери нас ишо семеро детей, мал мала меньше. Мать после смерти отца стала часто прихварывать, и, боже мой, сколько нужды и горя пришлось нам хлебнуть! Какой бы отец непутевый ни был, но он умел погулять, умел и поработать. Для кое-каких других он был поганым человеком, а нам, детишкам и матери, — свой, родной: он нас кормил, одевал и обувал, из-за нас он с весны до осени в поле хрип гнул... Узковаты были у меня тогда плечи и жидка хребтина, а пришлось нести на себе все хозяйство и работать, как взрослому казаку. При отце нас четверо бегало в школу, а после его смерти пришлось всем школу бросить. Нюрку — сестренку десяти лет — я вместо матери приспособил стряпать и корову доить, младшие братишки помогали мне по хозяйству. Но я не забывал каждый месяц отмечаться у притолоки. Однако рос я в тот год тупо — горе и нуждишка не давали мне настоящего росту. А за Аверьяном следил, как волчонок за птицей из камыша. Каждый шаг его мне был известный; куда он пошел, куда поехал — я все знал...

Бывало, сверстники мои по воскресеньям всякие игры устраивают, а мне некогда, я в доме старший. По будням они в школу идут, а я на базу скотину убираю... Обидно мне было до горючих слез за такую мою горькую жизнью! И стал я помалу сторониться своих дружков-одногодков, нелюдимым стал, молчу, как камень, на народе не хочу бывать... Тогда по хутору стали про меня говорить, что, мол, Ванька Аржанов того, малость с придурью, умом тронутый. «Проклятые! — думал я. — Вас бы в мою шкуру! Поумнели бы вы от такой жизни, как моя?» И тут я вовсе сненавидел своих хуторных; ни на кого глядеть не могу!.. Дай, милый человек, мне ишо одну папироску.

Аржанов неумело взял папироску. Пальцы его заметно дрожали. Он долго прикуривал от папиросы Давыдова, закрыв глаза, смешно топыря губы и громко чмокая.

— А как же Аверьян?

— А что этому Аверьяну? Жил, как хотел. Простить жене любовь моего отца не мог, бил ее смертно, так и вогнал в могилу через год. Под осень женился на другой, на молоденькой девке с нашего же хутора. «Ну, — подумал я тогда, — недолго ты, Аверьян, поживешь с молодой женой...»

Потихоньку от матери начал я копить деньжонки, а осенью, вместо того чтобы ехать на ближнюю ссыпку, я один поехал в Калач, продал там воз пшеницы и на базаре с рук купил одноствольное ружье и десять штук патронов к нему. На обратном пути попробовал ружье, загубил три патрона. Погано било ружьишко: пистонку разбивал боек не сразу, из трех вышло две осечки, только третий патрон вдарил. Схоронил я дома это ружье под застреху в сарае, никому про свою покупку не сказал. И вот начал я Аверьяна подстерегать... Долго у меня ничего не получалось. То люди помешают, то ишо какая причина не укажет мне стукнуть его. А своего я все-таки дождался! Главное, не хотелось мне его в хуторе убивать, вот в чем была загвоздка! На первый день Покрова поехал он в станицу на ярмарку, поехал один, без жены. Узнал я, что он один поехал, и перекрестился, а то бы пришлось обоих их бить. Полтора суток я не жрал, не пил, не спал, караулил его возле дороги в яру. Жарко молился я в этом яру, просил бога, чтобы Аверьян возвращался из станицы один, а не в компании с хуторными казаками. И господь-милостивец внял моей ребячьей молитве! Под вечер на другой день гляжу — едет Аверьян один. А до этого сколько подвод я пропустил, сколько разов у меня сердце хлопало, когда казалось издали, что это Аверьяновы кони бегут по дороге... Поравнялся он со мной, и тут я выскочил из яра, сказал: «Слазь, дядя Аверьян, и молись богу!» Он побелел, как стенка, и остановил лошадей. Рослый был и здоровый казачина, а что он мог со мной поделать? У меня же в руках ружье. Крикнул он мне: «Ты что это, змееныш, удумал?» Я ему говорю: «Слазь и становись на колени! Сейчас узнаешь, что я удумал». Отважный он был, вражина! Сигнул с брички и кинулся ко мне с голыми руками... Близко я его напустил, вот как до этой бурьянины, и вдарил в упор...

— А если бы осечка?

Аржанов улыбнулся:

— Ну, тогда бы он меня отправил к отцу подпаском, табуны на том свете стеречь.

— Что же дальше?

— Лошади от выстрела понесли, а я никак с места не тронусь. Ноги у меня отнялись, и весь я дрожу, как лист на ветру. Аверьян возле лежит, а я шагу к нему ступить не могу, подыму ногу и опять отпущу ее, боюсь упасть. Вот как меня трясло! Ну, кое-как опамятовался, шагнул к нему, плюнул ему в морду и начал у него карманы в штанах и в пиджаке выворачивать. Вынул кошелек.

В нем было бумажками двадцать восемь рублей, один золотой в пять рублей и мелочью рубля два или три. Это уж я после сосчитал, дома. А остальные, какие у него были, он, видно, потратил на гостинцы своей молодой жене... Порожний кошелек я бросил тут же, на дороге, а сам сигнул в яр — и был таков! Давно это было, а помню все дочиста, как будто только вчера это со мной получилось. Ружье и патроны я в яру зарыл. Уже по первому снегу ночью откопал свое имущество, принес в хутор и схоронил ружье в чужой леваде, в старой дуплястой вербе.

— Зачем деньги взял? — резко и зло спросил Давыдов.

— А что?

— Зачем брал, спрашиваю?

— Они мне нужны были, — просто ответил Аржанов. — Нас в ту пору нужда ела дюжее, чем вошь.

Давыдов соскочил с брички и долго шел молча. Молчал и Аржанов. Потом Давыдов спросил:

— Это и все?

— Нет, не все, милый человек. Наехали следственные власти, рылись, копались... Так и уехали ни с чем. Кто мог на меня подумать? А тут вскоре простудился на порубке леса Сергей-косой — Аверьянов брат, — похворал и помер: в легких у него случилось воспаление. И я дюже забеспокоился тогда, думаю: ну, как и Афанасий своей смертью помрет, и повиснет моя рука, какую отец благословил покарать врагов? И я засуетился...

— Постой, — прервал его Давыдов. — Ведь тебе же отец говорил про одного Аверьяна, а ты на всех трех замахнулся?

— Мало ли что отец... У отца своя воля была, а у меня — своя. Так вот, засуетился я тогда... Афанасия я убил через окно, когда он вечерял. В ту ночь я отметился у притолоки в последний раз, потом стер все отметки тряпкой. А ружье и патроны утопил в речке; все это мне стало уже не нужным... Я отцову и свою волю выполнил. Вскорости мать затеялась помирать. Ночью подозвала она меня к себе, спросила: «Ты их побил, Ванятка?» Признался: «Я, маманя». Ничего она мне не сказала, только взяла мою правую руку и положила ее себе на сердце...

Аржанов потрогал вожжи, лошади пошли веселее, и он, глядя на Давыдова по-детски ясными серыми глазами, спросил:

— Теперь не будешь больше допытываться, почему я на лошадях шибко не езжу?

— Все понятно, — ответил Давыдов. — Тебе, дядя Иван, на быках ездить надо, водовозом, факт.

— Об этом я до скольких разов просил Якова Лукича, но он не согласился. Он надо мной хочет улыбаться до последнего...

— Почему?

— Я ишо мальчишкой у него полтора года в работниках жил.

— Вот как!

— Вот так, милый человек. А ты и не знал, что у Островнова всю жизню в хозяйстве работники были? — Аржанов хитро сощурился: — Были, милый человек, были... Года четыре назад он присмирел, когда налогами стали жать, свернулся в клубок, как гадюка перед прыжком, а не будь зараз колхозов да поменьше налоги — Яков Лукич показал бы себя, будь здоров! Самый лютый кулак он, а вы гадюку за пазухой пригрели...

Давыдов после длительного молчания сказал:

— Это мы исправим, разберемся с Островновым как полагается, а все-таки, дядя Иван, ты человек с чудинкой.

Аржанов улыбнулся, задумчиво глядя куда-то вдаль:

— Да ведь чудинка — как тебе сказать... Вот растет вишневое деревцо, на нем много разных веток. Я пришел и срезал одну ветку, чтобы сделать кнутовище, — из вишенника кнутовище надежнее, — росла она, милая, тоже с чудинкой — в сучках, в листьях, в своей красе, а обстругал я ее, эту ветку, и вот она... — Аржанов достал из-под сиденья кнут, показал Давыдову коричневое, с засохшей, покоробленной корой вишневое кнутовище. — И вот она! Поглядеть не на что! Так и человек: он без чудинки голый и жалкий, вроде этого кнутовища. Вот Нагульнов какой-то чужой язык выучивает — чудинка; дед Крамсков двадцать лет разные спичечные коробки собирает — чудинка; ты с Лушкой Нагульновой путаешься — чудинка; пьяненький какой-нибудь идет по улице, спотыкается и плетни спиной обтирает — тоже чудинка. Милый человек мой, председатель, а вот лиши ты человека любой чудинки, и будет он голый и скучный, как вот это кнутовище.

Аржанов протянул Давыдову кнут, сказал, все так же задумчиво улыбаясь:

— Подержи его в руках, подумай, может, тебе в голове и прояснеет...

Давыдов с сердцем отвел руку Аржанова:

— Иди ты к черту! Я и без этого сумею подумать и во всем разобраться!

...Потом, до самого стана, они всю дорогу молчали...

Глава VI

В бригаде полудновали. Наспех сбитый длинный стол впритирку вмещал всех плугатарей и погонщиков. Ели, изредка перебрасываясь солеными мужскими шутками, деловито обмениваясь замечаниями о качестве приготовленной стряпухой каши.

— И вот она всегда недосаливает! Горе, а не стряпуха!

— Не слиняешь от недосола, возьми да посоли.

— Да мы же с Васькой двое из одной чашки едим, он любит несоленое, а я — соленое. Как нам в одной чашке делиться? Посоветуй, ежели ты такой умный!

— Завтра плетень сплетем, разгородим вашу чашку пополам, только и делов. Эх ты, мелкоумный! До такой простой штуки не мог сам додуматься!

— Ну, брат, и у тебя ума, как у твоего борозденного быка, ничуть не больше.

За столом долго бы еще пререкались и перешучивались, но тут издали заметили подводу, и, самый зоркий из всех, плугатарь Прянишников, приложив ладонь ребром ко лбу, тихо свистнул:

— Этот едет, полоумный Ванька Аржанов, а с ним — Давыдов.

На стол вразнобой, со стуком легли ложки, и взоры всех нетерпеливо устремились туда, где в балочке на минуту скрылась подвода.

— Дожили! Опять едет нас на буксир брать, — со сдержанным негодованием сказал Агафон Дубцов. — Достукались! Нет уж, с меня хватит! Теперь вы своими гляделками моргайте, а я моргать уморился, я на него от стыда и глядеть не желаю!

У Давыдова по-хорошему дрогнуло сердце, когда он увидел, как дружно все встали из-за стола, приветствуя его. Он шел широкими шагами, а навстречу ему уже тянулись руки и светились улыбками дочерна сожженные солнцем лица мужчин и матово-смуглые, тронутые легким загаром лица девушек и женщин. Они, эти женщины, никогда не загорали по-настоящему, на работе так закутываясь в белые головные платки, что оставались только узкие щели для глаз. Давыдов улыбался, на ходу оглядывал знакомые лица. С ним успели крепко сжиться, его приезду были искренне рады, встречали его как родного. За какой-то миг все это дошло до сознания Давыдова, острой радостью коснулось его сердца и сделало голос приподнятым и чуть охрипшим:

— Ну, здравствуйте, отстающие труженики! Кормить приезжего будете?

— Кто к нам надолго — кормим, а кто на часок, в гости, — того не кормим, а только провожаем с низкими поклонами. Так ведь, бригадир? — под общий смех сказал Прянишников.

— Я, наверное, надолго к вам, — улыбнулся Давыдов.

И Дубцов оглушающим басом заорал:

— Учетчик! Пиши его на полное довольствие с нынешнего дня, а ты, стряпуха, наливай ему каши, сколько его утроба примет!

Давыдов обошел вокруг стола, со всеми здороваясь за руку. Мужчины обменивались с ним привычно крепким рукопожатием, а женщины, глядя в глаза, смущались и протягивали руки лодочкой: свои, местные казаки не очень-то баловали их таким вниманием и почти никогда не снисходили до того, чтобы при встрече, как равной, протянуть женщине руку.

Дубцов усадил Давыдова рядом с собой, положил ему на колено тяжелую и горячую ладонь.

— Мы тебе рады, любушка ты наш Давыдов!

— Вижу. Спасибо!

— Только ты не сразу начинай ругаться...

— Да я вовсе и не думаю ругаться.

— Нет, это ты, конечно, не утерпишь, без этого ты не обойдешься, да и нам крепкое слово будет в пользу. Но пока помолчи. Пока люди жуют, нечего им аппетит портить.

— Можно и подождать, — усмехнулся Давыдов. — Доброго разговора мы не минуем, но за столом начинать не будем, как-нибудь потерпим, а?

— Обязательно надо вытерпеть! — под общий хохот решительно заявил Дубцов и первый взялся за ложку.

Давыдов ел сосредоточенно и молча, не поднимая от миски головы. Он почти не вслушивался в сдержанные голоса полуднювавших пахарей, но все время ощущал на лице чей-то неотступный взгляд. Прикончив кашу, Давыдов облегченно вздохнул: впервые за долгое время он был по-настоящему сыт. По-мальчишески облизав деревянную ложку, он поднял голову. Через стол на него в упор, неотрывно смотрели серые девичьи глаза, и столько в них было горячей, невысказанной любви, ожидания, надежды и покорности, что Давыдов на миг растерялся. Он и прежде нередко встречался в хуторе — на собрании или просто на улице — с этой большерукой, рослой и красивой семнадцатилетней девушкой, и тогда, при встречах, она улыбалась ему смущенно и ласково, и смятение отражалось на ее вдруг вспыхивающем лице, — но теперь в ее взгляде было что-то иное, повзрослевшее и серьезное...

«Каким тебя ветром ко мне несет и на что ты мне нужна, милая девчонушка? И на что я тебе нужен? Сколько молодых парней всегда возле тебя вертится, а ты на меня смотришь, эх ты, слепушка! Ведь я вдвое тебя старше, израненный, некрасивый, щербатый, а ты ничего не видишь... Нет, не нужна ты мне, Варюха-горюха! Расти без меня, милая», — думал Давыдов, рассеянно глядя в полыхающее румянцем лицо девушки.

Она слегка отвернулась, потупилась, встретившись глазами с Давыдовым. Ресницы ее трепетали, а крупные загрубелые пальцы, перебиравшие складки старенькой грязной кофточки, заметно вздрагивали. Так наивна и непосредственна была она в своем чувстве, так в детской простоте своей не умела и не могла его скрыть, что всего этого не заметил бы разве только слепой.

Обращаясь к Давыдову, Кондрат Майданников рассмеялся:

— Да не смотри ты на Варьку, а то у нее вся кровь в лицо кинулась! Пойди умойся, Варька, может, малость оттухнешь. Хотя как она пойдет? У нее же ноги теперь отнялись... Она у меня погонычем работает, так все время ходу мне не дает, заспрашивалась, когда ты, Давыдов, приедешь. «А я откуда знаю, когда он приедет, отвяжись», — говорю ей, но она этими вопросами с утра до ночи меня долбит и долбит, как дятел сухую лесину.

Словно для того, чтобы опровергнуть предположение, будто у нее отнялись ноги, Варя Харламова, повернувшись боком и слегка согнув ноги в коленях, с места, одним прыжком перемахнула через лавку, на которой сидела, и пошла к будке, гневно оглядываясь на Майданникова и что-то шепча побледневшими губами. Только у самой будки она остановилась, повернувшись к столу, крикнула срывающимся голоском:

— Ты, дядя Кондрат... ты, дядя... ты неправду говоришь!

Общий хохот был ей ответом.

— Издали оправдывается, — посмеиваясь, сказал Дубцов. — Издали оно лучше.

— Ну зачем ты смутил девушку? Нехорошо! — недовольно сказал Давыдов.

— Ты ее ишо не знаешь, — снисходительно ответил Майданников. — Это она при тебе такая смирная, а без тебя она любому из нас зоб вырвет и не задумается. Зубатая девка! Бой, а не девка! Видал, как она с места взвилась? Как дикая коза!..

Нет, не льстила мужскому самолюбию Давыдова эта простенькая девичья любовь, о которой давно уже знала вся бригада, а он услышал и узнал впервые только сейчас. Вот если бы другие глаза хоть раз посмотрели на него с такой беззаветной преданностью и любовью — это иное дело...

Стараясь замять неловкий разговор, Давыдов шутливо сказал:

— Ну, спасибо стряпухе и деревянной ложке! Накормили досыта.

— Благодари, председатель, за великое старание свою правую руку да широкий рот, а не стряпуху с ложкой. Может, добавку подсыпать? — осведомилась, поднимаясь из-за стола, величественная, необычайно толстая стряпуха.

Давыдов с нескрываемым изумлением оглядел ее могучие формы, широкие плечи и необъятный стан.

— Откуда вы ее взяли, такую? — вполголоса спросил он Дубцова.

— На Таганрогском металлургическом заводе по нашему особому заказу сделали, — ответил учетчик, молодой и развязный парень.

— Как же я тебя раньше не видал? — все еще удивлялся Давыдов. — Такая ты объемистая в габаритах, а видеть тебя, мамаша, не приходилось.

— Нашелся мне сынок! — фыркнула стряпуха. — Какая же я тебе мамаша, ежели мне всего сорок семь? А не видел ты меня потому, что зимой я из хаты не вылезу. При моей толщине и коротких ногах я по снегу не ходок, на ровном месте могу в снегу застрять. Зимой я дома безвылазно сижу, пряду шерсть, платки вяжу, словом, кое-как кормлюсь. По грязи тоже я не ходок: как верблюд, боюсь разодраться на сколизи, а по сухому я и объявилася в стряпухах. И никакая я тебе не мамаша, товарищ председатель! Хочешь со мной в мире жить — зови меня Дарьей Куприяновной, тогда в бригаде сроду голодным не будешь!

— Полностью согласен жить с тобой в мире, Дарья Куприяновна, — улыбаясь, сказал Давыдов и привстал, поклонился с самым серьезным видом.

— Так-то оно и тебе и мне лучше будет. А теперь давай свою чашку, я тебе на закуску кислого молочка положу, — донельзя довольная любезностью Давыдова, проговорила стряпуха.

Она щедрой рукой положила в чашку целый килограмм кислейшего откидного молока и подала с низким поклоном.

— А почему ты в стряпухах состоишь, а не на производстве работаешь? — спросил Давыдов. — При твоем весе тебе только разок давнуть на чапиги — и лемех сразу на полметра в землю уйдет, факт!

— Так у меня же сердце больное! У меня доктора признали ожирение сердечной деятельности. В стряпухах мне и то тяжело, чуть повожусь с посудой — и сердце где-то в самой глотке бьется. Нет, товарищ Давыдов, в плугатари я негожая. Эти танцы не под мою музыку.

— Все на сердце жалуется, а трех мужей похоронила. Трех казаков пережила, теперь ищет четвертого, но что-то охотников не находится, боятся на ней жениться, заездит этакая тетенька насмерть! — сказал Дубцов.

— Брехун рябой! — воскликнула не на шутку рассерженная стряпуха. — Чем же я виновата, что из трех казаков мне ни одного жилистого не попалось, а все какие-то немощные да полухворые? Им господь веку не дал, а я виноватая?

— Ты же и помогла им помереть, — не сдавался Дубцов.

— Чем же я помогла?

— Известно — чем...

— Ты говори толком!

— Мне и так все ясное...

— Нет, ты говори толком, чего впустую языком мелешь!

— Известно, чем помогла: своею любовью, — осторожно сказал Дубцов, посмеиваясь.

— Дурак ты меченый! — покрывая общий хохот, в ярости крикнула стряпуха и сгребла в охапку половину посуды со стола.

Но невозмутимого Дубцова было не так-то просто выбить из седла. Он не спеша доел кислое молоко, вытер ладонью усы, сказал:

— Может, конечно, я и дурак, может, и меченый, но в этих делах, девка, я до тонкостей разбираюсь.

Тут стряпуха завернула по адресу Дубцова такое, что хохот за столом грохнул с небывалой силой, а багровый от смеха и смущения Давыдов еле выговорил:

— Что же это такое, братишки?! Этакого я и на флоте не слыхивал!..

Но Дубцов, сохраняя полную серьезность, с нарочитой запальчивостью крикнул:

— Под присягу пойду! Крест буду целовать! Но стою на своем, Дашка: от твоей любови все трое мужей на тот свет отправились! Трое мужей — ведь это подумать только... А в прошлом году Володька Грачев через чего помер? Он же к тебе ходил...

Дубцов не закончил фразы и стремительно нагнулся: над головой его, подобно осколку снаряда, со свистом пронесся увесистый деревянный половник. С юношеской проворностью Дубцов перекинул ноги через лавку. Он был уже в десяти метрах от стола, но вдруг прыгнул в сторону, увернулся, а мимо него, брызгая во все стороны кислым молоком, с урчанием пролетела оловянная миска и, описав кривую, упала далеко в степи. Широко расставив ноги, Дубцов грозил кулаком, кричал:

— Эй, Дарья, уймись! Кидай чем хочешь, только не глиняными чашками! За разбитую посуду, ей-богу, буду вычитывать трудодни! Ступай, как Варька, за будку, оттуда тебе легче будет оправдываться!.. А я все равно стою на своем: угробила мужьев, а теперь на мне зло срываешь...

Давыдову с трудом удалось навести порядок. Неподалеку от будки сели покурить, и Кондрат Майданников, заикаясь от смеха, сказал:

— И вот каждый день за обедом либо за ужином идет такая спектакля. Агафон с неделю синяк под глазом во всю щеку носил — съездила его Дарья кулаком, а все не бросает над ней потешаться. Не уедешь ты, Агафон, с пахоты подобру-поздорову, либо глаз она тебе выбьет напрочь, либо ногу пяткой наперед вывернет, ты дошутишься...

— Трактор «фордзон», а не баба! — восхищенно сказал Дубцов, украдкой поглядывая на проплывавшую мимо стряпуху.

И, делая вид, что не замечает ее, уже громче заговорил:

— Нет, братцы, чего же греха таить, я бы женился на Дашке, ежели был бы неженатый. Но женился бы только на неделю, а потом — в кусты. Больше недели я не выдержал бы, при всей моей силе. А помирать мне пока нет охоты. С какой радости я себя на смерть бы обрекал? Всю Гражданскую отвоевал, а тут, изволь радоваться, помирай от бабы... Нет, хоть я и меченый дурак, а хитрый ужасно! Неделю бы я кое-как с Дашкой протянул, а потом ночушкой потихоньку слез бы с кровати, по-пластунски прополз до дверей, а там — на баз и наметом до самого дома... Веришь, Давыдов, истинный господь, не брешу, да и Прянишников — вот он — не даст сбрехать: затеялись мы с ним как-то за хороший кондер обнять Дашку, он зашел спереду, я — сзади, сцепились обое с ним руками, но обхватить Дарью так и не смогли, уж дюже широка! Кликнули учетчика — он парень молодой и к тому же трусоватый, побоялся близко подступить к Дашке. Так и осталась она на веки вечные по-настоящему необнятая...

— Не верь ты ему, проклятому, товарищ Давыдов! — уже беззлобно посмеиваясь, сказала стряпуха. — Он, если нынче чего не сбрешет, так завтра от тоски подохнет. Что ни ступнет, то сбрехнет, такой уж он у нас уродился!

После перекура Давыдов спросил:

— Сколько еще осталось пахать?

— До черта, — нехотя ответит Дубцов. — Поболе ста пятидесяти гектаров. На вчерашний день сто пятьдесят восемь оставалось.

— Отличная работа, факт! — холодно сказал Давыдов. — Чем же вы тут занимались? Со стряпухой Куприяновной спектакли ставили?

— Ну, уж это ты напрасно.

— Почему же первая и третья бригады давно закончили вспашку, а вы тянете?

— Давай, Давыдов, вечером соберемся все и поговорим по душам, а сейчас пойдем пахать, — предложил Дубцов.

Это было разумное предложение, и Давыдов, немного поразмыслив, согласился.

— Каких быков мне дадите?

— Паши на моих, — посоветовал Кондрат Майданников. — Мои быки втянутые в работу и собою справные, а две пары молодых бычат у нас сейчас на курорте.

— Как это на курорте? — удивился Давыдов.

Улыбаясь, Дубцов пояснил:

— Слабенькие, ложатся в борозде, ну, мы выпрягли их и пустили на вольный попас возле пруда. Там трава добрая, кормовитая, пущай поправляются, все одно от них никакого толку нету. Они с зимовки вышли захудалые, а тут каждый день работа, они и скисли, не тянут плуг — и все! Пробовали припрягать их по паре к старым быкам — один черт, ничего не получается. Паши на Кондратовых, он правильно советует.

— А сам он что будет делать?

— Я его домой на два дня отпустил. У него баба захворала, слегла, даже бельишка с Ванькой Аржановым не подослала ему и переказывала, чтобы он пришел домой.

— Тогда другое дело. А то я было подумал, что ты и его на курорт куда-нибудь отправляешь. Курортные настроения у вас тут, как я вижу...

Дубцов незаметно для Давыдова подмигнул остальным, и все встали, пошли запрягать быков.

Глава VII

На закате солнца Давыдов выпряг в конце гона быков и разналыгал их. Он сел около борозды на траву, вытер рукавом пиджака пот со лба, дрожащими руками стал сворачивать папиросу — и только тогда почувствовал, как сильно устал. У него ныла спина, под коленями бились какие-то живчики, и, словно у старика, тряслись руки.

— Найдем мы с тобою на заре быков? — спросил он у Вари.

Она стояла против него на пахоте. Маленькие ноги ее в растоптанных больших чириках по щиколотку тонули в рыхлой, только что взвернутой плугом земле. Сдвинув с лица серый от пыли платок, она сказала:

— Найдем, они далеко не уходят ночью.

Давыдов закрыл глаза и жадно курил. Он не хотел смотреть на девушку. А она, вся сияя счастливой и усталой улыбкой, тихо сказала:

— Замучил ты и меня и быков. Дюже редко отдыхаешь.

— Я сам замучился до чертиков, — хмуро проговорил Давыдов.

— Надо чаще отдыхать. Дядя Кондрат вроде и отдыхает часто, дает быкам сапнуть, а всегда больше других напахивает. А ты уморился с непривычки...

Она хотела добавить: «милый» — и, испугавшись, крепко сжала губы.

— Это верно, привычки еще не приобрел, — согласился Давыдов.

С трудом он поднялся с земли, с трудом переставляя натруженные ноги, пошел вдоль борозды к стану. Варя шла следом за ним, потом поравнялась и пошла рядом. Давыдов в левой руке нес разорванную, выцветшую матросскую тельняшку. Еще днем, налаживая плуг, он нагнулся, зацепился воротом за чапигу и, рывком выпрямившись, располосовал тельняшку надвое. День был достаточно жаркий, и он мог бы великолепно обойтись без нее, но ему было совершенно невозможно в присутствии девушки идти за плугом до пояса голым. В смущении запахивая полы матросской одежки, он спросил, нет ли у нее какой-нибудь булавки. Она ответила, что, к сожалению, нет. Давыдов уныло глянул в направлении стана. До него было не меньше двух километров. «А все-таки придется идти», — подумал Давыдов и, крякнув от досады, вполголоса чертыхнулся, сказал:

— Вот что, Варюха-горюха, обожди меня тут, я схожу на стан.

— Зачем?

— Сыму это рванье и надену пиджак.

— В пиджаке будет жарко.

— Нет, я все-таки схожу, — упрямо сказал Давыдов.

Черт возьми, не мог же он в самом деле щеголять без рубахи! Недоставало еще того, чтобы эта милая, невинная девочка увидела, что изображено у него на груди и животе. Правда, татуировка на обоих полушариях широкой давыдовской груди скромна и даже немного сентиментальна: рукою флотского художника были искусно изображены два голубя; стоило Давыдову пошевелиться, и голубые голуби на груди у него приходили в движение, а когда он поводил плечами, голуби соприкасались клювами, как бы целуясь. Только и всего. Но на животе... Этот рисунок был предметом давних нравственных страданий Давыдова. В годы Гражданской войны молодой, двадцатилетний матрос Давыдов однажды смертельно напился. В кубрике миноносца ему поднесли еще стакан спирта. Он без сознания лежал на нижней койке, в одних трусах, а два пьяных дружка с соседнего тральщика — мастера татуировки — трудились над Давыдовым, изощряя в непристойности свою разнузданную пьяную фантазию. После этого Давыдов перестал ходить в баню, а на медосмотрах настойчиво требовал, чтобы его осматривали только мужчины-врачи.

Уже после демобилизации, в первый год работы на заводе, Давыдов все же как-то отважился сходить в баню. Прикрывая обеими руками живот, он разыскал свободную шайку, густо намылил голову — и почти тотчас же услышал где-то рядом с собой, внизу, тихий смешок. Давыдов ополоснул лицо, увидел: некий пожилой, лысый гражданин, опираясь о лавку руками, изогнувшись, в упор, беззастенчиво рассматривал рисунок на животе Давыдова и, захлебываясь от восторга, тихо хихикал. Давыдов не спеша вылил воду и стукнул тяжелой дубовой шайкой чрезмерно любознательного гражданина по лысине. Не успев до конца рассмотреть рисунок, тот закрыл глаза, тихо улегся на полу. Все так же не спеша Давыдов помылся, вылил на лысого целую шайку ледяной воды и, когда тот захлопал глазами, направился в предбанник. С той поры Давыдов окончательно простился с удовольствием попариться по-настоящему, по-русски, в баньке, предпочитая мыться дома.

При одной мысли о том, что Варя могла хоть мельком увидеть его разрисованный живот, Давыдова бросило в жар, и он плотнее запахнул разъезжавшиеся полы тельняшки.

— Ты выпряги быков и пусти их на попас, а я пошел, — сказал он со вздохом. Ему вовсе не улыбалась перспектива обходить пахоту либо три километра спотыкаться по пашне, и все это из-за какой-то нелепой случайности.

Но Варя по-своему расценила побуждения Давыдова. «Стесняется мой любимый работать возле меня без рубахи», — решила она и, благодарная ему в душе за проявление чувства, щадящего ее девичью скромность, решительно сбросила с ног чирики.

— Я быстрее сбегаю!

Давыдов не успел и слова вымолвить, а она уже птицей летела к стану. На черной пахоте мелькали смуглые икры ее быстрых ног да, схваченные встречным ветром, бились на спине концы белого головного платка. Она бежала, слегка клонясь вперед, прижав к тугой груди сжатые в кулаки руки, и думала только об одном: «Сбегаю, принесу ему пиджак... Я быстро сбегаю, угожу ему, и он хоть разок за все время поглядит на меня ласково и, может, даже скажет: спасибо, Варя!»

Давыдов долго провожал ее глазами, потом выпряг быков, вышел с пахоты. Неподалеку он нашел опутавшую прошлогоднюю бурьянину повитель, очистил ее от листьев, а гибкой веточкой наглухо зашнуровал полы тельняшки. Лег на спину и тотчас уснул, будто провалился во что-то черное, мягкое, пахнущее землей...

Проснулся он оттого, что по лбу его что-то ползало — наверное, паучок или какой-нибудь червяк. Морщась, он провел рукою по лицу, снова начал дремать, и снова по щеке что-то заскользило, поползло по верхней губе, защекотало в носу. Давыдов чихнул и открыл глаза. Перед ним на корточках сидела Варя и вся вздрагивала от еле сдерживаемого смеха. Она водила по лицу спящего Давыдова сухой травинкой и не успела отдернуть руку, когда Давыдов открыл глаза. Он схватил ее за тонкую кисть, но она не стала освобождать руку, а только опустилась на одно колено, и смеющееся лицо ее мгновенно стало испуганно-ждущим и покорным.

— Я принесла тебе пиджак, вставай, — чуть слышно прошептала она, делая слабую попытку высвободить руку.

Давыдов разжал пальцы. Рука ее, большая и загорелая, упала на колено. Закрыв глаза, она слышала звонкие и частые удары своего сердца. Она все еще чего-то ждала и на что-то надеялась... Но Давыдов молчал. Грудь его дышала спокойно и ровно, на лице не дрогнул ни единый мускул. Потом он привстал, прочно уселся, поджав под себя правую ногу, ленивым движением опустил руку в карман, нащупывая кисет. Теперь их головы почти соприкасались. Давыдов шевельнул ноздрями и уловил тонкий и слегка пряный запах ее волос. Да и вся она пахла полуденным солнцем, нагретой зноем травой и тем неповторимым, свежим и очаровательным запахом юности, который никто еще не смог, не сумел передать словами...

«Милая девчонушка какая!» — подумал Давыдов и вздохнул. Они поднялись на ноги почти одновременно, несколько секунд молча смотрели в глаза друг другу, потом Давыдов взял из ее рук пиджак, ласково улыбнулся одними глазами:

— Спасибо, Варя!

Именно так и сказал: «Варя», а не «Варюха-горюха». В конце концов сбылось то, о чем она думала, когда бежала за пиджаком. Так почему же на серых глазах навернулись слезы и, пытаясь сдержать их, мелко задрожали густые черные ресницы? О чем ты плачешь, милая девушка? А она беззвучно заплакала, с какой-то тихой детской беспомощностью, низко склонив голову. Но Давыдов ничего не видел: он тщательно сворачивал папироску, стараясь не просыпать ни одной крошки табаку. Папиросы у него кончились, табак был на исходе, и он экономил, сворачивал маленькие, аккуратные папироски, всего лишь на четыре—шесть добрых затяжек.

Она постояла немного, тщетно стараясь успокоиться, но ей не удалось овладеть собой, и она, круто повернувшись на каблуках, пошла к быкам, на ходу проронив:

— Пойду быков пригоню.

Однако и тут Давыдов не расслышал жестокого волнения в ее дрожащем голосе. Он молча кивнул головой, закурил, сосредоточенно размышляя о том, за сколько дней бригаде удастся вспахать весь клин майских паров своими силами и не лучше ли будет, если он подбросит сюда из наиболее мощной третьей бригады несколько плугов.

Ей удобно было плакать, когда Давыдов не мог видеть ее слез. И она плакала с наслаждением, и слезы катились по смуглым щекам, и она на ходу вытирала их кончиками платка...

Ее первая, чистая, девичья любовь наткнулась на равнодушие Давыдова. Но, кроме этого, он был вообще подслеповат в любовных делах, и многое не доходило до его сознания, а если и доходило, то всегда со значительной задержкой, а иногда с непоправимым запозданием...

Запрягая быков, он увидел на щеках Вари серые полосы — следы недавно пролитых и не замеченных им слез. В голосе его зазвучал упрек:

— Э-э-э, Варюха-горюха! Да ты сегодня, как видно, не умывалась?

— Почему это видно?

— Лицо у тебя в каких-то полосах. Умываться надо каждый день, — сказал он назидательно.

...Солнце село, а они все еще устало шагали к стану. Сумерки ложились над степью. Терновая балка окуталась туманом. Темно-синие, почти черные тучи на западе медленно меняли окраску: вначале нижний подбой их покрылся тусклым багрянцем, затем кроваво-красное зарево пронизало их насквозь, стремительно поползло вверх и широким полудужьем охватило небо. «Не полюбит он меня...» — с тоскою думала Варя, скорбно сжимая полные губы. «Завтра будет сильный ветер, земля просохнет за день, вот тогда быкам придется круто», — с неудовольствием думал Давыдов, глядя на пылающий закат.

Все время Варя порывалась что-то сказать, но какая-то сила удерживала ее. Когда до стана было уже недалеко, она набралась решимости.

— Дай мне твою рубаху, — тихо попросила она. И, боясь, что он откажет, умоляюще добавила: — Дай, пожалуйста!

— Зачем? — удивился Давыдов.

— Я ее зашью, я так аккуратно зашью, что ты и не заметишь шва. И постираю ее.

Давыдов рассмеялся:

— Она на мне вся сопрела от пота. Тут латать — не за что хватать, как говорится. Нет, милая Варюха-горюха, этой тельняшке вышел срок службы, на тряпки ее Куприяновне, полы в будке мыть.

— Дай я зашью, попробую, а тогда поглядишь, — настойчиво попросила девушка.

— Да изволь, только труды твои пропадут даром, — согласился Давыдов.

С давыдовской полосатой рубахой в руках ей было неудобно являться на стан: это вызвало бы множество разговоров и вольных шуток по ее адресу... Она искоса, воровато взглянула на Давыдова и, прикрываясь плечом, сунула маленький теплый комочек за лифчик.

Странное, незнакомое и волнующее чувство испытала она в тот момент, когда запыленная Давыдовская тельняшка легла ей на голую грудь: будто все горячее тепло сильного мужского тела вошло в нее и заполнило всю, до отказа... У нее мгновенно пересохли губы, на узком белом лбу росинками выступила испарина, и даже походка вдруг стала какой-то осторожной и неуверенной.

А Давыдов ничего не замечал, ничего не видел. Через минуту он уже забыл о том, что сунул ей в руки свою грязную тельняшку, и, обращаясь к ней, весело воскликнул:

— Смотри, Варюха, как чествуют победителей! Это ведь учетчик нам машет фуражкой. Стало быть, мы поработали с тобой на совесть, факт!

**

После ужина невдалеке от будки мужчины разложили костер, сели вокруг него покурить.

— Ну, теперь — по душам: почему плохо работали? Почему так затянули вспашку? — спросил Давыдов.

— В тех бригадах быков больше, — отозвался младший Бесхлебнов.

— На сколько же больше?

— А ты не знаешь? В третьей — на восемь пар больше, а это, как ни кидай, а четыре плуга! В первой — на два плуга больше, тоже, выходит, они посильнее нас будут.

— У нас и план больше, — вставил Прянишников.

Давыдов усмехнулся:

— И на много больше?

— Хоть на тридцать гектаров, а больше. Их тоже носом не всковыряешь.

— А план в марте вы утверждали? Чего же сейчас плакаться? Исходили из наличия земли по бригадам, так ведь было?

Дубцов сдержанно сказал:

— Да никто не плачется, Давыдов, не в этом дело. Быки в нашей бригаде плохими вышли из зимовки. И сенца с соломкой у нас поменьше оказалось, когда обществляли скот и корма. Ты ведь это очень даже отлично знаешь, и придираться к нам нечего. Да, затянули, быки у нас в большинстве оказались слабосильными, но корма надо было распределять как полагается, а не так, как вы с Островновым надумали: что из личных хозяйств сдали, тем и кормите худобу. Вот теперь и получилось так: кто-то кончил пахать, к покосу скот готовит, а мы всё ишо с парами чухаемся.

— Так давайте поможем вам, Любишкин поможет, — предложил Давыдов.

— А мы не откажемся, — заявил Дубцов, поддержанный молчаливым согласием всех остальных. — Мы не гордые.

— Все ясно, — раздумчиво сказал Давыдов. — Ясно одно, что и правление, и все мы дали тут маху: зимой распределяли корма, так сказать, по территориальным признакам — ошибка! Неправильно расставили рабочую силу и тягло — другая ошибка! А какой же дьявол нам виноват? Сами ошиблись — сами и исправлять будем. По выработке, я говорю про суточную выработку, у вас неплохие цифры, а в общем получается ерунда. Давайте-ка думать, сколько вам надо подкинуть плугов, чтобы выбраться из этого фактического тупика, давайте подсчитывать и брать все на карандаш, а на покосе учтем наши ошибки, по-иному расставим силы. Сколько можно еще ошибаться?

Часа два сидели у костра — спорили, высчитывали, переругивались. Пожалуй, активнее всех выступал Атаманчуков. Он говорил с жаром, выдвигал толковые предложения, но, случайно взглянув на него в то время, как Бесхлебнов язвительно прохаживался по адресу Дубцова, Давыдов увидел в глазах Атаманчукова такую леденящую ненависть, что в изумлении поднял брови. Атаманчуков быстро опустил глаза, потрогал пальцами заросший каштановой щетиной кадык, а когда через минуту снова посмотрел на Давыдова и встретился с ним взглядом — в глазах его светилась наигранная приветливость, и каждая морщинка на лице была исполнена добродушной беспечности. «Артист! — подумал Давыдов. — Но почему он глядел на меня таким чертом? Наверное, обижается, что я его весной выставлял из колхоза?»

Не знал, не мог знать Давыдов о том, что тогда, весной, Половцев, прослышав об исключении Атаманчукова из колхоза, ночью вызвал его к себе и, сжав массивные челюсти, сквозь зубы сказал: «Ты что делаешь, шалава? Ты мне нужен примерным колхозником, а не таким ретивым дураком, который может завалиться на пустяках сам, а на допросах в ГПУ завалить всех остальных и все дело. Ты мне на общем колхозном собрании на колени стань, сукин сын, но добейся, чтобы собрание не утвердило решения бригады. Пока мы не начали — ни тени подозрения не должно падать на наших людей».

На колени Атаманчукову не пришлось становиться: подстегнутые приказом Половцева, на собрании в защиту Атаманчукова дружно выступили и Яков Лукич, и все его единомышленники, и собрание не утвердило решения бригады. Атаманчуков отделался общественным порицанием. С той поры он притих, работал исправно и даже стал для тех, кто работал с ленцой, примером сознательного отношения к труду. Но ненависть к Давыдову и к колхозному строю он не мог глубоко и надежно запрятать, временами, помимо его воли, она прорывалась у него то в неосторожно сказанном слове, то в скептической улыбке, то бешеными огоньками вспыхивала и тотчас гасла в темно-синих, как вороненая сталь, глазах.

Только в полночь точно определили размеры требующейся помощи и сроки окончания вспашки. Тут же, у костра, Давыдов написал Размётнову записку, а Дубцов вызвался сейчас же, не медля, не дожидаясь рассвета, идти в хутор, чтобы к обеду пригнать из третьей бригады быков с плугами и самому вместе с Любишкиным отобрать наиболее работящих плугатарей. Возле потухшего костра в молчании покурили еще раз, пошли спать.

А в это время около будки происходил другой разговор. В простеньком железном тазу Варя бережно простирывала тельняшку Давыдова, рядом стояла стряпуха, говорила низким, почти мужским голосом:

— Ты чего плачешь, дуреха?

— Она у него солью пахнет...

— Ну и что? У всех, кто работает, нижние рубахи солью и потом пахнут, а не духами и не пахучим мылом. Чего ревешь-то? Не обидел он тебя?

— Нет, что ты, тетя!

— Так чего слезы точишь, дура?

— Так ведь не чужую рубаху стираю, а своего, родного... — склонив над тазом голову и сдерживая сдавленные рыдания, сказала девушка.

После длительного молчания стряпуха подбоченилась, с сердцем воскликнула:

— Нет, уж этого с меня хватит! Варька, подыми сейчас же голову!

Бедный, маленький погоныч семнадцати лет от роду! Она подняла голову, и на стряпуху глянули заплаканные, но счастливые глаза нецелованной юности.

— Мне и соль на его рубахе родная...

Мощная грудь Дарьи Куприяновны бурно заколыхалась от смеха:

— Вот теперь и я вижу, что ты, Варька, стала настоящей девкой.

— А какая же я раньше была? Ненастоящая?

— Раньше! Раньше ты ветром была, а теперь девкой стала. Пока парень не побьет другого парня из-за полюбившейся ему девки — он не парень, а полштаны. Пока девка только зубы скалит да глазами играет — она ишо не девка, а ветер в юбке. А вот когда у нее глаза от любви намокнут, когда подушка по ночам не будет просыхать от слез — тогда она становится настоящей девкой! Поняла, дурочка?

Давыдов лежал в будке, закинув за голову руки, и сон не шел к нему: «Не знаю я людей в колхозе, не знаю, чем они дышат, — сокрушенно думал он. — Сначала раскула-

чивание, потом организация колхоза, потом хозяйствен-
ные дела, а присмотреться к людям, узнать их поближе — времени не хватило. Какой же из меня руководитель, к черту, если я людей не знаю, не успел узнать? А
надо всех узнать, не так-то уж их много. И не так-то все
это, оказывается, просто... Вон каким боком повернулся
Аржанов. Все его считают простоватым, но он не прост,
ох, не прост! Дьявол его сразу раскусит, этого бородатого
лешего: он с детства залез в свою раковину и створки захлопнул, вот и проникни к нему в душу — пустит он тебя, как бы не так! И Яков Лукич — тоже замок с секретом. Надо взять его на прицел и присмотреться к нему
как следует. Ясное дело, что он кулак в прошлом, но сейчас работает добросовестно, наверное побаивается за свое
прошлое... Однако гнать его из завхозов придется, пусть
потрудится рядовым. И Атаманчуков непонятен, смотрит на меня, как палач на приговоренного. А в чем дело?
Типичный середняк, ну, был в белых, так кто из них не
был в белых! Это не ответ. Крепенько надо мне обо всем
подумать, хватит руководить вслепую, не зная, на кого
можно по-настоящему опереться, кому по-настоящему
можно доверять. Эх, матрос, матрос! Узнали бы ребята в
цеху, как ты руководишь колхозом, — драили бы они тебя до белых косточек!»

Возле будки, под открытым небом, улеглись спать
женщины-погонычи. Сквозь дремоту Давыдов слышал
тонкий Варин голос и баритонистый — Куприяновны.

— Что ты ко мне жмешься, как телушка к корове? —
смеясь и задыхаясь от удушья, говорила стряпуха. —
Хватит тебе обниматься. Слышишь, Варька? Отодвинь-
ся, ради Христа, от тебя жаром пышет, как от печки! Ты
слышишь, что я тебе говорю? На беду я с тобой легла рядом... Горячая ты какая. Ты не захворала?

Тихий смех Вари был похож на воркованье горлинки.

Сонно улыбаясь, Давыдов представил их лежащими
рядом, подумал, засыпая: «Какая милая девчонка, большая уже, невестится, а по уму — ребенок. Будь счастлива, милая Варюха-горюха!»

Он проснулся, когда уже рассвело. В будке никого не было, снаружи не доносились мужские голоса, все пахари находились уже в борозде, один Давыдов отлеживался на просторных нарах. Он проворно приподнялся, надел портянки и сапоги — и тут увидел возле изголовья выстиранную, искусно, мелким швом зашитую тельняшку и свою чистую парусиновую рубаху. «Откуда могла тут взяться рубаха? Приехал я сюда безо всего, фактически помню. Как же здесь очутилась рубаха? Чертовщина какая-то!» — недоумевал Давыдов и, чтобы окончательно убедиться в том, что это не сон, даже потрогал рукою прохладную парусину.

Только когда он, натянув тельняшку, вышел из будки, все стало для него понятным: Варя, одетая в нарядную голубую кофточку и тщательно разутюженную черную юбку, мыла возле бочки ноги, свежая, как это раннее утро, и улыбалась ему румяными губами, и так же, как и вчера, безотчетной радостью сияли ее широко поставленные серые глаза.

— Выдохся за вчерашний день, председатель? Проспал? — спросила она смеющимся высоким голосом.

— Ты где была ночью?

— Ходила в хутор.

— Когда же ты вернулась?

— А вот толечко что пришла.

— Рубаху ты мне принесла?

Она молча кивнула головой, и в глазах ее мелькнула тревога:

— Может, я что не так сделала? Может, мне не надо было заходить на твою квартиру? Но я подумала, что полосатая рубаха ненадежная...

— Молодец, Варюха! Спасибо тебе за все сразу. Только по какому это случаю ты так разнарядилась? Батюшки! Да у нее и перстенек на пальце!

В смущении поворачивая простенькое серебряное колечко на безымянном пальце, она пролепетала:

— На мне же все грязное было, как прах. Вот я и сходила мать проведать и переменить одежду... — И вдруг, преодолев смущение, озорно блеснула глазами: — Хотела ишо туфли надеть, чтобы ты на меня хоть разок за весь день взглянул, да по пашне, с быками, в туфлях недолго проходишь.

Давыдов рассмеялся:

— Теперь я с тебя глаз сводить не буду, быстроногая моя ланюшка! Ну, иди, запрягай быков, а я только умоюсь и приду.

В этот день Давыдову почти не пришлось работать. Не успел умыться, как пришел Кондрат Майданников.

— Ты же на два дня отпросился, почему так рано вернулся? — улыбаясь, спросил Давыдов.

Кондрат махнул рукой:

— Скучно там. Жена поднялась. Лихорадка ее трясла. Ну, а мне что делать? Повернулся — и ходу сюда... А где же Варька?

— Пошла быков запрягать.

— Стало быть, я пойду пахать, а ты жди гостей. Сам Любишкин восемь плугов гонит, я обогнал их на полдороге. И Агафон, как Кутузов, едет впереди всех верхом на белой кобыле. Да, есть и ишо новость: вчера вечером, в потемках уже, в Нагульнова стреляли.

— Как — стреляли?!

— Обыкновенно стреляли, из винтовки. Какой-то черт вдарил. Он сидел возле открытого окна, при огне, ну, по нем и вдарили. Пуля возле виска прошла, кожу осмолила, только и всего. Но головой он немножко дергает, то ли от контузии, то ли от злости, а так — живой и здоровый. Приехали из районной милиции, ходят, нюхают, но только это дело дохлое...

— Завтра придется распрощаться с вами, пойду в хутор, — решил Давыдов. — Подымает враг голову, а, Кондрат?

— Что ж, это хорошо, пущай подымает. Поднятую голову рубить легче будет, — спокойно сказал Майданников и начал переобуваться.

Глава VIII

После полуночи по звездному небу тесно, плечом к плечу, пошли беспросветно густые тучи, заморосил по-осеннему нудный, мелкий дождь, и вскоре стало в степи очень темно, прохладно и тихо, как в глубоком, сыром погребе.

За час до рассвета подул ветер, тучи, толпясь, ускорили свое движение, отвесно падавший дождь стал косым, от испода туч до самой земли накренился на восток, а потом так же неожиданно кончился, как и начался.

Перед восходом солнца к бригадной будке подъехал верховой. Он неторопливо спешился, привязал повод уздечки к росшему неподалеку кусту боярышника, все так же неторопливо разминаясь на ходу, подошел к стряпухе, возившейся возле вырытой в земле печурки, негромко поздоровался; Куприяновна не ответила на его приветствие. Она стояла на коленях и, упираясь в землю локтями и мощной грудью, склонив голову набок, изо всей силы дула на обуглившиеся щепки, тщетно стараясь развести огонь. Влажные от дождя и обильно выпавшей росы щепки не загорались, в натужно багровое лицо женщины клубами бил дым, серыми хлопьями летела зола.

— Тьфу, будь ты трижды проклята, такая стряпня! — задыхаясь от кашля и дыма, с сердцем воскликнула раздосадованная стряпуха. Она откинулась назад, подняла голову и руки, чтобы поправить выбившиеся из-под платка волосы, и только тогда увидела перед собой приезжего.

— Щепки на ночь надо в будку убирать, кормилица-поилица! У тебя ветру в ноздрях не хватит, чтобы мокрые дровишки разжечь. А ну-ка, дай я помогу тебе, — сказал он и легонько отстранил женщину.

— Вас тут, наставников, много по степи шляется, попробуй-ка сам разожги, а я погляжу, сколь богато у тебя ветра в ноздрях, — ворчливо проговорила Куприяновна, а сама охотно отодвинулась, стала внимательно разглядывать незнакомого человека.

Приезжий был невысок ростом и неказист с виду. На нем ловко сидела сильно поношенная бобриковая куртка, туго перетянутая солдатским ремнем; аккуратно заштопанные и залатанные защитного цвета штаны и старенькие сапоги, по самый верх голенищ покрытые серой коркой грязи, тоже, как видно, дослуживали сверхсрочную службу у своего владельца; и совершенно неожиданным контрастом в его убогом убранстве выглядела щегольская, отличного серебристого каракуля кубанка, мрачно надвинутая на самые брови. Но смуглое лицо приезжего было добродушно, простецкий курносый нос потешно морщился, когда незнакомец улыбался, а карие глаза смотрели на белый свет со снисходительной и умной усмешкой.

Он присел на корточки, достал из внутреннего кармана куртки зажигалку и большой плоский флакон с притертой пробкой. Через минуту мелкие дровишки, щедро обрызганные бензином, горели весело и жарко.

— Вот так, кормилица, надо действовать — сказал приезжий, шутливо похлопывая стряпуху по мясистому плечу. — А этот флакончик, так уж и быть, дарю тебе на вечную память. Чуть чего отсыреет растопка — плесни из него на щепки, и все будет в порядке. Получай подарок, а как только наваришь хлебова — чтобы угостила меня! Полную миску и покруче!

Пряча флакон за пазуху, Куприяновна благодарила с приторной ласковостью:

— Вот уж спасибо тебе, добрый человек, за подарочек! Кондером постараюсь угодить. А для чего ты с собой этот пузырек возишь? Ты не из ветинаров? Не по коровьей части знахарь?

— Нет, я не коровий лекарь, — уклончиво ответил приезжий. — А где же пахари? Неужели спят еще?

— Какие за быками к пруду пошли, какие уже гнутся на дальней пашне.

— Давыдов тут?

— В будке. Зорюет, бедненький. Вчера наморился за день, он ведь у нас в работе заклятой, да и лег поздно.

— Что же он допоздна делал?

— Чума его знает, тут-таки с пахоты вернулся поздно, а тут нужда его носила озимые хлеба глядеть, какие ишо при единоличной жизни посеянные. Ходил ажник в вершину лога.

— Кто же хлеба разглядывает в потемках? — Незнакомец улыбнулся, морща нос и пытливо вглядываясь в круглое лоснящееся лицо стряпухи.

— Туда-то он дошагал, считай, засветло, а оттуда припозднился. Чума его знает, чего он припозднился, может, соловьев слушал. А что эти соловьи вытворяют у нас тут, в Терновой балке, — уму непостижимо! Так поют, так на всякие лады распевают, что никакой сон на ум не идет! Чисто выворачивают душу, проклятые птахи! Иной раз так-то лежу, лежу, да и обольюсь вся горькими слезами...

— С чего же бы это?

— Как же это «с чего»? То младость свою вспомнишь, то всякие разные разности, какие смолоду приключались... Бабе, милый человек, немножко надо, чтобы слезу из нее выжать.

— А Давыдов-то один ходил хлеба проведывать?

— Он у нас пока без поводырей ходит, слава богу — не слепой. Да ты что есть за человек? По какому делу приехал? — вдруг насторожилась Куприяновна и строго поджала губы.

— Дельце есть к товарищу Давыдову, — опять уклончиво ответил приезжий. — Но мне не к спеху, подожду, пока он проснется, пусть трудяга поспит себе на здоровье. А пока дрова разгорятся — мы с тобой посидим малость, потолкуем о том о сем.

— А картошку когда же я начищу на такую ораву, ежели буду с тобой лясы точить? — спросила Куприяновна.

Но разбитной незнакомец и тут нашелся: он достал из кармана перочинный нож, попробовал лезвие его на ногте большого пальца.

— Тащи сюда картошку, я помогу почистить. У такой привлекательной стряпухи согласен всю жизнь в помощниках быть, лишь бы она мне по ночам улыбалась... Хотя бы вот так, как сейчас.

Еще более покрасневшая от удовольствия Куприянов-на с притворной сокрушенностью покачала головой:

— Жидковатый ты собой, жалкий мой! Стать у тебя жидкая по мне... Кой-когда ночушкой я, может, и улыбнулась бы тебе, да ты все равно не разглядишь, не увидишь...

Приезжий удобно устроился на дубовом чурбаке, прищурил глаза, глядя на смеющуюся стряпуху.

— Я по ночам вижу, как филин.

— Да не потому не увидишь, что не разглядишь, а потому, что вострые твои глазыньки слезами нальются...

— Вот ты, оказывается, какая штука, — негромко рассмеялся приезжий. — Гляди, толстуха, как бы ты первая слезой не умылась! Я только днем добрый, а по ночам таким толстым пощады не даю. Хоть не проси и не плачься!

Куприяновна фыркнула, но взглянула на отважного собеседника со сдержанным одобрением.

— Гляди, милок, хвалюн нахвалится, а горюн нагорюется.

— А это мы к утру итоги подобьем: кому горевать, а кому зоревать и во сне потягиваться. Давай картошку, сорока, нечего бездельничать!

Покачиваясь, Куприяновна принесла из-за будки полное ведро картошки и, все еще посмеиваясь, уселась против приезжего на низком табурете. Глядя, как под смуглыми и проворными пальцами незнакомца спиралями сворачивается тонкая картофельная кожура, она удовлетворенно сказала:

— Да ты не только на язык востер, но и на дело. Хорош помощничек у меня!

Приезжий быстро орудовал ножом, молчал — и только спустя несколько минут спросил:

— Ну, как Давыдов? По душе пришелся казакам или нет?

— Пришелся, ничего. Он геройский парень и простой, вроде тебя. А такие, из каких фасон наружу не просится, нашему народу нравятся.

— Простой, говоришь?

— Дюже простой!

— Значит, вроде глуповатого? — Приезжий лукаво взглянул из-под кубанки.

— А ты самого себя за глупо́го считаешь? — съехидничала Куприяновна.

— Не сказал бы...

— Дак чего же ты Давыдова дуришь? Вы же с ним дюже сходственные...

И снова приезжий промолчал, улыбаясь про себя, редко взглядывая на словоохотливую стряпуху.

На востоке шире стала сокрытая тучей багряная полоса солнечного восхода. Поднявшийся на крылья, отдохнувший за ночь ветер донес из Терновой балки гремучие раскаты соловьиного пения. И тогда приезжий вытер о штанину лезвие перочинного ножа, попросил:

— Иди буди Давыдова. Зимой будет отсыпаться.

Давыдов вышел из будки босиком. Был он заспан и хмур. Мельком взглянул на приезжего, хрипло спросил:

— С пакетом из райкома? Давай.

— Без пакета, но из райкома. Обуйся, товарищ Давыдов, поговорить надо.

Почесывая широкую татуированную грудь, Давыдов снисходительно посмотрел на приезжего:

— Чует мое сердце, что твоя милость — уполномоченный райкома... Я сейчас, товарищ!

Он быстро оделся, натянул на босые ноги сапоги, наскоро ополоснул лицо водой, терпко пахнущей дубовым бочонком, и немножко церемонно раскланялся:

— Председатель колхоза имени Сталина Семен Давыдов.

Приезжий шагнул вплотную к Давыдову, обнял его широкую спину.

— Вот как официально ты представляешься! А я — секретарь райкома Иван Нестеренко. Вот и познакомились, а теперь пойдем походим, поговорим по душам, товарищ председатель колхоза. Ну как, много еще осталось пахать?

— Порядком...

— Стало быть, хозяин что-то недоучел?

Нестеренко взял Давыдова под руку, тихонько увлекая к пахоте. Давыдов, косясь на него, сдержанно сказал:

— Ошибся. — И вдруг неожиданно для самого себя загорячился: — Да ведь пойми, дорогой секретарь, я в сельском хозяйстве — телок телком. Я не оправдываюсь, но ошибся не я один... Дело-то новое...

— Я вижу и понимаю, давай спокойнее.

— Не один я ошибся, а все ребята, на кого опираюсь, промазали вместе со мной. Не так расставил силенки. Понимаешь?

— Понимаю. И страшного тут не очень много. Не такое уж страшное дело, исправите на ходу. Подкрепление уже получили людьми и тяглом? Хорошо. А что касается расстановки сил, равномерного распределения этих сил по бригадам — учти на будущее, хотя бы на время сенокоса, и особенно — в уборку хлебов. Надо заранее все как следует продумать.

— Ясно, факт!

— Ну а теперь пойдем, покажи, где ты пахал, где твой гон. Хочу посмотреть, как ленинградский рабочий класс хозяйничает на донской земле... Секретарю парткома на Путиловский не придется мне писать, жаловаться на твое нерадение, а?

— Это уж сам суди.

Маленькой, но сильной рукой Нестеренко еще крепче сжал локоть Давыдова. Глядя сбоку на простое, открытое лицо секретаря, Давыдов вдруг почувствовал себя так легко и свободно, что улыбка невольно тронула его твердые губы. Что-то давненько никто из партийного начальства не говорил с ним так дружески просто и по-человечески хорошо...

— Качество проверить хочешь, товарищ Нестеренко? И это всерьез?

— Что ты, что ты! Просто посмотреть, полюбопытствовать, на что способен рабочий класс, когда он не у станка, не у верстака, а на земле. Если хочешь знать, я — исконный ставропольский хлебороб, и мне любопытно поглядеть, чему тебя научили казаки. А может быть, тебя какая-нибудь казачка учила пахать и огрехи делать? Смотри, не поддавайся зловредному влиянию гремяченских казачек! Из них есть такие штучки, что и тебя, бывалого моряка, черт знает чему научат... Запросто собьют с пути истинного! Или какая-нибудь уже сбила?

Нестеренко говорил с веселой непринужденностью, будто и не выбирая слов, но Давыдов сразу же почувствовал некий, прикрытый шутливостью намек — и весь внутренне подобрался. «Знает что-нибудь про Лушку или закидывает удочку наудачу?» — не без тревоги подумал он. Однако поддержал шутливый тон разговора:

— Это если женщина собьется с пути или заплутается, то кричит: «Ау-у-у!» А мужчина, настоящий мужчина, ищет дорогу молча, факт!

— А ты, видно, настоящий мужчина?

— А ты как думал, товарищ секретарь?

— А я думаю так: настоящие мужчины мне больше по душе, чем крикуны, и если ты, Давыдов, ненароком собьешься с пути, то, не поднимая шума, шепни мне на ухо. Как-нибудь я помогу тебе выбраться на твердую дорогу. Договорились?

— Благодарю на добром слове, — уже серьезно сказал Давыдов, а сам подумал: «Вот чертов сын! Все пронюхал...» Чтобы не подчеркивать серьезности своей последней фразы, добавил: — Удивительно добрый секретарь у нас, прямо на редкость!

Нестеренко с ходу остановился, повернулся лицом к Давыдову и, сдвинув на затылок свою роскошную кубанку, морща в улыбке нос, сказал:

— Потому и добрый, что смолоду сам не всегда по прямой дороге ходил... Бывало, идешь, идешь, как на параде шаг чеканишь, а потом и собьешься с ноги, вильнешь черт его знает куда, одним словом — куда-нибудь в сторону, ну и прешь по чертополоху, пока добрые люди опять молодого дурака на дорогу не выведут. Понятно тебе, матросик, откуда у меня доброта зародилась? Но я не ко всем, без разбора, добрый...

— Говорят, что конь хоть и о четырех ногах, а спотыкается, — осторожно вставил Давыдов.

Но Нестеренко холодно посмотрел на него:

— Если хороший конь споткнется раз, другой, ему можно простить, но есть такие кони, которые спотыкаются на каждом шагу. Как ты его ни учи, как с ним ни бейся, а он подряд все кочки норовит пересчитать носом. Для чего же такого одра и на конюшне держать? Долой его!

Давыдов, незаметно усмехаясь, молчал. До того прозрачно было иносказание, что пояснений не требовалось...

Они медленно шли к пахоте, и так же медленно, прячась за огромную лиловую тучу, вставало за их спиной солнце.

— Вот мой гон, — указал Давыдов, с нарочитой небрежностью кивнув на ровную, уходящую вдаль пахоту.

Неуловимым движением головы стряхнув кубанку до самых бровей, Нестеренко вразвалочку зашагал поперек сырой пахоты. Давыдов следовал за ним немного поодаль и видел, как секретарь, будто бы вынимая попавшую за голенище бурьянинку, не раз и не два промерил глубину вспашки. Давыдов не выдержал:

— Да ты уж меряй не таясь! Ну что ты дипломатию со мной разводишь?

— Сделал бы вид, что не замечаешь, — на ходу буркнул Нестеренко.

У противоположной стороны гона он остановился, с обидной снисходительностью заговорил:

— Вообще — ничего, но пахота неровная, как будто подросток пахал: где поглубже, где помельче малость, а где и вовсе глубоко. Скорее всего — это от неумения, а может быть, и оттого, что не в добром духе взялся за чапиги. Но ты имей в виду, Давыдов, что злому только на войне хорошо быть, там злость сражаться помогает, а на пахоте надо быть душевным человеком, потому что земля любит ровное, ласковое к себе отношение. Так мне еще батька-покойник при жизни говорил... Ну, о чем задумался, сухопутный моряк?! — вдруг задорно крикнул Нестеренко и увесисто толкнул Давыдова плечом.

Тот качнулся и сначала не понял, что его зовут на борьбу. Но когда смеющийся Нестеренко с силой толкнул его еще раз, Давыдов широко расставил ноги и слегка наклонился вперед.

Они схватились, ища друг у друга пояс.

— На поясах или как? — сдерживая дыхание, спросил Нестеренко.

— Как хочешь, только без дураков, без подножки.

— И через голову не кидать, — уже слегка посапывая от усилий повернуть противника, выдохнул Нестеренко.

Давыдов обхватил тугое, мускулистое тело и тотчас же, по сноровке, понял, что перед ним настоящий, опытный борец. Давыдов был, пожалуй, сильнее, но Нестеренко превосходил его подвижностью и ловкостью. Раза два, когда их лица почти соприкасались, Давыдов видел налитую смуглым румянцем щеку, озорно поблескивающий глаз, слышал приглушенный шепот: «Давай, давай, рабочий класс! Чего ты на одном месте топчешься?»

Минут восемь они возились на пахоте, а потом, уже окончательно измотанный, Давыдов хрипло сказал:

— Выбираемся на траву, а то мы тут богу души отдадим...

— Где начали, там и кончим, — тяжело дыша, прошептал Нестеренко.

Напрягая последние силы, Давыдов кое-как вытеснил противника на твердую землю, и тут наступил конец состязанию: падали они вместе, но уже при падении Давыдов сумел повернуть Нестеренко и оказался сверху. Раскинув ноги, всем весом своего тела прижимая противника к земле, задыхаясь, он еле проговорил:

— Ну как, секретарь?

— О чем же говорить, признаю... Силен ты, рабочий класс... Меня побороть не так-то просто, с детства этим балуюсь...

Давыдов поднялся, великодушно протянул побежденному руку, но тот вскочил, как распрямившаяся пружина, повернулся спиной.

— Отряхни грязь!

С какой же мужской теплотой и лаской Давыдов своими большими ладонями осторожно счищал со спины Нестеренко приставшие комочки грязи и былинки прошлогодней травы! Потом они снова встретились глазами, и оба рассмеялись.

— Ты хоть из уважения к моему партийному званию поддался бы! Что тебе стоило? Эх ты, медведь ленинградский! Никакой вежливости в тебе нет, никакого чинопочитания... Зато — улыбка-то! Улыбка до ушей и морда самодовольная, как у молодожена!

Давыдов и действительно широко улыбался:

— В следующий раз учту, факт! Но ты сопротивляйся слабее, а то ведь по колено в землю уходил, не хотел сдаваться. Эх ты, Нестеренко, Нестеренко! Несчастный ставропольский середняк ты и мелкий собственник, как говорит наш Макар Нагульнов. Ты — как секретарь — должен понимать, что рабочий класс во всем деле должен быть сверху, это исторически обосновано, факт!

Нестеренко насмешливо свистнул, тряхнул головой. Кубанка скользнула ему на затылок, удержалась там как бы чудом. Посмеиваясь, он сказал:

— В следующий раз я тебя непременно положу! Посмотрим, какое марксистское обоснование ты тогда будешь подыскивать! Беда вот в чем: стряпуха-то видела, как мы с тобой возились, будто мальчишки, что она подумает о нас? Скажет — наверное, с ума спятили дяди...

Давыдов беспечно махнул рукою:

— Сошлемся на нашу молодость, поймет и простит... Что ж, давай поговорим, товарищ Нестеренко, а то ведь время-то идет, факт!

— Выбирай место посуше, чтобы присесть.

Они устроились на небольшом глинистом курганчике, брошенной сурчине, и Нестеренко не спеша заговорил:

— Перед тем как явиться сюда, побывал в Гремячем. Познакомился с Размётновым, со всеми из актива, кто был в хуторе, а Нагульнова я знаю, встречался с ним еще до приезда в хутор, был он у нас и в райкоме. Я уже говорил и ему и Размётнову, повторю и тебе: плохо вы ведете работу по вовлечению в партию хороших колхозников, преданных нашему делу людей. Очень плохо! А хорошие ребята в колхозе есть, согласен?

— Факт!

— В чем же дело?

— И хорошие выжидают...

— Чего?

— Как обернется дело с колхозом... А пока — на своих огородах больше копаются.

— Пошевеливать их надо, будить у них леность мысли.

— Шевелим помаленьку, но толку мало. Думаю, что к осени будет прирост в нашей ячейке, факт!

— А до осени будете сидеть сложа руки?

— Нет, зачем же, будем действовать, но не будем нажимать.

— А я и не говорю о каком-то нажиме. Надо попросту не упускать ни единой возможности пригорнуть к себе того или иного трудягу из передовых, разъяснить ему доступным языком политику партии.

— Так мы и действуем, товарищ Нестеренко, — заверил Давыдов.

— Действуете, а ячейка не растет. Это похоже скорее на бездействие, чем на действие... Что ж, подождем — увидим, как у вас дальше дело пойдет. Ну, а теперь поговорим о другом. Хочу указать тебе на кое-какие недостатки иного порядка. Сюда я приехал познакомиться с тобой, обнюхаться, как говорится, и побеседовать по душам. Парень ты грамотный и всерьез на молодость свою ссылаться не будешь, ушла твоя молодость, да так ушагала, что и не догонишь и не вернешь! Скидок от меня на свое пролетарское происхождение, на неопытность и прочее не жди, но не жди и особой, непоколебимой суровости, какой любят щеголять некоторые партийные руководители. — Нестеренко, несколько оживившись, продолжал: — Привились у нас в партийном быту, на мой взгляд, неумные действия и соответствующие им выражения «снять стружку», «прочистить с песочком», «продрать наждаком» и так далее. Как будто речь идет не о человеке, а о каком-то ржавом куске железа. Да что же это такое, в самом деле? И заметь, что выражения эти в ходу по большей части у тех, кто за всю свою жизнь не снял ни одной стружки ни с металла, ни с дерева и уж наверное никогда не держал в руках наждачного бруска. А ведь человек — тонкая штука, и с ним надо, ох, как аккуратно обходиться!

Расскажу тебе одну историю. В восемнадцатом году были у нас в отряде такой порядок и такая дисциплина, что хуже бы, да некуда. Не отряд Красной гвардии, а осколок махновской банды, честное слово! И вот в девятнадцатом году, в начале года, прислали нам комиссара — коммуниста из донецких шахтеров. Пожилой такой был, сутуловатый дядя; усы черные, вислые, как у Тараса Шевченко. С приходом его и пошло у нас все по-иному. Отряд к тому времени переформировали в полк Красной Армии. Люди-то в полку остались те же и в то же время стали не те, как будто переродились. Ни одного дисциплинарного взыскания, не говоря уже про отдачу под суд Ревтрибунала, и это всего лишь через месяц после того, как в полку появился комиссар-шахтер! Чем он брал? Душою, вот чем он брал, хитрый дьявол! С каждым красноармейцем поговорит, для каждого у него ласковое слово найдется. Который трусит перед боем — он его с глазу на глаз подбодрит; безрассудного поставит на место — да так, что тот и не подумает в бутылку полезть, обидеться. На ухо ему скажет: «Не при на рожон, дурак! Ведь тебя убьют, а тогда что мы будем делать? Ведь без тебя весь взвод, а не то и рота, пропадет ни за понюшку табаку». Ну, герою, разумеется, лестно, что о нем комиссар такого мнения, и начинает он воевать не бесшабашно, а с рассудком... Была у нашего комиссара всего лишь одна слабость:

займем какое-нибудь крупное село или казачью станицу, и начинает он барахлить...

Давыдов от неожиданности так резко повернулся к Нестеренко, что чуть не опрокинулся набок с круто срезанного ветрами сурчиного холмика. Скользя и упираясь растопыренными пальцами правой руки во влажную глину, воскликнул:

— Как то есть барахлить. Ну что ты болтаешь?!

Нестеренко тихо засмеялся:

— Не то слово я сказал! Не барахлить, а рыться в библиотеках у богатых купцов, у помещиков, словом, у всех, кто по тогдашним временам мог приобретать книги. Отберет, бывало, нужные ему книги и конфискует их безо всяких разговоров! Не поверишь — четыре брички книг возил за собою, целую библиотеку на колесах, и заботился о книгах, как о боеприпасах: каждая бричка под брезентом, и книги уложены корешок к корешку, да еще и соломка под испод постелена. А на привале, на отдыхе, в перерывах между боями, во всякую свободную минуту, после чистки оружия и еды, сует бойцам книги, приказывает читать, а потом проверяет, прочитал ты или нет...

Я тогда по младости больше девушками интересовался и, признаться, отлынивал от чтения... А был почти безграмотен и глуп, как пробка. Вот он меня однажды и уличил в том, что я не прочитал одну книгу, которую он мне дал. До сих пор помню и автора, и название книги... Стал он дня через два спрашивать про содержание книги, а я — ни в зуб ногой. Он говорит — а говорил он в таких случаях всегда без свидетелей, чтобы при посторонних не срамить человека, — вот он и говорит мне: «Ты что же думаешь, так и жить Иванушкой-дурачком на белом свете? Видел я, как ты вчера вечером возле одной девчонки увивался. Так вот, заруби себе на носу: грамотной девушке ты, безграмотный дурак, и на понюх не нужен, ей с тобой через пять минут скучно станет; дуре ты и вовсе ни к чему: ума она у тебя не наберется, потому что у тебя у самого его нет и в помине, еще не нажил. А всеми остальными мужскими достоинствами грамотные обеспечены в такой же мере, как и безграмотные, так что преимущество все же, при всех условиях, на стороне грамотного. Понятно тебе, молодой пень?»

Ну что я мог ему на это ответить?..

Полмесяца он меня всячески пилил и высмеивал, чуть до слез не доводил — и все-таки приучил к чтению, а потом я уже и сам пристрастился к книгам, да так, что не оторвешь. До нынешних дней вспоминаю его добрым словом и, по совести говоря, еще не знаю, кому я больше обязан своими знаниями и воспитанием: то ли покойному родителю, то ли ему, моему комиссару.

Нестеренко ненадолго умолк, о чем-то задумался. Ему, как видно, взгрустнулось. Но через минуту, еле сдерживая хитроватую улыбку, он уже сыпал вопросами:

— А ты на досуге что-нибудь читаешь? Наверно, одни газеты просматриваешь? Да и свободного времени мало, так ведь? Кстати, в вашей избе-читальне есть интересные книги?.. Не знаешь?! Ну, братец ты мой, позор на твою голову! Да ты в избе-читальне был хоть раз?.. Всего два раза заходил? Ну, милый мой, это ни в какие ворота не лезет! Я был о тебе лучшего мнения, представитель ленинградского рабочего класса! Вот о чем я могу написать на твой завод! Но ты не бойся, я от своего имени напишу так: «Бывший рабочий вашего завода, двадцатипятитысячник Давыдов, ныне председатель колхоза имени Сталина, и руководимые им колхозники остро нуждаются в книгах. Им крайне необходима популярная политическая и экономическая литература, книги по агрономии, животноводству и вообще по сельскому хозяйству. Желателен также подбор художественной литературы — как классической, так и современной. В порядке шефства пришлите, пожалуйста, бесплатно библиотечку, этак книжонок в триста, по такому-то адресу». Идет? Написать, что ли?.. Не хочешь? Правильно, что не хочешь! Тогда потрудись сам, за колхозные средства, приобрести библиотеку не меньше чем в двести—триста книг. Скажешь, мол, денег нет? Чепуха! Найдутся! Продай пару старых быков, не обнищаете, черт вас не возьмет! Вот тебе и библиотека, да еще какая! Вчера я подсчитывал в правлении, и оказалось, что у вас, по наличию земли, имеется явный излишек тягла. Зачем вы на него напрасно корм тратите? Сбывайте его с рук! Ты знаешь, сколько у вас быков старше десяти лет!.. Не знаешь? Жаль, что не знаешь, но могу тебе в этой беде помочь: девять пар у вас старья, от десяти лет и старше. А хорошие хозяева такую рухлядь на базах не держат, откармливают и продают. Понятно?

— Понятно-то понятно, но весь выбракованный скот мы решили продать осенью, в том числе и старых быков. Так мне советовали опытные хозяева.

— А сейчас этот скот у вас на нагуле?

— Нет. По крайней мере, старые быки в работе, это я точно знаю.

— Кто же это опытный такой советовал тебе продавать осенью?

— Завхоз наш Островнов и еще кто-то, не упомню.

— Гм, интересно... Завхоз твой до коллективизации без пяти минут кулак был, стало быть, знающий хозяин, как же он мог посоветовать тебе такую чепуху? Продавать быков осенью, а до тех пор ярма с них не снимать? Ну и продадите кожу да кости. А я бы посоветовал тебе иначе: пустить сейчас весь скот, предназначенный для продажи, на нагул, а потом поставить его на откорм, подержать на концентратах и продать летом, когда на рынке скота мало и мясо дороже. А осенью и без вашего скота мяса будет хоть завались, и цена будет ниже. Хлебные излишки у вас есть. В чем же дело? Впрочем, смотрите сами, я не собираюсь вмешиваться в ваши дела. Но ты все-таки подумай об этом... Во всяком случае, пару быков-старичков можно подкормить и продать теперь же. Ведь не на пропой же эти деньги пойдут, а на книги! Короче, чтобы через два месяца библиотека у вас была. Точка! Избу-читальню из хаты-развалюхи немедленно переведи в один из хороших кулацких домов, переведи в самый лучший, и ошибки не будет! Вторая точка! Избача пришлю к вам толкового парня и дам ему наказ ежедневно по вечерам проводить громкие читки. Третья точка!

— Подожди ты ставить точки! — взмолился красный от смущения Давыдов. — Русским языком говорю тебе, что библиотека будет, снять точку! Избу-читальню завтра же переведу в хороший дом, снять вторую! А вот с третьей точкой заминка... Избач у меня у самого есть на примете, мировой парень и агитатор хоть куда! Но работает он на производстве, вот в чем фактическое затруднение... Думаю, что окружком комсомола пойдет нам навстречу, а паренька я усватаю!

Нестеренко внимательно выслушал его, с непроницаемым видом кивая головой, смеясь одними глазами.

— До смерти люблю, когда командир энергичен и быстро принимает правильное решение... Но о своей читальне ты все-таки дослушай. Вчера побывал я там. Посещение, скажу тебе, не из приятных... Пустота и мерзость запустения! На окнах пыль. Полы давным-давно не мыты. Пахнет плесенью и еще черт знает чем. Прямо как в могильном склепе, ей-богу! А главное, книжонок — раз, два и обчелся, и те старье. На одной из полок обнаружил свернутый плакат, желтый от времени. Разворачиваю, смотрю рисунки, читаю:

Девкам видеть строй наш любо,
Бабки шамкают беззубо,
Умиляются отцы:
— Ай да наши! Молодцы!
Дуй врагов и в хвост и в гриву! —
Пахарь, знай, взрыхляя ниву,
Что хранят твои труды
Всех трудящихся ряды.

Э-э-э, думаю, да ведь это — старый знакомый! Я этот плакат читал — и с той поры запомнил — еще в двадцатом году, на врангельском фронте! Слова-то Демьяна Бедного хороши и сейчас, но согласись, что в тридцатом году надо бы иметь что-то посвежее, имеющее отношение к нынешним дням, ну хотя бы к коллективизации...

— Глазастый ты человек и дотошный, — пробормотал скорее с одобрением, чем с неудовольствием все еще не пришедший в себя от смущения Давыдов.

— Мне положено и смотреть, и помогать исправлять недостатки в работе, что я и делаю при полном к тебе расположении, Семен. Но все это присказки, а сказка впереди... Вот ты уехал сюда, в бригаду, бросил колхоз, передоверил Размётному все колхозные дела. А ведь ты знаешь, что Размётнову одному тяжело тянуть в такое время, что он не справляется с делами. Знаешь? А ты пошел на это!

— Но ты сам на тубянских полях гонял на лобогрейке! Или ты отрицаешь силу примера?

Нестеренко досадливо отмахнулся:

— Я в Тубянском проработал несколько часов, чтобы познакомиться с народом, и это — другое дело, а ты в бригаду подался от неустроенности в своей личной жизни. Разница? Мне что-то кажется, что ты от Лукерьи Нагульновой сбежал... Может быть, я ошибаюсь?

Кровь отхлынула от лица Давыдова. Он отвернулся, бесцельно перебирая пальцами травинки, глухо сказал:

— Я слушаю...

А Нестеренко осторожно и ласково положил ему руку на плечо, слегка притягивая к себе, попросил:

— Только без обиды! Ты думал, я твою пахоту мерил спроста? Ты же в иных местах пахал глубже, чем трактор! Ты свою злость на земле срываешь, а обиду на быков перекладываешь... Со слов тех, кто тебя знает, похоже, что у тебя с Лукерьей дело идет к концу. Верно это?

— Похоже.

— Что ж, этому можно лишь от души порадоваться. Только кончай волынку поскорее, дорогой Семен! Народ к тебе хорошо относится, но плохо то, что тебя жалеют — пойми, именно жалеют! — из-за этой непутевой связи. Когда люди по русской привычке жалеют всяких там сирых да убогих — это в порядке вещей. Но вот когда они начинают жалеть умного парня, да еще своего вожака, — что может быть постыднее и ужаснее для такого человека? И главное, твое дурацкое увлечение негодной бабенкой, да еще недавней женой товарища, на мой взгляд, мешает всему! Иначе чем же объяснить непростительные провалы в твоей работе, в работе Нагульнова? Завязались вы тут чертовым узлом, и если сами не развяжетесь — райкому придется рубить, так и знай!

— Может быть, мне лучше уйти из Гремячего? — нерешительно спросил Давыдов.

— Не говори глупостей! — резко оборвал его Нестеренко. — Если напакостил, то сначала надо за собой почистить, а потом уже говорить об уходе. Ты мне лучше скажи вот что: знаешь ты Егорову, учительницу-комсомолку?

— Знаю, встречался. — Давыдов вдруг некстати улыбнулся, вспомнив свою первую встречу зимой, во время раскулачивания, с молоденькой, до крайности стеснительной учительницей.

Знакомясь с ним, она как-то неловко, лодочкой протянула ему холодную потную ручонку и покраснела мучительно, до слез, еле выдавив из себя: «Учительница Егорова Люда». Тогда Давыдов предложил Нагульнову: «Возьми к себе в бригаду учительку-комсомолку. Пусть молодая посмотрит, что за штука классовая борьба».

Но Нагульнов, хмуро рассматривая свои длинные, смуглые руки, ответил: «Бери ты ее к себе, а мне она не нужна в таком деле! Она ведет первые классы, у нее парнишка получит двойку, так она вместе с ним слезами заливается. И кто такую девку в комсомол принимал? Разве это комсомолка? Слюни в юбке!»

Нестеренко впервые нахмурил брови, осуждающе взглянул на Давыдова:

— Чему ты, спрашивается, улыбаешься? Что ты веселого нашел в моем вопросе?

Давыдов сделал неловкую попытку объяснить причину своей неуместной веселости:

— Пустое, так просто, вспомнил пустячок один про эту учительницу... Очень она скромная у нас...

— Пустячки вспоминаешь! Нашел время забавляться! — с нескрываемым раздражением воскликнул Нестеренко. — Ты лучше бы вспомнил о том, что эта скромная учительница — единственный член комсомола у вас в хуторе! Такой большой хутор, и нет комсомольской ячейки. Это тебе не пустячок! Кто за это должен отвечать? И Нагульнов, в первую очередь, и ты, и я вместе с вами. А ты еще улыбаешься... Плохая эта улыбка, Семен Давыдов! И давай не ссылаться на неотложные дела! Все дела, какие партия дала нам в руки, неотложны. Другой вопрос — как мы умеем поворачиваться.

Давыдов уже начинал понемногу злиться, но все же, сдерживая себя, сказал:

— Ты, товарищ Нестеренко, один побыл в Гремячем Логу и за это время успел обнаружить вон сколько промахов и недостатков в нашей работе, да и мое поведение отметил... А что было бы, если бы ты пожил тут с января месяца? Твоих замечаний хватило б на неделю выслушивать, факт!

Последняя фраза Давыдова несколько развеселила Нестеренко. Он лукаво прищурился, толкнул Давыдова локтем.

— А ты, Семен, не допускаешь такого предположения: если бы я не просто «был» в Гремячем, а работал бок о бок с вами, то, возможно, и промахов меньше было?

— Факт, что меньше, но все равно нашлись бы. Ты тоже не Сталин и ошибался бы как миленький факт! Знаешь ли, я многие свои промахи вижу, но не все и не сразу исправляю, вот в чем моя беда, факт! Как-то по весне школьники вместе с заведующим школой, по фамилии Шпынь, ходили на поля сусликов выливать, а я прошел мимо и не остановился, не поговорил, не узнал и сейчас не знаю, как и чем этот старый учитель живет... Я тебе скажу, хуже дело было. Зимой прислал он мне записку, просил подводу, привезти ему дровишек. Ты думаешь, я послал? Я забыл... Другие дела отняли у меня время и сердце к старику... До сих пор стыдно становится, как вспомню! И насчет комсомола правильно. Упустили мы важное дело, и я тут, конечно, тоже очень повинен, факт.

Но Нестеренко не так-то просто было смягчить покаянными рассуждениями.

— Все это хорошо, что ты и ошибки свои признаешь, и стыд, как видно, еще не совсем потерял, однако ни комсомол ото всего этого у вас не вырос, ни дровишек у учителя не прибавилось... Делать надо, дорогой Семен, а не только каяться! — настойчиво внушал он.

— Все будет исправлено и сделано, даю честное слово! Но с организацией комсомольской ячейки вы нам поможите, то есть райком, пришлите одного-двух ребят и девушку комсомолку, хотя бы на временную работу. Егорова, я тебе говорю всерьез, никудышний организатор. Она по земле ходить стесняется, где уж ей там с молодежью, да особенно с нашей, управиться!

Только теперь довольный Нестеренко сказал:

— Вот это уже другой разговор! С комсомолом поможем, обещаю, а сейчас разреши довесить тебе еще немного к твоему самокритичному заявлению. Под Первое мая ваш кооператор просил у тебя две подводы послать в станицу за товаром?

— Просил.

— Не дал?

— Не вышло. Мы тогда и пахали и сеяли, всё вместе. Не до торговли было.

— И нельзя было оторвать две упряжки? Чепуха! Бред! Можно бы, и без особого ущерба для работы в поле. Но ты не сумел, не схотел, не подумал: «А как это отразится на настроении колхозников?» И в результате за самым необходимым — за мылом, за солью, за спичками и керосином, — да еще под праздник, гремяченские бабенки топали пешком в станицу. Как же они после этого судили между собой о нашей Советской власти? Или тебе это все равно? А мы с тобой не за то воевали, чтобы ругали нашу родную власть, нет, не за то! — выкрикнул Нестеренко неожиданно тонким голосом. А закончил уже шепотом: — Неужели даже такая простая истина до тебя не доходит, Семен? Опомнись же, дорогой товарищ, очнись!..

Давыдов мял в пальцах потухший окурок, смотрел в землю, долго молчал. Всю жизнь он был по возможности сдержан в проявлении боровших его чувств, уж в чем, в чем, но в сентиментальности его никак нельзя было упрекнуть, а тут неведомая сила толкнула его, и он крепко обнял Нестеренко и даже слегка коснулся твердыми губами небритой секретарской щеки. Голос его взволнованно вздрагивал, когда он говорил:

— Спасибо тебе, дорогой Нестеренко! Большое спасибо! Хороший ты парень, и легко с тобой будет работать, не так, как с Корчжинским. Горькие слова ты мне наговорил, но насквозь правильные, факт! Только, ради бога, не думай, что я — безнадежный! Я буду делать так, как надо, все мы будем стараться и делать так, как надо; я кое-что многое пересмотрю, мне хватит теперь подумать... Верь мне, товарищ Нестеренко!

Нестеренко был взволнован не меньше, но вида не подавал, покашливал, щуря карие, теперь уже невеселые глаза. После минутного молчания он зябко поежился, тихо сказал:

— Верю в тебя и в остальных ребят и надеюсь на вас, как на самого себя. Ты это крепко помни, Семен Давыдов! Не подводите райком и меня, не смейте подводить! Ведь вы же, коммунисты, как солдаты одной роты, ни при каких условиях не должны терять чувство локтя! Ты сам это отлично знаешь. И чтобы больше у нас с тобой не было неприятных разговоров, ну их к черту! Не люблю я таких разговоров, хотя иногда их вести необходимо. Вот так поговоришь, пособачишься с таким дружком, как ты, а потом всю ночь не спишь, сердце щемит...

Крепко пожимая горячую руку Нестеренко, Давыдов внимательно всмотрелся в его лицо и диву дался: уже не прежний веселый рассказчик, не общительный рубаха-парень, готовый и побалагурить и побороться, сидел рядом с ним, а пожилой и усталый человек. Глаза Нестеренко как-то сразу постарели, по углам рта легли глубокие складки, и даже смуглый румянец на скуластых щеках словно бы выцвел и пожелтел. За короткие минуты Нестеренко как будто подменили.

— Пора мне ехать, загостился я у тебя, — сказал он, тяжело поднимаясь с сурчины.

— Ты не заболеть ли хочешь? — с тревогой спросил Давыдов. — Что-то ты сразу скис.

— А ты угадал, — невесело сказал Нестеренко. — У меня начинается приступ малярии. Давненько подцепил ее, в Средней Азии, и вот никак не избавлюсь от проклятущей.

— А что ты делал в Средней Азии? Какая нужда тебя туда носила?

— Уж не думаешь ли ты, что я туда за персиками ездил? Басмачей ликвидировал, а вот свою собственную, родную малярию не могу ликвидировать. Загнали мне ее доктора в печенки, теперь и радуйся на нее. Но это — между прочим, а напоследок вот что я хотел тебе сказать: контрики зашевелились у нас в округе, то же самое и у соседей, в Сталинградской области. На что-то еще рассчитывают, чертовы дуроломы! Но как это в песне поется? «Нас побить, побить хотели, нас побить пыталися...»

— «А мы тоже не сидели, того дожидалися», — досказал Давыдов.

— Вот именно. Но все же ушки на макушке надо держать. — Нестеренко раздумчиво почесал бровь и сердито крякнул: — Ничего с тобой не поделаешь, придется лишаться дорогой вещицы... Раз уже заковали с тобой дружбу, прими в подарок вот эту игрушку, пригодится в нужде. Нагульнов получил предупреждение, берегись и ты, а то можешь получить кое-что похуже...

Из кармана куртки он достал матово блеснувший браунинг второго номера, вложил его в ладонь Давыдова.

— Эта мелкая штука в обороне, пожалуй, надежнее слесарного инструмента.

Давыдов крепко стиснул руку Нестеренко, растроганно и несвязно забормотал:

— Спасибо тебе за товарищескую, как бы это сказать... ну, факт, что за дружескую заботу! Большое спасибо!

— Носи на здоровье, — пошутил Нестеренко. — Только, смотри, не потеряй! А то ведь старые вояки с годами становятся рассеянными...

— Пока жив — не потеряю, а если уж потеряю, то вместе с головой, — заверил Давыдов, пряча пистолет в задний карман брюк.

Но сейчас же снова достал его, растерянно взглянул сначала на пистолет, потом на Нестеренко.

— Неловко как-то получается... А как же ты останешься без оружия? Бери назад, не надо мне!

Нестеренко легонько отстранил протянутую руку.

— Не беспокойся, у меня в запасе второй есть. Этот был расхожий, а тот я блюду как зеницу ока, он у меня дарственный, именной. Я, что же, по-твоему, зря прослужил в армии и провоевал пять лет? — Нестеренко подмигнул и даже попытался улыбнуться, но улыбка вышла больной, вымученной.

Он снова зябко поежился, пошевелил плечами, стараясь побороть дрожь, с перерывами заговорил:

— А вчера мне Шалый хвалился твоим подарком. Был я у него в гостях, чаи гоняли с сотовым медом, рассуждали о жизни, и вот он достает из сундука твой слесарный инструмент, говорит: «За всю свою жизнь получил я два подарка: кисет от своей старухи, когда она еще в девках ходила и на меня, на молодого коваля, поглядывала, да вот этот инструмент лично от товарища Давыдова за мою ударность в кузнечном деле. Два подарка за всю длинную жизнь! А сколько я за эту прокопченную дымом жизнь железа в руках перенянчил, и не счесть! Потому-то эти подарочки и лежат у меня, считай, не в сундуке, а возле самого сердца!» Хорош старик! Красивую, трудовую жизнь прожил, и, как говорится, дай бог каждому принести людям столько пользы, сколько принес своими ручищами этот старый кузнец. Так что, как видишь, твой подарок куда ценнее моего.

К бригадной будке они шли быстрым шагом. Нестеренко уже колотила крупная дрожь.

С запада снова находил дождь. Низко плыли первые предвестники непогоды — рваные клочья облаков. Бражно пахло молодой травой, отсыревшим черноземом. Ненадолго проглянувшее солнце скрылось за тучей, и вот уже, ловя широкими крыльями свежий ветер, устремились в неведомую высь два степных подорлика. Преддождевая тишина мягким войлоком покрыла степь, только суслики свистели пронзительно и тревожно, предсказывая затяжной дождь.

— Ты отлежись у нас в будке, потом поедешь. Тебя же дождь в пути прихватит, измокнешь и вовсе сляжешь, — настойчиво советовал Давыдов.

Но Нестеренко категорически отказался:

— Не могу. В три у нас бюро. А дождь меня не догонит. Конь добрый подо мною!

Руки у него тряслись, как у дряхлого старика, когда он отвязывал повод и подтягивал подпругу седла. Коротко обняв Давыдова, он с неожиданной легкостью вскочил на застоявшегося коня, крикнул:

— Согреюсь в дороге! — и с места тронул крупной рысью.

Заслышав мягкий топот конских копыт, Куприяновна вывалилась из будки, как опара из макитры, горестно всплеснула руками:

— Уехал?! Да как же это он отчаялся без завтрака?!

— Заболел, — сказал Давыдов, провожая секретаря долгим взглядом.

— Да головушка ты моя горькая! — сокрушалась Куприяновна. — Такого расхорошего человека и не покормили! Хотя он, видать, из служащих, а не погребовал картошку со мной чистить, когда ты, председатель, дрыхнул. Он — не то, что наши казачишки, не чета им! От наших дождешься помочи, как же! Они только и умеют жрать в три горла да брехать на молодой месяц, а чтобы стряпухе помочь — и не проси! А уж какие ласковые слова говорил мне этот приезжий человек! Такие ласковые да подсердешные, что другой и ввек не придумает! — жеманно поджимая румяные губы, хвалилась Куприяновна, а сама искоса поглядывала на Давыдова: какое это произведет на него впечатление?

Тот не слышал ее, мысленно перебирая в памяти недавний разговор с Нестеренко. Однако Куприяновне, разговорившись, трудно было остановиться сразу, потому она и продолжала:

— И ты, Давыдов, чума тебя забери, хорош, хоть бы шумнул мне, что человек собирается в путь. И я-то, дура набитая, недоглядела, вот горюшко! Небось он подумает, что стряпуха нарочно схоронилась от него в будку, а я как раз к нему — со всей душой...

Давыдов по-прежнему молчал, и Куприяновна высказывалась без помех:

— Ты глянь, как он верхи сидит! Как, скажи, под конем родился, а на коне вырос! И не ворохнется, соколик мой, не качнется! Ну, вылитый казак, да ишо старинной выправки! — восторженно приговаривала она, не сводя очарованного взгляда с удаляющегося всадника.

— Он не казак, он украинец, — рассеянно сказал Давыдов и вздохнул. Ему стало как-то невесело после отъезда Нестеренко.

От его слов Куприяновна вспыхнула, как сухой порох:

— Ты своей бабушке сказки рассказывай, а не мне! Я тебе точно говорю, что он истый казак! Неужто тебе глаза залепило? Его издали по посадке угадаешь, а вблизи — по обличью, по ухватке, да и по обхождению с женщиной видать, что он казачьей закваски, не из робких... — многозначительно добавила она.

— Ну, пусть будет по-твоему, казак так казак, мне от этого ни холодно ни жарко, — примирительно сказал Давыдов. — А хорош парень? Как он тебе показался? Ведь ты же с ним, пока не разбудила меня, наверное, наговорилась всласть?

Теперь пришла очередь вздохнуть Куприяновне, и она вздохнула всей могучей грудью — да с таким усердием, что под мышкой у нее во всю длину шва с треском лопнула старенькая кофточка.

— Такого поискать! — помедлив, с глубочайшим чувством ответила Куприяновна и вдруг ни с того ни с сего яростно загремела посудой, бесцельно переставляя ее по столу, вернее, даже не переставляя, а расшвыривая как попало и куда попало...

Глава IX

Давыдов шел неспешным, но широким шагом. Поднявшись на бугор, он остановился, посмотрел на безлюдный в эту пору дня бригадный стан, на вспаханное поле, раскинувшееся по противоположному склону почти до самого горизонта. Что ни говори, а потрудился он эти дни во всю силу, и пусть не обижаются на него за чрезмерную нагрузку ни погоныч Варюха, ни Кондратовы быки... А интересно будет в октябре взглянуть на этот массив: наверное, сплошь покроют его кустистые зеленя озимой пшеницы, утренние заморозки посеребрят их инеем, а в полдень, когда пригреет низко плывущее в бледной синеве солнце, — будто после проливного дождя, заискрятся озими всеми цветами радуги, и каждая капелька будет отражать в себе и холодное осеннее небо, и кипенно-белые перистые облачка, и тускнеющее солнце...

Отсюда, издали, окруженная зеленью трав пахота лежала, как огромное, развернутое во всю ширь полотнище черного бархата. Только на самом краю ее, на северном скате, там, где близко к поверхности выходили суглинки, — тянулась неровная, рыжая с бурыми подпалинами кайма. Вдоль борозд тускло блистали отвалы чернозема, выбеленные лемехами плугов, над ними кружились грачи, и, словно одинокий подснежник, на черной пахоте виднелось голубое пятно: Варя Харламова бросила утратившую для нее теперь всякий интерес работу и, понурив голову, медленно брела к стану. А Кондрат Майданников неподвижно сидел на борозде, курил. Что ему еще оставалось делать без погоныча, когда с быками, вокруг которых роились тучи оводов, не было никакого сладу?

Увидев остановившегося на перевале Давыдова, Варя тоже остановилась, проворно сняла с головы платок, тихонько взмахнула им. Этот молчаливый и несмелый призыв заставил Давыдова улыбнуться. Он помахал в ответ кепкой, пошел уже не оглядываясь.

«Экая самоуправная девица! Сама по себе очень милая, но фактически избалованная и самоуправная. А бывают девушки неизбалованные? И так, чтобы безо всякого кокетства с их стороны? Что-то я таких за свою жизнь и во сне не повидал, и наяву не встречал... Как только стукнет любой этакой красавице шестнадцать или семнадцать лет, так она начинает принаряжаться, всячески прихорашиваться на свой лад, силу свою и власть начинает над нашим братом потихоньку пробовать, уж это — факт! — размышлял Давыдов на ходу. — Вот и Варюха-горюха берется приручить меня, характер свой оказывает. Но только ничего из этого дела у нее не выйдет: балтийцы — стреляный народ! А почему она идет к будке? Идет не спеша, вразвалочку, значит, не Кондрат послал ее по делу, а идет она по собственному желанию, по своему глупому девичьему капризу. Может быть, потому что я ушел из бригады? Ну, тогда это — фактическое безобразие и полное нарушение трудовой дисциплины! Если по уважительной причине идет — пожалуйста, шагай себе на здоровье, а если через какой-нибудь каприз — взгреть на первом же бригадном собрании, невзирая ни на ее молодость, ни на красивую личность! Пахота — это тебе не воскресное игрище, и потрудись мне работать как полагается», — уже с раздражением думал Давыдов.

Странное чувство раздвоенности испытывал он в этот момент: с одной, стороны, он негодовал на Варю за самовольство, а с другой — его мужскому самолюбию льстила догадка, что из-за него девушка на какое-то время оставила работу...

Он вспомнил, как один из его ленинградских приятелей, тоже бывший матрос, начиная ухаживать за какой-либо девушкой, отводил его в сторону и, стараясь быть серьезным, заговорщицки шептал: «Семен, иду на сближение с противником. В случае неустойки с моей стороны — поддержи меня с флангов, а если буду бит — пожалуйста, прикрой мое позорное отступление». Вспомнил и улыбнулся далекому прошлому и тотчас подумал: «Нет, мне с этим «противником», Варюхой, «идти на сближение» не годится. Не по моему возрасту она, не из того экипажа... Да тут не успею я и притопнуть за ней, а колхозники сразу вообразят, что я какой-нибудь особенный хлюст по женской части. А какой там, к черту, хлюст, когда сам не знаю, как мне с одной этой Лушкой развязаться. Нет, милую Варюху можно любить только всерьез, попросту баловать с ней мне совесть не позволит. Вон она какая вся чистая, как зоренька в погожий день, и какими чистыми глазами на меня смотрит... Ну, а если я всерьез любить пока еще не научился, не постиг этого дела, то нечего мне и голову морочить девушке. Тут уж, матрос Давыдов, отчаливай, да поживее!.. А вообще-то надо мне подальше от нее держаться. Надо осторожненько поговорить с ней, чтобы не обиделась, и — подальше», — с невольным вздохом решил Давыдов.

Размышляя о своей не очень-то нарядно сложившейся в Гремячем Логу жизни, о задачах, поставленных перед ним новым секретарем райкома, он опять вернулся в мыслях к Лушке: «Как же мне этот морской узел развязать безболезненно? А ведь, пожалуй, Макар-то прав: там, где ни руками, ни зубами развязать невозможно, — рубить надо! И что же это за чертовщина такая! Очень трудно будет мне расставаться с нею навсегда. А почему? Почему у Макара это вышло легко, а у меня получается трудно? Неужели характера нет? Вот уж чего никогда про себя не думал! А может быть, и Макару нелегко было, но только он виду не подавал? Наверное, так оно и было, но Макар умел скрывать свои переживания, а я не умею, не могу. Вот в чем все дело, оказывается!»

Незаметно Давыдов прошел порядочное расстояние. Возле придорожного куста боярышника прилег в холодке отдохнуть и покурить, долго прикидывал в уме, кто мог стрелять в Нагульнова, но потом с досадой отбросил все догадки: «И без выстрела известно, что в хуторе даже после раскулачивания осталась какая-то сволочь. Поговорю с Макаром, разузнаю все обстоятельно, тогда, может быть, кое-что и прояснится, а зря нечего голову ломать».

Чтобы сократить путь, он свернул с дороги, зашагал напрямик, целиною, но не прошел и полкилометра, как вдруг словно переступил какую-то невидимую черту и оказался в ином мире: уже не шуршал о голенища сапог зернистый аржанец, не пестрели вокруг цветы, куда-то исчезли, улетучились пряные запахи пышного цветущего разнотравья, и голая, серая, мрачная степь далеко распростерлась перед ним.

Так безрадостна была эта выморочная, будто недавним пожаром опустошенная земля, что Давыдову стало как-то не по себе. Оглядевшись, он понял, что вышел к вершине Бирючьей балки, на бросовую целинную землю, о которой Яков Лукич однажды на заседании правления сказал: «На Кавказе господь бог для чего-то горы наворочал, всю землю на дурацкие шишки поднял, ни проехать тебе, ни пройти. А вот зачем он нас, то есть гремяченских казаков, обидел — в толк не возьму. Почти полтысячи десятин доброй земли засолил так, что ни пахать, ни сеять на ней извеку нельзя. По весне под толоку она идет, и то ненадолго, а потом плюнь на эту проклятую землю и не показывайся на ней до будущей весны. Вот и весь от нее толк: полмесяца хуторских овчишек впроголодь кормит, а после только по спискам за нами значится да всяким земным гадам — ящерам и гадюкам — приют дает».

Давыдов пошел медленнее, обходя широкие солончаковые рытвины, перешагивая округлые глубокие ямки, выбитые копытами коров и овец, до глянца вылизанные их шершавыми языками. Горько-соленая почва в этих ямках была похожа на серый в прожилках мрамор.

До самого Мокрого буерака, километров на пять, тянулась эта унылая степь. Она белела дымчатыми султанами ковыля, высохшими плешинами потрескавшихся от жары солончаков, струилась текучим и зыбким маревом и горячо дышала полуденным зноем. Но и здесь, на скудной почве, цвела своя неумирающая жизнь: из-под ног Давыдова то и дело с треском выпархивали краснокрылые кузнечики; бесшумно скользили серые, под цвет земли, ящерицы; тревожно пересвистывались суслики; сливаясь с ковылем и покачиваясь на разворотах, низко плавал над степью лунь, а доверчивые жаворонки безбоязненно подпускали Давыдова почти вплотную, как бы нехотя взлетая, набирали высоту, тонули в молочно-голубой дымке безоблачного неба, и оттуда приглушеннее, но приятнее звучали их нескончаемые трели.

На провесне, как только в снегу появлялись первые проталины, жаворонки прилетали на этот скучный, но почему-то облюбованный ими клочок земли, из прошлогодней жухлой травы вили гнезда, выводили птенцов и до глубокой осени радовали степь своим немудреным, но с детства родным для человеческого слуха пением. На одно такое гнездышко, искусно свитое в чаше следа, некогда оставленного конским копытом, Давыдов чуть не наступил. Он испуганно отдернул ногу, наклонился. Старое гнездо оказалось брошенным. Около него валялись слипшиеся после дождей крохотные перышки, мелкие кусочки яичной скорлупы.

«Увела матка молодых. А любопытно было бы посмотреть на маленьких жаворняток! Что-то не помню, чтобы приходилось их видеть когда-нибудь в детстве, — подумал Давыдов. И с грустью усмехнулся: — Всякая мелкая пташка и та гнездо вьет, потомство выводит, а я ковыляю бобылем, почти сорок лет, и еще неизвестно, придется ли мне посмотреть на своих маленьких... Жениться, что ли, на старости лет?»

Давыдов вслух рассмеялся, на миг представив себя солидным, женатым человеком в обществе дородной, наподобие Куприяновны, жены и множества разновозрастных детей. Такие семейные фотографии не раз приходилось ему видеть на фотовитринах в провинциальных городах. И такой смешной и нелепой показалась ему эта неожиданно пришедшая на ум мысль о женитьбе, что он только рукой махнул и веселее зашагал к хутору.

Не заходя домой, Давыдов пошел прямо в правление колхоза. Ему не терпелось поскорее расспросить обо всем случившемся Нагульнова.

Просторный, заросший курчавой муравою двор правления был пустынен, только возле конюшни соседские куры лениво копались в навозе да под навесом сарая в глубокой старческой задумчивости неподвижно стоял козел, прозванный почему-то Трофимом. Увидев Давыдова, козел оживился, задорно тряхнул бородой и, потоптавшись на месте, спорой рысью устремился наперерез. На полпути он склонил голову, воинственно поднял куцую метелку хвоста, перешел на галоп. Намерения его были так откровенны, что Давыдов, улыбаясь, остановился, приготовился встретить атаку бородатого драчуна.

— Так-то ты приветствуешь председателя колхоза? Вот я тебя сейчас подфутболю сапогом, старый бес! — смеясь, сказал Давыдов и, изловчившись, схватил козла за рубчатый витой рог. — Ну, теперь пойдем в правление на расправу, Щукарев приятель, забияка и бездельник!

Трофим изъявил полное смирение: повинуясь Давыдову, покорно засеменил с ним рядом, изредка потряхивая головой, вежливо пытаясь высвободить рог. Но на первой ступеньке крыльца он вдруг решительно уперся, затормозив всеми ногами, а когда Давыдов остановился, — доверчиво потянулся к нему, обнюхивая карман, потешно шевеля серыми губами.

Давыдов стыдил его, укоризненно покачивая головой, стараясь придать голосу наибольшую выразительность:

— Эх, Трофим, Трофим! Ведь ты уже старик, колхозный пенсионер, можно сказать, а глупости не бросаешь, кидаешься на всех в драку, а если не выйдет — начинаешь клянчить хлеба. Нехорошо так, даже стыдно, факт! Ну, что ты там унюхал?

Под кисетом и спичками Давыдов нащупал завалявшуюся в кармане черствую краюшку хлеба, тщательно счистил с нее присохшие крупинки табака и для чего-то понюхал сам, прежде чем протянуть на ладони скромное угощение. Козел, заискивающе и просительно склонив голову, смотрел на Давыдова дремучими глазами старого сатира, но краюшку еле-еле понюхал и, презрительно фыркнув, с достоинством сошел с крыльца.

— Не очень голоден, — не скрывая досады, сказал Давыдов. — Не был ты в солдатах, черт паршивый, а то бы сожрал за милую душу! Подумаешь, табачком сухарь малость попахивает, эка важность! Наверное, дворянской крови в тебе много, негодник, очень уж ты привередлив, факт!

Давыдов бросил сухарь, вошел в прохладные сени, зачерпнул из чугуна кружку воды и с жадностью осушил ее. Только теперь он почувствовал, как сильно устал от жары и дороги.

В правлении, кроме Размётнова и счетовода, никого не было. Размётнов, увидев Давыдова, заулыбался:

— Прибыл, служивый! Ну, теперь у меня гора с плеч! Морока с этим колхозным хозяйством — не дай и не приведи господь! То угля в кузнице нет, то чигирь на плантации сломался, то один идет с какой-нибудь нуждой, то другой волокется... Такая нервная должность нисколько для моего характера не подходит. Ежели мне тут посидеть бы ишо неделю, так я таким припадочным сделался бы, что со стороны любо-дорого посмотреть!

— Как Макар?

— Живой.

— Да я знаю, что живой, а как у него с контузией?

Размётнов поморщился:

— Ну, какая от пули может быть контузия? Не из трехдюймовки же по нему били. Ну, малость покрутил головой, смочил царапину водкой и в себя принял, что осталось в пол-литре после примочки, на том дело и кончилось.

— Где он сейчас?

— Поехал в бригаду.

— Так как же все это произошло?

— Проще простого: ночью Макар сидел возле открытого окна, а новый грамотей, дед Щукарь, по другую сторону стола. Ну, в Макара и урезали из винтовки. Кто стрелял — про то темна ночка знает, только одно ясно: у губошлепа винтовка в руках была.

— Почему же это ясно?

У Разметнова от удивления высоко взметнулись брови.

— Как же это «почему»? А ты бы промахнулся из винта на тридцать шагов? Утром мы нашли место, откуда он стрелял. По гильзе нашли. Сам вымерял: ровно двадцать восемь шагов от плетня до завалинки.

— Ночью можно промахнуться и на тридцать шагов.

— Нет, не можно! — горячо возразил Разметнов. — Я бы не промахнулся! Да ежели хочешь, давай испробуем: садись ночью там, где Макар сидел, а мне винтовку дай. С одного патрона я тебе дырку в аккурат между бровей сделаю. Стало быть, ясно, что стрелял какой-нибудь вьюноша, а не настоящий солдат.

— Ты давай подробнее.

— Все доложу по порядку. Около полуночи, слышу я, по хутору стрельба идет: один винтовочный выстрел, потом два поглуше, вроде как из пистолета, и опять — хлесткий, винтовочный, по звуку можно было определить. Я схватил из-под подушки наган, штаны на бегу натянул и выскочил на улицу. Бегу к Макаровой квартире: стрельба будто оттуда доносилась. Грешным делом подумал, что это Макар чего-нибудь чудит...

Домчался мигом. Стучусь в дверь — заперто, а слышно, кто-то в хате жалобно стонет. Ну, толкнул раза два плечом как следует, сломал дверную задвижку, вскочил в хату, спичку зажег. В кухне из-под кровати человеческие ноги торчат. Ухватился за них, тяну. Батюшки-светы, как завизжит кто-то под кроватью на поросячий манер! Меня даже оторопь взяла, но я все-таки продолжаю тянуть в том же духе и дальше. Выволок этого человека на середку кухни, а это оказался совершенно не человек, то есть не мужчина, а старуха хозяйка. Спрашиваю у нее, где Макар, а она от страху даже слова не выговорит.

Кинулся я в Макарову комнатенку, споткнулся обо что-то мягкое, упал, вскочил на ноги, а самого так и обожгло: «Значит, думаю, Макара убили, это он лежит». Кое-как зажег спичку, гляжу — дед Щукарь на полу валяется и смотрит на меня одним глазом, а другой закрыл. Кровь у деда на лбу и на щеке. Спрашиваю у него: «Ты живой? А Макар где?» А он своим чередом меня спрашивает: «Андрюша, скажи мне, ради бога, живой я или нет?» И голосок у него такой нежный да тонкий, как будто и на самом деле старик концы отдает... Тут я успокоил его, говорю: «Раз ты языком владеешь — значит, пока ишо живой. Но мертвежиной от тебя уже наносит...» Заплакал он горько и говорит: «Это у меня не иначе душа с телом расстается, потому и дух такой тяжелый. Но ежли я временно живой, то вскорости непременно помру: у меня пуля в голове сидит».

— Что за чертовщина! — нетерпеливо прервал Давыдов. — Но почему же у него кровь на лице? Ничего не понимаю! Он, что, тоже ранен?

Посмеиваясь, Размётнов продолжал:

— Да никто не раненый, обошлось. Так вот, пошел я, закрыл ставни на всякий случай, зажег лампу. Щукарь как лежал на спине, так и лежит спокойненько, только и второй глаз закрыл, и руки на животе сложил. Лежит, как в гробу, не шелохнется, ни дать ни взять покойник, да и только! Слабеньким, вежливым таким голоском просит меня: «Сходи, ради Христа, позови мою старуху. Хочу перед смертью с ней попрощаться».

Нагнулся я к нему, присветил лампой. — Размётнов фыркнул и с трудом сдержал готовый прорваться смех. — При свете вижу, что у него, у Щукаря то есть, сосновая щепка во лбу торчит... Пуля, оказывается, отколола у оконного наличника щепку, она отлетела и воткнулась Щукарю в лоб, пробила кожу, а он сдуру представил, что это пуля, ну и грянулся обземь. Без смерти помирает старик на моих глазах, а я от смеха никак разогнуться не могу. Ну, конечно, вынул я эту щепку, говорю деду: «Удалил я твою пулю, теперь вставай, нечего зря вылеживаться, только скажи мне: куда Макар девался?»

Гляжу, повеселел мой дед Щукарь, но вставать при мне что-то стесняется, ерзает по полу, а не встает... Однако чертов брехун и лежа мне голову морочит: «Когда, говорит, по мне враги стрельнули и вдарила меня пуля прямо в лоб, я упал как скошенный и потерял сознательность, а Макар тем часом потушил лампу, сигнул в окно и куда-то смылся. Вот она, говорит, какая промеж нас дружба: я лежу раненый, почти до смерти убитый, а он бросил меня на растерзание врагам и скрылся с перепугу. Покажи мне, Андрюша, пулю, какая меня чуть не убила. Ежли, бог даст, останусь живой — сохраню ее у старухи под образами на вечную память!»

«Нет, — говорю ему, — пулю я тебе показывать не могу, она вся в крови, и как бы ты опять не обеспамятел, увидав ее. Эту знаменитую пулю мы в Ростов отправим, в музей на сохранение». Тут старик ишо больше развеселился, проворно повернулся на бок и спрашивает: «А что, Андрюша, может, мне за геройское ранение и за то, что я такое нападение врагов перенес, и медаль какая-нибудь от высшего начальства выйдет?» Но тут уж досада меня разобрала. Сунул я ему щепку в руки, говорю: «Вот твоя «пуля», в музей такая не годится. Клади ее под божницу и сохраняй, а пока топай к колодезю, обмывай свое геройство и приводи себя в порядок, а то несет от тебя, как от скотомогильника».

Подался Щукарь на баз, только я его и видел, а тут вскорости Макар явился, дышит, как запаленный конь, сел за стол и помалкивает. Потом отдышался, говорит: «Не попал в подлюгу! Два раза стрелял. Темно, мушки не видать, по стволу бил и — мимо. А он приостановился и ишо в меня ударил. Вроде за гимнастерку кто-то меня дернул». Оттянул Макар подол гимнастерки, и, на самом деле, с правой стороны гимнастерка у него повыше пояса пробитая пулей. Спросил я его — не угадал ли, мол, кто это? А он усмехнулся: «У меня глаза не совиные. Знаю только, что молодой человек, потому что уж дюже резвый! Пожилой так не побежит. Когда я за ним погнался — куда там! Его и конный не догонит». — «Как же, — говорю ему, — ты так рисково поступаешь? Кинулся вдогонку, не зная, сколько их? А ежели бы за плетнем ишо двое этаких ребят тебя ждали, тогда как? Да и один мог подпустить тебя поближе и урезать в упор». Но с Макаром разве сговоришь? «Что же, по-твоему, мне надо было делать? — говорит он. — Потушить лампу и под кровать лезть, что ли?» Вот и все, как оно было. У Макара от этого выстрела только один насморк остался.

— При чем тут насморк?

— А кто его знает, это он так говорит, а я сам удивляюсь. Ну чего ты смеешься? У него и на самом деле ужасный насморк после этого выстрела образовался. Течет из носа ручьем, а чихает очередями, как из пулемета бьет.

— Одна сплошная необразованность, — недовольно сказал счетовод, пожилой казак из бывших полковых писарей. Он сдвинул на лоб очки в потускневшей от времени серебряной оправе, сухо повторил: — Необразованность свою показывают товарищ Нагульнов, только и всего!

— Сейчас все больше необразованным приходится отдуваться, — усмехнулся Размётнов. — Ты вот шибко образованный, на счетах щелкаешь, аж треск идет, и каждую буковку с кудряшками-завитушками выписываешь, а стреляли что-то не в тебя, а в Нагульнова... — и, обращаясь к Давыдову, продолжал: — Утром раненько захожу его проведать, а там у него такой спор идет с фельдшером, что сам черт ничего не разберет! Фельдшер говорит, что у Макара насморк оттого, что он простудился, когда ночью сидел возле открытого окна на сквозняке, а Макар стоит на том, что насморк у него оттого, что пуля носовой нерв затронула. Фельдшер спрашивает: «Как же пуля могла носовой нерв затронуть, ежели она прошла выше уха и обожгла висок?» А Макар ему отвечает: «Это не твое дело, как затронула, а факт тот, что затронула, и твое дело лечить этот нервный насморк, а не рассуждать о том, чего не знаешь».

Макар упрямый, как черт, а этот старичишка фельдшер и того хуже. «Вы мне голову вашими глупостями не забивайте, — говорит он. — От нервов у человека одно веко дергается, а не два, одна щека дрыгает, а не две. Почему же в таком разе у вас насморк не из одной ноздри, а из обеих свищет? Ясное дело — от простуды».

Макар помолчал самую малость, потом спрашивает: «А что, ротный лекарь, тебя когда-нибудь по уху били?»

Я на всякий случай к Макару поближе подсаживаюсь, чтобы вовремя схватить его за руку, а фельдшер — совсем наоборот: подальше от него отодвигается, уже на дверь поглядывает и говорит этак неустойчиво: «Не-е-ет, бог миловал, не били. А почему вас это интересует?»

Макар опять его спрашивает: «А вот ежели я тебя ударю кулаком в левое ухо, думаешь, в одном левом ухе у тебя зазвенит? Будь спокоен, в обоих ушах трезвон будет, как на Пасху».

Фельдшер встал со стула, бочком, бочком подвигается к двери, а Макар говорит: «Да ты не горячись, садись на стул, я вовсе не собираюсь тебя бить, а объясняю просто для примера. Ясно?»

А с чего бы этот фельдшер стал горячиться? Он опаски ради было подался к двери, но после Макаровых слов сел на самый краешек стула, а на дверь все-таки нет-нет да и глянет... Макар сжал кулак, рассматривает его со всех сторон, будто первый раз в жизни видит, и опять же спрашивает: «А ежели я второй раз поднесу тебе этот гостинец, тогда что будет?» Опять фельдшер встает и отодвигается к двери. Сам за ручку держится, а сам говорит: «Глупости какие-то вы придумываете! К медицине и к нервам ваши кулаки никакого отношения не имеют!» — «Очень даже имеют», — на это суперечит ему Макар и опять же просит его садиться и вежливо усаживает на стул. Но тут фельдшер ни с того ни с сего начинает почему-то ужасно потеть и заявляет, что ему страсть как некогда и он должен немедленно удалиться на прием больных. Но Макар категорически говорит, что больные могут обождать несколько минут, и что спор на медицинскую тему продолжается, и что он, Макар, надеется дать ему пять очков вперед в этой науке.

Давыдов устало улыбался, счетовод смеялся тихим, старушечьим смешком, закрывая ладонью рот, но Размётнов, сохраняя полную серьезность, продолжал:

— «Так вот, — говорит Макар, — ежели я второй раз тебя стукну по этому же самому месту, то не думай, что у тебя слеза из одного левого глаза выскочит. Из обоих брызнет, как сок из спелого помидора, уж за это я как-нибудь ручаюсь! Так и нервный насморк: ежели из левой ноздри течет, то должно течь и из правой. Ясно?» Но тут фельдшер осмелел и говорит: «Не мудрите вы, пожалуйста, ежели ничего не смыслите в медицине, и лечитесь каплями, какие я вам пропишу». Эх, как тут Макар прыгнет! Чуть не до потолка взвился и орет уже не своим голосом: «Это я-то в медицине не смыслю?! Ах ты, старая клизьма! На германской войне я четыре раза был ранен, два раза контужен и раз отравлен газами, на Гражданской три раза ранен, в тридцати лазаретах, в госпиталях и больницах валялся, и я же ничего не смыслю в медицине?! Да ты знаешь, слабительный порошок, какие меня доктора и профессора лечили? Тебе, старому дураку, такие ученые люди и во сне не снились!» Но тут фельдшер взноровился, откуда только у него и смелость взялась, и он шумит на Макара: «Хотя вас, говорит, и ученые люди лечили, однако сам вы, уважаемый, пробка в медицине!» Макар ему на это: «А ты в медицине — дырка от бублика! Ты можешь только новорожденным пупки резать да старикам грыжи вправлять, а в нервах ты разбираешься, как баран в библии! Ты эту науку про нервы нисколько не постиг!»

Ну, слово за слово, расплевались они, и фельдшер выкатился из Макаровой комнатушки, как нитошный клубок. А Макар поостыл немного и говорит мне: «Ты ступай в правление, а я малость подлечусь простыми средствами, разотру нос жиром, и зараз же приду». Поглядел бы ты, Давыдов, каким он явился через час! Нос у него стал огромадный и синий, как баклажан, и висит куда-то на сторону. Не иначе он его свихнул, когда растирал. А бараньим жиром от Макара, от его носа то есть, несет на все правление. Это он такую растирку себе придумал... Глянул я на него — и, веришь, зашелся от смеха. Ну, начисто суродовал себя парень! Хочу у него спросить, что он наделал с собой, и никак от смеха не продохну. А он ужасно серчает, спрашивает у меня: «Ты чего смеешься, дурацкий идиот, ясную пуговицу на дороге нашел или что? Чему ты обрадовался, Трофимов сын? У тебя ума, как у нашего козла Трофима, а туда же, смеешься над порядочными людьми!»

Направился он в конюшню, я — за ним. Гляжу, снял Макар седло, рыжего маштака подседлал, выводит из конюшни, и все — молчаком. За мой смех, значит, серчает. Спрашиваю: «Ты куда собрался?» Хмуро так отвечает: «На кудыкино поле, хворост рубить да тебя бить!» — «За что же это?» — спрашиваю. Молчит. Пошел я его проводить. До самой его квартиры молчали. Возле калитки кинул он мне поводья, а сам пошел в хату. Гляжу, является оттуда: через плечо у него наган в кобуре и на ремне, как полагается, а в руках держит полотенце...

— Полотенце? — удивился Давыдов. — Почему полотенце?

— Так я же говорил тебе, что у него насморк страшенный, никаким платком не обойдешься, а по-нашему, по-простому, бить соплю обземь он даже в степи стесняется. — Размётнов тонко улыбнулся: — Ты его мелко не кроши, как-никак, а он английский язык учит, нельзя же ему необразованность проявлять... Для такого случая он и прихватил вместо платка полотенце. Я ему говорю: «Ты бы, Макар, голову забинтовал, ранку прикрыл». А он взбеленился, орет: «Какая это ранка, черт тебя задери! Повылазило тебе, не видишь, что это царапина, а не ранка?! Мне эти дамские нежности ни к чему! Поеду в бригаду, ветром ее обдует, пыльцой присыпет, и заживет она, как на старом кобеле. А ты в чужие дела не суйся и катись отсюда со своими дурацкими советами!»

Вижу, что он после схватки с фельдшером и после моего смеха стал сильно не в духе, осторожночко посоветовал ему, чтобы наган на виду не держал. Куда там! Послал меня к родительнице и говорит: «По мне всякая сволочь стрелять будет, а я, что же, должен с ребячьей рогаткой ездить? Поносил наган в кармане восемь лет, подырявил карманов несчетно, а зараз хватит! С нонешнего дня буду носить открыто. Он у меня не ворованный, а моей кровью заслуженный. Даром, что ли, вручали мне его от имени дорогого товарища Фрунзе, да ишо с именной серебряной пластинкой на рукоятке? Шалишь, брат, и опять же в чужие дела нос суешь». С тем сел верхи и поехал. Пока из хутора не выбрался, все слышно было, как он сморкается в полотенце, будто в трубу дудит. Ты ему скажи, Семен, насчет нагана. Нехорошо все-таки перед народом. Тебя-то он послушается.

До сознания Давыдова уже не доходили слова Размётнова. Подперев щеки ладонями, облокотившись, он смотрел на выщербленные, покрытые чернильными пятнами доски стола, вспоминал рассказ Аржанова, думал: «Ну хорошо, допустим, Яков Лукич — кулак, но почему именно его я должен подозревать? Сам он за винтовку не возьмется, слишком стар, да и умен; и Макар говорит, что убегал от него молодой, резвый на ногу. А если сын Лукича заодно с папашей? Все равно без твердых доказательств снимать Якова Лукича с должности завхоза нельзя, этим только вспугнешь его, если он впутался в какой-нибудь сговор, да и других нашарахаешь. А один Лукич не пойдет на такое дело. Он умный, черт, и один ни за что не рискнет на такую штуку: значит, надо с ним быть по-прежнему и намека на подозрения не подавать, иначе можно сорвать все дело. А игра начинается уже с козырей... Надо вскоре же съездить в район, поговорить с секретарем райкома и начальником ГПУ. Хлопает наше ГПУ ушами, а тут уже из винтовок по ночам начинают хлопать. Нынче — в Макара, а завтра — в меня или Размётнова. Нет, это дело не годится. Если ничего не предпринимать, то один какой-нибудь стервец нас в три дня может перещелкать... Но все же едва ли Лукич ввяжется в контрреволюционную игру. Уж больно он расчетлив, факт! Да и какой ему смысл? Работает завхозом, член правления, живет хорошо, в достатке. Нет, что-то не верится мне, чтобы его потянуло на старое. К старому нет возврата, он же это должен понимать. Другое дело, если бы мы сейчас с кем-нибудь из соседей завоевали, — тогда он мог бы обактивиться, а сейчас не верю я в его активность».

Размышления Давыдова прервал Размётнов. Он долго молча смотрел в осунувшееся лицо друга, потом деловито спросил:

— Ты нынче завтракал?

— Завтракал. А что? — рассеянно отозвался Давыдов.

— Худой ты, прямо страсть! Одни скулы торчат, да и те печенные на солнце.

— Ты опять за старое?

— Да нет, я всерьез, верь слову!

— Не завтракал, не успел, да и не хочется, вон какая с утра жарища.

— А я что-то оголодал. Пойдем со мной, Сема, перекусим малость, — предложил Размётнов.

Давыдов нехотя согласился.

Они вместе вышли во двор, и навстречу им жарко дохнул сухой и горячий, насквозь пропахший полынью ветер из степи.

Возле калитки Давыдов остановился, спросил:

— Кого ты подозреваешь, Андрей?

Размётнов поднял плечи и медленно развел руками.

— Чума его знает! Я сам сколько раз прикидывал в уме и ни черта ничего не придумал. Всех казаков в хуторе перебрал — так ничего путного и не придумал. Задал нам какой-то дьявол загадку, а теперь и ломай голову. Тут приезжал один товарищ из районного ГПУ, покрутился возле Макаровой хатенки, расспросил Макара, деда Щукаря, хозяйку Макарову, меня, поглядел на гильзу, какую мы нашли, да ведь она не меченая... С тем и уехал. «Не иначе, говорит, враг какой-то объявился у вас». А Макар у него спрашивает: «А по тебе, умник, иной раз и друзья стреляли? Езжай-ка ты отсюда к едрене-фене! Без тебя разберемся». Промолчал этот чудак, только носом посопел, с тем сел верхи и уехал.

— Как думаешь, Островнов не может отколоть такую штуку? — осторожно спросил Давыдов.

Но Размётнов, взявшийся было за щеколду калитки, от удивления даже руку опустил и засмеялся.

— Да ты что, спятил? Яков Лукич-то? Да с какого же это пятерика он на такое дело пойдет? Да он тележного скрипа боится, а ты придумал этакую чепуху! Голову мне отруби, но он этого не сделает! Кто хочешь, но только не он.

— А сын его?

— Тоже мимо целишь. Этак, ежели наугад пальцем тыкать, можно и в меня попасть. Нет, тут загадка мудренее... Тут замок с секретом.

Размётнов достал кисет, свернул цигарку, но вспомнил, что на днях сам подписывал обязательное постановление, воспрещающее хозяйкам топить днем печи, а мужчинам курить на улицах, и с досадой скомкал цигарку. На недоумевающий взгляд Давыдова рассеянно ответил, словно говорил не о себе, а о ком-то постороннем:

— Издают разные дурацкие постановления! Нельзя на базу курить, пойдем, дома у меня покурим.

***

На завтрак старушка мать Размётнова подала все ту же, приевшуюся Давыдову жидкую пшенную кашу, победняцки лишь слегка заправленную толченым салом. Но когда она принесла с огорода миску свежих огурцов, Давыдов оживился. Он с удовольствием съел два огурца, так вкусно пахнущих землей и солнцем, запил кружкой взвара и встал из-за стола.

— Спасибо, мамаша, накормила досыта. А за огурчики — особое спасибо. Первый раз в этом году пробую свежие огурцы. Хороши, ничего не скажешь, факт!

Ласковая, разговорчивая старушка горестно подперла щеку ладонью:

— А откуда же у тебя, болезный, огурцы могут быть? Жены-то нету?

— Пока еще не обзавелся, все некогда, — улыбнулся Давыдов.

— Женой обзаводиться некогда, так и огурцов ранних ждать неоткуда. Не сам же ты должен с рассадой да с посадкой возиться? Вот и Андрюшка мой остался без бабы. Не будь у него матери, ноги протянул бы с голоду. А то мать нет-нет да и покормит. Погляжу я на вас, и горюшко меня берет. И Андрюшка мой на холостом полозу едет, и Макарка, да и ты. И как вам всем троим не стыдно? Такие здоровые бугаи ходите по хутору, а нет вам удачи в бабах. Неужли так-таки ни один из вас и не женится? Иль это страма, да и только!

Размётнов, посмеиваясь, трунил над матерью:

— За нас никто не идет, маманя.

— А то что ж, и ни одна не пойдет, ежели ишо лет пять походите холостыми. Да на шута вы нужны будете, такие перестарки, любой бабе, — про девок я уже не гутарю, ушло ваше время девок сватать!

— Девки не пойдут за нас — сама говоришь: устарели, — а вдовы нам не нужны. Чужих детей кормить? Хай им бес! — отшучивался Размётнов.

Такой разговор ему, видно, был не в новинку, но Давыдов отмалчивался и чувствовал себя почему-то неловко.

Распрощавшись и поблагодарив радушных хозяев, он пошел в кузницу. Ему хотелось еще до прихода комиссии по приему самому — и как следует — осмотреть отремонтированные к сенокосу лобогрейки и конные грабли, тем более что в работу по ремонту была вложена частица и его труда.

Глава X

Стоявшая на самом краю хутора старая кузница встретила его знакомыми запахами и звуками: по-прежнему звенел и играл в руках Ипполита Сидоровича молоток, покорный каждому движению хозяина, еще издали слышались астматические вздохи доживающего свой век меха, и по-прежнему тянуло из настежь распахнутой двери горьким запахом горелого угля и чудесным, незабываемым душком неостывшей окалины.

Вокруг одинокой кузницы было безлюдно и пусто. Пахло от близлежащей торной дороги горячей пылью и лебедой. На осевшей плетневой крыше кузницы, плотно придавленной дерном, росли дикая конопля и бурьян. В нем копошилось множество воробьев. Они всегда жили под застрехами старой кузницы, даже зимой, и неумолчное чириканье их как бы вторило живому, звонкому говору молотка и звону наковальни.

Шалый встретил Давыдова как давнего приятеля. Ему было скучно проводить целые дни с одним подростком-горновым, и он явно обрадовался приходу Давыдова, весело забасил, протягивая жесткую и твердую, как железо, руку:

— Давно, давно не был, председатель! Забываешь о пролетарьяте, и проведать не зайдешь, загордился ты, парень, как видно. Что, скажешь, зашел проведать? Как бы не так! Косилки пришел глядеть, я тебя, парень, знаю! Ну, пойдем, поглядишь. Выстроил я их, как на парад, как казаков на смотру. Пойдем, пойдем, только без придирков осматривай. Сам у меня подручным работал, стало быть, теперь спрашивать не с кого.

Каждую косилку Давыдов осматривал тщательно и подолгу. Но как ни придирчив был его осмотр, изъянов в ремонте он не нашел, за исключением двух-трех мелких недоделок. Зато не на шутку разобидел старого кузнеца. Тот переходил вслед за Давыдовым от косилки к косилке, вытирал кожаным фартуком пот с багрового лица, недовольно говорил:

— Уж дюже ты дотошный хозяин! Уж дюже ни к чему эти твои придирки... Ну, чего ты тут нюхаешь? Чего ищешь, спрашиваю? Да что я тебе, цыган, что ли? Постучал молотком, наварначил, как по́падя, а потом залез в кибитку, тронул лошадей, и по тех пор его и видали? Нет, парень, тут все на совесть делалось, как самому себе, и нечего тут принюхиваться и всякие придирки строить.

— Я и не придираюсь к тебе, Сидорович, с чего ты берешь?

— А ежели без придирков осматривать, так ты бы давно уж все осмотрел, а то ты все полозишь вокруг каждой косилки, все нюхаешь, все щупаешь...

— Мое дело такое: глазам верь, а руками щупай, — отшучивался Давыдов.

Но когда он особенно строго стал оглядывать одну ветхую, ошарпанную лобогрейку, до обобществления принадлежавшую Антипу Грачу, — Шалый развеселился, и недовольство с него как рукой сняло. Он, захватив бороду в кулак, неизвестно кому подмигивая и лукаво ухмыляясь, иронически говорил:

— Ты ляжь, ляжь наземь, Давыдов! Чего ты вокруг нее кочетом ходишь? Ты ляжь на пузо да косогон на зуб попробуй. Чего ты его щупаешь, как девку? Ты его на зуб пробуй, на зуб! Эх ты, горе-коваль! Да неужели же ты не угадываешь свою работу? Ведь эту косилку ты самолично всю ремонтировал! Это я тебе говорю окончательно, парень, твоя вся как есть работа, а ты не видишь и не угадываешь. Этак ты, парень, с вечеру женишься, а на утро и свою молодую жену не угадаешь...

Довольный собственной шуткой, Шалый оглушительно расхохотался, закашлял, замахал руками, но Давыдов, нимало не обижаясь, ответил:

— Понапрасну ты смеешься, Сидорович. Эту маломощно-середняцкую косилку я сразу распознал, и работу свою — тоже. А проверяю по всей строгости, чтобы на покосе не пришлось моргать. Случись какая-нибудь авария с этой утильной косилкой — и ты же первый, еще вперед косарей, скажешь: «Вот, доверил Давыдову молоток и клещи, а он и напортачил». Так или нет?

— Конечно, так. А как же иначе? Кто делал, тот и отвечает.

— А ты говоришь: «Не угадал». Угадал ее, миленькую, но с себя спрос больше.

— Значит, самому себе не доверяешь?

— Иной раз бывает...

— А оно, парень, так-то и лучше, — согласился вдруг посерьезневший кузнец. — Наше дело возле железа такое, сказать, ответственное, и мастерству в нем не сразу выучишься, ох, не сразу... Недаром у нас, у ковалей, есть такая поговорка: «Верь ковадлу, руке и молоту, да не верь своему уму-разуму смолоду». Что на большом заводе, что в малой кузнице, все едино — ответственное дело, и я тебе это окончательно говорю. А то поставили ко мне на квартиру в прошлом году районного заведующего Заготживсырьем; уполномоченным его нам в хутор назначили. Приняли мы его с хозяйкой хорошо, как дитя родного, но он ни с моей старухой, ни со мной ничуть не разговаривал, считал для себя за низкое. За стол садится — молчит, из-за стола встает — опять же молчит, придет из сельсовета — молчит, уйдет — молчит. Что ни спрошу у него про политику или про хозяйство, а он в ответ буркнет: «Не твое дело, старик». На том наш разговор и кончится. Прожил наш квартирант трое суток тихочко-смирночко, молчком, а на четвертый день заговорил... Утром с превеликой гордостью заявляет мне: «Ты скажи своей старухе, чтобы она мне картошку не на сковороде приносила, а на тарелке, и чтобы не рушник на стол клала, а какую-нибудь салфетку. Я, говорит, человек культурный и к тому же ответственный районный работник — и не люблю низменного обхождения».

Рассерчал я на него окончательно и говорю: «Гнида ты вонючая, а не культурный человек! Ежели ты культурный, так жри на том, на чем тебе подают, и утирайся тем, что дают, потому что салфетков у нас в дому отродясь не было, а тарелки все старуха переколотила. Денег я с тебя копейки не возьму; старуха моя не знает, как тебе угодить, куда тебя усадить да как бы тебе помягче на ночь постелить, а ты нос выше крыши дерешь: «Я — ответственный!» Ну какой ты, спрашиваю, ответственный? Заячьи да суслиные шкурки у себя на службе трясешь, вот и вся твоя ответственность. Никакой ты не ответственный, вот я — ответственный работник! После председателя и секретаря ячейки я первое лицо в хуторе, потому что без меня ни пахота, ни покос не обойдутся. У меня, говорю, железное дело в руках, а у тебя шкурное, кто же из нас важнее по делу? Ты себя считаешь ответственным работником, а я себя. Как же мы с тобой, двое ответственных, в одной горнице уживемся? Не уживемся! Бери-ка, говорю, свою портфелю, милый человек, и дуй на все четыре стороны, а мне ты, такой гордый, окончательно без надобности».

Давыдов сощурился так, что глаза его еле просвечивали из узеньких щелок. Подрагивающим от смеха голосом он тихо спросил:

— Выгнал?

— Окончательно! Сей же час! Удалился и спасибо за хлеб-соль не сказал, ответственный сукин сын.

— Ну и молодец же ты, Сидорович!

— Молодецкого тут мало, но и терпеть такого постояльца мне было обидно.

После перекура Давыдов снова принялся за осмотр инвентаря и закончил только после полудня. Прощаясь с Шалым, он прочувствованно поблагодарил его за добросовестную работу, поинтересовался:

— Сколько трудодней тебе начислили за ремонт?

Старый кузнец нахмурился и отвернулся.

— Яков Лукич начислит, держи карман шире...

— А при чем тут Яков Лукич?

— При том, что он учетчику свои законы устанавливает. Как он скажет, так учетчик и напишет.

— Но все же сколько?

— Почти ничего, парень, с гулькин нос.

— То есть как же это так? Почему?

Обычно добродушный кузнец на этот раз посмотрел так зло, словно перед ним стоял не Давыдов, а сам Яков Лукич.

— Да потому, что они мою работу никак не хотят учитывать. День провел я в кузнице — пишут один трудодень. А там работал я или цигарки крутил — им все равно! Я, может, за день на ремонте пять трудодней выработал — все равно пишут один. Хучь пополам переломись возле ковадла, а больше одного трудодня не заработаешь. Так что от твоей оплаты, парень, не дюже разжиреешь, живой будешь, а жениться не захочешь!

— Это не моя оплата! — резко сказал Давыдов. — Это не колхозная оплата! Почему же ты раньше мне ничего не сказал про такое безобразие?

Шалый помялся и ответил с явной неохотой:

— Как тебе сказать, парень, вроде как постеснялся. Вроде как посовестился, что ли. Думал я окончательно пожаловаться тебе, а потом думаю, что ты скажешь: «Вот, мол, какой ненаеда, все ему мало...» Потому и смолчал. А вот теперь и говорю, и скажу ишо больше: по ихней милости они такой труд учитывают, какой на виду, ну, скажем, ремонт плугов, пропашников, словом, инвентаря видимого, а что касаемо мелочей, скажем, ковка лошадей, или подковы делаешь, или цепки, пробои на амбары, петли разные и протчую мелочь — они ее никак не учитывают и слушать про нее не хотят. А это, я считаю, неправильно, потому что на такие подобные мелоча́ много времени расходуешь.

— Опять ты — «они», а кто это «они»? Учетчик один ведет учет и за это отвечает перед правлением, — с досадой проговорил Давыдов.

— Учетчик ведет, а Лукич поправляет. Ты мне толкуешь, как оно должно быть, а я тебе — как оно есть на самом деле.

— Очень плохо, если так оно есть на самом деле.

— Ну, уж это не моя вина, парень, а твоя.

— Это я и без тебя знаю, что моя вина. Исправлять надо, да поскорее. Завтра же соберу заседание правления, и мы у Якова Лукича расспросим... Мы с ним поговорим по-настоящему! — решительно сказал Давыдов.

Но Шалый только усмехнулся в бороду:

— Не с ним надо говорить...

— А с кем же, по-твоему? С учетчиком?

— С тобой.

— Со мной? Гм... Ну, давай.

Испытующе, как бы взвешивая силу Давыдова, Шалый осмотрел его с ног до головы, медленно заговорил:

— Держись, парень! Обидных слов я тебе наговорю... И не хотелось бы, а надо. Боюсь, что другие тебе таких слов не насмелятся сказать.

— Давай, давай, — подбодрил его Давыдов, втайне уже предчувствуя, что разговор будет для него не из приятных, и больше всего опасаясь, что Шалый заведет речь о его отношениях с Лушкой.

Но, вопреки его ожиданиям, тот заговорил поначалу о другом:

— С виду, поглядеть на тебя, ты — настоящий председатель, а копни тебя поглубже — ты в колхозе не председатель, а так, пришей—пристебай, как говорится.

— Вот это мило! — с несколько наигранной веселостью воскликнул Давыдов.

— Не дюже мило, — сурово продолжал Шалый. — Ничего тут милого нету, это я тебе окончательно говорю. Ты вот и под косилки лазишь, проверку делаешь, как и полагается хорошему хозяину, и в поле живешь, и сам пашешь, а что у тебя в правлении делается — ни хрена ничего не видишь и не знаешь. Ты бы поменьше в поле болтался, а побольше тут, в хуторе, и дело шло бы получше. А то ты и пахарь, и кузнец, словом, как в песенке: «И в поле жнец, и на дуде игрец», — а всем хозяйством вместо тебя заворачивает Островнов. Ты свою власть из рук выронил, а Островнов поднял...

— Валяй дальше, — сухо сказал Давыдов. — Валяй, не стесняйся!

— Можно и дальше, — охотно согласился Шалый. Он основательно уселся на полке косилки, жестом пригласил Давыдова сесть рядом и, заметив в дверях кузницы подслушивавшего их разговор мальчишку-горнового, топнул ногой, зычно крикнул:

— Брысь отсюдова, чертенок! Дела себе не найдешь? Все бы ты прислушивался, поросячий сын! Вот сыму ремень да выдеру тебя как сидорову козу, тогда будешь знать! Тогда у тебя сразу уши заложит. Скажи на милость, до чего прокудной парнишка!

Чумазый подросток, блеснув смеющимися глазенками, как мышь юркнул в темную глубину кузницы, и тотчас же оттуда послышалось хриплое дыхание меха и багрово засветилось рвущееся из горна пламя. А Шалый, уже добродушно улыбаясь, говорил: — Сиротку обучаю кузнечному делу. Ни один черт из взрослых парней не идет в кузню. Окончательно избаловала их Советская власть! Каждый то в доктора метит, то в агрономы, то в разные инженеры, а перемрем мы, старики, — кто же народу сапоги тачать, штаны шить, лошадей ковать будет? И у меня так же: никого не заманю в кузню, всяк от кузнечного дыму лытает, как черт от ладана. Пришлось вот этого Ванятку брать. Способный он, чертенок, а сколько тиранства я от него терплю — нет числа! То он в чужой сад летом заберется, а я за него в ответе, то бросит кузню и увеется пескарей на удочку ловить, то ишо что-нибудь придумает, окончательно ни к чему не пригодное. Родная тетка его, у какой он проживает, с ним не справляется, вот и приходится мне его тиранства переносить и терпеть. Только и могу его выругать, а бить сиротку у меня рука не подымается. Вот оно какое дело, парень. Трудное это дело — чужих детей учить и особенно сиротков. Но за свою жизнь я их штук десять настоящими ковалями окончательно сделал, и теперь и в Тубянском, и в Войсковом, и в других хуторах моей выучки ковали по кузницам орудуют, а один даже в Ростове на заводе работает. Это — не шутка, парень, ты сам на заводе работал и знаешь: абы кого туда не примут на работу. Тем и горжусь я, что хучь и помру, а наследников моему умению не один десяток на белом свете останется. Так я рассуждаю?

— Давай рассуждать о деле. Какие еще непорядки в моей работе ты находишь?

— Непорядок у тебя один: ты только на собраниях председатель, а в будничной работе — Островнов. Отсюда и все лихо. Я так понимаю, что с весны тебе надо было пожить с пахарями, преподать им пример, как надо в общем хозяйстве работать, да и самому научиться пахать, это дело для председателя колхоза невредное. Но вот зачем ты теперь там огинаешься, в поле, я окончательно в толк не возьму. Неужели на заводе, на каком ты работал, директор по целым дням за токарным станком стоит? Что-то мне не верится!

Шалый долго рассказывал о неполадках в колхозе, о том, что оставалось невидимым для Давыдова, что тщательно скрывалось от него стараниями Якова Лукича, счетовода и кладовщика. Но все в рассказе сводилось к тому, что головою во всех темных делах с самого начала образования колхоза был и до нынешних дней остается тихий с виду Яков Лукич.

— Почему же ты ни разу на собрании не выступил? Неужели тебе не дорого колхозное дело? А еще говоришь: «Я — пролетарьят!» Какой же ты к черту пролетариат, если только в кулак шепчешь, а на собрании тебя с фонарем надо разыскивать?

Шалый нагнул голову, долго молчал, вертел сорванную травинку, и так странно выглядела она — хрупкая и невесомая — в его огромных, черных, почти негнущихся пальцах, что Давыдов невольно улыбнулся. А Шалый внимательно разглядывал что-то у себя под ногами, как будто от этого разглядывания зависел его ответ. После долгого молчания он спросил:

— Весною ты говорил на собрании, чтобы Атаманчукова исключили из колхоза?

— Ставил я такой вопрос. Ну и что?

— Исключили его?

— Нет. А жаль, надо было исключить.

— Жаль-то жаль, да не в жалости дело...

— В чем же?

— А ты вспомни, кто выступал против этого. Не помнишь? Так я тебе напомню: и Островнов, и Афонька-кладовщик, и Люшня, и ишо человек двадцать. Они-то и завалили на собрании твой добрый совет, повернули народ против тебя. Стало быть, Островнов не один орудует. Тебе это понятно?

— Дальше.

— Можно и дальше. Так чего же ты спрашиваешь, почему я не выступаю на собраниях? Я выступлю раз, другой, а третий раз и выступить не успею: стукнут меня в этой же кузнице и тем же куском железа, какой я недавно на огне грел и в руках пестовал — вот и кончились мои выступления. Нет, парень, устарел я выступать, выступайте уж вы одни, а я ишо хочу понюхать, как в кузне окалина пахнет.

— Ты, отец, что-то преувеличиваешь опасность, факт! — неуверенно сказал Давыдов, еще целиком находясь под впечатлением только что рассказанного кузнецом.

Но тот внимательно посмотрел на Давыдова черными навыкате глазами, насмешливо сощурился:

— По-стариковски, сослепу, может, я и преувеличиваю, как ты говоришь, ну, а ты, парень, вовсе эти ихние опасности не зришь. Молодая суета тебя окончательно затемнила. Это я тебе окончательно говорю.

Давыдов промолчал. Теперь пришла его очередь призадуматься, и он задумался надолго, и уже не Шалый, а он вертел в руках, но только не травинку, а поднятый им ржавый шурупчик... Многим свойственна эта необъяснимая потребность в минуты раздумья вертеть или теребить в руках какой-нибудь первый попавшийся на глаза предмет...

Солнце давно уже перевалило за полдень. Тени переместились, и горячие солнечные лучи, падающие в отвес, жарко палили покрытую дерном, осевшую и поросшую бурьяном крышу кузницы, стоявшие неподалеку косилки, запыленную возле дороги траву. Над Гремячим Логом стояла глухая полуденная тишина. Ставни в домах закрыты; на улицах безлюдно; даже телята, с утра праздно скитавшиеся по проулкам, скочевали к речке, попрятались в густой тени белотала и верб. А Давыдов и Шалый все еще сидели на солнцепеке.

— Пойдем в кузню, в холодок, а то я к такому солнцу непривычный, — вытирая пот с лица и лысины, не выдержав жары, сказал Шалый. — Старый кузнец — все одно как старая барыня: не любители они солнышка, всю свою живуху в холодке — всяк по-своему — прохлаждаются...

Они перешли в тень, присели на теплую землю с северной стороны кузницы. Вплотную придвинувшись к Давыдову, Шалый загудел, как шмель, запутавшийся в повители:

— Хопрова с бабой убили? Убили. А за что убили? По пьяной лавочке? Нет, то-то, парень, и оно... Нечисто тут дело. Человека ни с того ни с сего убивать не станут. А я так глупым стариковским умом рассуждаю: ежели б он не угодил Советской власти — его бы заарестовали и убили по приговору, не втихаря, а уж ежели его убили втихаря, воровски, ночью, да ишо с женой, то не угодил он врагам Советской власти, иначе и быть не может! А зачем бабу его убили, спрошу я тебя? Да затем, чтобы она этих убивцев властям не выдала, она их в лицо знала. А мертвые-то не говорят, с ними спокойнее, парень... Иначе и быть не может, это я тебе окончательно говорю.

— Положим, обо всем этом и без тебя мы знаем, догадываемся, но вот кто убил — этого фактически никто не знает. — Давыдов помолчал и сделал лукавый ход, добавил: — И никто никогда не узнает!

Шалый будто и не слыхал его последних слов. Он сжал в горсти густо побеленную сединой бороду, широко улыбнулся:

— До чего же приятно тут, в холодке. У меня в старое время был такой случай, парень. Как-то перед покосом хлебов ошиновал я богатому тавричанину четыре хода. Приехал он хода забирать, как зараз помню, на буднях, в постный день, то ли в среду, то ли в пятницу. Расплатился со мной, похвалил мою работу и поставил магарыч, работников своих, какие лошадей под хода пригнали, позвал. Выпили. Потом я поставил. И эту выпили. Богатенький он был хохол, но, на редкость, из богатеньких, хорошей души человек. И вот вздумалось ему, парень, загулять. А у меня работа, самая горячая пора, до черта всяких заказов. Я ему и говорю: «Ты, Трофим Денисович, пей с работниками, продолжай, а меня уволь, парень, не могу, работы много». Он на это согласился. Они продолжают водочкой заниматься, а я пошел в кузню. В голове у меня гул, но на ногах держусь твердо и в руках твердость есть, а между прочим, парень, я все-таки окончательно пьяный. На этот грех, подъезжает к кузне тройка с бубенцами. Выхожу. В легком плетеном тарантасе сидит под зонтом известный на всю нашу округу помещик Селиванов, гордец ужаснейший и сука, каких свет не видывал... Кучер его — белый, как стенка, руки трясутся — отстегивает постромки у левой пристяжной. Недоглядел он, и пристяжная расковалась в дороге. Вот ему этот барин и вкалывает: «И такой, дескать, ты, и сякой, и уволю тебя с должности, и в тюрьму посажу, через тебя я к поезду могу опоздать», — и все такое прочее. Но у нас, на Дону, парень, при царизмах казаки перед помещиками спину не особенно гнули. Так что и этот Селиванов: мне бы раз плюнуть да растереть, хотя он и самый богатый помещик. Вот вышел я, веселый от водки, стою возле двери, слушаю, как он кучера на все корки отчитывает. А меня зло, парень, разбирает окончательно до горячего. Увидел меня Селиванов и шумит мне: «Эй, кузнец, иди-ка сюда!» Хотел я сказать ему: «Тебе надо — ты и иди», — но надумал другое: иду к нему, улыбаюсь, как родному, подошел к тарантасу, протягиваю руку, говорю: «Здорово, браток! Как живешь-можешь?» У него от удивления золотые очки с носа упали; ежели бы не были они привязанные на черном шнурке, непременно разбились бы! Надевает он обратно на нос эти очки, а я руку держу протянутую, а она у меня черная, как сажа, грязнее грязи. А он будто и не видит мою руку, сморщился весь, как горького хватил, и через зубы этак процеживает: «Ты что, пьяный? Куда ты свою лапу протягиваешь, немытое рыло?» — «Как же, говорю, не знаю, очень даже знаю, кто ты таков! Мы же с тобой, говорю, как родные братья: ты от солнца под зонтом хоронишься, а я — в кузне, под земляной крышей; в будний день я выпимши, ты это верно приметил, но и ты, должно быть, не только по воскресеньям, как рабочий люд, пьешь: носик-то у тебя с красниной... Выходит, что обое мы с тобой дворянского роду, не как иные прочие. Ну, а ежели ты гребуешь мне руку подать, потому что у тебя она белая, а у меня черная, так это уж зависящее от твоей совести. Помрем, и обое с тобой одинаково побелеем».

Молчит Селиванов, только губами жует да с личика меняется. «Тебе что, спрашиваю, лошадку подковать? Это мы живо спроворим. А кучера-то зря ругаешь. Он у тебя, видать, бессловесный. Ты лучше меня выругай. Пойдем с тобой, браток, в кузницу, двери поплотнее притворим, а ты попробуй меня там выругать. Люблю я рисковых людей».

Молчит Селиванов, а с личика все больше меняется то в одну сторону, то в другую. То беленький станет, то красненький — но молчит. Подковал я его пристяжную, подхожу к тарантасу. Он будто и не видит меня, протягивает кучеру серебряный рублевик и говорит: «Отдай этому хаму». Взял я от кучера рублевик и кинул в тарантас Селиванову под ноги, а сам улыбаюсь, будто от удивления, и говорю: «Что ты, браток, да разве с родни берут деньги за такую малость? Жертвую тебе на бедность, заезжай в кабак, выпей за мое здоровье!» Тут мой помещик стал и не беленький и не красненький, а какой-то синенький; визжит тонким голоском на меня: «За твое здоровье... Чтоб ты сдох, подлец, хам, сицилист, так твою и разэтак! Станичному атаману буду жаловаться! В тюрьме сгною!»

Давыдов так оглушительно расхохотался, что с крыши кузницы в испуге сорвалась стайка воробьев. Посмеиваясь в бороду, Шалый стал сворачивать папироску.

— Значит, не поладили с «братом»? — еле выговаривая слова, спросил Давыдов.

— Не поладили.

— А деньги? Выкинул он из тарантаса?

— Я бы ему выкинул... Укатил со своей рублевкой. Тут не в деньгах, парень, дело...

— А в чем же?

Давыдов смеялся так молодо и заразительно, что и Шалый развеселился. Он, похохатывая, махнул рукой:

— Опростоволосился я малость...

— Говори же, Сидорович. Чего тянешь? — Давыдов в упор смотрел на Шалого мокрыми от слез глазами.

А тот только рукою отмахивался и, широко раскрыв забородатевшую пасть, смеялся гулким, грохочущим смехом.

— Да ну же, рассказывай, не томи! — молил Давыдов, забывший в этот миг о недавнем серьезном разговоре и целиком отдавшийся минутному самозабвенному приступу веселья.

— Да что там говорить... да чего уж там! Он, видишь, парень, и хамом меня обзывал, и негодяем, и по-всякому, а под конец даже вовсе захлебнулся, ажник ножками по днищу тарантаса застукал и шумит: «Сицилист, такой-сякой! В тюрьму засажу!» А в те поры я не знал, что такое сицилист... Революцию — это знал, что она означает, а «сицилист» — не знал, и подумал я тогда, что это самое что ни на есть подсердечное, тяжелое ругательство... В ответ ему говорю: «Сам ты сицилист, сукин сын, и езжай отсюда, пока я тебя не изватлал!»

Новый приступ хохота уложил Давыдова навзничь. Шалый дал ему высмеяться вдоволь, закончил:

— А через сутки меня за приводом — к станичному атаману. Расспросил он меня, как было дело, посмеялся вроде тебя и отпустил без высидки при станичном правлении. Он сам из бедненькой семьи офицерик был, ну, ему и лестно было, что простой коваль богатого помещика мог так оконфузить. Только перед тем как выпроводить меня, сказал: «Ты, казачок, аккуратней будь, язык не дюже вываливай, а то зараз время такое, что нынче ты куешь, а завтра тебя подкуют на все четыре, чтобы до самой Сибири по этапу шел, не осклизался. Понятно тебе?» — «Понятно, говорю, ваше высокоблагородие». — «Ну, ступай, и чтоб духу твоего тут не было. А Селиванову я сообщу, что семь шкур с тебя спустил». Так вот, парень, какие дела были-то...

Давыдов поднялся, чтобы распрощаться с разговорчивым кузнецом, но тот потянул его за рукав рубахи, снова усадил рядом с собой и неожиданно спросил:

— Так, говоришь, сроду не узнают, кто Хопровых побил? Тут, парень, твоя ошибка. Узнают. Окончательно узнают, дай только время.

Как видно, что-то знал старик, и Давыдов решил идти в открытую.

— А ты на кого грешишь, Сидорович? — прямо спросил он, испытующе глядя в черные с красноватыми белками, воловьи глаза Шалого.

Тот бегло взглянул на него, уклончиво ответил:

— Тут, парень, очень даже просто можно ошибиться...

— Ну а все-таки?

Уже не колеблясь, Шалый положил руку на колено Давыдова, сказал:

— Вот что, подручный, уговор дороже денег: на меня не ссылаться в случае чего. Согласный?

— Согласен.

— Так вот, и тут дело не обошлось без Лукича. Это я тебе окончательно говорю.

— Ну, бра-а-ат... — разочарованно протянул Давыдов.

— Я Селиванову был «братом», а тебе в отцы гожусь, — с досадой проговорил Шалый. — Я же тебе не говорю, что сам Яков Лукич порубил Хопровых, а говорю, что без него тут не обошлось, ты это, парень, понимать должон, ежели тебя бог разумом не обидел.

— А доказательства?

— А ты что, в следователи определился? — шутливо спросил Шалый.

— Раз уж зашел разговор, ты, Сидорович, не отшучивайся, а выкладывай все как есть. В прятки нам играть нечего.

— Плохой из тебя, парень, следователь, — убежденно заявил Шалый. — Ты только не спеши, родимец тебя возьми, и я тебе все выложу, выложу окончательно, а ты успевай только глаза протирать... Ты вот ни к селу ни к городу с Лушкой связался, а на черта она тебе нужна? Лучше этой хлюстанки ты бабы не мог найти?

— Ну, это не твое дело, — отрезал Давыдов.

— Нет, парень, это не только мое дело, но и всего колхоза.

— Это еще почему?

— А потому, что ты связался с этой сукой семитаборной и хужее работать стал. Куриная слепота на тебя напала... А ты говоришь — не мое дело. Это, парень, не твоя беда, а наша общая, колхозная. Ты небось думаешь, что ваши шашни с Лушкой шиты-крыты, а про вас в хуторе всё до нитки знают. Вот и мы, старики, соберемся иной раз и маракуем промеж себя: как бы тебя от этой Лушки, лихоманка ее затряси, отлучить? А почему? Да потому, что такие бабы, как Лушка, мужчинов не на работу толкают, а от работы таскают, вот мы и беспокоимся за тебя... Парень ты хороший, смирный, непьющий, одним словом — не дюже лихой, а она, кусок стервы, тем и воспользовалась: села на тебя верхи и погоняет. Да ты сам знаешь, парень, чем она тебя погоняет; погоняет да ишо и гордится перед народом: «Вот, мол, я каких объезживаю!» Эх, Давыдов, Давыдов, не ту бабу ты нашел... Как-то мы, старики, сидели в воскресенье у Бесхлебнова на завалинке, а ты мимо шел, дед Бесхлебнов поглядел тебе вслед и говорит: «Надо бы нашего Давыдова на весах взважить — сколько он до Лушки тянул и сколько зараз. Считай, добрую половину веса она с него спустила, просеяла, как сквозь сито. Непорядок это, старики: ей — отсевная мука, а нам — отруби...» Веришь, парень, мне от этих слов стыдно за тебя стало! Как хочешь, а стыдно. Будь ты у меня в кузне подручным, никто из хуторных и «ох» бы не сказал, но ведь ты же всему нашему хозяйству голова... А голова — великое дело, парень. Недаром в старину, когда казаков на сходах за провинку секли, была такая поговорка: «Пущай... будет красная, была бы голова ясная». А вот голова-то у нас в колхозе и не дюже ясная, трошки мазаная. Потерлась эта голова возле Лушки и дегтьком вымазалась. Да найди ты какую-нибудь стоящую девку или, скажем, вдову, никто тебе и слова не сказал бы, а ты... Эх, Давыдов, Давыдов, залепило тебе глаза! И я так думаю, что не от Лушкиной любви ты с тела спал, а от совести, совесть тебя убивает, это я окончательно говорю.

Давыдов смотрел на пролегшую мимо кузницы дорогу, на воробьев, купавшихся в пыли. Лицо его крыла заметная бледность, на шелушащихся скулах выступили синеватые пятна.

— Ну, кончай базар! — невнятно сказал он и повернулся к Шалому. — Без тебя тошно, старик!

— А оно, когда с похмелья стошнит, человеку легче становится, — как бы вскользь сказал Шалый.

Несколько оправившись от смущения и неловкости, Давыдов сухо заговорил:

— Ты мне давай доказательства, что Островнов — участник. Без доказательств и фактов это похоже на клевету. Обидел тебя Островнов, а ты на него и капаешь, факт! Ну, какие у тебя доказательства? Говори!

— Болтаешь ты, парень, глупости, — сурово ответил Шалый. — Какая у меня может быть обида на Лукича? За трудодни? Так я своего все одно не упущу, я свое получу. А доказательств у меня нету, под кроватью у Хопровых я не лежал, когда его бабу, а мою куму убивали-казнили.

Старик прислушался к шороху за стеной и неожиданно легко поднял с земли свое могучее, коренастое тело. С минуту он стоял, чутко прислушиваясь, потом ленивым движением снял через голову грязный кожаный фартук, сказал:

— Вот что, парень, пойдем-ка ко мне, холодненького молочка по кружке выпьем да там, в прохладе, и закончим наш разговор. Секретно скажу тебе... — Он наклонился к Давыдову. Гулкий шепот его, вероятно, был слышен в ближайших дворах хутора: — Этот чертенок мой не иначе подслушивает... Он всякой дыре гвоздь и поговорить с человеком сроду не даст, так свои уши и наставляет. Господи боже мой, сколько я разного тиранства от него принимаю — нет числа. И неслух-то он, и лентяй, и баловён без конца-краю, а к кузнецкому делу способный, то есть, окончательно! За что ни ухватится, чертенок, — все сделает! К тому же сиротка. Через это и терплю все его тиранства, хочу из него человека сделать, чтобы моему умению наследник был.

Шалый прошел в кузницу, бросил фартук на черный от копоти верстак, коротко сказал Давыдову: «Пошли!» — и зашагал к дому.

Давыдову хотелось бы поскорее остаться одному, чтобы поразмыслить обо всем, что услышал от Шалого, но разговор, касающийся убийства Хопровых, не был закончен, и он пошел следом за развалисто, медвежковато шагавшим кузнецом.

Молчать всю дорогу Давыдов почел неудобным, потому и спросил:

— Какая у тебя семья, Сидорович?

— Я да моя глухая старуха, вот и вся семья.

— Детей не было?

— Смолоду было двое, но не прижились на этом свете, померли. А третьего баба мертвенького родила и с той поры перестала носить. Молодая была, здоровая, а вот что-то заклинило ей, заколодило, и — шабаш! Что мы только ни делали, как ни старались, а все без толку. Баба в те годы пешком в Киев ходила, в лавру, дитенка вымаливать, все одно не помоглось. Перед уходом я ей сказал: «Ты мне хучь хохленочка оттуда в подоле принеси». — Шалый сдержанно хмыкнул, закончил: — Обозвала она меня черным дураком, помолилась на образа и пошла. С весны до осени проходила, только все без толку. С той поры и стал я разных сиротков воспитывать и приучать к кузнечному делу. Тёмно люблю детишечек, а вот не привел господь на своих порадоваться; так-то бывает, парень...

В опрятной горенке было полутемно, тихо и прохладно. Сквозь щели закрытых от солнца ставней сочился желтый свет. От недавно вымытых полов пахло чабрецом и слегка — полынью. Шалый сам принес из погреба запотевшую корчагу молока, поставил на стол две кружки, вздохнул:

— Хозяйка моя на огород откомандировалась. И жара ее, старую холеру, не берет... Так ты спрашиваешь, какие у меня доказательства? Скажу окончательно: утром, когда Хопровых побили, пошел я поглядеть на убитых, покойная баба Хопрова мне как-никак кумой доводилась. Но в хату народ не пущают, милиционер возле двери стоит, ждет, когда следователь приедет. И я постоял возле крыльца... Только гляжу — след на крыльце знакомый мне... На крыльце-то натоптано, а один след — в сторонке к перилам.

— Чем он тебе показался знакомым? — спросил живо заинтересованный Давыдов.

— Подковкой на каблуке. След свежий, ночной, прямо печатный, и подковка знакомая... Таких подковок вроде бы никто в хуторе на сапогах не носит, кроме одного человека. И обознаться я никак не мог, потому что это — мои подковки.

Давыдов нетерпеливо отставил кружку с недопитым молоком.

— Не пойму. Говори яснее.

— Тут и понимать нечего, парень. Ишо при единоличной жизни, года два назад, на провесне заходит ко мне в кузню Яков Лукич, просит ошиновать ему колеса на бричку. «Вези, говорю, пока работы у меня мало». Привез он, посидел у меня в кузне с полчаса, покалякали о том о сем. Поднялся он уходить, стоит возле горна, железным хламом интересуется, ковыряет его, а у меня там всякая рухлядь валяется, старье всякое. Нашел он две старые подковки с английских ботинков, во весь каблук — ишо с Гражданской войны они завалялись — и говорит: «Сидорович, я у тебя эти подковки возьму, врежу их на сапоги, а то, видно, старый становлюсь, на пятку больше надавливаю, не успеваю каблуки на сапогах и на чириках подбивать». Говорю ему: «Бери, для доброго человека дерьма не жалко, Лукич. Они стальные, до смерти не износишь, ежели не потеряешь». Сунул он их в карман и пошел. Он про это дело, конечно, забыл, а мне — в памяти. Вот эту самую подковку на следу и приметил я... Как-то мне подозрительно это стало. Зачем, думаю, этот след тут оказался?

— Ну, а дальше? — поторопил Давыдов медлительного рассказчика.

— Дальше думаю: «Дай-ка я повидаюсь с Лукичом, погляжу, как он следит своими обутками». Нарочно разыскал его, вроде по делу — про железо на лемехи спросить, глянул на ноги, а он в валенках! Морозцы тогда стояли. Будто между прочим, спросил у него: «Видал, Лукич, убиенных?» — «Нет, говорит, терпеть не могу мертвых глядеть, а особливо убиенных. У меня, говорит, на это сердце слабое. Но все-таки придется зараз сходить туда». И опять я спрашиваю промеж прочего разговора: «Давно ли, мол, видался с покойником?» — «Да давненько, говорит, ишо на той неделе. Вот, говорит, какие злодеи промеж нас живут! Решили жизни какого богатыря, а за что — неизвестно. Смирный он человек был, никого сроду не обидел. Чтоб у них руки, у проклятых, отсохли!»

Так меня и обожгло всего! Он эти июдины слова говорит, а у меня аж колени трясутся, думаю про себя: «Ты сам, собака, был там ночью, и ежели не ты сам рубил Хопрова, то привел с собою кого-нибудь легкого на руку». Но никакого виду я ему не подал, и с тем мы разошлись. Но мысля проверить его следы застряла у меня в голове, как ухналь в подкове. Потерял он с сапог мой подарок или нет? Недели две я ждал, когда он из валенок вылезет и в сапоги обуется. Как-то оттеплело, снежок притаял, и я бросил работу в кузне, нарочно пошел в правление. Лукич — там, и в сапогах! Спустя время вышел он во двор. Я — за ним. Он свернул со стежки, пошел к амбару. Глянул я на его следы — печатаются мои подковки, не оторвались за два года!

— Что же ты, проклятый старик, тогда ничего не сказал? Почему не заявил куда надо? — У Давыдова вся кровь бросилась в лицо. От досады и злости он стукнул по столу кулаком.

Но Шалый смерил его не очень-то ласковым взглядом, спросил:

— Ты что, парень, дурее себя ищешь? Я об этом вперед тебя подумал... Ну, заявил бы я следователю через три недели после убийства, а где тот след на крыльце? И я в дураках оказался бы.

— Ты в этот же день должен был сказать! Трус ты паршивый, ты попросту побоялся Островнова, факт!

— Был и такой грех, — охотно согласился Шалый. — С Островновым охлаждаться, парень, опасное дело... Лет десять назад, когда он был помоложе, не заладили они на покосе с Антипом Грачом, подрались, и Антип ему здорово навтыкал тогда. А через месяц у Антипа ночью летняя стряпка загорелась. Стряпка была построена близко к дому, а ветер в ту ночь был подходящий и дул как раз от стряпки прямо к дому, ну, занялся и дом. Сгорело все подворье ясным огнем, и сараи не удержались. Был у Антипа раньше круглый курень, а нынче живет в саманной хатенке. Так-то с Лукичом связываться. Он и давние обиды не прощает, не говоря уж про нынешние. Но не в этом дело, парень. Сразу-то сказать милиционеру о своем подозрении я не решился: тут-таки и оробел, а тут не был в окончательной надежде, что один Яков Лукич такие подковки носит. Надо было проверить — ить в Гражданскую войну у нас полхутора английские ботинки носили. А через час на крыльце у Хопровых небось так натоптали, что и верблюжьего следа от конского нельзя было отличить. Вот она какая штука, парень, не дюже все это просто, ежели обмозговать все как следует. А нынче я тебя призвал не косилки глядеть, а поговорить по душам.

— Поздно ты надумал, тугодум... — с укором сказал Давыдов.

— Пока ишо не поздно, а ежели ты вскорости глаза

свои не разуешь, то будет и поздно, это я тебе окончательно говорю.

Давыдов помедлил, ответил, старательно подбирая слова:

— Насчет меня, Сидорович, насчет моей работы ты много правильного сказал, и за это спасибо тебе. Работу свою мне надо перестроить, факт! Но черт его в новинку все сразу узнает!

— Это верно, — согласился Шалый.

— Ну и насчет расценок по твоей работе все пересмотрим и дело поправим. Около Островнова теперь придется походить, раз не взяли его с поличным сразу. Тут нужно время. Но только о нашем разговоре ты никому ни слова. Слышишь?

— Могила! — заверил Шалый.

— Может, что-нибудь еще скажешь? А то я сейчас пойду в школу, дело там есть к заведующему.

— Скажу. Бросай ты Лукерью окончательно! Она тебя, парень, подведет под монастырь...

— О, черт тебя возьми! — с досадой воскликнул Давыдов. — Поговорили о ней, и хватит. Я думал, ты что-нибудь дельное скажешь на прощанье, а ты опять за старое...

— А ты не горячись, ты слушай старого человека пристально. Я тебе мимо не скажу, и ты знай, что она последнее время не с одним тобой узлы вяжет... И ежели ты не хочешь пулю в лоб получить, бросай ее, суку, окончательно!

— От кого же это я могу пулю получить?

Твердые губы Давыдова лишь слегка тронула недоверчивая улыбка, но Шалый приметил ее и рассвирепел:

— Ты чего оскаляешься? Ты благодари бога, что пока ишо живой ходишь, слепой ты человек! Ума не приложу: почему он стрелял в Макара, а не в тебя?

— Кто это «он»?

— Тимошка Рваный, вот кто! На черта ему Макар сдался — не пойму. Я тебя для этого и позвал, чтобы упредить, а ты оскаляешься не хуже моего Ванятки.

Давыдов непроизвольным движением положил руку в карман, навалился грудью на стол.

— Тимошка? Откуда он?

— Из бегов. Окромя откуда же?

— Ты его видел? — тихо, почти шепотом спросил Давыдов.

— Нынче у нас среда?

— Среда.

— Ну, так в субботу ночью видал я его вместе с твоей Лушкой. Корова у нас в этот вечер не пришла из табуна, ходил ее, холеру, искать. Возле полночи уже гоню ее, проклятую, домой и набрел на них возле хутора.

— А ты не обознался?

— Думаешь, Тимошку с тобой попутал? — насмешливо усмехнулся Шалый. — Нет, парень, у меня глаза вострые, даром что старик. Они, должно быть, подумали, что скотиняка одна шатается в потемках, а я следом шел, ну, они меня не сразу и приметили. Лушка говорит: «Тю, проклятая, это корова, Тимоша, а я подумала — человек». И вот я тут. Она первая вскочила, и сразу же встал Тимошка. Слышу — затвором клацнул, а сам молчит. Ну, я так спокойночко говорю им: «Сидите, сидите, добрые люди! Я вам не помеха, корову вон гоню, отбилась от табуна коровка...»

— Ну, теперь все понятно, — скорее самому себе, чем Шалому, сказал Давыдов и тяжело поднялся со скамьи.

Левой рукой он обнял кузнеца, а правой крепко сжал его локоть.

— Спасибо тебе за все, дорогой Ипполит Сидорович!

Вечером он сообщил Нагульнову и Размётнову о своем разговоре с Шалым, предложил немедленно сообщить в районный отдел ГПУ о появлении в хуторе Тимофея Рваного. Но Нагульнов, воспринявший эту новость с великолепнейшим спокойствием, возразил:

— Никуда сообщать не надо. Они только все дело нам испортят. Тимошка не дурак, и в хуторе он жить не будет, а как только появится хоть один из этих районных гепеушников, он сразу узнает и смоется отсюда.

— Как же он может узнать, ежели из ГПУ прибудут тайно, ночью? — спросил Размётнов.

Нагульнов с добродушной насмешливостью взглянул на него:

— Дитячий разум у тебя, Андрей. Волк всегда первым увидит охотника, а потом уже охотник — его.

— А что ты предлагаешь? — задал вопрос Давыдов.

— Дайте мне пять-шесть дней сроку, а я вам Тимошку представлю живого или мертвого. По ночам вы с Андреем все-таки остерегайтесь: поздно из квартир не выходите и огня не зажигайте, вот и все, что от вас требуется. А там — дело мое.

Подробно рассказать о своих планах Нагульнов категорически отказался.

— Ну что ж, действуй, — согласился Давыдов. — Только смотри — упустишь Тимофея, а тогда он утянет так, что мы его и вовек не сыщем.

— Будь спокоен, не уйдет, — тихо улыбаясь, заверил Нагульнов и опустил темные веки, притушил блеснувшие на мгновение в глазах огоньки.

Глава XI

Лушка по-прежнему жила у тетки. Крытая чаканом хатка — с желтыми кособокими ставнями и вросшими в землю, покосившимися от старости стенами — лепилась на самом краю обрыва у речки. Небольшой двор зарос травой и бурьяном. У Алексеевны, Лушкиной тетки, кроме коровы и маленького огородишка, ничего в хозяйстве не было. В невысоком плетне, огораживавшем двор со стороны речки, был сделан перелаз. Пожилая хозяйка, пользуясь им, ходила на речку за водой, поливала на огороде капусту, огурцы и помидоры.

Возле перелаза горделиво высились пунцовые и фиолетовые шапки татарника, густо росла дикая конопля; по плетню, между кольев, извивались плети тыкв, узоря его колокольчиками желтых цветов; по утрам плетень сверкал синими брызгами распускающихся вьюнков и издали походил на причудливо сотканный ковер. Место было глухое. Его-то и облюбовал Нагульнов, на другой день рано утром проходя мимо двора Алексеевны по берегу речки.

Два дня он бездействовал, ожидая, когда кончится насморк, а на третий, как только стемнело, надел ватную стеганку, крадучись вышел на улицу, спустился к речке. Всю ночь — черную, безлунную — пролежал он в конопле под плетнем, но никто не появился у перелаза. На рассвете Макар ушел домой, поспал несколько часов, днем уехал в первую бригаду, начавшую покос травы, а с приходом темноты он уже снова лежал у перелаза.

В полночь тихонько скрипнула дверь хаты. Сквозь плетень Макару было видно, как на крыльце показалась темная женская фигура, закутанная в темный платок. Макар узнал Лушку.

Она медленно сошла с крылечка, постояла немного, потом вышла на улицу, свернула в переулок. Макар, неслышно ступая, шел за ней в десяти шагах сзади. Ничего не подозревая, не оглядываясь, Лушка направилась к выгону. Они уже вышли за хутор, но тут проклятый насморк подвел Макара: он громко чихнул — и тотчас ничком упал на землю. Лушка стремительно повернулась. С минуту она стояла неподвижно, как вкопанная, прижимая к груди руки, прерывисто и часто дыша. Лифчик вдруг стал ей тесен, и кровь гулко застучала в висках. Преодолев растерянность, Лушка опасливо, мелкими шажками двинулась к Макару. Он лежал, упираясь локтями в землю, исподлобья наблюдая за ней. Не доходя шагов трех, Лушка остановилась, придушенно спросила:

— Ктой-то?

Макар, уже стоя на четвереньках, молча натягивал на голову полу стеганки. Он вовсе не хотел, чтобы Лушка его узнала.

— Ой, господи! — испуганным шепотом проронила она и побежала к хутору.

...Перед рассветом Макар разбудил Размётнова, угрюмо сказал, садясь на лавку:

— Один раз чихнул, а все дело сорвал к чертовой матери!.. Помогай, Андрей, иначе упустим Тимошку!

Через полчаса они вдвоем подъехали ко двору Алексеевны на пароконной подводе. Размётнов привязал к плетню лошадей, первым поднялся на крыльцо, постучал в кособокую дверь.

— Кто? — спросила хозяйка сонным голосом. — Кого надо?

— Вставай, Алексеевна, а то корову проспишь, — бодро заговорил Размётнов.

— Кто такой?

— Это я, председатель совета, Размётнов.

— Чего тебя нелегкая ни свет ни заря носит? — недовольно отозвалась женщина.

— Дельце есть, открывай!

Щелкнула дверная задвижка, и Размётнов с Нагульновым вошли в кухню. Хозяйка наскоро оделась, молча зажгла лампу.

— Квартирантка твоя дома? — Размётнов указал глазами на дверь горницы.

— Дома. А на что она тебе спозаранок понадобилась?

Размётнов, не отвечая, постучал в дверь, громко сказал:

— Эй, Лукерья! Вставай, одевайся. Пять минут тебе на сборы, по-военному!

Лушка вышла босая, в накинутом на голые плечи платке. Матово-смуглые икры ее оттеняли непорочную белизну кружев на нижней юбке.

— Одевайся, — приказал Размётнов. И укоризненно покачал головой. — Хоть бы верхнюю юбчонку накинула... Эка бесстыжая ты бабенка!

Лушка внимательно и вопрошающе оглядела вошедших, ослепительно улыбнулась:

— Так тут же все свои люди, кого же мне стесняться?

Даже спросонья она была по-девичьи свежа и хороша, эта проклятая Лушка! Размётнов, улыбаясь и не скрывая своего восхищения, молча любовался ею. Макар смотрел на прислонившуюся к печке хозяйку тяжелым, немигающим взглядом.

— Зачем пожаловали, дорогие гости? — Кокетливым движением плеча Лушка поправила сползающий платок. — Вы не Давыдова, случаем, ищете?

Она улыбнулась уже торжествующе и нагло, победно щурила лихие лучистые глаза, ожидая встретиться взглядом со своим бывшим мужем. Но Макар, повернувшись к ней лицом, посмотрел на нее тяжело и спокойно и, так же спокойно и тяжело роняя слова, ответил:

— Нет, мы не Давыдова у тебя ищем, а Тимофея Рваного.

— Его не тут надо искать, — развязно сказала Лушка, но как-то зябко передернула плечами. — Его в холодных краях надо искать, там, куда вы его, сокола моего, загнали...

— Брось притворяться, — все так же спокойно, не теряя самообладания, сказал Макар.

Очевидно, его холодное спокойствие, столь неожиданное для Лушки, и взбесило ее, и она перешла в наступление:

— Это не ты, муженек, нынешней ночью на пятки мне наступал, когда я ходила за хутор?

— Угадала все-таки? — Губы Макара чуть тронула еле заметная усмешка.

— Нет, не угадала в потемках, и напужал ты меня, миленочек, до смерти! Потом уже, когда в хутор прибегла, догадалась, что это ты.

— Чего же ты, такая храбрая стерва, испугалась? — грубо спросил Разметнов, стараясь умышленной грубостью прогнать очарование, навеянное на него вызывающей красотой Лушки.

Она подбоченилась, обожгла его неистовым взглядом:

— Ты меня не стерви! Ты пойди своей Маринке скажи этакое слово, может, Демид Молчун морду тебе набьет как следует. А меня обидеть просто, у меня заступников при мне нету...

— У тебя их больше, чем надо, — усмехнулся Разметнов.

Но Лушка, уже не обращая на него ни малейшего внимания, спросила Макара:

— А чего ты за мной шел? Чего тебе от меня надо? Я — вольная птица, куда хочу, туда и лечу. А ежели бы со мной дружечка мой Давыдов шел, так он не поблагодарил бы тебя за то, что ты наши следы топчешь!

У Макара заиграли под побледневшими скулами крутые желваки, но он огромным усилием воли сдержался, промолчал. В кухне отчетливо послышалось, как хрустнули его сжатые в кулаки пальцы. Размётнов поспешил прекратить разговор, уже начавший принимать опасный оборот:

— Поговорили, и хватит! Собирайтесь, ты, Лукерья, и ты, Алексеевна. Вы арестованы, и зараз повезем вас в район.

— За что это? — осведомилась Лушка.

— Там узнаешь.

— А ежели я не поеду?

— Свяжем, как овцу, и повезем. И побрыкаться не дадим. Ну, живо.

Несколько секунд Лушка стояла в нерешительности, а затем попятилась и неуловимым движением ловко скользнула в дверь, захлопнула ее за собой, попыталась изнутри накинуть крючок на дверной пробой. Но Макар вовремя и без особого усилия рванул на себя дверь, вошел в горницу, предупредил, повысив голос:

— С тобой не шутки шутят! Одевайся и не вздумай убегать. Я за тобой не погонюсь, тебя, дуру, пуля догонит. Ясно?

Тяжело дыша, Лушка села на смятую постель.

— Выйди, я одеваться буду.

— Одевайся. Совеститься нечего: я тебя всякую повидал.

— Ну и черт с тобой, — беззлобно и устало сказала Лушка.

Она сбросила с себя ночную рубашку и юбку, нагая и прекрасная собранной, юной красотой, непринужденно прошла к сундуку, открыла его. Макар не смотрел на нее:

равнодушный и как бы застывший взгляд его был устремлен в окно...

Через пять минут Лушка, одетая в скромное ситцевое платье, сказала:

— Я готова, Макарушка. — И подняла на Макара присмиревшие и чуточку опечаленные глаза.

В кухне одетая Алексеевна спросила:

— Дом-то на кого оставлю? Корову кто будет доить? За огородом глядеть?

— Об этом уже мы побеспокоимся, тетушка, и к твоему возвращению все будет в порядке, как и зараз, — успокоил ее Размётнов.

Они вышли во двор, уселись в бричку. Размётнов разобрал вожжи, свирепо взмахнул кнутом и с места погнал лошадей крупной рысью. Возле сельсовета он остановился, соскочил с брички.

— Ну, бабочки, слазьте! — Он первым вошел в сени, зажег спичку, открыл дверь в темный чулан. — Проходите и устраивайтесь.

Лушка спросила:

— А когда же в район?

— Ободняет, и поедем.

— Зачем же тогда сюда везли на лошадях, а не привели пешком? — не отставала Лушка.

— Для фасона, — улыбнулся в темноту Размётнов.

В самом деле, не мог же он объяснить этим любознательным женщинам: привезли их потому, что не хотели, чтобы кто-либо видел их по пути в сельсовет.

— Сюда-то можно было и пеши дойти, — сказала Алексеевна и, перекрестившись, шагнула в чулан.

Подавленно вздохнув, Лушка молча последовала за нею. Размётнов замкнул чулан, только тогда громко окликнул:

— Лукерья, слушай сюда: кормить и поить вас будем, в углу, слева от двери, цибарка для всяких надобностей. Прошу сидеть смирно, не шуметь и не стучать в дверь, а то, истинный бог, свяжем вас и рты позатыкаем. Тут дело нешуточное. Ну, пока! Утром я к вам наведаюсь.

Второй замок он навесил на входную дверь сельсовета, сказал ожидавшему у крыльца Нагульнову — и в голосе его прозвучала просительность:

— Трое суток я продержу их тут, а больше не могу, Макар. Как хочешь, но ежели Давыдов узнает — будет нам с тобой лихо!

— Не узнает. Отводи лошадей, а потом временным арестанткам занеси что-нибудь пожрать. Ну, спасибо, я пошел домой...

...Нет, не прежний — бравый и стройный — Макар Нагульнов шел в предрассветной синеющей темноте по пустынным переулкам Гремячего Лога... Он слегка горбился, брел, понуро опустив голову, изредка прижимая большую, широкую ладонь к левой стороне груди...

***

Чтобы не попадаться Давыдову на глаза, Нагульнов дни проводил на покосе и только к ночи возвращался в хутор. На вторые сутки вечером, перед тем как идти в засаду, он пришел к Размётнову, спросил:

— Не искал меня Давыдов?

— Нет. Да я его и сам почти не видал. Два дня мост ладим через речку, а у меня только и делов, что на мосту бываю да бегаю наших арестанток проведываю.

— Как они?

— Вчера днем Лушка бесилась прямо страсть! Подойду к двери — так она не знает, как меня и назвать. А ругается, проклятая баба, хуже пьяного казака! И где она этой премудрости только и училась! Насилу угомонил ее. Нынче притихла. Плачет.

— Пущай поплачет. Скоро ей по мертвому голосить придется.

— Не окажет себя Тимошка, — усомнился Размётнов.

— Придет! — Нагульнов стукнул кулаком по колену, опухшие от бессонных ночей глаза его блеснули. — Куда ему от Лушки деваться? Придет!

...И Тимофей пришел. Позабыв про осторожность, на третьи сутки, около двух часов ночи, он появился у перелаза. Ревность его погнала в хутор? Голод ли? А может быть, и то и другое вместе, но он не выдержал и пришел...

Бесшумно, как зверь, крался он по тропинке от речки. Макар не слышал ни шороха глины под его ногами, ни хруста сухой ветки бурьяна, и когда в пяти шагах внезапно возник силуэт слегка наклонившегося вперед человека, Макар вздрогнул от неожиданности.

Держа в правой руке винтовку, не шевелясь, Тимофей стоял и чутко прислушивался. Макар лежал в конопле затаив дыхание. На секунду сдвоило у него сердце, а потом снова забилось ровно, но во рту стало горько и сухо.

У речки скрипуче закричал коростель. В дальнем краю хутора промычала корова. Где-то в заречной луговине рассыпал гремучую дробь перепел.

Макару было ловко стрелять: Тимофей стоял, удобно подставив левый бок, слегка повернувшись корпусом вправо, все еще настороженно к чему-то прислушиваясь.

На согнутую в локте левую руку Макар тихонько положил ствол нагана. Рукав стеганки был влажен от росы. Секунду Макар помедлил. Нет, он Нагульнов, не какая-нибудь кулацкая сволочь, чтобы стрелять во врага исподтишка! И Макар, не меняя положения, громко сказал:

— Повернись лицом к смерти, гад!

Будто подброшенный трамплином, Тимофей прыгнул вперед и в сторону, вскинул винтовку, но Макар опередил его. Во влажной тишине выстрел из нагана прозвучал приглушенно и не так-то уж громко.

Роняя винтовку, подгибая в коленях ноги, Тимофей медленно, как казалось Макару, падал навзничь. Макар услышал, как он глухо и тяжело стукнулся затылком о твердую, утоптанную землю тропинки.

Еще минут пятнадцать Макар лежал не шевелясь. «Гуртом к одной бабе не ходят, а может, возле речки его друзья притаились, ждут?» — думал он, до предела напрягая слух. Но кругом стояла немотная тишина. Умолкший после выстрела коростель снова заскрипел, несмело и с перерывами. Стремительно приближался рассвет. Росла, ширилась багряная полоска на восточной окраине темно-синего неба. Уже приметно вырисовывались купы заречных верб. Макар встал, подошел к Тимофею. Тот лежал на спине, далеко откинув правую руку. Застывшие, но еще не потерявшие живого блеска глаза его были широко раскрыты. Они, эти мертвые глаза, словно в восхищенном и безмолвном изумлении любовались и гаснущими неясными звездами, и тающим в зените опаловым облачком, лишь слегка посеребренным снизу, и всем безбрежным небесным простором, закрытым прозрачной, легчайшей дымкой тумана.

Макар носком сапога коснулся, убитого, тихо спросил:

— Ну что, отгулялся, вражина?

Он и мертвый был красив, этот бабий баловень и любимец. На нетронутый загаром, чистый и белый лоб упала темная прядь волос, полное лицо еще не успело утратить легкой розовинки, вздернутая верхняя губа, опушенная мягкими черными усами, немного приподнялась, обнажив влажные зубы, и легкая тень удивленной улыбки запряталась в цветущих губах, всего лишь несколько дней назад так жадно целовавших Лушку. «Однако отъелся ты, парень!» — подумал Макар.

Ни недавней злобы, ни удовлетворения, ничего, кроме гнетущей усталости, не испытывал теперь Макар, спокойно разглядывая убитого. Все, что волновало его долгие дни и годы, все, что гнало когда-то к сердцу горячую кровь и заставляло его сжиматься от обиды, ревности и боли, — все это со смертью Тимофея ушло сейчас куда-то далеко и безвозвратно.

Он поднял с земли винтовку, брезгливо морщась, обыскал карманы. В левом кармане пиджака нащупал рубчатое тельце гранаты-«лимонки», в правом, кроме четырех обойм винтовочных патронов, ничего не было. Никаких документов у Тимофея не оказалось.

Перед тем как уйти, Макар в последний раз взглянул на убитого и только тут разглядел, что вышитая рубашка на нем была свежевыстирана, а защитные штаны на коленях аккуратно — очевидно, женской рукой — заштопаны. «Видать, кормила она и холила тебя неплохо», — с горечью подумал Макар, тяжело, очень тяжело занося ногу на порожек перелаза.

Несмотря на раннюю пору, Размётнов встретил Макара возле калитки, взял из рук его винтовку, патроны и гранату, удовлетворенно сказал:

— Значит, устукал? Отважный был парень, без опаски жил... Я слыхал твой выстрел, встал и оделся. Хотел уже туда бежать, но вижу — ты идешь. Отлегло от души.

— Дай мне сельсоветские ключи, — попросил Макар.

Размётнов, догадываясь, все же спросил:

— Хочешь Лушку выпустить?

— Да.

— Зря!

— Молчи! — глухо сказал Макар. — Я ее все-таки люблю, подлюку...

Он взял ключи и, молча повернувшись, шаркая подошвами сапог, пошел к сельсовету.

* * *

В темных сенях Макар не сразу нашел ключом замочную скважину. Уже распахнув дверь чулана, негромко позвал!

— Лукерья! Выйди на минутку.

В углу зашуршала солома. Не промолвив слова, Лушка стала на пороге, вялым движением поправила на голове белый платок.

— Выйди на крыльцо. — Макар посторонился, пропуская ее вперед.

На крыльце Лушка заложила руки за спину, молча прислонилась к перилам. Опоры искала, что ли? Молча ждала. Она, как и Андрей Размётнов, не спала всю ночь и слышала на рассвете негромкий выстрел. Она, наверное, уже догадывалась о том, что́ сообщит ей сейчас Макар. Лицо ее было бледно, а сухие глаза в темных провалах таили новое, незнакомое Макару выражение.

— Я убил Тимофея, — сказал Макар, прямо глядя ей в черные, измученные глаза, невольно переводя взгляд на страдальческие морщинки, успевшие удивительно скоро, за двое суток, надежно поселиться в уголках капризного, чувственного рта. — Зараз же иди домой, собери в узелок свои огарки и ступай из хутора навсегда, иначе тебе плохо будет... Тебя будут судить.

Лушка стояла молча. Макар неловко засуетился, разыскивая что-то в карманах. Потом протянул на ладони скомканный, давно не стиранный и серый от грязи кружевной платочек.

— Это — твой. Остался, когда ты ушла от меня... Возьми, теперь он мне не нужен...

Холодными пальцами Лушка сунула платочек в рукав измятого платья. Макар перевел дыхание, сказал:

— Ежели хочешь проститься с ним — он лежит у вашего двора, за перелазом.

Молча они расстались, чтобы никогда уже больше не встретиться. Макар, сходя со ступенек крыльца, небрежно кивнул ей на прощанье, а Лушка, провожая его глазами, остановила на нем долгий взгляд, низко склонила в поклоне свою гордую голову. Быть может, иным представился ей за эту последнюю в их жизни встречу всегда суровый и немножко нелюдимый человек? Кто знает...

Глава XII

Погожие, жаркие дни ускорили созревание трав по суходолам, и в степной покос наконец-то включилась последняя, третья, бригада гремяченского колхоза. Косари этой бригады выехали в степь в пятницу утром, а в субботу вечером на квартиру к Давыдову пришел Нагульнов. Он долго сидел молча, сутулый, небритый и словно бы постаревший за последние дни. На крутом подбородке его, заросшем темной щетиной, Давыдов впервые увидел изморозный проблеск седины.

Минут десять и хозяин и гость в молчании курили, и за это время никто из них не проронил ни слова, никому не хотелось первому начинать разговор. Но уже перед тем как уходить, Нагульнов спросил:

— Кто будто у Любишкина все на покос выехали, ты не проверял?

— Кто выделен, тот и уехал. А что?

— Ты бы завтра с утра к нему в бригаду смотался, поглядел, как там у него дела настроились.

— Не успели выехать, и уже проверять? Не рано ли?

— Завтра воскресенье.

— Ну и что из этого?

Сухие губы Нагульнова чуть тронула еле приметная усмешка:

— У него в бригаде почти сплошь все богомольцы, приверженные к церковному опиуму, а особенно — которые в юбках. Выехать-то они выехали, а косить в праздник ни черта не будут! Гляди, ишо в Тубянской в церковь кое-кто из бабенок потянется, а дело не ждет, да и погода может подвести, и получим вместо сена собачью подстилку.

— Хорошо, я съезжу с утра пораньше, проверю. Никаких отлучек, разумеется, не допущу! Спасибо, что предупредил. А почему же это только у Любишкина, как ты говоришь, почти сплошь богомольные?

— Ну, этого добра и в других бригадах хватает, но в третьей их гуще.

— Понятно. А ты что думаешь завтра делать? Может быть, в первую проедешь?

Нагульнов нехотя ответил:

— Никуда я не поеду, побуду несколько дней дома. Что-то я весь какой-то квелый стал... Как будто меня в три била били, в пяти мялах мяли...

Так уже повелось в гремяченской ячейке, что во время полевых работ каждый коммунист обязан был находиться в поле. Обычно выезжали туда еще задолго до получения указаний из райкома. И на этот раз присутствие Нагульнова в одной из бригад было просто необходимо, но Давыдов отлично понимал душевное состояние товарища, а потому и сказал:

— Что ж, оставайся, Макар, дома. Оно так-то, пожалуй, и лучше будет: надо же кому-нибудь из руководителей на всякий случай в хуторе быть.

Последнюю фразу Давыдов добавил только потому, что не хотел в открытую выказывать Макару свое сочувствие. И Нагульнов — будто он только за этим и приходил, — не попрощавшись, вышел.

Но через минуту снова вошел в горницу, виновато усмехнулся:

— Память у меня стала, как дырявый карман, даже попрощаться с тобою забыл. Вернешься от Любишкина — зайди, расскажи, как там богомольцы живут и куда глазами глядят: под ноги лошадям или на крест тубянской церкви. Ты им скажи, этим крещеным чудакам, что Христос только древним людям манную крупу с неба сыпал в голодный год, да и то раз за всю жизню, а казакам он сено на зиму заготавливать не будет, пущай на него не надеются! Одним словом, развей там на полный ход антирелигиозную пропаганду! Да ты и сам знаешь, что́ именно при таких случаях надо говорить. Жалко, что я с тобой не поеду, а то бы я мог тебе большую пользу в антирелигии оказать. Оно, конечно, может, и не такой уж сильный я оратор, но зато, брат, кулак у меня при случае на любую дискуссию гожий! Как разок припечатаю, так мой супротивник и возражать мне не сможет, потому что возражать хорошо стоя, а лежа — какие же у него могут быть возражения? Лежачие возражения во внимание не принимаются!

Нагульнов, вдруг оживившись и блестя повеселевшими глазами, предложил:

— Давай, Сема, и я с тобой поеду! А ну, не ровен час, у тебя с бабами неувязка выйдет на почве религиозного недоумения, тогда и я очень даже могу тебе пригодиться.

Ты же наших баб знаешь: ежели они тебя весною в первый раз до смерти не доклевали, то в другой раз непременно доклюют. А со мной ты не пропадешь! Я знаю, как с этим чертовым семенем обходиться!

Всеми силами сдерживая смех, Давыдов испуганно замахал руками:

— Нет, нет! Что ты! Никакой мне твоей помощи не надо, сам обойдусь! А может быть, и страхи-то твои совершенно напрасны? Народ стал значительно сознательнее по сравнению с первыми месяцами коллективизации, факт! А ты, Макар, по-прежнему меряешь его на старый аршин, это — тоже факт!

— Как хочешь, могу ехать, могу и не ехать. Подумал, что, может быть, пригожусь тебе, а ежели ты такой гордый герой — управляйся сам.

— Ты не обижайся, Макар, — примиряюще заговорил Давыдов. — Но из тебя плохой борец против религиозных предрассудков, а вот напортить в этом деле ты можешь основательно, ох, основательно!

— По этому вопросу я с тобой спорить не желаю, — сухо сказал Нагульнов. — Смотри только, не прошибись! Ты привык этим вчерашним собственникам в зубы заглядывать, а я агитирую их так, как мне моя партизанская совесть подсказывает. Ну, я пошел. Бывай здоров!

Словно расставаясь надолго, они обменялись по-мужски крепким рукопожатием. Рука у Нагульнова была твердая и холодная, как камень, а в глазах, уже утративших недавний живой блеск, снова появилась невысказанная, затаенная боль. «Нелегко ему сейчас...» — подумал Давыдов, с усилием подавляя незваное чувство жалости.

Держась за дверную скобу, Нагульнов повернулся к Давыдову, но глядел не на него, а куда-то в сторону, и в голосе его, когда он заговорил, появилась легкая хрипотца:

— Моя предбывшая супруга, а твоя краля подалась куда-то из хутора. Слыхал?

Пораженный Давыдов, еще ничего не знавший о том, что Лушка уже несколько дней тому назад навсегда распростилась с Гремячим Логом и родными памятными ей местами, убежденно сказал:

— Не может этого быть! Куда она денется без документов? Наверняка у тетки живет, выжидает, когда улягутся разговоры о Тимофее. Да и на самом деле, неудобно ей сейчас показываться на люди. Нескладно у нее с Тимофеем вышло...

Макар усмехнулся, хотел было сказать: «А со мною и с тобою складнее у нее вышло?» — но сказал другое:

— Паспорт у нее на руках, и подалась она из хутора в среду, это я тебе точно говорю. Сам видел, как она на зорьке выбралась на шлях, — небольшой узелок, наверно с одежонкой, у нее в руке, — на бугре постояла малость, поглядела на хутор и сгинула с глаз, нечистая сила! У тетки ее я допытывался: «Куда, мол, Лукерья следы направила?» Но тетка ничегошеньки не знает. Сказала ей Лукерья, что пойду, дескать, куда глаза глядят. Вот и все. Вот так-то у нее, у проклятой шалавы, жизненка и выплясалась...

Давыдов молчал. Старое чувство стыда и неловкости перед Макаром овладело им с новой силой. Пытаясь казаться равнодушным и тоже глядя куда-то мимо Макара, он тихо сказал:

— Ну и скатертью дорога! Жалеть о ней некому.

— Она ни в чьей жалости сроду не нуждалась, а вот насчет разных любовей Тимошка нас с тобой, брат, обштопал. Уж это, как ты приговариваешь, факт! Ну чего ты носом крутишь? Не нравится? Мне, брат, тоже не дюже нравится такое дело, а куда же от правды денешься! Лукерью прохлопать и мне и тебе было очень даже просто. А почему? Да потому, что она такая баба, что распрочерт, а не баба! Ты думаешь, она об мировой революции душой изболелась? Как то ни черт! Ни колхозы, ни совхозы, ни сама Советская власть ей и на понюх не нужны! Ей бы только на игрища ходить, поменьше работать, побольше хвостом крутить, вот и вся ее беспартийная программа! Такую бабу возле себя держать — это надо руки смолой вымазать, ухватиться за ее юбку, глаза зажмурить и позабыть обо всем на белом свете. Но я так думаю, что ежели трошки придремать, так она, как гадюка из своей шкуры, так и она из собственной юбки выползет и телешом, в чем мать родила, увеется на игрища. Вот она какая, эта богом и боженятами клятая Лукерья! Потому она к Тимошке и прилипла. Тимошка, бывало, с гармонью по неделе в хуторе слоняется, мимо моей квартиры похаживает, а Лушку тем часом лихорадка бьет, и не чает она, бедная, когда я из дому удалюсь. А чем же нам с тобою было держать такую вертихвостку? За-ради нее и революцию и текущую советскую работу бросить? Трехрядку на складчину купить? Ясная гибель! Гибель и буржуазное перерожденчество! Нет, уж лучше пущай она на первом суку хоть трижды повесится, а за-ради нее, такой паскуды, нам с тобой, Сема, от нашей партийной идейности не отказываться!

Нагульнов снова оживился, выпрямился. Скулы его заружанели. Он прислонился к дверному косяку, свернул папироску, закурил и после двух или трех глубоких затяжек заговорил уже спокойнее и тише, иногда переходя на шепот:

— Признаться тебе, Семен, я боялся, что заголосит моя предбывшая, когда увидит мертвого Тимошку... Нет! Тетка ее рассказывала, что подошла она к нему без слез, без крику, опустилась перед ним на колени и тихочко сказала: «Летел ты ко мне, мой ясный сокол, а прилетел к смерти... Прости меня за то, что не смогла тебя остеречь от погибели». А потом сняла с головы платок, вынула гребень, причесала Тимошку, чуб его поправила, поцеловала в губы и пошла. Ушла от него и ни разу не оглянулась!

После недолгой паузы Макар опять заговорил громче, и в хрипловатом голосе его Давыдов неожиданно уловил плохо скрытые нотки горделивости:

— Вот и все ее было прощание. Это как, здорово? А и крепка же на сердце оказалась проклятая баба! Ну, я пошел. Бывай здоров!

Так вот, оказывается, зачем приходил Макар... Проводив его до калитки, Давыдов вернулся к себе в полутемную горницу, не раздеваясь, бросился на постель. Ему ни о чем не хотелось ни вспоминать, ни думать, хотелось только поскорее забыться сном. Но сон не приходил.

В который раз уже он мысленно проклинал себя за опрометчивость, за неосмотрительную связь с Лушкой! Ведь даже маленькой капли любви не было в их отношениях... А вот появился Тимофей, и Лушка, не задумываясь, порвала с ним, с Давыдовым, снова прильнула к Тимофею и пошла за любимым человеком очертя голову. Что ж, видно, и на самом деле первая любовь не забывается... Покинула хутор, не сказав ни слова, не простившись. А, собственно, на что он ей нужен? Она простилась с тем, кто был ей дорог и мертвый, а при чем здесь он, Давыдов? Все идет своим порядком. А вся эта не очень чистоплотная история с Лушкой — как плохое, незаконченное письмо, оборванное на полуслове. Только и всего!

Давыдов ворочался на узкой койке, кряхтел, два раза вставал курить, но уснул уже на рассвете. А проснулся, когда окончательно рассвело. Короткий сон не освежил его, нет! Он поднялся, испытывая такое ощущение, как в часы тяжелого похмелья: его томила жажда, нестерпимо болела голова, во рту было сухо, временами подступала легкая тошнота. С трудом опустившись на колени, он долго искал сапоги, шарил руками под койкой, под столом, недоуменно оглядывая углы пустой горницы, и, только выпрямившись и увидев сапоги у себя на ногах, досадливо крякнул, прошептал:

— Дошел матрос до ручки. Поздравляю! Дальше и ехать некуда, факт! Проклятая Лушка! Четверо суток нет ее в хуторе, а она все со мною...

Возле колодца он разделся до пояса, долго плескал на горячую потную спину ледяную воду, ахал, стонал, мочил голову — и вскоре, почувствовав некоторое облегчение, пошел на колхозную конюшню.

Глава XIII

Через час он был уже возле стана третьей бригады, но еще издали заметил, что в бригаде творится что-то неладное: добрая половина косилок не работала, по степи там и сям ходили стреноженные лошади, подсохшие валки сена никто не сгребал, и ни единой копешки не виднелось до самого горизонта...

Возле бригадной будки на разостланном рядне шестеро казаков резались в карты, седьмой — подшивал развалившийся чирик, а восьмой — спал, уютно устроившись в холодке возле заднего колеса будки, уткнувшись лицом в скомканный и грязный брезентовый плащ. Завидев Давыдова, игроки лениво встали, за исключением одного, который, полулежа, опираясь на локоть и, очевидно, переживая недавний проигрыш, медленно и задумчиво перетасовывал колоду карт.

Бледный от бешенства, Давыдов подскакал к игрокам вплотную, крикнул срывающимся голосом:

— Это — работа?! Почему не косите? Где Любишкин?

— Так нынче же воскресенье, — нерешительно отозвался кто-то из игроков.

— А погода будет ожидать вас?! А если дождь пойдет?!

Давыдов так круто повернул коня, что тот, побочив, ступил на рядно и вдруг, испугавшись необычной опоры под ногами, взвился на дыбы, прыгнул далеко в сторону. Давыдов резко качнулся, едва не потеряв стремя, но все же удержался в седле. Он отвалился назад, до отказа натянул поводья и, когда кое-как овладел переплясывавшим на одном месте конем, крикнул еще громче:

— Где Любишкин, спрашиваю?!

— Вон он косит, вторая косилка слева по бугру. Да ты чего расшумелся, председатель? Гляди, как бы голос не сорвал... — язвительно ответил Устин Рыкалин, пожилой приземистый казак со сросшимися у переносья белесыми бровями и густовеснушчатым круглым лицом.

— Почему лодырничаете?! Я вас всех спрашиваю! — Давыдов даже задохнулся от негодования и крика.

После недолгого молчания болезненный и смирный Александр Нечаев, живший в хуторе по соседству с Давыдовым, ответил:

— Лошадей некому гонять, вот оно какое дело. Бабы и которые девки в церковь ушли, ну а мы нехотяючи и празднуем... Просили их, окаящих, отставить это дело, так они ни в какую, и погладиться не дались! То есть никак не могли их удержать. И так и этак просили, но уломать не могли, верь слову, товарищ Давыдов.

— Допустим, верю. Но почему вы-то, мужчины, не работаете? — уже несколько сдержаннее, но все еще излишне громко спросил Давыдов.

Конь никак не хотел успокоиться, он приседал и пугливо стриг ушами, под кожей у него мелкими волнами ходила дрожь. Давыдов, сдерживая коня туго натянутыми поводьями, гладил его шелковистую, теплую шею, терпеливо ждал ответа, но на этот раз молчание что-то затянулось...

— Опять же не с кем работать. Баб-то, говорю, нету, — уже неохотно проговорил Нечаев, оглядываясь на остальных, вероятно ожидая от них поддержки.

— Как это не с кем? Вас здесь восемь человек бездельников. Могли бы пустить четыре косилки? Могли! А вы картами развлекаетесь. Не ждал я от вас этакого отношения к колхозному делу, не думал, факт!

— А ты что думал? Ты думал, что мы не люди, а рабочая скотина? — вызывающе спросил Устин.

— Что ты этим хочешь сказать?

— Рабочие имеют выходные дни?

— Имеют, но заводы по воскресеньям не останавливаются, и рабочие в цехах в картишки не перебрасываются, как вот вы здесь. Понятно?

— По воскресеньям там небось другие смены работают, а мы тут одни как проклятые! С понедельника до субботы — в хомуте и в воскресенье из него не вылазишь, да что это за порядки? А Советская власть так диктует? Она диктует, что не должно быть разных различиев между трудящим народом, а вы искажаете законы, норовите в свою пользу их поворотить.

— Что ты мелешь? Ну что ты мелешь? — раздраженно воскликнул Давыдов. — Я хочу обеспечить сеном на зиму весь колхозный скот, да и всех ваших коровенок. Понятно? Так что это — моя польза? Моя личная выгода? Что же ты мелешь, болтун?!

Устин пренебрежительно махнул рукой:

— Вам лишь бы план вовремя выполнить, а там хучь травушка не расти. Дюже вам снилась наша скотинка, так я тебе и поверил! На провесне семена в Войсковой возили со станции — сколько быков по дороге легло костьми? Не счесть! А ты нам тут очки втираешь!

— Быки Войскового колхоза дохли в дороге потому, что такие субчики, как ты, хлеб позарывали в землю. В колхоз вступили, а хлеб спрятали. Надо же было чем-то сеять? Вот и пришлось гнать быков за семенами в немыслимую дорогу, потому они и дохли, факт! Будто ты этого не знаешь?

— Вам лишь бы план выполнить, потому ты и стараешься насчет сена, — упрямо бубнил Устин.

— Да что я, сам буду есть это сено, что ли? Для общей же пользы стараюсь! И при чем тут план? — потеряв терпение, выкрикнул Давыдов.

— Ты не шуми, председатель, шумом-громом ты меня не испужаешь, я в артиллерии служил. Ну, пущай, скажем, для общей пользы ты стараешься, а к чему же из людей жилы тянуть, заставлять их работать день и ночь? Вот при этом-то самом и план! Ты норовишь перед районным начальством выслужиться, районное — перед краевым, а мы за вас расплачивайся. А ты думаешь, что народ ничего не видит? Ты думаешь, народ слепой? Он видит, да куда же от вас, таких службистых, денешься? Тебя, к примеру, да и таких других, как ты, мы сместить с должности не можем? Нет! Вот вы и вытворяете, что вам на ум взбредет, а Москва — далеко, Москва не знает, какие коники вы тут выкидываете...

Вопреки предположениям Нагульнова, не с женщинами пришлось Давыдову столкнуться. Но от этого задача его не становилась легче. По настороженному молчанию казаков Давыдов понял, что окриком тут не поможешь, а скорее повредишь делу. Надо было запастись выдержкой и действовать самым надежным средством — убеждением. Внимательно разглядывая злое лицо Устина, он облегченно подумал: «Хорошо, что я не взял с собою Макара! Быть бы сейчас мордобою и драке...»

Чтобы как-то выиграть время и осмыслить предстоящий план схватки с Устином и, возможно, с теми, кто его вздумает поддержать, Давыдов спросил:

— Когда меня выбирали председателем, ты голосовал за меня, Устин Михайлович?

— Нет, воздержался! С чего бы это я стал за тебя голосовать? Тебя привезли, как кота в мешке...

— Я сам приехал.

— Все едино, приехал кот в мешке, так с какой же стати я бы за тебя голосовал, не знаючи, что ты за фигура!

— А сейчас ты против меня?

— А как же иначе? Конечно, против!

— Тогда ставь на общем колхозном собрании вопрос о моем смещении. Как собрание постановит, так и будет. Только обосновывай свое предложение как следует, иначе погоришь!

— Не погорю, не беспокойся, и с этим ишо успеется, это не к спеху. А пока ты, председатель, скажи нам: куда ты наши выходные дни замотал?

Ответить на такой вопрос было проще простого, но Устин не дал Давыдову и рта раскрыть:

— Почему в районе, в станице то есть, служащие барышни по воскресеньям морды намажут, напудрят и гуляют по улицам день-деньской, по вечерам танцы танцуют, кино ходят глядеть, а наши бабы и девки должны и по воскресеньям пóтом умываться?

— В рабочую пору, летом...

— У нас всегда рабочая пора — и зимой и летом, круглый год — рабочая пора.

— Я хочу сказать...

— Нечего зря язык мозолить! И сказать тебе нечего!

Давыдов предупреждающе поднял руку:

— Постой, Устин!

Но Устин перебил его дробной скороговоркой:

— Я и так стою перед тобой, как работник, а ты в седле сидишь, как барин.

— Подожди же, прошу тебя, как человека!

— Нечего мне ждать! Жди не жди, а верного слова от тебя ни черта не дождешься!

— Ты дашь мне сказать? — багровея, крикнул Давыдов.

— Ты на меня не ори! Я тебе не Лушка Нагульнова! — Устин хватнул воздуха широко раздутыми ноздрями и каким-то надтреснутым голосом заговорил громко и часто: — Все равно, брехать на ветер мы тебе тут не дадим! Трепись на собраниях сколько влезет, а тут речь мы ведем. И ты, председатель, нас картами не попрекай! Мы в колхозе сами хозяева: хотим — работаем, не хотим — отдыхаем, а силком работать нас в праздники ты не заставишь, кишка у тебя тонка!

— Ты кончил? — еле сдерживаясь, спросил Давыдов.

— Нет, не кончил. И я тебе скажу напоследок так: не нравятся тебе наши порядки — убирайся к чертовой матери туда, откуда приехал! Никто тебя к нам в хутор не приглашал, а мы и без тебя, бог даст, как-нибудь проживем. Ты нам — не свет в окне!

Это была явная провокация. Давыдов отлично понимал, куда клонит Устин, но владеть своими чувствами уже не мог. В глазах у него зарябило, и он с минуту почти незряче смотрел на сросшиеся брови Устина, на его круглое, почему-то расплывшееся лицо, отдаленно ощущая, как правая рука, крепко сжимавшая рукоятку плети, наливается кровью, тяжелеет до острой, покалывающей боли в суставах пальцев.

Устин стоял против него, небрежно засунув руки в карманы штанов, широко расставив ноги... Устин как-то сразу обрел недавнюю уравновешенность и теперь, чувствуя за собой молчаливую поддержку казаков, уверенный в собственном превосходстве, спокойно и нагловато улыбался, щурил голубые, глубоко посаженные глаза. А Давыдов все больше бледнел и только молча шевелил побелевшими губами, не в силах произнести ни слова. Он упорно боролся с собой, он напрягал всю волю, чтобы обуздать в себе слепую, нерассуждающую ярость, чтобы как-нибудь не сорваться. Откуда-то, словно бы издалека, доносился голос Устина, и Давыдов отчетливо улавливал и смысл того, о чем говорил Устин, и издевательские интонации, звучавшие в его голосе...

— Чего же ты, председатель, зеваешь ртом, а сам молчишь как рыба? Язык проглотил или сказать нечего? Ты же вроде говорить хотел, а сам как воды в рот набрал... То-то и оно, против правды, видно, не попрешь! Нет уж, председатель, ты лучше с нами не связывайся и не горячись по пустякам. Ты лучше по-мирному слазь-ка с коня да давай с нами в картишки перекинемся, сыграем в подкидного дурачка. Это, брат, умственное дело, это тебе не колхозом руководить...

Кто-то из стоявших позади Устина казаков тихо засмеялся и оборвал смех. На короткий миг нехорошая тишина установилась возле будки. Только слышно было, как бурно дышит Давыдов, стрекочут вдали лобогрейки да умиротворяюще и беззаботно поют, заливаются в голубом поднебесье невидимые глазу жаворонки. Уж им-то во всяком случае не было никакого дела до того, что происходит между столпившимися возле будки взволнованными людьми...

Давыдов медленно поднял над головою плеть, тронул коня каблуками. И тотчас же Устин стремительно шагнул вперед, левой рукой схватил коня под уздцы, а сам ступил вправо, вплотную прижался к ноге Давыдова.

— Никак вдарить хочешь? Давай попробуй! — угрожающе и тихо проговорил он.

На лице его вдруг резко обозначились крутые скулы, глаза блеснули веселым вызовом, нетерпеливым ожиданием.

Но Давыдов с силой хлопнул плетью по голенищу своего порыжелого сапога и, глядя сверху вниз на Устина, тщетно пытаясь улыбнуться, громко сказал:

— Нет, не ударю я тебя, Устин, нет! Не надейся на это, белячок! Вот если бы ты попался мне лет десять назад — тогда другое дело... Ты у меня еще тогда навеки отговорился бы, контрик!

Отодвинув Устина в сторону легким движением ноги, Давыдов спешился.

— Ну что ж, Устин Михайлович, взялся за поводья — теперь веди, привязывай коня. Говоришь, в картишки с вами сыграть? Пожалуйста, с удовольствием! Сдавайте, факт!

Больно уж неожиданный оборот приняло дело... Казаки переглянулись, помедлили и молча стали рассаживаться возле рядна. Устин привязал коня к колесу будки, сел против Давыдова, по-калмыцки поджав ноги, изредка и быстро взглядывая на него. Нет, он вовсе не считал, что потерпел поражение в столкновении с Давыдовым, а потому и решил продолжить разговор:

— Так насчет выходных ты ничего и не сказал, председатель! Под сукно положил вопрос...

— У нас с тобой разговор еще впереди, — многозначительно пообещал Давыдов.

— Это как надо понимать? Вроде как ты мне угрожаешь?

— Нет, зачем же! Сел в карты играть, значит, посторонние разговоры в сторону. Время еще будет поговорить...

Но теперь уже чем спокойнее становился Давыдов, тем больше волновался Устин. Не доиграв кона, он с досадой бросил карты на рядно, обнял руками колени.

— Какая там к черту игра, давайте лучше поговорим про выходные. Ты думаешь, председатель, об этих выходных одни люди беспокоятся? Как бы не так! Вчера утречком это пошел я лошадей запрягать, а гнедая кобыла вздохнула от горя и говорит мне человечьим языком: «Эх, Устин, Устин, и что это за колхозная жизнь! И в будни на мне работают, день и ночь хомута не сымают, и в праздники не выпрягают. А раньше было не то-о-о! Раньше на мне, бывало, по воскресеньям не работали, а только либо по гостям ездили, либо, скажем, по свадьбам. Раньше жизня моя не в пример лучше была!»

Казаки вполголоса, но дружно рассмеялись. Сочувствие их было как будто бы на стороне Устина. Но они выжидающе притихли, когда Давыдов, трогая рукою кадык, негромко сказал:

— А чья она была до колхоза, эта интересная кобылка?

Устин хитро сощурился и даже слегка подмигнул Давыдову:

— Небось думаешь, моя? Моими словами говорила? Нет, председатель, тут ты ошибку понес! Это Титкова была кобылка, эта животная из раскулаченных. Она у него при единоличной жизни не так, как в колхозе, питалась: объедьев зимой и не нюхала, на одном овсе, считай, почти все зубы съела. Не жила, можно сказать, а роскошничала!

— Значит — старая кобылка, если зубы съела? — как бы невзначай спросил Давыдов.

— Старая, старая, в преклонных годах, — охотно согласился Устин, не ожидавший от противника никакого подвоха.

— Тогда напрасно ты слушаешь эту разговорчивую кобылу, — убежденно сказал Давыдов.

— Почему же это напрасно?

— Да потому, что у кулацкой кобылы — кулацкие и разговоры.

— Так она же теперь колхозница...

— По виду и ты колхозник, а на деле — кулацкий подпевала.

— Ну, это ты уж, председатель, загнул чересчур...

— Ничего не загнул, а факт остается фактом. И потом, если кобыла старая, охота тебе была ее слушать? Она же от старости весь ум выжила! Будь она помоложе да поумнее — не так ей надо было с тобой разговаривать!

— А как же? — уже настороженно спросил Устин.

— Ей надо было сказать тебе так: «Эх, Устин, Устин, кулацкий ты прихвостень! Зимою ты, сукин сын, ни черта не работал, весною не работал, больным притворялся, и сейчас не хочешь по-настоящему работать. Чем же ты меня, гнедую кобылу, зимовать будешь и что сам зимою жрать будешь? Подохнем мы с тобой с голоду от таких наших трудов!» Вот как ей надо было с тобой разговаривать!

Общий хохот покрыл последние слова Давыдова. Нечаев смеялся, как девушка, словно горох сыпал, и по-девичьи тоненько взвизгивал. Басистый Герасим Зяблов даже вскочил на ноги и хохотал, потешно приседая, и, как во время пляски, хлопал себя ладонями по голенищам сапог. А престарелый Тихон Осетров, захватив сивую бороду в кулак, пронзительно кричал:

— Ложись, Устин, ниц и не подымай головы! Начисто стоптал тебя Давыдов!

Но, к удивлению Давыдова, смеялся и сам нимало не смущенный Устин, и смех его вовсе не был насильственным или притворным.

Когда понемногу установилась тишина, Устин первый сказал:

— Ну, председатель, сразил ты меня... Не думал я, что ты ловко из-под меня вывернешься. А вот насчет кулацкого прихвостня — это ты напрасно, и насчет того, что весною я не хворал, а притворялся, — тоже напраслину на меня возводишь. Тут ты, председатель, извиняй, пожалуйста, но брешешь!

— Докажи это.

— Чем же я тебе докажу?

— Фактами.

— Какие же могут быть к нашему шутейному разговору факты? — неуверенно улыбаясь, спросил уже немного посерьезневший Устин.

— Ты брось дурака валять! — зло сказал Давыдов. — Разговор наш далеко не шутейный, и дело, которое ты затеял, вовсе не шуточное. А факты — вот они тебе налицо: в колхозе ты почти не работаешь, пытаешься тянуть за собой несознательный элемент, ведешь опасные для тебя разговорчики, и вот сегодня, например, тебе удалось сорвать выход на работу: половина бригады не косит благодаря твоим стараниям. Какие же тут к черту шутки?

Смешливо вздернутые брови Устина опустились и опять сошлись у переносья в одну прямую и жесткую линию:

— Про выходные дни сказал и сразу попал в кулацкие прихвостни и в контры? Стало быть, только тебе одному можно говорить, а нам — молчать и губы рукавом вытирать?

— Не только поэтому! — горячо возразил Давыдов. — Все твое поведение нечестное, факт! Что ты распинаешься о выходных днях, когда ты зимою имел этих выходных в месяц по двадцать дней! Да и не только ты один, а и все остальные, кто здесь сейчас находится. Что вы зимою делали, кроме уборки скота да очистки семян? Да ничего! На теплых печках отлеживались! Так какое же право вы имеете устраивать себе выходные в самую горячую пору, когда каждый час дорог, когда под угрозой покос? Ну, скажите по совести!

Устин, не моргая, молча и пристально смотрел на Давыдова. Вместо него заговорил Тихон Осетров:

— Тут, донцы, в кулак шептать нечего. Давыдов правильно говорит. Наша промашка вышла, нам ее и поправлять. Такое наше дело, что праздновать приходится не всегда, а в большинстве действительно в зимнюю пору. Да оно и раньше, при единоличестве, так же было. Раньше Покрова кто из нас с хозяйством управлялся? Не успеешь хлеба́ убрать — и вот уже надо тебе зябь пахать. Давыдов верно говорит, и мы нынче зря баб в церковь пустили, а уж про то, что сами на стану уселись воскресничать, тут и толковать нечего... Одним словом, промашка! Сами перед собой обвиноватились, да и только. А все это ты, Устин, ты нас сбил, баламутный дьявол!

Устин вспыхнул как порох. Голубые глаза его потемнели и злобно заискрились:

— А у тебя, бородатая дура, свой ум при себе есть или ты его дома забыл?

— То-то и оно, что, как видно, забыл...

— Ну, сбегай в хутор, принеси его!

Нечаев прикрыл рот узкой ладонью, чтобы не видно было улыбки, подрагивающим, тонким голоском спросил у несколько смущенного Осетрова:

— А ты, Тихон Гордеич, надежно его схоронил, ум-то?

— А тебе какая печаль?

— Так нынче же воскресенье...

— Ну, и что такого?

— Сноха твоя небось прибиралась с утра, полы подметала, и ежели ты свой умишко под лавкой схоронил или под загнеткой, то она беспременно веником подхватит его и выметет на баз. А там его куры в один миг разгребут... Как бы тебе, Гордеич, без ума не пришлось век доживать, вот об чем я печалуюсь...

Все, не исключая Давыдова, рассмеялись, но смех у казаков был что-то не очень весел... Однако недавнее напряжение исчезло. Как и всегда бывает в таких случаях, веселая шутка предотвратила готовую разразиться ссору. Обиженный Осетров, малость поостыв, только и сказал, обращаясь к Нечаеву:

— Тебе, Александр, как я погляжу, и дома забывать нечего: и при себе из ума ничего не имеешь. Ты-то умнее меня оказался? И твоя баба тоже зараз марширует, дорогу на Тубянской меряет, и ты от картишек тоже не отказывался.

— Мой грех! Мой грех! — отшучивался Нечаев.

Но Давыдов не был удовлетворен исходом разговора. Ему хотелось прижать Устина по-настоящему.

— Так вот, давайте уж окончательно закончим про выходные, — сказал он, в упор глядя на Устина. — Много ты зимой работал, Устин Михайлович?

— Сколько надо было, столько и работал.

— А все же?

— Не считал.

— Сколько у тебя числится трудодней?

— Не помню. И чего ты ко мне привязался? Возьмись да посчитай, ежели тебе делать нечего, а без дела скучно.

— Мне и подсчитывать не надо. Если ты забыл, то мне — как председателю колхоза — забывать не положено.

До чего же на этот раз пригодилась Давыдову объемистая записная книжка, с которой он почти никогда не расставался! От недавно пережитого волнения пальцы Давыдова все еще слегка дрожали, когда он торопливо перелистывал замусоленные страницы книжки.

— Нашел твою фамилию, трудяга! А вот и твои заработки: за январь, февраль, март, апрель и май всего, сейчас скажу, всего двадцать девять трудодней. Ну, как? Лихо работал?

— Не густо у тебя накапано, Рыкалин! — с сожалением и укоризной сказал один из казаков, глядя на Устина.

Но тот не хотел сдаваться:

— У меня еще полгода впереди, а кур по осени считают.

— Кур по осени будем считать, а выработку — ежедневно, — резко сказал Давыдов. — Ты, Устин, заруби себе на носу: бездельников в колхозе мы терпеть не будем! В три шеи будем гнать всех саботажников! Дармоеды нам в колхозе не нужны. Ты подумай: куда ты идешь и куда заворачиваешь? У Осетрова — почти двести трудодней, у остальных из вашей бригады — за сто, даже у таких больных, как Нечаев, и то около сотни, а у тебя — двадцать девять! Ведь это же позор!

— У меня жена хворая, женскими болезнями страдает и по неделям лежит пластом. А окромя этого — шесть штук детей, — угрюмо сказал Устин.

— А ты сам?

— А что — я?

— Почему не работаешь на полную нагрузку?

И опять скулы Устина вспыхнули вишневым румянцем, а в голубых, зло прищуренных глазах мелькнули недобрые огоньки.

— Что ты на меня вылупился и только в глаза мне глядишь да на морду?! — возбужденно потрясая сжатой в кулак левой рукой, закричал он, и на его круглой короткой шее вздулись синие вены. — Что я тебе, Лушка Нагульнова или Варька Харламова, какая по тебе сохнет?! Ты на руки мои погляди, а тогда и спрашивай с меня работу!

Он с силой выбросил вперед руки, и только тут Давыдов увидал, что на изуродованной правой руке Устина одиноко торчит указательный палец, а на месте остальных темнеют бурые, сморщенные пятна.

Давыдов озадаченно почесал переносицу:

— Вот оно, какое дело... Где же пальцы потерял?

— В Крыму, на врангелевском фронте. Ты меня беляком называл, а я — розовый, как забурелый арбуз; и в белых был, и с зелеными две недели кумился, и в красных побывал. В белых служил — без охоты воевал, все больше по тылам огинался, а с белыми дрался — изволь радоваться, пальцы потерял. Поилица, какой рюмку берешь, целая. — Устин пошевелил куцыми, толстыми пальцами левой руки. — А кормилица, видишь, без хваталок...

— Осколком?

— Ручная граната.

— Как же у тебя указательный уцелел?

— На спусковом крючке он лежал, потому и уцелел. Двух врангелевцев в этот день лично я убил. Надо же было чем-нибудь расплачиваться? Боженька рассерчал на меня за это крови пролитие, вот и пришлось пожертвовать ему четыре пальца. Считаю, дешево отделался. С дурного ума он бы мог с меня и полголовы потребовать...

Спокойствие Давыдова постепенно передалось и Устину. Они разговаривали уже в мирном тоне, и бесшабашный Устин понемногу остывал, и даже обычная ироническая улыбочка появилась у него на губах.

— Жертвовал бы и последний, на кой он тебе, один-то?

— До чего ты, председатель, простой на чужое добро! Мне он и один в хозяйстве дюже нужен.

— На что же это он тебе нужен? — подавляя улыбку, спросил Давыдов.

— Мало ли на что... Ночью им на свою бабу грожусь, ежели не угодит мне чем-нибудь, а днем в зубах им ковыряю, добрым людям головы морочу. При моей бедности мясцо-то во щах у меня бывает раз в году, а тут я кажин день после обеда иду по улице, в зубах этим пальцем ковыряю да сплевываю, а люди небось думают: «Вот проклятый Устин как богато живет! Кажин день мясо жрет, и никак оно у него не переводится!» А ты говоришь, на что мне один палец сдался... Он свою службу несет! Пущай люди меня богатым считают. Как-никак, а мне это лестно!

— Силен ты на язык, — невольно улыбаясь, сказал Давыдов. — А косить сегодня будешь?

— После такого приятного разговора — обязательно!

Давыдов повернулся к Осетрову. Он обращался к нему как к старшему по возрасту:

— Женщины ваши давно в Тубянской пошли?

— Да так, с час назад, не больше.

— И много ли их ушло?

— Штук двенадцать. Они, эти бабы, чисто овцы: куда одна направилась, туда и другие всем гуртом. Иной раз и поганая овца за собою гурт ведет... Поддались же мы Устину, затеялись в покос праздновать, лихоманка его забери!

Устин добродушно рассмеялся:

— Опять я виноватый? Ты, борода, на меня чужой грех не сваливай! Бабы ушли молиться, а я тут при чем? Их бабка Атаманчукова и ишо одна наша хуторская старушка сбили с пути праведного. С рассветом ишо пришли к нам на стан и — ну их агитировать! Нынче, говорят, праздник святой великомученицы Гликерии, а вы, бабочки, косить думаете, греха не боитесь... Ну, и сбили. Я было спросил у старушек: это, мол, какой Гликерии? Уж не Нагульновой ли? Так она в точности великомученица: всю жизню с кем попадя мучится... Эх, как тут старушки мои всколыхнулись и поднялись на меня штурмой! Бабка Атаманчукова даже костылем замахнулась, хотела вдарить, да, спасибо, я вовремя увернулся, а то была бы у меня шишка на лбу, как у голландского гусака. А тут наши бабенки вцепились в меня, не хуже чем орепьи в собачий хвост, насилу от них кое-как отбился...

И что это я за такой разнесчастный человек? Не везет мне нынешней день! Глядите, добрые люди, за одно утро и со старухами успел поругаться, и с бабами, и с председателем, и с Гордеичем — сивой бородой. Ведь это уметь надо!

— Это ты уме-е-ешь! Этого уменья тебе не занимать у соседей. Ты с мальства, Устин, со всеми схватываешься, как драчливый кочет. А у драчливого кочета, попомни мое слово, гребень всегда в крови... — предостерегающе сказал Осетров.

Но Устин будто и не слышал его. Глядя на Давыдова озорными, бесстрашными глазами, он продолжал:

— Зато на агитаторов нам нынешний день везет: и пеши к нам идут, и верхи едут... Будь поближе железная дорога — на паровозах бы к нам скакали! Только настоящей агитации тебе, председатель, надо у наших старушек учиться... Они постарше тебя, похитрее, и опытности в них побольше. Разговаривают они потихонечку, уговаривают ласково, со всей вежливостью; вот они и добиваются своего. У них — без осечки выходит! А ты как действуешь? Не успел к стану подскакать, а уже орешь на всю степь: «Почему не работаете?!» Кто же по нынешним временам так с народом обращается? Он, народ-то, при Советской власти свою гордость из сундуков достал и не уважает, когда на него кидаются с криком. Одним словом, он никакой щекотки не любит, председатель! Да, к слову сказать, на казаков и раньше в царское время атаманы не дюже шумели — боялись стариков обидеть. Вот и вам с Нагульновым пора бы понять, что не те времена нынче, и старые завычки пора бросать... Ты думаешь, что я согласился бы нынче косить, ежели бы ты не остепенился? Черта с два! А ты себя укоротил несколько, сменил гнев на милость, в картишки с нами согласился перекинуться, поговорил толково, и вот уж я — весь тут! Голыми руками бери меня, и я на все согласный: и в карты играть, и стога метать.

Горькое чувство недовольства собою, злую досаду испытывал Давыдов, внимательно слушавший Устина.

А ведь, пожалуй, кое в чем он был прав, этот не в меру бойкий казачок. Прав хотя бы уже в том, что нельзя было ему, Давыдову, появившись в бригаде, начинать объяснение с ругани и крика. Потому-то у него, как намекнул Устин, и вышла на первых порах осечка. Как же получилось, что он не сдержался? И Давыдов, не кривя душой, должен был сознаться самому себе, что незаметно он усвоил грубую, нагульновскую, манеру обращения с людьми, разнуздался, как сказал бы Андрей Размётнов, — и вот результат: ему ехидно советуют брать пример с каких-то старушонок, которые действуют осторожно, вкрадчиво и без всяких осечек неизменно добиваются успеха в своих целях. Все яснее ясного! Надо бы и ему спокойно подъехать к стану, спокойно поговорить, убедить людей в неуместности праздничных настроений, а он наорал на всех, и был момент, когда за малым не пустил в дело плеть. В одно ничтожное мгновение он мог зачеркнуть всю свою работу по созданию колхоза, а потом, чего доброго, и положить партбилет на стол райкома... Вот это была бы уже по-настоящему страшная катастрофа в его жизни!

Только при одной мысли о том, что могло с ним произойти, если бы он вовремя не взял себя в руки, Давыдов зябко передернул плечами, на секунду почувствовал, как по спине прополз знобящий холодок...

Целиком погруженный в неприятные переживания, Давыдов упорно смотрел на разбросанные по рядну карты и, почему-то вдруг вспомнив свое увлечение игрою в «очко» в годы Гражданской войны, подумал: «Перебор у меня вышел! Прикупил к шестнадцати очкам не меньше десятка, факт!» Не очень-то удобно было ему сознаваться в своей несдержанности, однако он нашел в себе мужество и хотя и не без внутреннего сопротивления, но все же сказал:

— Фактически я напрасно налегал на глотку, в этом ты прав, Устин! Но ведь обидно стало, что вы не работаете, как ты думаешь? Да и ты разговаривал со мною вовсе не шепотом. А договориться нам можно было, конечно, и без ругани. Ну, хватит об этом! Ступай, запрягай в арбу самых резвых лошадей, а ты, Нечаев, другую подходящую пару — вот в эти дрожки.

— Поедешь баб догонять? — не скрывая удивления, спросил Устин.

— Точно. Попробую и женщин уговорить, чтобы поработали сегодня.

— А подчинятся они тебе?

— Там видно будет. Уговор — не приказ.

— Ну что ж, помогай тебе боженька и матка бозка ченстоховска! Слушай-ка, председатель, возьми и меня с собой! А?

Давыдов, не колеблясь, согласился.

— Поедем. Но ты помогать мне будешь уговаривать женщин?

Устин сморщил в улыбке растрескавшиеся от жары губы.

— Тебе помогать будет мой заместитель, я его с собою непременно прихвачу!

— Какой заместитель? — Давыдов недоумевающе взглянул на Устина.

А тот молча и не спеша подошел к будке и вытащил из-под вороха зипунов новехонький длинный кнут с нарядным ременным махром на конце кнутовища.

— Вот он и заместитель. Хорош? А уж до чего он у меня убедительный — страсть! Как засвистит, так сразу и уговорит и усватает. Не гляди, что я левша!

Давыдов нахмурился:

— Ты мне это брось! Женщин я тебе и пальцем тронуть не позволю, а на твоей спине с удовольствием попробовал бы этого заместителя!

Но Устин лишь насмешливо сощурился:

— Хотел дед в свое удовольствие вареников попробовать, а собака творог съела... Я как инвалид Гражданской войны льготу имею, а бабы от порки только жирнее да смирнее делаются, по своей жене знаю. Кого же надо пороть? Ясное дело — баб! Да ты чего робеешь? Мне только двух-трех стегнуть как следует, а остальных ажник ветром схватит, в один момент на арбе очутятся!

Считая разговор оконченным, он достал валявшиеся под будкой уздечки, пошел на бугор ловить лошадей. За ним поспешили Нечаев и другие казаки, за исключением одного Осетрова.

— Ты, Тихон Гордеич, почему не идешь косить? — спросил Давыдов.

— Хотел тебе за Устина словцо молвить. Можно?

— Давай.

— Не гневайся ты на его, дурака, заради бога! Он чисто глупо́й становится, когда ему шлея под хвост попадает, — просяще заговорил Осетров.

Но Давыдов прервал его:

— Он вовсе не дурак, а открытый враг колхозной жизни! С такими мы боролись и будем бороться без пощады!

— Да какой же он враг? — в изумлении воскликнул Осетров. — Говорю тебе, что он сам не свой становится, когда осерчает, вот и все! Я его с мальства знаю, и, сколько помню, всегда он такой нащетиненный. Его, подлеца, до революции старики наши за супротивность несчетно пороли на хуторских сходах. Пороли так, что ни сесть ему, ни лечь, — а с него как с гуся вода! Неделю поносит зад на отлете и опять за старое берется, никому спуску не дает, у всех изъяны ищет, да ведь с какой усердностью ищет! Скажи, как собака — блох! С чего ему быть врагом колхоза? Богатеньким он всю жизнь поперек горла стоял, а сам живет — ты бы только глянул! Хата набок схилилась, вот-вот рухнется, в хозяйстве одна коровенка да пара шелудивых овчишек, денег сроду не было и нету. У него в одном кармане блоха на аркане, а в другом — вошь на цепи, вот и все его богатство! А тут жена хворая, детишки одолели, нужда заела... Может, через это он на всех и клацает зубами. А ты говоришь — враг. Пустобрех он, а не враг.

— Он тебе не из родни? Почему ты за него вступаешься?

— В том-то и дело, что родня, племянником мне доводится.

— Того-то ты и стараешься?

— А как же иначе, товарищ Давыдов? Шестеро ребят на его шее, и все мал мала меньше, а у него язык — как помело. Я ему до скольких разов говорил: «Прибереги язык, Устин! До плохого ты договоришься. Вгорячах ты такое ляпнешь, что сразу окажешься в Сибири, тогда начнешь локоток кусать, да поздно будет!» А он мне на это: «А в Сибири люди на четвереньках ходят, что ли? Меня и там ветром не продует, я — каленый!» Вот и возьми такого дурака за рупь двадцать! А при чем тут его дети? Их воспитать трудно, а посиротить по нынешним временам можно в два счета...

Давыдов закрыл глаза и надолго задумался. Уж не свое ли беспросветное, темное, горькое детство вспоминал он в эти минуты?

— Не гневайся на него за дурные слова, — повторил Осетров.

Давыдов провел рукою по лицу и как будто очнулся.

— Вот что, Тихон Гордеич, — медленно, раздельно заговорил он. — Пока Устина я не трону. Пусть он работает в колхозе по силе возможности, тяжелой работы мы ему давать не будем, что́ осилит, то пусть и делает. Если у него к концу года будет нехватка в трудоднях, поможем: выделим на детей хлеба из общеколхозного фонда. Понятно? Но ты ему скажи от меня по секрету: если он еще раз вздумает мне в бригаде воду мутить, людей сбивать на разные гадости, то ему несдобровать! Пусть он одумается, пока не поздно! Шутить я с ним больше не намерен, так и скажи ему. Мне не Устина, а детишек его жалко!

— Спасибо на добром слове, товарищ Давыдов! Спасибо и за то, что зла на сердце супротив Устина не держишь. — Осетров поклонился Давыдову.

А тот неожиданно рассвирепел:

— Что ты мне кланяешься? Я тебе не икона! И без поклонов обойдусь и сделаю, что сказал!

— У нас со старых времен так ведется: ежели благодаришь, то и кланяешься, — с достоинством ответил Осетров.

— Ну, ладно, старик, ты вот что скажи: как у детишек Устина с одежонкой? И сколько из них в школу ходит?

— Зимою все как есть на печке сидят, на баз выйти не в чем, летом бегают, лохмотья трясут. Кое-что из раскулаченного имущества им перепало, но ведь этим их наготу не прикроешь. А из школы нынешнюю зиму Устин последнего парнишку забрал: ни одеть, ни обуть нечего. Парнишка-то большенький, двенадцати годков, ну и стыдится цыганское рванье носить...

Давыдов яростно поскреб в затылке и вдруг круто повернулся к Осетрову спиной.

— Ступай косить.

Голос у него был глухой и звучал неприятно... Осетров внимательно посмотрел на понуро сгорбившуюся фигуру Давыдова, еще раз низко поклонился и медленно зашагал к косарям.

Немного успокоившись, Давыдов долго смотрел вслед удалявшемуся Осетрову, думал: «Удивительный народ эти казачишки! Раскуси, попробуй, что за фрукт этот Устин. Оголтелый враг или же попросту болтун и забияка, у которого что на уме, то и на языке? И вот, что ни день, то они мне все новые кроссворды устраивают... Разберись в каждом из них, дьявол бы их побрал. Ну что ж, буду разбираться! Понадобится, так не то что пуд — целый мешок соли вместе с ними съем, но так или иначе, а все равно разберусь, факт!»

Размышления его прервал Устин. Он подскакал галопом, ведя в поводу вторую лошадь.

— А на кой ляд нам, председатель, в дрожки запрягать? Давай запрягем в другую арбу. Небось не растрясутся бабы и в арбах, ежели согласятся обратно ехать!

— Нет, запрягай в дрожки, — сказал Давыдов.

Он уже все успел обдумать и знал, на что ему могут пригодиться дрожки в случае удачи.

***

Минут через сорок быстрой езды они издали увидели пеструю толпу нарядно одетых женщин, медленно поднимавшихся по летней дороге на противоположном склоне балки.

Устин поравнялся с Давыдовым.

— Ну, председатель, держись за землю! Зараз устроят тебе бабы вторую выволочку!..

— Слепой сказал: «Посмотрим!» — бодро ответил Давыдов, погоняя лошадей вожжами.

— Не робеешь?

— А чего робеть? Их же только двенадцать или немного больше.

— А ежели я им помогу? — спросил Устин, непонятно улыбаясь.

Давыдов внимательно всматривался в его лицо и никак не мог определить, серьезно он говорит или шутит.

— Как тогда обернется дело? — снова спросил Устин, но теперь он уже не улыбался.

Давыдов решительно остановил своих лошадей, слез с арбы и подошел к дрожкам. Опустив руку в правый карман пиджака, он вынул пистолет — подарок Нестеренко — и положил его на колени Устину.

— Возьми эту игрушку и спрячь от греха подальше. Если и ты, в случае чего, примкнешь к женщинам, боюсь, что не выдержу искушения и тебе же первому продырявлю голову.

Он легко высвободил кнутовище из потной руки Устина, широко размахнулся, кинул кнут далеко в сторону от дороги.

— Теперь поехали! Погоняй веселее, Устин Михайлович, да хорошенько приметь место, куда упал твой кнут. На обратном пути мы его заберем, факт! А пистолет вернешь мне, когда приедем на стан. Трогай!

Нагнав женщин, Давыдов лихо объехал их стороной, поставил арбу поперек дороги. Устин остановил лошадей около арбы.

— Бабочки-красавицы, здравствуйте! — с наигранной веселостью приветствовал богомолок Давыдов.

— Здорово, коли не шутишь, — ответила за всех самая бойкая из женщин.

Давыдов соскочил с арбы, снял кепку и склонил голову:

— Прошу вас от имени правления колхоза вернуться на работу. Ваши мужчины послали меня к вам. Они уже косят.

— Мы к обедне идем, а не на игрища! — запальчиво крикнула пожилая женщина с лоснящимся от пота красным лицом.

Давыдов обеими руками прижал к груди скомканную кепку:

— После покоса молитесь, сколько вам угодно, а сейчас не время. Посмотрите — тучки находят, а у вас на покосе ни одной копны нет. Пропадет же сено! Все погниет! А сено пропадет — и скот зимой пропадет. Да вы это лучше меня знаете!

— Где ты тучи увидал? — насмешливо спросила моленькая девушка. — Небушко — как выстиранное!

— Барометр на дождь показывает, а тучи тут ни при чем, — всячески изворачивался Давыдов. — Вскоре непременно будет дождь! Поедемте, дорогие бабочки, а в то воскресенье сходите помолиться. Ну, какая вам разница? Садитесь, прокачу с ветерком! Садитесь, мои дорогие, а то дело не ждет.

Давыдов уговаривал своих колхозниц, не жалея ласковых слов, и те замялись в нерешительности, стали перешептываться. Тут-то совершенно неожиданно для Давыдова на выручку ему пришел Устин: неслышно подойдя сзади к полной и высокой жене Нечаева, он мгновенно подхватил ее на руки и, не обращая никакого внимания на удары, которыми осыпала его смеющаяся женщина, на рысях донес ее до арбы, бережно усадил в задок. Женщины со смехом и визгом разбежались в разные стороны.

— Лезьте сами в арбу, а то зараз кнут возьму! — дико вращая глазами, заорал во всю мочь Устин. И тут же сам расхохотался: — Садитесь, не трону, только живее, сатаны длиннохвостые!

Стоя на арбе во весь рост, поправляя сбившийся с головы полушалок, жена Нечаева крикнула:

— Ну садитесь, бабочки, скорее! Что, я вас ждать буду? Глядите, какая нам честь: сам председатель за нами приехал!

Женщины подошли с трех сторон и, подталкивая друг дружку, пересмеиваясь и бросая на Давыдова быстрые взгляды, бесцеремонно полезли в арбу. На дороге остались две старухи.

— А мы должны одни идти в Тубянской, супостат ты этакий? — Бабка Атаманчукова сверлила Давыдова ненавидящим взглядом.

Но Давыдов призвал на помощь всю свою былую матросскую галантность и, раскланиваясь, звонко щелкнул каблуками:

— Зачем же вам, бабушки, пешком идти? Вот дрожки специально для вас, садитесь и езжайте, молитесь на здоровье. Повезет вас Устин Михайлович. Он обождет, пока кончится обедня, а потом доставит вас на хутор.

Дорога была каждая минута, и нечего было дожидаться согласия старушек! Давыдов взял их под руки, повел к дрожкам. Бабка Атаманчукова всячески упиралась, но ее сзади легонечко и почтительно подталкивал Устин. Кое-как старух усадили, и Устин, разбирая вожжи, тихо, очень тихо сказал:

— Хитер же ты, Давыдов, как бес!

За все время он впервые назвал своего председателя по фамилии.

Давыдов отметил это про себя, вяло улыбнулся: бессонная ночь и пережитые волнения сказались на нем, и его уже неодолимо борол сон.

Глава XIV

— Ну и сильный же травостой в нынешнем году! Ежели не напакостят нам дожди и управимся с покосом засухо — не иначе огрузимся сенами! — сказал Агафон Дубцов, войдя в скромный кабинет Давыдова и устало, со стариковским покряхтываньем, садясь на лавку.

Только устроившись поудобнее, он положил рядом с собою выцветшую на солнце фуражку, вытер рукавом ситцевой рубахи пот с рябоватого и черного от загара лица и с улыбкой обратился к Давыдову и сидевшим за его столом счетоводу и Якову Лукичу:

— Здоро́во живешь, председатель, и вы здравствуйте, канцелярские крысы!

— Хлебороб Дубцов приехал! — фыркнул счетовод. — Смотрите, товарищ Давыдов, на этого дядю внимательно! Ну какой ты хлебороб, Агафон?

— А кто же я, по-твоему? — Дубцов вызывающе уставился на счетовода.

— Кто хочешь, но только не хлебороб.

— А все-таки?

— Даже сказать неудобно, кто ты есть такой...

Дубцов нахмурился, помрачнел, и от этого черное лицо его словно бы еще более потемнело. В явном нетерпении он проговорил:

— Ну, ты у меня не балуй, выкладывай поскорее, кто я есть такой, по твоему мнению. А ежели ты словом подавился, так дай я тебе по горбу маленько стукну, сразу заговоришь!

— Самый ты настоящий цыган! — убежденно сказал счетовод.

— То есть как же это я — цыган? Почему — цыган?

— А очень даже просто.

— Просто и блоха не кусает, а с умыслом. Вот ты и объясняй свой обидный для меня умысел.

Счетовод снял очки, почесал карандашом за ухом.

— А ты не злись, Агафон, ты вникай в мои слова. Хлеборобы в поле работают, так? А цыгане по хуторам ездят, попрошайничают, где плохо лежит — крадут... Так и ты: чего ты в хутор приехал? Не воровать же? Стало быть, не иначе — чего-нибудь просить. Так я говорю?

— Так уж и просить... — неуверенно проговорил Дубцов. — Что же, мне нельзя приехать проведать вас? Запросто нельзя приехать или, скажем, по какому-нибудь делу? Ты мне воспретишь, что ли, крыца в очках?

— А на самом деле, чего ты приехал? — улыбаясь, спросил Давыдов.

Но Дубцов сделал вид, что не слышит вопроса. Он внимательно осмотрел полутемную комнату, завистливо вздохнул:

— Живут же люди, наколи их еж! Ставеньки у них поскрыты, в хате пол холодной водицей прилит; тишина, сумраки, прохлада; ни единой мушки нету, ни один комарик не пробрунжит... А в степи, так твою и разэтак, и солнце тебя с утра до вечера насмаливает, днем и овод тебя, как скотиняку, до крови просекает, и всякая поганая муха к тебе липнет не хуже надоедливой жены, а ночью комар никакого спокою не дает. Да ведь комарто не обыкновенный, а гвардейского росту! Не поверите, братушки, каждый — чуть не с воробья, а как крови насосется, то даже поболее воробья становится, истинно говорю! Из себя личностью этот комар какой-то желтый, страховитый, и клюв у него не меньше вершка. Ка-а-ак секанет такой чертяка скрозь зипун — с одного клевка до живого мяса достает, ей-богу! Сколь мы так му́ки от всякой летучей гнуси принимаем, сколь крови проливаем, прямо скажу, не хуже, чем на Гражданской войне!

— А и здоров же ты брехать, Агафон! — посмеиваясь, восхитился Яков Лукич. — Ты в этом деле скоро деда Щукаря перескачешь.

— Чего мне брехать? Ты тут в холодке сидишь сиднем, а поезжай в степь — и сам увидишь, — огрызнулся Дубцов, но в шельмоватых, прищуренных глазах его еще долго не гасла улыбка.

Он, пожалуй, был бы не прочь еще продолжить свой притворно-грустный рассказ о нуждах и мытарствах бригады, но Давыдов прервал его:

— Хватит! Ты не хитри, не плачь тут и зубы нам не заговаривай. Говори прямо: зачем приехал? Помощи просить?

— Оно было бы невредно...

— Чего же тебе не хватает, сирота: папы или мамы?

— Здоров ты шутить, Давыдов, но и нас не со слезьми, а со смешком зачинали.

— Спрашиваю без шуток: чего не хватает? Людей?

— И людей тоже. По скатам Терновой балки, — ты же самолично видал, — трава дюже добрая, но косилки на косогоры и на разные вертепы не пустишь, а косарей с ручными косами в бригаде кот наплакал. До смерти жалко, что такая трава гинет зазря!

— Может быть, тебе еще пару-тройку косилок подкинуть, ну, хотя бы из первой бригады? — вкрадчиво спросил Давыдов.

Дубцов печально завздыхал, а сам смотрел на Давыдова грустно, испытующе и долго. Помедлив с ответом, он вздохнул последний раз, сказал:

— Не откажусь. Старая девка и от кривого жениха не отказывается... Я так разумею: работа наша в колхозе артельная, идет она на общую пользу, и принять помощь от другой бригады не считаю зазорным делом. Верно?

— Разумеешь ты правильно. А косить на чужих лошадях двое суток не зазорное дело?

— На каких-таких чужих? — в голосе Дубцова зазвучало такое неподдельное изумление, что Давыдов с трудом удержал улыбку.

— Будто не знаешь? Кто у Любишкина две пары лошадей с попаса угнал, не знаешь? Счетовод наш, пожалуй, прав: что-то есть у тебя этакое, цыганское: и просить ты любишь, и к чужим лошадкам неравнодушный...

Дубцов отвернулся и презрительно сплюнул:

— Тоже мне — лошади называются! Эти клячи сами к нашей бригаде приблудились, никто их не угонял, а потом — какие же они чужие, ежели принадлежат нашему колхозу?

— Почему же ты сразу не отослал этих кляч в третью бригаду, а дождался, пока их у тебя прямо из косилок выпрягли хозяева?

Дубцов рассмеялся:

— Хороши хозяева! В своей округе двое суток не могли лошадей сыскать! Да разве же это хозяева? Раззявы, а не хозяева! Ну да это дело прошлое, и мы с Любишкиным уже помирились, так что нечего старое вспоминать. А приехал я сюда вовсе не за помощью, а по важному делу. Без особой важности как я мог оторваться от покоса? На худой конец, мы безо всякой помощи управимся и обойдемся своими силами. А эта старая крыца, Михеич, счетовод, сразу меня в цыгана произвел. Считаю — это несправедливо! Мы при самой вострой нужде помощи просим, и то скрозь зубы, иначе нам гордость не позволяет... А что он, этот бедный Михеич, понимает в сельском хозяйстве? На костяшках от счетов он родился, на них и помрет. Ты, Давыдов, дай мне его на недельку в бригаду. Посажу я его на лобогрейку скидать, а сам лошадьми буду править. Я его научу, как работать! Надо же, чтобы у него за всю жизнь хоть разок очки пóтом обмылись!

Полушутливый разговор грозил перейти в ссору, но Давыдов предотвратил ее торопливым вопросом:

— Какое же у тебя важное дело, Агафон?

— Да ведь оно как сказать... Нам оно, конечно, важное, а вот как вы на него поглядите, нам окончательно неизвестно... Одним словом, привез я три заявления, конечно, написанные они чернилом. Выпросили у нашего учетчика огрызок химического карандаша, развели сердечко в кипятке и составили на один лад вот эти самые наши заявления.

Давыдов, уже приготовившийся к тому, чтобы учинить Дубцову жесточайший разнос за «иждивенческие настроения», заинтересованно спросил:

— Какие заявления?

Не обращая внимания на его вопрос, Дубцов продолжал:

— С ними, как я понимаю, надо бы к Нагульнову податься, но его дома не оказалось, он в первой бригаде, вот и порешил я передать эти бумажки тебе. Не везти же их обратно!

— О чем заявления-то? — нетерпеливо переспросил Давыдов.

Даже и тени недавней игривости не осталось на посерьезневшем лице Дубцова. Он не спеша достал из грудного кармана обломок костяной расчески, зачесал вверх слипшиеся от пота волосы, приосанился и только тогда, сдерживая внутреннее волнение и тщательно подбирая слова, заговорил:

— Хотим все мы, то есть трое нас охотников оказалось на такое дело, хотим в партию вступать. Вот мы и просим нашу гремяченскую ячейку принять нас в нашу большевистскую партию. Долго мы по ночам прикидывали и так и этак, разные прения между собой устраивали, но порешили единогласно — вступать! Перед тем как устраиваться на ночевку, уйдем в степь и начинаем критику один на одного наводить, но все-таки признали один одного к партии годными, а там уж как вы промеж себя порешите, так и будет. Один из нас все упирал на то, что он в белых служил, а я ему говорю: «В белых ты служил подневольным рядовым пять месяцев, а в Красную Армию перебежал добровольно и служил командиром отделения два года, значит, последняя твоя служба побивает первую, и к партии ты пригодный». Другой говорил, будто ты, Давыдов, давно ишо приглашал его в партию, но он отказался тогда из-за приверженности к собственным быкам. А зараз он же и говорит: «Какая тут может быть приверженность, ежели кулацкие сынки за оружие берутся и хотят все на старый лад повернуть. Душевно отрекаюсь от всякой жалости к собственным бывшим быкам и прочей живности и записываюсь в партию, чтобы, как и десять лет назад, стоять за Советскую власть в одном строю с

коммунистами». Я тоже такого мнения придержива-
юсь, вот мы и написали заявления. По совести сказать,
написано у всех не дюже разборчиво, но... — Тут Дубцов скосил глаза на Михеича, закончил: — Но ведь мы
на счетоводов и писарей не учились, зато — все, что на-
царапали, истинная правда.

Дубцов умолк, еще раз вытер ладонью обильно высту-
пивший на лбу пот и, слегка наклонившись влево, бережно извлек из правого кармана штанов завернутые в газету заявления.

Все это было так неожиданно, что с минуту в комнате стояла тишина. Никто из присутствовавших не проронил ни слова, но зато каждый из них по-своему вос-
принял сказанное Дубцовым: счетовод, оторвавшись от
очередной сводки, в изумлении вздернул очки на лоб и,
не моргая, ошалело уставился на Дубцова подслепова-
тыми глазами; Яков Лукич, будучи не в силах скрыть
хмурую и презрительную улыбку, отвернулся, а Давыдов, просияв радостной улыбкой, откинулся на спинку
стула так, что стул заходил под ним ходуном и жалобно
заскрипел.

— Прими наши бумаги, товарищ Давыдов. — Дубцов
развернул газету, подал Давыдову несколько листков из
школьной тетради, исписанных неровными крупными
буквами.

— Кто писал заявления? — звонко спросил Давыдов.

— Бесхлебнов младший, я и Кондрат Майданников.

Принимая заявления, Давыдов со сдержанным волнением сказал:

— Это очень трогательный факт и большое событие
для вас, товарищ Дубцов с товарищами Майданниковым
и Бесхлебновым, и для нас, членов гремяченской партячейки. Сегодня ваши заявления я передам Нагульнову, а
сейчас поезжай в бригаду и предупреди товарищей, что в
воскресенье вечером будем разбирать их заявления на открытом партсобрании. Начнем в шесть часов вечера, в
школе. Никаких фактических опозданий не должно
быть, являйтесь вовремя. Впрочем, ты же за этим и пона-

блюдаешь. С обеда запрягайте лошадей, которые получше, и в хутор. Да, вот еще что. Кроме арб, какая-нибудь ехалка есть у вас на стану?

— Имеется бричка.

— Ну вот на ней и милости просим в хутор. — Давыдов еще раз как-то по-детски просветленно улыбнулся. Но тут же подмигнул Дубцову: — Чтобы на собрание явились приодетые, как женихи! Такое, браток, в жизни один раз бывает. Это, брат, такое событие... Это, милый мой, как молодость: раз в жизни...

Ему, очевидно, не хватало слов, и он замолчал, явно взволнованный, а потом вдруг встревоженно спросил:

— А бричка-то приличная с виду?

— Приличная, на четырех колесах. Но на ней навоз возить можно, а людям ездить днем нельзя, совестно, только — ночью, в потемках. Вся-то она ободранная, ошарпанная, по годам, я думаю, мне ровесница, а Кондрат говорит, что ее ишо у Наполеона под Москвой наши хуторные казаки отбили...

— Не годится! — решительно заявил Давыдов. — Пришлю за вами дедушку Щукаря на рессорных дрожках. Говорю же, что такое событие один раз в жизни бывает.

Ему хотелось как можно торжественнее отметить вступление в партию людей, которых он любил, в которых верил, и он задумался: что бы еще предпринять такое, что могло бы украсить этот знаменательный день?

— Школу надо к воскресенью обмазать и побелить, чтобы выглядела как новенькая, — наконец сказал он, рассеянно глядя на Островнова. — Подмести около нее и присыпать песком площадку и школьный двор. Слышишь, Лукич? И внутри полы и парты надраить, потолки помыть, комнаты проветрить, словом — навести полный порядок!

— А ежели народу будет так много, что и в школу не влезут все, тогда как? — спросил Яков Лукич.

— Клуб бы соорудить — вот это дело! — задумавшись, вместо ответа мечтательно и тихо сказал Давыдов. Но сейчас же вернулся к действительности: — Детей, подростков на собрание не допускать, тогда все поместятся. А школу все равно надо привести в этакий... ну, сказать, праздничный, что ли, вид!

— А как нам быть с порученцами? Кто за нашу жизню распишется? — перед тем как уходить, задал вопрос Дубцов.

Крепко пожимая ему руку, Давыдов улыбнулся:

— Ты про поручителей говоришь? Найдутся! Сегодня вечером напишем вам рекомендации, факт! Ну, счастливого пути. Передавай от нас привет всем косарям и попроси, чтобы не давали траве перестаиваться и чтобы сено в валках не очень пересыхало. Можно на вторую бригаду надеяться?

— На нас всегда надейся, Давыдов, — с несвойственной ему серьезностью ответил Дубцов и, поклонившись, вышел.

***

На другой день рано утром Давыдова разбудил хозяин квартиры:

— Вставай, постоялец, к тебе коннонарочный прибег с поля боя... Устин Беспалый охлюпкой прискакал из третьей бригады, малость избитый и одетый не по форме...

Хозяин ухмылялся во весь рот, но Давыдов спросонья не сразу понял, о чем идет речь; приподняв голову от скомканной подушки, невнятно и равнодушно спросил:

— Что надо?

— Гонец, говорю, прискакал к тебе, весь побитый, не иначе — за подмогой...

Наконец-то Давыдов уяснил смысл сказанного хозяином, стал торопливо одеваться. В сенях он поспешно ополоснул лицо не остывшей за ночь, противно теплой водой, вышел на крыльцо.

У нижней приступки, держа в одной руке поводья, а другой замахиваясь на разгоряченную скачкой молодую кобылицу, стоял Устин Рыкалин. Выгоревшая на солнце синяя ситцевая рубаха его была разорвана в нескольких местах до самого подола и держалась на плечах только чудом; левая щека от скулы до подбородка чернела густою синевой, а глаз заплыл багровой опухолью, но правый — блестел возбужденно и зло.

— Где это тебя так угораздило? — с живостью спросил Давыдов, сходя с крыльца и позабыв даже поздороваться.

— Грабеж, товарищ Давыдов! Грабеж, разбой, больше ничего! — хрипло выкрикнул Устин. — Ну, не сукины ли сыны — пойти на такое дело, а?! Да стой же ты, клятая богом! — И Устин снова с яростью замахнулся на лошадь, едва не наступившую ему на ногу.

— Говори толком, — попросил Давыдов.

— Толковее и придумать нельзя! Соседи называются, чтоб они ясным огнем сгорели, чтоб их лихоманка растрясла, дармоедов! Как это тебе понравится? Тубянцы, соседи наши, дышло им в рот, нынешнюю ночь воровски приехали в Калинов Угол и увезли не менее тридцати копен нашего сена. На рассвете гляжу — накладывают на две запоздавшие арбы наше собственное, природное сено, а кругом уже — чистота, ни одной копны не видно! Я пал на коня, прискакиваю к ним: «Вы что делаете, такие-разэтакие?! На каком основании наше сено накладываете?!» А один из них, какой на ближней арбе был, смеется, гад: «Было ваше — стало наше. Не косите на чужой земле». — «Как так — на чужой? Повылазило тебе, не видишь, где межевой столб стоит?» А он и говорит: «Ты сам разуй глаза и погляди, столб-то позади тебя стоит. Эта земля спокон веков наша, тубянская. Спаси Христос, что не поленились, накосили нам сенца». Ага, так? Мошенство со столбами учинять? Ну, я его за ногу с арбы сдернул и дал ему разок своей культей промеж глаз, чтобы он зорче глядел и не путал чужую землю со своей... Дал я ему хорошего раза, он и с копылок долой, неустойчивый оказался на ногах. Тут остальные трое подбежали. Ишо одного я заставил землю понюхать, а там уже дальше мне их некогда было бить, потому что они меня вчетвером били. Да разве же один супротив четырех может устоять? Пока наши подоспели на драку, а они меня уже всего разукрасили, как пасхальное яйцо, и рубаху начисто изуродовали. Ну не гады ли? Как я теперь к своей бабе покажусь? Ну пущай били бы, а зачем же за грудки хватать и рубаху с плеч спускать? Теперь куда же мне ее девать? На огородное пугало пожертвовать, так и пугало постесняется в таком рванье стоять, а порвать ее девкам на ленты — носить не станут: не тот матерьял... Ну, разве же не попадется мне один на один в степи какой-нибудь из этих тубянцов! Такой же подсиненный к жене вернется, как и я!

Обнимая Устина, Давыдов рассмеялся:

— Не горюй, рубаха — дело наживное, а синяк до свадьбы заживет.

— До твоей свадьбы? — ехидно вставил Устин.

— До первой в хуторе. Я-то пока еще ни за кого не сватался. А ты помнишь, что тебе дядюшка твой говорил в воскресенье? «У драчливого петуха гребень всегда в крови».

Давыдов улыбался, а про себя думал: «Это же просто красота, что ты, мой милый Устин, за колхозное сено в драку полез, а не за свое личное, собственное. Это же просто трогательный факт!»

Но Устин обиженно отстранился:

— Тебе, Давыдов, хорошо зубы показывать, а у меня все ребра трещат. Ты смешками не отделывайся, а садись-ка верхи и езжай в Тубянской сено выручать. Эти две арбы мы отбили, а сколько они ночью увезли?! За свой грабеж пущай они наше сенцо прямо в хутор к нам доставят, вот это будет по справедливости. — И трудно раздвинул в улыбке распухшие, разбитые в кровь губы: — Вот поглядишь, сено привезут одни бабы, казаки ихние побоятся ехать к нам в гости, а воровать приезжали одни казаки, и подобрались такие добрые ребята, что, когда все четверо начали меня на кулаках нянчить, мне даже тошно стало... Не допускают меня до земли, не дают мне упасть, хучь слезьми умойся! Так с рук на руки и передавали, пока наши не подбегли. Я свою культю тоже не жалел, но ведь сила, говорят, солому ломит.

Устин попробовал еще раз улыбнуться, но только сморщился и рукою махнул:

— Поглядел бы ты, товарищ Давыдов, на нашего Любишкина и от смеха бы зашелся: бегает он кругом нас, приседает, будто кобель перед тем, как через забор прыгнуть, орет дурным голосом: «Бей их, ребята, в лоскуты! Бей, они на ушибы терпеливые, я их знаю!» А сам в драку не лезет, сдерживает себя. Дядюшка мой Осетров распалился, шумит ему: «Помоги же нам, валух ты этакий! Аль у тебя чирьи на спине?!» А Любишкин чуть не плачет и орет ему в ответ: «Не могу! Я же партейный и к тому ишо — бригадир! Бейте их в лоскуты, а я как-нибудь стерплю!» А сам все вокруг нас бегает, приседает и зубами от сдержанности скрипит... Ну, время зря проводить нечего, иди поскорей позавтракай, а я тем часом конишку какого-нибудь тебе раздобуду, подседлаю, и поедем до бригады вместе. Старики наши сказали, чтобы я без тебя и на глаза к ним не являлся. Мы свое кровное сено дурноедам дарить не собираемся!

Считая вопрос о поездке в Тубянской решенным, Устин привязал кобылу к перилам крыльца, пошел во двор правления. «Надо ехать к Полянице, — подумал Давыдов. — Если сено забрали с его ведома, то ссоры с ним не избежать. Упрям он, как осел, но так или иначе, а ехать надо».

Давыдов наспех выпил кружку парного молока, дожевывая черствый кусок хлеба, увидел, как подскакал к калитке на буланом нагульновском конишке одетый в новую рубашку, необычно проворный Устин.

Глава XV

Хотя они встречались в райкоме всего лишь несколько раз и больше знали друг друга понаслышке, председатель тубянского колхоза «Красный луч» Никифор Поляница — двадцатипятитысячник, бывший токарь на одном из металлургических заводов Днепропетровска — принял Давыдова в доме правления колхоза как старого приятеля:

— А-а-а, дорогой товарищ Давыдов! Балтийский морячок! Каким ветром занесло тебя в наш отстающий по всем показателям колхоз? Проходи, садись, дорогим гостем будешь!

Широкое, забрызганное веснушками лицо Поляницы сияло наигранной, хитроватой улыбкой, маленькие черные глаза блестели кажущейся приветливостью. Чрезмерное радушие встречи насторожило Давыдова, и он, сухо поздоровавшись, присел к столу, неторопливо осмотрелся.

Странно, на взгляд Давыдова, выглядел кабинет председателя колхоза: просторная комната была густо заставлена пропыленными цветами в крашенных охрою кадках и глиняных горшках, между ними сиротливо ютились старенькие венские стулья вперемежку с грязными табуретами; у входа стоял ошарпанный, причудливой формы диван с вылезшими наружу ржавыми пружинами; стены пестрели наклеенными на них картинками из «Нивы» и дешевыми литографиями, изображавшими то крещение Руси в Киеве, то осаду Севастополя, то бой на Шипке, то атаку японской пехоты под Ляояном в войну 1904 года.

Над председательским столом висел пожелтевший портрет Сталина, а на противоположной стене красовалась цветная, засиженная мухами, рекламная картина ниточной фабрики Морозова. На картине бравый тореадор в малиновой курточке, опутав рога взбешенного быка петлею из нитки, одной рукою удерживал вздыбившееся животное, а другой небрежно опирался на шпагу. У ног тореадора лежала огромная, наполовину размотанная катушка белых ниток, и на наклейке отчетливо виднелось: «№ 40».

Обстановку кабинета дополнял стоявший в углу большущий, обитый полосами белой жести сундук. Он, по всему вероятию, заменял Полянице несгораемый шкаф: о том, что в сундуке хранились документы первостепенной важности, свидетельствовал размером под стать сундуку огромный, начищенный до блеска амбарный замок.

Давыдов не мог не улыбнуться, бегло осмотрев кабинет Поляницы, но тот расценил его улыбку по-своему.

— Как видишь, устроился я с удобствами, — самодовольно сказал он. — Все сохранил от прежнего хозяина-кулака, всю внешность комнаты, только кровать с периной и подушками велел переставить в комнату уборщицы, а в общем и целом уют сохранил, имей в виду. Никакой казенщины! Никакой официальности! Да, признаться, я и сам люблю домашнюю обстановку и хочу чтобы люди, заходя ко мне, чувствовали себя без стеснения, как дома. Правильно я говорю?

Давыдов пожал плечами, уклоняясь от ответа, и сразу же перешел к делу:

— У меня к тебе неприятный разговор, сосед.

Маленькие лукавые глазки Поляницы совсем потонули в мясистых складках кожи и аспидно посверкивали оттуда, словно крохотные кусочки антрацита, густые черные брови высоко поднялись.

— Какие могу быть неприятные разговоры у хороших соседей? Ты меня пугаешь, Давыдов! Всегда мы с тобой, как рыба с водой, и вдруг, нате вам, — неприятные разговоры. Да я и поверить в это не могу! Как хочешь, а я не верю!

Давыдов пристально смотрел в глаза Поляницы, но уловить их выражение так и не смог. Лицо Поляницы было по-прежнему добродушно и непроницаемо, а на губах застыла приветливая, спокойная улыбка. Как видно, председатель колхоза «Красный луч» был врожденным артистом, умело владел собою и не менее умело вел игру.

— Сено, наше сено, по твоему указанию увезли сегодня ночью? — без обиняков спросил Давыдов.

Брови Поляницы поднялись еще выше:

— Какое сено, друг?

— Обыкновенное, степное.

— В первый раз слышу! Увезли, говоришь? Наши, тубянцы? Не может быть! Не верю! Стреляй меня, казни меня, но не поверю! Имей в виду, Семен, друг мой, что колхозники «Красного луча» — исключительно честные труженики наших социалистических полей, и твои подозрения оскорбляют не только их, но и меня как председателя колхоза! Прошу тебя, друг, серьезно иметь это в виду.

Скрывая досаду, Давыдов спокойно сказал:

— Вот что, липовый друг, я тебе не Литвинов, а ты мне не Чемберлен, и нам с тобой нечего в дипломатию играться. Сено по твоей указке забрали?

— Опять же, друг, о каком сене идет речь?

— Да ведь это же получается сказка про белого бычка! — возмущенно воскликнул Давыдов.

— Имей в виду, друг, я серьезно спрашиваю: о каком сене ты ведешь разговор?

— О сене в Калиновом Углу. Там наши травокосы рядом, и вы наше сено попросту украли, факт!

Поляница, будто обрадовавшись, что недоразумение так счастливо разрешилось, звучно хлопнул себя ладонями по сухим голеням и раскатисто засмеялся:

— Так ты бы с этого и начинал, дружище! А то заладил одно — сено да сено, а какое сено — вопрос. В Калиновом Углу вы по ошибке или с намерением произвели покос на нашей земле. Мы это сено и забрали на полном и законном основании. Ясно, друг?

— Нет, липовый друг, неясно. Почему же, если это ваше сено, вы увозили его воровски, ночью?

— Это дело бригадира. Ночью для скота, да и для людей работать лучше, прохладнее, наверно, поэтому и возили его ночью. А у вас ночами разве не работают? Напрасно! Ночью, особенно светлой, работать гораздо легче, чем среди дня, в жарищу.

Давыдов усмехнулся:

— Сейчас в аккурат ночи-то темные, факт!

— Ну, знаешь ли, и в темную ночь ложку мимо рта не пронесешь.

— Особенно если в ложке — чужая каша...

— Это ты оставь, друг! Имей в виду, что твои намеки глубоко оскорбляют и честных, вполне сознательных колхозников «Красного луча», и меня как председателя колхоза. Как-никак, но мы труженики, а не мазурики, имей в виду!

Глаза Давыдова сверкнули, но он, все еще сдерживаясь, сказал:

— А ты оставь свои пышные слова, липовый друг, и давай говорить по-деловому. Тебе известно, что три межевых столба весною этого года перенесены в Калиновом Углу по обеим сторонам балки? Твои честные колхозники перенесли их, спрямили линию границы и оттяпали у нас не меньше четырех-пяти гектаров земли. Тебе это известно?

— Друг! Откуда ты это взял? Твоя подозрительность, имей в виду, глубоко оскорбляет ни в чем не повинных...

— Хватит болтать и прикидываться! — прервал Давыдов Поляницу, невольно закипая. — Ты что, считаешь меня за малахольного, что ли? С тобою говорят серьезно, а ты тут спектакли разыгрываешь, обиженным благородством балуешься. Я сам по пути сюда заезжал в Калинов Угол и сам проверил, о чем мне сообщили колхозники: сено увезено, а столбы перенесены, факт! И от этого факта ты никуда не денешься.

— Да я никуда и не собираюсь деваться! Я — вот он, весь тут, бери меня голыми руками, но... перед тем как брать, посмоли их! Посмоли, друг, покрепче руки, а не то я, имей в виду, вывернусь, как налим...

— То, что сделали тубянцы, называется самозахватом, и за это отвечать будешь ты, Поляница!

— Это, друг, еще надо доказать — насчет переноса межевых знаков. Это, друг, твое голословное утверждение, не больше. А сено у тебя не меченое.

— Волк и меченую овечку берет.

Поляница чуть приметно улыбнулся, а сам укоризненно качал головой:

— Ай-ай-ай! Уже с волками нас сравниваешь! Говори что хочешь, но я не верю, что столбы мог кто-то вырыть и перенести.

— А ты поезжай и сам проверь. Ведь следы, где прежде стояли знаки, остались? Остались! На том месте и почва рыхлее, и трава пониже, и признаки круглых окопов видны как на ладони, факт! Ну, что ты на это скажешь! А хочешь — давай вместе туда проедем. Согласен? Нет, товарищ Поляница, ты от меня не отвертишься! Так что же, поедем или как?

Давыдов молча курил, ожидая ответа, молчал и Поляница, все так же безмятежно улыбаясь. В заставленной цветами комнате было душно. На окнах бились о мутные стекла и монотонно жужжали мухи. Сквозь прорезь тяжелых, глянцево-зеленых листьев фикуса Давыдов увидел, как на крыльцо вышла молодая, преждевременно и чрезмерно располневшая, но все еще красивая женщина, одетая в старенькую юбчонку и заправленную в нее ночную рубашку с короткими рукавами. Защищая ладонью глаза от солнца, она смотрела куда-то вдоль улицы и, вдруг оживившись, закричала неприятно резким, визгливым голосом:

— Фенька, проклятая дочь, гони телка! Не видишь, что корова из табуна пришла?

Поляница тоже посмотрел в окно на оголенную по самое плечо, полную молочно-белую руку женщины, на выбившиеся из-под косынки пушистые русые волосы, шевелившиеся под ветром, и почему-то пожевал губами, вздохнул.

— Уборщица тут, при правлении, живет, чистоту соблюдает. Женщина — ничего, но очень уж крикливая, никак не отучу ее от крика... А в поле незачем мне ехать,

Давыдов. Ты побывал там, посмотрел, и хватит. И сено я тебе не верну, не верну, вот и весь разговор! Дело это спорное: землеустройство тут проходило пять лет назад, и не нам с тобой разбираться в этой тяжбе между тубянцами и гремяченцами.

— В таком случае — кому же?

— Районным организациям.

— Хорошо, я с тобой согласен. Но земельные споры — само собою, а сено ты верни. Мы его косили, нам оно и принадлежит.

Очевидно, Поляница решил положить конец никчемному, с его точки зрения, разговору. Он уже не улыбался. Пальцы его правой руки, безвольно лежавшей на столе, слегка пошевелились и медленно сложились в кукиш. Указывая на него глазами, Поляница бодро проговорил почему-то на своем родном языке:

— Бачишь, що це такэ? Це — дуля. Ось тоби моя видповидь! А покы — до побачения, мени трэба працюваты. Бувай здоров!

Давыдов усмехнулся:

— Чудаковатый ты спорщик, как посмотрю я на тебя... Неужели слов тебе не хватает, что ты, как базарная баба, мне кукиш показываешь? Это, братишечка, не доказательство! Что же, из-за этого несчастного сена прокурору на тебя жаловаться прикажешь?

— Жалуйся кому хочешь, пожалуйста! Хочешь — прокурору, хочешь — в райком, а сено я не верну и землю не отдам, так и имей в виду, — снова переходя на русский язык, ответил Поляница.

Больше говорить было не о чем, и Давыдов поднялся, задумчиво посмотрел на хозяина.

— Смотрю я на тебя, товарищ Поляница, и удивляюсь: как это ты — рабочий, большевик, — и так скоро по самые уши завяз в мелкособственничестве? Ты вначале, бахвалясь кулацкой обстановкой, сказал, что сохранил внешность этой комнаты, но, по-моему, ты не только внешность кулацкого дома сохранил, но и внутренний душок его, факт! Ты и сам-то за полгода пропитался этим духом! Родись ты лет на двадцать раньше, из тебя непременно вышел бы самый настоящий кулак, фактически тебе говорю!

Поляница пожал плечами, снова утопил в складках кожи остро поблескивающие глазки.

— Не знаю, вышел бы из меня кулак или нет, а вот из тебя, Давыдов, имей в виду, уж наверняка бы вышел если не поп, то обязательно — церковный староста.

— Почему это? — искренне изумился Давыдов.

— Да потому, что ты, бывший морячок, по самые уши залез в религиозные предрассудки. Имей в виду, будь я секретарем райкома, — ты бы у меня положил на стол партбилет за твои штучки.

— За какие штучки? О чем ты говоришь? — Давыдов даже плечами приподнял от удивления.

— Брось притворяться! Ты очень даже понимаешь, о чем я говорю. Мы тут всей ячейкой бьемся против религии, два раза ставили на общеколхозном и на хуторском собраниях вопрос о закрытии церкви, а ты что делаешь? Ты, имей в виду, палки нам в колеса вставляешь, вот чем ты занимаешься!

— Валяй дальше, интересно послушать про палки, которые я тебе вставляю.

— А ты что делаешь? — продолжал Поляница, уже заметно разгорячась. — Ты на колхозных лошадях по воскресеньям старух возишь в церковь молиться, вот что ты делаешь! А мне наши женщины, имей в виду, этим делом по глазам стрекают: «Ты, говорят, такой-сякой, хочешь церковь закрыть и под клуб ее оборудовать, а гремяченский председатель верующим женщинам полное уважение делает и даже на лошадях по праздникам их в церковь возит».

Давыдов невольно расхохотался:

— Так вот о чем речь! Вот в каких религиозных предрассудках, оказывается, я виноват! Ну, это штука не очень страшная!

— Для тебя, может быть, и не страшная, а для нас, имей в виду, хуже и быть не может! — запальчиво продолжал Поляница. — Ты выдабриваешься перед колхозниками, хочешь для всех хорошим быть, а нам в антирелигиозной работе подрыв устраиваешь. Хорош коммунист, нечего сказать! Других в мелкособственнических настроениях уличаешь, а сам черт знает чем занимаешься. Где же твоя политическая сознательность? Где твоя большевистская идейность и непримиримость к религии?

— Подожди, идейный болтун! Ты поосторожнее на поворотах!.. Что значит «выдабриваешься»? Ты знаешь, почему я старух отправил на лошадях? Знаешь, из какого расчета я так поступил?

— А мне плевать на твои расчеты с высокой колокольни! Ты рассчитывай, как умеешь, только не путай наших расчетов в борьбе с поповщиной. Как хочешь, но на бюро райкома я поставлю вопрос о твоем поведении, имей в виду!

— Я, признаться, думал, что ты, Поляница, умнее, — с сожалением сказал Давыдов и вышел не попрощавшись.

Глава XVI

Еще по пути в Гремячий Лог Давыдов решил не передавать в районную прокуратуру дело о захвате земли и увозе сена тубянцами. Не хотел он обращаться по этому поводу и в райком партии. Прежде всего надо было точно выяснить, кому же в действительности ранее принадлежала спорная земля в конце Калинова Угла, а тогда уже, сообразно с тем, как решится вопрос, и действовать.

Не без горечи вспоминая разговор с Поляницей, Давыдов мысленно рассуждал: «Ну и фрукт этот любитель цветов и домашнего уюта! Не скажешь, что у него ума палата, никак не скажешь, а с хитринкой, с какой-то простоватой хитринкой, какая бывает у большинства дураков. Но такому палец в рот не клади... Сено увезли, конечно, с его согласия, однако не это главное, а столбы. Не может быть, чтобы их переставили по его распоряжению. На этакое он не пойдет: рискованно. А если он знал о том, что их переставили, но прикрыл глаза? Тогда это уж ни к черту не годится! Колхозу всего полгода, и начинать с захвата соседской земли и воровства — это же в дым разложить колхозников! Это же означает толкать их на прежние обычаи единоличной жизни: ничем не брезговать, любым способом — лишь бы побольше хапнуть. Нет, так дело не пойдет! Как только выясню, что земля именно наша, тем же мигом поеду в райком; пусть там мозги нам вправят: мне — за старух, а Полянице — за вредительское воспитание колхозников».

Под мерную рысцу коня Давыдов стал дремать, и вдруг в смутном тумане дремоты ему ярко представилась толстая женщина, стоявшая на крыльце в Тубянском, и он брезгливо скривил губы, сонно подумал: «Сколько на ней лишнего жира и мяса навешано... В такую жару она, наверное, ходит как намыленная, факт!» И тотчас же не в меру услужливая память, как бы для сравнения, отчетливо нарисовала перед ним девически стройную, точеную фигуру Лушки, ее летучую поступь и то исполненное непередаваемой прелести движение тонких рук, каким она обычно поправляла прическу, исподлобья глядя ласковыми и насмешливыми, всезнающими глазами... Давыдов вздрогнул, как от неожиданного толчка, выпрямился в седле и, сморщившись, словно от сильной боли, злобно хлестнул коня плетью, пустил его вскачь...

Все эти дни злые шутки играла с ним недобрая память, совершенно некстати — то во время делового разговора, то в минуты раздумья, то во сне, — воскрешая образ Лушки, которую он хотел забыть, но пока еще не мог...

В полдень он приехал в Гремячий. Островнов и счетовод о чем-то оживленно говорили, но как только Давыдов открыл дверь — в комнате, будто по команде, наступила тишина. Уставший от жары и поездки, Давыдов присел к столу, спросил:

— О чем вы тут спорили? Нагульнов не заходил в правление?

— Нагульнова не было, — помедлив, ответил Островнов и быстро взглянул на счетовода. — Да мы и не спорили, товарищ Давыдов, это вам показалось, а так, вообще, вели разговор о том о сем, все больше по хозяйству. Что же, отдают нам сено тубянцы?

— Просят еще им приготовить... По твоему мнению, Лукич, чья это земля?

Островнов пожал плечами:

— Кто его знает, товарищ Давыдов, дело темное. Спервоначалу эта земля была нарезана Тубянскому хутору, это ишо до революции было, а при Советской власти верхняя часть Калинова Угла отошла к нам. При последнем переделе, в двадцать шестом году, тубянцов ишо потеснили, а где там проходила граница, я не знаю, потому что моя земля была в другой стороне. Года два назад там косил Титок. Самоуправно косил или потихоньку прикупил эту землицу у кого-нибудь из бедноты — сказать не смогу, не знаю. А чего проще — пригласить районного землеустроителя товарища Шпортного? Он по старым картам сразу разберется, где тянули границу. Он же и в двадцать шестом году проводил у нас землеустройство, кому же знать, как не ему?

Давыдов радостно потер руки, повеселел:

— Вот и отлично! Факт, что Шпортной должен знать, кому принадлежит земля. А я думал, что землеустройство проводила какая-нибудь приезжая партия землемеров. Сейчас же разыщи Щукаря, скажи, чтобы немедленно запрягал в линейку жеребцов и ехал в станицу за Шпортным. Я напишу ему записку.

Островнов вышел, но минут через пять вернулся, улыбаясь в усы, поманил Давыдова пальцем:

— Пойдемте на сеновал, поглядите на одну чуду...

Во дворе правления, как и повсюду в хуторе, стояла та полуденная безжизненная тишина, какая бывает только в самые знойные летние дни. Пахло вянущей под солнцем муравой, от конюшни несло сухим конским пометом, а когда Давыдов подошел к сеновалу, в ноздри ему ударил такой пряный аромат свежескошенной, в цвету, чуть подсохшей травы, что на миг ему показалось, будто он — в степи, возле только что сметанного душистого прикладка сена. Осторожно открыв одну половинку двери, Яков Лукич посторонился, пропустил вперед Давыдова, сказал вполголоса:

— Полюбуйтесь-ка на этих голубей. Сроду и не подумаешь, что час назад они бились не на живот, а на смерть. У них, видать, перемирие бывает, когда спят...

Первую минуту, пока глаза не освоились с темнотой, Давыдов ничего не видел, кроме прямого солнечного луча, сквозь отверстие в крыше вонзавшегося в верхушку небрежно сложенного посреди сарая сена, а потом различил фигуру спавшего на сене деда Щукаря и рядом с ним — свернувшегося в клубок Трофима.

— Все утро дед за козлом с кнутом гонялся, а зараз, видите, вместе спят, — уже громко заговорил Яков Лукич.

И дед Щукарь проснулся. Но не успел он приподняться на локте, как Трофим, пружинисто оттолкнувшись от сена всеми четырьмя ногами, прыгнул на землю, нагнул голову и многообещающе и воинственно несколько раз тряхнул бородой.

— Видали, добрые люди, каков черт с рогами? — вялым, расслабленным голосом спросил Щукарь, указывая на изготовившегося к бою Трофима. — Всю ночь, как есть напролет, шастался он тут по сену, копырялся, чихал, зубами хрустел. И на один секунд не дал мне уснуть, проклятый! Утром до скольких разов сражались с ним, а зараз, пожалуйста, примостился рядом спать, нелегкая его принесла мне под бок, а разбудили его — на драку, анафема, готовится. Это как можно мне при таком преследовании жить? Тут дело смертоубийством пахнет: либо я его когда-нибудь жизни решу, либо он меня под дыхало саданет рогами, и поминай как звали дедушку Щукаря! Одним словом, добром у нас с этим рогатым чертом дело не кончится, быть в этом дворе покойнику...

В руках у Щукаря неожиданно появился кнут, но не успел он взмахнуть им, как Трофим в два прыжка очутился в темном углу сарая и, вызывающе постукивая копытцем, светил оттуда на Щукаря фосфорически сверлящими глазами. Старик отложил в сторону кнут, горестно покачал головой.

— Видали, какая ушлая насекомая? Только кнутом от него и спасаюсь, и то не всегда, потому что он, анафема, подкарауливает меня там, где его, проклятого, сроду не ждешь! Так круглые сутки и не выпускаю кнута из рук. Никакого развороту мне от этого козла нету! Что ни самое неподходящее место — там и жди его. К придмеру взять хотя бы вчерашний день: понадобилось мне пойти в дальний угол за сарай по великой, неотложной нужде, поглядел кругом — козла нету. «Ну, думаю, слава богу, отдыхает чертов Трофим где-нибудь в холодке или пасется за двором, травку щипает». Со спокойной душой отправился я за сарай и только что угнездился как полагается, а он, проклятый, тут как тут, подступает ко мне шажком, голову скособочил и уже норовит кинуться и вдарить меня в бок. Хочешь не хочешь, а пришлось вставать... Прогнал я его кнутом и только что сызнова пристроился, а он опять выворачивается из-за угла... До скольких разов он этак на меня искушался! Так и перебил охоту. Да разве же это жизня? У меня ревматизма в ногах, и я не молоденький, чтобы приседать и вставать до скольких разов, как на солдатском ученье. У меня от этого дрожание в ногах получается и в поясницу колики вступают. Я из-за этого Трофима, можно сказать, последнего здоровья лишаюсь и, очень даже просто, могу в отхожем месте помереть! Бывало-то, орлом я сидеть мог хоть полсуток, а теперь впору просить кого-нибудь, чтобы под мышки меня держали... Вот до какой срамоты довел меня этот проклятущий Трофим! Тьфу!

Щукарь ожесточенно сплюнул и, шаря в сене руками, долго что-то бормотал и чертыхался.

— Надо, дед, жить по-культурному, уборной пользоваться, а не скитаться за сараями, — посмеиваясь, посоветовал Давыдов.

Щукарь грустно взглянул на него, безнадежно махнул рукой.

— Не могу! Душа не позволяет. Я тебе не городской житель. Я всею жизню привык на воле нужду править, чтобы, значит, ветерком меня кругом обдувало! Зимой, в самый лютый мороз, и то меня в катух не загонишь, а как в ваше нужное помещение зайду, меня от тяжелого духа омороком шибает, того и гляди упаду.

— Ну, тут уже я тебе ничем помочь не могу. Устраивайся как знаешь. А сейчас запрягай в линейку жеребцов и поезжай в станицу за землемером. Нужен он нам до зарезу. Лукич, ты знаешь, где живет на квартире Шпортной?

Не получив ответа, Давыдов оглянулся, но Островнова и след простыл: по опыту зная, как долги бывают сборы Щукаря, он пошел на конюшню запрягать жеребцов.

— В станицу смотаться в один секунд могу, это мне — пара пустяков, — заверил дед Щукарь. — Но вот ты растолкуй мне один вопрос, товарищ Давыдов: почему это всякая предбывшая кулацкая животина, вся, как есть, — характером в своих хозяев, то есть ужасная зловредная и хитрая до последних возможностей? Взять хотя бы этого супостата Трофима: почему он ни разу не поддал под кобчик, ну, скажем, Якову Лукичу, а все больше на мне упражняется? Да потому, что он в нем свою кулацкую родню унюхал, вот он его и не трогает, а на мне всю злобу вымещает.

Или возьмем любую кулацкую корову: сроду она колхозной доярке столько молока не даст, как своей любезной раскулаченной хозяйке давала. Ну, это, сказать, и правильно: хозяйка ее кормила и свеклой, и помоями, и протчими фруктами, а доярка кинет ей шматок сухого, прошлогоднего сена и сидит, дремлет под выменем, молока дожидается.

А возьми ты любого кулацкого кобеля: почему он на одну бедноту кидается, какая в рванье ходит? Ну, хотя бы, скажем, на меня? Вопрос сурьезный. Я спросил насчет этого у Макара, а он говорит: «Это — классовая борьба». А что такое классовая борьба — не объяснил, засмеялся и пошел по своим делам. Да на черта же она мне нужна, эта классовая борьба, ежли по хутору ходишь и на каждого кобеля с опаской оглядываешься? На лбу же у него не пропечатано: честный он кобель или раскулаченной сословности? А ежли он, кулацкий кобель, мой классовый враг, как объясняет Макар, то что я должен делать? Раскулачивать его! А как ты, к придмеру, будешь его раскулачивать, то есть с живого с него шубу сымать? Никак невозможно! Он с тебя скорее шкуру за милую душу спустит. Значит, вопрос ясный: сначала этого классового врага надо на шворку, а потом уж и шубу с него драть. Я предложил надысь Макару такое предложение, а он говорит: «Этак ты, глупо́й старик, половину собак в хуторе перевешаешь». Только кто из нас с ним глупой — это неизвестно, это ишо вопрос. По-моему, Макар трошки с глупинкой, а не я... Заготсырье принимает на выделку собачьи шкуры? Принимает! А по всей державе сколько раскулаченных кобелей мотается без хозяев и всякого присмотра? Мильёны! Так ежли с них со всех шкуры спустить, потом кожи выделать, а из шерсти навязать чулков, что получится? А то получится, что пол-России будет ходить в хромовых сапогах, а кто наденет чулки из собачьей шерсти — на веки веков вылечится от ревматизьмы. Про это средство я ишо от своей бабушки слыхал, надежнее его и на свете нету, ежли хочешь знать. Да об чем там толковать, я сам страдал ревматизьмой, и только собачьи чулки меня и выручают. Без них я бы давно раком лазил.

— Дед, ты думаешь сегодня в станицу ехать? — поинтересовался Давыдов.

— Вполне думаю, только ты меня не перебивай и слухай дальше. И вот как пришла ко мне эта великая мысля насчет выделки собачьих шкур — я двое суток подряд не спал, все обмозговывал: какая денежная польза от этой моей мысли государству и, главное дело, мне получится? Не будь у меня дрожания в руках, я бы сам написал в центру, глядишь, что-нибудь и клюнуло бы, что-нибудь и вышло бы мне от власти за мое умственное усердие. А потом порешил рассказать все Макару. Я — не жадный. Пришел, все как есть ему выложил и говорю: «Макарушка! Я — старый человек, мне всякие капиталы и награды ни к чему, а тебя хочу на всю жизнь осчастливить: ты пропиши про мою мыслю центральной власти, и получишь такой же орден, какой тебе за войну дали. Ну, а ежли к этому ишо деньжонок тебе отвалят — мы их с тобой располовиним, как и полагается. Ты, ежли хочешь, проси себе орден, а мне — лишь бы на корову-первотелку али хотя бы на телушку-летошницу деньжат перепало, и то буду довольный».

Другой бы на его месте в ноги мне кланялся, благодарил. Ну, Макарушка и возблагодарил... Эх, как вскочит со стулы! Как пужнет меня матом! «Ты, — шумит на меня, — чем ни больше стареешь, тем больше дуреешь! У тебя заместо головы порожний котелок на плечах!» А сам за каждым словом — и так, и перетак, и разэтак, и вот так, — муха не пролетит! Это он мне-то насчет ума закинул! Уж чья бы корова мычала, а его — молчала! Тоже мне умник нашелся! И сам не «ам», и другому не дам. Я сижу, дожидаюсь, когда у него во рту пересохнет, думаю про себя: «Пущай попрыгает, а все одно тем же местом на стулу сядет, каким и раньше сидел».

Как видно, уморился мой Макарушка ругаться, сел и спрашивает: «Хватит с тебя?» Тут уж я осерчал на него, хотя мы с ним и темные друзья. «Если, — говорю ему, — ты упыхался, то отдохни и начинай сызнова, я подожду, мне не к спеху. А только чего ты сдуру ругаешься, Макарушка? Я тебе же добра желаю. Тебя за такую мыслю по всей России в газетках пропечатают!» Но тут он хлопнул дверью и выскочил из хаты, как, скажи, я ему кипятку в шаровары плеснул!

Вечером пошел я к учителю Шпыню, посоветоваться, он все-таки человек ученый. Рассказал ему все, на Макара пожаловался. Но все эти ученые, по-моему, люди с придурью, даже дюже с придурью! Знаешь, что он мне сказал? Ухмыляется и говорит: «Все великие люди терпели гонения за свои мысли, терпи и ты, дедушка». Утешил, называется! Хлюст он, а не учитель! Что мне толку в терпении? Корова-то почти в руках была, а не пришлось даже коровьего хвоста повидать... И все через Макарову супротивность! Приятелем тоже считается, чтоб ему пусто было! А тут через него же и дома одно неудовольствие... Старухе-то я нахвалился, что, может, господь бог пошлет нам коровку за мое умственное усердие. Как же, послал, держи карман шире! А старуха меня, как ножовкой, пилит: «Где же твоя корова? Опять набрехал?» Приходится и от нее терпеть разные гонения. Раз уж всякие великие люди терпели, то мне и вовсе бог повелел...

Так и пропала моя хорошая мысля ни за понюшку табаку... А что поделаешь? Выше кое-чего не прыгнешь...

Давыдов, прислонясь к дверному косяку, беззвучно смеялся, а Щукарь, немного успокоившись, стал не спеша обуваться и, уже не обращая на Давыдова никакого внимания, самозабвенно продолжал рассказ:

— А собачьи чулки — от ревматизьмы вернеющее средство! Я сам в них всю зиму проходил, ни разу не снял, и хучь ноги к весне начисто сопрели, хучь старуха моя до скольких разов по причине собачьей вони меня из хаты выгоняла, а от ревматизьмы я вылечился и целый месяц ходил с переплясом, как молодой кочет возле курицы. А какой из этого толк вышел? Никакого! Потому что опять с дурна ума весною промочил ноги, ну и готов, спекся! Но это — до поры до времени; эта болезня меня не дюже пужает. Как только поймаю какого-нибудь смирного и лохматого кобеля, остригу его, и опять ревматизьму с меня будто рукой сымет! Зараз видишь, как я хожу-переступаю? Как мерин, какой ячменя обожрался, а поношу чулки целебные — и опять хучь впору плясать за молодого. Беда только в том, что моя старуха отказывается прясть собачью шерсть и вязать из нее мне чулки. У нее от собачьего духа кружение в голове делается, и начинает она за прялкой слюной давиться. Поначалу она икает, икает, потом давится, давится, а под конец так сдурнит ее, что всю, как есть, наизнанку вывернет и перелицует. Так что, бог с ней, я ее не понуждаю на такую работу. Сам я и мыл шерсть, сам просушивал на солнышке, сам и прял, и чулки вязал. Нужда, брат, заставит всякой пакости выучиться...

Но это ишо не беда, а полбеды, а беда в том, что старуха моя — чистый аспид и василиска! Позапрошлый год летом одолела меня ломота в ногах. Что делать? Тут и вспомнил я про собачьи чулки. И вот как-то утром заманил я в сенцы соседскую сучонку, сухарями заманил, и остриг ее догола, как заправский цирюльник. Только на ушах по пучку шерсти оставил — для красоты, да на конце хвоста — чтобы было ей чем от мух отбиваться. Не поверишь, с полпуда шерсти с нее настриг!

Давыдов закрыл ладонями лицо, простонал, задыхаясь от смеха:

— Не много ли?

Но и более каверзные вопросы никогда не ставили деда Щукаря в тупик. Он небрежно пожал плечами и великодушно пошел на уступку:

— Ну, может, трошки поменьше, фунтов десять — двенадцать, я же ее на весах не важил. Только такая эта сучка была шерстятая, ну чисто шлёнская[1] овца! Думал, мне шерсти с нее до конца дней на чулки хватит, так нет же, только одну пару и успел связать, а до остальной старуха добралась и всю до нитки спалила на дворе. У меня не старуха, а лютая тигра! По зловредию она ничуть не уступит вот этому треклятому козлу, она да Трофим — два сапога пара, истинный бог, не брешу! Одним словом, спалила она весь мой запас и разорила меня начисто! А я на эту сучонку, чтобы она стояла смирно, когда ее стриг, огромадную сумку сухарей стравил, вон оно какое дело...

Но только и сучонке этой не повезло: вырвалась она от меня после стрижки и вроде довольная была, что об-

---

[1] *Шлёнская овца* — из породы мериносовых.

легчил я ее от лишней шерсти, даже хвостом с кисточкой помахала от удовольствия, а потом — опрометью кинулась к речке, да как глянула на свою отражению в воде — и завыла от стыда... После мне говорили люди, что она по речке бродила: не иначе — хотела утопиться от позора. Но ведь в нашей речке воды воробью по колено, а в колодезь она кинуться не догадалась, ума не хватило. Да и что с нее спросишь? Как-никак — животная, или, сказать, насекомая: умишко-то куцый, не то что у человека...

Трое суток сподрят она выла под соседским амбаром, душу из меня вынала своим воем, а из-под амбара не вылазила — значит, совесть ее убивала, стеснялась на люди показаться в таком виде. И так-таки скрылась из хутора, с глаз долой, до самой осени пропадала, а как только сызнова обросла шерстью — опять объявилась у хозяина. Такая стыдливая сучонка оказалась, стыдливей иной бабы, видит бог, не брешу!

С той поры я и порешил: ежли придется мне ишо раз стричь какую-нибудь псину, то сучонок не трогать, не лишать их верхней одежи и в женский стыд не вводить, а выбирать кого-нибудь из кобелей: ихняя шатия не дюже стыдливая, любого хучь бритвой оскобли — он и ухом не поведет.

— Ты скоро закончишь свои басни? — прервал Щукаря Давыдов. — Тебе же ехать надо. Поторапливайся!

— Сей момент! Зараз обуюсь и — готов. Только ты меня не перебивай за-ради Христа, а то у меня мысля вильнет в сторону, и я забуду, об чем речь шла. Так вот я и говорю: Макарушка меня вроде за глупо́го считает, а дюже он ошибается! Молодой он супротив меня, мелко плавает, и все ягоды у него наруже, а меня, старого воробья, на пустой мякине не проведешь, нет, не проведешь! Ему, Макару-то, самому не грех у меня ума занять. То-то и оно.

На деда Щукаря накатил очередной приступ словоохотливости. Щукарь «завелся», как говорил Размётнов, и теперь остановить его было не только трудно, но почти невозможно. Давыдов, всегда относившийся к неудачливому в жизни старику с доброй предупредительностью, с чувством, почти граничащим с жалостью, на этот раз все же решился прервать его повествование:

— Подожди, дед, уймись! Тебе срочно надо ехать в станицу, привезти землемера Шпортного. Знаешь ты его?

— Я в станице не токмо твоего Шпортного, а и всех собак наперечет знаю.

— По собакам ты специалист, факт! Но мне Шпортной нужен. Понятно?

— Привезу, сказал тебе, доставлю, как невесту к венцу, и точка. Только ты меня не перебивай. И что у тебя за вредная привычка перебивать человека? Ты, Давыдов, хуже Макарушки становишься, ей-богу! Ну, Нагульнов хоть Тимошку застрелил, он геройский казак, он и пущай меня перебивает, я его все одно уважаю. А ты что такого геройского сотворил? За что я тебя должен уважать? То есть окончательно не за что! Застрели ты из ливольверта вот этого черта, козла, какой мне всею жизнью испоганил, и я за тебя до смерти буду богу молиться и уважать тебя буду не хуже, чем Макара. А Макар — герой! Он все науки превзошел и зараз áнглицкий язык назубок изучает, он во всем разбирается не хуже меня, даже в кочетином пении он первый знахарь. Он и Лушку прогнал от себя, а ты ее сдуру приголубил, и Тимошку, вражину, с одной пули приласкал...

— Да обувайся ты скорее! Чего ты возишься? — в нетерпении воскликнул Давыдов.

Дед Щукарь, кряхтя и ворочаясь на сене, буркнул:

— Ремешки на чириках завязываю, не видишь, что ли? В потемках черт их завяжет!

— Да ты выйди на свет!

— Как-нибудь завяжу и тут. Да-а-а, так вот какой он, мой Макарушка. Он не токмо сам учится, но и меня норовит обучать...

— Чему же это? — улыбаясь, спросил Давыдов.

— Разным наукам, — уклончиво ответил дед Щукарь. Ему явно не хотелось вдаваться в подробности, и он неохотно повторил: — Говорю, что разным наукам. Понятно тебе? По иностранным словам я зараз вдарился. Это тебе как?

— Ничего не понимаю. По каким иностранным словам?

— А раз ты такая бестолочь, то нечего и спрашивать, — уже с досадой проговорил дед Щукарь и обиженно засопел, открыто выказывая недовольство столь назойливыми вопросами.

— Иностранные слова тебе нужны, дед, как мертвому припарки. Ты собирайся попроворнее, — по-прежнему улыбаясь, попросил Давыдов.

Щукарь фыркнул, как рассерженный кот:

— Попроворнее! Скажет тоже! Проворность нужна, когда блох ловишь да когда от чужой жены ночью бежишь, а за тобой ее муж гонится, на пятки наступает... Кнута вот никак не найду, зараза его возьми! Только что в руках держал, и вот он как сквозь землю провалился, а без кнута я и шагу ступить боюсь из-за козла... Слава богу, нашел! А картуз где? Ты его не видал, товарищ Давыдов, моего картуза? Он же у меня в головах лежал... Эка память-то, не лучше худого решета стала... Ну, слава богу, нашел и картуз, теперь вот только зипун найти, и я готовый. Ах, нечистый дух, Трофим! Не иначе — он его в сено затолочил, теперь ищи его до ночи... Вспомнил! Зипун-то у меня дома остался... Да и на что он мне нужен в такую жару? Зачем бы я его сюда приносил?

Давыдов выглянул в дверь, увидел, как Островнов взважживает запряженных в линейку жеребцов и ласково оглаживает их, что-то тихонько приговаривая.

— Яков Лукич уже запрег, а ты все собираешься! Когда ты перестанешь возиться, старый копун? — сердито воскликнул Давыдов.

Дед Щукарь громко и длинно выругался.

— Такой лихой день, язви его в душу! По-настоящему и ехать-то в станицу не надо бы. Приметы никудышние! Ить, скажи на милость, картуз разыскал, а теперь кисет куда-то запропастился. К добру это? То-то и есть, что не к добру. Быть в дороге какой-нибудь беде, не иначе... Вот оказия, не найду кисета, и крышка! Не Трофим же его проглотил? Ну, слава богу, сыскал-таки и кисет, теперь можно ехать... А может, отложим поездку до завтрева? Уж дюже приметы поганые... А в Священном писании, — забыл какая глава от Матфея, — ну, да черт с ней, какая бы ни была, но не зря сказано: «Ежли ты, путник, собрался в дорогу и углядел плохие приметы, то сиди дома и ни хрена не рыпайся». Вот теперь ты, товарищ Давыдов, и решай ответственно: ехать мне нынче или нет?

— Езжай, дед, сейчас же! — строго приказал Давыдов.

Щукарь, вздыхая, но не прекословя, на спине сполз с сена и, старчески шаркая ногами, волоча за собою кнут и боязливо оглядываясь на затаившегося в темном углу козла, пошел к выходу.

Глава XVII

С грехом пополам выпроводив деда Щукаря, Давыдов решил пойти в школу и на месте определить, что еще можно сделать, чтобы школьное помещение к воскресенью приняло праздничный вид. А кроме того, ему хотелось поговорить с заведующим и вместе с ним прикинуть, сколько и каких строительных материалов потребуется на ремонт школы и когда приступать к нему, чтобы без особой спешки и возможно добротнее отремонтировать здание к началу учебного года.

Только в последние дни Давыдов ощутимо почувствовал, что настает самая напряженная рабочая пора за все время его пребывания в Гремячем Логу: еще не управились с покосом травы, а уже подходила уборка хлеба, на глазах начинала смуглеть озимая рожь; почти одновременно с ней вызревал ячмень; бурно зарастали сорняки, и молчаливо требовали прополки невиданно огромные, по сравнению с единоличными полосами, колхозные деляны подсолнечника и кукурузы, и уже не за горами был покос пшеницы.

До начала уборки хлебов многое надо было сделать: перевезти в хутор возможно больше сена, подготовить тока для обмолота, закончить переноску в одно место амбаров, ранее принадлежавших кулакам, наладить единственную в колхозе паровую молотилку. Да и помимо этого изрядное число больших и малых забот легло на плечи Давыдова, и каждое дело настойчиво требовало к себе постоянного и неусыпного внимания.

По старым, скрипучим ступенькам Давыдов поднялся на просторное крыльцо школы. У дверей босая и плотная, как сбитень, девочка лет десяти посторонилась, пропуская его.

— Ты ученица, милая? — ласково спросил Давыдов.

— Да, — тихо ответила девочка и смело снизу вверх взглянула на Давыдова.

— Где тут живет ваш заведующий?

— Его нет дома, они с женой за речкой, на огороде капусту поливают.

— Экая незадача... А в школе кто-нибудь есть?

— Наша учительница, Людмила Сергеевна.

— Что же она тут делает?

Девочка улыбнулась:

— Она с отстающими ребятами занимается. Она каждый день с ними занимается после обеда.

— Значит, подтягивает их?

Девочка молча кивнула головой.

— Порядок! — одобрительно сказал Давыдов и вошел в полутемные сени.

Откуда-то из глубины длинного коридора доносились детские голоса. Неторопливо обходя и по-хозяйски осматривая пустые классы, Давыдов через приоткрытую дверь в последней комнате увидел с десяток маленьких ребятишек, просторно разместившихся в переднем ряду сдвинутых парт, и около них — молоденькую учительницу. Невысокого роста, худенькая и узкоплечая, с коротко подстриженными белесыми и кудрявыми волосами, она походила скорее на девочку-подростка, нежели на учительницу.

Давненько уже не переступал Давыдов порога школы, и теперь странное чувство испытывал он, стоя возле двери класса, сжимая в левой руке выгоревшую на солнце кепку. Что-то от давнего уважения к школе, некое сладостное волнение, навеянное мгновенным воспоминанием о далеких годах детства, пробудилось в его душе в эти минуты...

Он несмело открыл дверь и, покашливая вовсе не оттого, что першило в горле, негромко обратился к учительнице:

— Разрешите войти?

— Войдите, — прозвучал в ответ тонкий девичий голос.

Учительница повернулась лицом к Давыдову, удивленно приподняла брови, но, узнав его, смущенно сказала:

— Входите, пожалуйста.

Давыдов неловко поклонился.

— Здравствуйте. Вы извините, что помешал, но я на одну минутку... Мне бы осмотреть вот этот последний класс, я — насчет ремонта школы. Я могу обождать.

Дети встали, нестройно ответили на приветствие, и Давыдов, взглянув на девушку, тотчас подумал: «Я — как прежний попечитель школы из строгих толстосумов... Вот и учителька испугалась, краснеет. Надо же было мне заявиться в этот час!»

Девушка подошла к Давыдову.

— Проходите, пожалуйста, товарищ Давыдов! Через несколько минут я закончу урок. Присядьте, пожалуйста. Может быть, позвать Ивана Николаевича?

— А кто это?

— Наш заведующий школой — Иван Николаевич Шпынь. Разве вы его не знаете?

— Знаю. Не беспокойтесь, я обожду. Можно мне побыть здесь, пока вы занимаетесь?

— Ну конечно! Садитесь, товарищ Давыдов.

Девушка смотрела на Давыдова, говорила с ним, но все еще никак не могла оправиться от смущения; она мучительно краснела, даже ключицы у нее порозовели, а уши стали пунцовыми.

Вот чего не переносил Давыдов! Не переносил уже по одному тому, что, глядя на какую-нибудь краснеющую женщину, он почему-то и сам начинал краснеть, и от этого всегда испытывал еще большее чувство смущения и неудобства.

Он сел на предложенный ему стул около небольшого столика, а девушка, отойдя к окну, стала раздельно диктовать ученикам:

— Ма-ма го-то-вит... Написали, дети? Го-то-вит нам обед. После слова «обед» поставьте точку. Повторяю...

Вторично написав предложение, ребятишки с любопытством уставились на Давыдова. Он с нарочитой важностью провел пальцами по верхней губе, делая вид, будто разглаживает усы, и дружески подмигнул ребятам. Те заулыбались; добрые отношения начали будто бы налаживаться, но учительница снова стала диктовать какую-то фразу, привычно разбивая слова на слоги, и ребятишки склонились над тетрадями.

В классе пахло солнцем и пылью, застойным воздухом редко проветриваемого помещения. Теснившиеся у самых окон кусты сирени и акации не давали прохлады. Ветер шевелил листья, и по выщербленному полу скользили солнечные зайчики.

Сосредоточенно сдвинув брови, Давыдов занялся подсчетом: «Надо не меньше двух кубометров сосновых досок — заменить кое-где половицы. Рамы в окнах хорошие, а двойные — в каком виде и есть ли они, надо узнать. Купить ящик стекла. Наверное, нет в запасе ни одного листа, а чтобы ребята не колотили стекла — это же невозможное дело, факт! Хорошо бы добыть свинцовых белил, а вот сколько этого добра пойдет на покраску потолков, наличников, рам и дверей? Уточнить у плотников. Крыльцо заново настелить. Можно из своих досок: распилил две вербы — и готово. Ремонт нам влезет в копеечку... Дровяной сараишко заново покрыть соломой. Да тут до черта делов, факт! Закончим с амбарами — и сразу же переброшу сюда всю плотницкую бригаду. Крышу бы на школе заново покрасить... А где деньги? Разобьюсь в доску, но для школы добуду! Факт! Да оно и разбиваться ни к чему: продадим пару выбракованных быков — вот и деньги. Придется из-за этих быков с райисполкомом бой выдержать, иначе ничего не выйдет... А худо мне будет, если продать их тайком... Но все равно рискну. Неужели Нестеренко не поддержит?»

Давыдов достал записную книжку, написал: «Школа. Доски, гвозди, стекло — ящик. Парижская зелень на крышу. Белила. Олифа...»

Хмурясь, дописывал он последнее слово, и в это время пущенный из трубки маленький влажный шарик разжеванной бумаги мягко щелкнул его по лбу, прилип к коже. Давыдов вздрогнул от неожиданности, и тотчас же кто-то из ребятишек прыснул в кулак. Над партами прошелестел тихий смешок.

— Что там такое? — строго спросила учительница.

Сдержанное молчание было ей ответом.

Отлепив шарик со лба, улыбаясь, Давыдов бегло осмотрел ребят: белесые, русые, черные головки низко склонились над партами, но ни одна загорелая ручонка не выводила букв...

— Закончили, дети? Теперь пишите следующее предложение...

Давыдов терпеливо ждал, не сводя смеющихся глаз со склоненных головок. И вот один из мальчиков медленно, воровато приподнял голову, и Давыдов прямо перед собою увидел старого знакомого: не кто иной, как сам Федотка Ушаков, которого он однажды весною встретил в поле, смотрел на него узенькими щелками глаз, а румяный рот его расползался в широчайшей, неудержимой улыбке. Давыдов глянул на плутовскую рожицу и сам чуть не рассмеялся вслух, но, сдержавшись, торопливо вырвал из записной книжки чистый лист, сунул его в рот и стал жевать, быстро взглядывая на учительницу и озорно подмигивая Федотке. Тот смотрел на него во все глаза, но, чтобы не выдать улыбку, прикрыл рот ладошкой.

Давыдов, наслаждаясь Федоткиным нетерпением, тщательно и не спеша скатал бумажный мякиш, положил его на ноготь большого пальца левой руки, зажмурил левый глаз, будто бы прицеливаясь. Федотка надул щеки, опасливо вобрал голову в плечи — как-никак шарик был не маленький и увесистый... Когда Давыдов, улучив момент, легким щелчком послал шарик в Федотку, тот так стремительно нагнул голову, что гулко стукнулся лбом о парту. Выпрямившись, он уставился на учительницу, испуганно вытаращил глазенки, стал медленно растирать рукою покрасневший лоб, а Давыдов, беззвучно трясясь от смеха, отвернулся и по привычке закрыл ладонями лицо.

Разумеется, поступок его был непростительным ребячеством, и надо было соображать, где он находится. Овладев собою, он с виноватой улыбкой покосился на учительницу, но увидел, что она, отвернувшись к окну, также пыталась скрыть смех. Худенькие плечи ее вздрагивали, а рука со скомканным платочком тянулась к глазам, чтобы вытереть выступившие от смеха слезы.

«Вот тебе и строгий попечитель... — подумал Давыдов. — Нарушил весь урок. Надо отсюда смываться».

Сделав серьезное лицо, он взглянул на Федотку. Живой, как ртуть, мальчишка уже нетерпеливо ерзал за партой, показывая пальцем себе в рот, а потом раздвинул губы: там, где некогда у него была щербатина, — торчали два широких, иссиня-белых зуба, еще не выросших в полную меру и с такими трогательными зубчиками по краям, что Давыдов невольно усмехнулся.

Он отдыхал душой, глядя на детские лица, на склоненные над партами разномастные головки, невольно отмечая про себя, что когда-то, очень давно, и он вот так же, как Федоткин сосед по парте, имел привычку, выводя буквы или рисуя, низко клонить голову и высовывать язык, каждым движением его как бы помогая себе в нелегком труде. И опять, как и весною при первом знакомстве с Федоткой, он со вздохом подумал: «Легче вам, птахи, жить будет, да и сейчас легче живется, а иначе за что же я воевал? Уж не за то ли, чтобы и вы хлебали горе лаптем, как мне в детстве пришлось?»

Из мечтательного настроения его вывел все тот же Федотка: словно на шарнирах вертясь за партой, он привлек внимание Давыдова, знаками настойчиво прося показать, как у того обстоит дело с зубом. Давыдов улучил момент, когда учительница отвернулась и, огорченно разводя руками, обнажил зубы. Увидев знакомую щербатину во рту Давыдова, Федотка прыснул в ладошки, а потом с величайшим самодовольством заулыбался. Весь его торжествующий вид красноречивее всяких слов говорил: «Вот как я тебя обставил, дядя! У меня-то зубы выросли, а у тебя — нет!»

Но через минуту произошло такое, о чем Давыдов и долгое время спустя не мог вспоминать без внутреннего содрогания. Расшалившийся Федотка, снова желая привлечь к себе внимание Давыдова, тихонько постучал о парту, а когда Давыдов рассеянно взглянул на него, Федотка, важно откинувшись, полез правой рукой в карман штанишек, вытащил и опять быстро сунул в карман ручную гранату-«лимонку». Все это произошло так мгновенно, что Давыдов в первый момент только ошалело заморгал, а бледнеть начал уже после...

«Откуда у него?! А если капсюль вставлен?! Стукнет по сиденью, и тогда... О, черт тебя, что же делать?!» — с жарким ужасом думал он, закрыв глаза и не чувствуя, как пот прохладной испариной выступил у него на лбу, на подбородке, на шее.

Надо было что-то немедленно предпринять. Но что? Встать и попытаться силой отобрать гранату? А если мальчишка испугается, рванется из рук и еще, чего доброго, успеет швырнуть гранату, не зная, что за этим последует его и чужая смерть... Нет, так делать не годится. Давыдов решительно отверг этот вариант. Все еще не открывая глаз, он мучительно искал выхода, торопил мысль, а воображение помимо его воли услужливо рисовало желтую вспышку взрыва, дикий короткий вскрик, изуродованные детские тела...

Только теперь он ощутил, как медленно стекают со лба капельки пота, скользят по бокам переносицы, щекочут глазницы. Он хотел достать носовой платок и нащупал в кармане перочинный нож — давнишний подарок одного старого друга. Давыдова осенило: правой рукой он вытащил нож, рукавом левой вытер обильный пот на лбу и с таким подчеркнутым вниманием стал вертеть и разглядывать нож, как будто видел его впервые в жизни. А сам искоса посматривал на Федотку.

Нож был старенький, сточенный, но зато боковые перламутровые пластинки его тускло сияли на солнце, а кроме двух лезвий, отвертки и штопора, в нем имелись еще и великолепные маленькие ножницы. Давыдов последовательно открывал все эти богатства, изредка и коротко взглядывая на Федотку. Тот не сводил с ножа зачарованных глаз. Это был не просто нож, а чистое сокровище! Ничего равного по красоте он еще не видел. Но когда Давыдов вырвал из записной книжки чистый листок и тут же, быстро орудуя ножничками, вырезал лошадиную голову, — восторгу Федоткиному не было конца!

Вскоре урок окончился. Давыдов подошел к Федотке, шепотом спросил:

— Видал ножичек?

Федотка проглотил слюну, молча кивнул головой.

Наклонившись, Давыдов шепнул:

— Меняться будем?

— А кого на кого менять? — еще тише прошептал Федотка.

— Нож на железку, какая у тебя в кармане.

Федотка с такой отчаянной решимостью согласия закивал головой, что Давыдов должен был попридержать его за подбородок. Он сунул в руку Федотки нож, бережно принял на ладонь гранату. Капсюля в ней не оказалось, и Давыдов, часто дыша от волнения, выпрямился.

— У вас тут какие-то секреты, — улыбнулась, проходя мимо, учительница.

— Мы с ним старые знакомые, а виделись давно... Вы нас извините, Людмила Сергеевна, — почтительно сказал Давыдов.

— Я рада, что вы побывали у меня на уроке, — краснея, проговорила девушка.

Не замечая ее смущения, Давыдов попросил:

— Передайте товарищу Шпыню: пусть сегодня вечером зайдет ко мне в правление, а перед этим пусть прикинет, какой ремонт будем делать школе, и пусть подумает о смете. Ладно?

— Хорошо, я все передам ему. Вы к нам больше не зайдете?

— Как-нибудь в свободную минуту загляну непременно, факт! — заверил Давыдов и сейчас же, без видимой связи с предшествовавшим разговором, спросил: — Вы у кого на квартире находитесь?

— У бабушки Агафьи Гавриловны. Знаете такую?

— Знаю. А какая у вас семья?

— Мама и двое братишек в Новочеркасске. Но почему вы обо всем этом спрашиваете?

— Надо мне хоть что-нибудь о вас знать, я же ваших девичьих секретов не касаюсь? — отшутился Давыдов.

Возле крыльца толпа ребятишек плотным кольцом окружила Федотку, рассматривая нож. Давыдов отозвал счастливого владельца в сторону, спросил:

— Где ты нашел свою игрушку, Федот Демидович? В каком месте?

— Показать, дяденька?

— Обязательно!

— Пойдем. Пойдем зараз же, а то мне после некогда будет, — деловито предложил Федотка.

Он сжал в руке указательный палец Давыдова и, явно гордясь тем, что ведет не просто дядю, а самого председателя колхоза, изредка оглядываясь на товарищей, вразвалочку зашагал по улице.

Так они и шли, не особенно торопясь, лишь время от времени обмениваясь короткими фразами.

— Ты размениваться не надумаешь? — спросил Федотка, слегка забегая вперед и встревоженно заглядывая в глаза Давыдову.

— Ну что ты! Дело у нас с тобой решенное, — успокоил его Давыдов.

Минут пять они шагали, как и подобает мужчинам, в солидном молчании, а потом Федотка не выдержал — не выпуская из руки пальца Давыдова, снова забежал вперед, глядя снизу вверх, сочувственно спросил:

— А тебе не жалко ножа? Не горюешь, что променялся?

— Ни капельки! — решительно ответил Давыдов.

И снова шли молча. Но, видно, какой-то червячок сосал маленькое сердце Федотки, видно, считал Федотка обмен явно невыгодным для Давыдова, потому после длительного молчания и сказал:

— А хочешь, я тебе в додачу свою пращу отдам? Хочешь?

С непонятным для Федотки беспечным великодушием Давыдов отказался:

— Нет, зачем же! Пусть пращ у тебя остается. Ведь менялись-то баш на баш? Факт!

— Как это «баш на баш»?

— Ну, ухо на ухо, понятно?

Нет, вовсе не все было понятно для Федотки. Такое легкомыслие при мене, которое проявил взрослый дядя, крайне удивило Федотку и даже как-то насторожило его... Роскошный, блестящий на солнце нож и ни к чему не пригодная круглая железка, — нет, тут что-то не так! Спустя немного практичный Федотка на ходу внес еще одно предложение:

— Ну, ежели пращу не хочешь, может, тебе бабки отдать? В додачу, а? Они у меня знаешь какие? Почти новые, вот какие!

— И бабки твои мне не нужны, — вздыхая и усмехаясь, отказался Давыдов. — Вот если бы этак лет двадцать с гаком назад — я бы, братец ты мой, от бабок не отказался. Я бы с тебя их содрал как с миленького, а сейчас не беспокойся, Федот Демидович! О чем ты волнуешься? Нож — твой на веки вечные, факт!

И опять молчание. И опять через несколько минут вопрос:

— Дяденька, а этот кругляш, какой я тебе отдал, он от кого? От веялки?

— А ты где его нашел?

— В сарае, куда идем, под веялкой. Старая-престарая веялка там такая, на боку лежит, вся разбитая, и он под ней был. Мы в покулючки играли, я полез хорониться, а кругляш там лежит. Я его и взял.

— Значит, это от веялки часть. А палочки железной, небольшой возле него не видел?

— Нет, там больше ничего не было.

«Ну, и слава богу, что не было, а то ты мне еще учинил бы такое, что и на том свете не разобрались бы», — подумал Давыдов.

— А эта часть от веялки тебе дюже нужна? — поинтересовался Федотка.

— Очень даже.

— В хозяйстве нужна? На другую веялку?

— Ну, факт!

После недолгого молчания Федотка сказал басом:

— Раз в хозяйстве эта часть нужна — значит, не горюй, ты поменялся со мной правильно, а нож ты себе новый купишь.

Так умозаключил рассудительный не по годам Федотка и успокоенно улыбнулся. Душа у него, как видно, стала на место.

Вот, собственно, и весь разговор, который они вели по дороге, но этот разговор был как бы завершением их сделки по обмену ценностями...

Теперь Давыдов уже безошибочно знал, куда ведет его Федотка, и когда по переулку слева завиднелись постройки, некогда принадлежавшие отцу Тимофея Рваного, спросил, указывая на крытый камышом сарай:

— Там нашел?

— Как ты здорово угадываешь, дяденька! — восхищенно воскликнул Федотка и выпустил из руки палец Давыдова. — Теперь ты и без меня дойдешь, а я побегу, мне дюже некогда!

Как взрослому пожимая на прощанье маленькую ручонку, Давыдов сказал:

— Спасибо тебе, Федот Демидович, за то, что привел меня куда надо. Ты заходи ко мне, проведывай, а то я скучать по тебе буду. Я ведь одинокий живу...

— Ладно, как-нибудь зайду, — снисходительно пообещал Федотка.

Повернувшись на одной ноге, он свистнул по-разбойничьи, в два пальца, очевидно созывая друзей, и дал такого стрекача, что в облачке пыли только черные пятки замелькали.

Не заходя на подворье Дамасковых, Давыдов пошел в правление колхоза. В полутемной комнате, где обычно происходили заседания правления, Яков Лукич и кладовщик играли в шашки. Давыдов присел к столу, написал на листке из записной книжки: «Завхозу Островнову Я.Л. Отпустите за счет моих трудодней учительнице Л.С.Егоровой муки пшеничной, размольной 32 кг, пшена 8 кг, сала свиного 5 кг». Расписавшись, Давыдов подпер кулаком крутой подбородок, задумчиво помолчал, потом спросил у Островнова:

— Как живет эта девчонка, учительница наша, Егорова Людмила?

— С хлеба на квас, — передвинув шашку, коротко отозвался Островнов.

— Был я сейчас в школе, насчет ремонта интересовался, посмотрел и на учительку... Худая, прозрачная какая-то, сквозит как осенний лист, значит — недоедает! Чтобы сегодня же отправили ее хозяйке все, о чем тут написано, факт! Завтра проверю. Слышишь?!

Оставив на столе распоряжение, Давыдов прямиком пошел к Шалому.

***

Как только он вышел, Яков Лукич смешал на доске шашки, через плечо показал пальцем на дверь:

— Каков кобелина? Спервоначалу — Лушка Нагульнова, потом округлил Варьку Харламову, а зараз уже переметнулся к учительнице. И всех своих сучонок кормит за счет колхоза... Распроцепит он наше хозяйство, все пойдет на баб!

— Харламовой он ничего не выписывал, а учительнице — за свой счет, — возразил кладовщик.

Но Яков Лукич снисходительно улыбнулся:

— С Варькой он небось деньгами рассчитывается, за то, что учительница получит, колхоз расплатится. А Лушке сколько харчей я по его тайному приказу перетаскал? То-то и оно!

До самой смерти Тимофея Рваного Яков Лукич в изобилии снабжал его и Лушку продовольствием из колхозной кладовой, а кладовщику говорил:

— Давыдов мне строго-настрого приказал выдавать Лушке харчей, сколько ее душеньке потребуется, да ишо и пригрозил: «Ежели ты или кладовщик сбрехнете хучь одно слово — не миновать вам Сибири!» Так что ты, милый, помалкивай, давай сала, меду, муки, на весах не вешая. Не наше с тобой дело судить начальство.

И кладовщик отпускал все, что требовал Островнов, и по его же совету ловко обвешивал бригадиров, чтобы скрыть недостачу в продуктах.

Почему же теперь Якову Лукичу было не воспользоваться удобным случаем и еще лишний раз не очернить Давыдова?

Изнывая от безделья, Островнов и кладовщик долго еще «перемывали косточки» Давыдова, Нагульнова и Размётнова.

А тем временем Давыдов и Шалый уже действовали: чтобы в сарае Фрола Рваного стало светлее, Давыдов взобрался на крышу, вилами снял солому с двух прогонов, спросил:

— Ну как, старина, виднее теперь?

— Хватит разорять крышу! Зараз тут светло, как на базу, — отозвался изнутри сарая Шалый.

Давыдов прошел по поперечной балке несколько шагов, легко спрыгнул на мягкую, перегнойную землю.

— Откуда начнем, Сидорович?

— Хорошие плясуны танцуют всегда от печки, а нам с тобой начинать поиск надо от стенки, — пробасил старый кузнец.

Вооружившись наскоро сделанными в кузнице щупами — толстыми железными прутьями с заостренными концами, — они пошли рядом вдоль стены, с силой опуская щупы в землю, медленно продвигаясь к веялке, лежавшей у противоположной стены. За несколько шагов до веялки щуп Давыдова почти по самую рукоятку мягко вошел в землю, глухо звякнул, коснувшись металла.

— Вот и нашли твой клад, — усмехнулся Шалый, берясь за лопату.

Но Давыдов потянул лопату к себе.

— Дай-ка я начну, Сидорович, я помоложе.

На метровой глубине он обрыл кругом массивный сверток. В промасленный брезент был тщательно завернут станковый пулемет «максим». Из ямы вытаскивали его вдвоем, молча развернули брезент, так же молча переглянулись и молча закурили.

После двух затяжек Шалый сказал:

— Всурьез собирались Рваные щупать Советскую власть...

— А ты смотри, как по-хозяйски сохранили «максима»: ни ржавчины, ни пятнышка, хоть сейчас заправляй ленту! А ну, дай-ка я поищу в яме, может, еще что нащупаем...

Через полчаса Давыдов бережно разложил возле ямы четыре цинки с пулеметными лентами, винтовку, початый ящик винтовочных патронов и восемь ручных гранат с капсюлями, завернутыми в полусопревший кусок клеенки. В яме, уходившей под каменную стену, валялся и пустой самодельный чехол. Судя по длине его, в нем когда-то хранилась винтовка.

До заката солнца Давыдов и Шалый разобрали в кузнице пулемет, тщательно прочистили, смазали. А в сумерках, в предвечерней ласковой тишине за Гремячим Логом пулемет зарокотал — воинственно и грозно. Одна длинная очередь, две коротких, еще одна длинная, и опять — тишина над хутором, над отдыхающей после дневного жара степью, пряно пахнущей увядшими травами, нагретым черноземом.

Давыдов поднялся с земли, тихо сказал:

— Хорошая машинка! Машинка хоть куда!

В ответ ему гневно забасил Шалый:

— Зараз же пойдем к Островнову, возьмем щупы и весь его баз и все забазья излазим! И в доме у него учиним поголовный обыск, хватит в зубы ему заглядывать.

— Ты с ума спятил, старик! — холодно отозвался Давыдов. — Кто же это нам разрешит производить самочинные обыски и будоражить весь хутор? Нет, ты просто спятил с ума, факт!

— Ежели у Рваного мы пулемет нашли, то у Островнова где-нибудь на гумне трехдюймовка зарыта! И не я с ума сошел, а ты оказываешься умным дураком, вот что я тебе скажу начистоту! Погоди, придет время, откопает Лукич свою пушку да как шарахнет по твоей квартире прямой наводкой, тогда будет тебе факт!

Давыдов расхохотался, хотел обнять старика, но тот круто повернулся, плюнул с великим ожесточением и, не прощаясь, бормоча ругательства, зашагал к хутору.

Глава XVIII

В последнее время, впрочем как и всегда, деду Щукарю положительно во всем не везло, ну а уж этот день выдался целиком сотканным из больших и малых огорчений и даже несчастий, так что к исходу суток, вконец измученный обильно выпавшими на его долю испытаниями, Щукарь стал еще более суеверен, чем когда бы то ни было прежде... Нет, все же нельзя было ему так опрометчиво соглашаться с Давыдовым и отважиться на поездку в станицу, коль с утра приметы оказывались явно дурные...

От двора правления колхоза дед Щукарь шагом проехал не больше двух кварталов, а затем остановил жеребцов среди дороги и, не слезая с линейки, понуро сгорбившись, застыл в глубокой задумчивости... Да и на самом деле было ему о чем подумать: «Перед светом снилось мне, будто пегий волк за мной гонялся. А почему пегий? И почему обязательно за мной ему надо было гоняться? Будто, окромя меня, мало людей на белом свете! Ну и пущай гонялся бы за кем-нибудь другим, за молодым и резвым, а я бы со стороны поглядывал, а то, изволь радоваться, и во сне я должен за других отдуваться! А мне эти игрушки вовсе ни к чему. Проснулся, а сердце стукотит, чуть из грудей не выскочит, тоже мне удовольствие от такого приятного сна, пропади он пропадом! И опять же, почему этот волк окончательно пегий, а не натурально серый? К добру это? То-то и есть, что не к добру. Примета — дрянь, стало быть, и поездка выйдет мне боком, не иначе с каким-нибудь дрянцом. А въяве что было? То картуз не найду, то кисет, то зипун... Приметы то же самое не из важных... Не надо было покоряться Давыдову, и с места не надо было трогаться!» — уныло размышлял дед Щукарь, а сам рассеянно оглядывал пустынную улицу, разномастных телят, лежавших в холодке под прикрытием плетня, копошившихся в дорожной пыли воробьев.

Он уже совсем было решил поворачивать назад, но вспомнил о недавнем столкновении с Давыдовым и изменил решение. Тогда, так же как и сегодня, удрученный плохими приметами, он наотрез отказался ехать в первую бригаду, ссылаясь на приснившийся ему отвратительный сон, и вдруг обычно добрые, даже ласковые глаза Давыдова потемнели, стали холодными и колючими. Щукарь испугался, умоляюще моргая, сказал: «Семушка, жаль ты моя! Повынай ты из глаз иголки! У тебя глаза зараз стали, как у цепного кобеля, злые и вострые. А ты же знаешь, как я не уважаю этих проклятых насекомых, какие на цепях сидят и на добрых людей рычат и брешут. За-ради чего нам с тобой охлаждаться? Поедем, черт с тобой, раз уж ты такой супротивный и настойчивый. Только ежли какая оказия случится с нами в дороге — я ни за что не отвечаю!»

Выслушав деда, Давыдов рассмеялся, и мгновенно глаза его стали прежние — с доброй веселинкой. Он похлопал тяжелой ладонью по сухой и гулкой спине Щукаря, сказал: «Вот это настоящий разговор, факт! Поехали, старик, я отвечаю перед твоей старухой за твою полную сохранность, а за меня не беспокойся».

Вспомнив все это, дед Щукарь улыбнулся, уже без колебаний тронул жеребцов вожжами. «Поеду в станицу! Хрен с ними, с этими приметами, а в случае чего случится — пущай Давыдов отвечает, а я отвечать за всякую пакость, какая может приключиться со мной в дороге, не намеренный! Да и Давыдов парень хороший ко мне, нечего его во зло вводить».

Над хутором после утренней стряпни все еще стлался горьковатый кизячный дымок, легкий ветер шевелил над дорогой пресный запах цветущей лебеды, а от скотиньих базов, мимо которых проезжал дед Щукарь, тянуло знакомым с детства запахом коровьего навоза и парного молока. Подслеповато щурясь, привычным движением оглаживая свалявшуюся бороденку, старик посматривал вокруг — на милые его сердцу картины незамысловатой хуторской жизни; один раз, пересилив лень, даже кнутом взмахнул, чтобы прогнать из-под колес линейки сцепившихся в азартной драке воробьев, но, проезжая мимо двора Антипа Грача, уловил запах свежеиспеченного хлеба, дразнящий аромат подгорелых капустных листьев, на которых гремяченские бабы обычно выпекают хлебы, и тут только вспомнил, что не ел со вчерашнего полудня, и ощутил такой голод, что беззубый рот его сразу наполнился слюной, а под ложечкой засосало томительно и нудно.

Круто повернув жеребцов в переулок, дед Щукарь направил их к своему двору с намерением чего-либо пожевать перед поездкой в станицу. Еще издали он увидел, что из трубы его хатенки не струится дымок, и с довольной улыбкой подумал: «Отстряпалась моя старуха, зараз отдыхает. Живет за мной — прямо как какая-нибудь великая княгиня. Ни печали ей, ни тому подобных воздыханий...»

Очень немного надо было Щукарю для того, чтобы от неудовлетворенности и грустных размышлений сразу же, без передышки, перейти к добродушному самодовольству. Такова уж была его непосредственная в своей детскости натура. Лениво пошевеливая вожжами, он размышлял: «А через чего она так живет, вроде птахи небесной? Ясное дело — через меня! Не зря я зимой телушку прирезал, видит бог — не зря! Вон как без телушки моя старуха кохается, на красоту! Отстряпалась — и на боковую. А то вышла бы из телушки корова, вставай чуть свет, дои ее, проклятую, прогоняй в табун, а она днем забзыкает, от оводов кинется спасаться и явится, как миленькая, домой. Опять же прогоняй ее, да корму ей в зиму готовь, да баз за ней вычищай, да сарай ей крой камышом или соломой... Морока! Вот и овечек я всех порастряс, ишо правильней сделал! Прогони их на попас и болей об них, клятых, душой: как бы они от гурта не отбились да как бы их волк не порезал. А мне об такой пакости душой болеть вовсе не к чему, за длинную жизнь и так наболелся предостаточно, она и душонка стала небось вся на дырьях, как старая портянка. Опять же и поросенка нету в хозяйстве, и это правильно! Спрашивается, а на черта он мне сдался, этот поросенок? Перво-наперво, у меня от сала изжога приключается, когда я его переем, а во-вторых — чем бы я его теперича правдал, ежли у меня муки в запасе не более двух пригоршней? Он бы тут зараз с голоду околевал и душу из меня вынал бы своим визгом... А потом свинья — это квелая животина: то чума ее повалит, то разные тому подобные рожи у них приключаются. Заведи такую погань и жди, что не нынче, так завтра она подохнет. Опять же вонища от нее на весь двор, не продохнешь, а без нее у меня кругом — чистое дыхание, травкой пахнет, огородными овощами и тому подобной дикой коноплей. Люблю, грешник, чистый воздух! Да будь он трижды проклят, этот поросенок или хотя бы свинья, чтобы я с ними муку мученическую принимал! Ходят по двору две чистенькие курочки и с ними аккуратненький петушок, вот на наш век со старухой и хватит этой живности, пущай молодые богатеют, а нам очень даже все это богачество ни к чему. Да и Макарушка меня одобряет, говорит: «Ты, дед, чистым пролетарьятом стал и хорошо сделал, что отказался от мелкой собственности». Ну, я ему на это с сердечным вздохом ответствовал: «Может, оно и приятно числиться пролетарьятом, но только всею жизнью сидеть на квасу да на пустых щах я несогласный. Бог с ним и с пролетарьятом, а ежли не будут на трудодни давать мясца или, скажем, сала, чтобы щи затолочь, то я к зиме очень даже просто могу протянуть ноги. А тогда какой же мне прок будет от пролетарского звания? Погляжу к осени, во что мой трудодень взыграет, а то я сразу подамся опять в мелкие собственники».

Дед Щукарь задумчиво сощурился и уже вслух проговорил:

— Грехи наши тяжкие с такой неустроенной жизней! Все идет по-новому да все с какой-то непонятиной, с вывертами, как у хорошего плясуна...

Он привязал жеребцов к плетню, открыл ветхую калитку и подлинно хозяйской, медлительной и степенной, походкой пошел к крыльцу по заросшей подорожником стежке.

В кухне было полутемно, дверь в горницу закрыта. Дед Щукарь положил на лавку плоскую, как блин, замасленную фуражку и кнут, с которым по милости Трофима привык не расставаться ни на минуту, огляделся и на всякий случай окликнул:

— Старуха! Ты живая?

Из горницы послышался слабый голос:

— Только что живая... Лежу с вечера, головы не поднимаю. Все у меня болит, моченьки нету, а зябну так, что и под шубой никак не согреюсь... Не иначе — лихоманка ко мне прикинулась... А ты чего явился, старый?

Щукарь распахнул дверь в горницу, стал на пороге.

— В станицу еду зараз, заехал что-нибудь перекусить на дорогу.

— За какой нуждой едешь-то?

Щукарь, важничая, разгладил бороденку и словно бы нехотя ответил:

— Сурьезная командировка предстоит, за землемером еду. Товарищ Давыдов говорит: «Уж ежли ты, дедушка, его мне не представишь, то, окромя тебя, и никто не представит». Землемер-то один на весь район, а мне он человек знакомый, этот самый Шпортной, из уважения ко мне он непременно поедет, — пояснил Щукарь. И тотчас же перешел на сугубо деловой тон: — Собирай-ка что-нибудь поесть, время не терпит.

Старуха еще пуще застонала:

— Ох, головушка горькая! Чем же я тебя кормить буду? Я же нынче не стряпалась и печку не затопляла. Пойди сорви огурчиков на грядке, кислое молоко в погребу есть, вчера соседка принесла.

Дед Щукарь выслушал свою благоверную с нескрываемым презрением, под конец возмущенно фыркнул:

— Свежие огурчики да на них кислое молоко? Ты начисто одурела, старая астролябия! Ты что же — хочешь, чтобы я весь свой авторитет растерял? Ты же знаешь, что я на живот ужасно слабый, а от такой пищи меня в дороге окончательно развезет, и что я тогда в станице должен делать? Штаны в руках носить? А мне от жеребцов и шагу отойти нельзя, тогда что мне остается делать? Лишаться последнего авторитета прямо на улице? Покорнейше благодарю! Пользуйся сама своими огурчиками и придавливай их кислым молоком, а я на такой рыск не пойду! Должность моя нешуточная, самого товарища Давыдова вожу, и рысковать твоими огурчиками мне не пристало. Понятно тебе, старая апробация?

Ветхая деревянная кровать подозрительно заскрипела под старухой, и дед Щукарь тотчас же насторожился.

Он не успел закончить свое внушение, как со старухой его мгновенно произошла удивительная перемена: она бодро вскочила с кровати, подбоченилась, исполненная негодования и решимости. Недавно расслабленный голос ее приобрел почти металлическое звучание, когда она, лихо сбив на сторону помятый головной платок, заговорила:

— А ты что же, старый пенек, хотел, чтобы я тебя щами с мясом кормила? Или, может, блинцов с каймаком тебе забажалось? Откуда я всего этого наберу, ежели у тебя в кладовке ничего нету, окромя мышей, да и те с голоду дохнут! И до каких пор ты будешь меня разными неподобными словами паскудить? Какая я тебе астролябия да пробация? Научил тебя Макарка Нагульнов разные непотребные книжки читать, а ты, дурак, и рад? Я — честная жена и честно прожила с тобой, сопля неубитая, весь свой бабий век, а ты меня под старость не знаешь как назвать?!

Дело принимало неожиданный и зловещий для Щукаря оборот, потому он и решил несколько отступить в глубь кухни и, проворно пятясь, примирительно сказал:

— Ну, будет, будет тебе, старая! И вовсе это не ругательные слова, а по-ученому вроде ласковые. Это все едино: что душенька моя, что астролябия... По-простому сказать — «милушка ты моя», а по-книжному выходит «апробация». Истинный бог, не брешу, так в толстой книжке, какую мне Макарушка читать подсудобил, и написано, своими глазами читал, а ты черт-те чего подумала. Вот что означает твоя полная ликвидация неграмотности! Учиться надо, вот как я учусь, тогда и ты любое слово смогешь из себя выкинуть, не хуже меня, факт!

Такова была сила убедительности в голосе Щукаря, что старуха остыла, но, все еще пытливо всматриваясь в мужа, вздохнула:

— Поздно мне учиться, да и ни к чему. Оно и тебе бы, старый хорь, на своем языке надо гутарить, а то и так над тобой, как над истым дурачком, народ смеется.

— Со смеха люди бывают, — заносчиво сказал дед Щукарь, но спорить дальше не стал.

В небольшую миску с кислым молоком он долго и тщательно крошил кусок черствого хлеба, ел медленно, истово, а сам посматривал в окно, думал: «А на какого лешего мне спешить в станицу? Это когда человек затеется помирать и надо его причащать да соборовать — тогда надо поспешать. А Шпортной — землемер, а не поп, и Давыдов помирать вовсе не собирается, с какого же пятерика я буду горячку пороть? На тот свет все успеем, у смерти в очереди пока ишо никто не стоял... Так что зараз я выеду из хутора, сверну в какую-нибудь балочку, чтобы меня ни один черт не видал, и отосплюсь, сколь мне понадобится, а жеребцы тем часом травки пощипают. К вечеру я прибуду в бригаду Дубцова, Куприяновна непременно меня ужином покормит, ну и холодком, ночушкой, приеду в станицу. А ежли, не дай бог, Давыдов об этом прознает — я ему так-таки напрямик и выложу: «Изничтожьте вашего треклятого козла Трофима — тогда и я в дороге спать не буду. Всею ночь он возле меня джигитует по сену, какой же тогда могет быть у человека сон? Одно расстройство!»

Повеселевший от приятной перспективы побывать в гостях у Дубцова, Щукарь заулыбался, но старуха и тут ухитрилась испортить ему настроение:

— И чего ты жуешь, как параличный? Послали тебя, так ты не копайся, как жук в навозе, а езжай поскорее. Да глупые книжные слова из головы выкинь и мне их сроду не говори, а то походит по твоей спине рогач, так и знай, старый дурак!

— Любая палка об двух концах, — невнятно пробормотал дед Щукарь.

Но, приметив гневные морщинки на лице своей владычицы, наскоро дохлебал молоко, попрощался:

— Ты уж лежи, милушка, не вставай без толку, хворай себе на доброе здоровье, а я поехал.

— С богом! — не очень-то ласково напутствовала его старуха и повернулась спиной.

***

Километров шесть от хутора до отножины Червленой балки дед Щукарь ехал шагом, сладко дремал, изредка клевал носом и, окончательно разморенный полуденным зноем, один раз за малым не свалился с линейки. «Этак недолго и на бровях пройтиться», — опасливо подумал Щукарь, сворачивая в балку.

В теклине Червленой по пояс стояла пряно благоухающая нескошенная трава. Откуда-то с верховьев балки по глинистому ложу ее струился родниковый ручеек. Вода в нем была прозрачна и до того холодна, что даже жеребцы пили ее маленькими и редкими глотками, осторожно цедя сквозь зубы. Возле ручья стояла густая прохлада, и высоко поднявшееся солнце было не в силах прогреть ее насквозь. «Благодать-то какая!» — прошептал Щукарь, распрягая жеребцов. Он стреножил их, пустил на попас, а сам расстелил в тени тернового куста старенький зипунишко, лег на спину и, глядя в обесцвеченное жарою, бледно-голубое небо такими же, как и небо, бесцветно-голубыми старческими глазками, предался житейским мечтаниям:

«Из этакой роскошности меня до вечера и шилом не выковыряешь. Отосплюсь всласть, погрею на солнышке свои древние косточки, а потом — к Дубцову на гости, кашку хлебать. Скажу, что не успел дома позавтракать, и непременнейше меня покормят, уж это я как в воду гляжу! А почему, собственно говоря, в бригаде обязательно должны есть пустую кашу или какую-нибудь паршивую затирку ложками по котлу гонять? Не таковский он парень, этот Дубцов, чтобы на покосе говеть. Такая рябая шельма небось и дня без мясца не проживет. Он овцу где-нибудь в чужом гурте украдет, а косарей накормит!.. А неплохо бы к обеду кусок баранинки, этак фунта на четыре, смолотить! Особливо — жареной, с жирком, или, на худой конец, яишни с салом, только вволю... Вареники со сметаной — тоже святая еда, лучше любого причастия, особливо когда их, милушек моих, положат тебе в тарелку побольше, да ишо раз побольше, этак горкой, да опо-сля нежно потрясут эту тарелку, чтобы сметана до дна прошла, чтобы каждый вареник в ней с ног до головы об-валялся. А ишо милее, когда тебе не в тарелку будут эти варенички класть, а в какую-нибудь глубокую посудину, чтобы было где ложке разгуляться!»

Дед Щукарь никогда не отличался чревоугодием, он просто был голоден. За свою долгую и безрадостную жизнь он редко ел досыта и только во сне объедался разными вкусными, на его взгляд, кушаньями. То сни-лось ему, будто ест он вареную баранью требушку, то — сворачивает трубкой и, обмакнув в каймак, отправляет в рот огромный ноздреватый блин, то — спеша и обжи-гаясь, без устали хлебает он наваристую лапшу с гуси-ными потрохами... Да мало ли что ни снилось ему длин-ными, как у всякого голодного, ночами, но просыпался он после таких снов неизменно грустным, иногда даже злым, говорил про себя: «Приснится же такая скороми-на ни к селу ни к городу! Одна надсмешка, а не жизня: во сне, изволь радоваться, такую лапшу наворачива-ешь, что ешь не уешься, а въяве — старуха тюрю тебе под нос сует, будь она трижды, анафема, проклята, эта тюря!»

После таких снов дед Щукарь до завтрака потихоньку облизывал сухие губы, а во время скудного завтрака горе-стно вздыхал и вяло орудовал щербатой ложкой, рассеян-но вылавливая в миске кусочки картофеля.

Лежа под кустом, Щукарь еще долго думал о том, что может быть в бригаде подано на обед, а потом не-кстати вспомнил, как он наелся на поминках по матери Якова Лукича, и, окончательно растравив себя воспо-минаниями о съеденной пище, вдруг снова ощутил та-кой острый приступ голода, что дремоту с него как ру-кой сняло, и он остервенело плюнул, вытер бороденку и стал ощупывать ввалившийся живот, а потом вслух за-говорил:

— Кусочек хлеба и кружка кислого молока — да раз-ве же это еда для настоящего мужчины-призводителя?

Одна воздушность, а не еда! Час назад живот у меня был тугой, как цыганский бубен, а зараз? А зараз он к хребтине прирос. Господи боже ты мой! И всею-то жизнью об куске хлеба насучного думаешь, о том, чем бы чрево набить, а жизня протекает, как вода скрозь пальцев, и не приметишь, как она к концу подберется... Давно ли проезжал я по этой Червленой балке! Тогда терны цвели во всю ивановскую, белой кипенью вся балка взялась! Дунет тогда, бывало, ветер, и белый духовитый цвет летит по балке, кружится, как снег в сильную метель. Вся дорога внизу была укрытая белым, и пахло лучше любой бабьей помады, а зараз почернел этот вешний цвет, исчезнул, сгинул окончательно и неповоротно! Вот так и моя никудышная жизня под старость взялась чернотой, и вскорости уже придется бедному Щукарю стоптанные копыта откидывать на сторону, тут уж ни хрена не поделаешь...

На этом философски-лирические размышления деда Щукаря закончились. Жалость к самому себе обуяла Щукаря, он немного всплакнул, высморкался, вытер рукавом рубахи покрасневшие глаза и стал дремать. От печальных дум его всегда тянуло на сон.

Засыпая и даже в этом состоянии оставаясь верным своему характеру, он сладостно заулыбался, блаженно щуря глаза, подумал сквозь сон: «Непременно будет у Дубцова в бригаде свежая баранина на обед, чует мое сердце! Ну, четыре фунта за присест я, конечно, не уберу, это я малость погорячился и примахнул лишку, а три фунта или, скажем, три с половиной — с маху и без единой передышки! Была бы эта баранинка на столе, а там уж Щукарь небось не промахнется и мимо рта не пронесет, будьте спокойные!»

Часам к трем жара достигла предела. Сухой, горячий ветер, поднявшись с востока, нес в Червленую балку раскаленный воздух, и от недавней прохлады вскоре не осталось там и следа. А тут еще солнце, перемещаясь на запад, словно бы преследовало Щукаря: он спал, лежа на животе, уткнувшись лицом в свернутый зипунишко, и как только солнечные лучи начинали нащупывать, а затем и ощутимо покалывать сквозь дырявую рубашку его худую спину, — он в полусне слегка перемещался в тень; но через несколько минут докучливое солнце снова начинало нещадно жечь стариковскую спину, и Щукарю снова приходилось ползти на животе в сторону. За три часа, не просыпаясь, он по-пластунски околесил половину небольшого куста. Под конец, измученный жарою, опухший, насквозь мокрый от пота, Щукарь проснулся, сел, из-под ладони взглянул на солнце и негодующе подумал: «Вот божий глаз, прости меня, господи, и под кустом от него не схоронишься! Заставил-таки, как зайца, крутиться вокруг куста целых полдня. Да разве же это сон? Это не сон, а чистое наказание! Надо бы под линейкой ложиться, да этот божий глаз и там бы меня сыскал, черта рытого от него в голой степи схоронишься!»

Кряхтя и вздыхая, он неторопливо снял донельзя изношенные чирики, засучил штаны и долго рассматривал свои высохшие ноги, критически улыбаясь и в то же время горестно покачивая головой. Потом направился к ручью, чтобы умыться, охладить разгоряченное лицо студеной водой.

С этого момента и стала разматываться цепь горестных приключений в его жизни...

Едва он, пробираясь по мелкой осоке к чистинке на средине ручья, высоко поднимая ноги, ступил два шага, как вдруг почувствовал, что придавил подошвой левой ноги что-то шевелящееся, скользкое и холодное, и тотчас же ощутил легкий укол повыше щиколотки. Дед Щукарь проворно выхватил левую ногу из воды и остался стоять на правой, как журавль среди болота. Но когда он увидел, что слева от него зашелестела осока и по ней быстро побежал извилистый след, лицо его стало зеленым, под цвет осоки, а глаза начали медленно выбираться из орбит...

И откуда только взялась у старика резвость! К нему будто бы вернулась давно ушедшая молодость: в два прыжка он был уже на берегу и, только усевшись на глинистый бугорок, стал внимательно рассматривать две крохотные красные точки на ноге, время от времени поглядывая испуганными глазами на злополучный ручей.

Постепенно, когда прошел первый испуг, к нему возвратилась способность мышления, и он тихо прошептал:

— Ну вот, слава богу, и начинается... Вот они что означают, эти проклятые приметы! Говорил же этому моему дуролому Давыдову, что не надо нынче рысковать и ехать в станицу, так нет, загорелось ему, вынь да положь, а поезжай. Вот я и доездился. Он часто говорит: «Я — рабочий класс». И с чего этот рабочий класс такой напористый? Ежли он затеется что сделать, — будьте спокойные, он с тебя живой не слезет, а своего добьется! Добился, сукин сын, а зараз что я должен делать?

И тут деда Щукаря вдруг осенило: «Надо зараз же высосать кровь из ранки! Укусила меня не иначе вредная гадюка, ишь как она полохнула по осоке! Порядочная змея или, скажем, ужака, она полозит не спеша, степенно, а эта подлючина пошла, как молонья, аж завиляла. То-то же она испужалась меня! Но тут вопрос — кто кого дюжей испужался: я ее или она меня?»

Решать этот сложный вопрос было некогда, время не ждало, и дед, нимало не медля, согнулся, сидя, в три погибели, но как ни старался, а дотянуться губами до ранки не смог. Тогда он, придерживая руками пятку и ступню, с таким отчаянным усердием рванул ногу на себя, что в щиколотке что-то резко щелкнуло, и от неистовой боли старик запрокинулся на спину. Минут пять он лежал не шевелясь. Придя в себя, тихо пошевеливая пальцами левой ноги, Щукарь в полном недоумении стал размышлять: «С укуса началось, а теперича продолжается... Первый раз в жизни вижу, чтобы человек по доброй воле сам себе мог ногу вывихнуть. Кому хошь расскажи про такую оказию — не поверят, скажут: «Опять брешет Щукарь!» Вот тебе и приметы. Куда они взыгрывают... Ах, язви его, этого Давыдова! Говорил же ему добром, как человеку. А зараз что я должен делать? Как я буду жеребцов запрягать?»

Однако медлить больше было нельзя. Щукарь тихонько поднялся, осторожно попробовал ступить на левую ногу. К его великой радости, боль оказалась не столь уже сильной, и хотя с трудом, но передвигаться он мог. Раскрошив на ладони маленький кусочек глины, он смешал его со слюной, тщательно замазал ранку и только что, прихрамывая и бережно ступая на поврежденную ногу, пошел к жеребцам, как вдруг увидел на противоположной стороне ручья, метрах в четырех от себя, такое, от чего глаза его загорелись и губы затряслись в неудержимой ярости: на той стороне, свернувшись клубком, сладко дремал на сугреве небольшой уж. В том, что это был именно уж, не могло быть никаких сомнений: на голове его мирно светились оранжево-желтые «очки»...

И тут дед Щукарь просто взбесился. Никогда еще речь его не была столь патетически взволнованной и негодующей. Выставив вперед больную ногу и торжественно протянув руку, он дрожащим голосом заговорил:

— Выползок проклятый! Холоднокровная сволочь! Чума в желтых очках! И это ты, вредная насекомая, мог меня, то есть мужчину-призводителя, так до смерти напугать?! А я-то сдуру подумал, что ты это не ты, а порядочная гадюка! А что ты есть такое, ежли разобраться в этом вопросе? Пакость ползучая, тьфу, и больше ничего! Наступить на тебя ногой ишо раз и растереть в дым и в прах, и больше ничего не остается. Ежли бы я через тебя, аспида, ногу себе не свихнул, я бы так и сотворил с тобой, поимей это в виду.

Щукарь перевел дыхание, проглотил слюну. Уж, приподняв точечную мраморно-черную головку, казалось, внимательно слушал впервые обращенную к нему речь. Отдохнув немного, Щукарь продолжал:

— Вылупил свои бесстыжие глаза и не моргаешь, нечистый дух?! Ты думаешь, что тебе это так и обойдется?

Нет, милый мой, зараз ты от меня получишь все, что тебе на твой нынешний трудодень причитается! Подумаешь, адаптер какой нашелся! Да я с тобой разделаюсь так, что одни анфилады от тебя останутся, факт!

Дед Щукарь опустил обличающе гневный взор и среди мелкой гальки, принесенной вешней водою откуда-то с верховьев Червленой балки, усмотрел крупный обкатанный камень-голыш. Забыв про больную ногу, он смело шагнул вперед. Острая боль прострелила щиколотку, и дед свалился на бок, ругаясь самыми непотребными словами, но все же не выпуская камня из руки.

Пока он, кряхтя и стоная, поднялся на ноги, — уж исчез. Его как не было. Он будто сквозь землю провалился! Щукарь выронил камень, недоумевающе развел руками:

— Скажи на милость, напасть какая-то, да только и делов. Ну, куда он, анчихрист, мог деваться? Не иначе — опять же в воду мигнул. Уж оно как не повезет, так не повезет. Так думаю, что на этом дело не кончится... Не надо бы мне, старому дураку, в разговоры с ним ввязываться, надо было молчаком брать каменюку и бить его с первого раза же в голову, непременно в голову, иначе эту гаду не убьешь, а со второго раза я мог и промахнуться, факт. Но зараз кого же бить, ежли он сгинул, нечистый дух? Вот в чем вопрос!

Еще некоторое время дед Щукарь стоял возле ручья, почесывая затылок, а потом безнадежно махнул рукой и похромал запрягать жеребцов. Пока он не отошел от ручья на порядочное расстояние, он все еще оглядывался, всего лишь несколько раз и так просто, на всякий случай...

...Степь под ветром могуче и мерно дышала во всю свою широченную грудь пьянящим и всегда немного грустным ароматом скошенной травы, от дубовых перелесков, мимо которых бежала дорога, тянуло прохладой, мертвым, но бодрящим запахом сопревшей дубовой листвы, а вот прошлогодние листья ясеня почему-то пахли молодостью, весной и, быть может, немножко — фиалками. От этого смешения разнородных запахов обычному человеку всегда почему-то становится не очень весело, как-то не по себе, особенно тогда, когда он остается сам с собой наедине... Но не таков был дед Щукарь. Удобно устроив больную ногу, положив ее на свернутый зипун, а правую беспечно свесив с линейки, он уже широко улыбался беззубым ртом, довольно щурил обесцвеченные временем глазки, а крохотный, облупленный и красный носик его так и ходил ходуном, жадно ловя родные запахи родной степи.

А почему ему было и не радоваться жизни? Боль в ноге стала понемногу утихать, туча, принесенная ветром откуда-то с далекого востока, надолго закрыла солнце, и по равнине, по буграм, по курганам и балкам поплыла густая сиреневая тень, дышать стало легче, а впереди как-никак ожидал его обильный ужин... Нет, как хотите, но деду Щукарю жилось пока не так уж плохо!

На гребне бугра, как только вдали завиднелись полевая будка и стан второй бригады, Щукарь остановил лениво трусивших жеребцов, слез с линейки. Тупая, ноющая боль в щиколотке все еще держалась, но стоять на обеих ногах он мог более или менее твердо, и старик решился: «Я им покажу, что не водовоз едет, а как-никак кучер правления колхоза. Раз вожу товарища Давыдова, Макарушку и другое важное начальство, то и проехаться надо так, чтобы людям издаля завидно было!»

Чертыхаясь и жалобно стоная, отпрукивая почуявших ночлег жеребцов, старик стал на линейке во весь рост, широко расставил ноги, туго натянул вожжи и молодецки гикнул. Жеребцы с места пошли машистой рысью. Под изволок они все больше набирали резвости, и вскоре от встречного ветра неподпоясанная рубаха Щукаря вздулась на спине пузырем, а он все попрашивал у жеребцов скорости и, морщась от боли в ноге, весело помахивал кнутом, кричал тонким голоском: «Родненькие мои, не теряй форсу!»

Первым его увидел Агафон Дубцов, находившийся возле стана.

— Какой-то черт по-тавричански правит, стоя. Приглядись-ка, Прянишников, кто это к нам жалует?

С незавершенного прикладка сена Прянишников весело прокричал:

— Агитбригада едет: дедушка Щукарь.

— К делу, — довольно улыбаясь, сказал Дубцов. — А то мы тут уж прокисли от скуки. Вечерять старик будет с нами, и такой уговор, братцы: в ночь его никуда не пущать...

А сам уже вытащил из-под будки свой мешок, деловито порывшись в нем, сунул в карман початую четвертинку водки.

Глава XIX

Опорожнив вторую миску жидкой пшенной каши, лишь слегка сдобренной салом, дед Щукарь пришел в состояние полного довольства и легкой сонливости. Благодарно глядя на щедрую стряпуху, сказал:

— Спасибочка всем вам за угощение и водку, а тебе, Куприяновна, низкий поклон. Если хочешь знать, так ты ничуть даже не баба, а сундук с золотом, факт. С твоим уменьем варить кашу тебе бы не вахлакам стряпать, а самому Михаилу Иванычу Калинину. Голову отсеки мне, а через год на твоих грудях уже висела бы какая-нибудь медаль за отличное усердие, а может, какой-нибудь шеврон на рукав он тебе пожаловал бы, ей-богу, не брешу, факт. Уж я-то до тонкостев знаю, что есть главное в жизни...

— А что? — с живостью спросил сидевший рядом Дубцов. — Что, дедушка, главное, по твоему разумению?

— Жратва! Фактически говорю, что только жратва, и больше ничего главнее нету.

— Ошибаешься ты, дедушка, — печально сказал Дубцов, кося цыганскими глазами на остальных слушателей и сохраняя самый серьезный вид. — Жестоко ты ошибаешься, а все потому, что умишко у тебя на старости годов стал такой же жидкий, как вот эта каша, какую ты хлебал. Разжижели твои мозги, потому ты и ошибаешься...

Дед Щукарь снисходительно улыбнулся:

— Пока неизвестно, у кого мозга круче замешена: у тебя или у меня. А по-твоему, что́ есть главное в жизни?

— Любовь, — скорее выдохнул, чем проговорил Дубцов и так мечтательно закатил глаза под лоб, что, глядя на его смуглое рябое лицо, первая не выдержала Куприяновна.

Она фыркнула громко, как лошадь, почуявшая дождь, и, вся сотрясаясь от смеха, закрыла рукавом кофточки побагровевшее лицо.

— Ха! Любовь! — Щукарь презрительно улыбнулся. — Да что она стоит, твоя любовь, без хорошего харча? Тьфу, и больше ничего! Не покорми тебя с недельку, так от тебя не то что Куприяновна, но и родная жена откажется.

— Это как сказать, — упорствовал Дубцов.

— Тут и говорить нечего. Я все дочиста наперед знаю, — отрезал дед Щукарь и назидательно поднял указательный палец. — Вот я вам зараз расскажу одну оказию, и все придет в ясность, и никаких споров больше не понадобится.

Редко приходилось встречать деду Щукарю более внимательных слушателей. Около тридцати человек сидело вокруг костра, и все боялись проронить хоть одно Щукарево слово. Так по крайней мере казалось ему. Да и что было спросить со старика? На собраниях ему никогда не давали слова; Давыдов во время поездок был молчалив, все что-то обдумывал про себя; старуха Щукаря даже смолоду не отличалась разговорчивостью. С кем же было отвести душу бедному старику? Потому-то он теперь, найдя благосклонных слушателей, будучи после ужина в отличнейшем расположении духа, и решил наговориться вволю. Он уселся поудобнее, сложил ноги калачиком, разгладил ладонью бороденку и только что раскрыл рот, чтобы начать неспешное повествование, как его опередил Дубцов — с нарочитой строгостью сказал:

— Ты рассказывай, дед, только без брехни! У нас в бригаде обычай такой: пороть брехунов вожжами.

Дед Щукарь тяжело вздохнул, погладил ладонью левую ногу.

— Ты меня, Агафоша, не пужай. Я нынче и так был до смерти выпужанный... Ну, так вот как оно дело было. Весной призывает меня Давыдов и говорит: «Бери, дедушка, два мешка овса у кладовщика, себе выписывай харчишек и дуй на жеребцах прямым ходом в конец Сухого лога. Там наши кобылки пасутся, и ты туда в аккурат явишься со своими женихами. Пасет табун глухой Василий Бабкин. Разобьете табун на два косяка, с одним будет Василий, с другим — ты. Только за призводителей ты будешь в ответе, ты их подкармывать овсецом будешь». А я, признаться, не знал, что такое призводитель, слова такого не слыхал. Вот тебе и возникший вопрос. Жеребец — знаю, кобыла — знаю, само собою знаю, что за штука мерин. Я и спрашиваю: «А что такое — призводитель?» Он ответствует: «Кто, дескать, призводит потомство, тот и есть призводитель». Спрашиваю дальше: «А бугая тоже можно называть призводителем?» Он поморщился и говорит: «Само собою». Я ишо дальше спрашиваю: «А мы с тобой тоже призводители?» Он засмеялся и говорит: «Тут, дед, каждый из нас сам за себя отвечает». Одним словом, получается так: будь ты хоть воробей, хоть какая-нибудь скотиняка, хоть человек, но ежли ты мужеского пола, — ты и есть самый настоящий, без подмесу, призводитель. «Очень приятно», — думаю про себя. Опять же вопрос. «А кто хлеб призводит, это как, призводитель он или кто такой?» — спрашиваю у него. А он вздохнул и говорит: «Отсталый ты человек, дедушка». Я ему и говорю на это: «Скорее всего ты отсталый, Семушка, потому что я на сорок лет раньше тебя родился, а ты тут приотстал». На этом вопрос мы и порешили.

Свистящим шепотом Куприяновна спросила:

— Выходит, что и ты, дедуня, производитель?

— А кто же я, по-твоему? — с гордостью ответил Щукарь.

— О господи! — простонала Куприяновна и больше ничего не могла сказать, потому что зарылась лицом в передник, и в тишине слышался только ее сдавленный хрип.

— Ты, дед, не обращай на нее внимания, ты гни свою линию, — ласково сказал Кондрат Майданников и отвернулся от костра.

— Я на этих баб всею жизнью не обращаю никакого внимания, а обращал бы — может, я бы до таких древних годов ни хрена не дожил, — уверенно ответил Щукарь.

И продолжал:

— Ну хорошо, прибыл я к табуну, гляжу вокруг себя, и глаза не нарадуются! Кругом такой ажиотаж, что век бы оттуда не уезжал! Лазоревые цветки по степи, травка молодая, кобылки пасутся, солнышко пригревает — одним словом, полный тебе ажиотаж!

— А что это такое за слово ты сказал? — поинтересовался Бесхлебнов.

— Ажиотаж-то? Ну, это когда кругом тебя красота. «Жи» означает: живи, радуйся на белый свет, ни печали тебе, ни воздыханий. Это — ученое слово, — с непоколебимой уверенностью ответил Щукарь.

— А откуда ты их нахватался, этих слов? — продолжал допытываться любознательный Бесхлебнов.

— У Макарушки Нагульнова. Мы же с ним огромадные приятели, ну вот он по ночам английский язык изучивает, а я при нем нахожусь. Дал он мне толстую, как Куприяновна, книжку, называется она — словарь. Не букварь, по каким детишки учатся, а словарь для пожилых. Дал и говорит: «Учись, дед, на старости годов пригодится». Вот я и учусь помаленьку. Только ты меня не перебивай, Акимушка, а то я в один момент с мысли собьюсь. Я вам потом расскажу про этот словарь. Так вот, прибыл я к месту назначения со своими призводителями, только ничего толку не вышло, ни из моих призводителей, ни из ажиотажа... Скажу вам, добрые люди: кто этого Ваську глухого близко не знает, тот на своем веку лишних десять лет проживет.

Это, то есть, такой пень, что Демид Молчун, ежли сравнять их, самый разговорчивый человек у нас в Гремячем Логу. Что я из-за его молчания му́ки в степи принял — несть числа! Не с кобылами же мне разговаривать? А Васька молчит сутками напролет, только жрет с хрустом, а остальное время либо молчаком спит, либо лежит под ватолой, как гнилая колода, и то же самое молчит. Редко-редко глазами похлопает и опять молчит. Вот какой вопрос он мне задал, вовсе не разрешимый. Одним словом, прожил я там трое суток, как на кладбище, в гостях у покойников, и уже начал сам с собою разговаривать. Э-э-э, думаю, так дело не пойдет! Так недолго и умом тронуться такому компанейскому человеку, как я.

Уж на что я терпеть ненавижу, когда мой Макарушка Нагульнов на годовые праздники, то есть на Первое мая и на Седьмое ноября, начнет длинные речи про мировую революцию запузыривать и всякие непонятные слова из себя выкидывать, а и того бы я в тот момент сутки напролет слушал бы, как соловья в саду или кочетиное пение в полуночный час. А что вы думаете, граждане, об этом кочетином пении? Это, братцы мои, не хуже, чем в церкви, когда поют «со святыми упокой» или ишо какую-нибудь трогательную хреновину...

— Ты нам про любовь без харчей рассказывай, а не про то, как кочета поют, — нетерпеливо прервал рассказчика учетчик бригады.

— Вы, граждане, не волнуйтесь, дойдет дело и до разных и тому подобных любовей, это не вопрос. Так вот, про этого Ваську глухого. Было бы полбеды, ежли бы он только в молчанку играл, а он к тому же ишо такой обжористый оказался, что никакого сладу с ним не было. Наварим каши или галушков из пресного теста, и что же получается? Я — раз ложкой зачерпну из чугунка, а он — пять раз. Орудует своей огромадной ложкой, как дышло на паровозе: туда-сюда, туда-сюда, из чугунка в рот, из рота в чугунок, я — глядь, а каши уже на самом донышке. Встаю голодный, а он раздуется, как бычий пузырь, ляжет кверху пузом и тогда зачнет икать на всю степь. Часа два поикает, нечистая, сила, и переходит на храп. А храпит, проклятый сын, так, что даже кобылы, какие поблизости от нашего шалаша, пужаются и бегут куда глаза глядят. Спит до ночи, спит не хуже, чем сурок зимой.

Вот какая горькая была там моя жизнь. И голодный, как кобель бездомный, и от скуки поговорить, ну, разу не с кем... На второй день подсел я к Ваське, сложил руки трубой и шумлю ему в самое ухо и во всю мочь: «Ты с чего глухой сделался, с войны или с золотухи в детских годах?» А он мне ишо резче шумит: «С войны! Красные в девятнадцатом году из четырехдюймовой пушки с бронепоезда положили возле меня снаряд. Коня подо мной убило, а я с той поры оказался сконтуженный и начисто оглох». Я дальше у него спрашиваю: «А с чего ты, Василий, жрешь так, как, скажи, ты вовсе без памяти? Это у тебя тоже от контузии?» А он мне в ответ: «Тучки находят — хорошо. Дождя зараз край как надо!» Вот и поговори с таким балдахином...

— Ты когда про любовь зачнешь рассказывать? — нетерпеливо спросил Дубцов.

Щукарь досадливо поморщился:

— Далась вам эта любовь, будь она трижды проклята! Я этой самой любви всею жизню избегал, ежли бы покойный мой папаша не принудил — я бы и не женился вовек, а зараз, изволь радоваться, рассуждай про нее. Тоже вопрос нашли... А ежли хотите знать, вот что получилось тогда из любви без харчей...

Прибыл я к месту назначения, разбили табун на два косяка, а женихи мои на кобылок и не глядят, только травку стригут зубами безо всякой устали... Круглый ноль внимания на своих невест! Вот это, думаю, дело! Вот это я влип в срамоту со своими призводителями. Я и овса даю им в полную меру, а они, один черт, и не поглядывают на кобылок.

День не глядят и второй — тоже. Мне уже возле этих бедных кобылок ходить неловко, иду мимо и отворачиваюсь от стыда, не могу им в глаза глядеть, да и баста! Сроду никогда не краснел, а тут краснеть научился: как только подхожу к косяку, чтобы гнать его на водопой к пруду, и вот тебе, пожалуйста, начинаю краснеть, как девка...

Господи боже мой, сколько я за трое суток стыда принял со своими призводителями — несть числа! Вопрос оказался вовсе не разрешимый. На третий день на моих глазах делается такая картина: молоденькая кобыленка заигрывает с моим призводителем, — я его Цветком кличу, — с гнедым, у какого прозвездь во лбу и левая задняя нога в белом чулке. И вот она вокруг него вьюном вьется, и так и сяк поворачивается, и зубами его лёгочко похватывает, и всякую любовь к нему вытворяет, а он ей положит голову на спину, глаза зажмурит и этак жалостно вздыхает... Вот вам и Цветок, хуже и не бывает. А я весь от злости трясусь, соображаю: что же обо мне наши кобылки думают? Небось скажут: «Привел, старый черт, каких-то вахлаков», — а может, и кое-что похуже скажут...

И потеряла бедная кобылка всякое терпение, повернулась к моему Цветку задом да как даст ему со всей силой обеими задними ногами по боку, у него аж в нутре что-то екнуло. А тут и я подбег к нему, сам плачу горькими слезьми, а сам кнутом его охаживаю по спиняке, шумлю: «Ежли ты зовешься призводителем, так нечего и себя и меня на старости годов срамотить!»

Он же, милый мой страдалец, отбег сажен десять, остановился и так жалобно заиржал, что меня прямо за сердце схватило, и тут уже я заплакал от жалости к нему. Подошел без кнута, глажу его по храпу, а он и мне на плечо голову положил и вздыхает...

Взял я его за гриву, веду к шалашу, а сам говорю: «Поедем, мой Цветок, домой, нечего нам тут без толку околачиваться и лишнюю срамоту на себя принимать...» С тем запряг их и направился в хутор. А Васька глухой иржет: «Приезжай, дед, через год, поживем в степи, кашки с тобой похлебаем. К тому времени и жеребцы твои, ежли не подохнут, в себя придут».

Прибыл я в хутор, доложил обо всем Давыдову, он и за голову схватился, орет на меня: «Ты за ними плохо ухаживал!» Но я ему отпел на это: «Не я плохо ухаживал, а вы дюже хорошо ездили. То ты, ваша милость, то Макарушка, то Андрей Размётнов. Жеребцы из хомутов не вылазили, а овса у твоего Якова Лукича и на коленях не выпросишь. И кто это на жеребцах ездит? Раз они призводители, то должны только корм жрать и не работать — иначе вопрос будет вовсе не разрешимый». Да спасибо — из станицы прислали двух призводителей, вы же помните про это, и вопрос с кобылками само собою решился. Вот что она означает, любовь без положенного корма. Понятно вам, глупые вы люди? И смеяться тут нечего, раз завелся очень даже сурьезный разговор.

Оглядев своих слушателей торжествующим взглядом, дед Щукарь продолжал:

— И что вы понимаете в жизни, ежли вы, как жуки в навозе, все время копаетесь в земле? А я-то по крайней мере каждую неделю, то один раз, то чаще, бываю в станице. Вот ты, Куприяновна, слыхала хучь разок, как говорит радио?

— Откуда же я его слыхала бы, ежли я в станице была десять лет назад.

— То-то и оно! А я каждый раз слушаю его сколько влезет. Но и поганая же это штука, доложу вам! — Щукарь покрутил головой и тихо засмеялся. — Аккурат против райкома на столбе висит черная труба, и, боже ж мой, как она орет! Волос дыбом, и по спине даже в жару мелкие мурашки бегают! Распрягаю я своих цветков возле этой трубы, поначалу слушаю с приятностью про колхозы, про рабочий класс и про разное другое и протчее, а потом хучь голову в торбу с овсом хорони: из

Москвы как рявкнет кто-то жеребячьим басом: «Налей ишо немного, давай выпьем, ей-богу», — и, не поверите, добрые люди, до того мне захочется выпить, что никакого сладу с собой нету! Я, грешник, как в станицу мне командироваться, потихоньку у своей старухи яичков стяну десяток или сколько удастся и, прибывши в станицу, сразу же на базар. Продам их и сразу же в столовую. Клюну там водочки под разные песни из трубы, тогда я могу моего товарища Давыдова хучь сутки ждать. А ежли яичков мне спереть дома не удастся, потому что старуха моя научилась за мной следить перед отъездом, то я иду в райком и прошу потихонечку моего товарища Давыдова: «Семушка, жаль моя, пожертвуй мне на четвертинку, а то мне скучно ждать тебя без дела». И он, ласковая душа, сроду мне не откажет, и я опять же сразу — в столовую и опять — клюну маленько и либо сплю в приятности на солнышке, либо попрошу кого-нибудь приглядеть за моими призводителями, а сам командируюсь по станице справлять какие-нибудь свои неразрешимые дела.

— А какие у тебя могут быть дела в станице? — спросил Аким Бесхлебнов.

Дед Щукарь вздохнул:

— Да мало ли делов бывает у хозяина? То бутылку керосина купишь, то серников коробки две-три. Или, скажем, так: вот вы про ученые слова мои спрашивали, про словарь, а там пропечатано так: одно слово ученое пропечатано ядреными буквами, их я могу одолевать и без очков, а супротив него мелкими буковками прояснение, то есть — что это слово обозначает. Ну, многие слова я и без всяких прояснений понимаю. К примеру, что означает: «монополия»? Ясное дело — кабак. «Адаптер» — означает: пустяковый человек, вообче сволочь, и больше ничего. «Акварель» — это хорошая девка, так я соображаю, а «бордюр» — вовсе даже наоборот, это не что иное, как гулящая баба, «антресоли» крутить — это и есть самая твоя любовь, Агафон, на какой ты умом малость тронулся, и так далее. И все-таки понадобились мне очки. Прибываем в станицу с Давыдовым, и затеялся я очки покупать. Деньги мне на это великое дело старуха отпустила.

Захожу в одну больницу, а там оказалась вовсе не больница, а родительский дом; в одной комнате бабы кряхтят и плачут на разные голоса, в другой — мелкие детишки мяукают, как маленькие котятки. Тут, думаю, очков я не получу, не туда я вплюхался. Иду в другую больницу, а там сидят двое на крыльце, в шашки сражаются. Я поздоровался с ними, спрашиваю: «Где тут можно очки купить?» Они заиржали в две глотки, один из них и говорит: «Тут тебе, дедушка, такие очки вставят, что глаза на лоб вылезут, тут вереническая больница, и ты сматывайся отсюда поскорее, а то тебя начнут силой лечить».

Я, конечно, испужался до смерти и рыском от этой больницы, подай бог ноги. А они, проклятые, дураки, следом за мной вышли из калитки, один свистит во всю мочь, а другой орет на всю улицу: «Беги, шибче, старый греховодник, а то зараз догонят!» Эх, тут я пошел, как хороший рысак! Чем, думаю, черт не шутит, пока бог спит, могут и догнать сдуру, а там оправдывайся перед этими докторами, как хочешь.

Пока добег до аптеки — сердце зашлось. Но и в аптеке очков не оказалось. Езжай, говорят, дедушка, в Миллерово или в Ростов, очки только глазной доктор может тебе прописать. Нет, думаю про себя: на какого шиша я поеду туда?.. Так и читаю словарь по догадке, вопрос с очками тоже оказался вовсе не разрешимый.

А сколько в станице разных пришествиев со мной случалось — несть числа!

— Ты, дедушка, рассказывай все по порядку, а то ты, как воробей, сигаешь с ветки на ветку, и не поймешь, где у тебя начало, а где конец, — попросил Дубцов.

— Я по порядку и рассказываю, главное дело — ты не перебивай меня. Ежли ишо раз перебьешь — я окончательно собьюсь с мысли, а тогда понесу такое, что вы всем скопом не разберетесь в моем рассказе. Так вот, иду я как-то по станице, а навстречу мне идет молодая и красивая, как козочка, девка, одетая по-городскому, с сумочкой в руке. Идет на высоких каблуках, только выстукивает ими: «цок-цок, цок-цок», будто коза копытцами. А я под старость такой жадный стал до всего нового, что прямо страсть! Я, братцы, и на велосипеде пробовал кататься. Едет на этой машине какой-то паренек, я и говорю ему: «Внучек милый, дозволь мне на твоей машинке малость прокатиться». Он с радостью согласился, помог мне на своей ехалке угнездиться, поддерживает меня, а я ногами изо всей силы кручу, стараюсь во всю ивановскую. Потом прошу его: «Не держи ты меня, за-ради бога, я сам хочу проехаться». И только он меня отпустил, как руль у меня из рук подвихнулся и я сверзился прямо под акацию. Сколько я себе колючек с акации во все места, куда надо и куда не надо, навтыкал — несть числа! Потом неделю их выковыривал, да ишо и штаны порвал об какой-то пенек.

— Ты, дед, давай про девку, а не про свои штаны, — строго прервал его Дубцов. — Ну, подумай сам, на черта нам твои штаны нужны?

— Вот и опять же ты меня перебиваешь, — грустно отвечал ему дед Щукарь. Но все же решился продолжать. — Стало быть, идет эта размилая козочка, ручкой помахивает, как солдатик, а я, грешник, думаю: как бы мне с ней хучь самую малость под ручку пройтиться? В жизни я ни с кем под ручку не ходил, а в станице часто видал, как молодые таким манером ходят: то он ее под руку тянет, то она его. А спрошу я вас, граждане, где бы я мог такое удовольствие получить? В хуторе у нас так ходить не положено, засмеют, а иначе где?

И тут возникший вопрос: как с этой красавицей пройтиться? И вдарился я на хитрость: согнулся колесом, стонаю на всю улицу. Она подбегает, спрашивает: «Что с вами, дедушка?» Говорю ей: «Захворал я, милушка, до больницы никак не дойду, колотье в спину вступило...» Она и говорит: «Я вас доведу, обопритесь на меня». А я беру ее со всей смелостью под руку, так мы с ней и командируемся. Очень даже приятно. Только доходим мы до раймагазина, и начинаю я помалу распрямляться, и, пока она не опомнилась, я ее с ходу чмокнул в щеку и рыском побег в магазин, хотя делать мне там было вовсе нечего. У нее глазенки засверкали, шумит мне вдогон: «Вы, дедушка, фулюган и притворщик!» А я приостановился и говорю: «Милушка моя, от нужды и не такое ишо учинишь! Поимей в виду, что я сроду ни с одной раскрасавицей под руку не ходил, а мне уже помирать вскорости придется». Сам правлюсь в магазин, думаю — чего доброго, она ишо милиционера покличет. Но она засмеялась и пошла своим путем, только каблучки поцокивают. А я пока на рысях вскочил в магазин и дух не переведу. Продавец спрашивает: «Ты не с пожара, дед?» Задыхаюсь вчистую, но говорю ему: «Ишо хуже. Дай-ка мне коробочку спичек».

Дед Щукарь еще долго продолжал бы свое нескончаемое повествование, но усталые после рабочего дня слушатели стали расходиться. Тщетно старик умолял их выслушать хоть еще несколько рассказов — возле угасшего костра вскоре не осталось ни одного человека.

Донельзя огорченный и обиженный, Щукарь побрел к яслям, улегся в них, натянув зипунишко и зябко ежась. В полночь на землю пала роса. Дрожа от озноба, Щукарь проснулся. «Пойду к казакам в будку, а то тут выдрогнешь, как щенок на морозе», — порешил он.

Цепь злоключений продолжала медленно, но неотвратимо разматываться... Еще с весенней пахоты памятуя о том, что казаки спали в будке, а женщины снаружи, спросонок не соображая того, что за два месяца кое-что могло измениться, Щукарь тихонько вполз на четвереньках в будку, снял чирики, улегся с краю. Тотчас же уснул, согретый жилым теплом, а через некоторое время проснулся оттого, что почувствовал удушье. Нащупав у себя на груди чью-то голую ногу, с превеликой досадой подумал: «Ведь вот как безобразно спит пакостник! Закидывает ногу так, будто верхом на коня садится».

Но каков же был его ужас, когда он, желая сбросить с себя живую тяжесть, вдруг обнаружил, что это вовсе не мужская нога, а оголенная рука Куприяновны, а рядом со своей щекой услышал ее могучее дыхание. В будке спали одни женщины...

Потрясенный Щукарь несколько минут лежал не шевелясь, обливаясь от волнения потом, а затем схватил чирики и, как нашкодивший кот, тихонько выполз из будки и, прихрамывая, затрусил к линейке. Никогда еще не запрягал он своих жеребцов с таким невиданным проворством! Нещадно погоняя жеребцов кнутом, он пустил их с места крупной рысью, все время оглядываясь на будку, зловеще темневшую на фоне рассветного неба.

«Хорошо, что вовремя я проснулся. А ежели бы припоздал и бабы увидали, что я сплю рядом с Куприяновной, а она, проклятая дочь, обнимает меня своей ручищей?.. Сохрани, святая богородица, и помилуй! Надо мной смеялись бы до самой моей смерти и даже после нее!»

Наступал стремительный летний рассвет. Будка скрылась из глаз Щукаря. Но за бугром его ждало новое потрясение: случайно глянув на ноги, он обнаружил на правой ноге женский, почти новый чирик, с кокетливым кожаным бантиком и фасонистой строчкой. Судя по размерам, чирик мог принадлежать только Куприяновне...

Похолодев от страха, Щукарь взмолился всевышнему: «Господи милостивец, и за что ты так меня наказуешь?! Значит, в потемках, я перепутал чирики. А как мне к старухе являться? На одной ноге своя обувка, на другой — бабья, вот неразрешимый вопрос!»

Но вопрос оказался разрешимым: Щукарь круто повернул жеребцов по дороге к хутору, по справедливости решив, что являться в станицу ни босым, ни в разной обуви ему невозможно. «Черт с ним, с землемером, обойдутся и без него. Везде Советская власть, везде колхозы, и какая разница, ежли один колхоз оттяпает у другого малость травокосу?» — уныло рассуждал он по дороге к Гремячему Логу.

Километрах в двух от хутора, там, где близко к дороге подходит крутой яр, он принял еще одно и не менее отважное решение — снял с ног чирики, воровато глянул по сторонам и бросил чирики в яр, прошептав напоследок:

— Не погибать же из-за вас, будь вы прокляты!

Повеселевший, довольный тем, что так отлично избавился от изобличающих его улик, Щукарь даже заухмылялся, представив, как будет поражена Куприяновна, обнаружив утром загадочное исчезновение своего чирика.

Но слишком рано он развеселился: дома ожидали его два последних, самых страшных и сокрушительных удара...

Еще на подъезде к своему двору он увидел толпившихся, чем-то взволнованных женщин. «Уж не преставилась ли моя старуха?» — с тревогой подумал Щукарь. Но когда он, молча расталкивая чему-то улыбавшихся женщин, вошел в кухню и торопливо осмотрелся, у него подкосились ноги, и, творя крестное знамение, он с трудом прошептал: «Что это такое?»

Его заплаканная старуха качала завернутого в тряпье ребенка, а тот заливался судорожным плачем...

— Что же это такое за оказия? — уже громче прошептал потрясенный Щукарь.

И, яростно сверкая опухшими глазами, старуха крикнула:

— Дитя твоего подкинули, вот что это такое! Грамотей проклятущий! Читай вон бумажку на столе!

У Щукаря все больше темнело в глазах, однако он кое-как прочитал каракули, выведенные на листке оберточной бумаги:

«Как вы, дедушка, являетесь папашей этого дитеночка, вы его и кормите и воспитывайте».

. . . .

К вечеру окончательно охрипшему от волнения и крика Щукарю почти удалось убедить старуху в его полной непричастности к рождению ребенка, но именно в этот момент на пороге кухни появился восьмилетний мальчишка, сын Любишкина. Шмыгая носом, он сказал:

— Дедуня, я нынче пас овец и видал, как вы уронили в яр чирики. Я нашел их, принес вам. Возьмите, — и он протянул Щукарю злополучные чирики...

Что было потом, «покрыто неизвестным мраком», как говаривал некогда сапожник Локатеев, крепко друживший со Щукарем. Известно лишь одно, что дед Щукарь неделю ходил с перевязанной щекой и запухшим глазом, а когда его, не без улыбок, спрашивали, почему у него перевязана щека, — он, отворачиваясь, говорил, что у него болит один-единственный уцелевший во рту зуб, и так болит, что даже разговаривать невозможно...

Глава XX

Рано утром Андрей Размётнов пришел в сельсовет, чтобы подписать и отправить с коннонарочным в райисполком сводку о ходе сенокоса и подготовке к хлебоуборочной кампании. Не успел он просмотреть сведения по бригадам, как в дверь кто-то резко постучался.

— Входи! — не отрываясь от бумаг, крикнул Размётнов.

В комнату вошли два незнакомых человека и сразу как бы заполнили ее. Один из них, одетый в новенькое прорезиненное пальто, коренастый и плотный, с ничем не примечательным, гладко выбритым и круглым лицом, улыбаясь, подошел к столу, протянул Размётнову каменно-твердую руку:

— Заготовитель Шахтинского отдела рабочего снабжения Бойко Поликарп Петрович, а это — мой помощник, по фамилии Хижняк. — И небрежно, через плечо указал большим пальцем на своего спутника, стоявшего возле двери.

По виду тот явно смахивал на гуртоправа или скупщика скота: замызганный брезентовый плащ с капюшоном, сапоги яловой кожи с широкими голенищами, приплюснутая серая кепка и нарядный, с двумя кожаными махрами кнут в руках — все безмолвно свидетельствовало о его профессии. Но странно не соответствовало внешнему виду лицо Хижняка: пытливо-умные глаза, ироническая складка в углах тонких губ, манера поднимать левую бровь, словно прислушиваясь к чему-то, некая интеллигентность во всем облике — все внушительно говорило для наблюдательного глаза о том, что человек этот далек от заготовок скота и нужд сельского хозяйства. Это обстоятельство и отметил мельком про себя Размётнов. Впрочем, он только бегло взглянул в лицо Хижняка и сейчас же перевел взгляд на его непомерно широкие плечи, невольно улыбаясь, подумал: «Ну и заготовитель пошел: разбойнички, как на подбор... Им бы не заготовками заниматься, а где-нибудь под мостом стоять ночушкой да советским купцам деревянными иглами воротники пристрачивать...» С трудом сохраняя серьезность, спросил:

— По какому делу ко мне?

— Покупаем у колхозников скот личного пользования. Берем крупный и мелкий рогатый скот, а также свиней, птицей пока не интересуемся. Может быть, зимой — тогда другое дело, а пока птицу не берем. Цены кооперативные, с надбавкой на упитанность животного. Сами понимаете, товарищ председатель, что шахтерский труд — тяжелый труд, и нам надо своих рабочих-шахтеров кормить как положено и не меньше.

— Документы. — Размётнов легонько постучал ладонью по столу.

Оба заготовителя положили на стол командировочные удостоверения. Все было в полном порядке: штампы, подписи, печати, но Размётнов долго и придирчиво рассматривал предъявленные ему документы и не видел того, как Бойко повернулся к своему помощнику, подмигнул ему, и оба сразу улыбнулись и тотчас же погасили улыбки.

— Думаете, липа? — уже в открытую улыбаясь, спросил Бойко, не ожидая приглашения, свободно присаживаясь на стоявший возле окна стул.

— Нет, не думаю, что бумажки ваши липовые... А почему вы именно в наш колхоз приехали? — Размётнов не принял шутливого тона, он вел разговор всерьез.

— Почему именно к вам? Да мы не только к вам, не один ваш колхоз думаем посетить. Мы уже побывали в шести соседних колхозах, купили с полсотни голов скота, в том числе три пары старых, выбракованных быков, телятишек, не годных к дойке коров, овечек и штук тридцать свинок...

— Тридцать семь, — поправил своего начальника стоявший у двери плечистый заготовитель.

— Совершенно верно, тридцать семь свиней приобрели, и по сходной цене. От вас двинемся дальше по хуторам.

— Расчет на месте? — поинтересовался Размётнов.

— Немедленно! Правда, больших денег мы с собой не возим: знаете, товарищ Размётнов, время неспокойное, долго ли до греха... Так мы на этот случай запаслись аккредитивом.

Размётнов, откинувшись на спинку стула, расхохотался:

— Неужели боитесь, что деньжонки отнимут? Да вы сами у любого можете карманы опорожнить и хозяина из одежки вытряхнуть!

Бойко сдержанно улыбался. На розовых щеках его, словно у женщины, играли ямочки. Хижняк сохранял полное равнодушие, рассеянно поглядывал в окно. Только теперь, когда он повернулся лицом к окну, Размётнов увидел на левой щеке его длинный и глубокий шрам, тянувшийся от подбородка до мочки уха.

— С войны примету на щеке носишь? — спросил Размётнов.

Хижняк живо повернулся к нему, скупо улыбнулся:

— Какое там — с войны, позже заработал...

— То-то я и гляжу — не похоже, что от сабельного удара. Жена царапнула?

— Нет, она у меня смирная. Это — по пьянке, ножом полоснул один приятель...

— Парень ты видный из себя, я и подумал, что жена поскоблила, а ежли не она, то, видать, по бабьей части досталось, из-за любушки? — продолжал Размётнов бесхитростные вопросы, посмеиваясь и разглаживая усы.

— А ты догадлив, председатель... — Хижняк насмешливо улыбнулся.

— Мне по должности полагается быть догадливым... И шрам у тебя не от ножа, а от шашки, мне это знакомое дело, и сам ты, гляжу я, такой же заготовитель, как я архирей... И морда у тебя не та, не из простых, да и руки не те: они за бычьи рога, видать, сроду не держались, благородные ручки... Хотя и крупноватые, а с белизной... Ты бы их хоть на солнце поджарил, чтобы потемнели, да в навозе вымазал, тогда бы и я поверил, что ты заготовитель. А то, что ты с кнутом похаживаешь, — это дело пустое, кнутом ты мне очки не вотрешь!

— А ты догадлив, председатель, — повторил Хижняк, но уже без улыбки. — Только догадлив ты с одного бока: шрам у меня действительно от сабельного удара, только неохота было в этом признаваться. Служил когда-то в белых, там и получил эту отметину. Кому охота вспоминать такое? А что касается рук, то ведь я не погонщик скота, а закупщик, мое дело — червонцы отсчитывать, а не телятам хвосты крутить. Тебя смущает мой вид, товарищ Размётнов? Так ведь я заготовителем работаю недавно. До этого работал агрономом, но за пьянку был снят с работы, и вот пришлось менять специальность... Понятно теперь, товарищ председатель? Вынудил ты меня на откровенность, вот и пришлось перед тобой исповедоваться...

— Исповедь твоя мне нужна, как собаке пятая нога. Пущай тебя в ГПУ исповедуют и причащают, а меня это не касается, — сказал Размётнов. Не меняя положения, он крикнул: — Марья! Пойди сюда!

Из смежной комнаты несмело вышла девушка — дежурная сельсовета.

— Сбегай-ка за Нагульновым. Скажи, чтобы на одной ноге был в совете, мол, дело срочное есть, — приказал

Размётнов и внимательно посмотрел сначала на Хижняка, потом на Бойко.

Хижняк недоумевающе и обиженно пожал необъятными плечами, сел на лавку, отвернулся, а Бойко, трясясь, как студень, от сдерживаемого смеха, наконец-то прокричал высоким тенорком:

— Вот это — бдительность! Вот это я люблю! Попался, товарищ Хижняк? Попался, как кур во щи!

Он хлопал себя ладонями по жирным коленям, гнулся пополам и смеялся с такой непосредственной искренностью, что Размётнов посмотрел на него, не скрывая удивления.

— А ты, толстый, чему смеешься? Глядите, как бы вам обоим плакать в станице не пришлось! Как хотите, хотите обижайтесь, хотите — нет, а в район я вас отправлю для выяснения ваших личностей. Что-то вы мне подозрительные показываетесь, товарищи заготовители.

Вытирая проступившие на глазах слезы и все еще кривя от смеха полные губы, Бойко спросил:

— А документы? Ты же проверил их и признал подлинными?

— Документы документами, а вывеска вывеской, — угрюмо ответил Размётнов и стал не спеша свертывать папироску.

Вскоре подошел Макар Нагульнов. Не здороваясь, он кивком головы указал на заготовителей, спросил у Размётнова:

— Что за люди?

— А ты сам у них спроси.

Нагульнов поговорил с заготовителями, посмотрел их удостоверения, спросил, обращаясь к Размётнову:

— Ну так в чем дело? Чего ты меня звал? Приехали люди заготовлять скот и пущай себе заготовляют.

Размётнов вскипел, но сказал достаточно сдержанно:

— Нет, заготовлять они не будут, пока я не проверю их личности. Мне эти субчики не нравятся, вот в чем дело! Зараз же отправлю их в станицу, проверят их, а потом пущай заготовляют.

Тогда Бойко тихо сказал:

— Товарищ Размётнов, скажи своей рассыльной, чтобы она вышла из дома. Есть разговор.

— А какие у нас с тобой могут быть секреты?

— Делай, что тебе сказано, — все так же тихо, но уже в тоне приказа сказал Бойко.

И Размётнов подчинился. Когда они остались одни во всем доме, Бойко достал из внутреннего кармана пиджака маленькую красненькую книжечку, подавая ее Размётнову, улыбнулся:

— Читай, глазастый черт! Раз уже маскарад наш не удался — карты на стол. Дело вот в чем, товарищи: оба мы сотрудники краевого управления ОГПУ и приехали к вам для того, чтобы разыскать одного человека — опасного политического врага, заговорщика и ярого контрреволюционера. Чтобы не привлекать к себе внимания, мы и превратились в заготовителей. Так нам проще работать: мы ходим по дворам, разговариваем с народом и надеемся, что рано или поздно, но на след этого контрика мы нападем.

— Так почему же, товарищ Глухов, вы сразу не сказали мне, кто вы такие? Не было бы никакого недоразумения, — воскликнул Размётнов.

— Условия конспирации, дорогой Размётнов! Тебе скажи, Давыдову и Нагульнову скажи, а через неделю весь Гремячий Лог будет знать, кто мы такие. Вы, ради бога, не обижайтесь, тут дело не в том, что мы вам не доверяем, но, к сожалению, иногда так бывает, а рисковать операцией, имеющей для нас весьма важное значение, мы не имеем права, — снисходительно пояснил Бойко-Глухов, пряча в карман красную книжечку после того, как с ней ознакомился и Нагульнов.

— Можно узнать, кого вы разыскиваете? — спросил Нагульнов.

Бойко-Глухов молча порылся в объемистом бумажнике, бережно положил на свою пухлую ладонь фотографию, по размерам такую, какие обычно употребляются для паспортов.

Размётнов и Нагульнов наклонились над столом. С маленького квадратика бумаги на них смотрел пожилой, добродушно улыбающийся мужчина с прямыми плечами и бычьей шеей. Но так не вязалась его наигранно-добродушная улыбка с волчьим складом лба, с глубоко посаженными, угрюмыми глазами и тяжелым, квадратным подбородком, что Нагульнов только усмехнулся, а Размётнов, покачивая головой, проговорил:

— Да-а-а, дядя не из веселых...

— Вот этого «дядю» мы и разыскиваем, — раздумчиво проговорил Бойко-Глухов, так же бережно заворачивая фотографию в лист белой, потертой по краям бумаги, пряча ее в бумажник. — Фамилия его Половцев, звать — Александр Анисимович. Бывший есаул белой армии, каратель, участник казни отряда Подтелкова и Кривошлыкова. Последнее время учительствовал, скрываясь под чужой фамилией, потом жил в своей станице. Сейчас — на нелегальном положении. Один из активных участников готовящегося восстания против Советской власти. По нашим агентурным сведениям, скрывается где-то в вашем районе. Вот и все, что можно сказать об этом фрукте. Можете сообщить о нашем разговоре Давыдову, а больше никому — ни слова! Я надеюсь на вас, товарищи. А теперь — до свидания. Встречаться с нами не надо, без нужды, разумеется, а если что-либо у вас найдется интересное для нас — вызовите меня в сельсовет днем, только днем, во избежание всяких на мой счет подозрений со стороны жителей хутора. И последнее: будьте осторожны! По ночам лучше вообще вам не передвигаться! На террористический акт Половцев не пойдет, не захочет себя выявлять, но осторожность не помешает. Вообще по ночам вам лучше не передвигаться, а если уж идти, то не одному. Оружие всегда держите при себе, хотя вы, очевидно, и так с ним не расстаетесь. Во всяком случае, я слышал, как ты, товарищ Размётнов, разговаривая с Хижняком, раза два крутнул в кармане брюк барабан нагана — не так ли?

Размётнов сощурил глаза и отвернулся, будто и не слышал вопроса. На выручку ему пришел Нагульнов.

— После того как по мне стреляли, мы и сготовились к обороне.

Тонко улыбаясь, Бойко-Глухов сказал:

— Не только к обороне, но, кажется, и к нападению... Кстати, убитый тобою, товарищ Нагульнов, Тимофей Дамасков, по прозвищу Рваный, одно время был связан с организацией Половцева, а члены его организации есть и в вашем хуторе, — как бы вскользь упомянул всеведущий «заготовитель». — Но потом по неизвестным причинам отошел от нее. Стрелял он в тебя не по приказу Половцева, скорее всего им руководили мотивы личного порядка...

Нагульнов утвердительно качнул головой, и Бойко-Глухов, словно читая лекцию, размеренно и спокойно продолжал:

— О том, что Тимофей Дамасков по каким-то причинам откололся от группы Половцева и стал попросту бандюгой-одиночкой, свидетельствует и тот факт, что он не передал единомышленникам Половцева станковый пулемет, хранившийся со времен гражданской войны в сарае у Дамасковых и впоследствии найденный Давыдовым. Но не в этом дело. Скажу несколько слов о нашем задании: мы должны захватить одного Половцева, и обязательно живьем. Пока он нам нужен только живой. Рядовых членов его группировки обезвредим потом. Должен добавить к этому, что Половцев — только звено в большой цепи, но звено не из маловажных. Потому-то операция по розыску и аресту его и поручена нам, а не работникам районного отделения... Чтобы у вас, товарищи, не осталось обиды на меня, скажу: о том, что мы находимся на территории вашего района, знает только один начальник вашего районного отделения ОГПУ. Даже Нестеренко не знает. Он — секретарь райкома, и в конце концов какое ему дело до каких-то мелких заготовителей скота? Пусть руководит партийной работой в своем районе, а мы будем заниматься своими делами... И надо сказать, что в колхозах, в которых побывали до приезда к вам, мы благополучно сходили за

тех, за кого себя выдаем, и только ты, Раэметнов, заподозрил Хижняка, а заодно и меня в том, что мы не настоящие заготовители. Что ж, это делает честь твоей на-
блюдательности. Хотя так или иначе, а мне пришлось
бы через пару дней открыться вам, кто мы такие на самом деле, и вот почему: профессиональное чутье мне
подсказывает, что Половцев болтается где-то у вас в хуторе... Постараемся найти его сослуживцев по войне с
Германией и по Гражданской войне. Нам известно, в каких частях служил господин Половцев, и вероятнее всего, что он прибился к кому-либо из односумов. Вот
вкратце и все. Перед отъездом мы еще увидимся, а пока — до свидания!

Уже стоя возле порога, Бойко-Глухов взглянул на Нагульнова:

— Судьбой своей супруги не интересуешься?

У Макара выступили на скулах малиновые пятна и
потемнели глаза. Покашливая, он негромко спросил:

— Вы знаете, где она?

— Знаю.

— Ну?

— В городе Шахты.

— Что она там делает? У нее же там никого нет — ни
сродственников, ни знакомых.

— Работает твоя супруга.

— В какой же должности? — невесело усмехнулся
Макар.

— Работает на шахте откатчицей. Сотрудники наших
органов помогли ей найти работу. Но она, разумеется, и
не подозревает о том, кто ей помог трудоустроиться... И
надо сказать, что работает очень хорошо, даже, я сказал
бы, отлично! Ведет себя скромно, никаких новых зна-
комств не заводит, и никто из старых знакомых пока ее
не навещает.

— А кто бы мог ее навещать? — тихо спросил Нагульнов.

Внешне он казался совершенно спокойным, только
веко левого глаза мелко дрожало.

— Ну мало ли кто... Хотя бы знакомые Тимофея. Или ты это совершенно исключаешь? Однако мне кажется, что женщина пересмотрела свою жизнь, одумалась, и ты, товарищ Нагульнов, о ней не беспокойся.

— А с чего ты взял, что я о ней беспокоюсь? — еще тише спросил Нагульнов и встал из-за стола, немного клонясь вперед, опираясь о край стола длинными ладонями.

Лицо его мертвенно побелело, под скулами заходили крутые желваки. Подбирая слова, он медленнее, чем обычно, заговорил:

— Ты, товарищ краснобай, приехал дело делать? Так ты ступай и делай его, а меня утешать нечего, я в твоих утешениях не нуждаюсь! Не нуждаемся мы и в твоих опасках: ходить ли нам днем или ночью — это наше дело. Проживем как-нибудь и без дурацких наставлений, и без чужих нянек! Понятно тебе? Ну и дуй отсюдова. А то ты дюже разговорился, наизнанку выворачиваешься, тоже мне — чекист называешься, а я уже и не пойму: то ли ты действительно ответственный работник краевого ОГПУ, то ли на самом деле скупщик скота, уговариватель, а по-нашему — шибай...

Молчаливый Хижняк не без злорадства смотрел на своего несколько смущенного начальника, а Нагульнов вышел из-за стола, поправил пояс на гимнастерке и пошел к выходу — как всегда, подтянутый и прямой, пожалуй даже немного щеголяющий своей военной выправкой.

После его ухода в комнате с минуту стояла неловкая тишина.

— Пожалуй, не надо было говорить ему о жене, — сказал Бойко-Глухов, почесывая ногтем мизинца переносицу. — Он, как видно, все еще переживает ее уход...

— Да, не надо бы, — согласился Размётнов. — Макар у нас — парень щетинистый и не дюже долюбливает, когда в грязных сапогах лезут к нему в чистую душу...

— Ну ничего, обойдется, — примиряюще сказал Хижняк, берясь за дверную скобу.

Чтобы как-то сгладить неловкость, Размётнов спросил:

— Товарищ Глухов, объясни мне: а как же с покупкой скота? На самом деле вы его покупаете или только ходите по дворам, прицениваетесь?

Бойко-Глухов повеселел от столь наивного вопроса, и опять на тугих щеках его заиграли ямочки:

— Сразу видно настоящего хозяина! И скот на самом деле покупаем, и деньги сполна платим. А за наши покупки ты не беспокойся: скот гоном отправим в Шахты, а убоину шахтеры съедят за милую душу. Съедят и спасибо нам не скажут, потому что не будут знать, какое высокое учреждение заготовляло им скот выше средней упитанности. Такие-то дела, браток!

Проводив гостей, Размётнов еще долго сидел за столом, широко расставив локти, подпирая кулаками скулы. Ему не давала покоя одна мысль: «Кто же из наших хуторных мог примкнуть к этому проклятому офицеришке?» По памяти он перебрал всех взрослых казаков в Гремячем Логу, и ни на одного из них не пало у него настоящего подозрения...

Размётнов встал из-за стола, чтобы немного размяться, раза три прошелся от двери до окна и вдруг остановился посреди комнаты, словно наткнувшись на невидимое препятствие, с тревогой подумал: «Разбередил этот толстяк Макарову душу. И на черта надо ему было говорить про Лушку! А что, ежели Макар затоскует и махнет в Шахты проведать ее? Сумной он это время ходит, виду не подает, но похоже, что по ночам выпивает втихаря и в одиночку...»

Несколько дней Размётнов жил в тревожном ожидании: что предпримет Макар? И когда в субботу вечером в присутствии Давыдова Нагульнов сказал, что думает с ведома райкома съездить в станицу Мартыновскую — посмотреть, как работает одна из первых организованных на Дону МТС, — Размётнов внутренне ахнул: «Пропал Макар! Это он к Лушке направится! Куда же девалась его мужчинская гордость?..»

Глава XXI

Еще с весны, когда даже на северной стороне около плетней стал оседать, истекая прозрачной влагой, последний снег, пара диких голубей-сизарей прилюбила Размётновское подворье. Они долго кружились над хатой, с каждым кругом снижаясь все больше, а потом опустились возле погреба до самой земли и, легко, невесомо взмыв, сели на крышу хаты. Долго сидели, настороженно поводя головками во все стороны, осматриваясь, привыкая к новому месту; потом голубь с щеголеватой брезгливостью, высоко поднимая малинового цвета лапки, прошелся по грязному мелу, насыпанному вокруг трубы, вобрал и слегка откинул назад голову и, блистая тусклой радугой оперения на вздувшемся зобу неуверенно заворковал. А голубка скользнула вниз, на лету два раза звучно хлопнула крыльями и, описав полукруг, села на отставший от стены наличник окна размётновской горницы. Что же иное могло означать двукратное хлопанье крыльями, как не приглашение своему дружечке следовать за ней?

В полдень Размётнов пришел домой пообедать и через дверцу калитки увидел возле порога хаты голубей. Голубка, торопливо семеня нарядными ножками, бежала по краю лужицы с талой водой, что-то поклевывая на бегу, голубь преследовал ее короткими перебежками, затем так же накоротке останавливался, кружился, кланялся, почти касаясь земли носиком и низко опущенным зобом, яростно ворковал и снова пускался в преследование, веером распустив хвост, пластаясь и припадая к непросохшей, холодной и по-зимнему неуютной земле. Он упорно держался слева, стараясь оттеснить голубку от лужицы.

Размётнов, осторожно ступая, прошел в двух шагах от них, но голуби и не подумали взлететь, они только слегка посторонились. Уже стоя возле порога хаты, Размётнов с горячей мальчишеской радостью решил: «Это не гости, это хозяева прилетели!» И с горькой улыбкой то ли прошептал, то ли подумал: «На мое позднее счастье поселятся, не иначе...»

Полную пригоршню пшеницы набрал он в кладовке, рассыпал против окна.

С утра Размётнов был хмур и зол: неладно выходило с подготовкой к севу, с очисткой семян; в этот день Давыдова вызвали в станицу; Нагульнов верхом уехал в поле, чтобы лично присмотреть земли, подоспевшие к севу, и Размётнов к полудню уже успел насмерть переругаться с двумя бригадирами и кладовщиком. А вот когда дома сел за стол и, позабыв про стынущие в миске щи, стал наблюдать за голубями, — как-то просветлело его опаленное вешними ветрами лицо, но тяжелее стало на сердце...

С грустноватой улыбкой смотрел он затуманенными глазами, как жадно клюет пшеницу красивая маленькая голубка, а статный голубь все кружит и кружит возле нее, кружит с безустальным упорством, не склюнув ни единой зернинки.

Вот так же лет двадцать назад кружил и он, Андрей, тогда молодой и статный, как голубь, парень возле своей милушки. А потом — женитьба, действительная служба, война... С какой же страшной и обидной поспешностью пролетела жизнь! Вспоминая жену и сына, Размётнов с грустью думал: «Редко я видал вас живых, мои родимые, редко проведываю и теперь...»

Голубю было не до еды в этот сияющий апрельским солнцем день. Не до еды было и Андрею Размётнову. Уже не затуманенными, а мутными от слез, невидящими глазами смотрел он в окно и не голубей, не весеннюю ласковую просинь видел за оконным переплетом, а вставал перед его мысленным взором скорбный облик той, которую один раз на своем веку любил он, кажется, больше самой жизни, да так и недолюбил, с которой разлучила его черная смерть двенадцать лет назад, наверное, вот в такой же блистающий весною день...

Размётнов жевал хлеб, низко опустив над миской голову: не хотел, чтобы мать видела его слезы, медленно катившиеся по щекам, солившие и без того пересоленные щи. Два раза брал он ложку, и оба раза она падала на стол, выскальзывая из его странно обессилевшей, крупно дрожавшей руки.

Бывает же в нашей жизни и так, что не только людское, но и короткое птичье счастье вызывает у иного человека с пораненной душой не зависть, не снисходительную усмешку, а тяжкие, исполненные неизбывной горечи и муки воспоминания... Размётнов решительно поднялся из-за стола, повернувшись к матери спиной, надел ватник, скомкал в руках папаху.

— Спаси Христос, маманя, что-то мне зараз обедать не дюже охота.

— Щи не хочешь, так, может, каши с кислым молоком положить?

— Нет, не хочу, не надо.

— Аль горе у тебя какое? — осторожно спросила мать.

— Какое там горе, никакого горя нету. Было, да быльем поросло.

— С мальства ты какой-то скрытный, Андрюшка... Сроду матери ничего не скажешь, сроду не пожалишься... Сердце-то, видать, у тебя с косточкой в середке...

— Сама родила, маманя, и виноватить некого. Какого пустила на свет, такой и есть, тут уж ничего не поделаешь...

— Ну и бог с тобой, — обиженно поджимая блеклые губы, сказала старуха.

Выйдя за калитку, Размётнов свернул не направо, по пути к сельсовету, а налево, в степь. Размашистым, но неспешным шагом шел он напрямик, бездорожьем, к другому Гремячему Логу, где исстари в мирной тесноте поселились одни мертвые. Кладбище было разгорожено. В эти трудные годы не в почете у живых были покойники... Старые, почерневшие от времени кресты покосились, некоторые из них лежали на земле то ничком, то навзничь. Ни одна могила не была убрана, и ветер с востока печально качал на глинистых холмиках прошлогодний бурьян, бережно шевелил, будто тонкими женскими пальцами перебирал, пряди пожухлой, бесцветной полыни. Смешанный запах тлена, сопревшей травы, оттаявшего чернозема устойчиво держался над могилами.

На любом кладбище в любое время года всегда грустно живому, но особая, пронзительная и острая грусть безотлучно живет там только ранней весною и поздней осенью.

По пробитой телятами тропинке Размётнов прошел на север за кладбищенскую черту, где прежде хоронили самоубийц, остановился у знакомой, с обвалившимися краями могилы, снял папаху с седой, низко склоненной головы. Одни жаворонки нарушали задумчивую тишину над этим забытым людьми клочком земли.

Зачем Андрей пришел сюда в этот вешний день, осиянный ярким солнцем, до краев наполненный просыпающейся жизнью? Чтобы, сцепив куцые сильные пальцы и стиснув зубы, смотреть прищуренными глазами за туманную кромку горизонта, словно пытаясь в дымчатом мареве разглядеть свою незабытую молодость, свое недолгое счастье? А быть может, и так. Ведь мертвое, но дорогое сердцу прошлое всегда хорошо просматривается либо с кладбища, либо из немых потемок бессонной ночи...

***

С того дня Размётнов взял поселившуюся у него пару голубей под свою неусыпную опеку. Два раза в день он разбрасывал под окном по пригоршне пшеницы и стоял на страже, отгоняя нахальных кур, до тех пор, пока голуби не насыщались. Утрами, спозаранку он подолгу сидел на порожке амбара, курил, молча наблюдал, как новые жильцы таскали за наличник окна солому, тонкие ветки, с плетней хлопья линялой бычьей шерсти. Вскоре грубой поделки гнездо было готово, и Размётнов вздохнул с облегчением: «Прижились! Теперь уже не улетят».

Через две недели голубка не слетела к корму. «Выводить села. Пошло дело на прибыль в хозяйстве», — улыбнулся Размётнов.

С появлением голубей у него заметно прибавилось забот: надо было вовремя сыпать им корм, менять в миске воду, так как лужа возле порога вскоре пересохла, а помимо этого, крайняя необходимость заставляла нести караульную службу по охране жалких в своей беззащитности голубей.

Однажды, возвращаясь с поля, уже на подходе к дому Размётнов увидел, как старая кошка — любимица его матери, — всем телом припадая к соломе, ползла по крыше хаты, а затем легко соскочила на полуоткрытую ставню, вертя хвостом, изготовилась к прыжку. Голубка сидела на гнезде неподвижно, спиною к кошке и, как видно, не чувствовала опасности. Всего каких-нибудь сорок сантиметров отделяли ее от гибели.

Размётнов бежал на носках, рывком вытащил из кармана наган, сдерживая дыхание и не сводя с кошки сузившихся глаз. И когда та чуть попятилась, судорожно перебирая передними лапами, — резко щелкнул выстрел, слегка качнулась ставня. Голубка взлетела, а кошка головою вниз мешковато свалилась на завалинку, наискось прошитая пулей.

На выстрел выбежала из хаты Андреева мать.

— Где у нас железная лопата, маманя? — как ни в чем не бывало, деловито осведомился Размётнов.

Он держал убитую кошку за хвост и брезгливо морщился.

Старуха всплеснула руками, запричитала, заголосила, выкрикивая:

— Душегуб проклятый! Ничего-то живого тебе не жалко! Вам с Макаркой что человека убить, что кошку — все едино! Наломали руки, проклятые вояки, без убивства вам, как без табаку, и жизня тошная!

— Но-но, без паники! — сурово прервал ее сын. — С кошками теперича прощайся на веки вечные! А нас с Макаром не трогай. Мы с ним становимся очень даже щекотливые, когда нас по-разному обзывают. Мы вот именно из жалости без промаху бьем разную пакость — хоть об двух, хоть об четырех ногах, — какая другим жизни не дает. Понятно вам, маманя? Ну и ступайте в хату. Волнуйтесь в помещении, а на базу волноваться и обругивать меня я — как председатель сельсовета — вам категорически воспрещаю.

Неделю мать не разговаривала с сыном, а тому молчание матери было только на руку: за неделю он перестрелял всех соседских котов и кошек и надолго обезопасил своих голубей. Как-то, зайдя в сельсовет, Давыдов спросил:

— Что у тебя за стрельба в окрестностях? Что ни день, то слышу выстрелы из нагана. Спрашивается: зачем ты народ смущаешь? Надо пристрелять оружие — иди в степь, там и бухай, а так неудобно, Андрей, факт!

— Кошек потихоньку извожу, — мрачно ответил Размётнов. — Понимаешь, житья от них, проклятых, нету!

Давыдов изумленно поднял выгоревшие на солнце брови:

— Каких кошек?

— Всяких. И рябых, и черных, и полосатых. Какая на глаза попадется, такая и моя.

У Давыдова задрожала верхняя губа — первый признак того, что он изо всех сил борется с подступающим взрывом неудержимого хохота. Зная это, Размётнов нахмурился, предупреждающе и испуганно вытянул руку.

— Ты погоди смеяться, матросик! Ты сначала разузнай, в чем дело.

— А в чем? — страдальчески морщась и чуть не плача от смеха, спросил Давыдов. — Наверное, недовыполнение плана по линии Заготживсырья? Медленно идет сдача шкурок пушного зверя, и ты... и ты включился? Ох, Андрей! Ой, не могу... признавайся же скорей, не то я умру тут же, за столом у тебя...

Давыдов уронил голову на руки, на спине его ходуном заходили широкие лопатки. И тут Размётнов вскочил, будто осою ужаленный, выкрикнул:

— Дура! Дура городская! Голуби у меня выводят, скоро голубятки проклюнутся, а ты — «Заготживсырье, в пушной план включился»... Да на черта мне вся эта лавочка — шерсть, копыта — нужна? Голуби у меня поселились на жительство, вот я их и оберегаю, как надо. Вот теперича ты и смеись, сколько твоей душеньке влезет.

Готовый к новым насмешкам, Размётнов не ожидал того впечатления, какое произвели на Давыдова его слова, а тот наспех вытер мокрые от слез глаза, с живостью спросил:

— Какие голуби? Откуда они у тебя?

— Какие голуби, какие кошки, откуда они... Чума тебя знает, Сема, к чему ты нынче разные дурацкие вопросы задаешь мне? — возмутился Размётнов. — Ну, обыкновенные голуби, об двух ногах, об двух крылах и каждый — при одной голове, а с другого конца у каждого по хвосту, у обоих одежда из пера, а обувки никакой не имеют, по бедности и зимой ходят босые. Хватит с тебя?

— Я не про то, а спрашиваю, породистые они или нет. В детстве я сам водил голубей, факт. Потому-то мне и интересно знать, какой породы голуби: вертуны или дутыши, а может быть, монахи или чайки. И где ты их достал?

Теперь уже улыбался Размётнов, разглаживая усы:

— С чужого гумна прилетели, стало быть, порода их называется гуменники, а ввиду того, что явились без приглашениев, могут прозываться и так — скажем, «приблудыши» или «чужбинники», потому что на моих кормах живут, а сами себе на пропитание ничего не добывают... Одним словом, можно приписать их к любой породе, какая тебе больше по душе.

— Какой они окраски? — уже серьезно допытывался Давыдов.

— Обыкновенной, голубиной.

— То есть?

— Как спелая слива, когда ее ишо не трогали руками, с подсинькой, с дымком.

— А-а-а, сизари, — разочарованно протянул Давыдов. И тотчас же оживленно потер руки. — Хотя и сизари бывают, братец ты мой, такие, что я те дам! Надо посмотреть. Очень интересно, факт!

— Заходи, поглядишь, гостем будешь!

Через несколько дней после этого разговора Размётнова на улице остановила гурьба ребятишек. Самый смелый из них, держась на почтительном расстоянии, спросил писклявеньким голосишком:

— Дяденька Андрей, это вы заготовляете кошков?

— Что-о-о? — Размётнов угрожающе двинулся на ребят.

Те, словно воробьи, брызнули во все стороны, но через минуту снова сбились в плотную кучку.

— Это кто вам говорил про кошек? — еле сдерживая негодование, настойчиво вопрошал Размётнов.

Но ребята молчали, потупив головы и, как один, изредка переглядываясь, чертили босыми ногами узоры на первой в этом году холодной дорожной пыли.

Наконец отважился тот же мальчишка, который первым задал вопрос. Втягивая голову в щупленькие плечи, он пропищал:

— Маменька говорила, что вы кошков убиваете из оружия.

— Ну, убиваю, но не заготовляю же! Это, брат ты мой, разное дело.

— Она и сказала: «Бьет их наш председатель, как, скажи, на заготовку. Пущай бы и нашего кота убил, а то он гулюшков разоряет».

— Это, сынок, вовсе другое дело! — воскликнул Размётнов, заметно оживившись. — Так, значит, кот ваш разоряет голубей. Ты чей, парень? И как тебя звать!

— Папенька мой Чебаков Ерофей Василич, а меня зовут Тимошка.

— Ну, веди меня, Тимофейчик, к себе домой. Зараз мы твоему коту наведем решку, тем более что маманька твоя сама этого желает.

Благородное начинание, предпринятое во имя спасения чебаковских голубей, не принесло Размётнову ни успеха, ни дополнительной славы. Скорее даже наоборот... Сопровождаемый щебечущей на разные голоса стаей ребятишек, Размётнов не спеша шел к двору Ерофея Чебакова, совсем не предполагая того, что там ожидает его крупная неприятность. Едва он показался из-за угла переулка, осторожно шаркая подошвами сапог и все время опасаясь, как бы не наступить на чью-нибудь босую ножонку вертевшихся вокруг него провожатых, как на крыльцо чебаковского дома вышла старуха, мать Ерофея.

Рослая, дородная, величественная с виду старуха стояла на крыльце, грозно хмурясь и прижимая к груди огромного, разъевшегося на вольных харчах рыжего кота.

— Здорово, бабка! — из уважения к возрасту старой хозяйки любезно приветствовал ее Размётнов и слегка коснулся пальцами серой папахи.

— Слава богу. Чего пожаловал, хуторской атаман? Хвались, — басом отвечала ему старуха.

— Да вот насчет кота пришел. Ребята говорят, будто он голубей разоряет. Давай-ка его сюда, я ему зараз же трибунал устрою. Так ему, злодею, и запишем: «Приговор окончательный и обжалованию не подлежит».

— Это по какому же такому праву? Закон такой вышел от Советской власти, чтобы котов сничтожать?

Размётнов улыбнулся:

— А на шута тебе закон сдался? Раз кот разбойничает, раз он бандит и разоритель разных пташек — к высшей мере его, вот и весь разговор! К бандитам у нас один закон: «руководствуясь революционным правосознанием» — и баста! Ну, тут нечего долго волынку тянуть, давай-ка, бабка, твоего кота, я с ним коротенько потолкую...

— А мышей у нас в амбаре кто будет ловить? Может, ты наймешься к нам на эту должность?

— У меня своя должность имеется, а вот ты и займись от безделья мышками, заместо того чтобы без толку богу молиться да спину гнуть возле икон.

— Молод ты мне указывать! — загремела старуха. — И как это наши казаки могли такого паршивца в председатели выбрать! Да ты знаешь, что со мной в старое время ни один хуторской атаман не мог сговорить и справиться?! А тебя-то я со своего база выставлю так, что ты только на проулке опомнишься!

На зычный голос старухи из-под амбара выскочил пегий щенок, залился звонким, режущим уши лаем. Размётнов, стоя возле крыльца, спокойно свёртывал папиросу. Судя по размерам ее, он не собирался вскоре очистить занятую им позицию. Длиною в добрую четверть и толщиною с указательный палец папироса предназначалась для обстоятельного разговора. Но не так сложилось дело...

Спокойно и рассудительно Размётнов заговорил:

— Правда твоя, бабка! С дурна ума выбрали меня казаки председателем. Недаром же говорится, что «казак — у него ум назад». Да и я-то согласился на этакую муку не от большого разума... Но ты не горюй: вскорости я откажусь от председательской должности.

— Давно бы пора!

— Вот я и говорю, что пора, а пока, бабка, прощайся с своим котом и передавай его в мои председательские руки.

— Ты и так всех кошек в хуторе перестрелял; скоро мышей столько разведется в хуторе, что тебе же первому они ночью ногти обгрызут.

— Ни за что! — решительно возразил Размётнов. — У меня ногти такие твердые, что даже твой кобелишка об них зубы поломает. А кота все-таки давай, некогда мне с тобой торговаться. Перекрести его и давай мне по-хорошему, из полы в полу.

Из узловатых, коричневых пальцев правой руки старуха сложила внушительную дулю, а левой так самозабвенно прижала кота к груди, что тот рявкнул дурным голосом и стал царапаться и бешено фыркать. Стеной стоявшие позади Размётнова ребятишки злорадно захихикали. Симпатии их были явно на стороне Размётнова. Но они сразу же, словно по команде, стихли, как только старуха, успокоив разволновавшегося кота, закричала:

— Уходи отсюда зараз же, нечистый дух, басурманин проклятый! Уходи добром, а то от меня заработаешь лиха!

Размётнов заклеивал папиросу, медленно и старательно водя кончиком языка по краю шероховатой газетной бумаги, а сам исподлобья лукаво посматривал на воинственную старуху, да к тому же еще и развязно улыбался. Нечего греха таить, почему-то большое удовольствие, даже наслаждение доставляли ему словесные стычки со всеми хуторскими старухами, за исключением матери. Несмотря на возраст, еще бродило в нем молодое казачье озорство, диковинно сохранившаяся грубоватая веселинка. И на этот раз он остался верен недоброй своей привычке — закурив и затянувшись два раза подряд, приветливо, даже как бы обрадованно сказал:

— До чего ж голосок у тебя хорош, бабка Игнатьевна! Век бы слушал и не наслушался! Не ел, не пил бы, а только заставлял бы тебя с утра до вечера покрикивать... Ничего не скажешь, голос хоть куда! Басовитый, раскатистый, ну прямо как у старого станичного дьякона или как у нашего колхозного жеребца по кличке Цветок... С нынешнего дня я тебя так и буду прозывать: уже не «бабка Игнатьевна», а «бабка Цветок». Давай с тобой договоримся так: понадобится народ скликать на собрание, и ты рявкнешь на плацу во всю глотку, а мы тебе от колхоза за это по два трудодня...

Размётнов не успел закончить фразу: освирепевшая старуха, схватив кота за загривок, по-мужски размахнулась. Размётнов испуганно шарахнулся в сторону, а кот, широко распластав все четыре лапы, вращая зелеными глазами и утробно мяукая, пролетел мимо него, пружинисто приземлился и, распушив по-лисьи огромный хвост, со всех ног бросился к огороду. За ним с истерическим визгом, болтая ушами, устремился щенок, а за щенком, издавая дикие вопли, кинулись ребята... Кота через плетень будто ветром перенесло, щенок, будучи не в состоянии преодолеть столь чудовищное препятствие, на всех махах пошел в обход, к издавна знакомому перелазу; зато ребята, дружно вскочив на ветхий плетень, сразу же с хряпом обрушили его.

Кот мелькал по огуречным грядкам, по гнездам с помидорами и капустой рыжей молнией, а Размётнов, преисполненный восторга, приседал, хлопал ладонями по коленям, орал:

— Держи его! Уйдет! Лови, я его знаю!..

Каково же было удивление Размётнова, когда, взглянув случайно на крыльцо, он увидел, что бабка Игнатьевна, придерживая руками бурно колышущуюся тяжелую грудь, неудержимо смеется. Она долго терла кончиками головного платка глаза и, все еще не отсмеявшись, глуховато сказала:

— Андрюшка Размётнов! За потраву хоть ты, хоть твой сельсовет — мне все одно заплатите! Вот к вечеру подсчитаю, что повытоптали твои бандиты, каких ты с собой привел, а потом раскошеливайся!

Андрей подошел к крыльцу, глянул снизу вверх на старуху просящими глазами:

— Бабушка, хоть из своего председательского жалованья, хоть осенью с нашего огорода — расплата будет произведена полностью! А за это дай мне голубятков, каких твой кот разорил. У меня скоро своих пара выведется, да пара, каких ты мне пожалуешь, вот я и при хозяйстве буду.

— Да забери ты их, ради Христа, хоть всех. Доходу-то от них, только кур моих голодят и объедают.

Повернувшись к огороду, Размётнов крикнул:

— Ребята, отбой!

А десять минут спустя он уже шел домой, но не переулками, а низом, возле речки, чтобы не привлекать к себе внимания досужих гремяченских женщин... С севера дул свежий, прямо-таки холодный ветер. Размётнов посадил в папаху пару теплых, с тяжелыми зобами голубят, папаху прикрыл полою ватника, а сам воровски поглядывал по сторонам, смущенно улыбался, и ветер, холодный ветер с севера, шевелил его поседевший чуб.

Глава XXII

За два дня до собрания гремяченской партячейки к Нагульнову на квартиру пришли шесть колхозниц. Было раннее утро, и женщины постеснялись толпой идти в хату. Они чинно расселись на ступеньках крыльца, на завалинке, и тогда жена Кондрата Майданникова, поправив на голове чистый, густо подсиненный платок, спросила:

— Мне, что ль, идти к нему, бабоньки?

— Иди ты, коль сама назвалась, — за всех ответила сидевшая на нижней ступеньке жена Агафона Дубцова.

Макар брился в своей комнатке, изогнувшись дугой, неловко сидя перед крохотным осколком зеркала, кое-как прилаженным к цветочному горшку. Старая, тупая бритва с треском, похожим на электрические разряды, счищала со смуглых щек Макара черную жесткую щетину, а сам он страдальчески морщился, кряхтел, иногда глухо рычал, изредка вытирая рукавом исподней рубахи выступившие на глазах слезы. Он умудрился несколько раз порезаться, и жидкая мыльная пена на его щеках и шее была уже не белой, а неровно розовой. Отраженное в тусклом зеркальце лицо Макара выражало попеременно разные чувства: то тупую покорность судьбе, то сдержанную муку, то свирепое ожесточение; иногда отчаянной решимостью оно напоминало лицо самоубийцы, надумавшего во что бы то ни стало покончить жизнь при помощи бритвы.

Жена Майданникова, войдя в горницу, тихо поздоровалась. Макар живо повернул к ней нахмуренное, перекосившееся от боли и окровавленное лицо, и бедная женщина испуганно охнула, попятилась к порогу:

— Ой, родимец тебя забери! Да что уж ты это так окровенился? Ты бы хоть пошел умылся, а то льет из тебя, как из резаного кабана!

— Не пужайся, чертова дура, садись, — ласково улыбаясь, приветствовал ее Макар. — Бритва тупая, потому и порезался. Давно бы выкинуть ее надо, да жалко, привык мучиться с проклятой. Она со мной две войны прошла, пятнадцать лет красоту мне наводила. Как же я могу с ней расстаться? Да ты садись, я зараз управлюсь.

— Тупая, говоришь, бритва? — не зная, что сказать, переспросила Майданникова, несмело садясь на лавку и стараясь не смотреть на Макара.

— До ужасти! Хоть конец... — Макар поперхнулся словом, два раза кашлянул, скороговоркой закончил: — Хоть глаза завязывай и скоблись наизусть! Да ты, собственно, чего явилась ни свет ни заря? Что у тебя там стряслось? Уж не паралик ли Кондрата разбил?

— Нет, он здоровый. Да я не одна пришла, нас шестеро баб к твоей милости.

— С какой нуждой?

— Послезавтра ты будешь наших мужей в свою партию принимать, так вот мы хотели к этому дню школу в порядок произвесть.

— Сами додумались или мужья подсказали?

— Да у нас что же, своего ума нехватка? Мелко ты нас крошишь, товарищ Нагульнов!

— Ну что ж, ежли сами догадались — доброе дело!

— Помазать и побелить снутри и снаружи хотим.

— Вовсе хорошее дело! Одобряю целиком и полностью, только поимейте в виду, что трудодни за эту работу начислять не будем. Это — дело общественное.

— Какие же трудодни, ежели мы своей охотой беремся? Только ты скажи бригадиру, чтобы он нас на другую работу не выгонял. Нас шестеро душ, запиши нас на бумажку.

— Бригадиру скажу, а писать тут нечего, и без вас бюрократизму и разной писанины хватает.

Майданникова встала, помолчав немного, взглянула сбоку на Макара, тихо улыбнулась:

— А мой-то не хуже тебя чудак, ажник почуднее будет... Люди говорят, что он на полях зараз каждый божий день броется, а домой придет — рубахи примеряет... У него их всего на счет три штуки, и вот он мудрует, то одну наденет, то другую, не знает, в какой ему в воскресенье в партию вступать лучше. Я уж смешком говорю ему: «Ты — как девка перед свадьбой». А он злится страшно! Злится, а виду не подает, только иной раз, когда я над ним зачну подсмеиваться, он сразу глаза сделает узкими, и я уже знаю, что зараз он ругнется черными словами, и я скоренько ухожу, не хочу его вовсе расстраивать...

Макар усмехнулся, подобрел глазами.

— Твоему мужу, милушка, это дело важнее, чем девке замуж выйти. Свадьба — плевое дело! Перевенчали и домой помчали, как говорится, и дело с концом, а партия — это, девка, такая музыка... одним словом, такая музыка... Хотя ты ни черта ничего не поймешь! Ты в партейных рассуждениях и понятиях будешь плавать, как таракан во щах, чего же я с тобой буду без толку гутарить, воду в ступе толочь? Одним словом, партия — это великое дело, и это мое последнее слово. Ясно тебе?

— Ясно, Макарушка, только ты скажи, чтобы нам глины привезли возов десять.

— Скажу.

— И мелу на побелку стен.

— Скажу.

— И пару лошаденок с ребятишками, глину месить.

— Может, тебе ишо десяток штукатуров из Ростова представить? — с ехидцей вопросил Макар, далеко отводя бритву, поворачиваясь к Майданниковой, как волк, всем корпусом.

— Штукатурить сами будем, а лошадей дашь, иначе не управимся к воскресенью.

Макар вздохнул:

— Умеете вы, бабы, на шею добрым людям верхи садиться... Ну, да ладно, дадим и лошадей, все представим в ваше распоряжение, только уходи ты, ради бога! Я через тебя дополнительно два раза порезался! Мне с тобой ишо две минуты поговорить, и на мне живого места не останется. Ясно?

В мужественном голосе Макара было столько жалобной просительности, что Майданникова быстро повернулась, сказала: «Ну, прощай!» — и вышла. А через секунду снова приоткрылась дверь.

— Ты извини меня, Макар...

— Чего ишо надо? — В голосе Макара звучала уже неприкрытая досада.

— Забыла сказать тебе спасибочко.

Дверь звучно захлопнулась. Макар вздрогнул и еще раз глубоко запустил бритву под кожу.

— Тебе, то есть вам, спасибо, чертова дуреха, а мне не за что! — крикнул он вдогонку и долго беззвучно смеялся.

И вот тот пустяк так развеселил всегда сурового Макара, что он до вечера улыбался про себя, как только вспоминал о визите Кондратовой жены, о ее не вовремя сказанном «спасибочко».

***

Дни стояли на редкость погожие, солнечные и безветренные. В субботу к вечеру школа сияла снаружи безукоризненной побелкой стен, а внутри чисто вымытые и натертые битым кирпичом полы были так девственно чисты, что всем, кто входил в школу, поневоле хотелось передвигаться на цыпочках.

Открытое партийное собрание было назначено на шесть часов вечера, но уже с четырех в школе собралось более полутораста человек, и сразу же во всех классах, несмотря на то что окна и двери были открыты настежь, горько и крепко запахло самосадом, мужским, спиртовой крепости потом и запахом дешевой помады и такого же мыла — от сбившихся в кучу разнаряженных девок и баб.

Впервые в Гремячем Логу проводилось открытое партсобрание по приему в партию новых членов, да еще своих хуторян, а потому к шести часам весь Гремячий Лог, за исключением детей и лежачих больных, был либо в школе, либо возле нее. В степи, на полевых станах не осталось ни одной души, все явились в хутор, и даже хуторский пастух дед Агей бросил стадо на попечение подпаска, пришел в школу приодетый, с тщательно расчесанной бородой и в старинных, сильно поношенных сапогах с дутыми голенищами. Так необычен был вид его, обутого, старательно наряженного, без кнута и холщовой сумки на боку, что многие пожилые казаки не узнавали его с первого взгляда и здоровались, как с незнакомым пришельцем.

Ровно в шесть часов Макар Нагульнов встал из-за стола, покрытого красной сатиновой скатертью, оглядел густые ряды колхозников, тесно сидевших за партами и стоявших в проходах. Глухой шум голосов и чей-то визгливый женский смех в самом последнем ряду не стихали. Тогда Макар высоко поднял руку:

— А ну, уймитесь трошки, которые самые горластые, и особенно бабы! Прошу соблюдать всевозможную тишину и считаю открытое партийное собрание гремяченской ячейки ВКП(б) открытым. Слово имеет товарищ Нагульнов, то есть я самый. На повестке дня у нас один вопрос: о приеме в партию новых наших членов. Поступило к нам несколько штук заявлений, и в их числе — заявление от нашего хуторца Кондрата Майданникова, какого вы все знаете как облупленного. Но порядок и устав партии требует его обсуждения. Прошу всех, как партейных, так и прочих беспартейных товарищей и граждан, высказываться по существу Кондрата, кто и как вздумает, кто — «за», а кто, может быть, и «против». Противное высказывание называется отводом. «Даю, мол, отвод товарищу Майданникову», — а тогда уже выкладывай факты, почему Майданников недостоин быть в партии. Нам нужны порочные факты, только такие мы можем принимать в рассуждение, а рассусоливать вокруг да около и трепаться насчет человека без фактов — дело дохлое. Такой трепотни мы и в расчет не будем брать. Но спервоначалу я зачитаю маленькое заявленьице Кондрата Майданникова, потом он расскажет про свою автобиографию, то есть про описание своей прошедшей, текущей и будущей жизни, а потом уже валяйте вы, кто и во что горазд, в смысле товарища нашего Майданникова. Задача ясная? Ясная. Стало быть, действую, то есть зачитываю заявление.

Нагульнов прочитал заявление, разгладил листок бумаги на столе и положил на него свою длинную, тяжелую ладонь. Многих бессонных ночей и мучительных раздумий стоил Кондрату этот листок, вырванный из ученической тетради... И теперь Кондрат, изредка взглядывая то на сидевших за столом коммунистов, то на своих соседей по парте необычным для него, робким взглядом, волновался так, что на лбу у него выступили крупные капли пота и лицо казалось словно бы обрызганным дождем.

В нескольких словах он рассказал о своей жизни, мучительно подыскивая слова, надолго умолкая, хмурясь и одновременно улыбаясь, вымученной, жалкой улыбкой. Любишкин не выдержал, громко сказал:

— И чего ты своей житухи стесняешься? Чего мнешься, как конь на привязи? Житуха у тебя хорошая, шпарь смелее, Кондрат!

— Я все сказал, — тихо ответил Майданников, садясь и зябко поводя плечами.

У него было такое ощущение, будто вышел он раздетый из парно-теплой хаты на мороз...

После недолгого молчания поднялся Давыдов. Он коротко, но горячо говорил о Майданникове, увлекающем своим трудом остальных колхозников, привел его в пример другим, под конец убежденно заявил:

— Вполне достоин быть в рядах нашей партии, факт!

Еще несколько выступавших говорили о Майданникове тепло и доброжелательно. Их не раз прерывали одобрительными криками:

— Правильно!

— Хорош хозяин!

— Оберегает колхозный интерес.

— Этот общественную копейку не уронит, а ежели уронит одну — подымет две.

— Про него плохого не сбрешешь, не поверят!

Много лестных слов выслушал о себе бледный от волнения Кондрат, и казалось бы, что мнение о нем собравшихся единодушно. Но тут неожиданно не встал, а взвился дед Щукарь и начал:

— Дорогие граждáны и старухи! Даю полный отлуп Кондрату! Я не такой, как другие, по мне дружба — дружбой, а табачок — врозь. Вот какой я есть человек! Так уж тут разрисовали Кондрата, что не человек он, а святой угодник! А спрошу я вас, граждáны: какой из него может образоваться святой, ежели он такой же грешный, как и мы, остальные прочие?

— Ты путаешь, дед, как и завсегда! Мы же не в рай его принимаем, а в партию, — пока еще подобру поправил старика Нагульнов.

Но не таков был дед Щукарь, чтобы одной репликой можно было смирить его или привести в смущение. Он повернулся к Нагульнову, зло сверкая одним глазом — другой был завязан красным, давно не стиранным платком.

— Ох и силен ты, Макарушка, на добрых людей жать! Тебе бы только на маслобойке работать заместо прессы, из подсолнушка масло выдавливать... Ну, что ты мне рот зажимаешь и слова не даешь сказать? Я же не про тебя говорю, не тебе отлуп делаю? Ну и помолчи, потому что партия указывает — изо всех силов разводить критику и самокритику. А что есть самокритика? По-русски сказать — это самочинная критика. А что это обозначает? А это обозначает то, что должен ты щипать человека, как и за какое место вздумаешь, но чтобы непременно до болятки! Щипай его, сукиного сына, так, чтобы он соленым потом взмок от головы до пяток! Вот что обозначает слово самокритика, я так понимаю.

— Стой, дед! — решительно прервал его Нагульнов. — Ты не искажай слова, как тебе вздумается! Самокритика — это означает самого себя критиковать, вот что это такое. На колхозном собрании будешь ты выступать, вот тогда ты и щипай самого себя, как тебе вздумается и за какое угодно место, а пока уймись и сиди смирно.

— Нет, это ты уймись и критику мою мне обратно в рот не запихивай! — разгорячась, закричал фальцетом дед Щукарь. — Больно уж ты умен, Макарушка! С какого же это пятерика я сам на себя буду всякую всячину переть! И чего ради я сам на себя буду наговаривать? Дураки при Советской власти перевелись!.. Старые перевелись, а сколько новых народилось — не счесть! Их и при Советской власти не сеют, а они сами, как жито-падалица, родятся во всю ивановскую, никакого удержу на этот урожай нету! Взять хотя бы тебя, Макарушка...

— Ты меня не касайся, тут не обо мне речь, — строго сказал Нагульнов. — Ты говори по существу, про Кондрата Майданникова, а ежели тебе сказать нечего, заткнись и сиди тихо, как все порядочные люди.

— Значит, ты порядочный, а я нет? — грустно спросил дед Щукарь.

Тут кто-то из сидевших в задних рядах пробасил:

— Ты бы, порядочный дед, рассказал про себя, с кем ты на старости годов дитя прижил и почему у тебя один глаз видит, а другой синяком заплыл? А то ты на других кукарекаешь, как кочет с плетня, а про себя молчишь, хитрый черт!

По школе прокатился гулкий смех и сразу, как только встал Давыдов, стих. Лицо Давыдова было хмуро, голос звучал негодующе, когда он заговорил:

— Здесь, товарищи, не веселый спектакль, а партийное собрание, факт! Кому угодно веселиться, пусть идут на посиделки. Вы будете говорить по существу вопроса, дедушка, или вам желательно балагурить и дальше?

Давыдов впервые обращался к Щукарю с такой убийственной вежливостью, и, наверное, от этого дед Щукарь взбеленился окончательно. Он подпрыгнул, стоя за партой, как молодой петух перед боем, даже бороденка его затряслась от ярости:

— Это кто же балагурит? Я или этот полоумный, какой сзади сидит и задает мне дурацкие вопросы? И что это за такое открытое собрание, когда человеку слово открыто нельзя сказать? Да я что вам? Лишенный права голоса или как? Я говорю по существу Кондрата, что даю ему отлуп. Таких нам в партию не нужно, вот и весь мой разговор!

— Почему, дедушка? — давясь от смеха, спросил Размётнов.

— Потому, как он неудостоенный быть в партии. И чего ты смеешься, белоглазый? Пуговицу, что ли, на полу нашел и смеешься, рад до смерти, в хозяйстве, мол, и пуговица пригодится? А ежли тебе не понятно, почему Кондрат неудостоенный для партии, я тебе категорически поясню, и тогда ты перестанешь ухмыляться, как мерин — на овес глядючи... Другим вы мастера указывать, а сами какие? Ты, председатель сельсовета, важная личность, с тебя и старые и малые должны придмер брать, а ты как ведешь себя? Дуешься на собрании от дурацкого смеха и синеешь, как индюк! Какой ты председатель и какой может быть смех, ежли тут Кондратова судьба на весах качается? Вот и возьми себе в голову: кто из нас сурьезнее, ты или я? Жалко, парень, что Макарушка мне запрет сделал вставлять в разговор разные иностранные слова, какие я у него в словаре наизусть выучил, а то бы я так покрыл тебя этими словами, что ты и вовек не разобрался бы, что и к чему я говорю! А против Кондрата в партии я потому, что он мелкий собственник и больше вы из него ничего не выжмете, хучь под прессу его кладите! Макуха, какая жмыхом называется по-ученому, из него выйдет, а коммунист — ни за что на свете!

— Почему же, отец, из меня коммуниста не выйдет? — спросил Кондрат дрожащим от обиды голосом.

Дед Щукарь ехидно сощурил глаз:

— Будто ты сам не знаешь?

— Не знаю, и ты объясни толком и мне и другим гражданам — через что я недостойный? Только говори одну гольную правду, безо всяких твоих сочинениев.

— А я когда-нибудь брехал? Или, к придмеру, всякие разные сочинения сочинял? — Щукарь вздохнул на всю школу, горестно покачал головой. — Напролет, как есть, всю свою жизню я одну правду-матку в глаза добрым людям режу, через это самое, Кондратушка, я кое-кому и есть на этом свете неугодный алимент. Твой покойный родитель, бывалоча, говорил: «Уж ежели Щукарь брешет, кто тогда и правду говорит?» Вот он как высоко меня подымал, покойничек! Жалко, что помер, а то он и зараз бы свои слова подтвердил, царство ему небесное!

Щукарь перекрестился, хотел было уронить слезу, но почему-то раздумал.

— Ты поясняй всчет меня, родитель тут ни при чем. В чем ты меня именно упрекаешь? — настойчиво потребовал Майданников.

Сдержанный шумок неодобрения, судя по отдельным возгласам, явно относившийся к Щукарю, нимало не смутил его. Как опытный пчеловод, привычно внимающий гулу потревоженной большой пчелиной семьи, Щукарь и тут сохранил выдержку и полное спокойствие. Плавно, умиротворяюще поводя руками, он сказал:

— Сей минут все, как есть, проясню. И вы, граждаты и дорогие старухи, свой шум оставьте при себе, меня вы все равно не собьете с моего протекания мысли. Тут насчет меня зараз был сзади такой змеиный шип: дескать, «коту делать нечего, так он...» — и так далее и тому подобная пакость была сзади меня сказанная шепотом. Только я знаю, чей это ужачиный шепот. Это, дорогие граждаты и старушки, Агафон Дубцов шипит на меня, как лютый змей из преисподней! Это он хочет мне памороки забить, чтобы я сбился с мысли и про него ничего не сказал. Но такой милости он от меня не дождется, не на таковского напал! Агафон тоже норовит в партию пролезть, как ужака в погреб, чтобы молока напиться, но я ему отлуп нынче дам похлеще, чем Кондрату, я и про него знаю кое-что такое, что все вы ахнете, когда узнаете, а может, кое-кого и омороком шибнет.

Нагульнов постучал карандашом по пустому стакану, сердито сказал:

— Старик, ты уже сбился со своей путаной мысли, кончай! Ты один все время на собрании занимаешь, надо же и совесть знать!

— Опять ты, Макарушка, глотку мне затыкаешь? — плачущим голосом возопил дед Щукарь. — Ежели ты секлетарь ячейки, значит, ты можешь меня зажимать? Ну, уж это дудки! В партийном уставе нету такой графы, чтобы старикам запретно было говорить, это я точно знаю! И как у тебя язык поворачивается говорить про меня, будто я бессовестный? Ты бы свою Лушку совестил, пока она подолом от тебя не замахала в неизвестные края, а мне даже старуха моя сроду не говорила, что я бесстыжий. Обидел ты меня, Макарушка, до смерти!

Щукарь все же уронил заветную слезу, вытер глаз рукавом рубахи, однако продолжал с прежним накалом:

— Но я такой человек, что кому хошь не смолчу, и на закрытом партейном собрании я доберусь и до тебя, Макарушка, да так, что ты из-под меня не вывернешься, не на таковского ты напал! Я отчаянный, когда разойдусь, уж кому-кому, а тебе бы это надо знать и разуметь, иго мы же с тобой темные друзья, весь хутор про это знает. И давние мы друзья, так что ты окончательно берегись меня и моей критики и самокритики! Я никому спуску не даю, поимейте это в виду все, кто хочет партию загрязнять!

Перекосив левую бровь, Нагульнов повернулся к Давыдову, шепнул:

— Вывести его? Сорвет собрание! И как ты не догадался командировать его куда-нибудь на нынешний день! Попала деду шлея под хвост, зараз ему удержу не будет...

Но Давыдов левой рукой заслонил лицо газетой, а правой вытирал слезы, он не мог от смеха слова сказать и только отрицательно качал головой. Нагульнов, обуреваемый великой досадой, пожал плечами, снова вперил гневный взор в деда Щукаря. А тот как ни в чем не бывало продолжал, торопясь и захлебываясь:

— Раз у нас открытое собрание, то должон ты, Кондратушка, то же самое открыто сказать: когда ты вступил в колхоз и вел сдавать в колхоз свою пару быков, кричал ты по ним слезьми или нет?

— Вопрос, к делу не относящийся! — крикнул Демка Ушаков.

— Пустой вопрос! Чего ты тут яишную скорлупу перебираешь? — поддержал его Устин Рыкалин.

— Нет, не пустой, не яишный вопрос, а я дело спрашиваю! И вы, доброхоты, заткните глотки! — стараясь перекричать их, багровея от натуги, заорал дед Щукарь.

Выждав тишины, уже тихо и вкрадчиво, он заговорил:

— Может, ты не помнишь, Кондратушка, а я помню, что гнал ты утром быков на обчественный баз, а у самого глаза были по кулаку и красные, как у крола или, скажем, как у старого кобеля спросонок. Вот ты и ответствуй, как попу на духу: было такое дело?

Майданников встал, смущенно одернул рубаху, коротко посмотрел на деда Щукаря затуманенными глазами, но ответил со сдержанной твердостью:

— Было такое дело. Не потаюсь, всплакнул. Жалко было расставаться. Мне эти быки не от родителя в наследство достались, а нажил их сам, своим горбом. Они мне нелегко достались, эти быки! Это дело прошлое, отец. А что тут для партии вредного от моих прошедших слез?

— Как это — что вредного? — возмутился Щукарь. — Да ты куда со своими быками шел? Ты, милок, в социлизм шел, вот куда ты с ними направлялся! А после социлизма что у нас будет? А будет у нас полный коммунизм, вот что будет, это я тебе прямо скажу! Я у Макарушки Нагульнова, можно сказать, вывелся на дому, все вы председящие тут знаете, что мы с ним огромадные друзья, и я у него разных знаниев зачерпываю, сколько в пригоршни влезет: по ночам то разные толстые книжки, сурьезные, без картинок, прочитываю, то словарь читаю, ученые слова норовлю запомнить, но тут старость моя, язви ее в душу, подводит! Память стала — как штаны с порватыми карманами, что ни положи — наскрозь проскакивает, да и шабаш! А уж ежели какая-нибудь тонкая брошюрка мне попадется, эта из рук не вырвется! Все как есть упомню! Вот я какой бываю, когда разойдусь на разное и тому подобное чтение! Много я разных брошюров прочитал и до точности знаю и могу спорить с кем угодно, хучь до третьих кочетов, что после социлизма припожалует к нам коммунизм, категорически вам заявляю! Тут-то меня и одолевает сомнительность, Кондратушка... В социлизм ты входил, слезьми умываючись, а в коммунизм как же ты заявишься? Не иначе, как по колено в слезах прибредешь, уж это как бог свят! Так оно и будет с тобой, я как в воду гляжу! А спрошу я вас, граждане и дорогие старушки, на кой ляд он нужен в партии, такой слезокап?

Дед весело хихикнул и прикрыл ладонью беззубый рот.

— Терпеть ненавижу я разных сурьезных людей, а в партии и вовсе! Ну, на кой хрен они там нужны, такие мрачности? Тоску наводить на добрых людей, партейный устав своим видом искажать и портить? В таком разе спрошу я вас: почему вы Демида Молчуна в партию не берете? Вот уж кто бы смертной скуки в ваши ряды нагнал! Сурьезнее его человека я в жизни не видывал! А по-моему, в партию надо принимать людей веселых, живительных, таких, как я, а то набирают туда одних сурьезных, толмачей каких-то, а что от них толку? Вот взять хоть бы Макарушку. Он с восемнадцатого года как выпрямился, будто железный аршин проглотил, так и до нынче ходит сурьезный, прямой, важный, как журавль на болоте. Ни шутки от него не послышишь, ни веселого словца, одна гольная скука в штанах, а не человек!

— Дед, не касайся ты меня и не переходи на мою личность, а то я приму меры, — строго предупредил Нагульнов.

Но старик, блаженно улыбаясь и будучи не в силах побороть ораторский зуд, горячо продолжал:

— А я тебя вовсе и не касаюсь, и даже ни вот столечко! И тот же Кондрат, возьмите его за рупь двадцать, так на карандаше верхи и ездит: все-то он записывает да подсчитывает, как будто без него некому записывать. В Москве небось умными людьми давным-давно все начисто записано и переписано, и нечего ему самому себе голову морочить! Его дело быкам хвосты крутить, а он дуриком претца туда же, куда и шибко грамотные люди в Москве... А по-моему, гражданы и дорогие мои старушки, делает он все это от великой несознательности ума. Нету пока ишо у нашего Кондрата политической развитости, а раз нету развитости, не достиг ее, то и сиди дома, развивайся помаленьку, не спеша, и в партию пока не лезь. Пущай он хучь лопнет от обиды, этот Кондрат, но я категорически против него и даю ему полный отлуп!

И тут вдруг Давыдов услышал из соседнего класса высокий, дрожащий голосок Вари Харламовой. Давно не видел он девушку, давненько не слышал ее милого грудного голоса...

— Разрешите мне сказать?

— Выходи сюда, чтобы все тебя видали, — предложил Нагульнов.

Смело пробиваясь сквозь плотно сбитую толпу, к столу подошла Варюха-горюха, легким касанием загорелых рук поправила волосы на затылке.

Давыдов смотрел на нее с тихим изумлением, улыбался и не верил своим глазам. За несколько месяцев Варюха неузнаваемо изменилась: нет, уже не угловатый подросток, а статная девушка, с горделивым посадом головы, с тяжелым узлом волос, прихваченных голубой косынкой, стояла, повернувшись к столу президиума вполоборота, выжидала тишины и смотрела куда-то поверх голов тесно сидевших людей, щуря молодые красивые глаза, будто вглядываясь куда-то в дальнюю степную даль. «Как же здорово она похорошела с весны!» — думал Давыдов.

Глаза Варюхи возбужденно блестели, блестело и мокрое от пота, розовое, не знавшее ни пудры, ни помады лицо. Но тут под многими устремленными на нее взглядами мужество изменило ей; крупные руки судорожно скомкали кружевной платочек, лицо заполыхало густым румянцем, и грудной голосок задрожал от волнения, когда она, обращаясь к Щукарю, заговорила:

— Неправда ваша, дедуня! Плохо вы говорите про товарища Майданникова Кондрата Христофорыча, и никто вам тут не поверит, что он недостойный быть в партии! Я с весны работала с ним на пахоте, и он пахал лучше всех и больше всех! Он всю силу покладает на колхозной работе, а вы против него идете... Вы старый человек, а рассуждаете, как несмысленое дите!

— Всыпь ему перцу, Варька! А то он гремит, как балабон на шее у телка, и доброго слова об других за ним не услышишь, — сочным басом, не напрягая голоса, сказал Павел Любишкин.

— Варька правильно гутарит. У Кондрата трудодней больше всех в колхозе. Работящий он казак! — вставил старик Бесхлебнов.

А кто-то из сеней крикнул простуженным тенорком:

— Ежели таких, как Кондрат, не принимать в партию, тогда пишите в нее дедушку Щукаря! При нем колхоз сразу в гору прянет...

Но дед Щукарь только снисходительно посмеивался в свалявшуюся, давным-давно не чесанную бороденьку и стоял за партой, как врытый, даже не поворачиваясь на голоса выступавших. А когда снова наступила тишина, он спокойно сказал:

— Варьке и быть-то тут вовсе не полагается, как она несовершенных лет. Ей где-нибудь под сараем в куклы играть надо, а она, сорока, явилась сюда таких мудрых стариков, как я, уму-разуму учить. Потеха, а не жизня пошла! Яйца курицу начали учить... И другие хороши: один про трудодни рассуждает — мол, у Кондрата их на арбу не покладешь... А спрошу я вас: при чем тут трудодни? Это тоже от жадности, мелкие собственники завсегда жадные, ежели хотите знать, про это дело Макарушка мне не один раз толковал. И ишо один глупой выискался — дескать, возьмите Щукаря в партию, и колхоз сразу воспрянет... И смеяться тут вовсе ни к чему, одни тронутые умом могут смеяться и разные подобные хаханьки устраивать. Грамотный я? Вполне! Читаю что хошь и свободно расписываюсь. Разделяю устав партии? Очень даже разделяю! С программой согласный? Согласный и ничего супротив нее не имею. От социлизма до коммунизма могу не токмо шагом, но даже наметом мчаться, конечно, по моим стариковским возможностям, не дюже спешно, чтобы не задвохнуться. И я бы давно уже в партии процветал и, гляди, уже ходил бы с портфелью под мышкой, но, дорогие гражданы и дорогие старушки, скажу, как перед господом богом, пока ишо неудостоенный и я нашей партии... А почему, спрошу я вас? Да потому, что леригия меня заела, будь она трижды проклята! Чуть чего где-нибудь над головой, в высоте, резко гром вдарит, а я уже шепотом говорю: «Господи, помилуй меня, грешного!» — и тут же сотворяю крестное знамение, молюсь и Исусу Христу, и деве Марии, и богородице-дева радуйся, и всем, как есть, святителям, какие под горячую руку попадутся, подряд молюсь, и даже на прицыпочки приседаю от такого неприятного грома...

Под впечатлением собственного рассказа дед Щукарь хотел было и тут перекреститься, даже донес руку до лба, но вовремя одумался и, почесав лоб, смущенно захихикал:

— Да ить оно как сказать... Страх в глазах, вот и соображаешь про себя: «А черт его знает, что он, этот Илья-пророк, надумает! Возьмет и, потехи ради, саданет тебя молоньей в лысину, вот и ложись, Щукарь, откидывай копыта на сторону. А мне это вовсе ни к чему! Я ишо до коммунизма хочу дотопать, до сладкой жизни добраться, потому-то иной раз, когда нужда припрет, и молюсь, и попу мелочишку, не больше двугривенного серебреника, суну, чтобы бога лишний раз не гневить. Ты думаешь, что так надежнее дело будет, а там черт его знает, как эта овчинка вывернется, мездрой или шерстью... Ты мечтаешь, что поп за тебя, дурака, молиться будет о здравии, а попу, ежели разобраться, ты нужен, как мертвому гулящая баба, или, по-ученому сказать, бордюр, это одно и то же. Он, проклятый поп, норовит за твои деньги водки напиться, а не богу молиться... Вот я вам и проясняю: куда же я со своей анафемской леригией в партию полезу? И ее, милушку, искажать, и самого себя, и программу? Нет уж, ослобоните меня от такого греха! Мне это вовсе ни к чему, категорически заявляю!

— Дед, опять ты вильнул в сторону! — крикнул Размётнов. — Сворачивай на дорогу, не путляйся по обочинам!

В ответ Щукарь предостерегающе поднял руку:

— Я зараз кончаю, Андрюшенька. Ты только не сбивай меня своими глупыми возгласами, а то я вовсе ни к какому краю не прибьюсь. Ты сиди и спокойночко слушай умные речи, запоминай их, они тебе в жизни сгодятся. Я сроду мимо не скажу, у меня этого не бывает, а вы с Макарушкой по очереди возглашаете на меня, как дьякона с клироса, и, само собой, я нехотяючи сбиваюсь с протекания моих мыслей. Так вот я и говорю: до коммунизма я все едино хучь и беспартийный, а дойду — и не так, как этот мокрый от слез Кондрат, а с приплясом, с веселинкой, потому что я — чистый пролетарий, а не мелкий собственник, это я вам прямо скажу! А пролетарьяту, я в одном месте прочитывал, нечего терять, окромя цепей. Никаких цепей у меня, конечно, нету, окромя старой цепки, какой когда-то кобеля привязывал, это когда я ишо в богачестве проживал, но есть старуха, а это, братцы мои, похуже всяких цепей и каторжанских колодок... Но я и старуху вовсе не собираюсь терять, пущай живет при мне, бог с ней, но ежели она будет препятствовать мне и становиться поперек моего прямого пути к коммунизму, то я мимо нее так мигну, что она и ахнуть не успеет! Уж в этом вы будьте спокойные! Я страсть какой отчаянный, когда разойдусь, и тут мне на дороге не становись никто! Либо насмерть стопчу, либо так шарахну мимо, что и моргнуть никто не успеет!

— Дед, кончай, лишаю тебя слова! — решительно заявил Нагульнов, пристукивая ладонью по столу.

— Зараз кончаю, Макарушка! Не стучи дюже, а то ладошку отобьешь. Так вот я и говорю: раз уж вы все за Кондрата, то и я не супротивничаю, бог с вами, принимайте его в нашу партию. Парень он уважительный и работящий, я всегда говорил это самое. Да ежели правильно рассудить, разобрать все по косточкам, то Кондрату беспременно надо быть в нашей партии, это я вам категорически заявляю. Одним словом, Кондратушка вполне удостоенный быть партейным. Вот и весь мой сказ!

— Начал за упокой, а кончил за здравие? — спросил Размётнов.

Но за общим хохотом слов его почти никто не расслышал.

Донельзя довольный своим выступлением, дед Щукарь устало опустился на скамью, вытер рукавом потную лысину, спросил у сидевшего рядом с ним Антипа Грача:

— Здорово я... это самое... критикнул?

— Ты, дед, поступай в артисты, — вместо ответа шепотом посоветовал Антип.

Щукарь недоверчиво покосился на соседа, но, не заметив запрятанной в его смоляной бороде улыбки, спросил:

— Это с какой же стати я туда полезу?

— Деньгу будешь грести лопатой — да не простой лопатой, а грабаркой! Делов-то там — на кнут да махнуть! Забавляй людей веселыми рассказами, бреши побольше, чуди подюжей, вот она и вся твоя работенка, она и не пыльная, а денежная.

Дед Щукарь заметно оживился, заерзал на скамье, заулыбался:

— Да милый ты мой Антипушка! Ты поимей в виду, что Щукарь нигде не пропадет! Уж он слово мимо не пустит, а непременно влепит в точку, не таковский он, чтобы мимо пулять! А что ты думаешь? На худой конец, когда старость меня окончательно прищучит, могу и в артисты податься. Я на эти разные-подобные прохождения и смолоду был ужасно лихой, а зараз и вовсе! Мне это пара пустяков.

Старик задумчиво пожевал беззубым ртом, помолчал, что-то прикидывая в уме, потом спросил:

— А не слыхал ты случаем, сколько там все-таки платят, в артистах? Сдельно или как? Словом, какое там жалованье идет на личность? Лопатой и копейки грести можно, но мне они вовсе ни к чему, хотя и копейка деньгой считается у скупого человека.

— От выходки и от развязки платят: как будешь себя на народе держать, — заговорщицки прошептал Антип. — Чем ты развязней и суетней будешь, тем больше тебе жалованья припадает. Они, брат, только и знают, что жрут да пьют, да по разным городам разъезжают. Легкая у них жизня, птичья, можно сказать.

— Пойдем, Антипушка, на баз, покурим, — предложил Щукарь, сразу утративший к собранию всякий интерес.

Они вышли из класса, с трудом пробираясь сквозь густую толпу народа. Присели возле плетня на согретую солнцем землю, закурили.

— А что, Антипушка, доводилось тебе когда-нибудь видать этих самых артистов?

— Сколько хошь. Когда на действительной служил в городе Гродно, нагляделся на них вдоволь.

— Ну и как они?

— Обыкновенно.

— Сытые из себя?

— Как кормленые борова!

Щукарь вздохнул:

— Значит, харч у них зиму и лето не переводится?

— По завязку!

— А куда же надо ехать, чтобы к ним прибиться?

— Не иначе в Ростов, ближе их не водится.

— Не так-то и далеко... Что же ты мне раньше про этот легкий заработок не подсказал? Я, может, уже давнымдавно там на должность устроился бы? Ты же знаешь, что я на легкий труд, хотя бы на артиста, ужасный способный, а тяжело работать в хлеборобстве не могу из-за моей грызной болезни. Лишил ты меня скоромного куска! Тупая мотыга ты, а не человек! — в великой досаде проговорил Щукарь.

— Да ведь как-то разговора об этом не заходило, — оправдывался Антип.

— Надо бы тебе давно наставить меня на ум, и, гляди, я давно бы уже в артистах прохлаждался. А как только к старухе на побывку приезжал бы, так тебе — бац на стол — пол-литра водки за добрый совет! И я сытый, и ты пьяный, вот он и был бы порядочек... Эх, Антип, Антип!.. Прографчевали мы с тобой выгодное дело! Нынче же мне надо посоветоваться со старухой, а там, может, в зиму я и тронусь на заработки. Давыдов меня отпустит, а лишние деньжонки мне в хозяйстве сгодятся: коровку приобрету, овечек подкуплю с десяток, поросеночка, вот оно дело-то и завеселеет... — без удержу размечтался вслух дед Щукарь и, поощряемый сочувственным молчанием Антипа, продолжал: — А жеребцы, признаться, мне надоскучили, да и зимняя езда не по мне. Трухлявый я стал, зябкий на мороз, словом — обнищал здоровьишком. Час посидишь в санях, и от холоду в нутре кишка к кишке примерзает. А ить так недолго и заворот кишок получить, ежели там от мороза все слипнется, или воспаление нервного седалища, как у покойного Харитона было. А мне это вовсе ни к чему! Мне ишо много делов предстоит, и до коммунизма я хучь пополам разорвусь, а дотянусь!

Антипу надоело забавляться с доверчивым по-детски стариком, и он решил положить конец шутке:

— Ты, дед, дюже подумай, допрежь чем записываться в артисты...

— Тут и думать нечего, — самонадеянно заявил дед Щукарь. — Раз там даровая деньга идет, к зиме и я там буду. Эка трудность — добрых людей веселить и рассказывать им разные разности!

— Иной раз не захочешь любых денег...

— Это почему же такое? — насторожился Щукарь.

— Бьют их, этих артистов...

— Бью-у-ут? Кто же их бьет?

— Народ бьет, какой за билеты деньги платит.

— А за что бьют?

— Ну, не угодит артист каким-нибудь словом, не придется народу на вкус или побаска его покажется скучной, вот и бьют.

— И... это самое... здорово бьют или так, просто шутейно, стращают?

— Какой там черт шутейно! Бьют иной раз так, что с представления сразу везут его, беднягу, в больницу, а иной раз и на кладбище. На моих глазах в старое время одному артисту в цирке ухо откусили и заднюю ногу пяткой наперед вывернули. Так и пошел домой, разнесчастный человек...

— Постой, погоди! Как это — заднюю ногу? Да он, что же, об четырех ногах был, что ли?

— Там всякие бывают... Там всяких для потехи держат. Но я тут ошибку понес, я хотел сказать: левую, переднюю, словом, левую ногу вывернули напрочь, так и пошел он задом наперед, и не поймешь, в какую сторону он шагает. То-то и орал, горемыка! На весь город слышно было! Гудел, как паровоз, у меня ажник волос на голове вдыбки подымался!

Щукарь долго, испытующе глядел в серьезное и даже помрачневшее, очевидно, от неприятных воспоминаний лицо Антипа, под конец уверовал в подлинность сказанного и негодующе спросил:

— А где же полиция была, язви ее душу?! Чего же она глядела на такое пришествие?

— Полиция сама участвовала в битье. Я сам видал, как полицейский в левой руке свисток держит, свистит в него, а правой артиста по шее ссланивает.

— Это, Антипушка, при царе так могло быть, а при советской власти милиции драться не положено.

— Обыкновенных граждан милиция, конечно, не трогает, а артистов все равно бьет, ей это разрешается. Так заведено спокон веков, тут уж ничего не поделаешь.

Дед Щукарь подозрительно сощурил глаз:

— Брешешь ты, чертов Грач! Что-то я тебе веры никак не даю... Ну откуда ты можешь знать, что и зараз артистам выволочку делают? В городах ты тридцать лет не был, дальше хутора и носа не кажешь, откуда ты все могешь знать?

— У меня же родной племянник в Новочеркасском живет, он и сообщает в письмах про городскую жизнь, — заверил Антип.

— Разве что племянник... — снова заколебался дед Щукарь и тяжело завздыхал, посумрачнел лицом. — Вот какая закавычка, Антипушка... Оказывается, рысковая это штука, артистом быть... И на самом деле — ежели там до смертоубийства доходит народ, то это мне вовсе ни к чему. К едрене-фене с такой веселой жизнью!

— Вот я тебя на всякий случай и упреждаю. Ты сначала посоветуйся со старухой, а тогда уже и устраивайся.

— Старуха тут ни при чем, — сухо ответил дед Щукарь. — Не ей же в случае чего будут бока мять. Чего же я с ней буду советоваться?

— Тогда решай сам. — Антип поднялся с земли, затоптал цигарку.

— Мне спешить некуда, до зимы ишо далеко, да, признаться, и жеребцов бросать жалко, и старуха одна заскучает... Нет, Антипушка, пущай, видно, артисты эти без меня обходятся. Будь они прокляты, эти легкие заработки! Да и не такие уж они легкие, ежели всурьез подумать. Ежели тебя каждый день будут молотить чем попадя, а милиция, вместо того чтобы заступиться, сама будет кулаки на тебе пробовать, — покорнейше благодарю! Кушайте эти вареники сами! Меня сызмальства кто только не забижал! И гуси, и бугаи, и кобели, и чего только со мной не случалось. Даже до того дошло, что дитя подкинули. Это как, по-твоему, приятность? Да чтобы меня на старости лет в артистах убили или какой-нибудь телесный член мне вывернули наоборот — покорнейше благодарю! Не желаю, и все тут! Пойдем, Антипушка, лучше на собрание, там дело надежное, веселое, а артисты пущай сами про себя думают. Они, видать, все молодые, черти, здоровые. Их почем зря лупят, а они, небось, от этого только толстеют. А мое дело стариковское. Даром, что там харч богатый, а ежели меня как следует отдубасить разика два, то я и душу богу отдам. На черта же мне этот скоромный кусок нужен в таком разе? Эти дураки, какие бедных артистов бьют, у меня его из глотки живьем вынут. Не желаю быть в артистах, и больше ты меня не сманивай туда, черный дьявол, и не расстраивай окончательно и бесповоротно! Ты вот только что рассказал походя, как артисту ухо откусил какой-то безумный дурак, и как ему ногу вывернули, и как его били, а у меня уже и уши болят, и ноги ломит, и все кости ноют, будто меня самого били, кусали за уши и волочили, как хотели... Я на эти зверские рассказы ужасный нервный, все одно как контуженый. Так что ты иди, за-ради бога, пока один на собрание, а я трошки отдохну тут, успокою себя, настрою свои нервы, а тогда и пойду Дубцову отлуп давать. А зараз я не могу, Антипушка, выступать, у меня мелкая зыбь по спине идет и в коленях какое-то дрожание, какая-то трясучка, чума ее забери, встать твердо на ноги не позволяет...

Щукарь начал свертывать новую папироску. И на самом деле руки его дрожали, со свернутого желобком клочка газетной бумаги сыпался крупно покрошенный табак-самосад, лицо слезливо морщилось. Антип с притворной жалостью поглядел на старика:

— Не знал я, дедушка, что ты такой чувствительной души, а то бы я тебе не рассказывал про горькую жизнь артистов... Нет, дедок, не гож ты в артисты! Сиди на печке и не гоняйся за длинным рублем. Да и старуху тебе оставлять надолго негоже, пожалеть ее старость надо...

— То-то она возликует, когда скажу ей, что из-за нее я отказался ехать в артисты! Благодарностев мне от нее будет — несть конца!

Дед Щукарь умильно улыбался, покачивал головой, предвкушая то удовольствие, какое получит сам и доставит своей старухе, сообщив ей столь приятную новость. Но над ним уже нависла гроза...

Не знал старик о том, что верный его друг, Макар Нагульнов, полчаса назад снарядил одного из парней к Щукаревой старухе со строгим наказом — немедленно явиться в школу и под любым предлогом увести старика домой.

— А легка на поминке твоя старая! — улыбаясь уже в открытую, сказал Антип Грач и довольно крякнул.

Дед Щукарь поднял голову. Словно мокрой губкой кто-то стер с его лица блаженную улыбку! Прямо на него шла старуха, нахмуренная, решительная, исполненная начальственной строгости.

— Язви ее... — растерянно прошептал дед Щукарь. — Откуда же она, окаянная, взялась? То лежала хворая, головы не подымала, а то вот тебе, сама собой жалует. И за какой чумой ее несет нелегкая?

— Пошли домой, дед, — голосом, не терпящим возражений, приказала старуха своему благоверному.

Дед Щукарь, сидя на земле, словно околдованный, смотрел на нее снизу вверх, смотрел, как кролик на удава.

— Собрание ишо не кончилось, милушка, и мне выступать надо. Наше хуторское начальство усердно просило меня выступить, — наконец-то тихо проговорил он и тут же икнул.

— Обойдутся без тебя. Пошли! Дома дела есть.

Старуха была почти на голову выше мужа и вдвое тяжелее его. Она властно взяла старика за руку, одним движением легко поставила его на ноги. Дед Щукарь пришел в себя, гневно топнул ногой:

— А вот и не пойду! Не имеешь никакого права лишать меня голоса! Это тебе не старый режим!

Не говоря больше ни слова, старуха повернулась, крупно зашагала к дому, и, влекомый ею, изредка упираясь, семенил рядом дед Щукарь. Весь вид его безмолвно говорил о слепой покорной судьбе.

Вслед ему смотрел и беззвучно смеялся Антип Грач. Но, уже поднимаясь по ступенькам крыльца, он подумал: «А ведь, не дай бог, подомрет старик, скучно без него в хуторе станет!»

Глава XXIII

Как только в школе не стало деда Щукаря, собрание приняло совсем иной характер: по-деловому, не прерываемые внезапными взрывами смеха, зазвучали выступления колхозников, обсуждавших кандидатуру Дубцова, а после того как неожиданно для всех выступил кузнец Ипполит Шалый, — на собрании на несколько минут впервые установилась словно бы предгрозовая тишина...

Уже все кандидатуры подавших заявления о вступлении в партию были всесторонне обсуждены; уже все трое открытым голосованием были единогласно приняты кандидатами в члены партии с шестимесячным испытательным стажем, когда слова попросил старик Шалый. Он поднялся с парты, стоявшей вплотную к окну, прислонился широкой спиной к оконной притолоке, спросил:

— Можно мне задать один вопросик нашему завхозу Якову Лукичу?

— Задавай хоть два, — разрешил сразу весело насторожившийся Макар Нагульнов.

Яков Лукич нехотя повернулся к Шалому. На лице у него застыло напряженное, ожидающее выражение.

— Вот люди вступают в партию, хотят не возле нее жить, а в ней самой, вместе с ней делить и горе и радость, — приглушенным басом заговорил Шалый, не сводя выпуклых черных глаз с Якова Лукича. — А почему ты, Лукич, не подаешь в партию? Хочу я у тебя крепко спросить: почему ты отстаиваешься в сторонке? Или тебя вовсе не касается, что партия как рыба об лед бьется, тянет нас к лучшей жизни? А ты — что? А ты от жарких делов норовишь в холодке отсидеться, ждешь, когда тебе кусок добудут, разжуют и в рот положат, так, что ли? Как это так у тебя получается? Интересно у тебя получается и очень даже наглядно для народа... Для всего хутора наглядно, ежели хочешь знать!

— Я себе сам кусок зарабатываю и у тебя ишо не просил, — живо отозвался Островнов.

Но Шалый властно повел рукой, будто отстраняя этот никчемный довод, сказал:

— Хлеб себе на пропитание можно добывать по-разному: надень сумку через плечо, иди христарадничать, и то с голоду не помрешь. Но не об этом я держу речь, и ты, Лукич, не вертись, как уж под вилами, ты понимаешь, об чем я говорю! Раньше, в единоличной жизни, ты на работу был злой, по-волчьему, без упуска, хватался за любое дело, лишь бы копейку лишнюю тебе где-нибудь сшибить, а зараз ты работаешь спустя рукава, как все одно для отвода глаз... Ну, не об этом речь, ишо не пришла пора отчитываться тебе перед миром за свою легкую работу и кривую жизнь, подойдет время — отчитаешься! А зараз скажи: почему ты в партию не подаешь?

— Не такой уж я грамотный, чтобы в партии состоять, — тихо ответил Островнов, так тихо, что, кроме сидевших рядом с ним, никто в школе не расслышал, что́ он сказал.

Сзади кто-то требовательно крикнул:

— Громче гутарь! Не слыхать, что́ ты там под нос себе бормочешь! Повтори, что́ сказал!

Яков Лукич долго молчал, будто и не слышал обращенной к нему просьбы. В наступившей выжидательной тишине слышно было, как разноголосо, но дружно квакают лягушки на темной и сонной речке, как где-то далеко, наверное на старой ветряной мельнице, стоявшей за хутором, тоскует сыч да трещат за окнами, в зеленых зарослях акаций, ночные свиристелки.

Молчать и дальше было неудобно, и Островнов значительно громче повторил:

— Не дюже грамотный я для партии.

— Завхозом быть — грамотный, а в партии — нет? — снова спросил Шалый.

— Там хозяйство, а тут политика. Ежели ты в этой разнице не разбираешься, то я разбираюсь, — уже отчетливо и звучно сказал оправившийся от неожиданности Яков Лукич.

Но Шалый не унимался, с усмешкой проговорил:

— А наши коммунисты и хозяйством и политикой занимаются, и — понимаешь ты, какое диковинное дело, — ведь выходит у них! Одно другому вроде бы и не помеха. Что-то крутишь ты, Лукич, не то гутаришь... Правду хочешь околесть, вот и крутишь!

— Нечего мне крутить и ни к чему, — глухо отозвался Островнов.

— Нет, крутишь! Из-за каких-то своих потаенных думок не желаешь ты подавать в партию... А может, я ошибку несу, так ты меня поправь, поправь меня!

Собрание длилось уже больше четырех часов. В школе, несмотря на вечернюю прохладу, было нестерпимо душно. Тускло светили в коридоре и классах несколько настольных ламп, но от них, казалось, было еще душнее. Однако мокрые от пота люди сидели не шевелясь, молча и напряженно следя за неожиданно вспыхнувшим словесным поединком между старым кузнецом и Островновым, чувствуя, что за всем этим кроется что-то недосказанное, тяжелое, темное...

— А какие у меня могут быть скрытые думки? Раз ты все на свете наскрозь видишь, так ты и скажи, — предложил Островнов, снова обретая утраченное было спокойствие и уже переходя от обороны к наступлению.

— Ты сам, Лукич, возьми и скажи про себя. С какой стати и чего ради я буду за тебя гутарить?

— Нечего мне с тобой говорить!

— А ты не со мной, ты с народом... с народом поговори!

— Окромя тебя, никто с меня ничего не спрашивает.

— Хватит с тебя и меня одного. Стало быть, не хочешь говорить? Ну, ничего, подождем, не нынче, так завтра все одно заговоришь!

— Да чего ты ко мне привязался, Ипполит? Ты сам-то почему не вступаешь в партию? Ты за себя скажи, а меня нечего исповедовать, ты не поп!

— А кто тебе сказал, что я не вступаю в партию? — не меняя положения, медленно, подчеркнуто растягивая слова, спросил Шалый.

— Не состоишь в партии — значит, не вступаешь.

И тут Шалый, крякнув, оттолкнулся плечом от оконной притолоки, перед ним дружно расступились хуторяне, и он развалисто, не спеша, зашагал к столу президиума, на ходу говоря:

— Раньше не вступал — это да, а зараз вступлю. Ежели ты, Яков Лукич, не вступаешь, стало быть, мне надо вступать. А вот ежели бы ты нынче подал заявление, то я бы воздержался. Нам с тобой в одной партии не жить! Разных партий мы с тобой люди...

Островнов промолчал, как-то неопределенно улыбаясь, а Шалый подошел к столу, встретил сияющий, признательный взгляд Давыдова и, протягивая заявление, кое-как нацарапанное на восьмушке листа старой пожелтевшей бумаги, сказал:

— А вот поручателей-то у меня и нету. Как-то надо вылазить из такого положения... Кто из вас, ребятки, за меня поручится? А ну-ка, пишите.

Но Давыдов уже писал рекомендацию — размашисто и торопливо. Потом ручку взял у него Нагульнов.

Единогласно был принят кандидатом в члены партии и Ипполит Шалый. После голосования ему, встав с мест, начали аплодировать коммунисты гремяченской ячейки, а за ними поднялись и все присутствовавшие на собрании, редко, неумело, гулко хлопая мозолистыми, натруженными ладонями.

Шалый стоял, растроганно моргая. Он как бы заново оглядывал повлажневшими глазами издавна знакомые лица хуторян. Но когда Размётнов шепнул ему на ухо: «Ты бы, дядя Ипполит, сказал народу что-нибудь этакое, чувствительное...» — старик упрямо мотнул головой.

— Нечего на ветер слова кидать! Да и нету у меня в загашнике таких слов... Видишь, как хлопают? Стало быть, им и так все понятно, без моих лишних слов.

Но разительная перемена во внешнем облике произошла за эти минуты не с кем-либо из вновь принятых в партию, а с самим секретарем партячейки Нагульновым.

Таким Давыдов еще никогда не видел его: Макар широко и открыто улыбался. Поднявшись за столом во весь рост, он немножко нервически оправлял гимнастерку, бесцельно касался пальцами пряжки солдатского ремня, переступал с ноги на ногу, а самое главное — улыбался, показывая густые, мелкие зубы. Всегда плотно сжатые губы его, дрогнув в уголках, вдруг расползались в какой-то по-детски трогательной улыбке, и так необычна была она на аскетически суровом лице Макара, что первый не выдержал Устин Рыкалин. Это он в величайшем изумлении воскликнул:

— Гляньте, люди добрые, Макар-то наш похоже что улыбается! Первый раз в жизни вижу такую диковину!..

И Нагульнов, не пряча улыбки, отозвался:

— Нашелся один! Приметил! А чего бы мне и не улыбаться? Приятно на душе, вот и улыбаюсь. Не куплено. А и кто мне воспретит? Дорогие граждданы, хуторцы, считаю открытое партийное собрание закрытым. Повестка собрания вся вычерпана.

Еще как-то более подобравшись, распрямив и без того крутые плечи, он шагнул из-за стола, сказал позвучневшим голосом:

— Прошу — как секретарь ячейки — подойти ко мне дорогих товарищей, принятых в нашу великую Коммунистическую партию. Хочу вас проздравить с великой честью! — И, уже сжав губы и став обычным Макаром, негромко, но по-командирски повелительно бросил: — Ко мне!

Первым подошел Кондрат Майданников. Сидящим сзади было видно, что мокрая от пота рубаха его сплошь прилипла к спине от лопаток до поясницы. «Жалкий мой, как, скажи, он десятину выкосил!» — сочувственно прошамкала одна из старух, а кто-то тихо засмеялся: «Погрели Кондрата неплохо!»

Клоня голову, Нагульнов взял прямо протянутую руку Кондрата в свои увлажнившиеся от волнения длинные ладони, сжал ее в полную силу, торжественно сказал слегка дрогнувшим голосом:

— Товарищ! Браток! Поздравляю! Надеемся, все мы, коммунисты, надеемся, что будешь примерным большевиком. Да иначе с тобой и быть не может!

А когда последним, медвежковато шагая, подошел Ипполит Шалый и, сдержанно посмеиваясь, смущенный всеобщим вниманием, издали протянул черную, раздавленную работой, огромную руку — Нагульнов шагнул ему навстречу, крепко обнял широкие сутулые плечи старого кузнеца:

— Ну вот, дядя Ипполит, как здорово оно вышло! Проздравляю всем сердцем! И остальные наши ребята-коммунисты проздравляют. Живи, не хворай и стучи молотком ишо лет сто на пользу Советской власти и нашего колхоза. Живи долго, старик, вот что я тебе скажу! От твоего долгожительства, кроме приятности, для людей ничего не будет, это я тебе верно говорю!

Неловко теснясь и толкаясь, четверо принятых в партию обменялись рукопожатиями со всеми остальными коммунистами, и народ уже столпился у выходной двери, оживленно переговариваясь, но Давыдов крикнул:

— Граждане, одну минутку! Разрешите сказать несколько слов.

— Давай, председатель, только покороче, а то мы начисто подушимся! Жарища-то и духота тут, как в доброй бане! — со смешком предупредил кто-то из толпы.

Колхозники снова стали рассаживаться, занимая прежние места. Несколько минут в школе стоял сдержанный гомон, затем все стихло.

— Граждане колхозники и особенно колхозницы! Сегодня, как никогда, собрались все до одного члены нашего колхоза... — начал было Давыдов, но тут его прервал Демка Ушаков, крикнув из коридора:

— Ты, Давыдов, начинаешь, как дед Щукарь! Энтот говорил: «Дорогие граждане и старушки!» — и ты вроде него: от этой же печки зачинаешь пляс.

— Они со Щукарем один у одного обучаются: Щукарь нет-нет да и ввернет давыдовское словцо «факт», а Давыдов скоро будет говорить: «Дорогие гражданы и миленькие старушки!» — добавил старик Обнизов.

И тут в школе грянул такой добродушнейший, но громовой хохот, что в лампах заметались язычки пламени, а одна из них даже потухла. Смеялся и Давыдов, по привычке прикрывая щербатый рот широкой ладонью. Один Нагульнов возмущенно крикнул:

— Да что ж это такое?! Никакой сурьезности нету на этом собрании! Куда вы ее подевали? Или она у вас вместе с потом вся вышла?!

Но этим выкриком он словно масла в огонь подлил, и хохот вспыхнул и покатился по всем классам, по коридору с новой силой. Макар безнадежно махнул рукой, со скучающим видом повернулся лицом к окну.

Все же нелегко ему давалось это показное безразличие, судя по тому, как перекатывались под скулами его крутые желваки и подергивалась левая бровь!

Но через минуту, когда все стихло, он вскочил со стула, будто осою ужаленный, — потому что из задних рядов снова зазвучал громкий, дребезжащий голосок деда Щукаря:

— А спрошу я вас, дорогие гражданы и старушки, почему я так возглашал?

Старик не успел окончить фразу, а хохот громыхнул, как орудийный выстрел, погасив еще две лампы. В полутьме кто-то нечаянно разбил ламповое стекло, крепко выругался; какая-то женщина осуждающе сказала:

— А ну, зануздайся! Рад, что темно и тебя не видать, так ты и ругаешься, дурак?

Смех понемногу стих, и в сумеречном свете снова послышался дребезжащий и негодующий голосок деда Щукаря:

— Один дурак в потемках ругается почем зря, а другие неизвестно для чего смеются... Потеха, а не жизня пошла! Хучь не ходи на собрания! Я проясню вам, по какой такой причине я возглашал: «дорогие гражданы и старушки!» А по такой причине, что старушки — дело верное и надежное. Любая старушка все едино, как Госбанк, живет без мошенства и без подвоха. От них никакой пакости я не жду в моей престарелой жизни, а вот молодых бабенок и девок я даже вовсе зрить не могу! А почему, спрошу я вас? Да потому, что дитя мне подкинула не какая-нибудь уважительная старушка, не старушкино это дело, и кишка тонка у любой самой резвой старухи дитя на божий свет произвесть! А какая-нибудь молодая подлючина раздобрилась под мою голову и самовольно причислила меня к лику отцов. Вот потому я разных и тому подобных молодых юбошниц и терпеть ненавижу и ни на одну из них даже глазом повесть нисколько не желаю после такого пришествия! Меня дурнит, как с перепоя, ежели я нечаянно загляжусь на какую-нибудь красивую бабенку. Вот до чего они, треклятые, меня довели!.. Как же я им после такого пришествия с дитем буду возглашать — дескать, «дорогие мои бабочки и девицы непорочные», и всякую тому подобную нежность преподносить им, как на блюде? Да ни за что на свете!

Не выдержав, Нагульнов высоко взметнул брови, изумленно спросил:

— Откуда ты взялся, дед? Тебя же твоя старуха увела домой, и как ты мог опять тут очутиться?

— Ну и что, как увела? — заносчиво ответил Щукарь. — Тебе-то какое до этого дело? Это наше дело, семейное, а не партийное. Ясно тебе?

— Ничего не ясно. Раз увела, значит, по делу увела, и ты должен быть дома.

— Был, да весь сплыл, Макарушка! И никому я ничего не должен, ни тебе, ни собственной старухе, ну вас к анчихристу, отвяжитесь вы от меня за-ради бога!

— Как же это ты, дедушка, ухитрился из дому удрать? — всеми силами сдерживая смех, спросил Давыдов.

Последнее время он положительно не мог сохранять подобающую ему серьезность в присутствии Щукаря, даже взглянуть на него не мог без улыбки, и теперь ждал ответа, щуря глаза и заранее прикрывая рот ладонью. Недаром Нагульнов, оставаясь с ним с глазу на глаз, с нескрываемой досадой говорил: «И что это с тобой, Семен, делается? Смешливый ты стал, как девка, какую щекочут, и на мужчину вовсе стал не похожий!»

Воодушевленный вопросом Давыдова, Щукарь рванулся вперед, яростно работая локтями, расталкивая столпившихся в проходе хуторян, изо всех сил пробиваясь к столу президиума.

Нагульнов крикнул ему:

— Дед! Ну, что ты по головам ходишь? Говори с места, разрешаем, только покороче!

Остановившись на полпути, дед Щукарь запальчиво прокричал в ответ:

— Ты свою бабушку поучи, откуда ей говорить, а я свое место знаю! Ты, Макарушка, завсегда на трибун лезешь, либо из прозюдиума рассуждаешь и несешь оттуда всякую околесицу, а почему же я должен с людьми разговаривать откуда-то из темного заду? Ни одного личика я оттуда не вижу, одни затылки, спины и все прочее, чем добрые люди на лавки садятся. С кем же я, по-твоему, должен разговаривать и кому возглашать? Затылкам, спинам и разному тому подобному? Иди ты сам сюда, взад, отсюда и держи свои речи, а я хочу людям в глаза глядеть, когда разговариваю! Задача ясная? Ну и молчи помаленьку, не сбивай меня с мысли. А то ты повадился загодя сбивать меня. Я и рот не успею открыть, а ты уже, как из пращи, запускиваешь в меня разные возгласы. Нет, братец ты мой, так дело у нас с тобой не пойдет!

Уже стоя против стола и одним глазом глядя на Макара в упор, Щукарь спросил:

— Ты когда-нибудь в жизни видал, Макарушка, чтобы баба отрывала мужчину от дела по вострой нужде? Ответствуй по совести!

— Редко, но случалось: скажем, в случае пожара или ишо какой беды. Ты только собрание не затягивай, старик, дай высказаться Давыдову, а после собрания пойдем ко мне и будем с тобой гутарить хоть до рассвета.

Нагульнов, непреклонный Нагульнов, явно шел на уступки, лишь бы как-то умаслить деда Щукаря и не дать ему возможности по-пустому задерживать собравшихся, но достиг неожиданного эффекта — дед Щукарь всхлипнул, вытер рукавом заслезившийся глаз, сквозь непритворные слезы заговорил:

— По мне все едино, у тебя ночевать или возле жеребцов, но только домой мне нынче объявляться никак нельзя, потому что предстоит мне от моей старухи такая турецкая баталия, что я могу у себя на пороге и копыта к чертовой матери откинуть, и очень даже просто!

Дед Щукарь повернулся сморщенным, как печеное яблоко, личиком к Давыдову, продолжал внезапно окрепшим голосом:

— Вот ты, жаль моя, Семушка, вопрошаешь, как то есть я дома был и из дома сплыл. А ты думаешь — это простое дело? Должен я собранию в один секунд, не затягивая дела, прояснить насчет моей зловредной старухи, потому что должен я от народа восчувствие себе иметь, а не сыщу я того восчувствия — тогда ложись, Щукарь, на сырую землю и помирай с господом богом к едреной матушке! Вот какой петрушкой складывается моя гробовая жизнь!.. Стало быть, с час назад приходит сюда моя зазноба, а я сижу с Антипушкой Грачом на дворе, табачок с ним покуриваем и рассуждаем про артистов и насчет нашей протекающей жизни. Приходит она, треклятая, берет меня за руку и волокет за собой, как сытый конь перевернутую вверх зубьями борону. Легочко волокет, не кряхнет даже и не охнет от натуги, хотя я и упирался обеими ногами изо всех сил.

Да ежели хотите знать, то на моей старухе пахать можно и груженые воза возить, а меня ей утянуть куда хошь — раз плюнуть, до того она сильная, проклятая! Сильная до ужасти, как ломовая лошадюка, истинный бог не брешу! Уж кому-кому, а мне про ее силищу известно до тонкостев, на своем горбу пробовал...

И вот она меня и тянет и волокет следом за собой, а что поделаешь? Сила солому ломит. Поспешаю за ней, а сам спрашиваю: «За какой нуждой ты меня от собрания отрываешь, как новорожденного дитя от материнских грудей? Ить мне же там дело предстоит!» А она говорит: «Пойдем, старый, у нас ставня на одном окошке сорвалась с петли, навесь ее как следует, а то, не дай бог, подует ночью ветер и расколотит нам окошко». Это как вам, номер? Вот тебе, думаю, и раз! «Да, что же, — говорю ей, — завтра дня не будет, чтобы ставню навесить? Не иначе ты ополоумела, старая кочерыжка!» А она говорит: «Я хвораю, и мне одной лежать в хворости скучно, не слиняешь, ежели посидишь возле меня». Вот тебе и два! Я ответствую ей на это: «Позови какую-нибудь старуху, она и посидит с тобой, пока я на собрание вернусь и Агафоше Дубцову отлуп дам». А она говорит: «Желаю только с тобой скуку делить, и никакая старуха мне не нужна». Вот тебе и три, то есть три пакости в ответ!

Это как, можно добровольно переносить такое смывание над человеком или надо было сразу экуироваться от такой непролазной дурости? Я так и сделал, то есть самовольно экуировался. Вошли в хату, а я, недолго думая, шмыг — в сенцы, оттуда — на крыльцо и поспешно накинул цепку на дверной пробой, а сам на рысях сюда, в школу! Окошечки у нас в хате маленькие, узенькие, а старуха моя, вы же знаете, тушистая, огромадная. Ей ни за что в окно не пролезть, застрянет, как кормленая свинья в дыроватом плетне, это дело уже пробованное, застревала она там, и не раз. Вот она и сидит теперича дома, сидит, миленькая, как черт в старое время, ишо до революции, в рукомойнике сидел, а из хаты выйти не может! Кому охота — пущай идет, высвобождает ее из плену, а мне являться ей на глаза никак нельзя, я дня на два подамся к кому-нибудь во временные жильцы, пока старуха моя не остынет трошки, пока ее гнев на меня не потухнет. Я не глупой, чтобы рисковать своей судьбой, и мне вовсе ни к чему ее разные и тому подобные баталии. Решит она меня жизни вгорячах, а потом что? А потом прокурор напишет, что, мол, на Шипке все спокойно, и дело с концом! Нет, покорнейше благодарю, кушайте эти оладьи сами! Умный человек все это дело и без прояснений поймет, а дураку проясняй не проясняй — все едино он так дураком и проживет до гробовой доски!

— Ты кончил, дед? — спокойно спросил Размётнов.

— С вами нехотя кончишь. Агафону отлуп дать я опоздал, все одно вы его приняли в нашу партию, да, может, этак оно и к лучшему, может, я даже с вами и согласный. Про старуху все как есть прояснил и по глазам вашим вижу, что все вы тут предсидящие ко мне дюже восчувствие имеете. А больше мне ничего и не надо! Поговорил я с вами в свое удовольствие, не все же мне с одними жеребцами разговаривать, верно говорю? У вас понятия хучь на самую малость, но все-таки больше, чем у моих жеребцов...

— Садись, старик, а то ты опять заговариваться начинаешь, — приказал Нагульнов.

Вопреки ожиданиям присутствовавших, Щукарь молча пошел на свое место, не вступая в обычные пререкания, но зато улыбался с таким необычайным самодовольством и так победоносно сверкал одним глазом, что всякому с непреложной ясностью долженствовало видеть: идет он не побежденным, а победителем. Его провожали дружественными улыбками. Все же гремяченцы относились к нему очень тепло.

И только один Агафон Дубцов не преминул испортить деду счастливое настроение. Когда Щукарь, исполненный важности, проходил мимо него, Агафон, искривив рябое лицо, зловеще шепнул:

— Ну, достукался ты, старик... Давай попрощаемся!

Щукарь встал как вкопанный, некоторое время молча жевал губами, а потом набрался сил, спросил дрогнувшим голосом:

— Это... это с какой же стати то есть я должен с тобой прощаться?

— А с такой, что жить тебе осталось на белом свете самую малость... Жизни тебе осталось на два огляда и на четыре вздоха. Не успеет стриженая девка косу заплесть, а ты уже доской накроешься...

— Это... как же это так, Агафоша?

— А так, очень даже просто! Тебя убить собираются.

— Кто? — еле выдавил из себя дед Щукарь.

— Известно кто: Кондрат Майданников с женой. Он уже ее домой послал за топором.

Ноги Щукаря мелко задрожали, и он обессиленно присел рядом с услужливо подвинувшимся Дубцовым, потерянно спросил:

— За что же это он меня задумал жизни решить?

— А ты не догадываешься?

— За отлуп, какой ему дал?

— Точно! За критику всегда убивают, иной раз топором, иной раз из обреза. А тебе как больше нравится — от пули умереть или под топором?

— Нравится! Скажешь тоже! Да кому же может нравиться такое пришествие?! — возмутился дед Щукарь. — Ты скажи лучше: что мне теперича делать надо? Как я могу себя оборонить от такого глупого дурака?

— Заявлять надо начальству, пока жив, вот и все.

— Не иначе, — немного поразмыслив, согласился дед Щукарь. — Зараз пойду Макарушке жалиться. А что же ему, проклятому Кондрашке, не страшно за меня на каторгу идти?

— Он говорил — мол, за Щукаря мне больше года не дадут или, на худой конец, больше двух лет, а год или два я смело отсижу, легко отдежурю... За таких старичишек, говорит, много не дают. Самые пустяки дают за подобное барахло.

— Облизнется он, сукин сын! Получит всю десятку, уж это я до тонкостей знаю! — в ярости возопил дед Щукарь.

И тут получил от Нагульнова строжайшее предупреждение:

— Ежели ты, старик, ишо раз заорешь недорезанным козлом — немедленно выведем с собрания!

— Сиди тихо, дедушка, я провожу тебя отсюда, я тебя в трату не дам! — шепотом пообещал Дубцов.

Но Щукарь в ответ и словом не обмолвился. Он сидел, опершись локтями о колени, низко склонив голову. Он думал о чем-то сосредоточенно, упорно, страдальчески морщил лоб, а потом вдруг вскочил, расталкивая людей, рысцой затрусил к столу президиума. Дубцов, следивший за стариком, видел, как тот склонился над Нагульновым, что-то зашептал ему на ухо, указывая на него, Дубцова, а потом на Кондрата Майданникова.

Трудно, почти невозможно было рассмешить Нагульнова, но тут и он не выдержал, улыбнулся краешками губ и, глядя на Дубцова, укоризненно покачав головой, усадил Щукаря рядом с собой, шепнул: «Сиди тут и не рыпайся, а то ты домотаешься до какого-нибудь греха».

Спустя немного торжествующий и успокоенный дед Щукарь поймал взгляд Майданникова и злорадно показал ему из-под локтя левой руки дулю. Изумленный Кондрат поднял брови, а Щукарь, чувствуя себя возле Макара в полной безопасности, уже показывал ему сразу две дули.

— Что это старик тебе шиши кажет? — спросил у Майданникова сидевший по соседству Антип Грач.

— А черт его знает, что ему на ум взбрело, — с досадою ответил Кондрат. — Примечаю я, что он умом начинает трогаться. Да оно и пора: года-то его не малые, а пережить ему пришлось тоже не мало, бедняку. Всегда мы жили с ним по-хорошему, а зараз, видать, он что-то на меня злобствует. Надо будет у него спросить, за что он обижается.

Случайно Кондрат глянул на место, где недавно сидел дед Щукарь, и тихонько рассмеялся, толкнул локтем Антипа:

— Он же рядом с Агафоном сидел, теперь все понятно! Это чертов Агафон ему что-нибудь в уши надул про меня, какую-нибудь хреновину выдумал, вот дед и бесится, а я и сном-духом не знаю, чем ему не угодил. Он уже как малое дите стал, всякому слову верит.

Стоя возле стола, Давыдов терпеливо ждал, когда извечно медлительные хуторяне снова рассядутся по местам и стихнет шум.

— Давай, Давыдов! Давай, не тяни! — крикнул нетерпеливый на ожидание Демка Ушаков.

Давыдов, о чем-то пошептавшись с Разметновым, торопливо начал:

— Я вас надолго не задержу, факт! Я потому обращаюсь особенно к колхозницам, что вопрос, который сейчас поставлю перед вами, больше касается женщин. Сегодня на нашем партийном собрании весь колхоз присутствует, и мы, коммунисты, посоветовавшись между собою, хотим предложить вам такую штуку: на заводах у нас давным-давно созданы детские сады и ясли, где каждый день, с утра до вечера, под присмотром опытных нянек и воспитательниц находятся, кормятся и отдыхают малые детишки, это, товарищи, факт. А мамаши их тем временем работают и о своей детворе не болеют душой. Руки у них развязаны, от забот о детях они освобождены. Почему бы и нам при колхозе не устроить такой детский сад? Два кулацких дома у нас пустуют; молоко, хлеб, мясо, пшено и кое-что другое в колхозе есть, факт! Харчами мелких граждан наших мы полностью обеспечим, уходом — тоже, так в чем же дело, черт возьми? А то ведь на носу уборка хлебов, а с выходами женщин на работу дело не ахти как важно обстоит у нас, прямо скажу — плохо обстоит, вы сами это знаете. Как, дорогие колхозницы, согласны вы с нашим предложением?

Давайте голоснем, и если большинство будет согласно, то и примем сейчас же такое решение, чтобы из-за этого вопроса не созывать нам лишний раз еще одно собрание. Кто «за» — прошу поднять руки.

— Кто же супротив такого добра будет? — крикнула многодетная жена Турилина. Оглядывая соседок, она первая подняла узкую в запястье руку.

Густейший частокол рук вырос над головами сидевших и толпившихся в проходах колхозников и колхозниц. Против никто не голосовал. Давыдов потер руки, довольно заулыбался:

— Предложение об устройстве детского сада принято единогласно! Очень приятно, дорогие товарищи-гражане, такое единодушие, факт, что попали мы в точку! Завтра приступим к делу. Детишек приходите, мамаши, записывать в правление колхоза с утра, часов с шести, как только со стряпней управитесь. Посоветуйтесь, товарищи женщины, между собой и выберите стряпуху, чтобы была опрятная и умела хорошо готовить, и еще двух-трех колхозниц выберите, аккуратных, чисторядных собою, ласковых к детишкам — на должность нянек. Заведующую будем просить себе в районе, чтобы была грамотная и могла вести отчетность, факт. Мы тут прикидывали и решили, что каждой из колхозниц-нянек и стряпухе мы будем в день начислять по трудодню, а заведующей придется платить жалованье по государственной ставке. Не разоримся, факт! А дело такое, что тут ничего жалеть не надо, расходы окупятся выходами на работу, это я вам впоследствии фактически докажу! Детишек будем принимать от двух лет и до семи. Вопросов нет?

— А не многовато ли в день по трудодню? Не велика тяжесть с детвой возиться, это не вилами в поле ворочать, — вслух усомнился недавно вступивший в колхоз, один из последних в хуторе единоличников Ефим Кривошеев.

Но тут вокруг него закипела такая буря негодующих женских возгласов, что оглушенный Ефим вначале только морщился, отмахивался, будто от пчел, от наседавших на него женщин, а потом, чуя недоброе, вскочил на парту, весело и зычно заорал:

— Уймитесь, мои лапушки! Уймитесь, за-ради Христа! Это я по нечайке сказал! Это я по оплошке сдуру сбрехнул! Пропустите меня к выходу и не тянитесь, пожалуйста, к моей морде с вашими кулаками! Товарищ Давыдов, выручай нового колхозника! Не дай пропасть геройской смертью! Ты же наших баб знаешь!

Женщины кричали вразнобой:

— Да ты, такой-сякой, когда-нибудь возился с детишками?!

— В стряпухи его определить, толстого борова!

— В няньки!

— И двух трудодней не захочешь, как побудешь с ними день-деньской, а он скряжничает, волчий зуд!

— Проучите его, бабоньки, чтобы брехал, да меру знал!..

Может быть, все и обошлось бы чинно-мирно, но шутливый выкрик Ефима послужил как бы сигналом к разрядке напряженности, и дело приняло совсем неожиданный для Ефима оборот: с хохотом и визгом женщины стащили его с парты, чья-то смуглая рука зажала в кулаке каштановую бороду Ефима, и звучно затрещала на нем по всем швам и помимо швов новая сатиновая рубаха. Тщетно, надрываясь, Нагульнов, призывал женщин к порядку. Свалка продолжалась, и через минуту багрового от смеха и смущения Ефима дружно вытолкали в коридор, но оба рукава, оторванные от его рубахи, лежали на полу в классе, а сама рубаха, оставшаяся без единой пуговицы, была распущена во многих местах от ворота до подола.

Задыхаясь от смеха, под общий хохот окруживших его казаков, Ефим говорил:

— Какую силу забрали наши анафемские бабы! Ведь это беда! Первый раз выступил супротив них и, скажи, как неудачно... — Он стыдливо запахивал на смуглом животе располосованную рубаху, сетовал: — Ну как я в таком кружеве своей бабе на глаза покажусь? Ведь она меня за такой убыток со двора сгонит! Придется вместе с дедом Щукарем пристраиваться к какой-нибудь вдове во временные жильцы, нету у нас с ним другого выхода!

Глава XXIV

С собрания расходились далеко за полночь. По всем улицам и переулкам медленно шли люди, оживленно переговаривались; в каждом дворе скрипели калитки, резко в ночной тишине звякали дверные щеколды; изредка то здесь, то там звучал смех, и — непривычные к такому многолюдству и гомону в ночное время — по всему Гремячему Логу подняли неистовый брех проснувшиеся хуторские собаки.

Одним из последних вышел из школы Давыдов. После ядовитой, густой духоты, заполнившей все помещение школы, воздух на улице показался ему холодным, пьянящим свежестью. Даже как будто запах браги уловил в легком ветерке жадно дышавший Давыдов.

Впереди него шли двое. Услышав их голоса, он невольно улыбнулся.

Дед Щукарь горячо говорил:

— ...А я сдуру и поверил ему, чертову треплу, что Кондрат всурьез собирается казнить меня за мою критику и самокритику, и испужался страшно, подумал про себя: «Да ить это шутка делов — топор в руках у Кондрата! Парень он вроде и смирный, а там черт его знает... раз махнет топором вгорячах и расколет голову напополам, как арбуз!» И как я мог дать веры этому чертову Агафошке?! Ить он шагу не сделает, чтобы мне в чем-нибудь не напакостить! Ить у него же всею жизню язык трепется, как худая варежка на колу. Это он, проклятый сын, и козла Трофима выучил на меня кидаться и поддевать рогами куда попало, не считаясь, что я грызной человек. Уж это я до тонкостев знаю! Сам видал, как он его этой зверской науке выучивал, только я тогда вовсе не думал, что он его супротив меня наставляет и научает жизню мне укорачивать.

— А ты не верь ему! Ни в чем, как есть, не верь и всегда бери его под всевозможное сомнение! Агафон до смерти любит всякие штучки выкидывать, он надо всеми подшучивает, такой уж у него характер, — хрипловатым баском успокаивающе отзывался Нагульнов.

Они вместе вошли в калитку нагульновского двора, продолжая разговор, начатый, очевидно, еще в школе. Давыдов хотел было последовать за ними, но раздумал.

Свернув в ближайший переулок и пройдя немного, увидел прислонившуюся к плетню Варю Харламову. Она шагнула ему навстречу.

Поздний ущербный месяц светил скупо, но Давыдов отчетливо разглядел на губах девушки смущенную и невеселую улыбку.

— А я вас дожидаюсь... Я знаю, что вы этим переулком всегда домой ходите. Давно я вас не видала, товарищ Давыдов...

— Давно не встречались мы с тобой, Варюха-горюха! — обрадованно проговорил Давыдов. — Ты за это время стала совсем взрослой и красивой, факт! Где же это ты пропадала?

— То на прополке, то на покосе, и по домашности тоже дела... А вы ни разу и не проведали меня, небось и не вспомнили ни разу...

— Моя такая обидчивая! Не упрекай, все — некогда, все — дела. По неделе не бреемся, едим раз в сутки, вот как нас прикрутило перед уборкой. Ну, чего ты меня ждала? Дело какое есть? Не пойму: какая-то ты грустная, что ли? Или я ошибаюсь?

Давыдов легонько сжал тугую и полную руку девушки повыше локтя, сочувственно заглянул ей в глаза:

— Уж не горе ли какое у тебя? Рассказывай!

— Вы домой идете?

— А куда же мне еще в такой поздний час?

— Мало ли куда, вам двери везде открытые... Ежели домой, то нам по дороге. Может, проводите меня до нашей калитки?

— О чем речь! Чудачка ты, право! Ну, когда это матросы, даже бывшие, отказывались провожать хорошеньких девушек? — с шутливым наигрышем воскликнул Давыдов, взяв девушку под руку. — Пошли в ногу! Ать, два! Ать, два! Ну, так что у тебя за горе-беда? Выкладывай все начистоту. Председатель должен все знать, факт! Все до подноготной!

И вдруг Давыдов ощутил, как под его пальцами задрожала рука Вари, шаг ее стал неуверенным, как бы спотыкающимся, и сейчас же послышался короткий всхлип.

— Да ты на самом деле раскисла, Варюха! Что с тобой? — отбросив шутливый тон, обеспокоенно и тихо спросил Давыдов. Он остановился снова, пытаясь заглянуть ей в глаза.

Мокрым от слез лицом Варя ткнулась в его широкую грудь. Давыдов стоял не шевелясь, то хмурясь, то удивленно подымая выгоревшие брови. Сквозь сдавленные рыдания еле расслышал:

— Меня сватают... За Ваньку Обнизова... Маманя день и ночь меня пилит: «Выходи за него! Они живут справно!» — и вдруг все горькое горе, что копилось на сердце у девушки, как видно, не один день, вырвалось в страдальческом вскрике: — Да господи, что же мне делать?!

На короткий миг рука ее легла на плечо Давыдова и тотчас же соскользнула, обессиленно повисла.

Вот уж чего никак не ожидал Давыдов и никогда не думал о том, что такая встреча может повергнуть его в полное смятение! Растерянный, онемевший от неожиданности, чувствуя острую боль на сердце, он молча сжал Варины руки и, слегка отшатнувшись, смотрел на ее склоненное заплаканное лицо, не зная, что сказать. И только в этот момент до него наконец дошло, что он, таясь от самого себя, пожалуй, давно любит эту девушку — какой-то новой для него, бывалого человека, чистой и непонятной любовью, и что сейчас вот уже в упор подошли к нему две печальные подруги и спутницы почти каждой настоящей любви — разлука и утрата...

Овладев собой, он спросил чуточку охрипшим голосом:

— А ты? Что же ты, моя ланюшка?

— Не хочу я идти за него! Пойми, не хочу!

Варя подняла на Давыдова всклень налитые слезами глаза. Распухшие губы ее трогательно и жалко задрожали. И словно бы в ответ отозвалось, дрогнуло сердце Давыдова. Во рту у него пересохло. Он с трудом проглотил колючую слюну, сказал:

— Ну и не выходи за него, факт! Силой никто тебя замуж не выдаст.

— Да пойми же ты, что у матери нас шестеро, остальные все меньше меня, мать хворая, а одна я такую ораву не прокормлю, хоть задушусь на работе! Как же ты этого не поймешь, родненький мой?

— А замуж выйдешь — тогда как? Муж-то будет помогать?

— Он с себя последнее сымет, лишь бы нашим помочь! Он рук не будет покладать на работе! Знаешь, как он меня любит? Он дюже меня любит! Только не нужны мне ни помочь его, ни любовь! Не люблю я его ни капельки! Противный он мне до смерти! Он меня за руки возьмет потными руками, а мне тошно становится. Я скорее... Эх, да что там говорить! Был бы отец живой, я и не задумывалась бы ни о чем, я бы теперь, может, уже школу второй ступени кончала...

Давыдов все еще пристально глядел на заплаканное, бледное в лунном свете лицо девушки. Горестные складки лежали по углам ее припухших губ, глаза были опущены, и сине темнели веки. Она тоже молчала, комкая в руках платочек.

— А что, если помогать вашей семье? — после короткого раздумья неуверенно спросил Давыдов.

Но не успел он закончить фразы, как уже не слезами, а гневом блеснули будто сразу высохшие глаза Варюхи. Раздувая ноздри, она по-мужски грубо воскликнула низким, рвущимся голосом:

— Иди ты к черту со своей помощью! Понял?!

И опять наступило короткое молчание. Потом Давыдов, немного ошалевший от неожиданности, спросил:

— Это почему же так?

— Потому!

— Но все же?

— Не нуждаюсь я в твоей помощи!

— Да не о моей помощи разговор идет, а колхоз будет помогать твоей матери как многодетной вдове. Понятно? Поговорю на правлении колхоза, и примем такое решение. Уразумела, Горюха?

— Не нужна мне колхозная помощь!

Давыдов с досадой пожал плечами:

— Странная ты фигура, факт! То она нуждается в помощи и за первого подвернувшегося парня собирается замуж выскакивать, то она не нуждается ни в чьей помощи... Что-то не пойму я тебя! У кого-то из нас мозги сегодня набекрень, факт! Чего же ты хочешь в конце концов?

Спокойный, рассудительный голос Давыдова — а может быть, он показался Варе таким — привел девушку в совершенное отчаяние. Она заплакала навзрыд, прижала к лицу ладони и, круто повернувшись спиной к Давыдову, вначале пошла, а затем побежала по переулку, клонясь вперед, не отнимая мокрых ладоней от лица.

Давыдов догнал ее на повороте в улицу, схватил за плечи, зло проговорил:

— Эх, Горюха, не мудри! Я у тебя толком спрашиваю: в чем дело?

Вот тут-то бедная Варя и дала полную волю своему неистовому девичьему отчаянию, злому горю:

— Дурак слепой! Слепец проклятый! Ничего ты не видишь! Люблю я тебя, с самой весны люблю, а ты... а ты ходишь как с завязанными глазами! Надо мною уже все подруги смеются, может, уже все люди смеются! Ну, не слепец ли ты? А сколько слез я по тебе, врагу, источила... сколько ночей не спала, а ты ничего не видишь! Как же я приму от тебя помощь или от колхоза милостыню, ежели я тебя люблю?! И у тебя, у проклятого, язык повернулся сказать такое?! Да я лучше с голоду подохну, но ничего от вас не возьму! Ну вот и все тебе сказала. Добился своего? Дождался? А теперь и ступай от меня к своим Лушкам, а мне ты не нужен, нипочем не нужен такой каменюка холодный, незрячий, такой слепец прижмуренный!

Она с силой рванулась из рук Давыдова, но тот держал ее крепко. Держал надежно, крепко, но молча. Так они постояли несколько минут, потом Варя вытерла глаза кончиком косынки, сказала потухшим, каким-то будничным и усталым голосом:

— Пусти меня, я пойду.

— Говори тише, а то кто-нибудь услышит, — попросил Давыдов.

— Я и так тихо говорю.

— Неосторожная ты...

— Хватит! Полгода осторожничала, а больше не могу. Ну пусти же меня! Скоро рассветать будет, мне надо идти корову доить. Слышишь!

Давыдов молчал, опустив голову. Правой рукой он все еще крепко обнимал мягкие плечи девушки, вплотную ощущая тепло ее молодого тела, вдыхая пряный запах волос. Но странное чувство испытывал он в эти минуты: ни волнения, ни жара в крови, ни желания не ощущал он, только легкая грусть, словно дымкой, обволакивала его сердце, и почему-то трудно было дышать...

Стряхнув с себя оцепенение, Давыдов левой рукой коснулся круглого подбородка девушки, слегка приподнял ее голову и улыбнулся:

— Спасибо тебе, милая! Моя милая Варюха-горюха!

— За что же? — чуть слышно прошептала она.

— За счастье, каким даришь, за то, что отругала, слепым обозвала... Но не думай, что я окончательно слепой! А ты знаешь, я уже иногда подумывал, приходило на ум частенько, что счастье мое, личное счастье, осталось за кормой, в прошлом то есть... Хотя и в прошлом мне его было отмерено — кот наплакал...

— Ну, а мне и того меньше! — тихо проговорила Варя. И уже немного внятнее попросила: — Поцелуй меня, мой председатель, в первый и в последний раз, и давай расходиться, а то уже заря занимается. Нехорошо будет, ежели увидят нас вместе, стыдно.

Она потянулась губами, по-детски привстав на носки и запрокинув голову. Но Давыдов с холодком, как ребенка, поцеловал ее в лоб, твердо сказал:

— Не горюй, Варюха, все утрясется! Провожать тебя дальше не пойду, не надо, факт, а завтра увидимся. Загадала ты мне загадку... Но к утру я ее одолею, факт, что отгадаю! А ты утром матери скажи: пусть вечером она из дома не отлучается, я зайду к вам на закате солнца, будет разговор, и ты будь дома. До свидания, моя ланюшка! Не обижайся, что ухожу вот так... Надо же мне как-то подумать и о твоей судьбе, и о моей тоже? Правильно я говорю?

Ответа он не стал дожидаться. Молча повернулся и молча пошел домой обычным своим размеренным и неспешным шагом.

Так они и расстались бы — не свои и не чужие. Но Варя чуть слышно окликнула его. Давыдов нехотя остановился, спросил вполголоса:

— Что тебе?

Он смотрел на быстро приближавшуюся девушку не без некоторой внутренней тревоги: «Какое еще новое решение сумела она принять за эти считанные минуты расставанья? Горе ее на все может толкнуть, факт».

Варя стремительно подошла и с ходу прижалась к Давыдову, дыша ему в лицо, горячечно зашептала:

— Миленький ты мой, не приходи ты к нам, не говори ни о чем с матерью! Хочешь, я буду жить с тобой, ну... ну, как Лушка? Поживем год, а потом бросай меня! Я выйду замуж за Ваньку. Он меня всякую возьмет, и после тебя возьмет! Он позавчера так и сказал: «Ты мне любая будешь мила!» Хочешь?

Уже не рассуждая, Давыдов грубо оттолкнул Варю, презрительно сказал:

— Дура! Девчонка! Шалава! Ты понимаешь, что ты говоришь? Ты взбесилась, факт! Одумайся и ступай домой, проспись. Слышишь? А вечером я приду, и ты не вздумай от меня прятаться? Я тебя везде найду!

Если бы Варя оскорбленно, молча ушла — на том бы они и расстались, но она потерянным голосом тихо спросила:

— А что же мне делать, Семен, миленький мой?

И у Давыдова еще раз за встречу дрогнуло сердце — уже не от жалости. Он обнял Варю, несколько раз провел ладонью по ее склоненной голове, попросил:

— Ты меня прости, я погорячился... Но и ты хороша! Тоже мне, жертву придумала... Пойди, на самом деле, милая Варюха, поспи малость, а вечером увидимся, ладно?

— Ладно, — покорно ответила Варя. И испуганно отстранилась от Давыдова. — Господи! Да ведь уж вовсе рассвело! Пропала я...

Рассвет подкрался незаметно, и теперь уже и Давыдов, будто проснувшись, увидел отчетливо обрисованные контуры домов, сараев, крыш, слитые воедино темно-синие купы деревьев в примолкших садах, а на востоке — еле намечавшуюся, мутно-багряную полоску зари.

***

А ведь неспроста Давыдов в разговоре с Варей случайно обмолвился, что счастье его «осталось за кормой». Да и было ли оно, это счастье, в его сумасшной жизни? Вернее всего, что нет.

До позднего утра он сидел дома возле открытого окошка, курил одну папиросу за другой, перебирал в памяти свои былые любовные увлечения, и вот на поверку оказалось, что ничего-то и не было в его жизни такого, о чем можно было бы вспомнить теперь с благодарностью, или грустью, или даже, на худой конец, с угрызениями совести... Были короткие связи со случайными женщинами, никого и ни к чему не обязывающие, только и всего. Легко сходились и без труда, без переживаний и жалких слов расходились, а через неделю встречались уже как чужие и лишь для приличия обменивались холодными улыбками и несколькими незначащими словами. Кроличья любовь! И вспомнить-то было стыдно бедному Давыдову, и он, мысленно путешествуя по своему любовному прошлому и наткнувшись на такой эпизод, брезгливо морщился, старался поскорее проскользнуть мимо того, что красило прошлое, допустим, так же, как жирное пятно мазута красит чистую матросскую форменку. Чтобы поскорей забыть неприятное, он в смятении поспешно закуривал новую папиросу, думал: «Вот так и возьмись подбивать итоги... И получается одна чепуха и гнусь, факт! Словом, ноль без палочки получается у матроса. Ничего себе, достойно прожил с женщинами, не хуже любого пса!»

И уже часам к восьми утра Давыдов решил: «Что ж, женюсь на Варюхе. Пора кончать матросу с холостяцкой жизнью! Должно быть, так дело будет лучше. Устрою ее в сельскохозяйственный техникум, через два года будет свой агроном в колхозе, вот и станет тянуть рядом. А там видно будет».

Приняв решение, он не привык медлить, откладывать дело в долгий ящик — умылся и пошел к дому Харламовых.

Мать Вари он встретил во дворе, почтительно поздоровался:

— Ну, здравствуй, мать! Как живешь?

— Здорово, председатель! Живем помаленьку. Ты что хотел? Какая нужда тебя принесла поутру?

— Варвара дома?

— Спит. Вы же на собраниях засиживаетесь до белого света.

— Пойдем в хату. И разбуди ее. Разговор есть.

— Проходи, гостем будешь.

Они вошли в кухню. Хозяйка, настороженно глядя на Давыдова, сказала:

— Садись, зараз я Варьку разбужу.

Вскоре из горницы вышла Варя. Она, наверное, тоже не спала это утро. Глаза ее были припухлы от слез, но лицо — по-молодому свежо и как бы осиянно внутренней ласковой теплотой. Немного исподлобья, испытующе и выжидательно взглянув на Давыдова, она проговорила:

— Здравствуйте, товарищ Давыдов! Вот и вы к нам с утра пожаловали в гости.

Давыдов присел на лавку, мельком оглядел спавших вповалку на убогой кровати детей, сказал:

— Не в гости я пришел, а по делу. Вот что, мать... — и на минутку умолк, подыскивая слова, глядя на пожилую женщину усталыми глазами.

Та стояла возле печи, беспокойно перебирая пальцами на впалой груди складки старенького платья.

— Вот что, мать, — повторил Давыдов. — Варвара любит меня, я тоже ее люблю. Решение такое: отвезу ее в округ учиться на агронома, есть там такой техникум, через два года будет она агрономом, приедет работать сюда, в Гремячий, а нынче осенью, когда справимся с делами, сыграем свадьбу. Тут без меня за ней сваты были от Обнизовых, но ты девку не неволь, она сама себе свою судьбу сыщет, факт.

Построжавшим лицом женщина повернулась к дочери:

— Варька?!

А та только и могла прошептать:

— Маманя! — и, кинувшись к матери, низко склонившись, плача счастливыми слезами, стала целовать ее сморщенные, натруженные долголетней безустанной работой руки.

Отвернувшись к окну, Давыдов слышал, как сквозь всхлипы она шептала:

— Маманюшка, родненькая! Я за ним хоть на край света пойду! Что он скажет, то я и сделаю. Хоть учиться, хоть работать — все сделаю!.. Только не приневоливай ты меня выходить за Ваньку Обнизова! Пропаду я с ним...

Давыдов — после недолгого молчания — услышал дрогнувший голос Вариной матери:

— Видать, без материнского согласия договорились? Ну что ж, бог вам судья, я Варьке зла не желаю, но ты, матрос, мою девку не позорь! На нее у меня вся надежда! Ты видишь, что она старшая в доме, она за хозяина, а я от горя, от детишек, от великой нужды... Ты видишь, какая я стала? Я раньше времени старухой стала! А вас, матросов, я видала в войну, какие вы есть... Но ты нашу семью не разоряй!

Давыдов круто повернулся от окна, в упор глянул на женщину:

— Ты, мамаша, матросов не трогай! Как мы воевали и били ваших казачишек — про то еще когда-нибудь напишут, факт! А что касается нашей чести и любви, то мы умели и умеем быть и честными и верными похлеще, чем какая-нибудь штатская сволочь! И за Варьку ты не беспокойся, ее я никак не обижу. А касательно того, как нам быть, хочу просить об одном: если ты согласная на наш с ней союз, то завтра я ее отвезу в Миллерово, устрою в техникум, а сам, пока до свадьбы, перейду к вам на жительство. Мне у тебя будет легче, чем у чужих людей, и потом другое: как-то я должен теперь вашу семью содерживать, помогать вам? Ты же с детишками без Варвары из сил выбьешься! Вот я уж и возьму заботу о вас на свои плечи. Они у меня широкие, не беспокойся, выдержат, факт! Вот так у нас и будет порядок. Ну что, договорились?

Давыдов широко шагнул к ней и обнял ее сухонькие плечи, и когда почувствовал на щеке поцелуй мокрых от слез губ своей будущей тещи, досадливо сказал:

— Больно у вас, у женщин, слез много! Этак вы можете и самого твердого разжалобить. Ну-ну, старая, как-нибудь проживем? Фактически тебе говорю, что проживем!

Давыдов поспешно достал из кармана небрежно скомканную пачку денег, смущенно сунул их под бедненькую скатерть на столе, неловко улыбаясь, пробормотал:

— Это у меня из старых рабочих накоплений. Мне ведь только на табак... Я ведь редко пьющий, а вам деньжонки потребуются — Варваре справить чтой-то на дорогу, детишкам что-нибудь купить... Ну вот и все, я пошел, мне сегодня еще надо в район съездить. Вечером я вернусь, принесу свой чемоданишко, а ты, Варвара, собирайся. Завтра утром, на рассвете поедем в округ. Ну, бывайте здоровы, мои дорогие. — Давыдов обеими руками обнял сунувшуюся к нему Варю и ее мать, решительно повернулся и пошел к двери.

Шаг его был тверд, уверен, все тот же, прежний, с легкой матросской развальцей, но если бы кто-нибудь из знающих его посмотрел на его походку — он увидел бы в ней нечто новое...

***

На другой день Давыдов обыденкой съездил в райком и получил от Нестеренко разрешение на поездку в окружной комитет партии.

— Ты только недолго задерживайся там, — предупредил Нестеренко.

— Я не задержусь и лишнего часа, лишь бы ты позвонил секретарю окружкома, чтобы он принял меня и помог в отношении устройства в техникум Харламовой.

Нестеренко шельмовато сощурился.

— Ты, матрос, не морочишь мне голову? Смотри, пеняй на себя, если подведешь меня и не женишься на этой девушке! Второй раз мы тебе не спустим такого донжуанства! С Лукерьей Нагульновой было проще — как-никак разведенная жена, а ведь тут совсем другое дело!..

Давыдов зло взглянул на Нестеренко, не дослушав его, прервал:

— Черт знает, секретарь, как нехорошо ты обо мне думаешь, факт! Ведь я же говорил с ее мамашей и посватался по всем правилам этого порядка! Чего же тебе еще надо и почему ты мне не веришь?

Нестеренко тихо спросил:

— Последний вопрос к тебе, Семен: ты с нею не жил? И если — да, то почему ты перед ее отъездом на учебу не хочешь оформить с ней брак? Ты из Ленинграда никого не ждешь к себе, вроде прежней жены? Пойми же, чертов чурбан, что я беспокоюсь о тебе, ну, как брат, что ли, и для меня было бы страшно огорчительно разувериться в твоих качествах мужской порядочности... Я влезаю в твою душеньку вовсе не из праздного любопытства... Не обижайся, слышишь? Ну и совсем напоследок: ты Харламову не затем ли хочешь устроить на учебу, чтобы развязать себе руки? Чтобы избавиться от ее присутствия... Гляди, братец!

Давыдов, устало сгибая затекшие от быстрой верховой езды ноги, тяжело опустился на старенький стул, стоявший как раз против кресла, на котором сидел Нестеренко, тупо посмотрел на потерханные, плетенные из прутьев лозняка подлокотники дешевенького кресла, а потом прислушался к неумолчному чириканью воробьев в кустах акации и, взглянув на желтое лицо Нестеренко, на его старую гимнастерку с аккуратно обшитыми рукавами, проговорил:

— Напрасно я каялся тебе в своей дружбе, когда познакомился с тобой весной на пахоте... Напрасно, потому что ты, видно, никому не привык верить... Ну и черт с тобой, секретарь! Ты, должно быть, только самому себе веришь, да и то по выходным дням, а всех остальных, даже кому ты в дружбе объясняешься, ты всегда под какое-то дурацкое подозрение берешь... Как же ты при таком характере можешь руководить районной партийной организацией? Ты себе сначала поверь как надо, а потом уже всех других бери под подозрение!

Нестеренко болезненно усмехнулся:

— Все-таки обиделся, хотя я тебя и просил не обижаться?

— Обиделся!

— Ну и грош тебе цена!

Еще более усталый, Давыдов поднялся:

— Я пойду, а не то мы с тобой поругаемся...

— Мне бы этого не хотелось, — ответил Нестеренко.

— Мне тоже.

— Ну и побудь еще минут пять—десять, утрясем, в чем не сошлись.

— Побуду. — Давыдов снова опустился на стул, сказал: — Худого девушке я не причинил, факт! Ей надо учиться. У нее большая семья, сама она — старшая, тянет весь дом... Понятно тебе?

— Понятно, — отозвался Нестеренко, но по-прежнему смотрел на Давыдова строгими и отчужденными глазами.

— Жениться на ней думаю, когда она с учением устроится окончательно, а я управлюсь с осенними работами. Словом, крестьянская свадьба, после уборки, — невесело усмехнулся Давыдов. И, видя, что Нестеренко словно бы помягчел лицом и стал слушать его с бо́льшим вниманием, уже охотнее, без недавней принужденности и какой-то внутренней стеснительности продолжал: — Женат ни в Ленинграде, нигде не был раньше, с Варюхой первый раз иду на такой риск. Да и пора: скоро уже и под сорок подтянет.

— С тридцати ты каждый год за десять считаешь? — улыбнулся Нестеренко.

— А Гражданская война? Каждый год, протопанный в ней, я бы за десять лет считал.

— Многовато...

— А ты на себя погляди и скажешь, что как раз.

Нестеренко встал из-за стола, прошелся по комнате, зябко потирая руки, неуверенно ответил:

— Это как сказать... Впрочем, не об этом разговор, Семен. Я рад, когда выяснил, что тут ты не споткнешься, как с Лукерьей Нагульновой, тут у тебя похоже на что-то надежное. Что ж, поддерживаю доброе начинание и желаю счастья!

— Осенью на свадьбу приедешь? — потеплев сердцем, спросил Давыдов.

— Первый гость! — сказал Нестеренко, и опять его улыбка, как и прежде, засветилась непритворной веселинкой, и в мутных глазах блеснули прежние озорноватые искорки. — Первый не в смысле значимости, а потому что первый являюсь, как только услышу о свадьбе.

— Ну, будь здоров! Звякни секретарю окружкома.

— Сегодня же. Поезжай и не задерживайся там.

— Живой ногой!

Они обменялись крепким рукопожатием.

Выйдя на пыльную, нагретую солнцем улицу, Давыдов подумал: «А ведь неспроста он такой не похожий на себя, на прежнего! Ведь он же очень болеет! И эта желтизна, и щеки ввалились, как у покойника, и мутные глаза... Может быть, он потому так и разговаривал со мной?..»

Давыдов уже подходил к коню, когда Нестеренко, высунувшись из окна, негромко окликнул его:

— Вернись на минутку, Семен!

Давыдов неохотно поднялся по ступенькам райкомовского крыльца.

Нестеренко, еще более сгорбившись и как-то поникнув всем телом, посмотрел на Давыдова, проговорил:

— Может быть, я с тобой говорил излишне грубовато, но ты меня извини, брат, у меня большое горе: к малярии, черт его знает где, подцепил еще туберкулез, и сейчас он во мне бушует вовсю, в самой что ни на есть открытой форме. Каверны на обоих легких. Завтра еду в санаторий, окружком посылает. И не хотелось бы перед уборкой отлучаться из района, но ничего не поделаешь, не от сладкой жизни приходится ехать. Но к твоей свадьбе постараюсь вернуться. Поплакал я тебе в жилетку?.. Да нет, просто захотелось поделиться с другом горем, какое на меня свалилось — и так неожиданно...

Давыдов обошел вокруг стола, молча и крепко обнял Нестеренко, поцеловал его в горячую и влажную щеку и только тогда сказал:

— Езжай, дорогой, лечись! От этого одни молодые умирают, а нас с тобой никакая хворость не возьмет!

— Спасибо, — чуть слышно проговорил Нестеренко.

Широко шагая, Давыдов вышел на улицу, сел на коня, впервые с места огрел его плетью — и шибко поскакал по станичной улице, яростно бормоча сквозь стиснутые зубы:

— Все спал бы ты, лопоухий черт!..

***

Вернувшись после обеда в хутор, Давыдов прямиком проехал ко двору Харламовых, спешился у калитки, в меру неторопливо вошел во двор. Его, очевидно, увидели из дома, когда он подходил к крыльцу, широко расставляя ноги, морщась оттого, что потерся, сделав с непривычки чрезмерно большой пробег верхом, — на пороге хаты его встретила уже по-иному, приветливая, будто за полдня и приобыкшая к нему будущая теща:

— Да милый ты мой сынок, небось подбился? И как ты так скоро вернулся! А ведь путь-то в станицу да обратно — не близкий! — с притворным сочувствием приговаривала она, глядя, как неуверенно, раскорякой, идет к порогу Давыдов, и в душе, наверное, беззлобно посмеиваясь над тем, что нареченный зять ее молодецки помахивает плетью, а сам еле-еле переставляет ноги... Уж кому-кому, а ей, старой казачке, полагалось знать, как ездят верхом «русские» конники...

В душе проклиная этакое сочувствие, Давыдов грубовато сказал:

— Да ты не рассыпайся, мамаша! А Варвара где?

— Пошла портнишку какую-нибудь искать. Кое-что из старья ведь ей надо себе приготовить? Ну, парень, и невесту ты себе сыскал! На ней же, окромя старенькой юбчонки, хоть разорвись, ничего не сыщешь! Где твои глазыньки были?

— А я у тебя нынче утром не юбку сватал, а дочь, — облизывая запекшиеся от жары губы, сказал Давыдов. — У тебя вода холодная есть напиться? А юбки — дело наживное, с юбками подождем. Когда она придет, Варвара?

— А Христос ее знает. Проходи в хату! Ну как, договорился со своим начальством, чтоб Варьку в науку определять?

— А как же иначе? Завтра поедем в округ, собирай доченьку в дальнюю дорогу. Ну что? Сейчас глаза на мокрое место поставишь? Опоздала!

Мать и на самом деле заплакала — горько, неутешно, но вскоре, справившись со своей слабостью, вытерла глаза не очень чистой завеской, с досадой проговорила, изредка всхлипывая:

— Да ступай же ты в хату, родимец тебя забери! Что же мы будем с тобой об таком великом деле на базу гуторить?!

Давыдов прошел в хату, присел на лавку, бросил под лавку плеть.

— Мать, о чем же нам с тобой говорить? Дело ясное и решенное. Давай вот как договоримся: я сильно устал за эти дни, ты дай мне воды напиться, потом я сосну часок, вот тут у вас, проснусь, тогда и поговорим. А коня пусть кто-нибудь из наших ребятишек отведет на колхозную конюшню.

Подобрев лицом, женщина сказала:

— О коне не беспокойся, его ребята отведут, а ты подожди немного, я тебе холодного молочка принесу. Зараз принесу из погреба.

Усталость, бессонные ночи сморили Давыдова, и не дождался он молока: пока хозяйка пришла, осторожно неся отпотевшую корчагу с молоком, Давыдов уже спал, пристроившись на лавке, там, где сидел, успокоенно свесив правую руку, слегка приоткрыв рот. Хозяйка не стала его будить. Она бережно подняла запрокинутую голову Давыдова, подсунула под нее небольшую, в синем напернике подушку.

Одурманенный жаркой теплотою хаты и усталью, Давыдов беспросыпно проспал часа два и проснулся от детского шепота, от ласкового прикосновения теплых девичьих рук. Он открыл глаза, увидел сидящую возле лавки, ласково улыбающуюся ему Варю и толпящихся возле него пятерых ребят — всех потомков рода Харламовых.

Самый младший из ребят и, очевидно, самый отважный, доверчиво беря в свои ручонки большую руку Давыдова, прижимаясь к нему, несмело спросил:

— Дяденька Семен, верно, что ты теперь у нас будешь жить?

Давыдов свесил с лавки ноги, сонно улыбнулся мальчику:

— Верно, сынок! А как же иначе? Варя уедет учиться, а кто же вас кормить, одевать-обувать будет? Теперь это мне придется делать, факт! — и по-отцовски положил руку на теплую, вихрастую голову ребенка.

Глава XXV

На следующий день задолго до рассвета Давыдов разбудил спавшего на сеновале деда Щукаря, помог ему запрячь жеребцов и подъехал ко двору Харламовых. Сквозь неплотно прикрытые ставни он увидел, что в кухне горит лампа.

Мать Вари стряпалась, поперек широкой деревянной кровати спали детишки, а Варя, принаряженная в дорогу, сидела на лавке в родной хате уже не как своя, а как бы пришедшая ненадолго гостья.

Она встретила Давыдова счастливой и признательной улыбкой:

— А я уже давно готова, жду тебя, мой председатель.

Варина мать добавила, поздоровавшись с Давыдовым:

— Она засобиралась после первых кочетов. То-то молодо-зелено! А уж про то, что глупо, и гутарить не приходится!.. Зараз завтрак будет готов. Проходи, садись, товарищ Давыдов.

Втроем они наскоро поели вчерашних щей, жареной картошки, закусили молоком.

Поднимаясь из-за стола, Давыдов поблагодарил хозяйку, сказал:

— Пора ехать. Прощайся, Варвара, с матерью, только не долго. Нечего вам сырость разводить, не навек расстаетесь. Как только поеду в округ, так прихвачу тебя, мамаша, с собой, проведать дочь... Я пошел к лошадям. — От порога он спросил Варю: — Какую-нибудь теплую одежку ты с собой берешь?

Варя не без смущения ответила:

— У меня есть ватная кофтенка, только уж дюже она старенькая...

— Сойдет, не на бал едешь, факт.

Час спустя они были уже далеко за хутором. Давыдов сидел рядом со Щукарем, Варя — с другой стороны дрожек. Время от времени она брала руку Давыдова, коротко пожимала ее и снова уходила в какие-то свои мысли. За недолгую жизнь девушка еще ни разу не покидала хутора на длительный срок, всего лишь несколько раз была в станице, еще не видела железной дороги, и первая поездка в город приводила ее сердчишко в восторг, в смятение и трепет. Расставаться с семьей, с подругами все же было горько, и у нее нет-нет да и наворачивались на глаза слезы.

Когда переправились на пароме через Дон и жеребцы шагом стали подниматься в гору на придонский бугор, Давыдов соскочил с дрожек и шел с той стороны, где сидела Варя, шагал, стряхивая сапогами с низкорослого придорожного полынка обильную росу, пока, до восхода солнца, еще бесцветную, не блещущую так, как блестит она поздним утром, переливаясь в солнечных лучах всеми цветами радуги. Изредка он взглядывал на Варю, ободряюще улыбался ей, тихо говорил:

— А ну, Варюха, перемести глаза на сухое место.

Или:

— Ведь ты у меня уже большая, взрослым не положено плакать, не надо, милая!

И заплаканная Варя послушно вытирала кончиком голубой косынки мокрые щеки и что-то беззвучно шептала, ответно улыбаясь ему несмелой и покорной улыбкой.

А над меловыми горбатыми отрогами обдонских гор теснились туманы, и пока еще не виден был покрытый ими гребень бугра.

В этот ранний утренний час ни степной подорожник, ни поникшие ветки желтого донника, ни показавшееся на взгорье и близко подступавшее к шляху жито не источали присущих им дневных запахов. Даже всесильный полынок и тот утратил его — все запахи поглотила роса, лежавшая на хлебах, на травах так щедро, будто прошел здесь недавно короткий сыпучий июльский дождь. Потому в этот тихий утренний час и властвовали всесильно над степью два простых запаха — росы и слегка примятой ею дорожной пыли.

Дед Щукарь, в старом брезентовом плаще, подпоясанном еще более старым красным матерчатым кушаком, сидел, зябко нахохлившись, необычно долго для него молчал, только помахивал кнутом и со свистом причмокивал губами, понукая и без того резво бежавших жеребцов.

Но когда взошло солнце, он оживился, спросил:

— По хутору брешут, будто ты, Семушка, на Варьке жениться думаешь. Это правда?

— Правда, дед.

— Что ж, это дело такое, что как ни крутись, а рано или поздно от женитьбы не уйдешь, то есть я про мужчинов говорю, — глубокомысленно изрек старик. И продолжал: — Меня тоже покойные родители женили, когда мне только что стукнуло восемнадцать годков. А я и тогда был до ужасти хитрый, я и тогда знал, что это за чертовщина — женитьба... Вот уж я от нее крутился, как никто на белом свете! Я очень даже преотлично знал, что жениться — не меду напиться. И чего я только, Семушка, жаль моя, над собой не вытворял! И сумасшедшим прикидывался, и хворым, и припадошным. За сумасшедшего меня родитель — а покойник был крутой человек — битых два часа порол кнутом и кончил, только когда кнутовище обломал об мою спину. За припадошного порол меня уже ременными вожжами. А когда я прикинулся хворым, начал орать дурным голосом и сказал, что у меня вся середка гнилая, — он, слова не говоря, пошел на баз и несет в хату оглоблю от саней. Не поленился, старый черт, идти под сарай, выворачивать ее, разорять сани. Вот он какой был, покойник, царство ему небесное. Принес он эту оглоблю и ласково так говорит мне: «Вставай, сынок, я тебя лечить буду...» Э, думаю: раз он не поленился оглоблю вывернуть, так он не поленится и душу из меня вывернуть своим лекарством. Дурна шутка — оглобля в его руках. Он у меня трошки с глупиной был, я ишо махоньким за ним этот грех примечал... И тут я взвился с кровати, как будто под меня кипятку плеснули. И женился. А что я с ним, с глупым человеком, мог поделать? И пошла и поехала моя жизнь с той поры и наперекосяк, и боком, и вверх тормашками! Ежели сейчас в моей старухе добрых восемь пудов будет, то в девятнадцать лет в ней было... — Старик задумчиво пожевал губами, подняв глаза вверх, и решительно закончил: — Никак не меньше пятнадцати пудов, истинный бог — не брешу.

Давыдов, давясь от смеха, чуть слышно спросил:

— А не много ли?

На что ему дед Щукарь весьма резонно возразил:

— А тебе не все равно? Пудом больше, пудом меньше — какая разница? Ить не тебе же приходилось от нее страдания и баталии принимать, а мне. Один черт, мне было так плохо в этой супружеской жизни, что впору вешаться. Да только не на таковского она напала! Я отчаянный, когда разойдусь! Вот в отчаянности я и думал: повесься ты сначала, а я — после...

Дед Щукарь весело покрутил головой, похихикал, предаваясь, видимо, самым разнообразным воспоминаниям, и, видя, что слушают его с неослабным вниманием, охотно продолжал:

— Эх, дорогие граждане и... и ты, Варька! Яростная была у нас любовь смолоду с моей старухой! А спрошу я вас: почему яростная? Да потому, что на злобе она всею жизню у нас проходила, а ярость и злоба́ — одно и то же, так я у Макарушки в толстом словаре прочитывал.

И вот, бывалоча, проснусь ночью, а моя баба то слезьми плачет, то смеется, а я про себя думаю: «Поплачь, милушка, бабьи слезы — божья роса, мне с тобой тоже не медовое житье, а я же не плачу!»

И вот на пятый год нашей жизни в супружестве случилось такое присшествие: вернулся сосед Поликарп с действительной службы. Служил он в Атаманском полку, гвардеец. Научили его там, дурака, усы крутить, вот он и дома начинает возле моей бабы усы закручивать. Как-то вечером гляжу, а они стоят у плетня, моя баба — с своей стороны, он — с своей. Прошел я в хату, прикинулся слепым, будто ничего и не вижу. На другой день вечером — опять стоят. Э, думаю, дурна шутка. На третий день я нарочно из дому ушел. В сумерках возвращаюсь — опять стоят! Экая оказия! Что-то надо мне делать. И придумал: обернул трехфунтовую гирьку полотенцем, прокрался к Поликарпу на баз, шел босиком, чтобы он не услыхал, и, пока он усы крутил, я его и тяпнул в затылок со всей мочи. Он и улегся вдоль плетня, как колода.

Дней через несколько встречаюсь с Поликарпом. Голова у него перевязанная. Кисло так говорит мне: «Дурак! Ты же мог убить до смерти». А я ему говорю: «Это ишо неизвестно, кто из нас дурак — тот, кто под плетнем валялся, или тот, кто на ногах стоял».

С тех пор — как бабушка отшептала! Перестали они стоять возле плетня. Только баба моя вскорости научилась по ночам зубами скрипеть. Проснусь от ее скрипа, спрашиваю: «У тебя, милушка, уж не зубы ли болят?» Она мне в ответ: «Отвяжись, дурак!» Лежу и думаю про себя: «Это ишо неизвестно, кто из нас дурее — кто зубами скрипит или кто спит тихочко и спокойночко, как смирное дите в люльке».

Боясь обидеть старика, слушатели сидели очень тихо. Варя молча тряслась от смеха, Давыдов отвернулся от Щукаря, закрыл лицо ладонями и что-то больно уж часто и заливисто кашлял. А Щукарь, ничего не замечая, с увлечением продолжал:

— Вот она какая иной раз бывает, яростная любовь! Одним словом, добра от этих женитьбов редко когда бывает, так я рассуждаю своим стариковским умом. Или, к придмеру, взять такой случай: в старое время жил у нас в хуторе молодой учитель. Была у него невеста, купецкая дочка, тоже с нашего хутора. Ходил этот учитель уж до того нарядный, до того красивый — я про одежу говорю, — как молодой петушок, и больше не ходил, а ездил на велосипеде. Тогда они только что появились, и уж ежели в хуторе был этот первый велосипед всем людям в диковинку, то про собак и говорить нечего. Как только учитель появится на улице, заблестит колесами, так проклятые собаки прямо с ума сходят. А он знай спешит, норовит ускакать от них, согнется в три погибели на своей машине и так шибко сучит ногами, что и глазом не разглядишь. Сколько-то мелких собачонок он передавил, но пришлось и ему от них лиха хватить!

Как-то утром иду я через площадь в степь за кобылой, и вот тебе — навстречу собачья свадьба. Впереди сучонка бежит, а за ней, как полагается, вязанка кобелей, штук тридцать, если не больше. А тогда наши хуторные, будь они прокляты, развели этих собак столько, что не счесть. В каждом дворе — по два, по три кобеля, да каких! Любой из них хуже тигры лютой, и ростом каждый чуть не с телка. Все сундуки свои берегли хозяева да погреба. А что толку? Один черт, война у них все порастрясла... И вот эта свадьба — мне навстречу. Я, не будь дурак, бросил уздечку и, как самый лихой кот, в один секунд взлетел на телеграфный столб, окорачил его ногами, сижу. А тут, как на грех, этот учитель на своей машине, колесами блестит, правилом от машины. Ну, они его и огарновали. Бросил он машину, топчется на одном месте, я ему шумлю: «Дурак, лезь ко мне на столб, а то они тебя зараз на ленты всего распустят!» Полез он, бедняга, ко мне, да опоздал малость: как только он ухватился за столб, они с него в один секунд спустили и новые дигоналевые штаны, и форменный пиджак с золотыми пуговицами, и все исподнее. А самые лютые из кобелей уже кое в каком месте до голого мяса добрались.

Потешились они над ним всласть и побегли своей собачьей дорогой. А он сидит на столбу, и только на нем и радости, что одна фуражка с кокардой, и то козырек он поломал, когда лез на столб.

Спустились мы с ним с нашего убежища — он сперво-началу, а я следом за ним: я же выше сидел, под самыми чашечками, через какие провода тянут. Вот по порядку и слезли — он, как есть, голый, а на мне простая рубаха и одни холщовые штаны. Он и просит меня: «Дядя, уступи мне на время твои штаны, я через полчаса тебе верну их». Говорю ему: «Милый человек, как же я тебе их уступлю, ежели я без исподних? Ты уедешь на своей машине, а я без штанов буду вокруг столба крутиться среди бела дня? Рубаху уступлю на время, а штаны, извиняй, не могу». Надел он мою рубаху ногами в рукава, пошел, горемыка, потихонечку. Ему весь резон бы рысью бечь — а как он побежит, ежели он шагом идет, и то как стреноженный конь? Ну, и увидала его в моей рубахе купецкая дочка — его невеста... В этот же день и кончилась ихняя любовь. Пришлось ему эстренно переводиться в другую школу. А через неделю от такого пришествия — тут тебе и страма́, тут и страх от собак, тут тебе и невеста бросила, и вся любовь их рухнулась к едрене-фене — получил парень скоротечную чахотку и помер. Но я этому не дюже верю: скорее всего, он от страху и от страмы́ помер. Вот до чего она доводит, эта проклятая любовь, не говоря уж про разные женитьбы и свадьбы. И ты бы, Семушка, жаль моя, сто раз подумал, допрежь чем жениться на Варьке. Все они одним миром мазанные, и недаром мы их с Макарушкой терпеть ненавидим!

— Ладно, дед, я еще подумаю, — успокоил старика Давыдов, а сам, пользуясь тем, что Щукарь закуривал, быстро притянул к себе Варю и поцеловал в висок, точно в то место, где шевелился под встречным ветром пушистый завиток волос.

Утомленный собственным рассказом, а может быть, воспоминаниями, дед Щукарь вскоре начал дремать, и Давыдов взял вожжи из его ослабевших рук. Одолеваемый дремотою, дед Щукарь пробормотал:

— Вот спасибо тебе, жаль моя, ты помахай на жеребцов кнутом, а я часок присплю. Язви ее со старостью! Как только солнце пригреет, так тебя сон начинает морить... А зимой, чем ни дюжей холод, тем тебе дюжей спать хочется, того и гляди, замерзнешь во сне.

Маленький и щуплый, он лег между Варей и Давыдовым, протянувшись вдоль дрожек, как кнут, и вскоре уже храпел, тонко, фистулой.

А нагретая солнцем степь уже дышала всеми ароматами разнотравья, пресно примешивался к запаху скошенных трав запах теплой дорожной пыли, нечетко синели тонущие в мареве нити дальних горизонтов — и жадными глазами оглядывала Варя незнакомую ей задонскую, но все же бесконечно родную степь.

* * *

Ночевали они возле стога сена, проехав к вечеру более ста километров. Поужинали взятыми из дому скромными харчишками, посидели немного возле дрожек, молча глядя на звездное небо. Давыдов сказал:

— Завтра у нас опять ранний подъем, давайте моститься спать. Ты, Варюха, ложись на дрожках, бери мое пальто, укроешься им, а мы с дедушкой пристроимся под стогом.

— Правильное решение ты принимаешь, Семушка, — обрадованно одобрил Щукарь, весьма довольный тем обстоятельством, что Давыдов ложится именно с ним.

Нечего греха таить, старику было страшновато ночевать одному в чужой безлюдной степи.

Давыдов лежал на спине, закинув руки за голову, смотрел в разверстое над ним бледно-синее небо. Нашел глазами Большую Медведицу, вздохнул, а потом поймал себя на том, что чему-то неосознанно улыбается.

Только к полуночи остыла накаленная за день земля и стало по-настоящему прохладно. Где-то недалеко, в балке наверное, был пруд или степной лиман. От него потянуло запахом ила, камыша. Совсем недалеко ударил перепел. Послышалось неуверенное, всего лишь в несколько голосов, кваканье лягушек. «Сплю, сплю!» — сонно прокричала в ночи маленькая сова...

Давыдов стал дремать, но тут в сене прошуршала мышь, и дед Щукарь вскочил с бешеным проворством, тормоша Давыдова, заговорил:

— Сема, ты слышишь?! Ну и выбрали место, язви его! В этом стогу небось ужаков и змей полно. Слышишь, шуршат, проклятые? Какие-то совы кричат, как на кладбище... Давай переезжать в другое место с этого гиблого угодья!

— Спи, не выдумывай, — сонно отозвался Давыдов.

Щукарь снова лег, долго ворочался, со всех сторон подтыкал под себя плащ, бормоча:

— Говорил же тебе — давай на арбе поедем, так нет, захотелось тебе на дрожках фасон давить. Вот теперь и радуйся. То бы мы из дому настелили полную арбу своего, природного сена и ехали бы спокойничко, и спали б зараз все трое на этой арбе, а то теперь, пожалуйста, гнись под чужим стогом, как бездомная собака. Варьке добро, она спит наверху, в укрытии, барыня барыней, а тут — в головах шуршит, с боков шуршит, в ногах шуршит, а чума его знает, что оно там шуршит? Вот уснешь, подползет к тебе гадюка, тяпнет в притимное место, вот ты и отженихова́лся! А ить она, проклятая, куда укусит, а то и с копыт долой. Вот тогда твоя Варька слез корыто прольет, а что толку?.. Меня любой гадюке кусать резона нет, у меня мясо старое, жилистое, да к тому же от меня козлом воняет — потому как Трофим рядом со мной часто спит на сеновале, — а гадюки козлиного духа не любят. Ясное дело, ей тебя кусать, а не меня... Давай переезжать с этого места!

Давыдов с досадою сказал:

— Ты сегодня угомони́шься, дед? Ну куда мы среди ночи поедем?

Дед Щукарь печально ответил:

— Завез ты меня в пропащее место — знал бы, хучь со старухой попрощался бы, а то поехал, как сроду не венчанный. Так не будешь трогаться с места, жаль моя?

— Нет. Спи, старик.

Тяжело вздыхая и крестясь, дед Щукарь сказал:

— И рад бы уснуть, Семушка, да ить страх в глазах. Тут сердце от страху стуко́тит в грудях, тут сова эта треклятая орет, хучь бы она подавилась...

Под размеренные причитания Щукаря Давыдов крепко уснул.

Проснулся он перед восходом солнца. Рядом с ним, привалившись боком к стенке стога и поджав ноги, сидела Варя и перебирала на его лбу спутанные пряди волос — и так нежны и осторожны были касания ее девичьих пальцев, что Давыдов, уже проснувшись, еле ощущал их. А на ее месте, на дрожках, укрывшись давыдовским пальто, крепко спал дед Щукарь.

Розовая, как эта зоренька, Варя тихонько сказала:

— А я уже сбегала к пруду, умылась. Буди дедушку, давай ехать! — Она легко прижалась губами к колючей щеке Давыдова, пружинисто вскочила на ноги. — Пойдешь умываться, Сема? Я покажу дорогу к пруду.

Осипшим со сна голосом Давыдов ответил:

— Проспал я свое умывание, Варюха, где-нибудь дорогой умоюсь. А этот старый суслик давно тебя разбудил?

— Он меня не будил. Я проснулась на рассвете, а он сидит возле тебя, обнял колени руками и цигарку курит. Я спрашиваю: «Ты чего не спишь, дедушка?» А он отвечает: «Я всю ночь не сплю, милушка, тут кругом змей полно. Ты пойди погуляй по степи, а я на твоем месте хоть часок в спокойствии усну». Я встала и пошла умываться к пруду.

В первой половине этого дня они были уже в Миллерове. За полчаса Давыдов управился в окружкоме, вышел на улицу веселый, довольно улыбающийся:

— Все решил секретарь, как и надо решать в окружкоме, быстро и дельно: тебя, моя Горюха, возьмут под свою опеку девчата из окружкома комсомола, а сейчас поедем в сельхозтехникум, буду тебя устраивать на новое местожительство. Договоренность с заместителем директора уже есть. До начала приемных испытаний с тобой позанимаются преподаватели, и к осени будешь ты у меня подкована на все четыре ноги, факт! Девчатки из окружкома будут тебя проведывать, договорился с ними по телефону. — По привычке Давыдов оживленно потер руки, спросил: — А знаешь, Варюха, кого к нам посылают в хутор секретарем комсомольской организации? Кого бы ты думала? Ивана Найденова, паренька, который был у нас зимой с агитколонной. Очень толковый парень, я страшно рад буду его приезду. Тогда у нас дело с комсомолом пойдет на лад, это я тебе фактически говорю!

За два часа все было улажено и в сельхозтехникуме. Подошла пора расставаться. Давыдов твердо сказал:

— До свидания, милая моя Варюха-горюха, не скучай и хорошенько учись, а мы там без тебя не пропадем.

Впервые он поцеловал Варю в губы. Пошел по коридору. На выходе оглянулся, и вдруг такая острая жалость стиснула его сердце, что ему показалось, будто шероховатый пол закачался под его ногами, как палуба: Варя стояла, прижавшись к стене лбом, уткнув лицо в ладони, голубенькая косынка ее съехала на плечи, и столько было во всей ее фигуре беспомощности и недетского горя, что Давыдов только крякнул и поспешил выйти во двор.

К исходу третьих суток после отъезда из хутора он уже вернулся в Гремячий.

Несмотря на поздний час, в правлении колхоза его ожидали Нагульнов и Размётнов. Нагульнов хмуро поздоровался с ним, так же хмуро сказал:

— Ты что-то, Семен, последние дни и дома не живешь: в станицу съездил, а потом в окружком... Какая нужда тебя в Миллерово-то носила?

— Обо всем доложу в свое время. А у вас что нового в хуторе?

Вместо ответа Размётнов спросил:

— Ты дорогой видел хлеба? Ну как они там, подошли уже?

— Ячмень кое-где уже можно косить, выборочным порядком, рожь — тоже. Ну, рожь, по-моему, можно класть наповал, но что-то соседи наши медлят.

Как бы про себя Размётнов проговорил:

— Тогда не будем и мы спешить. С зеленцой ее повалять можно при хорошей погоде, она и в валках дойдет, — а ежели дождь? Вот и пиши пропало.

Нагульнов согласился с ним:

— Тройку дней подождать можно, но потом уже браться за покос надо и руками и зубами, иначе райком съест тебя, Семен. А нас с Андреем на закуску... Да, имею и я новость: есть у меня в совхозе дружок по военной службе, ездил я его проведать вчера. Он давно меня приглашал на́-гости, да все как-то неуправно было, а вчера решился — думаю: смотаюсь к нему на денек, проведаю приятеля, а кстати и погляжу, как трактора работают.

Сроду не видал, и дюже мне это было любопытно! У них там пары пашут, я и проторчал в поле целый день. Ну, братцы, и штука, должен я вам сказать, этот трактор «фордзон»! Рысью пашет пары. А как только напорется на целину где-нибудь на повороте, так у него, у бедного, силенок и не хватает. Подымется вдыбки, как норовистый конь перед препятствием, постоит-постоит и опять вдарится колесами об землю, поспешает поскорее убраться обратно на пары, не под силу ему целина... Но иметь пару таких лошадок у нас в колхозе все равно было бы невредно, вот о чем я думал и думаю все время. Дюже уж завидная в хозяйстве штука! Так меня это завлекло, что с дружком даже выпить не успели. Прямо с поля повернулся и поехал домой.

— Ты же думал в Мартыновскую МТС съездить? — спросил Разметнов.

— А какая разница — в МТС или в совхоз? И там трактора, и тут такие же. Да и далековато, а покос — вот он, на носу.

Разметнов хитро сощурился:

— А я, признаться, грешил на тебя, Макар, что ты по пути из Мартыновской завернешь в Шахты проведать Лукерью...

— И в мыслях не держал! — решительно сказал Нагульнов. — А вот ты небось бы заехал, знаю я тебя, белобрысого!

Разметнов вздохнул:

— Будь она моей предбывшей женой, я бы не только непременно заехал, но и прогостил у нее не меньше недели! — И уже шутливо добавил: — Я не такой соломенный тюфяк, как ты!

— Знаю я тебя, — повторил Нагульнов. И, подумав, тоже добавил: — Чертова бабника! Но и я не такой бегунец по бабам, как ты!

Разметнов пожал плечами:

— Я вдовцом живу тринадцатый год. Чего ты от меня хочешь?

— Вот потому ты и бегунец.

После короткого молчания Размётнов уже совершенно серьезно и тихо сказал:

— А может, я все двенадцать годов одну люблю, ты же не знаешь?

— Это ты-то? Поверю я тебе, как же!

— Одну!

— Уж не Марину ли Пояркову?

— Не твое дело — кого, и ты в чужую душу не лезь! Может быть, когда-нибудь, под пьяную руку, я и рассказал бы тебе, кого любил и доныне люблю, но ведь... Холодный ты человек, Макар, с тобой по душам сроду не поговоришь. Ты в каком месяце родился?

— В декабре.

— Я так и думал. Не иначе, тебя мать у проруби на льду родила — пошла за водой и по нечаянности разродилась прямо на льду: потому-то от тебя всю жизнь холодом несет. Как же тебе признаешься от сердца?

— А ты, видать, на горячей плите родился?

Размётнов охотно согласился:

— Дюже похоже! Потому от меня и пышет жаром, как при суховее. А вот ты — другое дело.

С досадой Нагульнов сказал:

— Надоело! Хватит об нас с тобой и об бабах разговаривать, давай лучше потолкуем об том, кому из нас в какую бригаду направляться на уборку.

— Нет, — возразил Размётнов, — давай уж прикончим начатый разговор, а кому в какую бригаду ехать — это мы успеем поговорить. Ты спокойночко рассуди, Макар, вот об чем: прозвал ты меня бегунцом, а какой же я бегунец по нынешним временам, ежели я вскорости вас обоих на свадьбу кликать буду?..

— Это ишо на какую свадьбу? — строго спросил Нагульнов.

— На мою собственную. Мать окончательно старухой стала, тяжело ей в хозяйстве, заставляет жениться.

— И ты послушаешься ее, старый дурак? — Нагульнов не мог скрыть своего величайшего возмущения.

С притворным смирением Размётнов ответил:

— А куда же мне деваться, миленький мой?

— Ну и трижды дурак! — Затем, почесав в раздумье переносицу, Нагульнов заключил: — Придется нам, Семен, снимать с тобой одну квартиру и жить вместе, чтобы не так скучно было. А на воротах напишем: «Тут живут одни холостяки».

Давыдов не замедлил с ответом:

— Ничего у нас, Макар, из этой затеи не выйдет: невеста у меня есть, потому и ездил в Миллерово.

Нагульнов переводил испытующий взгляд с одного на другого, пытаясь разгадать, шутят они или нет, а потом медленно поднялся, раздувая ноздри, даже несколько побледнев от волнения.

— Да вы что, перебесились, что ли?! Последний раз спрашиваю: всурьез вы это говорите или высмеиваетесь надо мной? — Но, не дождавшись ответа, плюнул под ноги со страшным ожесточением, не прощаясь, вышел из комнаты.

Глава XXVI

Дурея от скуки, с каждым днем все больше морально опускаясь от вынужденного безделья, Половцев и Лятьевский по-прежнему коротали дни и ночи в тесной горенке Якова Лукича.

В последнее время что-то значительно реже стали навещать их связные, а обнадеживающие обещания из краевого повстанческого центра, которые доставлялись им в простеньких, но добротно заделанных пакетах, уже давно утратили для них всякую цену...

Половцев, пожалуй, легче переносил длительное затворничество, даже наружно он казался более уравновешенным, но Лятьевский изредка срывался, и каждый раз по-особому: то сутками молчал, глядя на стену перед собой потухшим глазом, то становился необычайно, прямо-таки безудержно болтливым, и тогда Половцев, несмотря на жару, с головой укрывался буркой, временами испытывая почти неодолимое желание подняться, вынуть шашку из ножен и сплеча рубнуть по аккуратно причесанной голове Лятьевского. А однажды с наступлением темноты Лятьевский незаметно исчез из дома и появился только перед рассветом, притащив с собой целую охапку влажных цветов.

Обеспокоенный отсутствием сожителя, Половцев всю ночь не смыкал глаз, ужасно волновался, прислушивался к самому ничтожному звуку, доносившемуся извне. Лятьевский, пропахший ночной свежестью, возбужденный прогулкой, веселый, принес из сеней ведро с водой, бережно опустил в него цветы. В спертом воздухе горенки одуряюще пьяно, резко вспыхнул аромат петуний, душистого табака, ночной фиалки, еще каких-то неизвестных Половцеву цветов, — и тут произошло неожиданное: Половцев, этот железный есаул, всей грудью вдыхая полузабытые запахи цветов вдруг расплакался... Он лежал в предрассветной тьме на своей вонючей койке, прижимая к лицу потные ладони, а когда рыдания стали душить его, рывком повернулся к стене, изо всей силы стиснул зубами угол подушки.

Лятьевский, мягко ступая босыми ногами, ходил по теплым половицам горенки. В нем проснулась деликатность, и он чуть слышно насвистывал опереточные арии и делал вид, что ничего не слышит, ничего не замечает...

Уже часов в одиннадцать дня, очнувшись от короткого, но тяжелого сна, Половцев хотел учинить Лятьевскому жестокий разнос за самовольную отлучку; но вместо этого сказал:

— Воду в ведре надо бы переменить... завянут.

Лятьевский весело отозвался:

— Сию минуту будет исполнено.

Он принес кувшин холодной колодезной воды, теплую воду из ведра выплеснул на пол.

— Где вы достали цветы? — спросил Половцев.

Ему было неловко за свою слабость, стыдно за слезы, пролитые ночью, и он смотрел в сторону.

Лятьевский пожал плечами:

— «Достал» — это слишком мягко, господин Половцев. «Украл» — жестче, но точнее. Прогуливаясь возле школы, уловил поразивший мое обоняние божественный аромат и махнул в палисадник к учителю Шпыню, там и ополовинил две клумбы, чтобы хоть как-нибудь скрасить наше с вами гнусное существование. Обещаю и впредь снабжать вас свежими цветами.

— Нет уж, увольте!

— А вы еще не полностью утратили некоторые человеческие чувства, — тихо, намекающе проговорил Лятьевский, глядя на Половцева в упор.

Тот промолчал, сделал вид, будто не слышит...

Каждый из них по-своему убивал время: Половцев часами просиживал за столом, раскладывая пасьянсы, брезгливо касаясь толстыми пальцами замусоленных, толстых карт, а Лятьевский чуть ли не в двадцатый раз, не вставая с койки, перечитывал единственную имевшуюся у него книгу «Камо грядеши?» Сенкевича, смаковал каждое слово.

Иногда Половцев, оставив карты, садился прямо на полу, по-калмыцки сложив ноги, и, расстелив кусок брезента, разбирал, чистил и без того идеально чистый ручной пулемет, протирал, смазывал теплым от жары ружейным маслом каждую деталь и снова не спеша собирал пулемет, любуясь им, клоня лобастую голову то в одну, то в другую сторону. А потом, вздохнув, заворачивал пулемет в этот же кусок брезента, бережно укладывал его под койку, смазывал и снова заряжал диски и, уже сидя за столом, доставал из-под тюфяка свою офицерскую шашку, пробовал на ногте большого пальца остроту клинка и сухим бруском осторожно, всего лишь несколько раз проводил по тускло блистающей стали. «Как бритва!» — удовлетворенно бормотал он.

В такие минуты Лятьевский, отложив книгу, щурил единственный глаз, саркастически улыбался:

— Удивляет меня, без меры удивляет ваша дурацкая сентиментальность! Что вы носитесь с вашей селедкой, как дурень с писаной торбой? Не забывайте, что сейчас тридцатый год и век сабель, пик, бердышей и прочих железок давно уже миновал. Артиллерия, любезнейший, решала все в прошлую войну, а не солдатики на лошадках или без оных, она же будет решать исход и будущих сражений и войн. Как старый артиллерист утверждаю это самым решительным образом!

Половцев, как всегда, смотрел исподлобья, цедил сквозь зубы:

— Вы думаете начинать восстание, сразу же опираясь на огонь гаубичных батарей — или же на солдатиков с шашками? Дайте мне поначалу хоть одну трехдюймовую батарею, и я с удовольствием оставлю шашку на попечение жены Островнова, а пока помолчите, ясновельможный фразер! От ваших разговорчиков меня тошнит. Это вы польским барышням рассказывайте о роли артиллерии в прошлой войне, а не мне. И вообще всегда вы пытаетесь говорить со мной пренебрежительным тоном, а напрасно, представитель великой Польши. Ваш тон и ваши разговорчики дурно пахнут. Впрочем, ведь это о вашей державе в двадцатых годах говорили: «Еще Польска не сгинела, но дала уже душок»...

Лятьевский трагически восклицал:

— Боже мой, какое духовное убожество! Карты и сабля, сабля и карты... Вы за полгода не прочли ни одного печатного слова. Как вы одичали! А ведь вы когда-то были учителем средней школы...

— По нужде был учителем, милейший пан! По горькой нужде!

— Кажется, у вашего Чехова есть рассказик о казаках: на своем хуторе живет невежественный и тупой казак-помещик, а два его взрослых оболтуса-сына только тем и занимаются, что один подбрасывает в воздух домашних петушков, а другой стреляет по этим петушкам из ружья. И так изо дня в день: без книг, без культурных потребностей, без тени каких-либо духовных интересов... Иногда мне кажется, что вы — один из этих двух сынков... Может, я ошибаюсь?

Не отвечая, Половцев дышал на мертвую сталь шашки, смотрел, как растекается и медленно тает на ней синеватая тень, а затем подолом серой толстовки вытирал шашку и осторожно, даже нежно, без пристука, опускал ее в потертые ножны.

***

Но не всегда их внезапно возникавшие разговоры и короткие пикировки кончались столь мирно. В горенке, редко проветриваемой, было душно; наступившая жара еще более отягчала их жалкое житье в доме Островнова, и все чаще Половцев, вскакивая с влажной, пропахшей потом постели, приглушенно рычал: «Тюрьма! Я пропаду в этой тюрьме!» Даже по ночам, во сне, он часто произносил это неласковое слово, пока наконец выведенный из терпения Лятьевский как-то не сказал ему:

— Господин Половцев, можно подумать, что у вас, в вашем и без того убогом лексиконе, осталось всего только одно слово «тюрьма». Если уж вы так тоскуете по этому богоугодному заведению, мой добрый совет вам: идите сегодня же в районное ГПУ и попросите, чтобы вас определили в тюрьму этак лет на двадцать, не меньше. Уверяю вас, что в вашей просьбе вам не будет отказано!

— Это как называется? Остроумием по-польски? — криво улыбаясь, спросил Половцев.

Лятьевский пожал плечами:

— Вы находите мое остроумие плоским?

— Вы просто скот, — равнодушно сказал Половцев.

Лятьевский снова пожал плечами, усмехнулся:

— Возможно. Но я так долго живу рядом с вами, что немудрено потерять человеческий облик...

После этой стычки они в течение трех суток не обменялись ни одним словом. Но на четвертый день им поневоле снова пришлось заговорить...

Рано утром, когда Яков Лукич еще не уходил на работу, во двор вошли двое незнакомых, один — в новеньком прорезиненном пальто, другой — в замызганном брезентовом плаще с капюшоном. У первого под мышкой был прижат объемистый, пухлый портфель, у второго через плечо висел кнут с нарядными ременными махрами. Согласно давнему уговору, Яков Лукич, завидев в окно пришельцев, быстро прошел в сени, дважды, с короткой паузой, стукнул в дверь горницы, где жили Половцев и Лятьевский, и степенно вышел на крыльцо, разглаживая усы.

— Вы ко мне, добрые люди? Аль понадобилось вам что из колхозного закрома? И кто вы такие? Из приезжих?

Плотный, коренастый человек с портфелем, приветливо улыбаясь, сияя женственными ямочками на толстых щеках, тронул ладонью козырек поношенной кепки, сказал:

— Вы и есть хозяин дома? Здравствуйте, Яков Лукич! Нас направили к вам ваши соседи. Мы — заготовители скота, работаем на шахтеров, заготовляем им скот, как говорится, на дневное пропитание. Платим хорошие деньги, повыше общегосударственных, заготовительных. А платим выше потому, что нам надо шахтеров кормить посытнее и без перебоев. Вы же завхоз колхоза и должны понимать нашу нужду... Но из колхозного закрома нам ничего не надо, мы покупаем скот личного пользования, а также у единоличников. Нам сказали, что у вас есть телка-летошница. Может, продадите? За ценой мы не постоим, была бы она в теле.

Яков Лукич помолчал, задумчиво почесал бровь, прикидывая про себя, что со щедрых заготовителей можно сорвать лишнее, не таскаясь по рынкам, и ответил так, как отвечает большинство хлеборобов, умеющих не продешевить:

— Продажной телушки у меня нету.

— А может, все-таки поглядим ее и сойдемся? Еще раз скажу вам, что мы готовы заплатить лишнего.

И Яков Лукич, помолчав с минуту, поглаживая усы, для важности — врастяжку, как бы про себя, ответил:

— Телушка-то есть, имеется у меня, и сытенькая, аж блестит! Но она мне самому нужна: корова пристарела, менять надо, а порода на молоко и на сним, то есть на сливки по-вашему, дюже хорошая. Нет, товарищи покупатели, не продам!

Коренастый, с портфелем, разочарованно вздохнул:

— Ну что ж, хозяину виднее... Извиняйте нас, поищем товару в другом месте, — и, еще раз неловко коснувшись рукой козырька помятой кепки, пошел со двора.

Следом за ним поплелся и дюжий, очень широкоплечий гуртовщик, поигрывая кнутом, рассеянным взглядом обводя двор, жилые постройки, окна дома, наглухо закрытую дверцу чердака...

И тут хозяйское сердце Якова Лукича не выдержало. Допустив гостей до калитки, он окликнул коренастого:

— Погоди трошки, эй ты, товарищ заготовитель! Вы сколько платите за килограмму живого веса?

— Как сойдемся. Но я уже тебе сказал, что за ценой не стоим и сами располагаем своими деньгами. Они у нас считанные, но не мереные, — хвастливо похлопывая пухлой рукой по пухлому портфелю, сказал коренастый, выжидающе стоя возле калитки.

Яков Лукич решительно зашагал с крыльца.

— Пойдемте глядеть телушку, пока не прогнали ее в табун, но поимейте в виду, что дешево я вам ее не отдам — только из уважения, потому что ребята вы, видать, сходственные, да и не дюже скуповатенькие. А мне скупых купцов на моем базу и на дух не нужно!

Оба покупателя осматривали и ощупывали телку дотошно, придирчиво, потом коренастый стал нудно торговаться, а тот, который был с кнутом, скучливо посвистывая, пошел по забазьям и базу, заглядывая и в курятник, и в пустую конюшню, и всюду, куда ему и не надо было бы заглядывать... И тут Якова Лукича как бы осенило: «Ох, не те покупатели!»

Сразу сбавив цену на целых семьдесят пять рублей, он сказал:

— Ладно, отдаю себе в убыток, только для товарищей шахтеров, но вы меня извиняйте, мне надо идти в правление, некогда мне с вами проводить время. Телушку зараз поведете? Тогда деньги на кон!

У входа в сарай коренастый, слюнявя пальцы, долго отсчитывал кредитки, накинул сверх условленной цены еще пятнадцать рублей, пожав руку заскучавшему Якову Лукичу, подмигнул:

— Может, на нашей сделке разопьем бутылочку, Яков Лукич? Наше заготовительное дело требует магарыч при себе иметь, — и, не торопясь, достал из кармана неярко блеснувшую при свете раннего солнца бутылку белоголовки.

С деланной веселостью Яков Лукич ответил:

— Вечерком, дорогие сваты, вечерком! Вечером радый буду и поприветить вас и выпить с вами. Такая веселуха в бутылке, какую ты показываешь, найдется и у хозяина в доме, пока мы ишо не дюже обедняли, а зараз извиняйте: с утра мне здоровье не дозволяет водку пить, да и дело не указывает, мне на колхозную службу надо направляться. Наведайтесь после захода солнца, вот тогда и пропьем мою телочку.

— Ты хоть бы в дом пригласил, угостил сватов молоком от телочкиной мамаши, — сияя добродушнейшей улыбкой и ямочками на круглых щеках, сказал коренастый и просительно положил руку на локоть Якова Лукича.

Но непреклонный Яков Лукич уже был собран в единый комок воли и предельного напряжения, а потому и ответил, усмехаясь несколько пренебрежительно:

— У нас, у казаков, господа хорошие, в гости ходят не тогда, когда кому-то погостевать захочется, а тогда, когда хозяева зовут и приглашают. У вас, может быть, по-другому? Но уж тут давайте по нашему обычаю, по-хуторскому: уговорились повидаться вечером? Стало быть, с утра и речей больше терять нечего. Прощевайте!

Повернувшись спиной к покупателям, даже не взглянув на телку, которую неспешно взналыгивал дюжий гуртовщик, Яков Лукич шел до крыльца с ленивой развальцей. Кряхтя и притворно охая, держась за поясницу левой рукой, он поднялся на верхнюю ступеньку и только в сенях, уже без тени притворства, прижал к груди ладонь, постоял с минуту, закрыв глаза, прошептал побелевшими губами: «Будьте вы все трижды прокляты!» Колющая боль в сердце скоро утихла, прошло и легкое головокружение. Яков Лукич постоял еще немного, потом почтительно, но настойчиво постучался в дверь горницы, где жил Половцев.

Переступив порог, он едва успел сказать: «Ваше благородие, беда!..» — и тотчас же, как ночью в грозу — при вспышке молнии, увидел направленный на него ствол нагана, тяжелую, выдвинутую вперед челюсть Половцева, его напряженный немигающий взгляд и Лятьевского, сидевшего на койке в небрежной позе, но с лопатками, плотно прижатыми к стене, с ручным пулеметом на слегка приподнятых коленях, ствол которого тоже был направлен на входную дверь, как раз на уровне груди Якова Лукича... Все это за миг ослепительного видения узрел Яков Лукич, даже улыбку Лятьевского и лихорадочный блеск его одинокого глаза, когда, словно издалека, услышал вопрос:

— Ты кого же это привел во двор, милый хозяин?!

Голоса не узнал потрясенный Яков Лукич, будто кто-то третий, невидимый, задал ему этот вопрос свистящим, прерывающимся шепотом. Но неподвластная сила заставила старика на короткое время преобразиться: вытянутые по швам руки согнулись в локтях, сам Яков Лукич как-то обмяк, сник. Однако заговорил хоть и бессвязно, с передышками, но заговорил иным, чем прежде, языком:

— Никого я к себе не приводил, они сами непрошеные явились. И до каких же это пор, господа хорошие, вы будете изо дня в день на меня пошумливать и помыкать мной, ну, как малым парнишкой? Мне это очень даже обидно! Задаром и кормлю вас, и пою, и всячески угождаю. И бабы наши и обстирывают вас, и всякую пищу готовят бесплатно... Убить меня вы можете враз, хучь сей секунд, но мне уж и жизнь-то при вас стала в великую тягость! И телушку я в убыток себе отдал потому, что чем-то вас правдать надо? А ведь вам, вашим благородиям, пустых щей не подашь, а непременно с мясцом. Вы с меня и водки постоянно требуете... Я же вас упредил, когда эти незваные гости заявились на баз, я только немного опосля смикитил, что не те покупатели явились, и подался от них задом: «Бог с вами, берите телушку хучь задарма, только поскорее уходите!» А вы, господа хорошие... Эх, да что я вам докажу? — Яков Лукич безнадежно махнул рукой, прижался грудью к дверной притолоке, пряча лицо в ладонях.

Со странным равнодушием, которое давно уже одолевало Половцева, тот вдруг сказал удивительно бесцветным голосом:

— А ведь, пожалуй, старик прав, пан Лятьевский. Запахло жареным, и нам надо убираться отсюда, пока не поздно. Ваше мнение?

— Надо уходить сегодня же, — решительно высказался Лятьевский, осторожно опуская пулемет на помятую постель.

— А связь?

— Об этом после, — Лятьевский кивком головы указал на Якова Лукича. И, обращаясь к нему, резко сказал: — Хватит вам, Лукич, бабиться! Расскажите, о чем шел разговор с покупателями. Деньги они вам заплатили сполна? Сюда эти купцы еще раз не заявятся?

Яков Лукич по-детски всхлипнул, высморкался в подол неподпоясанной рубахи, вытер ладонью глаза, усы и бороду и коротко, не подымая глаз, рассказал о разговоре с заготовителями, о подозрительном поведении гуртовщика, не забыл упомянуть и о том, что вечером заготовители придут выпить с ним магарыча.

Половцев и Лятьевский при этом сообщении молча переглянулись.

— Очень мило, — нервически посмеиваясь, сказал Лятьевский. — Умнее ты ничего не мог придумать, приглашая их к себе в дом? Чертова ты тупица, безнадежный идиот!

— Не я их приглашал, они сами навязались в гости и норовили зараз же пройти в дом, насилу уговорил их подождать до вечера. И вы, ваше благородие, или как вас там кличут-величают, напрасно меня дурите, за глупого считаете... За каким же чертом, прости господи, зазывал бы я их в дом, ежели вы тут отсиживаетесь? Чтобы с вас и с себя головы посымать?

Влажные глаза Якова Лукича недобро блеснули, и закончил он уже с нескрываемой злобой:

— Вы, господа офицеры, до семнадцатого года думали, что одни вы умные, а солдаты и простые казаки все как есть с придурью. Учили вас красные, учили, да так видать, ничему и не выучили... Не впрок пошла вам наука и великое битье!

Половцев подмигнул Лятьевскому. Тот, закусив губу, молча отвернулся к занавешенному окну, а Половцев подошел к Островнову вплотную, положил ему руку на плечо, примиряюще улыбнулся:

— Охота тебе, Лукич, волноваться по пустякам! Мало ли что человек не скажет вгорячах. Не всякое же лыко в строку. Вот в чем ты прав: покупатели твоей телки — такие же заготовители, как я архиерей. Оба они чекисты. Одного из них Лятьевский лично опознал. Понятно? Ищут они нас, но ищут пока на ощупь, вслепую, потому-то они и прикинулись заготовителями. Теперь дальше: до обеда нам надо по одному уйти отсюда. Иди и займи твоих покупателей часа на два, на три, как хочешь и чем хочешь. Можешь повести их куда-нибудь к знакомым из наших, кто окажется сейчас дома, выпить с ними водки, поговорить, но боже тебя и хозяина упаси напиться пьяными и развязать языки! Узнаю — убью обоих! Ты это крепко запомни! А пока ты займешь их выпивкой, мы тихонько, по яру, что выходит в задах твоего подворья, выйдем в степь, а там нас ищи-свищи! Сыну поручи, чтобы сейчас же в прикладке кизяка надежно спрятал мою шашку, пулемет, диски и обе наши винтовки.

— Одну вашу винтовку прячьте, моя будет со мной, — вставил Лятьевский.

Половцев молча взглянул на него и продолжал:

— Пусть все это имущество завернет в полсть и тихонько, оглядевшись предварительно, пройдет в сарай. В доме ни в коем случае ничего не смей прятать. Есть еще одна просьба к тебе, вернее — приказ: пакеты, которые будут поступать на мое имя, получай и, как только получишь, клади их под молотильный камень, что лежит возле амбара. По ночам мы будем иногда наведываться сюда. Ты все понял?

Яков Лукич прошептал:

— Так точно.

— Ну, ступай и не спускай глаз с этих чертовых заготовителей! Уведи их подальше отсюда, а через два часа нас уже здесь не будет. Вечерком можешь пригласить их к себе. Койки из этой горницы убрать на чердак, комнату проветрить. Для отвода глаз набросай сюда всякой рухляди — и тогда, если они попросят, покажи им весь дом... А они наверняка под разными предлогами будут пытаться осмотреть весь твой курень... Неделю мы побудем в отлучке и снова придем к тебе. Съеденным у тебя куском ты нас не попрекай! За все твое добро, за всю трату на нас тебе будет уплачено с лихвой, как только восторжествует наше дело. Но мы снова должны прийти сюда, потому что восстание я на своем участке буду подымать отсюда, из Гремячего. И час уже близок! — торжественно закончил Половцев и коротко обнял Якова Лукича. — Ступай, старик, помогай тебе бог!

***

Как только за Островновым закрылась дверь, Половцев присел к столу, спросил:

— Где вы встречались с этим чекистом? Уверены вы, что не обознались?

Лятьевский подвинул табурет, наклонился к Половцеву и, пожалуй, впервые за все время их знакомства без иронии и гаерства заговорил:

— Езус-Мария! Как я мог обознаться? Да я этого человека буду помнить до конца жизни! Вы видели у него шрам на щеке? Это я его полоснул кинжалом, когда меня забирали. А глаз, вот этот мой левый глаз, он мне выбил на допросе. Вы видели, какие у него кулачищи? Это было четыре года назад, в Краснодаре. Меня выдала женщина, ее нет в живых, слава всевышнему! Я еще сидел во внутренней тюрьме, а вина ее уже была установлена. На второй день после моего бегства она перестала жить. А была очень молодая и красивая стерва, кубанская казачка, вернее — кубанская сучка. Вот что было... Знаете, как я бежал из тюрьмы? — Лятьевский довольно усмехнулся, потер сухие, маленькие руки. — Все едино меня бы расстреляли. Мне нечего было терять, и я пошел на отчаянный риск и даже на некоторую подлость... Пока я морочил головы следователям и прикидывался пешкой, они держали меня в строгой изоляции. Тогда я решился на последний шаг к спасению: я выдал на допросе одного казачишку из станицы Кореновской. Он был в нашей организации, и на нем кончалась цепочка: он мог выдать еще только трех своих станичников, больше никого, ни единой души из наших он не знал. Я подумал: «Пусть расстреляют или сошлют этих четырех идиотов, но я спасусь, а одна моя жизнь неизмеримо важнее для организации, чем жизнь этого быдла, этих четырех животных». Должен сказать, что в организации на Кубани я играл немаловажную роль. Можете судить о моем значении в деле по тому, что я с двадцать второго года пять раз переходил границу и пять раз виделся в Париже с Кутеповым. Я выдал этих четырех статистов в деле, но тем самым смягчил следователя: он разрешил мне прогулки во внутреннем дворе вместе с остальными заключенными. Мне нельзя было медлить. Вы понимаете? И вот вечером, прогуливаясь в толпе кубанского хамья, обреченного на гибель, во время первого же круга по двору я увидел, что из двора на сеновал ведет приставная лестница — ее, очевидно, недавно поставили. Было время сенокоса, и гепеушники днем возили сено для своих лошадей. Прошелся я еще раз по кругу, руки, как полагается, назад, а дефилируя в третий раз, я спокойно подошел к лестнице и, не глядя по сторонам, стал медленно, как на арене цирка, подниматься по ступенькам. Руки по-прежнему назади... Я правильно рассчитал, господин Половцев! Психологически правильно. Ошалевшая от моей дикой дерзости охрана дала мне возможность беспрепятственно подняться ступенек на восемь, и только тогда один из них отчаянно заорал: «Стой!» — когда я уже через две ступеньки, пригибаясь, побежал по лестнице вверх и, как козел, прыгнул на крышу. Беспорядочная стрельба, крики, ругань! В два прыжка я был уже на краю крыши, а оттуда — еще прыжок, и я в переулке! Вот и все. А утром я был уже в Майкопе на явочной, надежной квартире... Фамилия этого богатыря, который сделал меня уродом, Хижняк. Вы его сейчас видели, эту каменную скифскую бабу в штанах. Так что вы хотите — чтобы я теперь выпустил его живым из своих рук? Нет, пусть у него закроются оба глаза за мой выбитый им глаз! За око — два ока!

— Вы с ума сошли! — негодующе воскликнул Половцев. — Из чувства личной мести вы хотите провалить все дело?!

— Не беспокойтесь. Убью я Хижняка и его приятеля не здесь, а подстерегу где-нибудь за хутором, подальше от Гремячего Лога. Инсценирую ограбление заготовителей, и — шито-крыто! И деньги у них возьму. Попались на торговле — значит, плохие купцы... Вашу винтовку прячьте, а свою я пронесу под плащом. Не вздумайте меня отговаривать. Слышите? Мое решение бесповоротно! Я выхожу сейчас, вы — попозже. Встретимся в субботу после захода солнца в лесу под Тубянским, у родника, где встречались прошлый раз. До свидания, и, ради бога, не сердитесь на меня, господин Половцев! Мы же здесь дошли до предела в смысле нервишек и, признаться, я вел себя не всегда достойно.

— Полно вам... Можно и без нежностей в нашем положении, — смущенно пробормотал Половцев, но все же обнял Лятьевского, отечески прижался губами к его покатому бледному лбу.

Лятьевский был растроган этим неожиданным проявлением товарищеского чувства, но, не желая выдавать своей взволнованности, стоя к Половцеву спиной и уже держась за дверную ручку, сказал:

— Я возьму с собой Харитонова Максима с Тубянского. Винтовка у него есть, да и сам он из таких, на которых можно положиться в трудную минуту. Вы не возражаете?

Помедлив, Половцев ответил:

— Харитонов служил в моей сотне вахмистром. Выбор ваш правилен. Берите. Он отличный стрелок, во всяком случае — был таким. Я понимаю ваши чувства. Действуйте, но только ни в коем случае не вблизи Гремячего и не в хуторе, а где-нибудь в степи...

— Слушаюсь. До свидания.

— Желаю удачи.

Лятьевский вышел в сени, накинул на плечи старенький островновский зипун, оглядел сквозь дверную щель безлюдный переулок. Минуту спустя он уже не спеша шагал через двор, прижимая кавалерийский карабин к левому боку, и так же не спеша скрылся за углом сарая. Но как только спрыгнул в яр, тотчас преобразился: надел зипун в рукава, взял карабин на руку, сдвинул предохранитель и пошел по теклине в гору крадущейся, звериной походкой, зорко посматривая по сторонам, прислушиваясь к каждому шороху, изредка оглядываясь на хутор, тонувший внизу в сиреневой утренней дымке.

***

Через два дня, в пятницу утром, на пути между хуторами Тубянским и Войсковым, на дороге, проходившей в шестидесяти метрах от отножины Кленового буерака, были убиты два заготовителя и одна из упряжных лошадей. На второй, обрезав постромки, доскакал до Войскового возница — казак с хутора Тубянского. Он и сообщил в сельсовет о случившемся.

Выехавшие на место происшествия участковый милиционер, председатель сельсовета, возница и понятые установили следующее: бандиты, таясь в лесу, стреляли из винтовок раз десять. Первым выстрелом был убит здоровый, плечистый гуртовщик. Он упал с дрожек лицом вниз. Пуля попала ему прямо в сердце. Коренастый заготовитель дурным голосом крикнул вознице: «Гони!» — и, вырвав у него из руки кнут, замахнулся на правую дышловую, но хлестнуть ее не успел: второй выстрел уложил его на дрожках. Пуля попала ему в голову, повыше левого уха. Лошади понесли. Убитый свалился с дрожек метрах в двадцати от гуртовщика. Последовало еще несколько выстрелов сразу из двух винтовок. На скаку, через голову упала срезанная пулей левая дышловая лошадь, сломав дышло, опрокинув накатившиеся на нее дрожки. Возница обрезал постромки на уцелевшей лошади, поскакал во весь мах. Вдогон ему несколько раз выстрелили, но скорее не с целью убить, а для острастки, так как пули, по словам возницы, свистели высоко над ним.

У обоих убитых были вывернуты карманы. Документов в одежде не оказалось. Пустой портфель заготовителя валялся в придорожной траве. У гуртовщика, которого бандиты, обыскивая, перевернули на спину, ударом каблука, судя по отпечатку на коже, был выбит левый глаз.

Председатель сельсовета, бывалый казак, сломавший две войны, сказал милиционеру:

— Ты погляди, Лука Назарыч, ведь уже над мертвым смывался какой-то гад! Дорогу он ему перешел, что ли? Или бабу не поделили? Простые разбойнички так не звероруют... — и, стараясь не глядеть на багровую пустую глазницу убитого, на расползшуюся по щеке кровяно-студенистую, уже застывшую массу, накрыл лицо убитого своим носовым платком, выпрямился, вздохнул: — Отчаянный народ пошел! Не иначе — выследили купцов лихие люди и деньжонок цапнули у них, видно, не одну тыщонку... Проклятый народ! Из-за денег каких орлов поклали...

В тот день, когда слух о гибели Хижняка и Бойко-Глухова дошел до Гремячего, Нагульнов, оставшись наедине с Давыдовым в правлении колхоза, спросил:

— Ты понимаешь, Семен, куда дело оборачивается?

— Не хуже тебя понимаю. Половцев руки приложил или его подручные, факт!

— Это само собою. Я одного не пойму: как их могли раскусить, кто они такие, вот в чем вопрос! И кто это мог проделать?

— Этого вопроса мы с тобой не решим. Это задача на уравнение с двумя неизвестными, а мы с тобой в арифметике и алгебре не сильны. Согласен?

Нагульнов долго сидел молча, положив ногу на ногу, глядя на носок пыльного сапога отсутствующими глазами, потом сказал:

— Одно неизвестное мне известно...

— Что же именно?

— А то, что волк вблизи своего логова овец не режет...

— Ну и что из этого?

— А то, что издали их достали, не с Тубянского и не с Войскового, это точно!

— Из Шахт или из Ростова, думаешь?

— Не обязательно. А может, из нашего хутора, почем ты знаешь?

— И это может быть, — подумав, сказал Давыдов. — Что же ты предлагаешь, Макар?

— Чтобы коммунисты глаза разули. Чтобы поменьше спали по ночам и потихонечку, потаенно, похаживали по хутору, востро глядели. Может, и не минует нас удача повстречать в хуторе либо за хутором того же Половцева или ишо кого-нибудь из подозрительных незнакомцев. Волки по ночам промышляют...

— Это ты нас к волкам приравниваешь? — еле заметно улыбнулся Давыдов.

Но Нагульнов не ответил улыбкой на улыбку, сдвинув разлатые брови, сказал:

— Они — волки, а мы — на волков охотники! Понимать надо!

— Не надо сердиться. Согласен с тобой, факт! Давай сейчас же соберем всех коммунистов.

— Не зараз, а попозже, когда люди спать ляжут.

— И это правильно, — согласился Давыдов. — Но только надо не патрулировать по хутору, а то ведь сразу насторожим казаков, а сидеть в засадах.

— Где же это сидеть? Где придется? Пустая затея! Легко было мне Тимошку караулить: окромя Лушки, ему некуда было податься, иного пути у него не было. А этих где ждать? Свет велик, и дворов в хуторе много, возле каждого не просидишь.

— А возле каждого и незачем.

— А по какому выбору?

— Узнаем, у кого заготовители покупали скот, и вот именно эти-то дворы и возьмем под наблюдение. Убитые наши товарищи по большей части возле подозрительных граждан вертелись, у них покупали скот... К кому-нибудь из них и потянутся бандиты... Понятно?

— Идейный ты человек! — убежденно сказал Нагульнов. — Очень толковые идеи иной раз приходят тебе в голову!

Глава XXVII

Половцев и Лятьевский снова поселились в горнице Островнова и жили в ней уже четвертый день. Они пришли на рассвете, через полчаса после того, как Размётнов, наблюдавший за домом Островнова из соседнего сада, зевнув в последний раз, поднялся и тихонько пошел домой, рассуждая про себя: «Выдумает же этот Семен чертовщину! Какой день уже гнемся по чужим забазьям, как конокрады или простые ворюги, хоронимся, не спим по всем ночам, а все без толку! Где они, эти бандиты? Караулим свою собственную тень... Надо поспешать, а то какая-нибудь позаранняя баба встанет корову доить, увидит меня, и пойдет по хутору, как волна по речке: «Размётнова заря выкинула! Какая же это лихая баба так его приспала, пригрела, что он только на рассвете очухался?» Ну и пойдут трепать языками, авторитету мне подбавлять... Надо кончать с этим делом! Пущай ГПУ бандитов ловит, а нам нечего чекистские должности себе присваивать. Вот я пролежал ночь в саду, глядел так, что глаза чуть на лоб не вылазили, — а днем какой же из меня будет работник? Спать за столом в сельсовете? Глядеть на людей красными глазами? Опять же скажут: «Прогулял, чертяка, всю ночь, а теперь зевает, как кобель на завалинке!» Опять же полный подрыв авторитета...»

Мучимый сомнениями, усталый после бессонной ночи, почти убежденный в никчемности затеянной слежки, Размётнов крадучись вошел во двор — и на пороге в хату столкнулся с выходившей из сеней матерью.

— Это я, маманя, — смущенно сказал Андрей, норовя прошмыгнуть в сени.

Но старуха загородила ему дорогу, сурово заметила:

— Вижу, что ты, не слепая... А не пора ли тебе, Андрюшка, кончать гулянки, кончать таскаться по всем ночам? Не молоденький, свое давно отжениховал, не пора ли и матерю, да и людей постыдиться? Женись и дай себе прикорот, хватит!

— Зараз жениться или подождать, пока солнце взойдет? — зло спросил Андрей.

— Нехай солнце трижды взойдет и сядет, а на четвертые сутки женись, я тебя не тороплю, — отводя недобрую шутку, вполне серьезно ответила мать. — Пожалей ты мою старость! Тяжело же мне при моих старушечьих хворостях и корову доить, и стряпаться, и обстирывать тебя, и огород управлять, и все по хозяйству делать... Как ты этого не поймешь, сынок? Ты же в хозяйстве и пальцем о палец не ударишь! Какой ты мне помощник! Воды и то не принесешь. Поел и пошел на службу, как какой-нибудь квартирант, как чужой в доме человек... Одни голуби тебя заботят, как малый парнишка, возишься с ними. Да разве это мужчинское дело? Постыдился бы людей — тешиться детской забавой!

Ежели бы Нюрка мне не помогала, я давно бы уж в лежку слегла! Али тебе повылазило, и ты не видишь, что она, моя милушка, каждый божий день бегает к нам, то одно сделает, то другое, то корову подоит, то огород прополет и польет, то ишо чем-нибудь пособит? Уж такая ласковая да хорошая девка, что по всей станице поискать! Заглядает тебе в глаза, а ты и не видишь, ослеп от гулянок! Ну где тебя нелегкая носила? Ты погляди на себя: в орепьях весь, как кобелишка поблудный! Нагни голову, горюшко ты мое неизживное! И где уж тебя так катали, мучили?..

Старуха положила руку на плечо сына, слегка нажала на него, заставляя согнуться, а когда Андрей склонил голову — с трудом вытащила из его поседевшего чуба комок прошлогодних репьев, въедливых по цепкости.

Андрей выпрямился, усмехнулся, прямо глядя в брезгливо сморщившееся лицо матери.

— Не думайте обо мне худого, маманя! Не потеха, а нужда заставила в орепьях валяться. Пока это вам ишо непонятное дело, потом поймете, когда придет время узнать вам. А что касаемо женитьбы, то срок ваш — трое суток — дюже большой: завтра же приведу вам Нюрку в дом. Только глядите сами, маманя, вы ее выбрали себе в снохи — вы с ней и ладьте, чтобы у вас промеж себя скандалов не было. А я уживусь хоть с тремя бабами под одной крышей, вы же знаете, я покладистый, пока меня не трогают... А зараз пропустите меня, пойду усну хоть часок перед работой.

Старуха, крестясь, посторонилась.

— Ну слава богу, что вразумил тебя господь пожалеть мою старость. Иди, мой родный, иди, мой сынушка, поспи, а я тебе к завтраку блинцов нажарю. Я и каймаку тебе трошки собрала. И не знаю, чем и как тебе угодить за такую радость!

Андрей уже плотно притворил за собою дверь, а старуха так тихо, словно он еще стоял рядом с ней, сказала:

— Ты ведь у меня один на всем белом свете! — и заплакала.

В разных концах хутора в одно и то же время, на заре, ложились спать Андрей Размётнов, Давыдов, просидевший ночь под сараем во дворе Атаманчукова, Нагульнов, неусыпно наблюдавший за подворьем Банника, и благополучно проскользнувшие в островновский курень Половцев и Лятьевский.

Наверно, в тихое, слегка туманное летнее утро разные сны снились всем этим таким разным по убеждениям и характерам людям, но уснули все они в один и тот же час...

Быстрее всех из них проснулся Андрей Размётнов. Он досиза выбрил щеки, помыл голову, надел чистую рубаху, суконные штаны, доставшиеся ему на правах прямого наследства от покойного мужа Марины Поярковой, долго плевал на сапоги, а потом тщательно начистил их суконкой — отрезком от полы старой шинели. Собирался он продуманно, без лишней спешки.

Мать догадалась, к чему эти сборы, однако ничего не спросила, боясь спугнуть неосторожным словом торжественное настроение сына. Она лишь изредка поглядывала на него да больше обычного суетилась возле печи. Позавтракали они молча.

— Раньше вечера меня не ждите, маманя, — официальным тоном предупредил Размётнов.

— Помогай тебе бог! — пожелала мать.

— Он поможет, жди... — скептически отозвался Размётнов.

По-деловому, не так, как Давыдов, всего лишь за десять минут провел он и сватовство. Но, войдя в хату Нюркиных родителей, все же отдал дань приличиям: минуты две посидел, молча покуривая, потом обменялся с отцом Нюрки несколькими фразами о видах на урожай, о погоде — и сейчас же, как о чем-то давно решенном, заявил: — Завтра у вас Нюрку забираю.

По-своему не лишенный остроумия, родитель невесты спросил:

— Куда? Дежурить рассыльной в сельсовет?

— Хуже. В жены себе.

— Это как она скажет...

Размётнов повернулся к полыхающей румянцем невесте — даже тени улыбки не было на его обычно смешливых губах, — спросил:

— Согласна?

— Я десять лет согласна, — решительно ответила девушка, не сводя с Андрея смелых, круглых и влюбленных глаз.

— Вот и весь разговор, — удовлетворенно проговорил Размётнов.

Соблюдая старые обычаи, родители хотели было поломаться, но Андрей, еще раз закурив, решительно пресек их попытки:

— Я из вас ни приданого, ничего не выбиваю, а из меня что вы сумеете выбить? Табачный дым? Собирайте девку. Нынче поедем в станицу, зарегистрируемся, нынче же вернемся, а завтра справим свадьбу, вот так!

— И что уж это так тебе загорелось? — с досадой спросила мать невесты.

Но Размётнов холодно посмотрел на нее, ответил:

— Мое отгорело двенадцать лет назад, отгорело и пеплом взялось... А поспешаю затем, что уборка к хрипу подпирает и дома, сами знаете, старуха моя в отставку, по чистой, уходит. Стало быть, договоримся так: водку я привезу из станицы — не более десяти литров. По водке и закуску готовьте и гостей зовите. С моей стороны будут трое: мать, Давыдов и Шалый.

— А Нагульнов? — поинтересовался хозяин.

— Он захворал, — слукавил Андрей, глубочайше убежденный в том, что Макар ни за что не явится на свадьбу.

— Баранчика резать, Андрей Степаныч?

— Дело хозяйское, только гулять шибко не будем, мне нельзя: с должности вытряхнут и выговор по партийной линии могут влепить такой горячий, что буду год дуть на пальцы, какие рюмку держали. — И повернулся к невесте, лихо подмигнул, а улыбнулся не очень щедро: — Через полчаса приеду, а ты тем часом, Нюра, принарядись как следует. За председателя сельсовета выходишь, а не абы за кого-нибудь!

***

Грустная это была свадьба, без песен, без пляски, без присущих казачьим свадьбам веселых шуток и пожеланий молодым, иногда развязных, а иной раз и просто непристойных... А всему тон задал Разметнов: был он несоответственно случаю серьезен, сдержан, трезв. В разговорах участия почти не принимал, все больше отмалчивался, и, когда слегка подвыпившие гости изредка кричали «горько», он словно бы по принуждению поворачивал к своей румяной жене голову, словно бы нехотя целовал ее холодными губами, а глаза его, всегда такие живые, теперь смотрели не на молодую, не на гостей, а куда-то вдаль, как бы в далекое, очень далекое и печальное прошлое.

Глава XXVIII

А жизнь шла в Гремячем Логу и над ним все той же извечно величавой, неспешной поступью: все так же плыли над хутором порою белые, тронутые изморозной белизною облака, иногда их цвет и оттенки менялись, переходя от густо-синего, грозового, до бесцветия; иногда, горя тускло или ярко на закате солнца, они предвещали ветер на будущий день, и тогда всюду во дворах Гремячего Лога женщины и дети слышали от хозяев дома или тех, кто собирался ими стать, спокойные, непререкаемые в своей тоже извечной убедительности короткие фразы. «Ну куда же в такой ветер копнить либо на воза класть?» Кто-то из сидевших рядом — либо семейных по старшинству, либо соседей, — помедлив, отзывался: «И не моги! Разнесет!» И начинался в такую пору жестокого восточного ветра наверху и вынужденного безделья людей внизу — во всех трехстах дворах хутора один и тот же рассказ о некоем давно почившем хуторянине Иване Ивановиче Дегтяреве, который когда-то, давным-давно, в восточный ветер затеялся возить с поля на гумно хлеб и, видя, что с возов ветер несет вязанками, копнами спелую пшеницу, отчаявшись бороться со стихией, поднял на вилах-тройчатках огромное беремя пшеницы и, глядя на восток, адресуясь к ветру, в ярости заорал: «Ну, неси и эту, раз ты такой сильный! Неси, будь ты проклят!» — и, перевернув арбу с наложенной по наклецки пшеницей, нещадно ругаясь, порожняком поехал домой.

Жизнь шла в Гремячем Логу, не ускоряя своей медлительной поступи, но каждый день и каждая ночь приносили в один из трехсот домов хутора свои большие и малые радости, печали, волнения, не сразу гаснущее горе... В понедельник на заре умер на выгоне давнишний хуторской пастух дед Агей. Побежал завернуть и подогнать к табуну молодую, шалую первотелку-корову, но недолго бежал старческой трусцой, как вдруг остановился, прижимая к сердцу кнут, с минуту покачался, переступая на месте гнущимися ногами, а потом, шатаясь, как пьяный, уронив из рук кнут, пошел медленно и неуверенно назад. К нему подбежала прогонявшая корову сноха Бесхлебнова, схватила холодеющие старческие руки и, еле переводя дыхание, жарко дыша в стекленеющие глаза старика, спросила:

— Дедушка, миленький, тебе плохо?! — и уже в голос крикнула: — Да родненький мой! Чем же я тебе помогу?!

Коснеющим языком дед Агей произнес:

— Касатушка моя, ты не пужайся... Поддержи меня под руку, а то я упаду...

И упал — сначала на правое колено, а потом завалился на бок. И умер. Только и всего. А в обеденное время, почти в один час родили две молодые колхозницы. У одной были очень трудные роды. Давыдову пришлось срочно посылать в Войсковой за участковым фельдшером первую попавшуюся под руку подводу. Он только что вернулся из осиротевшего дома деда Агея, попрощавшись с покойником, и сейчас же явился в правление к нему молодой колхозник Михей Кузнецов. Бледный, взволнованный, он с порога начал:

— Дорогой товарищ Давыдов, ради Христа, выручай! Баба вторые сутки мучается, никак не разродится. А ведь у меня, окромя нее, двое детей, да и ее до смерти жалко. Помоги лошадьми, надо фельдшера, что-то наши бабки ей никак не помогут...

— Пошли! — сказал Давыдов и вышел во двор.

Дед Щукарь уехал в степь за сеном. Все лошади были в разгоне.

— Пойдем к твоему дому, первую же, какую встретим, подводу направим в Войсковой. Ты иди к жене, а я любую перехвачу на подъезде и пошлю.

Давыдов великолепно знал, что не пристало мужчине быть вблизи от места, где рожает женщина, но он ходил возле низкого плетня хатенки Кузнецова широкими шагами, озирая из конца в конец пустую улицу, слышал глухие стоны и протяжные вскрики женщины и сам сдержанно мычал от боли за чужое ему материнское страдание и вполголоса ругался самыми последними матросскими ругательствами. А когда увидел неторопливо едущего по улице бригадного водовоза — шестнадцатилетнего паренька Андрея Акимова, — бегом, как мальчишка, бросился ему наперерез, не без усилия столкнул с дрог полную бочку воды и, задыхаясь, выговорил:

— Вот что, парень, тут бабе трудно. Лошади у тебя добрые, гони вовсю в Войсковой и вези мне фельдшера, живого или мертвого! Загонишь лошадей — я отвечаю, факт!

И в полуденной, застойной тишине снова прозвучал и коротко оборвался крик, приглушенный и низкий, смертно мучающейся женщины. Давыдов пристально посмотрел в глаза паренька, спросил:

— Слышишь? Ну и гони!

Став на дроги во весь рост, парень по-взрослому, накоротке взглянул на Давыдова.

— Дядя Семен, я все понимаю, и за лошадей не беспокойтесь!

Лошади рванулись с места наметом, парень стоя молодецки посвистывал и удальски помахивал кнутом, а Давыдов, посмотрев на всклубившуюся под колесами пыль, безнадежно махнув рукой, пошел в правление колхоза. На ходу он еще раз услышал диковатый женский вскрик, поморщился, как от острой боли, и, лишь пройдя два квартала, с досадой пробормотал:

— Тоже мне, затеется родить и то как следует не умет, факт!

Не успел он в правлении разобраться с тем, что называют текущими делами, как пришел молодой и смущенный парень, сын старого колхозника Абрамова, переминаясь с ноги на ногу, стеснительно заговорил:

— Товарищ Давыдов, у нас нынче свадьба, приглашаем вас всем семейством. Неловко будет, если вас за столом не хватит.

И тут Давыдова прорвало — он вскочил из-за стола, воскликнул:

— Да вы что, одурели в хуторе?! В один день помирать, родить и жениться! Сговорились вы, что ли?!

И, усмехнувшись внутренне над своей горячностью, уже спокойно спросил:

— И какого черта ты спешишь? Ну вот осенью бы и женился. Осенью самое время свадьбы справлять.

Словно стоя на горячем, парень сказал:

— Дело не указывает до осени ждать.

— Какое дело?

— Ну, вы сами должны понимать, товарищ Давыдов...

— Ага, вот как... О деле, сынок, всегда надо думать заранее, — назидательно заметил Давыдов. И тут же улыбнулся, подумал: «Не мне бы ему говорить, и не ему бы слушать».

Внушительно помолчав некоторое время, Давыдов добавил:

— Ну что ж, иди, вечером зайдем на минутку, зайдем все. Ты Нагульнову и Размётнову говорил?

— Я уже приглашал их.

— Ну вот и зайдем все трое, посидим часок. Пить нам много не положено, не то сейчас время, так что вы там не обижайтесь. Ну, ступай, желаю счастья. Хотя — желать его будем вам, когда придем... А она у тебя очень толстая?

— Не так чтобы, но видно...

— Ну, когда видно, оно всегда лучше, — снова несколько назидательным тоном заметил Давыдов и опять улыбнулся, уловив фальшивинку в этом разговоре.

А когда через час Давыдов подписывал сводку, как раз в это время явился счастливый отец Михей Кузнецов и, с ходу обняв Давыдова, растроганной скороговоркой зачастил:

— Спаси Христос тебе, наш председатель! Привез Андрюшка фельдшера — и как раз вовремя: баба чуть не померла, а зараз с его помощью отгрохала мне такого сына, ну, как телок, на руках не удержишь. Фельдшер говорит: дескать, не так шел. А по мне, так или не так, а парень-то в семье есть! Кумом будешь, товарищ Давыдов!

Поглаживая рукой лоб, Давыдов сказал:

— Кумом буду, страшно рад, что у твоей жены все благополучно кончилось. Там, что надо по хозяйству, обратись завтра к Островнову, будет ему дан приказ, факт. А что касается того, что парень не так шел, — это не беда: учти, что парни редко ходят так, настоящие парни... — И на этот раз даже не улыбнулся, не почувствовал своего назидательного тона, над которым только что усмехался.

Что ж, видно сентиментален стал матрос, если чужая радость и счастливый исход материнских мук заставили его прослезиться. А почувствовав слезы на глазах, он прикрыл глаза широкой ладонью, грубовато закончил:

— Ты ступай, тебя жена ждет. Если что понадобится, приходи, а пока ступай, мне некогда, тут, понимаешь, мне и без тебя дел хватает.

В этот день, уже к вечеру, произошло не малое для Гремячего Лога и почти никем не замеченное чрезвычайное происшествие: часов в семь к дому Островнова подкатили щеголеватые дрожки. Несла их пара добрых лошадей. У калитки сошел с них невысокий человек в парусиновом кителе и таких же брюках. Со старческой щеголеватостью отряхнув отвороты пропыленных брюк, он по-молодому весело поднялся на крыльцо островнов-ского куреня, уверенно вошел в сени, где его уже ожидал встревоженный новым визитом Яков Лукич. Коротко блеснув черноватыми, прокуренными зубами, он малень-кой сухою рукой крепко сжал локоть Якова Лукича, спросил, приветливо улыбаясь:

— Александр Анисимович у себя? По виду узнаю, что ты — хозяин. Яков Лукич?

И, видя по выправке, по стати, чуя чутьем служилого человека в приезжем высокое начальство, Яков Лукич послушно щелкнул каблуками стоптанных чириков, ото-ропело ответил:

— Ваше высокоблагородие! Это вы? Боже ж мой, как вас ждут!

— Проведи!

С расторопностью, которая так была ему несвойствен-на по природе, Яков Лукич услужливо распахнул дверь в горницу, где жили Половцев и Лятьевский.

— Александр Анисимович, извиняйте, что не доло-жился, а к нам — дорогие гости!

Приезжий шагнул в раскрытую дверь, широко, теат-рально раскрыл объятья:

— Здравствуйте, дорогие затворники! Здесь можно го-ворить в полный голос?

Половцев, сидевший за столом, и Лятьевский, по обыкновению небрежно развалясь, лежавший на крова-ти, вскочили как по команде «смирно».

Приезжий обнял Половцева и, только левой рукой прижав к себе Лятьевского, сказал:

— Прошу садиться, господа офицеры. Полковник Се-дой, тот, кто писал вам приказы. Ныне волею судеб агро-ном краевого сельхозуправления. Как видите, прибыл к вам с инспекционной поездкой. Время у меня накоротке. Должен доложить вам обстановку.

Приезжий, пригласив офицеров садиться, по-прежне-му улыбаясь, показывая прокуренные зубы, с наигран-ной дружелюбностью продолжал:

— Бедно живете, даже угостить гостя как будто бы нечем... Но тут речь будет идти не об угощении, я пообедаю в другом месте. Прошу пригласить к столу моего кучера и обеспечить нашу охрану, по крайней мере — наблюдением.

Половцев услужливо метнулся к двери, но в нее уже входил статный и ладный кучер господина полковника. Он протянул Половцеву руку:

— Здравия желаю, господин есаул! По русскому обычаю через порог не здороваются... — и, обращаясь к полковнику, почтительно спросил: — Разрешите присутствовать? Наблюдение мною обеспечено.

Приезжий по-прежнему улыбался Половцеву и Лятьевскому глубоко посаженными серыми глазами:

— Прошу знакомиться, господа офицеры: ротмистр Казанцев. Ну, а хозяев вы, господин Казанцев, знаете. Теперь, господа, к делу. Давайте присядем к вашему холостяцкому столу.

Половцев робко спросил:

— Господин полковник, может быть, разрешите чем-нибудь угостить? По-простецки, чем богаты, тем и рады!

— Благодарю вас, нужды нет. Давайте сразу перейдем к делу, времени у меня — в обрез. Ротмистр, дайте карту.

Ротмистр Казанцев достал из внутреннего грудного кармана пиджака сложенную вчетверо карту-десятиверстку Азово-Черноморского края, развернул ее на столе, и все четверо склонились над нею.

Приезжий, поправив воротник свободно расстегнутого парусинового кителя, вынул из кармана синий карандаш, постукивая им о стол, сказал:

— Фамилия моя, как вы и полагаете, отнюдь не Седой... а Никольский. Полковник геншта́ба императорской армии. Карта общая, но более подробная карта вам для боевых операций не нужна. Ваша задача: у вас около двухсот активных штыков или сабель, вам надлежит, перебив местных коммунистов, но отнюдь не ввязываясь в мелкие и затяжные стычки, походным порядком, перерезав по пути связь, идти на совхоз «Красная заря». Там вы сделаете что надо, получите в результате около сорока винтовок с соответствующим боезапасом. И, самое главное, сохранив полностью имеющиеся у вас на вооружении ручные и станковые пулеметы, приобретя в совхозе около тридцати грузовых автомобилей, форсированным маршем двигаться на Миллерово. И еще одно, главное... Видите, сколько главных задач я вам ставлю... Вам необходимо, я приказываю это, господин есаул, застать врасплох и не дать развернуться полку, который дислоцирован в городе Миллерово, разбить его с ходу, обезоружить, захватить имеющиеся у него огневые средства и тех красноармейцев из полка, кто пристанет к вам, и вместе, на машинах, двигаться в направлении Ростова. Я вам намечаю задачу только в общих чертах, но от нее зависит многое. Паче чаяния, если ваше продвижение на Миллерово встретит сопротивление, в обход Миллерова двигайтесь на Каменск, вот этим маршрутом. — Синим карандашом полковник вялым движением провел прямую черту на карте. — В Каменске я встречу вас со своим отрядом, господин есаул.

Помолчав, он добавил:

— С севера вас, возможно, будет поддерживать подполковник Савватеев. Но вы на это не очень надейтесь и действуйте сами. От успеха вашей операции, поймите это, очень многое зависит. Я говорю о разоружении полка в Миллерове и об использовании его огневых средств. Как-никак, у них — батарея, а это нам во многом бы помогло. А затем от Каменска мы завязали бы бои за Ростов, полагая, что нам придут на помощь наши силы с Кубани и Терека, а там — помощь союзников, и мы уже властвуем на юге. Прошу учесть, господа офицеры, что продуманная нами операция рискованна, но у нас нет иного выхода! Если мы не используем возможности, которые дает нам история в тысяча девятьсот тридцатом году, то тогда прощайтесь с империей и переходите на мелкие террористические акты... Вот и все, что я имею вам сказать. Короткое слово за вами, есаул

Половцев. Учтите одно обстоятельство: что мне надо еще заехать в сельсовет, отметить мою командировку и ехать в район. Я, так сказать, лицо официальное, агроном сельхозуправления, поэтому покороче ваши соображения.

Не глядя на полковника, Половцев глухо проговорил:

— Господин полковник, вы ставите передо мной общую задачу, никак ее не конкретизируя. Совхоз я возьму, но я полагал, что мы после этого пойдем подымать казаков, а вы меня посылаете ввязываться с бой с кадровым полком Красной Армии. Не кажется ли вам, что это невыполнимая задача при моих возможностях и силах? А если даже один батальон на пути моего следования выйдет мне навстречу... вы же обрекаете меня на верную гибель?!

Полковник Никольский, постукивая костяшками пальцев по столу, усмехнулся:

— Я думаю, напрасно вас произвели в есаулы в свое время. Если вы в трудную минуту колеблетесь и не верите в успех задуманного нами предприятия, то вы ничего не стоите как офицер русской армии! И вы не подумайте мудрить и строить ваши самостийные планы! Как прикажете воспринять ваши слова? Будете вы действовать или вас надо убирать?

Половцев встал. Склонив лобастую голову, он тихо ответил:

— Есть действовать, господин полковник. Но только... Но только за неуспех операции будете отвечать вы, а не я!

— Ох, уж об этом не ваша забота, господин есаул! — невесело усмехаясь, проговорил полковник Никольский и поднялся.

Тотчас же встал и ротмистр Казанцев.

Обнимая Половцева, Никольский сказал:

— Мужество и еще раз мужество! Вот чего не хватает офицерскому корпусу доброй старой императорской армии! Засиделись вы, будучи в учителях средних школ, в агрономах. А традиции? Славные традиции русской армии, вы про них забыли? Но ничего. Вы только начните по приказу тех, кто думает за вас, а там... А там — аппетит приходит во время еды! Надеюсь видеть вас, господин есаул, еще генерал-майором — в Новороссийске или, скажем, в Москве. Судя по вашему нелюдимому виду, вы на многое способны! До встречи в Каменске. И последнее: приказ о выступлении, единовременном всюду, где есть наши точки сопротивления, будет дан особо, вы это понимаете. До свидания, до встречи в Каменске!

Холодно обнявшись с приезжавшими, распахнув двери горницы и встретив взгляд трепетно стоявшего в сенях Якова Лукича, Половцев не сел, а упал на койку. Спустя немного спросил у прижавшегося спиной к окну Лятьевского:

— Видали вы такого жука?

А Лятьевский презрительно махнул рукой:

— Езус-Мария, а чего вы хотели от этого русского воинства?! Вы спросите у меня, господин Половцев: за каким только чертом я с вами связался?!

И еще одно трагическое происшествие случилось в этот день: в колодце утонул козел Трофим. Будучи непостоянным по характеру, шляясь по хутору все ночи напролет, он, очевидно, нарвался ночью на стаю гулящих собак, и те, ринувшись за ним в погоню, принудили его прыгнуть через колодец, находившийся возле правления колхоза. Створка, прикрывавшая устье колодца, по стариковской небрежности деда Щукаря была не прикрыта с вечера, старый козел, напуганный собаками, их злой погоней, прыгнул через колодец и — видно, скользнули старые копыта — сорвался вниз и утонул.

Вечером дед Щукарь вернулся с возом сена, захотел напоить своих жеребцов и, пытаясь зачерпнуть воды, почувствовал, что ведро ткнулось во что-то мягкое. Все его попытки набрать воды, как он ни старался водить из стороны в сторону веревкой, привязывавшей ведро, закончились неудачей. Тогда старик, озаренный страшной догадкой, сиротливыми глазами оглядел двор в надежде увидеть где-нибудь на крыше сарая своего извечного недруга, но взгляд его бродил впустую: Трофима нигде не было. Дед Щукарь торопливо пошел на сеновал, затем рысцой пробежал за ворота — нигде Трофима не было... Тогда Щукарь, заплаканный и жалкий в своем горе, вошел в комнату правления, где сидел Давыдов, опустился на лавку.

— Ну, вот, Сема, жаль моя, дождались мы новой беды: наш Трофим-то не иначе — утоп в колодезе. Пойдем, добудем «кошку», надо его вытягивать.

— Загоревался? — улыбаясь, спросил Давыдов. — Ты же все время просил, чтобы его зарезали.

— Мало ли что просил! — зло вскричал дед Щукарь. — Не зарезали, и слава богу! А теперь как мне без него жить? Он меня каждый божий день под страхом держал, я с кнутом с зари до вечера не расставался, держа от него оборону, а теперь какая моя будет жизня? Одна гольная скука! Теперь хучь самому в колодезь кидайся вниз головою... Какая у нас с ним была дружба? Да никакой! На одни баталии мы с ним сходились. Бывалоча, поймаю его, проклятого, держу за рога, говорю: «Трофим, таковский сын, ты ить уж не молодой козел, откуда же у тебя столько злобы? Откуда в тебе столько удали, что ты мне ни один секунд спуска не даешь? Так и караулишь меня, чтобы поддать сзаду или откуда-нибудь сбоку. А ить ты пойми, что я хворый человек и должен ты ко мне какое-то восчувствие иметь...» А он смотрит на меня стоячим зраком, и ничего человеческого в его глазах не видно. Никакого восчувствия в его глазах я не вижу. Потяну его через спину кнутом и говорю ему вослед: «Беги, будь ты трижды проклят, старый паскудник! С тобой ни до чего путного не договоришься!» А он, вражий сын, кинет задом, отбежит шагов на десять, начинает щипать траву от нечего делать, как будто он, проклятый, голодный! А сам косит на меня своими стоячими глазами и, должно быть, опять же норовит подстеречь меня. Потеха, а не жизня была у нас с ним! Потому что договориться с таким глупым идиотом, а по-простому — с дураком, мне было никак невозможно! А вот зараз утоп, и мне его жалко, и жизня моя вовсе обнищала... — Дед Щукарь жалостно всхлипнул и вытер рукавом грязной ситцевой рубахи прослезившийся глаз.

Добыв в соседнем дворе «кошку», Давыдов и Щукарь извлекли из колодца уже несколько размокшего Трофима. Давыдов, отворачивая от Щукаря лицо, спросил:

— Ну а теперь что будем делать?

Дед Щукарь, по-прежнему всхлипывая и вытирая слезящийся глаз, ответил:

— Ты иди, Семушка, справляй свои государственные дела, а я его сам похороню. Это не твое молодое дело, это — дело стариковское. Я его зарою, лиходея, чин по чину, посижу, поплачу над его погибелью... Спаси Христос, что помог его вытянуть, один бы я не управился: в нем же, в рогатом мерине, не меньше трех пудов будет... Он же разъелся на даровых харчах, потому и утоп, дурак, а будь он полегче — перескочил бы через колодезь, как миленький! Не иначе — разжелудили его эти собаки так, что он без ума летел через этот колодезь. Да и какого ума с него было, со старого дурака, требовать? А ты мне, Семушка, жаль моя, боль моя, дай на четвертинку водки, я его помяну вечером на сеновале. Домой, к старухе, мне идти ни к чему: приду, а что от этого толку? Одно расстройство всех нервных систем. И опять баталия? А мне это в моих годах вовсе ни к чему. А так я потихонечку выпью, помяну покойника, напою жеребцов и усну, факт.

Давыдов, всеми силами пытаясь сдержать улыбку, вручил Щукарю десятку, обнял его узенькие плечи.

— А ты, дед, по нем не очень горюй. На худой конец мы тебе нового козла купим.

Горестно покачивая головой, дед Щукарь ответил:

— Такого козла ни за какие деньги не купишь, не было и нет таких козлов на белом свете! А мое горе при мне останется, — и пошел за лопатой, сгорбленный, жалкий, трогательно смешной в своем искреннем горе.

На этом и кончился исполненный больших и малых событий день в Гремячем Логу.

Глава XXIX

Поужинав, Давыдов прошел к себе в горницу и только что присел к столу просмотреть недавно принесенные ему с почты газеты, как услышал тихий стук в переплет оконной рамы. Давыдов приоткрыл окно. Нагульнов, поставив ногу на завалинку, приглушенно сказал:

— Собирайся в дело! А ну-ка, пусти, я пролезу к тебе, расскажу...

Смугловатое лицо его было бледно, собранно. Он легко перекинул ногу через подоконник, с ходу присел на табурет и стукнул кулаком по колену.

— Ну вот, я тебя упреждал, Семен, по-нашему и вышло! Доглядел я все-таки одного: пролежал битых два часа возле островновского куреня, гляжу — идет невысокенький, идет сторожко, прислушивается, стало быть, кто-то из них, из этих самых субчиков... Припоздал я в секрет, уже дюже стемнело. Припозднился я, в поле ездил. А может, до него ишо один прошел? Короче — пойдем, прихватим по пути Размётнова, ждать тут нечего. Мы их возьмем там, у Лукича, свеженьких! А нет — так хоть этого одного заберем.

Давыдов сунул руку под подушку постели, достал пистолет.

— А как будем брать? Давай тут обговорим.

Нагульнов, закуривая, чуть приметно улыбнулся:

— Дело мне по прошлому знакомое. Так вот, слушай: тот невысокенький стукнул не в дверь, а вот так, как я тебе, в окно. Горенка у Якова Лукича в курене есть, с одной окошкой во двор. Вот этот бандюга — в зипуне он или в плащишке, не разобрал в потемках, — постучал в окно: кто-то, то ли Лукич, то ли сынок его Семен, чуть приоткрыл дверь, и он прошел в хату. А когда подымался по порожкам — раз оглянулся, и когда входил в дверь — второй раз глянул назад. Я-то, лежа за плетнем, видал все это. Учти, Семен, так добрые люди не ходят, с такой волчьей опаской! Предлагаю такой план захвата: мы с тобой постучимся, а Андрей ляжет со двора возле окна. Кто нам откроет — будем видать, но дверь в горницу я помню, она первая направо, как войдешь в сенцы. Гляди, будет она запертая, придется с ходу вышибать ее. Мы двое входим, и ежели какой сигнет в окно на уход — Андрей его стукнет. Заберем этих ночных гостей живьем, очень даже просто! Я буду вышибать дверь, ты будешь стоять чуть сзади меня, и ежели что, какая заминка выйдет — бей на звук из горницы без дальнейших разговоров!

Макар посмотрел в глаза Давыдову чуть прищуренными глазами, снова еле приметная усмешка тронула его твердые губы:

— Ты эту игрушку в руках нянчишь, а ты обойму проверь и патрон в ствол зашли тут, на месте. Шагать отсюда будем через окно, ставню прикроем.

Нагульнов оправил ремень на гимнастерке, бросил на пол цигарку, посмотрел на носки пыльных сапог, на измазанные в пыли голенища, опять усмехнулся:

— Из-за каких-то гадов поганых весь вывалялся в пыли, как щенок: лежать же пришлось плашмя и по-всякому, ждать дорогих гостей... Вот один и явился... Но такая у меня думка, что их там двое или трое, не больше. Не взвод же их там?

Давыдов передернул затвор и, заслав в ствол патрон, сунул пистолет в карман пиджака, сказал:

— Что-то ты, Макар, сегодня веселый? Сидишь у меня пять минут, а уже три раза улыбнулся...

— На веселое дело идем, Сема, того и посмеиваюсь.

Они вылезли в окно, прикрыли створки его и ставню, постояли. Ночь была теплая, от речки низом шла прохлада, хутор спал, кончились мирные дневные заботы. Где-то мыкнул теленок, где-то в конце хутора взлаяли собаки, по соседству, потеряв счет часам, не ко времени прокричал одуревший спросонок петух. Не обмолвившись ни одним словом, Макар и Давыдов подошли к хате Размётнова. Макар согнутым указательным пальцем почти неслышно постучал в створку окна и, когда, выждав немного, увидел в сумеречном свете лицо Андрея, призывно махнул рукой, показал наган.

Давыдов услышал голос из хаты, сдержанный, серьезный:

— Понял тебя. Выхожу быстро.

Разметнов почти тотчас же появился на крылечке хаты. Прикрывая за собой дверь, с досадою проговорил:

— И все-то тебе надо, Нюра! Ну зовут в сельсовет по делу. Не на игрища же зовут? Ну и спи, и не вздыхай, скоро явлюсь.

Втроем они стали, тесно сблизившись. Разметнов обрадованно спросил:

— Неужто налапали?

Нагульнов приглушенным шепотом рассказал ему о случившемся.

...Втроем они молча вошли во двор Якова Лукича. Разметнов лег под теплый фундамент, прижавшись к нему спиной. Ствол нагана он осторожно уложил на колено. Он не хотел лишнего напряжения в кисти правой руки.

Нагульнов первый поднялся по ступенькам крыльца, подошел к двери, звякнул щеколдой.

Было очень тихо во дворе и в доме Островного. Но недобрая эта тишина длилась не так уж долго — из сеней отозвался неожиданно громко прозвучавший голос Якова Лукича:

— И кого это нелегкая носит по ночам?

Нагульнов ответил:

— Лукич, извиняй меня, что бужу тебя в позднюю пору, дело есть, ехать нам с тобой в совхоз зараз надо. Неотложная нужда!

Была минутная заминка и молчание.

Нагульнов уже нетерпеливо потребовал:

— Ну что же ты? Открывай дверь!

— Дорогой товарищ Нагульнов, поздний гостечек, тут в потемках... Наши задвижки... не сразу разберешься, проходите.

Изнутри щелкнул железный добротный засов, плотная дверь чуть приоткрылась.

С огромной силой Нагульнов толкнул левым плечом дверь, отбросил Якова Лукича к стенке и широко шагнул в сенцы, кинув через плечо Давыдову:

— Стукни его в случае чего!

В ноздри Нагульнову ударил теплый запах жилья и свежих хмелин. Но некогда было ему разбираться в запахах и ощущениях. Держа в правой руке наган, он левой быстро нащупал створку двери в горенку, ударом ноги вышиб эту запертую на легкую задвижку дверь.

— А ну, кто тут, стрелять буду!

Но выстрелить не успел: следом за его окриком возле порога грянул плескучий взрыв ручной гранаты и, страшный в ночной тишине, загремел рокот ручного пулемета. А затем — звон выбитой оконной рамы, одинокий выстрел во дворе, чей-то вскрик...

Сраженный, изуродованный осколками гранаты Нагульнов умер мгновенно, а ринувшийся в горницу Давыдов, все же успевший два раза выстрелить в темноту, попал под пулеметную очередь.

Теряя сознание, он падал на спину, мучительно запрокинув голову, зажав в левой руке шероховатую щепку, отколотую от дверной притолоки пулей.

***

Ох, и трудно же уходила жизнь из широкой груди Давыдова, наискось, навылет простреленной в четырех местах... С тех пор как ночью друзья молча, спотыкаясь в потемках, но всеми силами стараясь не тряхнуть раненого, на руках перенесли его домой, к нему еще ни разу не вернулось сознание, а шел уже шестнадцатый час его тяжкой борьбы со смертью...

На рассвете на взмыленных лошадях приехал районный врач-хирург, молодой, не по возрасту серьезный человек. Он пробыл в горнице, где лежал Давыдов, не больше десяти минут, и за это время напряженно молчавшие в кухне коммунисты гремяченской партячейки и многие любившие Давыдова беспартийные колхозники только раз услышали донесшийся из горницы глухой и задавленный, как во сне, стон Давыдова. Врач вышел на кухню, вытирая полотенцем руки, с подобранными рукавами, бледный, но внешне спокойный, на молчаливый вопрос друзей Давыдова ответил:

— Безнадежен. Моя помощь не требуется. Но удивительно живуч! Не вздумайте его переносить с места, где лежит, и вообще трогать его нельзя. Если найдется в хуторе лед... впрочем, не надо. Но около раненого должен кто-то находиться безотлучно.

Следом за ним из горницы появились Размётнов и Майданников. Губы у Размётнова тряслись, потерянный взгляд бродил по кухне, не видя беспорядочно толпившихся хуторян. Майданников шел со склоненной головой, и страшно резко обозначались на висках его вздувшиеся вены, а две глубокие поперечные морщины повыше переносья краснели, как шрамы. Все, за исключением Майданникова, толпою вышли на крыльцо, разбрелись по двору в разные стороны. Размётнов стоял, навалившись грудью на калитку, свесив голову, и только крутые волны шевелили на его спине лопатки; старик Шалый, подойдя к плетню, в слепом, безрассудном бешенстве раскачивал покосившийся дубовый стоян; Демка Ушаков, почти вплотную прижавшись к стене амбара, как провинившийся школьник, ковырял ногтем обмытую дождями глину штукатурки и не вытирал катившихся по щекам слез. Каждый из них по-своему переживал потерю друга, но было общим свалившееся на всех огромное мужское горе...

Давыдов умер ночью. Перед смертью к нему вернулось сознание. Коротко взглянув на сидевшего у изголовья деда Щукаря, задыхаясь, он проговорил:

— Чего же ты плачешь, старик? — но тут кровавая пена, пузырясь, хлынула из его рта, и, только сделав несколько судорожных глотательных движений, привалившись белой щекой к подушке, он еле смог закончить фразу: — Не надо... — и даже попытался улыбнуться.

А потом тяжело, с протяжным стоном выпрямился и затих...

...Вот и отпели донские соловьи дорогим моему сердцу Давыдову и Нагульнову, отшептала им поспевающая пшеница, отзвенела по камням безымянная речка, текущая откуда-то с верховьев Гремячего буерака... Вот и все!

***

Прошло два месяца. Так же плыли над Гремячим Логом белые, теперь уже по-осеннему сбитые облака в высоком небе, выцветшем за жаркое лето, но уже червленой позолотой покрылись листья тополей над гремяченской речкой, прозрачней и студеней стала в ней вода, а на могилах Давыдова и Нагульнова, похороненных на хуторской площади, недалеко от школы, появилась чахлая, взлелеянная скупым осенним солнцем, бледно-зеленая мурава. И даже какой-то безвестный степной цветок, прижавшись к штакетнику ограды, запоздало пытался утвердить свою жалкую жизнь. Зато три стебля подсолнушка, выросшие после августовских дождей неподалеку от могил, сумели подняться в две четверти ростом и уже слегка покачивались, когда над площадью дул низом ветер.

Много воды утекло в гремяченской речке за два месяца. Многое изменилось в хуторе. Похоронив своих друзей, заметно сдал и неузнаваемо изменился дед Щукарь: он стал нелюдим, неразговорчив, еще более, чем прежде, слезлив... После похорон пролежал дома, не вставая с кровати, четверо суток, а когда поднялся — старуха заметила, не скрывая своего страха, что у него слегка перекосило рот и как бы повело на сторону всю левую половину лица.

— Да что же это с тобой подеялось?! — в испуге воскликнула старуха, всплеснув руками.

Немного косноязычно, но спокойно дед Щукарь ответил, вытирая ладонью слюну, сочившуюся с левой стороны рта:

— А ничего такого особого. Вон какие молодые улеглись, а мне давно уж там покоиться пора. Задача ясная?

Но когда медленно пошел к столу, оказалось, что приволакивает левую ногу. Сворачивая папироску, с трудом поднял левую руку.

— Не иначе, старая, меня паралик стукнул, язви его! Что-то замечаю, я не такой стал, каким был недавно, — сказал Щукарь, с удивлением рассматривая не повинующуюся ему руку.

Через неделю он несколько окреп, уверенней стала походка, без особых усилий мог владеть левой рукой — но от должности кучера отказался наотрез. Придя в правление колхоза, так и заявил новому председателю — Кондрату Майданникову:

— Отъездился я, милый Кондратушка, не под силу мне будет управляться с жеребцами.

— Мы с Размётновым о тебе уже думали, дедушка, — ответил Майданников. — А что, ежели тебе заступить в ночные сторожа в сельпо? Построим тебе теплую будку к зиме, поставим в ней чугунку, топчан сделаем, а тебе в зиму справим полушубок, тулуп, валенки. Чем будет не житье? И жалованье будешь получать, и работа легкая, а главное — ты при деле будешь. Ну как, согласен?

— Спаси Христос, это мне подходяще. Спасибо, что не забываете про старика. Один черт, я по ночам почти не сплю, а зараз и вовсе. Тоскую я по ребятам, Кондратушка, и сон меня вовсе стал обегать... Ну, пойду, попрощаюсь с моими жеребцами — и домой. Кому же вы их препоручаете?

— Старику Бесхлебнову.

— Он крепкий старик, а вот я уже подызносился, подкосили меня Макарушка с Давыдовым, уняли у меня жизни... С ними-то, может, и я бы лишних год-два прожил, а без них что-то мне тошновато стало на белом свете маячить... — грустно проговорил дед Щукарь, вытирая глаза верхом старой фуражки.

С этой ночи стал он сторожевать.

Могилы Давыдова и Нагульнова, обнесенные невысокой оградой, были неподалеку, напротив лавчонки сельпо, и на другой же день, вооружившись топором и пилой, дед Щукарь соорудил возле могильной ограды небольшую скамеечку. Там он и стал просиживать ночи.

— Все к моим ро́дным поближе мощусь... И им со мной веселей будет лежать, и мне возле них коротать ночи приятственней. Детей у меня сроду не было, Андрюшенька, а тут — как будто двух родных сынов сразу потерял... И щемит проклятое сердце день и ночь, и никакого мне покою от него нету! — говорил он Размётнову.

А Размётнов — новый секретарь партячейки — делился своими опасениями с Майданниковым:

— Ты примечаешь, Кондрат, как за это время страшно постарел наш дед Щукарь? В тоску вдарился по ребятам и на себя ничуть не похожий сделался. Видать, скоро подомрет старик... У него уже и голова трясется, и руки чернотой взялись. Ей-богу, наделает он нам горя! Привыкли к нему, к старому чудаку, и без него вроде пустое место в хуторе останется.

Короче становились дни, прозрачнее — воздух. К могилам ветер нес со степи уже не горький душок полыни, а запах свежеобмолоченной соломы с расположенных за хутором гумен.

Когда шла молотьба, деду Щукарю было веселее, допоздна гремели на гумнах веялки, глухо выстукивали по утрамбованной земле каменные катки, слышались людские понукающие голоса и фырканье лошадей. А потом все стихло. Длиннее и темнее стали ночи, и уже иные голоса зазвучали в ночи: журавлиный стон в аспидно-черном поднебесье, грустный переклик казарок, сдержанный гогот гусей и посвист утиных крыльев.

— Тронулась птица в теплые края, — вздыхал в одиночестве дед Щукарь, прислушиваясь к птичьему гомону, призывно падавшему с высоты.

Однажды вечером, когда уже стемнело, к Щукарю тихо подошла женщина, закутанная в черный платок, молча остановилась.

— Кого бог принес? — спросил старик, тщетно стараясь разглядеть пришедшую.

— Это я, дедуня, Варя...

Дед Щукарь, насколько мог проворно, поднялся со скамейки:

— Касатушка моя, пришла-таки? А я уж думал, что ты про нас забыла... Ох, Варюха-горюха, как же он нас с тобой осиротил! Проходи, милушка, в калитку, вот его могилка, с краю... Ты побудь с ним, а я пойду лавку проведаю, замки проверю... Тут у меня всякие дела, сторожую, делов у меня хватает на мою старость... Хватает, моя добрая.

Старик поспешно заковылял по площади и вернулся только через час. Варя стояла на коленях в изголовье могилы Давыдова, но, заслышав деликатно предупреждающее покашливание деда Щукаря, встала, вышла из калитки, качнулась, испуганно оперлась рукою об ограду. Молча постояла. Молчал и старик. Потом она тихо сказала:

— Спасибо тебе, дедуня, что дал мне побыть тут, с ним, одной...

— Не за что. Как же ты теперича будешь, милушка?

— Приехала совсем. Нынче утром приехала, а сюда пришла поздно, чтобы люди не видали...

— А как же с ученьем?

— Бросила. Наши без меня не проживут.

— Сема наш был бы недовольный, я так разумею.

— А что же мне делать, дедуня миленький? — Голос Вари дрогнул.

— Не советчик я тебе, милушка моя, гляди сама. Только ты его не обижай, ведь он любил тебя, факт!

Варя быстро повернулась и не пошла, а побежала через площадь, давясь рыданиями, она не в силах была даже попрощаться со стариком.

А в непроглядно-темном небе до зари звучали стонущие и куда-то зовущие голоса журавлиных стай, и до зари, не смыкая глаз, сидел на скамеечке сгорбившийся дед Щукарь, вздыхал, крестился и плакал...

***

Постепенно, изо дня в день, разматывался клубок контрреволюционного заговора и готовившегося восстания на Дону.

На третьи сутки после смерти Давыдова приехавшие из Ростова в Гремячий Лог сотрудники краевого управления ОГПУ без труда опознали в убитом Размётновым человеке, лежавшем во дворе у Островнова, давно разыскиваемого преступника, бывшего подпоручика Добровольческой армии Лятьевского.

Спустя три недели в совхозе неподалеку от Ташкента к пожилому, недавно поступившему на работу счетоводу по фамилии Калашников подошел неприметный человек в штатском, наклонившись над столом, негромко сказал:

— А вы уютно устроились, господин Половцев... Тихо! Давайте выйдем на минутку, ступайте вперед!

На крыльце их ожидал еще один человек в штатском, с седыми висками. Тот не был так безукоризненно вежлив и сдержан, как его младший товарищ, — завидев Половцева, он шагнул вперед, часто моргая, побледнев от ненависти, сказал:

— Гадина! Далеко ты уполз... Думал тут, в этой норе, от нас спрятаться? Ну подожди, я с тобой поговорю в Ростове! Ты у меня еще попляшешь перед смертью...

— Ой, как страшно! Ой, как я испугался! Я весь дрожу, как осиновый лист дрожу от ужаса! — иронически проговорил Половцев, останавливаясь на крыльце и закуривая дешевую папиросу. А сам исподлобья смотрел на чекиста и смеющимися, и ненавидящими глазами.

Его обыскали здесь же, на крыльце, и он, покорно поворачиваясь, говорил:

— Послушайте, не трудитесь напрасно! Оружия при мне нет: зачем бы здесь я таскал его с собой? Маузер у меня на квартире спрятан. Пошли!

По пути на квартиру он говорил спокойно и рассудительно, обращаясь к чекисту с седыми висками:

— Чем же ты, наивный человек, думаешь меня запугать? Пытками? Не выйдет, я ко всему готов и все вытерплю, да и пытать меня нет смысла, потому что, не таясь и ни чуть не лукавя, расскажу все, решительно все, что знаю? Даю честное слово офицера. Два раза ты меня не убьешь, а к смерти я уже давно готов. Мы проиграли, и жизнь для меня стала бессмыслицей. Это не для красного словца, — я не позер и не фат, — это горькая для всех нас правда. Прежде всего долг чести: проиграл — плати! И я готов оплатить проигрыш своею жизнью. Ейбогу, не страшно!

— Слезай с ходулей и помолчи, а за расплатой дело не станет, — посоветовал ему тот, к которому Половцев обращался со своей выспренней речью.

При обыске на квартире у него, кроме маузера, ничего компрометирующего не оказалось. Ни единой бумажки не было в его фанерном чемодане. Но на столе были аккуратно сложены все двадцать пять томов сочинений Ленина.

— Это принадлежит вам? — спросили у Половцева.

— Да.

— А для чего вы имели эти книги?

Половцев нагловато усмехнулся:

— Чтобы бить врага — надо знать его оружие...

Он сдержал слово: на допросах в Ростове выдал полковника Седого-Никольского, ротмистра Казанцева, по памяти перечислил всех, кто входил в его организацию в

Гремячем Логу и окрестных хуторах. Никольский выдал остальных.

Широкой волной прокатились по Азово-Черноморскому краю аресты. Более шестисот человек казаков — рядовых участников заговора, в том числе и Островнов с сыном, — были осуждены особым совещанием на разные сроки заключения. Из них расстреляны были только те, которые принимали прямое участие в совершении террористических актов. Половцев, Никольский, Казанцев, подполковник Савватеев из Сталинградской области и два его помощника, а помимо них, девять человек белогвардейских офицеров и генералов, проживавших в Москве под чужими фамилиями, были приговорены к расстрелу. Среди девяти арестованных в Москве и подмосковных городках находился и один небезызвестный в кругах деникинской армии казачий генерал-лейтенант. Он непосредственно возглавлял заговор и осуществлял постоянную связь с зарубежными эмигрантскими воинскими организациями. Только четыре человека из руководящего центра сумели избежать ареста в Москве и разными путями пробраться за границу.

Так закончилась эта отчаянная, заранее обреченная историей на провал попытка контрреволюции поднять восстание против Советской власти на юге страны.

***

Через несколько дней после того, как в хутор приехала Варя Харламова, вернулся из поездки в Шахты Андрей Размётнов. По просьбе Майданникова он ездил туда покупать для колхоза локомобиль. Поздно вечером они сидели в правлении колхоза втроем: Майданников, Размётнов и Иван Найденов — секретарь созданной в Гремячем Логу комсомольской ячейки. Размётнов подробно рассказал о поездке, о покупке локомобиля, а затем спросил:

— Говорят, что Варька Харламова заявилась в хутор, бросила учиться и что будто бы уже была у Дубцова, просила принять ее в бригаду, верно это?

Майданников вздохнул:

— Верно. Жить-то ее матери и детишкам чем-то надо? Вот она и бросила техникум. А девчонка способная.

Размётнов, очевидно, уже все продумал в отношении Вари и теперь заговорил в полной уверенности, что с ним согласятся:

— Она — невеста покойного Семена. Надо, чтобы она училась. Он этого хотел. Так и надо сделать. Завтра же давайте призовем ее сюда, поговорим с ней и отправим обратно в техникум, а семью ее возьмем на колхозное обеспечение. Раз нет с нами дорогого нашего Давыдова — давайте возьмем на себя содержание его семьи. Возражений нету?

Майданников молча кивнул головой, а горячий Иван Найденов сжал руку Размётнова, воскликнул:

— Ты просто молодец, дядя Андрей!

И тут Размётнов вдруг вспомнил:

— Да, ребятки, забыл вам сказать... Знаете, кого я встретил на улице там, в Шахтах? А кого бы вы думали? Лушку Нагульнову! Идет этакая толстая бабеха, рядом с ней лысоватый толстенький мужчина... Глянул я на нее — и потерялся: то ли она, то ли не она! Морда толстая, глазки заплыли, и обнимать уже надо тремя руками. А по выходке вижу — она. Подхожу, здороваюсь, говорю: «Лушаня, да ты ли это?!» А она мне в ответ: «Гражданин, я вас не знаю». Я смеюсь, говорю ей: «Скоро же ты своих хуторских забыла! Ведь ты же Лушка Нагульнова?» Она этак, по-городскому, фасонисто, пожевала губами и говорит: «Когда-то была Нагульнова, когда-то была Лушка, а теперь Лукерья Никитична Свиридова. А это мой муж, горный инженер Свиридов, познакомьтесь». Ну, я поручкался с инженером, а он смотрит на меня чертом: дескать, почему я так с его женой по-простому разговариваю? Повернулись и пошли, обое толстые, видать, довольные собой, а я про себя думаю: «Ну и сильны же бабы! Недаром Макар против них всю жизнью восставал! Не успела двух похоронить, Тимошку и Макара, а уже выскочила за третьего!» Да ведь дело не в том, что выскочила, а когда она сумела такие тела на себя набрать?! Вот об чем я думал, стоя там, на улице. И что-то во мне воспечалилось сердце, жалко стало прежнюю Лушку, молодую, хлесткую, красивую! Как, скажи, я ее, прежнюю-то, когда-то давным-давно во сне видал, а не жил с ней в хуторе бок о бок... — Разметнов вздохнул: — Вот она, наша жизненка, ребята, какими углами поворачивается! Иной раз так развернется, что и нарочно не придумаешь! Ну, пошли?

Они вышли на крыльцо. Далеко за Доном громоздились тяжелые грозовые тучи, наискось резали небо молнии, чуть слышно погромыхивал гром.

— Дивно мне, что так припозднилась гроза в нынешнем году, — сказал Майданников. — Покрасоваться на нее, что ли?

— Вы красуйтесь на нее, а я пошел. — Разметнов попрощался с товарищами, молодцевато сбежал с крыльца.

Он вышел за хутор, постоял немного, затем неторопливо направился к кладбищу, далеко, кружным путем, обходя смутно видневшиеся кресты, могилы, полуразрушенную каменную ограду. Он пришел туда, куда ему надо было. Снял фуражку, пригладил правой рукой седой чуб и, глядя на край осевшей могилы, негромко проговорил:

— Не по-доброму, не в аккурате соблюдаю твое последнее жилье, Евдокия... — Нагнулся, поднял сухой комок глины, растер его в ладонях, уже совсем глухим голосом сказал: — А ведь я доныне люблю тебя, моя незабудняя, одна на всю мою жизнь... Видишь, все некогда... Редко видимся... Ежели сможешь — прости меня за все лихо... За все, чем обидел тебя, мертвую...

Он долго стоял с непокрытой головой, словно прислушивался и ждал ответа, стоял не шевелясь, по-стариковски горбясь. Дул в лицо ему теплый ветер, накрапывал теплый дождь... За Доном бело вспыхивали зарницы, и суровые, безрадостные глаза Размётнова смотрели уже не вниз, не на обвалившийся край родной могилки, а туда, где за невидимой кромкой горизонта алым полымем озарялось сразу полнеба и, будя к жизни засыпающую природу, величавая и буйная, как в жаркую летнюю пору, шла последняя в этом году гроза.

СОДЕРЖАНИЕ

Михаил Александрович Шолохов

СУДЬБА ЧЕЛОВЕКА
ПОДНЯТАЯ ЦЕЛИНА

Редакция «Образовательные проекты»

Ответственный редактор *М. В. Фин*
Художественный редактор *Л. Л. Сильянова*
Технический редактор *А. Л. Шелудченко*
Корректор *И. Н. Мокина*
Компьютерная верстка *Н. Ф. Хамутовской*

Общероссийский классификатор продукции
ОК-005-93, том 2; 953005 — литература учебная

Санитарно-эпидемиологическое заключение
№ 77.99.60.953.Д.014255.12.08 от 23.12.2008 г.
ООО «Издательство Астрель»

129085, г. Москва, пр-д Ольминского, д. 3а
ООО «Издательство АСТ»

141100, РФ, Московская обл., г. Щелково, ул. Заречная, д. 96.
Наши электронные адреса: www.ast.ru E-mail: astpub@aha.ru

Издано при участии ООО «Харвест». ЛИ № 02330/0494377 от 16.03.2009.
Республика Беларусь, 220013, Минск, ул. Кульман, д. 1, корп. 3, эт. 4, к. 42.
E-mail редакции: harvest@anitex.by

Республиканское унитарное предприятие
«Издательство «Белорусский Дом печати».
ЛП № 02330/0494179 от 03.04.2009.
Пр. Независимости, 79, 220013, Минск.

ИЗДАТЕЛЬСКАЯ ГРУППА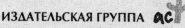

ПРИОБРЕТАЙТЕ КНИГИ ПО ИЗДАТЕЛЬСКИМ ЦЕНАМ В СЕТИ КНИЖНЫХ МАГАЗИНОВ буква

В Москве:

- м. «ВДНХ», г. Мытищи, ул. Коммунистическая, д. 1, ТРК «XL-2», т. (495) 641-22-89
- м. «Бауманская», ул. Спартаковская, д. 16, т. (499) 267-72-15
- м. «Каховская», Чонгарский б-р, д. 18, т. (499) 619-90-89
- м. «Коломенская», ул. Судостроительная, д. 1, стр. 1, т. (499) 616-20-48
- м. «Маяковская», ул. 1-ая Тверская-Ямская, д. 8, т. (495) 251-97-16
- м. «Менделеевская», ул. Новослободская, д. 26, т. (495) 251-02-96
- м. «Новые Черемушки», ТЦ «Черемушки», ул. Профсоюзная, д. 56, 4 этаж, пав. 4а-09, т. (495) 739-63-52
- м. «Парк культуры», Зубовский б-р, д. 17, стр. 1, т. (499) 246-99-76
- м. «Перово», ул. 2-я Владимирская, д. 52, т. (495) 306-18-97
- м. «Преображенская площадь», ул. Большая Черкизовская, д. 2, к. 1, т. (499) 161-43-11
- м. «Сокол», ТК «Метромаркет», Ленинградский пр-т, д. 76, к. 1, 3 этаж, т. (495) 781-40-76
- м. «Тимирязевская», Дмитровское ш., д. 15/1, т. (495) 977-74-44
- м. «Университет», Мичуринский пр-т, д. 8, стр. 29, т. (499) 783-40-00
- м. «Царицыно», ул. Луганская, д. 7, к. 1, т. (495) 322-28-22
- м. «Щукинская», ТРК «Щука», ул. Щукинская, вл. 42, т. (495) 229-97-40
- м. «Ясенево», ул. Паустовского, д. 5, корп. 1, т. (495) 423-27-00
- М.О., г. Зеленоград, ТЦ «Иридиум», Крюковская площадь, д. 1

В регионах:

- г. Владимир, ул. Дворянская, д. 10, т. (4922) 42-06-59
- г. Екатеринбург, ТРК «Парк Хаус», ул. Сулимова, д. 50, т. (343) 216-55-02
- г. Калининград, ул. Карла Маркса, д. 18, т. (4012) 71-85-64
- г. Краснодар, ТЦ «Красная площадь», ул. Дзержинского, д. 100, т. (861) 210-41-60
- г. Красноярск, пр-т Мира, д. 91, т. (3912) 23-17-65
- г. Новосибирск, ТЦ «Мега», ул. Ватутина, д. 107, т. (383) 230-12-91
- г. Пенза, ул. Московская, д. 83, ТЦ «Пассаж», т. (8412) 20-80-35
- г. Пермь, ТЦ «7 пятниц», ул. Революции, д. 60/1, т. (342) 233-40-49
- г. Ростов-на-Дону, ТЦ «Мега», Новочеркасское ш., д. 33, т. (863) 265-83-34
- г. Рязань, Первомайский пр-т, д. 70, корп. 1, ТЦ «Виктория Плаза», т. (4912) 95-72-11
- г. Санкт-Петербург, Лиговский пр-т, д. 185, т. (812) 766-22-88
- г. Самара, ТЦ «Космопорт», ул. Дыбенко, д. 30, т. 8(908) 374-19-60
- г. Тольятти, ул. Ленинградская, д. 55, т. (8482) 28-37-68
- г. Тула, ул. Первомайская, д. 12, т. (4872) 31-09-22
- г. Уфа, пр. Октября, д.26-40, ТРЦ «Семья», т. (3472)293-62-88
- г. Чебоксары, ТЦ «Мега Молл», ул. Калинина, д. 105а, т. (8352) 28-12-59
- г. Череповец, Советский пр-т, д. 88а, т. (8202) 53-61-22

Широкий ассортимент электронных и аудиокниг
ИГ АСТ Вы можете найти на сайте www.elkniga.ru

Заказывайте книги почтой в любом уголке России
123022, Москва, а/я 71 «Книги – почтой» или на сайте: shop.avanta.ru

Курьерская доставка по Москве и ближайшему Подмосковью:
Тел/факс: +7(495)259-60-44, 259-41-71

Приобретайте в Интернете на сайте: www.ozon.ru

Издательская группа АСТ www.ast.ru
129085, Москва, Звездный бульвар, д. 21, 7-й этаж
Информация по оптовым закупкам: (495) 615-01-01, факс 615-51-10
E-mail: zakaz@ast.ru